Rolf Hanisch
Cord Jakobeit (Hrsg.)

Der Kakaoweltmarkt.
Weltmarktintegrierte Entwicklung und nationale
Steuerungspolitik der Produzentenländer

Band I:   Weltmarkt, Malaysia, Brasilien

SCHRIFTEN
DES DEUTSCHEN ÜBERSEE-INSTITUTS
HAMBURG

---------- Nummer 5 ----------

**Rolf Hanisch**
**Cord Jakobeit**
**(Hrsg.)**

# Der Kakaoweltmarkt

Weltmarktintegrierte Entwicklung und nationale
Steuerungspolitik der Produzentenländer

Band I: Weltmarkt, Malaysia, Brasilien

---
Hamburg 1991

Gefördert von der Stiftung Volkswagenwerk

Textverarbeitung: Elisabeth Klank, Hamburg
Gesamtherstellung: Deutsches Übersee-Institut, Hamburg

ISBN 3-926953-06-3
Copyright Deutsches Übersee-Institut
Hamburg 1991

## DEUTSCHES ÜBERSEE-INSTITUT

Das Deutsche Übersee-Institut ist ein Institutsverband bestehend aus:

- dem Institut für Allgemeine Überseeforschung
- dem Institut für Afrikakunde
- dem Deutschen Orient-Institut
- dem Institut für Iberoamerika-Kunde

Das Deutsche Übersee-Institut hat die Aufgabe, gegenwartsbezogene, regionale und überregionale Forschung zu betreiben und zu fördern. Im Bereich der überregionalen Forschung stehen die Entwicklung der Nord-Süd- und der Süd-Süd-Beziehungen im Mittelpunkt des Interesses.
Das Deutsche Übersee-Institut ist bemüht, in seinen Publikationen verschiedene Meinungen zu Wort kommen zu lassen, die jedoch grundsätzlich die Meinung des Autors und nicht unbedingt die des Instituts darstellen.

# Inhaltsverzeichnis

*Rolf Hanisch, Cord Jakobeit*
    **Vorwort**                                                                         vii-xi

*Rolf Hanisch*
    **Die politische Ökonomie des Kakaoweltmarktes**     1-175

*Wolfgang Senftleben*
    **Malaysia**                                                           176-267

*Gilberto Calcagnotto*
    **Brasilien**                                                          268-503

English Summary: **The Cocoa World Market**     504-507

Angaben zu den Autoren                         508-509

# Vorwort

Die Staaten der Dritten Welt sind längst nicht mehr nur Rohstoffexporteure, als die sie in der Kolonialzeit in die Weltwirtschaft eingeführt und eingebunden worden sind. Dennoch spielen die Rohstoffexporte und die Rohstoffweltmärkte noch eine wichtige Rolle für die Ökonomien dieser Länder, für die Bedürfnisbefriedigung eines großen Teils ihrer Bevölkerungen, für die Finanzierung staatlicher Einrichtungen und der Investitionen. In Afrika - anders als in Asien und weithin Lateinamerika - spielen sie sogar noch eine ausschlaggebende Rolle.

Die vorliegenden beiden Sammelbände beschäftigen sich mit dem Kakaoweltmarkt und den gegenwärtig wichtigsten Produzentenländern - Brasilien, Malaysia (Band 1), der Côte d'Ivoire, Ghana, Nigeria und Kamerun - sowie dem kleinen Äquatorialguinea (Band 2), für das die Kakaoexporte die dominierende Devisenquelle darstellen. Unter den insgesamt mehr als 45 kakaoproduzierenden Ländern entfallen auf diese sieben Produzenten fast 4/5 der Weltproduktion von zuletzt etwa 2 Mill. t.

Kakao ist eine Baumkultur, die nur in den Tropen gedeiht und damit nicht mit landwirtschaftlichen Erzeugnissen in den Industrieländern konkurriert. Sie ist in diesem Sinne mit den anderen tropischen Getränkefrüchten - Kaffee und Tee - vergleichbar und unterscheidet sich von anderen konkurrierend angebauten Agrargütern, wie etwa Zucker, Weizen oder Soja. Kakao wird heute kaum in den Erzeugerländern verbraucht - am ehesten noch in Lateinamerika, der Herkunftsregion. In den tropischen Regenwäldern von Mexiko bis zum Amazonas gedeiht der Kakaobaum bis heute als Wildgewächs.

Gegenwärtig (1986) beläuft sich der gesamte Außenhandel auf ca. 3,2 Mrd. $ für Rohkakao und ca. 2 Mrd. $ für Kakaozwischenprodukte, wovon etwa 3/4 aus der Dritten Welt in den Export gelangen. Das erscheint nicht eben viel zu sein: 0,6% aller Exporte der Dritten Welt, 3% ihrer Rohstoffexporte. Dennoch: Kakao rangiert nach Kaffee (13,7 Mrd. $), Zucker (7,0), pflanzlichen Ölen und Fetten (5,4) und Baumwolle (4,5) zusammen mit Getreide an fünfter Stelle unter den Agrarexporten der Dritten Welt. Für die westafrikanischen Agrargesellschaften, Äquatorialguinea (65%), Ghana (58%), die Côte d'Ivoire (37%) sowie Kamerun (27%) erwirtschaftet Kakao noch den größten Teil der Exporteinnahmen. In Nigeria liegt der relative Anteil des Kakaos an den Gesamtausfuhren, aufgrund der Entwicklung der Ölexporte seit den 70er Jahren, inzwischen nur noch bei 3,7%. Die stagnierende Kakaoexportproduktion ist jedoch nach Öl das einzig relevante Exportprodukt geblieben. In den diversifizierten Ökonomien Brasiliens und Malaysias stellen die umfangreichen Kakaoexporte nur unbedeutende Anteile der

Gesamtexporteinnahmen (2,8% bzw. 1,8%). Deren Exportstruktur wird mittlerweile durch Industriewaren sowie - im Falle Malaysias - auch durch Erdöl dominiert.

Kakao trägt einen wesentlichen Beitrag (etwa 10%) zum Bruttoinlandsprodukt in der Côte d'Ivoire - mit steigender - sowie in Ghana - mit fallender Tendenz - bei. Er ist in Kamerun sowie Nigeria, Brasilien (Bahia) und Malaysia (Sabah) ein wichtiger Wirtschaftsfaktor für einzelne Regionen bzw. Provinzen. In Westafrika dürften ca. 1,2 Mill. überwiegend kleine und mittlere Bauernhaushalte einen wesentlichen Teil ihrer Einkommen aus dem Kakaoanbau beziehen.

Kurz und knapp: Der Weltmarkt für Kakao und die Kakaoexportproduktion bestimmen die wirtschaftlichen und sozialen Entfaltungsbedingungen für einige Millionen Menschen in der Dritten Welt und den Handlungsspielraum für die Entwicklungsstrategie in gut einem halben Dutzend Dritte Welt-Staaten.

Der vorliegende Sammelband bietet eine Darstellung des Kakaoweltmarktes und der wichtigsten Produzentenländer, die bisher fehlt. Es geht dabei allerdings nicht um eine allgemeine Darstellung dieses Rohstoffweltmarktes. Produktionstechnische und agronomische Probleme werden hier kaum behandelt, gelegentlich allenfalls gestreift. Sie sind anderswo abgehandelt worden[1]. Wer sich nicht auf eine letztlich immer trockene wissenschaftliche Fragestellung und Darstellung einlassen will und einen geschichtlichen und kulturgeschichtlichen Zugang zum Thema sucht, der sollte zu den beiden reich bebilderten Veröffentlichungen des Sachbuchautors Rolf Italiaander greifen[2]. Es handelt sich dabei offenbar um Auftragsarbeiten und Werbeschriften des Hamburger Schokoladefabrikanten Gustav Hamester. Noch opulenter, mit Graphiken und Bildern auf Hochglanz ausgestattet, ist das Buch des Kölner Schokoladefabrikanten Hans Imhoff, der auch ökonomische und einige entwicklungspolitische Fragestellungen behandelt[3].

Die zentrale Fragestellung dieses Bandes bezieht sich auf die entwicklungspolitischen Handlungsspielräume und Konsequenzen der Rohstoffexportproduktion. Damit werden im wesentlichen drei Dimensionen angesprochen: Die quantitative Gesamtentwicklung des Kakaoweltmarktes, die Aufteilung der Erlöse dieses

---

[1] Vgl. dazu: C. A. Krug/E. Quartey-Papafio: World Cocoa Survey. Rome 1964; Hansgünther Schönwälder: Die Kakao-Wirtschaft in Westafrika. Hamburg 1969; R. A. Lass/G. A. R. Wood (eds.): Cocoa Production. Present Constraints and Priorities for Research. Washington: The World Bank 1985.

[2] Rolf Italiaander: Xocolatl. Ein süßes Kapitel unserer Kulturgeschichte. Düsseldorf 1980; ders.: Speise der Götter. Eine Kulturgeschichte der Xocolatl in Bildern. Düsseldorf 1983.

[3] Hans Imhoff: Kakao. Das wahre Gold der Azteken. Düsseldorf 1988.

Marktes unter den direkt und indirekt beteiligten gesellschaftlichen Gruppen und Akteuren, schließlich die Distributions- und Verknüpfungseffekte, die von diesem Sektor für die Gesamtökonomien und Gesellschaften der beteiligten Produzentenländer ausgehen.

Die Autoren der beiden Bände, vier Politikwissenschaftler, ein Historiker, ein Geograph, sind der politikwissenschaftlichen Fragestellung besonders verpflichtet. Ein besonderes Interesse gilt daher den gesellschaftlichen Verteilungskämpfen auf dem Kakaoweltmarkt. Diese finden auf mehreren Ebenen statt, die sich wechselseitig verschränken:

- Zwischen Produzentenländern und den beteiligten Akteuren aus den Konsumentenländern sowie deren Regierungen;
- zwischen den Produzentenländern;
- zwischen Akteuren in den Konsumentenländern, den Verarbeitern untereinander, zwischen Verarbeitern und Detailhandel, im weiteren Sinne auch den Beschäftigten, den Endkonsumenten und den Regierungen, die partikulare gesellschaftliche und ökonomische Interessen mit ihren außenpolitischen Zielsetzungen zu harmonisieren versuchen;
- zwischen den gesellschaftlichen Akteuren in den Produzentenländern, d.h. zwischen den landwirtschaftlichen Erzeugern und dem Staat, dem Handel, den Lohnempfängern.

Die Diskussion über die Entwicklungsperspektiven von Rohstoffexportökonomien wird für diesen Rohstoffmarkt aufgenommen und thematisiert. Die bisher geführte entwicklungstheoretische Debatte hat jedoch etwas in Vergessenheit geraten lassen, daß die Alternative nicht nur zwischen ökonomischem Wachstum ohne Entwicklung und Wachstum mit Entwicklung besteht. Für den Kakaoweltmarkt wird gezeigt werden müssen, daß es auch die Möglichkeit der Stagnation und Rückentwicklung der Rohstoffexportproduktion und der von ihr abhängigen Gesamtökonmie geben kann. Das war offensichtlich nicht Konsequenz einer bewußten Abkopplungsstrategie, wie sie die Dependenztheoretiker forderten. Es erfolgte auch nicht die Zerstörung der Exportproduktion durch den Weltmarkt selbst: durch drastische Verminderung der Nachfrage und Senkung der Weltmarktpreise unter die Produktionskosten. Unter wechselnden, wennauch im Prinzip für alle Erzeuger gleichbleibenden Weltmarktbedingungen, weiteten einige Produzentenländer ihre Exporte erheblich aus, während andere stagnierten oder gar eine rückläufige Produktion hinnehmen mußten.

Diese Erscheinung lenkt den Blick auf die Rolle des Staates und der staatlichen Politik. Der Staat ist ohne Zweifel in den Produzentenländern der wichtigste gesellschaftliche Akteur, der durch eine aktive Förderungs-, Vermarktungs-, Regulierungs- und Steuerpolitik Entwicklung, Entwicklungstempo und gesellschaftliche Verteilung der Erträge des Rohstoffexportsektors maßgeblich beeinflussen kann, auch wenn die Ergebnisse nicht immer die angestrebten Ziele erreichen, gelegentlich sogar kontraproduktiv wirken und einige Staaten deshalb sogar durch ein Minimum staatlicher Eingriffe ihre Ziele zu verwirklichen suchen. Der Staat und die staatliche Politik im Kakaoexportsektor steht im Mittelpunkt dieser Bände, die damit einen Beitrag zur vergleichenden Policy-Forschung zu leisten versuchen.

Bei aller Gestaltungsmöglichkeit des Staates an der Peripherie der Weltgesellschaft, so wird der Handlungsspielraum in wesentlichen Eckdaten dennoch durch den Weltmarkt eingegrenzt, der durch die Dynamik in den industriellen Zentren bestimmt wird. Die Gestaltungsversuche der Kakaoexportländer blieben weithin ohne nennenswertes Ergebnis. Der Weltmarkt bleibt daher für diese der Rahmen, den sie kaum mitgestalten können, innerhalb dessen sie jedoch einen Handlungsspielraum haben, den sie nutzen, überziehen (mit kontraproduktiven Ergebnissen) oder auch verschwenden können. Bevor die einzelnen Länderstudien präsentiert werden, kommt daher der Kakaoweltmarkt zur Darstellung. In diesem Beitrag werden komparativ die wichtigsten Ergebnisse der Länderstudien präsentiert und diskutiert werden.

Die Autoren der Fallstudien haben sich zur Informationssammlung in ihren Untersuchungsländern aufgehalten: Rodger Wegner vom Februar - März 1985 in Ghana, Wolfgang Senftleben im August 1985 sowie Mai - September 1986 in Malaysia, Jan-Georg Deutsch (überwiegend mit anderen Aufgaben betraut) vom Juli - Dezember 1986 in Nigeria, Cord Jakobeit vom August - September 1986 in der Côte d'Ivoire, vom Januar - Februar 1987 in Kamerun und (überwiegend mit anderen Aufgaben betraut) im Februar 1987, vom Oktober - Dezember 1987 und im Mai 1988 in Äquatorialguinea sowie Gilberto Calcagnatto vom April - Mai 1987 in Brasilien. Aufgabe dieser Forschungsreisen war es, das international verfügbare Schrifttum durch die in diesen Ländern veröffentlichte wie unveröffentlichte ("graue") Literatur zu ergänzen sowie, durch qualitative Interviews mit den Beteiligten, eventuell durch Akteneinsicht anzureichern. Dabei war man notwendigerweise nicht nur unterschiedlich erfolgreich, die verfügbare Datenlage ist sehr heterogen. In Ghana und Nigeria hat die allgemeine Krise ihre Spuren in der amtlichen Statistik und Datenaufbereitung hinterlassen, sie ist schlicht für viele Jahre nicht verfügbar. Die einheimischen Universitäten vermochten unter diesen Bedingungen offenbar nicht mehr so zu forschen, wie dies früher z.T. noch möglich war. Ein Agrarzensus wurde beispielsweise in Ghana zuletzt 1970, in Nigeria ebenfalls zuletzt vor einigen Jahrzehnten durchgeführt. In Ghana gibt es immerhin zahlreiche Einzeluntersuchungen, die Lücken schließen helfen, in Nigeria sieht die Lage um einiges düsterer aus. Für die übrigen Untersuchungsländer ist die Forschungs- und Datenlage so dramatisch schlecht nicht; hier kann wenigstens über die Qualität der amtlichen statistischen Daten nachgedacht werden. Allerdings gibt es viel zu wenige qualifizierte Detailuntersuchungen, Sample- und Surveyuntersuchungen auf Haushalts-, Betriebs-, Dorf- und Gruppenebene, Industrieuntersuchungen, qualitative Studien zu einzelnen Verbänden, Organisationen, Behörden. Die vorhandene Literatur ist zwischen den einzelnen Ländern zudem ungleichgewichtig verteilt. Zum relativ jungen Kakaosektor in Malaysia liegen nur sehr wenige Untersuchungen vor. Besser ist der Literaturstand zur Côte d'Ivoire und zu Brasilien mit vorwiegend portugiesischsprachiger Literatur.

Die Forschungsaufenthalte für dieses Projekt waren zu kurz bemessen, als daß diese Lücken durch umfangreiche, z.T. arbeits- und kostenintensive Detailerhebungen hätten geschlossen werden können. Aufgabe dieses Projektes sollte es vielmehr sein, nicht nur einen Überblick über die sozialwissenschaftliche Forschung zu dem Thema zu erarbeiten, sondern auch die Forschungsdesiderata zu benennen, um damit weitere Detailforschung anzuregen und zu motivieren. Der Vergleich der einzelnen Produzentenländer und ihrer Strategien wird aufgrund dieser ungleichgewichtigen Datenlage natürlich nicht unerheblich erschwert, von einigen notwendigen Auslassungen abgesehen, erlaubt er dennoch einige schlüssige Ergebnisse. Die Mitarbeiter in diesem Forschungsprojekt wurden auf gemeinsame Fragestellungen verpflichtet. Es wurde jedoch nicht versucht, konträre analytische Einschätzungen zu harmonisieren. Der aufmerksame Leser wird daher zwischen einzelnen Länder- und der Globalstudie gelegentliche Bewertungsunterschiede feststellen und mag sich daraus sein eigenes Urteil bilden.

Aufwendige Forschungsprojekte wie dieses sind ohne externe finanzielle Förderung nicht möglich, zumal die Erfahrungen mit diesem Projekt gezeigt haben, daß beispielsweise die Universität Hamburg immer weniger in der Lage ist, eine halbwegs effiziente "Grundausstattung" von Forschungsdienstleistungen zur Verfügung zu stellen. Ganz besonders hervorzuheben sind daher die Hans-Merensky-Stiftung, das Institut für Afrika-Kunde sowie das Deutsche Übersee-Institut, die mit kleineren Beträgen die Verwirklichung der Ghana-Studie ermöglicht haben, und noch einmal das Institut für Afrika-Kunde, das auch zur Finanzierung des Kamerun-Aufenthaltes beitrug, sowie das Institut für Iberoamerika-Kunde, das seinen Mitarbeiter G. Calcagnotto für dieses Projekt freistellte. Das Gesamtprojekt und die übrigen Länderstudien wurden großzügig von der Stiftung Volkswagenwerk gefördert. Ihnen allen sei dafür herzlich gedankt.

Rolf Hanisch      Cord Jakobeit

# Die politische Ökonomie des Kakaoweltmarktes

Rolf Hanisch[*]

**Gliederung**

| | | |
|---|---|---|
| 1. | Vorbemerkung | 3 |
| 2. | Die Entfaltung des Kakaoweltmarktes | 4 |
| 2.1. | Die Produzenten- und Exportländer | 4 |
| 2.2. | Die Import- und Verbraucherländer | 11 |
| 3. | Die Akteure auf dem Weltmarkt | 16 |
| 3.1. | Die Anbieter | 16 |
| 3.1.1. | Die landwirtschaftlichen Produzenten | 16 |
| 3.1.2. | Die Vermarkter und der Staat | 21 |
| 3.2. | Die Käufer: Händler, Spekulanten, Fabrikanten | 27 |
| 3.3. | Internationale Organisationen | 35 |
| 3.3.1. | Die Cocoa Producers Alliance (CPA) | 35 |
| 3.3.2. | Die International Cocoa Organization (ICCO) | 38 |
| 4. | Die Akteure auf einem Verbrauchermarkt: Schokoladenindustrie und Süßwarenhandel in der Bundesrepublik Deutschland | 46 |
| 4.1. | Vom geschützten zum freien Markt: Konkurrenzverschärfung und Innovationsstimulanz | 46 |
| 4.2. | Der Konzentrationsprozeß in der Schokoladenindustrie | 53 |
| 4.3. | Die Internationalisierung der Schokoladenindustrie: Unsichtbare Schranken für neue Anbieter, Exportoffensive für hochwertige Produkte | 56 |
| 4.4. | Marktmacht und Preisdruck der Abnahme- und Distributionsseite: Der Süßwarenhandel | 60 |
| 5. | Das Ringen auf dem Weltmarkt um Preise und Einkommen | 67 |
| 5.1. | Die Entwicklung der Preise und ihre Bestimmungsgründe | 67 |
| 5.2. | Angebot und Nachfrage in der gegenwärtigen Krise | 79 |
| 5.3. | Multilaterale und nationale Regulierungsversuche | 88 |
| 5.4. | Die Vermarktungspolitik der einzelnen Produzentenländer im Vergleich | 98 |
| 6. | Die Weltmarkteinkommen und ihre Verteilung in den Erzeugerländern | 107 |
| 6.1. | Die Erzeugerpreispolitik und die Entwicklung der Einkommen der beteiligten Gruppen | 108 |

[*] Unter Mitarbeit von Sönke Schmidt (für Kapitel 4).

| | | |
|---|---|---|
| 6.2. | Die Rentabilität und Attraktivität der Kakaowirtschaft | 114 |
| 6.3. | Staat und Kakaowirtschaft: Zur vergleichenden Policy-Analyse | 125 |
| 7. | "Entwicklung" durch weltmarktorientierte Rohstoffproduktion? | 138 |
| 7.1. | "Vent for Surplus"? | 138 |
| 7.2. | Die Vermaschungseffekte des Kakaosektors mit der übrigen Ökonomie in den Produzentenländern | 146 |
| 8. | Literaturverzeichnis | 166 |

## ANHANG

| | |
|---|---|
| Graphikverzeichnis | 171 |
| Tabellenverzeichnis | 172 |
| Abkürzungsverzeichnis | 175 |

## 1. Vorbemerkung

Dieser Beitrag will nach einer kurzen Skizze der historischen Entfaltung des Kakaoweltmarktes in seiner räumlichen Dimension die gesellschaftlichen und politisch organisierten Kräfte darstellen, die gegenwärtig die Entwicklung des Kakaoweltmarktes prägen, die an ihm direkt oder indirekt beteiligt sind, die ihre Interessen mehr oder weniger erfolgreich durch ihn und mit ihm zu verwirklichen suchen. Das Erkenntnisinteresse dieses Beitrages - wie beider Bände - wird auf die Produzenten- und Ursprungsländer des Kakaos verengt. Die zentrale Fragestellung bezieht sich auf die entwicklungspolitische Dimension dieses Weltmarktes.

Gleichwohl können die Entwicklungen in den Verbraucherländern und vor allem die Beziehungen der Akteure aus den Verbraucherländern zu den Akteuren der Produzentenländer nicht vernachlässigt werden. Der Schwerpunkt des Weltmarktes liegt in den großen Verbraucherländern, also den westlichen Metropolen, nicht in den Produzentenländern. Die Entfaltung des Marktes in dieser Peripherie des Weltsystems ist auch eine Funktion der Entwicklungen in den Metropolen. Dieser Tatbestand ist allgemein von den Dependenztheoretikern ausführlich thematisiert worden. Allerdings betonen diese die Abhängigkeit und Fremdbestimmung nicht selten in einer Weise, die sie eigenständige Handlungsspielräume in der Peripherie übersehen läßt. Diese Handlungsspielräume einzelner oder mehrerer Produzentenländer kollektiv gibt es jedoch. Sie können genutzt, vergeudet oder überzogen werden.

Über die staatliche Kakaopolitik wird in den Produzentenländern politisch entschieden, d.h. sie ist Resultat der gesellschaftlichen Auseinandersetzungen der verschieden an diesem Markt beteiligten bzw. an ihm interessierten Gruppen. Es wurde immer wieder versucht, einzeln oder kollektiv, die Rahmenbedingungen, die der Weltmarkt setzt, zu beeinflussen. Man war dabei nicht sehr erfolgreich. Gleichwohl wurden - unter ähnlichen Weltmarktbedingungen - unterschiedliche Kakaopolitiken verfolgt, die zu einem Differenzierungsprozeß durchaus beitrugen. Die Interessendurchsetzung und der Interessenausgleich erfolgt jedoch nicht nur auf politischer Ebene. Diese setzt gelegentlich engere, ein anderes Mal weitere Rahmendaten sowohl als intendierte Politik oder auch nur aufgrund von Desinteresse oder Unvermögen, innerhalb derer die Marktteilnehmer individuell oder kollektiv ihre Interessen durchzusetzen versuchen können. Dies gilt prinzipiell sowohl für die Produzenten- als auch für die Konsumentenländer und für die internationalen Beziehungen der gesellschaftlichen Akteure untereinander. Es gibt gemeinsame Interessen zwischen den Marktteilnehmern, gegenüber dem Staat bzw. den Staaten oder allgemein gegenüber Dritten: Dazu gehören beispielsweise Bemühungen um eine Ausweitung des Marktes durch Steigerung des Verbrauches und der Produktion, um eine möglichst geringe Besteuerung, u.U. hohe Subventionen bzw. staatliche Förderungsmaßnahmen.

Die Marktteilnehmer stehen sich aber auch konfliktiv gegenüber und zwar als Konkurrenten auf ihrer jeweiligen Ebene - als Produzenten, in der Vermarktungs- und Distributionssphäre - und in einem Verteilungskampf zwischen den verschiedenen Ebenen. Sie mögen ihre Interessen dabei individuell bzw. mehr oder weniger kollektiv zu vertreten suchen, allein auf ihre ökonomische Kraft auf dem Markt vertrauen oder eine Verstärkung und Unterstützung durch politische Mittel und Instanzen suchen.

Nach der Darstellung der historischen und räumlichen Entwicklung des Kakaoweltmarktes in Kapitel 2 werden in Kapitel 3 die verschiedenen Marktteilnehmer, ihre gesellschaftlichen Organisationen und ökonomischen bzw. politischen Instrumente vorgestellt und ihre Konkurrenz untereinander auf den verschiedenen Ebenen des Weltmarktes beschrieben. Das vierte Kapitel behandelt die Marktteilnehmer in einem, dem zweitwichtigsten, Verbrauchermarkt: der Bundesrepublik Deutschland. Der hier beschriebene Konkurrenzdruck unter den Verarbeitern und die wachsende Abnahmemacht des Handels haben nicht nur Konsequenzen für die Entwicklung der Schokoladenindustrie in der Bundesrepublik selbst, sondern indirekt auch für die kakaoerzeugenden Länder. Im fünften Kapitel werden die Beziehungen zwischen den Akteuren in den Produzenten- und den Konsumentenländern analysiert. Sie werden dargestellt durch das Ringen um die Festsetzung der Weltmarktpreise und damit auch der Produzentenländereinkommen. Das sechste Kapitel geht der Verteilung der Weltmarkteinkommen in den kakaoproduzierenden Ländern nach und versucht, die unterschiedlichen Politiken und Entwicklungen der Kakaowirtschaften in den wichtigsten Produzentenländern zu erklären. Das abschließende siebte Kapitel beschäftigt sich mit der entwicklungspolitischen Dimension dieses Rohstoffweltmarktes für die Produzentenländer.

## 2. Die Entfaltung des Kakaoweltmarktes

### 2.1. *Die Produzenten- und Exportländer*

Die Heimat des Kakaobaumes ist der tropische Regenwald Amerikas - von Mexiko bis zum Amazonas -, wo er noch heute als Wildgewächs zu finden ist. Bei Ankunft der spanischen Conquistadoren kannten die Azteken und andere Völker Mittel- und Südamerikas schon den Gebrauch des Kakaos. Er diente als Zahlungs-, Genuß- und Heilmittel, als Schmuck und Aphrodisiakum. Er war Luxuskonsumgut und ein Hort für die Reichen und den Adel. Man tauschte 100 Kakaobohnen gegen einen Sklaven. Die Spanier verbesserten die Genießbarkeit des Schokoladenkuchens und Getränks durch die vorher unbekannte Beimischung von Zucker,

Vanilla und Zimt und brachten das neue Getränk nach Europa[1]. Als flüssiger Nahrungsersatz setzte der Verzehr sich während der Fastenperiode zunächst in höfischen Kreisen des katholischen Spanien und Italien durch. Im 17. Jahrhundert verbreitete die Schokolade sich als aristokratisches Modegetränk nach Frankreich und England und in anderen europäischen Ländern. Die Spanier vermochten zunächst die Produktion, den Handel und die Verarbeitung zu monopolisieren. Schon Ende des 17. Jahrhunderts wurde ihr Monopol durch den Schmuggel des (damals wichtigsten) "Caracas-Kakaos" durch Holländer und Engländer durchbrochen. Der Handel blieb quantitativ jedoch begrenzt. Die Kaufkraft in Europa war zu gering, der Preis zu hoch. Er wurde durch beträchtliche Steuern noch weiter nach oben getrieben. So konnte sich noch kein Massenkonsum entwickeln. Die dicke Trinkschokolade blieb ein Luxuskonsumgut, wichtiges Requisit des Rokoko und des Ancien Régime. Sie war nahrhaft und schwer bekömmlich und putschte nicht - wie Kaffee und Tee - auf. Puritaner tranken Kaffee, Aristokraten Schokolade.

Die industrielle Revolution führte auch in diesem Bereich zu einer Dynamisierung. Bis 1778 wurde Schokolade nur mit der Hand hergestellt. Danach wurde allmählich die maschinelle Verarbeitung eingeführt[2]. Dem Holländer van Houten gelang 1820 eine bedeutende Innovation: er entzog der Kakaobohne den größten Teil ihres Öls und trennte damit das Kakaopulver von der Kakaobutter. Damit wurde der Kakao weniger nahrhaft und verdaulicher. Die Kakaobohnen wurden nun zu Kakaopulver und Trinkkakao sowie Tafelschokolade verarbeitet. Die ersten Schokoladenriegel sind in den USA 1831, die ersten Tafelschokoladen in England 1842 nachgewiesen. Seit den 1860er Jahren popularisierten französische Fabrikanten Schokoladenkonfekt. Die Schweizer entwickelten die Milchschokolade (1876), deren weitverbreiteter Verzehr sich um die Jahrhundertwende durchsetzte.

Es dauerte jedoch noch einige Zeit bis Trinkkakao und Schokolade zu einem Massenkonsumgut wurden. Voraussetzung hierfür waren nicht nur die steigenden Masseneinkommen, sondern auch relative Preissenkungen für den Kakao. Eine wichtige Rolle spielte die Revolutionierung des Verkehrswesens auf dem Wasser - vor allem durch die Einführung der Dampfschiffahrt - und auf dem Lande, durch den Bau von Eisenbahnen und die Einführung des LKW-Transportes. Damit vermochte man wesentlich größere Mengen von Stapelgütern kostengünstig, ohne größere Risiken und schnell um den halben Erdball zu transportieren. In vorindustrieller Zeit dürften die Transportkosten hingegen noch ganz erheblich über den eigentlichen Produktions- und Rohstoffkosten gelegen haben. Anfang der 1920er Jahre lagen die Transportkosten in der Goldküste (Ghana) beispielsweise für

---

[1] Die erste Lieferung ist 1528 bezeugt, knapp ein Jahrhundert vor dem Tee, den die Holländer einführten (1610) und dem Kaffee, den venezianische Kaufleute nach Europa brachten (1615).
[2] Vgl. Wickizer (1951), S. 306.

Träger bei 6 s je t Kakao /Meile, für Lastwagen 2 s 9 d, für die Eisenbahn 7 1/2 d, was sich bei längeren Entfernungen noch bis auf 3 d ermäßigte[3].

Der Kakaoweltmarkt entwickelte sich daher zunächst behäbig, schließlich aber immer dynamischer: Um 1720 schätzte man die gesamte Produktion Spanisch-Amerikas auf 3.400 t[4]. Ein knappes Jahrhundert später, um 1810, schätzte Alexander von Humboldt[5] den gesamten gehandelten Kakao auf 13.500 t, dazu eine Eigenbedarfsproduktion in Amerika von etwa 1.500 t. 1895 gelangten 77.000 t in den Welthandel. Fünf Jahre später waren es 100.000 t. Bis 1922 hatte sich dieses Volumen vervierfacht. 1960 wurde die Millionengrenze überschritten, Mitte der 80er Jahre die Zweimillionengrenze erreicht.

Bis zu Beginn dieses Jahrhunderts behielt Lateinamerika ein faktisches Monopol als Ursprungsregion des Kakaoweltmarktes. Allerdings gab es einige Schwerpunktverlagerungen: Mexiko und Mittelamerika konnten den ursprünglichen Rang nicht halten und wurden zeitweise sogar zu Nettoimporteuren. Venezuela stieg Ausgang des 18. Jahrhunderts und Anfang des 19. Jahrhunderts zum wichtigsten Exporteur auf. Um 1810 gelangte etwa die Hälfte des Kakaos (6.500 t) von Venezuela aus in den Welthandel, z.T. über ein spanisches Handelsmonopol, z.T. durch Briten und Holländer geschmuggelt. Im 19. Jahrhundert verlor Venezuela seine führende Rolle. Der erste Einbruch erfolgte während der Wirren des Unabhängigkeitskrieges, von denen sich die Kakaoproduktion gerade noch einmal mühsam erholen konnte[6].

In der zweiten Hälfte des 19. Jahrhunderts wurde Kakao in Venezuela dann von der Weltmarktkultur Kaffee, später, ab den 20er Jahren, durch das Erdöl verdrängt und durch die Konkurrenz um die Arbeitskräfte an einer weiteren Entfaltung gehindert[7]. Der Anteil des Kakaos an den Exporten Venezuelas, der noch 1830/31

---

[3] Vgl. Maclaren (1924), S. 176. 1931 lagen die Eisenbahnfrachtkosten noch niedriger: zwischen 1,6 - 5,45 d je t Kakao/Meile. Vgl. May (1972), S. 188 f.

[4] Vgl. Mueller (1957), S. 84. T. A. Kofi (1949), S. 617, hat andere Zahlen zusammengestellt. Diese sind in beiden Fällen notwendigerweise nicht sehr genau. Zur Illustration werden daher die von Mueller zusammengetragenen Schätzungen erwähnt.

[5] Vgl. Mueller (1957), S. 105.

[6] Mueller (1957), S. 147, gibt folgende Zahlen an: 2.280 t (1830/31), 4.000 t (1840/48), 5.000 t (1851/52).

[7] 1900 produzierte Venezuela noch 9.000 t Kakao (7,8 % der Weltproduktion). Bei einer geringen absoluten Steigerung für den eigenen Bedarf - bis maximal 24.000 t (1967/68, 1969 /70) - ging der Anteil an der Weltproduktion bis auf eine marginale Größe (1986/87: 12.000 t, 0,6 %) zurück.

bei 35% (Kaffee 37%) gelegen hatte, ging auf 10% (1890er Jahre, Kaffee 78%) und schließlich 4% (1927, Erdöl 50%) und noch weniger zurück.

Das kleine Trinidad, eine im britischen Besitz befindliche, Venezuela vorgelagerte Insel, übertraf schon Ende des 19. Jahrhunderts mit seiner Kakaoproduktion diejenige Venezuelas. Um 1900 wurden hier 12.000 t Kakao produziert, 10% der Welterzeugung, in Amerika nur noch übertroffen von Ecuador (23.000 t, 20%), das seit Mitte des 19. Jahrhunderts zum wichtigsten Produzenten und Exporteur aufgestiegen war, sowie von Brasilien (18.000 t, 15,6%)[8].

Ecuador wurde als führender Kakaoproduzent 1904 abgelöst. Es gelang zwar noch eine Steigerung der Produktion bis ins folgende Jahrzehnt auf über 40.000 t (1921/22, 10% der Weltproduktion), eine seit 1914 auftretende Pilzkrankheit und seit 1921 die Hexenbesenkrankheit führten schließlich zum absoluten Verfall der Produktion. Erst in den 1960er Jahren konnte das Produktionsniveau des zweiten Jahrzehnts dieses Jahrhunderts wieder erreicht und überschritten werden. Mit einer stark schwankenden Produktion ist Ecuador heute ein mittelgroßer Produzent mit einem Weltmarktanteil von 3,5 - 6,5%.

Anders verhält es sich mit Brasilien: Schon im 18. Jahrhundert wurde hier Kakao für den Weltmarkt produziert, mit wechselnden regionalen Schwerpunkten: zunächst aus Amazonien, später, ab Ende des 19. Jahrhunderts, vor allem aus Bahia (hier wurde die Kakaokultur 1746 eingeführt). Im 19. Jahrhundert und in den ersten Jahrzehnten des 20. Jahrhunderts lagen die Exporte nicht wesentlich über denen des kleinen Trinidad. Dann vermochte Brasilien sich jedoch deutlich als wichtigster Produzent in Lateinamerika - vor Ecuador, Trinidad und der Dominikanischen Republik - durchzusetzen. Für wenige Jahre (1905-08) stieg es sogar zum wichtigsten Weltmarktproduzenten auf, behauptete dann aber über Jahrzehnte den zweiten Rang, den es erst 1960 verlor, inzwischen aber (seit 1975) wieder erringen konnte (vgl. auch Tabelle 1).

---

[8] Die Exportentwicklung Trinidads gibt Mueller (1957), S. 156, mit etwa 900 t (1830er Jahre), 1.500 t (1840er Jahre), 3.000 t (1860er Jahre), 8.000 t (1880er Jahre) an; diejenige Ecuadors mit 5.400 t (1834-36), 9.700 t (1848), 15.000 t (1879), 19.000 t (1895, 25 % der Weltproduktion).

# Weltmarkt

Tabelle 1: Die Entwicklung der Kakaoproduktion, in 1.000 t, 1893-1990

|  | 1893/94 | 1900/01 | 1910/11 | 1920/21 | 1930/31 | 1938/39 | 1950/51 |
|---|---|---|---|---|---|---|---|
| Afrika | 7 | 20 | 85 | 175 | 338 | 539 | 508 |
| Amerika | 66 | 90 | 155 | 184 | 179 | 247 | 288 |
| Asien + Ozeanien | 3 | 5 | 7 | 7 | 9 | 11 | 7 |
| Gesamt | 76 | 115 | 247 | 366 | 526 | 797 | 803 |
| Côte d'Ivoire | - | - | - | 1 | 20 | 54 | 56 |
| Brasilien | 10 | 18 | 35 | 35 | 63 | 137 | 153 |
| Ghana | - | 1 | 40 | 116 | 223 | 298 | 262 |
| Malaysia | - | - | - | - | - | - | - |
| Nigeria | - | - | 4 | 18 | 50 | 116 | 110 |
| Kamerun | 0,1 | 1 | 4 | 3 | 10 | 31 | 47 |
| Indonesien | 1 | 1 | 2 | 1 | 1 | 2 | 1 |
| Ecuador | 19 | 23 | 39 | 40 | 14 | 15 | 32 |
| Kolumbien | 3 | 3 | 3 | 4 | 6 | 12 | 14 |
| Mexico | 1 | 1 | 2 | 2 | 1 | 1 | 8 |
| Äquatorialguinea | 0,5 | 1 | 4 | 5 | 8 | 14 | 14 |

|  | 1960/61 | 1970/71 | 1980/81 | 1984/85 | 1986/87 | 1988/89 | 1989/90 |
|---|---|---|---|---|---|---|---|
| Afrika | 857 | 1.108 | 995 | 1.080 | 1.115 | 1.450 | 1.406 |
| Amerika | 297 | 378 | 573 | 703 | 624 | 607 | 604 |
| Asien + Ozeanien | 19 | 42 | 92 | 161 | 255 | 342 | 400 |
| Gesamt | 1.173 | 1.528 | 1.660 | 1.944 | 1.994 | 2.399 | 2.410 |
| Côte d'Ivoire | 93 | 180 | 403 | 565 | 602 | 810 | 730 |
| Brasilien | 122 | 182 | 349 | 412 | 369 | 333 | 345 |
| Ghana | 433 | 406 | 258 | 175 | 228 | 305 | 330 |
| Malaysia | - | 30 | 43 | 93 | 164 | 220 | 255 |
| Nigeria | 195 | 305 | 156 | 151 | 80 | 160 | 185 |
| Kamerun | 73 | 112 | 120 | 120 | 123 | 124 | 110 |
| Indonesien | 1 | 2 | 8 | 22 | 41 | 65 | 85 |
| Ecuador | 41 | 72 | 81 | 120 | 76 | 90 | 75 |
| Kolumbien | 19 | 21 | 39 | 41 | 51 | 52 | 52 |
| Mexico | 27 | 25 | 30 | 42 | 38 | 45 | 45 |
| Äquatorialguinea | 25 | 4 | 8 | 8 | 7 | 8 | 8 |

Quelle: Gill & Duffus, versch. Jhg.

Anders als für fast alle anderen wichtigen Weltmarktproduzenten haben die Kakaoexporte für die Gesamtökonomie Brasiliens nie eine wichtige Rolle gespielt. Selbst als es wichtigster Erzeuger war, lag der Anteil der Kakaoeinnahmen an den Gesamtexporten nur bei 2,8% und stieg auch später nur auf einen Anteil von 4-6%. Kaffee war immer wichtiger (mit Exportanteilen zwischen 40-60%), in den letzten Jahrzehnten auch Industriegüter[9]. Trotz Brasilien konnte Lateinamerika - als Heimat des Kakaos - sein Monopol für die Weltkakaoerzeugung jedoch nicht halten. Ausgangspunkt war die Unabhängigkeit Brasiliens von Portugal (1822). Portugal suchte dennoch die lukrative Kakaoproduktion nicht ganz zu verlieren und experimentierte mit dem Kakaoanbau nun in einer ganz anderen Region, die es noch politisch kontrollierte: auf den kleinen Zentralafrika vorgelagerten Inseln Sao Tomé und Principe.

Es dauerte allerdings einige Zeit, bis der Kakao hier wirklich ein Wirtschaftsfaktor wurde. 1869 wurden gerade 50 t ausgeführt, 1886 waren es schon 1.000 t[10]. Um 1900 wurden 17.000 t produziert, 15% der Weltproduktion, die bis zum 1. Weltkrieg noch auf 36.000 t (14%) gesteigert werden konnten. Seither ging die Produktion absolut wieder zurück und besitzt keine Bedeutung mehr für den Weltmarkt.

Von Sao Tomé wurde der Kakao ins benachbarte Fernando Poo, einer spanischen Kolonie, gebracht, von wo Wanderarbeiter 1874 Setzlinge nach Nigeria und 1879 nach Ghana schmuggelten[11]. Damit wurde die Grundlage für den Kakaoboom auf dem westafrikanischen Festland gelegt. Er fing zunächst bescheiden an. 1898 wurden aus Nigeria 35 t, aus Ghana 188 t Kakao exportiert. Bis 1911 stieg Ghana zum weltweit wichtigsten Produzenten und Exporteur auf und erlebte hinfort einen kontinuierlichen Produktionszuwachs von 40.000 t (1910/11, 16% der Welterzeugung) auf 557.000 t (1964/65, 37,5%). Nigeria folgte mit einigem Abstand (1964/65: 294.000 t). Danach gingen Produktion und relativer Weltmarktanteil in beiden Ländern kontinuierlich zurück. 1977/78 verlor Ghana seine Position als führendes Erzeugerland und rutschte danach sogar auf den dritten Rang ab. Die Dynamik der westafrikanischen Kakaoproduktion wurde nun von der Côte d'Ivoire getragen und von Kamerun immerhin konstant gehalten. Um die Jahrhundertwende war die Produktion (in der Côte d'Ivoire: 5 t) in beiden Ländern gänzlich unbedeutend und wuchs danach zwar im Weltmaßstab überdurchschnittlich, aber mäßig. Der Boom in der Côte d'Ivoire setzte erst in den 50er Jahren ein. Deren Weltmarktanteil wurde auf heute über 30% katapultiert, während Kameruns Produktion in den beiden letzten Jahrzehnten nahezu stagnierte.

---

[9] Vgl. Annuario Estatistico do Brasil (1952), S. 204; Calcagnotto, Bd.I, S. 282

[10] Vgl. Mueller (19957), S. 99 f.

[11] Die Einführung des Kakaos in Ghana (1857) wird auch der Basler Mission, mit Setzlingen aus Surinam, zugeschrieben.

Diese Entwicklung führte zu einer Verlagerung des Produktionsschwerpunktes von Amerika nach Westafrika. Schon 1918/19 übertraf die Produktion Afrikas diejenige Amerikas. In den 60er und 70er Jahren entfiel fast 3/4 der Welterzeugung auf Westafrika, gerade noch 1/4 auf Amerika. Seither ist der Anteil Westafrikas auf 56-58% zurückgegangen. Nutznießer waren Amerika, vor allem Brasilien mit einer zeitweise absoluten und relativen Produktionsausweitung, sowie nun auch Asien, mit einem Anteil von inzwischen 17% (vgl. Tabelle 2).

Tabelle 2: Der Anteil der einzelnen Regionen und Erzeugerländer an der Kakaoproduktion, in Prozent, 1893-1990

|  | 1893/94 | 1900/01 | 1910/11 | 1920/21 | 1930/31 | 1938/39 | 1950/51 |
|---|---|---|---|---|---|---|---|
| Afrika | 9 | 18 | 34 | 48 | 64 | 68 | 63 |
| Amerika | 87 | 78 | 63 | 50 | 34 | 31 | 36 |
| Asien + Ozeanien | 4 | 4 | 3 | 2 | 2 | 1 | 1 |
| Gesamt | 100 | 100 | 100 | 100 | 100 | 100 | 100 |
| Côte d'Ivoire | - | - | - | 0,3 | 3,8 | 6,8 | 7,0 |
| Brasilien | 13,2 | 15,7 | 14,2 | 9,6 | 12,0 | 17,2 | 19,1 |
| Ghana | - | 0,9 | 16,2 | 31,7 | 42,4 | 37,4 | 32,6 |
| Malaysia | - | - | - | - | - | - | - |
| Nigeria | - | - | 1,6 | 4,9 | 9,5 | 14,6 | 13,7 |
| Kamerun | 0,1 | 0,9 | 1,6 | 0,8 | 1,9 | 3,9 | 5,9 |
| Indonesien | 1,3 | 0,9 | 0,8 | 0,3 | 0,2 | 0,3 | 0,1 |

|  | 1960/61 | 1970/71 | 1980/81 | 1984/85 | 1986/87 | 1988/89 | 1989/90 |
|---|---|---|---|---|---|---|---|
| Afrika | 73 | 73 | 60 | 56 | 56 | 61 | 58 |
| Amerika | 25 | 25 | 34 | 36 | 31 | 25 | 25 |
| Asien + Ozeanien | 2 | 2 | 6 | 8 | 13 | 14 | 17 |
| Gesamt | 100 | 100 | 100 | 100 | 100 | 100 | 100 |
| Côte d'Ivoire | 7,9 | 11,8 | 24,3 | 29,1 | 30,3 | 33,8 | 30,3 |
| Brasilien | 10,4 | 11,9 | 21,0 | 21,2 | 18,5 | 13,9 | 14,3 |
| Ghana | 36,9 | 26,6 | 15,5 | 9,0 | 11,4 | 12,7 | 13,7 |
| Malaysia | - | 2,0 | 2,6 | 4,8 | 8,2 | 9,2 | 10,6 |
| Nigeria | 16,6 | 20,0 | 9,4 | 7,8 | 4,0 | 6,7 | 7,7 |
| Kamerun | 6,2 | 7,3 | 7,2 | 6,2 | 6,2 | 5,2 | 4,6 |
| Indonesien | 0,1 | 0,1 | 0,5 | 1,1 | 2,1 | 2,7 | 3,5 |

Quelle: Gill & Duffus, versch. Jhg.

Die Ursprünge des Kakaoanbaus gehen in Asien weit in die Kolonialzeit zurück. Die Spanier brachten schon 1663 die ersten Kakaosetzlinge von ihrer Kolonie Neu-Spanien (Mexiko) in ihre einzige asiatische Kolonie, die Philippinen. In Java versuchten die Holländer erstmals im 18. Jahrhundert Kakao zu kultivieren. Diese Versuche brachten jedoch nur bescheidene Ergebnisse. Der Durchbruch wurde schließlich in Malaysia erzielt. Erste Pflanzungen wurden hier 1949 - zunächst ohne Ergebnis - angelegt. Erst in den 70er und 80er Jahren konnte die Produktion nahezu kometenhaft ausgedehnt werden. Der Weltmarktanteil Malaysias liegt inzwischen bei 10%.

## 2.2. Die Import- und Verbraucherländer

Betrachten wir nun die Import- und Verbraucherseite. Die Datenlage erlaubt für die Frühzeit keine präzisen und verläßlichen Aussagen. Einige Informationssplitter ermöglichen jedoch einen hinreichenden Überblick.

In vorindustrieller und vorkapitalistischer, höfischer Zeit war Spanien vor Frankreich das Hauptimport- und Verbraucherland. Um 1810 wird der Welthandelsanteil von Spanien immer noch mit etwa einem Drittel, also etwa 4.400 t, angenommen[12]. Frankreich erlebte durch die Revolution von 1789 auch den Zusammenbruch seiner höfischen Kultur mit hohem Schokoladenverbrauch, der sich später nur sehr langsam wieder erholte. 1819 sollen 218 t, 1827 schon wieder 1.500 t und 1857 6.000 t importiert worden sein. Rußland importierte 1804 20 t, die USA 380 t, Österreich (1807) 118 t. Der norddeutsche Markt wurde vermutlich über Hamburg versorgt. Kakaoanlandungen betrugen hier 1823 200 t, ein Jahr später allerdings nur noch 91 t.

Hinfort sollten die Kakaoimporte und der Kakaoverbrauch nur langsam gesteigert werden. Die Industriestaaten, England, die USA, schließlich Deutschland, schoben sich immer mehr in den Vordergrund. Für England liegen verstreute Angaben für einen längeren Zeitraum vor. 1761-64 - in vorindustrieller Zeit - war der Kakaoverbrauch nahezu marginal. Der größte Teil der Importe - aus den eigenen Kolonien - wurde re-exportiert: von 270 t im Jahresdurchschnitt etwa 193 t. Es verblieb ein rechnerischer Landesverbrauch von 77 t. 1771-74 lag der Verbrauch bei nur 21 t, angesichts gleichbleibender Importe (269 t) und wesentlich höherer Re-Exporte (248 t)[13]. Im 19. Jahrhundert erfolgte eine kontinuierliche Steigerung der Importe und des Verbrauchs. Zunächst war die Marine ein Großabnehmer dieses platzsparenden, nahrhaften und haltbaren Nahrungsmittels. Deren Verbrauch übertraf zeitweise den gesamten übrigen Verzehr im Königreich. 1822

---

[12] Vgl. im folgenden Mueller (1957), S. 105 ff. Die unterschiedlichen Maßeinheiten werden auf Tonnenbasis umgerechnet.

[13] Vgl. Mueller (1957), S. 60.

wurden 237 t importiert und konsumiert, 46% von der Marine; 1830 532 t, davon 60% von der Marine. Der Verbrauch kletterte weiter auf 1.397 t (1850), 3.150 t (1870), 4.790 t (1880) und 9.170 t (1890)[14]. Zu diesem Zeitpunkt dürfte der Verbrauch schon von den USA[15] leicht übertroffen worden sein, die dann - gefolgt von Deutschland - im ersten Jahrzehnt dieses Jahrhunderts die britischen Importe und den britischen Verbrauch deutlich übertrafen.

Um die Jahrhundertwende lagen die Importe der USA und Deutschlands sowie Englands und Frankreichs noch etwa auf einem vergleichbaren Niveau (vgl. Tabelle 3). Hinfort sollten sich die USA als deutlich wichtigster Verbrauchermarkt absetzen, mit einem Marktanteil von zeitweise fast 4/5 aller Importe. Mit einigem Abstand folgt seither Deutschland, dessen Kakaoimporte allerdings in den beiden Weltkriegen zusammenbrachen und sich anschließend jeweils erst wieder erholen mußten. Neben den genannten vier Ländern traten nur noch die Niederlande - die einen Großteil der Importe in verarbeiteter Form re-exportierte - sowie, seit dem 2. Weltkrieg, die Sowjetunion als wichtige Importländer auf. Die Importe der Niederlande und der Sowjetunion übertrafen seit den 60er und 70er Jahren sogar diejenigen Englands und Frankreichs, die zeitweise sogar absolut rückläufig waren. Die Import- und Verbrauchermärkte weisen also - analog der Ursprungseite - eine Konzentration auf wenige Länder auf, die jedoch abnimmt. Auf die oben genannten fünf (heute westlichen) Industrieländer entfielen um 1900 noch 82% aller Importe, 1988 waren es noch 66% (vgl. Tabelle 3). Der Anteil aller westlichen europäischen Staaten an den Kakaobohnenimporten ist seit den 1920er Jahren relativ konstant - bei meist deutlich über 50% - geblieben. Als relativ neuer Markt entwickelte sich - zwischen 1950 und 1970, seither stagniert er wieder - das sozialistische Osteuropa (mit der Sowjetunion im Zentrum), gefolgt von einigen asiatischen Ländern sowie Australien. Seit der zweiten Hälfte der 1960er Jahre wird ein immer größerer Teil des Kakaos nicht mehr in unverarbeiteter Bohnenform, sondern als verarbeitetes Zwischen- und Endprodukt auf dem Weltmarkt gehandelt.

Der verarbeitete Kakao hat inzwischen einen Welthandelsanteil von etwa 30% (1950: 9%). Hierbei handelt es sich z.T. um verarbeitete Exporte aus den Produzentenländern, z.T. um verarbeitete Re-Exporte der Import- und Verbraucherländer. Die Daten für die Kakaobohnenimporte geben daher immer weniger die Anteile am Weltverbrauch wieder. Um den Verbrauch zu ermitteln, genügt die Importstatistik daher nicht mehr. Es müssen die landwirtschaftliche Produktion (in den Erzeugerländern), die Vermahlungen, Exporte und Importe in jeder Form gegeneinander aufgerechnet werden. Für die letzten Jahre ergibt sich folgendes

---

[14] Vgl. Historicus (1896), S. 48.

[15] Die Importe der USA stiegen von 1.360 t (1870), 4.000 t (1880), 9.525 t (1890) auf 20.400 t (1900). Errechnet aus Manthy (1978), S. 72. Die Angabe für 1900 differiert mit den Zahlen von Gill & Duffus, die hinfort benutzt werden.

Tabelle 3: Importe von Kakaobohnen und Zwischenprodukten (ab 1950)
in 1.000 t und in Prozent, 1894-1988 (ausgewählte Jahre)

Wichtige Importländer in 1.000 t

| | England | USA | Deutschland | Frankreich | Niederl. | Sowjetunion |
|---|---|---|---|---|---|---|
| 1894 | 14 | 7 | 8 | 15 | 5 | 1 |
| 1900 | 19 | 17 | 19 | 17 | 6 | 1 |
| 1910 | 25 | 47 | 43 | 24 | 18 | 4 |
| 1920 | 59 | 141 | 44 | 44 | 26 | - |
| 1930 | 54 | 163 | 75 | 37 | 51 | 3 |
| 1939 | 120 | 286 | 81 | 48 | 48 | 5 |
| 1950 | 127 | 281 | 68 | 69 | 73 | 12 |
| 1960 | 117 | 285 | 116 | 58 | 111 | 49 |
| 1970 | 100 | 342 | 143 | 47 | 152 | 109 |
| 1980 | 108 | 288 | 206 | 80 | 155 | 132 |
| 1985 | 128 | 464 | 275 | 105 | 215 | 200 |
| 1988 | 144 | 427 | 274 | 124 | 251 | 150 |

Wichtige Importländer in Prozent

| | England | USA | Deutschland | Frankreich | Niederl. | Sowjetunion |
|---|---|---|---|---|---|---|
| 1900 | 20,0 | 17,9 | 20,0 | 17,9 | 6,3 | 1,0 |
| 1910 | 12,8 | 24,0 | 21,9 | 12,2 | 9,2 | 2,0 |
| 1920 | 15,8 | 37,7 | 11,8 | 11,8 | 7,0 | - |
| 1930 | 11,4 | 34,4 | 15,8 | 7,8 | 10,8 | 0,6 |
| 1939 | 16,3 | 39,0 | 11,0 | 6,5 | 6,5 | 0,7 |
| 1950 | 16,0 | 35,5 | 8,6 | 8,7 | 9,2 | 1,5 |
| 1960 | 11,6 | 28,3 | 11,5 | 5,8 | 11,0 | 4,9 |
| 1970 | 7,7 | 26,2 | 11,0 | 3,6 | 11,6 | 8,3 |
| 1980 | 8,1 | 21,6 | 15,4 | 6,0 | 11,6 | 9,9 |
| 1985 | 6,7 | 24,1 | 14,3 | 5,5 | 11,2 | 10,4 |
| 1988 | 7,8 | 23,3 | 14,9 | 6,8 | 13,7 | 8,2 |

Forts. Tab. 3

**Wichtige Importregionen in 1.000 t**

| | West-Europa | Ost-Europa | Asien und Australien | Amerika | Afrika | Gesamt |
|---|---|---|---|---|---|---|
| 1894 | 54 | 1 | 0,5 | 7 | - | 63 |
| 1900 | 75 | 1 | 2 | 17 | - | 95 |
| 1910 | 141 | 4 | 2 | 49 | - | 196 |
| 1920 | 213 | 4 | 8 | 149 | - | 374 |
| 1930 | 264 | 21 | 7 | 182 | - | 474 |
| 1939 | 380 | 26 | 16 | 311 | 1 | 734 |
| 1950 | 427 | 18 | 17 | 319 | 4 | 792 |
| 1960 | 545 | 95 | 39 | 319 | 9 | 1.008 |
| 1970 | 631 | 196 | 65 | 398 | 17 | 1.307 |
| 1980 | 723 | 243 | 89 | 257 | 6 | 1.336 |
| 1985 | 984 | 289 | 129 | 512 | 8 | 1.922 |
| 1988 | 968 | 241 | 153 | 469 | 5 | 1.836 |

**Wichtige Importregionen in Prozent**

| | West-Europa | Ost-Europa | Asien und Australien | Amerika | Afrika | Gesamt |
|---|---|---|---|---|---|---|
| 1900 | 78,9 | 1,0 | 2,1 | 17,9 | - | 100 |
| 1910 | 71,9 | 2,0 | 1,0 | 25,0 | - | 100 |
| 1920 | 57,0 | 1,1 | 2,1 | 39,8 | - | 100 |
| 1930 | 55,7 | 4,4 | 1,5 | 38,4 | - | 100 |
| 1939 | 51,8 | 3,5 | 2,2 | 42,4 | 0,1 | 100 |
| 1950 | 53,9 | 2,3 | 2,2 | 40,3 | 0,5 | 100 |
| 1960 | 54,1 | 9,4 | 3,9 | 31,7 | 0,9 | 100 |
| 1970 | 48,3 | 15,0 | 5,0 | 30,5 | 1,3 | 100 |
| 1980 | 54,1 | 18,2 | 6,7 | 19,2 | 0,5 | 100 |
| 1985 | 51,2 | 15,0 | 6,7 | 26,6 | 0,4 | 100 |
| 1988 | 52,7 | 13,1 | 8,3 | 25,6 | 0,3 | 100 |

Quelle: Gill & Duffus, versch. Jhg.

Bild: Der Anteil der westeuropäischen Staaten am Gesamtverbrauch liegt bei ca. 37%, derjenige der USA immer noch bei 26-28%. Alle westlichen Industriestaaten zusammen haben einen Anteil von 72%, auf die sozialistischen Staaten Osteuropas entfällt deutlich weniger als ein Fünftel, auf die gesamte Dritte Welt entfällt etwa ein Zehntel des Weltverbrauchs (vgl. Tabelle 4).

Tabelle 4: Verbrauch von Kakao in den Großregionen, in 1.000 t und in Prozent des Weltverbrauchs, 1967-1986 (ausgewählte Jahre)

| | In 1.000 Tonnen | | | | |
|---|---|---|---|---|---|
| | 1967 | 1975/76-1979/80 | 1980/81 | 1984/85 | 1986/87 |
| Produzentenländer | | | | | |
| Amerika | | 104 | 117 | 135 | 147 |
| Afrika | | - | - | - | - |
| Asien + Ozeanien | | 6 | 10 | 2 | 2 |
| Übrige Dritte Welt | | 18 | 22 | 25 | 33 |
| Westl. IL | 815 | 995 | 1.070 | 1.246 | 1.317 |
| Europa | 360 | 549 | 569 | 647 | 648 |
| USA | 368 | 338 | 377 | 451 | 504 |
| Übrige IL | 87 | 108 | 124 | 148 | 165 |
| Osteurop. Staaten | | 256 | 277 | 331 | 315 |
| Welt | 1.374 | 1.458 | 1.495 | 1.739 | 1.815 |
| Prozent der Welt-Vermahlungen | | 95% | 99% | 94% | 95% |

| | In Prozent des Weltverbrauchs | | | | |
|---|---|---|---|---|---|
| | 1967 | 1975/76-1979/80 | 1980/81 | 1984/85 | 1986/87 |
| Produzentenländer | | | | | |
| Amerika | | 7,1 | 7,8 | 7,8 | 8,1 |
| Afrika | | - | - | - | - |
| Asien + Ozeanien | | 0,4 | 0,7 | 0,1 | 0,1 |
| Übrige Dritte Welt | | 1,2 | 1,5 | 1,4 | 1,8 |
| Westl. IL | 59,3 | 68,2 | 71,6 | 71,7 | 72,6 |
| Europa | 26,2 | 37,7 | 38,0 | 37,2 | 35,7 |
| USA | 26,8 | 23,2 | 25,2 | 25,9 | 27,8 |
| Übrige IL | 6,3 | 7,4 | 8,3 | 8,5 | 9,1 |
| Osteurop. Staaten | - | 17,6 | 18,5 | 19,0 | 17,3 |
| Welt | 100 | 100 | 100 | 100 | 100 |

Quellen: Errechnet aus: ICCO (1984), S. 19; ICCO (1986), Annex, S. 6; UNCTAD, Commodity Yearbook 1988, S. 143 (für 1967).

Der letztgenannte Wert entspricht etwa der Annahme, die Alexander von Humboldt für den Beginn des 19. Jahrhunderts für Amerika angestellt hat. Der Eigenverbrauch der Produzentenländer in Lateinamerika liegt allerdings heute anteilsmäßig etwa doppelt so hoch (20%) und wird nur durch den marginalen Eigenverbrauch in Afrika auf diesen niedrigen Durchschnittswert gezogen.

## 3. Die Akteure auf dem Weltmarkt

### 3.1. *Die Anbieter*

#### 3.1.1. Die landwirtschaftlichen Produzenten

Kakao gilt - anders als beispielsweise Zucker, Tee und Bananen - als Kleinbauernkultur, an der viele hunderttausend Betriebe in Westafrika beteiligt sind. In den Familienwirtschaften führte die Einführung der cash-crop Kakao häufig entweder zu einer Erhöhung der Arbeitsbelastung der Frauen oder doch zu ihrer Beschränkung auf die (bargeldlose) Nahrungsmittelproduktion für den Eigenbedarf, obwohl hier Generalisierungen schwierig sind: So ergab eine Untersuchung bei den Beti in Kamerun, daß die Frauen deutlich länger auf dem Feld arbeiten als die Männer, fast ausschließlich auf dem Nahrungsmittelfeld, während die Männer überwiegend Feldarbeit auf der Kakaopflanzung verrichten. Bei den Yoruba, wo die Frauen traditionell Einkommensmöglichkeiten im Handwerk und Handel realisieren, wird die Feldarbeit sowohl auf der Kakao- als auch auf der Nahrungsmittelparzelle fast ausschließlich von den Männern, unterstützt von Lohnarbeitern, verrichtet (vgl. Tabelle 5).

Tabelle 5: Tätigkeit von Männern und Frauen auf Kakao- und Nahrungsmittelparzellen in Familienwirtschaften in Nigeria (1968/69) und in Kamerun (1975-77)

| Tage p.a. | Yoruba (Nigeria) | | | Beti (Kamerun) | | |
|---|---|---|---|---|---|---|
| | Kakao | Nahrungsmittel | Zusammen | Kakao | Nahrungsmittel | Zusammen |
| Männer | 66 | 106 | 172 | 77 | 33 | 110 |
| Frauen | 7 | 10 | 17 | 9 | 174 | 183 |
| Lohnarbeiter | 35 | 12 | 47 | unb. | unb. | unb. |
| Zusammen | 108 | 128 | 136 | 86 | 207 | 293 |
| In Prozent | | | | | | |
| Männer | 61 | 83 | 73 | 90 | 16 | 38 |
| Frauen | 6 | 8 | 7 | 10 | 84 | 62 |
| Lohnarbeiter | 32 | 9 | 20 | .. | .. | .. |
| Zusammen | 100 | 100 | 100 | 100 | 100 | 100 |

Quelle: Guyer (1980), S. 365 f.

Über die Ehe in Ghana berichtet Jette Bukh hingegen[16], daß die Frau nach Einführung der Kakaokultur, neben ihrer Hausarbeit und Sorge um die Kindererziehung, die Kultivierung der Nahrungsmittelparzelle für den eigenen Bedarf übernahm, die bisher Obliegenheit des Mannes gewesen war, der sich nun um die Anlage und Pflege der Kakaopflanzungen kümmerte. Viele Frauen wollten aber vom cash-Einkommen nicht ganz abgeschnitten sein und legten sich zusätzlich noch eigene Kakaopflanzungen an.

Diese größere ökonomische Selbstständigkeit, bedingt auch durch die Abwanderung vieler (Ehe-)Männer in die Stadt, war ein notwendiges Vehikel für ihr wachsendes Selbstbewußtsein, für ihre Emanzipation. Unleidige Verbindungen wurden nun leichter gelöst als bisher - die Ehescheidungen nahmen dramatisch zu, meist auf Initiative der Frauen.

Die Anlage von Baumkulturen begünstigte die Privatisierung des bisher in Westafrika kommunal gehaltenen und z.T. auch bewirtschafteten Landes und ermöglichte damit eine Landakkumulation. Dieser Prozeß vollzog sich jedoch nur sehr allmählich und ungleichmäßig. Er hing möglicherweise von der Fähigkeit ab, (fremde) Wanderarbeiter zu mobilisieren und auf den wachsenden Pflanzungen einsetzen zu können, die nicht mehr nur von Familienarbeitskräften bewirtschaftet werden konnten.

Polly Hill u.a. haben den bemerkenswerten Unternehmergeist der Kakaobauern in Ghana beschrieben, die in kleinen Gruppen ("companies") Land erwarben, dieses rodeten und individuell bewirtschafteten, die nach einer ersten Farm eine zweite, dann eine dritte und vierte anlegten, die sie durch abusa-Pächter bewirtschaften ließen. Sie nannte diese Unternehmer-Bauern "ländliche Kapitalisten"[17].

In Kamerun ist diese Entwicklung vielleicht am schwächsten ausgeprägt. 95% der Arbeiten in den Kakaokulturen werden durch Familienarbeit erledigt. 80% des Landes wurden über traditionelle dörfliche Vergabemechanismen zugeteilt. Nur 2,4% der Kakaobauern haben einen eingeschriebenen Landtitel. Es finden sich noch Formen der kommunalen Austausch- und Gemeinschaftsarbeit auf den privaten Feldern. Schließlich werden noch kleine Gemeinschaftsparzellen bewirtschaftet, aus deren Erträgen Gemeinschaftsgüter wie Schulen und Lehrer finanziert werden (Jakobeit, Bd.II, K, S. 306 f.)[18].

---

[16] Vgl. Bukh (1979).

[17] Vgl. Hill (1963) sowie Hunter (1972).

[18] Die Hinweise im Text gelten den Autoren der Länderfallstudien dieses Projektes: G. Calcagnotto, Brasilien, in diesem Band I; W. Senftleben, Malaysia, in diesem Band I; C. Jakobeit, Côte d'Ivoire (C), Band II; Rodger Wegner, Ghana, Band II; J.-G. Deutsch, Nigeria, Band II; C. Jakobeit, Kamerun (K),

In der Côte d'Ivoire stellen immerhin noch Vermarktungsgenossenschaften nicht selten ihre Gewinne dörflichen Kollektivvorhaben zur Verfügung. Durch sie werden Schulen errichtet und unterhalten, Dorfstraßen gebaut, Kleintransporter angeschafft (Jakobeit, Bd.II, C, S. 20). Alles in allem scheint jedoch die Privatisierung und soziale Differenzierung des Kakaoanbaus in der Côte d'Ivoire, Ghana und vermutlich Nigeria weiter vorangeschritten zu sein als in Kamerun. Die durchschnittlichen Betriebsgrößen - in Kamerun 1,3 ha (Jakobeit, Bd.II, K, S. 269), in Ghana 2,9 ha (Wegner, Bd.II, S. 125), in der Côte d'Ivoire 6 ha (Jakobeit, Bd.II, C, S. 42), in West-Nigeria 2,1 ha (Deutsch, Bd. II, S. 216) - verdecken in den drei letztgenannten Ländern doch eine große Bandbreite und eine erhebliche soziale Differenzierung. Viele Bauern bewirtschaften mehrere Farmen. Sie setzen dabei Pächter und Lohnarbeiter ein. Verstreute Daten für Ghana deuten auf einen anhaltenden Konzentrationsprozeß hin. Aus ihnen ergibt sich, daß beispielsweise in Sample-Untersuchungen 1930 5,1% der Kakaobauern 20% der Anbaufläche, 1970 4% schon 40% kontrollierten. 1963 vermarkteten 5% der Bauern 31% der Produktion, 1975 4,7% immerhin 49% (Wegner, Bd. II, S. 127 f.). In Nigeria kontrollierten die reichsten 10% der Kakaobauern zwischen 30-40% des Landes, die ärmsten 40% verfügten über etwa 10-17% der Anbaufläche (Deutsch, Bd.II, S. 216).

Diese Daten sind nicht ganz vergleichbar und nicht unbedingt im wissenschaftlichen Sinne repräsentativ. Dennoch dürften sie den Trend in Ghana, Nigeria und in der Côte d'Ivoire zutreffend angeben. Zahlreiche Klein- und Familienbauern stehen in diesen Ländern also einer kleinen Schicht von mitarbeitenden Groß- und Familienbauern sowie einer schmalen Pflanzerbourgeoisie gegenüber. Besitzungen, wie die des ivorischen Präsidenten, mit 1.200 ha Kakao und 600 ha Kaffee, dürften aber eher die Ausnahme sein (Jakobeit, Bd.II, C, S. 9). Daten über den wachsenden Absentismus der großen Kakaobauern und Großpflanzer sind nicht verfügbar. Albert Viton beobachtete ihn schon Mitte der 50er Jahre mit Sorge (in bezug auf Produktion und Produktivität)[19].

Mittel- und Großbauern sowie Großpflanzer beschäftigen Pächter und Lohnarbeiter. Es wurde für die 50er Jahre in Ghana geschätzt, daß 2/3 des Kakaos durch abusa-Pächter erwirtschaftet wurden[20]. In der Côte d'Ivoire ergab der etwas überholte Agarzensus von 1973/75, daß 16% der Betriebe ständige und 58% temporäre Lohnarbeiter beschäftigen. Diese vermögen zunehmend allerdings Pachtverträge durchzusetzen - die Arbeiter erhalten dann die Hälfte (Abougnon) bzw. ein Drittel (Abousson) der Ernte. Mitte der 80er Jahre sollen etwa ein Drittel der Bauern Pächter beschäftigt haben (Jakobeit, Bd.II, C, S. 45). In Ghana zeigen Sample-

---

Band II; C. Jakobeit, Äquatorialguinea (Ä), Band II.

[19] Vgl. Viton (1955), S. 43.

[20] Vgl. Robertson (1982), S. 449.

untersuchungen, daß früher 1/3 der Betriebe Lohnarbeiter beschäftigte - das mag in den letzten ein, zwei Jahrzehnten weniger geworden sein. Eine Erhebung aus dem Jahre 1970 ergab, daß damals 30% der Arbeiter aus derselben Region, 45% aus anderen Landesteilen (wohl meist aus Nordghana) und 25% aus anderen Ländern (überwiegend Obervolta) kamen (Wegner, Bd.II, S. 130).

Kapitalistische Großplantagen blieben in Westafrika immer die Ausnahme. Die Kolonialunternehmen, die in der Côte d'Ivoire, in Nigeria und Deutsch-Kamerun[21] gegründet wurden, gingen entweder in der Weltwirtschaftskrise unter oder verschwanden nach dem Zweiten Weltkrieg. Lediglich in kleineren Produzentenländern vermochten sich bis zum Ende der Kolonialzeit europäische Plantagen zu halten. Anfang der 50er Jahre kontrollierten diese 69% (21.700 ha) der Kakaoanbaufläche im (damals spanischen) Äquatorialguinea, 90% (40.000 ha) im (damals portugiesischen) Sao Tomé und Principe, sogar 97% (20.100 ha) im (damals belgischen) Zaire. In der (damals französischen) Côte d'Ivoire waren hingegen nur 8.000 ha (4%) in der Hand französischer Plantagenbesitzer, die bis 1958 auf magere 2.000 ha (1,2%) noch weiter schrumpften[22]. In Äquatorialguinea befanden sich vor der Unabhängigkeit noch 64% der Kakaoanbaufläche (53.400 ha) in der Hand von 150 spanischen Plantagenbesitzern, die im Durchschnitt jeweils 228 ha große Fincas bearbeiteten (vgl. Jakobeit, Bd.II, Ä, S. 364). Versuche, etwa in Nigeria schon in den 50er und 60er Jahren, in Ghana seit 1977, staatliche Plantagen einzurichten, eröffneten gleichfalls nicht den Durchbruch zu einer anderen Produktionsweise in Westafrika. In Ghana gelten mittlerweile nur noch 5 der 47 staatlichen Plantagen (mit zusammen 24.464 ha) als rentabel und entwicklungsfähig (Wegner, Bd.II, S. 124).

Wesentlich größer als in Westafrika sind die Betriebe in Brasilien. Die Durchschnittsgröße in der Hauptanbauprovinz Bahia betrug 1980 ca. 94 ha (Calcagnotto, Bd.I, S. 366). Dahinter verbirgt sich eine große Bandbreite kleiner Familien- und größerer Lohnarbeitsbetriebe. 57% der Betriebe hatten weniger als 50 ha (ca. 16% der Anbaufläche), 2,3% mehr als 500 ha (ca. 30% der Anbaufläche). In der Kolonisationsphase - etwa bis 1920/30 - wurde die Verfügungsgewalt über die besten Böden in Wildwestmanier z.T. förmlich ausgeschossen. Rodung des Urwaldes und Anlage der Kakaopflanzungen erfolgte meist über das sogenannte contratista-System - ein temporäres Pachtsystem, durch welches die Landbesitzer ohne größeren Kapitalaufwand sich ihre Plantagen anlegen liessen und sich ihre mittellosen Pächter ihre (dürftige) Subsistenz und schließlich einige Ersparnisse zur Anlage einer eigenen kleinen Minifundio erwirtschaften konnten. In der Weltwirt-

---

[21] Obwohl Kakao in Kamerun die wichtigste Plantagenkultur war, wurde um 1900 nicht mehr als 2.921 ha, 1907 7.673 ha mit Kakao bewirtschaftet. Damit konnte der Bedarf des Deutschen Reiches bei weitem nicht gedeckt werden (1905: ca. 4 %). Vgl. Stoecker (1960), S. 165 f.

[22] Vgl. Viton (1955), S. 15, sowie Elliot (1974), S. 254.

schaftskrise gingen viele Betriebe in die Hände städtischer Händler und Wucherer über[23]. Gegenwärtig schätzt man, daß nicht weniger als 70% der Kakaofläche in Bahia von abwesenden Landbesitzern kontrolliert wird, d.h. während fast alle Klein- und Familienbauern sich auf ihrer Scholle befinden, wohnen die Besitzer der großen Lohnabeitsbetriebe selten noch auf ihren Plantagen, meist leben sie in den benachbarten Städten und gehen dort wohl noch weiteren Tätigkeiten nach (Calcagnotto, Bd.I, S. 372/373).

Namentlich in der fruchtbaren Kernzone des Kakaoanbaus ist in den letzten Jahrzehnten eine schleichende Verdrängung der kleinen Familien- durch größere Lohnarbeitsbetriebe festzustellen. Während in allen Agrarbetrieben die Lohnarbeitskräfte mit den Familienarbeitskräften sich noch die Waage halten, weist die Statistik für die Kernzone schon einen Anteil von 60% der Lohnarbeiter an allen Landbewirtschaftern aus (Calcagnotto, Bd.I, S. 374). Diese amtlichen Daten dürften die tatsächlichen Verhältnisse eher untertreiben. Die Lohnarbeitsbetriebe gehen zunehmend dazu über, ihre ständig beschäftigten Lohnarbeiter durch Saisonarbeiter und Tagelöhner - aus den Städten und aus der unterbeschäftigten Arbeitskraftreserve der Familienbetriebe - zu ersetzen, was von der amtlichen Statistik nicht erfaßt wird.

Die Verbreitung organisierter kapitalistischer Unternehmen - in Form von Aktiengesellschaften - ist in der Kakaoproduktion in Brasilien jedoch nach wie vor gering: 1980 gab es in Bahia nur 172 Aktiengesellschaften und Genossenschaften, 0,6% aller Betriebe, ferner 2.394 Personengesellschaften (8,4% aller Betriebe) (Calcagnotto, Bd.I, S. 370).

In Asien, in Papua-Neuguinea, Indonesien und Malaysia erfolgten die Neupflanzungen der jüngsten Zeit z.T. auf Plantagen. In Indonesien ist 1983-88 eine Verdoppelung der Kakaoanbaufläche zu verzeichnen, die jedoch von Kleinbauern getragen wurde, auf die damit inzwischen 2/3 der Anbaufläche (1988, 1983: 43%) entfällt. Der Anteil der staatlichen Plantagen ging hingegen auf 24% (1983: 42%), der der privaten Plantagen auf 9% (1983: 15%), zurück[24]. In Malaysia kontrollieren Plantagen fast 2/3 der Anbaufläche. Während die Betriebe der Kleinbauern und Neusiedler kaum größer als 1,5 - 3 ha sind, entfallen auf die 574 Plantagen im Durchschnitt 260 ha, unter denen jedoch eine beträchtliche Streubreite festzustellen ist: Es dominieren die mittelgroßen Pflanzungen in chinesischer Hand, die meist als privatrechtliche GmbH's organisiert sind. In Sabah haben diese eine durchschnittliche Größe von 175 ha. Plantagen im ausländischen Besitz sind gut doppelt

---

[23] Ein Kind dieser Region, der Dichter Jorge Amado, hat diesen Verhältnissen und Prozessen ein lebendiges literarisches Denkmal gesetzt. Eine wissenschaftliche Darstellung gibt Kleinpennig (1982).

[24] Vgl. P. T. Data Consult (1989), S. 28.

so groß (430 ha), Plantagen unter öffentlich-rechtlicher Kontrolle sind noch erheblich größer (850 ha) (Senftleben, Bd.I, S. 213, 214).

Für Malaysia gilt kaum weniger, was für alle anderen Anbauregionen festgestellt werden kann: Ausländer, TNK, spielen auf der landwirtschaftlichen Produktionsebene so gut wie kaum eine Rolle. Diese befindet sich heute überall in der Hand großer oder kleiner nationaler Produzenten. In Malaysia sind ausländische Plantagen vielleicht noch am sichtbarsten und dennoch marginal: Nur 4% aller Plantagen, 7% der Plantagenfläche und 4% der gesamten Kakaoanbaufläche werden von Ausländern kontrolliert.

### 3.1.2. Die Vermarkter und der Staat

Anders verhielt und verhält es sich in der Vermarktungssphäre. Diese wurde in Westafrika von großen (damals kolonialen) Handelshäusern kontrolliert, die Kakao und andere cash crops aufkauften, industrielle Konsumgüter importierten und vertrieben. Es waren nur wenige Unternehmen, die praktisch als Oligopol auftraten. In Ghana hatte in den 40er Jahren das größte Unternehmen einen Anteil an den Kakaoaufkäufen von 39%, in Nigeria waren es immerhin 33%. In beiden Ländern kontrollierten die acht größten Unternehmen 82% der Kakaoaufkäufe[25].

In der Zwischenkriegszeit kam es - namentlich in Ghana, der damaligen britischen Goldküste, dem mit Abstand wichtigsten Produzentenland - immer wieder zu Konflikten zwischen den Kakaobauern, viele unter ihnen kleine Agrarkapitalisten, und den kolonialen Handelsunternehmen. Anlaß waren die z.T. extremen Weltmarktpreisschwankungen, die die Handelshäuser - zur Stabilisierung ihrer eigenen Gewinne - in Baisseperioden überproportional weitergaben und gegen diese durchzudrücken versuchten[26]. Zur besseren Durchsetzung dieser Politik suchte das Handelsoligopol durch die Bildung von Aufkaufkartellen (sog. "Pools") jegliche Konkurrenz untereinander auszuschalten. Die Kakaobauern, unter denen die Großbauern die aktivste Rolle spielten, die sich verschiedentlich die nicht unwichtige Unterstützung durch die Häuptlinge sichern konnten, versuchten sich gegen die Preisdiktate durch zwei Strategien zu wehren: Sie bemühten sich einerseits um den Aufbau genossenschaftlicher Aufkauforganisationen und um eine Direktvermarktung in die Verbraucherländer, wobei man interessanterweise seine Hoffnungen auf die Schwarzen in den USA - als Partner und Finanziers - richtete. Andererseits versuchte man die Handelshäuser aktiv zu boykottieren, keinen Kakao an sie zu verkaufen, keine Waren von ihnen zu kaufen. Neben verschiedenen begrenzten Aktionen kam es in der Goldküste 1921/22, 1930/31, 1934/35 und

---

[25] Daten nach P. T. Bauer, zitiert von Kofi (1975), S. 252.

[26] Vgl. Ehrler (1977), S. 33 f.

1937/38 zu derartigen Boykotten. Obwohl es Kontakte und entsprechende Bemühungen gab, konnten diese Aktionen jedoch nicht auf (brit.) Nigeria ausgedehnt werden.

Die Kakaobauern vermochten ihre unmittelbaren Ziele nicht durchzusetzen. Sie zwangen jedoch schließlich die Kolonialadministration zum Eingreifen. Im Krieg, als wegen der Transportengpässe nur 70% der Ernte verschifft werden konnten, wurde die Kakaovermarktung verstaatlicht[27]. Nach dem Krieg wurde das staatliche Monopol durch die Gründung eines Cocoa Marketing Board 1947 in Ghana und Nigeria unter normalen Marktbedingungen fortgesetzt. Die Marketing Boards sollten den Produzenten zu Beginn der Ernteperiode feste Produzentenpreise zusagen und damit kurzfristige Preisschwankungen ausschalten und mittelfristige Preisbewegungen nivellieren. Die ausländischen Unternehmen wurden damit nicht vollständig aus dem Geschäft gedrängt. Sie wurden als Aufkaufagenten lizensiert und für ihre Dienstleistungen bezahlt. Noch 1951/52 kauften in Ghana ausländische Handelshäuser 84% der Kakaoernte auf, ghanaische Vermarktungsgenossenschaften immerhin schon 14%. In den 1950er Jahren wurde der Anteil der ausländischen Unternehmen - zugunsten der Genossenschaften und einem Tochterunternehmen des CMB, das wegen Mismanagement und Korruption nach einigen Jahren wieder geschlossen werden mußte - kontinuierlich zurückgedrängt. 1960/61 hatten sie nur noch einen Anteil von 37%. Im folgenden Jahr wurde der Aufkauf vollständig verstaatlicht, d.h. auf den von der Staatspartei kontrollierten Bauernverband, dem United Farmers' Cooperative Council (UFCC), übertragen. Auch nach dessen Auflösung 1966 wurde der Kakaoaufkauf nur vorübergehend teilprivatisiert, schließlich (1977) wieder voll verstaatlicht (Wegner, Bd.II, S. 112).

In Nigeria wurden die ausländischen Handelshäuser, die 1954/55 noch 81% des Kakaos aufkauften, gleichfalls schrittweise zurückgedrängt. 1966/67 kauften sie nur noch 16% des Kakaos im Auftrag des Nigerian Cocoa Marketing Board auf, kaum mehr als die nigerianischen Genossenschaften (gleichfalls etwa 16%) und deutlich weniger als die nigerianischen Handelsunternehmen, die in dieses lukrative Geschäft drängten, und die 68% der Kakaoaufkäufe abzuwickeln vermochten (Deutsch, Bd.II, S. 182). 1977 wurde die (mehrheitliche) Nigerianisierung der Aufkaufagenturen erzwungen. Die Zahl der lizensierten Aufkauffirmen wurde von 37 (1954/55) auf 561 (1985/86) kontinuierlich ausgeweitet (Deutsch, Bd.II, S. 182). Im Rahmen eines (IWF erzwungenen) Anpassungsprogramms wurden 1986 alle Marketing Boards, darunter auch der Cocoa Marketing Board, aufgelöst und der Aufkauf und die Vermarktung vollständig privatisiert. Für diese überbürokratisierten und ineffizienten Behörden gab es im politischen System offenbar keine Fürsprecher mehr, von den betroffenen Bürokraten einmal abgesehen. Die Privatisierung und Liberalisierung zeigte unter den Bedingungen der allgemeinen Wirtschaftskrise - mit Inflation und Währungsverfall - jedoch einen Januskopf:

---

[27] Vgl. Hanisch (1976), S. 17.

private Handelsfirmen, die sich um die Vermarktung des Kakaos bemühten, schossen wie Pilze aus dem Boden. Es kam zu einem förmlichen "cocoa rush" (Deutsch, Bd.II, S. 194). Allerdings hatten diese neuen Kakaovermarkter nur mehr oder weniger geringe Kenntnisse in diesem Wirtschaftszweig. Es kam zu einer deutlichen Verschlechterung der vermarkteten Qualitäten, deshalb zu Preisabschlägen auf dem internationalen Markt, während, gut für die Landbewirtschafter, die nun freien Produzentenpreise in die Höhe schossen. Dieses Paradoxon kann nicht allein durch eine möglicherweise erzielte Reduzierung der Transferkosten erklärt werden. Es spricht einiges dafür, daß durch den Eintritt in die Kakaovermarktung nicht nur (normale) Handelsgewinne gesucht wurden, sondern ein Weg gefunden wurde, Kapital zu transferieren - Fluchtkapital.

Die französischen Kolonien Côte d'Ivoire und Kamerun folgten in modifizierter Form der staatlichen Kontrolle der (internen) Preisfestsetzung und Vermarktung. 1955 wurden hier "caisse de stabilisation" gegründet. Diese greifen weniger direkt in die Vermarktung ein als die Marketing Boards, gleichwohl nicht weniger wirkungsvoll. Sie setzen die Produzentenpreise und die Vermarktungsmargen für Aufkäufer und Exporteure zu Beginn jeder Erntesaison fest, die gegen die tatsächlich von den Exporteuren auf dem Weltmarkt erzielten Preise verrechnet werden. Die Stabilisierungskassen entscheiden, wie die Marketing Boards, über die Verkaufsstrategie, über den Zeitpunkt und den Preis der Kakaoverkäufe. Die physische Ausfuhr wird jedoch von den lizensierten, privaten Exportunternehmen abgewickelt, die dafür jährlich neue Quoten zugeteilt bekommen. In der Côte d'Ivoire sind es noch im Kern die kolonialfranzösischen Handelshäuser. Seit den 70er Jahren sind auch der ivorische Staat und private Ivorer in diesen lukrativen Handel eingestiegen (Jakobeit, Bd.II, C, S. 36). Es gibt 37 Exportunternehmen. Auf die fünf größten Unternehmen entfielen 1985/86 36% aller Exporte (1979/80 waren es noch 49%) (Jakobeit, Bd.II, C, S. 36). Den Aufkauf besorgen meist libanesische Händler sowie Vermarktungsgenossenschaften. Die Zahl der privaten Händler nahm aufgrund der einträglichen Geschäfte Anfang der 80er Jahre kontinuierlich zu. Sie wurde jedoch, da die Produktqualität sich zu verschlechtern begann und wegen sich häufender Betrügereien, 1985/86 von 1.200 auf 800 administrativ wieder deutlich vermindert.

Trotz staatlicher Förderung war der Versuch, die offensichtlich nicht unbedeutenden Handelsspannen durch genossenschaftliche Vermarktung den Produzenten selbst zugute kommen zu lassen, bisher nicht sehr erfolgreich. 1985/86 wurden gerade 15% der Kakaoernte durch Genossenschaften aufgekauft. Diese leiden immer wieder unter Managementfehlern, klagen über das fehlende genossenschaftliche Bewußtsein ihrer (freiwilligen) Mitglieder und müssen immer wieder finanzielle Unregelmäßigkeiten verkraften. Seit 1985 sucht der Staat, durch Gründung von Großgenossenschaften, deren Arbeit zu zentralisieren, zu professionalisieren und effizienter zu gestalten sowie auf eine finanziell gesündere Basis zu stellen (Jakobeit, Bd.II, C, S. 21) - ob das der richtige Weg ist, muß sich auch erst noch erweisen.

Nicht wesentlich erfolgreicher waren die genossenschaftlichen Versuche in den anderen Produzentenländern. Im frankophonen Teil Kameruns bekamen sie 1975 sogar ein Aufkaufmonopol. Sie vermochten es nicht effizient und rentabel zu nutzen. Der Aufkauf mußte wieder privatisiert werden. 1985/86 wurden wiederum 80% des Kakaos durch private Händler aufgekauft. Im anglophonen Teil wurden (zuletzt) fünf private Aufkäufer, neben den Genossenschaften, lizensiert (Jakobeit, Bd.II, K, S. 302). Für den Export wurden meist 30 Handelsunternehmen, überwiegend in der Hand von Griechen, Lizenzen erteilt. Der Konzentrationsprozeß ist noch größer als in der Côte d'Ivoire. Die fünf größten vermochten 1986/87 ihre Quote auf 95% der Gesamtvermarktung zu erhöhen. 1984/85 waren es erst 60% gewesen (Jakobeit, Bd.II, K, S. 301).

In den beiden anderen wichtigen nicht-afrikanischen Exportländern - Brasilien und Malaysia - gibt es ein freies Vermarktungssystem einzelner privater Exporteure. Es gibt allerdings wesentlich weniger Produzenten, die Kakao anbieten, und, wie in Brasilien, z.T. zu spot-Preisen, z.T. auch zu future-Preisen an die Exporteure verkaufen. In Brasilien übt das Außenhandelsdepartment der Banco do Brazil (CACEX) eine gewisse Überwachungsfunktion aus. Hier finden tägliche Zusammenkünfte der Exporteure statt, werden Informationen über die getätigten Exporttransaktionen ausgetauscht und gesammelt, ein Markttrend eruiert. Die CACEX vermag administrativ jedoch nur durch Löschung einer Exportlizenz einzugreifen[28]. Der Aufkauf und die Vermarktung erfolgte noch bis in die 60er Jahre durch viele selbständige Händler, die inzwischen zunehmend durch große Exporthäuser und direkt einkaufende (in Brasilien ansässige) Industrieunternehmen verdrängt wurden. Letztere kauften Anfang der 80er Jahre 47% bzw. 40% der Produktion auf. Auch in Brasilien ist die Bedeutung von Vermarktungsgenossenschaften eher gering und rückläufig. Ihr Vermarktungsanteil wird gegenwärtig auf etwa 10% geschätzt. 1952 waren es noch 45%. Sie kaufen entweder den eher minderwertigen Kakao auf oder verkaufen den Kakao ungünstiger als ihre privatkapitalistischen Konkurrenten: 1981 lagen ihre Verkaufspreise - und damit vermutlich auch ihre Aufkaufpreise - um 1/5 unter dem brasilianischen Durchschnitt. Es überrascht daher nicht, daß nur 14% der 5.734 eingetragenen Genossenschaftsmitglieder 1986 wirklich aktiv waren (Calcagnotto, Bd.I, S. 387). Die Exporte befinden sich in der Hand weniger Unternehmen, allerdings fand in den letzten Jahren ein Dekonzentrationsprozeß statt. Immerhin kontrollierten 1986 die vier größten Handelshäuser noch über die Hälfte der Rohkakaoausfuhren, die vier größten Verarbeiter über 2/3 der Exporte an Kakaozwischenprodukten. Ausländische Unternehmen bzw. Joint Ventures spielen praktisch keine Rolle in der Kakaovermarktung, wohl aber in der Kakaozwischenverarbeitung und im Export des verarbeiteten Kakaos. 1976 kontrollierten sie etwa 1/2, 1986 etwa 2/5 der Zwischenproduktexporte (vgl. Tabelle 6).

---

[28] Vgl. Curtis (1987), S. 70.

Tabelle 6: Konzentration und Kontrolle der brasilianischen Kakao- und Kakaozwischenproduktausfuhren, in Millionen US-$ und in Prozent, 1976 und 1986

|  | Exportvolumen in Mill. US-$ | | In Prozent | |
|---|---|---|---|---|
|  | 1976 | 1986 | 1976 | 1986 |
| Kakaobohnen | 198 | 256 | 61 | 49 |
| Zwischenprodukte | 124 | 267 | 39 | 51 |
| Gesamt | 322 | 526 | 100 | 100 |

|  | Zahl der Exporteure | | Anteil der vier größten Exp. | |
|---|---|---|---|---|
|  | 1976 | 1986 | 1976 | 1986 |
| Kakao | 17 | 43 | 63% | 52% |
| Zwischenprodukte | 5 | 17 | 99% | 67% |

|  | Ausländische Unternehmen bzw. Joint Ventures | | | |
|---|---|---|---|---|
|  | 1976 | 1986 | 1976 | 1986 |
| Kakao | .. | 3 | .. | .. |
| Zwischenprodukte | 2 | 8 | 32% | 40% |

Quelle: Zusammengestellt nach Calcagnotto, Bd.I, S. 390 ff.

In Malaysia vermarkten die Plantagen ihren Kakao selbst. Der Kakao der Kleinbauern wird in West-Malaysia von einem Netz von (meist chinesischen) kleinen (1986: 354) und mittleren (118) Zwischenhändlern und einigen wenigen Großhändlern aufgekauft, die im Durchschnitt 10 t bzw. 70 t und 150 t bewegen. Die Vermarktung erfolgt durch nicht weniger als 42 Exporteure. Allerdings versucht der Staat durch seine ursprünglich für andere Produkte 1965 gegründete Vermarktungsbehörde FAMA in West-Malaysia und durch die 1977 gegründete SAMA in Sabah den Kleinbauern Alternativen zum lokal sonst möglicherweise monopolistischen Privataufkauf zu bieten. Die privaten Händler müssen überdies seit 1980 durch die FAMA lizensiert werden. Sie sind dennoch flexibel genug, die Nase vorn zu behalten. Sie kaufen nicht nur den Kakao auf, sondern verkaufen auch Konsumgüter, geben Kredit und zahlen - wenn nötig - etwas günstigere Preise als die FAMA. Die FAMA hält somit lediglich einen Anteil von 17% an der Kakaovermarktung der Kleinbauern (Senftleben, Bd.I, S. 219 ff).

Fassen wir zusammen: Auch in Brasilien und Malaysia überläßt der Staat die Vermarktung nicht ganz sich selbst, dennoch kann man für Brasilien und mehr noch für Malaysia von einem freien und privatwirtschaftlichen Vermarktungssystem sprechen, das nicht mit den staatlichen und zentralisierten Vermarktungssystemen Westafrikas zu vergleichen ist. Die Intentionen des Staates sind in den genannten Ländern nicht dieselben: In Westafrika sucht er durch die zentralisierte Vermarktung einerseits seine Verhandlungsmacht auf dem Weltmarkt zu verstärken, um optimalere Preise zu erzielen (vgl. dazu Kapitel 5.3.), andererseits hat er damit ein Instrument in der Hand, um die Produzentenpreise zu beeinflussen, nicht nur um sie zu stabilisieren, wie es offizielle Doktrin ist (vgl. Kapitel 6.1.), sondern auch um sie effektiv zu besteuern. In Malaysia sucht der Staat die Produzentenpreise - marktgerecht - zu stützen. In Brasilien fördert der Staat die Markttransparenz.

Anders als auf der landwirtschaftlichen Produzentenebene ist ausländisches Kapital auf der Vermarktungsebene in den Produzentenländern durchaus vertreten. Es kann heute jedoch nicht mehr an die Zeit vor Errichtung der staatlichen Vermarktungsbehörden in Westafrika anschließen. Eine gewisse Rolle spielen zugewanderte Ausländer in der Vermarktung, meist mit der Staatsbürgerschaft ihrer Gastländer versehen. Diese repräsentieren jedoch keine TNK. Relativ unbedeutend sind auch Genossenschaften in der Vermarktung. Sie konnten nirgendwo als echte Alternative zur privaten und privatkapitalistischen Vermarktung entwickelt bzw. auf Dauer stabilisiert werden (vgl. Tabelle 7).

Tabelle 7: Vermarktungssysteme der wichtigsten Produzentenländer, 1980 und 1989

| 1980 | Caisse de Stabilisation | | Marketing Board System | | Privates Vermarktungssystem | | Marktanteil |
|---|---|---|---|---|---|---|---|
| | CdI | Kamerun | Ghana | Nigeria | Bras. | Malays. | |
| Staatliche Produzentenpreise | X | X | X | X | | | 59% |
| Anteil an den Exporten: Staat | | | 100 % | 100% | | | 28% |
| Staatlich kontrollierte private Händler | X | X | | | | X | 33% |
| Mindestexportpreise | X | X | | | X | | 49% |
| Verarbeitung im Lande (in% der Produktion) | 15 | 27 | 10 | 11 | 68 | 38 | (1)21% |
| Marktanteil | | 31% | | 28% | | 20% | |

| 1989 | Caisse de Stabilisation | | Marketing Board System | Privates Vermarktungssystem | | | Marktanteil |
|---|---|---|---|---|---|---|---|
| | CdI | Kamerun | Ghana | Bras. | Malays. | Nig. | |
| Staatliche Produzentenpreise | X | X | X | | | | 52% |
| Aufkauf durch Genossensch. (2) | 15% | 20% | | 10% | 0,3% | | 7% |
| Anteil an den Exporten: 5 größe private Unternehmen | 36% | 95% | | 60% | | | |
| Staat | | | 100% | | 5% | | 13% |
| Staatlich kontrollierte private Händler | X | X | | | X | | 48% |
| Mindestexportpreise | X | X | | X | | | 53% |
| Verarbeitung im Lande (in% der Produktion | 15 | 23 | 5 | 47 | 45 (1) | 4 | 18% |
| Marktanteil | | 39% | 13% | | 28% | | 80% |

CdI: Côte d'Ivoire    (1): inkl. Singapur    (2): 1985/86

Quelle: Die Autoren der Länderstudien.

## 3.2. Die Käufer: Händler, Spekulanten, Fabrikanten

Die staatlichen und privaten Anbieter des Kakaos aus den Produzentenländern treffen auf verschiedene - und auch immer weniger - Akteure aus den Import- und Verbraucherländern, die über die quantitative Entwicklung der Nachfrage und des Verbrauchs sowie die Preise mitzuentscheiden suchen.

Als unmittelbare Abnehmer treten meist Händler und Broker auf, die auf eigene Rechnung und eigenes Marktrisiko, bzw. ohne Risiko auf Kommissionsbasis, die Verbindung zu den Verarbeitungsindustrien herstellen. Große Süßwarenkonzerne kaufen z.T. direkt in den Ursprungsländern, ebenso die Staatshandelsorganisationen in den sozialistischen Zentralverwaltungswirtschaften, die sich bilateraler (Tausch-)Handels- und Zahlungsabkommen bedienen. Letztere versorgen sich jedoch zunehmend auch über den privaten Zwischenhandel der westlichen Industrieländer. Wie die Produzentenländer selbst in zunehmendem Maße Kakaozwischenprodukte herzustellen und zu vermarkten suchen, gibt es einige Verarbeiter, die Kakaobohnen für die Zwischenverarbeitung aufkaufen und diese an die Süßwarenindustrie weiterverkaufen.

Es gibt verschiedene Möglichkeiten, Käufe und Verkäufe auf dem Markt abzuwickeln: 1. "spot contracts": Bargeschäfte gegen unmittelbare Lieferung; 2. "forward contracts": Termingeschäfte, der Verkauf einer bestimmten Menge genau spezifizierten Kakaos zu einem bestimmten späteren Zeitpunkt zwischen zwei Vertragspartnern; 3. "future contracts": Termingeschäfte, in denen der Kakao nicht genau spezifiziert wird und die unabhängig von der Identität des Käufers und Verkäufers erfolgen. Zwischen diese wird ein Clearinghouse geschaltet. Hier werden im wesentlichen Finanzierungsgeschäfte abgewickelt und sehr wenig physischer Kakao tatsächlich gehandelt. Durch Termingeschäfte versuchen Händler und Broker, Käufer - und erst in jüngerer Zeit in zunehmendem Maße - Produzenten sich gegen die zukünftigen Schwankungen des Marktes abzusichern.

Als weitere Teilnehmer an den Terminbörsen treten industrieferne Spekulanten auf, die kein Interesse an dem physischen Kakao selbst haben, sondern die durch geschicktes Kaufen und Verkaufen von Terminkontrakten die kurz- und mittelfristigen Preisschwankungen auszunutzen und Spekulationsgewinne zu machen versuchen. Die Umsätze an den Terminbörsen liegen daher erheblich über dem physisch gehandelten Marktvolumen.

Terminmärkte wurden 1925 in New York und 1928 in London[29], später kleinere in Amsterdam, Paris und Hamburg eingerichtet. Sie reduzieren die Transaktionskosten, da sie den Handel zentralisieren[30]. Auf dem Future-Markt werden die Preise "gemacht". Hier geht die Einschätzung der Marktteilnehmer auf die zukünftige Entwicklung von Angebot und Nachfrage ein, die den Preis bestimmen wird. In anderen Worten: "Da die erwarteten Preise von der gegenwärtigen Kenntnis der Marktbedingungen abhängen, und da Information kein homogenes Gut ist, reflektieren die Preise den Durchschnitt der privaten Meinung der Händler über den Markttrend"[31]. Liegen die durchschnittlichen Voraussagen einigermaßen richtig, wird der Terminpreis dem späteren tatsächlichen Spotpreis entsprechen, man spricht dann von "effizienten Terminmärkten". Während Tetteh A. Kofi für die Kakaobörse in New York - im Verhältnis zur amerikanischen Getreidebörse - eine größere Diskrepanz zwischen den Sechs-Monate-Futures und den späteren Spotpreisen feststellt, bescheinigt David Atsé dem Londoner Terminmarkt eine relativ größere Treffsicherheit[32].

Die Beziehung zwischen den Preisen des Future-(Papier)-Marktes und den Preisen des physisch gehandelten Kakaos wird weitgehend dadurch hergestellt, daß der nicht-spekulative Käufer mit dem Produzenten und Verkäufer bereit sein wird, den

---

[29] Vgl. Rees (1972), S. 255 ff.

[30] Vgl. Atsé (1986), S. 77.

[31] Atsé (1986), S. 65.

[32] Vgl. Kofi (1973) sowie Atsé (1986), S. 46.

Preis zu vereinbaren und zu zahlen, zu dem er auf dem Future-Markt einen Kontrakt abzuschließen vermag[33]. So kauft ein Händler z.B. 500 t Kakao von einem Produzenten. Die Lieferung ist in 6 Monaten zu einem Preis von 1.600 £/t vereinbart. Auf dem Terminmarkt konnte er diesen Posten zum gleichen Termin für 1.700 £/t verkaufen. Er wird dort einen Käufer - Spekulanten - finden, der damit rechnet, daß der Preis zum Kontrakttermin auf 2.000 £/t steigen wird. Steigt der Preis tatsächlich, hat der Spekulant und Käufer auf dem Terminmarkt seinen Gewinn, der Händler hat keinen Verlust, aber keinen Extra-Gewinn, der Produzent und Anbieter hat schlecht verkauft. Sinkt der Preis jedoch zum Liefer- und Kontrakttermin z.B. auf 1.300 £/t, hat der Spekulant einen Verlust, der Händler hat keinen Verlust, der Produzent und Anbieter hat günstig verkauft. "Hedging"-Operationen auf dem Future-Markt eignen sich also dazu, die beträchtlichen kurzfristigen Schwankungen auszugleichen. David Atsé empfiehlt den Produzentenländern daher, sich verstärkt auf dem Future-Markt zu engagieren[34], was beispielsweise die Côte d'Ivoire in letzter Zeit zunehmend tut (Jakobeit, Bd.II, C, S. 37).

Geschicktes und erfolgreiches Operieren an den Terminmärkten setzt eine gute Kenntnis der Marktentwicklung voraus. Hier ist vor allen Dingen die sehr variable Produktions- und Angebotsentwicklung, in zweiter Hinsicht die konstante Entwicklung des Verbrauchs, wofür die Vermahlungsdaten beobachtet werden, von Bedeutung. Ein Marktteilnehmer kann aus seiner Kenntnis der Marktentwicklung gegenüber anderen jedoch erst einen Nutzen ziehen, wenn er Vorkenntnisse besitzt, also über reale, die Preise vermutlich beeinflussende Entwicklungen vorzeitig Bescheid weiß und danach handeln kann. Ohne exklusives Wissen kann man selbstverständlich rein intuitiv "richtig" liegen, eine glückliche Hand haben, einen "Dummen" finden, der die Marktentwicklung falsch einschätzt. Es ist eine wichtige Frage, ob strukturell der eine oder andere Marktteilnehmer bzw. die eine oder andere Teilnehmergruppe gegenüber anderen sich im Vorteil befindet bzw. grundsätzlich besser bzw. günstiger verkaufen oder kaufen als andere. Für die Produzentenländer untereinander wird diese Frage später untersucht werden. Befinden sich die Produzentenländer in ihrer Gesamtheit aber eher im Vor- oder im Nachteil gegenüber Händlern, Spekulanten, Fabrikanten?

Die großen Preisschwankungen haben Spekulanten im besonderen Maße angezogen. Die spekulativen sowie die hedging-Operationen - beide können statistisch nicht voneinander isoliert werden - haben in den 60er und insbesondere den 70er Jahren an den Kakaoterminbörsen deutlich zugenommen[35]. Es ist falsch, anzunehmen, daß (industriefremde) Spekulanten immer gewinnen. Sie als Sündenböcke für die Abwärtsentwicklung der Preise dingfest machen zu wollen, wie zuletzt

---

[33] Der Terminus Technicus für diesen Rückversicherungshandel ist "to hedge".

[34] Vgl. Kofi (1974), S. 468, sowie Atsé (1986), S. 122 ff.

[35] Vgl. Atsé (1986), S. 72 ff., sowie Kumar (1974), S. 426.

durch den Präsidenten der Côte d'Ivoire, Houphouët-Boigny, ist ein vordergründiges Ablenkungsmanöver. Spekulanten verlieren in ihrer Gesamtheit kaum weniger, eher mehr, als sie gewinnen. Ein Grund liegt auf der Hand: Sie besitzen keine besonderen Kenntnisse, schon gar nicht exklusive Vorkenntnisse, über den Rohstoffmarkt, auf dem sie agieren. Es gibt zwar keine Untersuchungen über den Kakaoweltmarkt, detaillierte Studien über Spekulationsgeschäfte an anderen Rohstoffmärkten zeichnen jedoch ein deutliches Bild des tatsächlichen Risikos dieser Geschäfte[36].

Wie sieht es jedoch mit den eigentlichen Marktpartnern, den Händlern und Verarbeitern, aus? Den wenigen Produzentenländern stehen nur wenige große Handelshäuser gegenüber: Gill & Duffus, A. C. Israel, Interfood, General Cocoa, Patterson Simons Ewart sollen allein 4/5 des Handels bestreiten. Marktführer ist Gill & Duffus, das 1984 einen Umsatz von knapp 1,9 Mrd. £ (1978: 0,7 Mrd. £) zu 12% in Großbritannien (1978: 23%), 44% (37%) in Europa, 30% (35%) Nord-Amerika sowie 14% (5%) im Rest der Welt erzielte. Gill & Duffus handelt nicht nur mit Kakao, sondern auch mit Kaffee, Zucker und anderen Rohstoffen, unterhält Kakaoverarbeitungsanlagen (zu Zwischenprodukten) in Großbritannien, den USA, Brasilien und der Côte d'Ivoire und suchte in den 70er und 80er Jahren durch Übernahme von weiteren Nahrungsmittelverarbeitungs-, Verpackungs- und Versicherungsfirmen - sowie erfolglos von Öl- und Gasexploration - seine produktive Basis zu erweitern. Im Juli 1985 wurde Gill & Duffus von dem noch größeren und noch breiter gefächerten (australischen) Nahrungsmittelkonzern Dalgety geschluckt, an dessen Gesamtumsatz von 4,9 Mrd. £ Gill & Duffus 1986 mit 1,5 Mrd. £ beteiligt war[37]. Zum Vergleich: der gesamte Welthandel von Kakaobohnen belief sich auf etwa 3,3 - 3,4 Mrd. US-$ - kaum mehr als der Gesamtumsatz von Gill & Duffus und vielleicht 40% des Umsatzes von Dalgety.

Auch im Verarbeitungssektor dominieren die Großkonzerne. Schon in den 60er Jahren waren es jeweils vier Gesellschaften, die in den USA und Großbritannien 77-78% des Schokoladenumsatzes unter sich aufteilten. 1984 entfielen in Großbritannien 82% des Umsatzes auf nur noch drei Unternehmen (Cadbury, Rowntree, Mars). In den EG-Staaten war dieser Konzentrationsprozeß damals noch nicht so ausgeprägt: In Belgien kontrollierten zwei Unternehmen 50% des Umsatzes, in den Niederlanden fünf Unternehmen 50%, in Frankreich sechs Unternehmen 45%, in der Bundesrepublik immerhin 16 Unternehmen gerade 39%

---

[36] Diese Untersuchungen werden zusammengefaßt von Teweles/Harlow/Stone (1977), S. 296 ff.

[37] Vgl. Gill & Duffus Group, Report and Accounts (versch. Jhg.), sowie Dalgety, Annual Report and Accounts, 1986.

des Umsatzes[38]. Auch hier hat sich inzwischen einiges geändert, worauf wir für die Bundesrepublik im 4. Kapitel noch näher eingehen wollen.

Meist handelt es sich um große, weltweit mit einer breiten Produktpalette operierende Nahrungsmittelkonzerne, wie die Schweizer Nestlé und Interfood, die britische Cadbury-Schweppes, Rowntree-Macintosh, die amerikanische Hershey Foods, Mars sowie W. R. Grace, die französische Cacao Barry, inzwischen in Sucres et Denrées aufgegangen (vgl. Tabelle 8 für die Mitte der 1970er Jahre).

Einige Verarbeitungsfirmen haben eine lange Geschichte als relativ einseitig spezialisierte Süßwarenunternehmen, die erst in den letzten Jahren und Jahrzehnten ihre Geschäftsbasis durch Aufkauf und Gründung weiterer Unternehmen verbreitert und diversifiziert haben bzw. die von größeren Konglomeraten geschluckt wurden. Zu ihnen gehört beispielsweise Cadbury-Schweppes. Cadbury wurde 1824 gegründet und 1919 mit einem anderen Familienunternehmen in der Schokoladenverarbeitung - Fry - zusammengelegt. Durch Übernahme der Firma James Pascall wurde später die Produktpalette auf Zuckersüßwaren, durch Schweppes auf Getränke ausgeweitet. Das Familienunternehmen wurde in eine Aktiengesellschaft umgewandelt, deren Vorstandsvorsitzender bis heute mit Adrian Cadbury ein Mitglied der Gründerfamilie ist. Das Unternehmen hatte 1985 einen Umsatz von 1,87 Mrd. £, davon wurden 41% im Süßwarenbereich, 36% mit alkoholischen Getränken, 20% mit Soft Drinks und Nahrungsmitteln und 3% im Gesundheits- und Hygienebereich erwirtschaftet. Die Produkte werden in über 100 Länder verkauft. 51% des Umsatzes entfallen (noch) auf Großbritannien, 13% auf das übrige Europa, 19% auf Nordamerika, 12% auf Australien und 5% auf die Dritte Welt[39].

Die großen Nahrungsmittelkonglomerate sind in der Lage, extreme Preisschwankungen auf dem Kakaomarkt besser zu verkraften als kleine spezialisierte Schokoladenunternehmen, durch ihre enormen Ressourcen u. U. Verluste wegzustecken, durch größere Lagerhaltung mittelfristige Preisschwankungen durch geschickte Kaufpolitik in Baisseperioden besser auszunutzen als kleinere Unternehmen und strukturell hohen Kakaopreisen durch Forcierung nichtkakaohaltiger Süßwaren auszuweichen.

---

[38] Vgl. Kofi (1979), S. 27 (nach UNCTAD, 1975), sowie MSI Database (1985), S. 25.

[39] Vgl. Cadbury Schweppes, Annual Report and Accounts, 1985; ferner: Cadbury Brothers Limited (1964).

Tabelle 8: Die größten Schokoladenfabrikanten der Welt

| Unternehmen | Geographischer Raum | Produktpalette | Zahl der Beschäftigten (in 1.000) | Umsatz in Mio. US-$ Gesamt | Kakaoprod. |
|---|---|---|---|---|---|
| Nestlé SA (Schweiz) | 13 Staaten in Westeuropa, USA, Kanada, Australien, Neuseel. Südafrika, 12 Entwicklungsl. | Getränke, Milchprodukte, Seife, Kakaoprodukte, Kindernahrung, Gefriergüter | 112 | 3,825 | 376 |
| Cadbury-Schweppes Ltd. (Großbrit.) | 6 Staaten in Westeuropa, Australien, Neuseeland, Südafrika, Kanada, Indien, Nigeria, Kenia, Jamaica | Cadbury Group: Kakaoprodukte, Kuchen, Süßwaren, Gebäck Schweppes Ltd: Getränke, Marmeladen, Nahrungsmittel | 33 | 355 | n.a. |
| Hershey Food Corp. (USA) | USA, Kanada, Mexiko | Kakaoprodukte, Gebäck, Macaroni, etc. | 8 | 402 | 310 |
| Rowntree-Mactintosh Ltd. (Großbritanien) | 7 Staaten in Westeuropa, Kanada, Australien, Neuseel. | Schokoladenkonfekt, Süßwaren, Gebäck u. Kuchen, Getränke | 28 | 351 | n.a. |
| Interfood SA (Schweiz) | 8 Staaten in Westeuropa, Argentinien | Schokoladenkonfekt Süßwaren, Gebäck u. Kuchen, Getränke | n.a. | 214 | n.a. |
| Mars Inc. (USA) | 7 Staaten in Westeuropa, USA | Schokoladenkonfekt und Süßwaren | 3 (nur GB) | n.a. | n.a. |
| W. R. Grace & Co (USA) | 4 Staaten in Westeuropa, USA | Chemikalien, Plastik, Oel, Pralinen | 62 | 1,917 | 575 |
| General Food Corp. (USA) | USA | Schokolade, Getränke, Gefriergüter, Frühstücksgüter, etc. | 44 | 2,045 | n.a. |
| United Biscuits (Holdings) Ltd. (Großbritanien) | Großbritannien, Kanada, Australien | Gebäck, Kuchen, Nüsse | n.a. | n.a. | n.a. |

Quelle: UNCTAD (1975).

Andererseits stehen selbst kleinere Abteilungen in großen Konzernen unter einem intensiven Legitimationsdruck, Gewinne zu erwirtschaften. Mißerfolge werden mit personellen Konsequenzen, vielleicht sogar der Schließung der Abteilung oder deren Verkauf geahndet. Massive Käufe von Großunternehmen können die Preise allein schon beeinflussen (und nach oben treiben). Schließlich sind größere Kakaolager nicht kostenneutral. Die großen Verarbeitungsunternehmen bauen in jüngster Zeit ihre Lager - trotz der Preisbaisse - zunehmend ab, um Kosten zu sparen. Jacobs Suchard war hier der Vorreiter. Kurz- und mittelfristig angelegte Veränderungen an den Kakaoprodukten lassen sich - zur Senkung oder Erhöhung des Kakaoanteils, um Preisbewegungen zu konterkarieren - mit den Markenartikeln gleichfalls kaum im größeren Stil durchführen. Die Preiselastiziät der (Verarbeitungs-)Nachfrage ist daher sehr gering.

Dennoch: Die Substitutionskonkurrenz zwischen kakaohaltigen und vornehmlich zuckerhaltigen Süßwaren, die Konkurrenz der Süßwarenkonzerne um Marktanteile, die durch den Druck eines sich zunehmend konzentrierenden Detailhandels verstärkt wird, zwingt die Schokoladenindustrie zu einer kostenbewußten Aufkaufpolitik. Das besagt jedoch noch nicht, daß sich die wenigen Großhändler und großen Verarbeitungskonzerne gegenüber den wenigen großen Kakaoanbietern in einer strukturell günstigeren Kauf- und Marktsituation befinden, d.h. kurzfristige Preisschwankungen immer besser zu nutzen wissen als die Produzenten und Verkäufer.

Es wurde erwähnt, daß die genauen bzw. besseren Kenntnisse und Vorkenntnisse der prospektiven Marktentwicklung die "richtige" Kauf- und Verkaufsentscheidung bestimmen können. Die Produzentenländer müßten dabei einen Vorteil durch genaue und exklusiv zu haltende Kenntnisse ihrer Ernte und Ernteaussichten haben, wenn sie diese untereinander austauschen würden. Das ist jedoch nicht der Fall. Tatsächlich scheinen die großen Handelsunternehmen durch ihre lokalen Agenten und in Zusammenarbeit mit den Regierungen den relativ besten Überblick in den Produzenten- und in den Verbraucherländern zu haben, obwohl die Statistiken, wie ein Manager von Gill & Duffus beklagte[40], eher schlechter denn besser werden. Der technische Fortschritt eröffnet inzwischen aber ganz neue Möglichkeiten. Einige amerikanische Großunternehmen - Hershey und Mars - setzen Satellitenaufnahmen zur Erntevorhersage ein. Gill & Duffus, als größter Händler und Broker, gilt bisher allerdings als das bestinformierte Unternehmen, das durch die Publikation seines einflußreichen Marktreports mit seinen Ernte- und Verbrauchsvorausschätzungen den Terminmarkt zu beeinflussen vermag. Es wurden in diesem Zusammenhang immer wieder Vorwürfe laut, daß Gill & Duffus durch bewußt übertriebene Vorhersagen von Ernteüberschüssen, den Terminpreis nach unten zu manipulieren versuche.

---

[40] Interview mit John Patrick, am 21. 5. 1987 in London.

Dietrich/Gutierrez[41] haben die Vorausschätzungen von Gill & Duffus mit denen von der FAO sowie dem US Foreign Agriculture Service (FAS) verglichen und haben keine wesentlichen Unterschiede festgestellt: Gill & Duffus schnitt etwas schlechter ab als FAS, aber besser als die FAO.

Der Ghanaer Tetteh A. Kofi[42] hat Gill & Duffus eine übertriebene Überschußvorhersage, die die kurzfristigen Preise beeinflußt habe und die angeblich den Produzentenländern 158 Mill. US-$ (fast 20% der tatsächlichen Exporterlöse) gekostet haben solle, nachgewiesen, allerdings nur für das Erntejahr 1971/72. Seine Forderung[43], daß Marktinformationen von einer nicht kommerziell interessierten Seite gesammelt und veröffentlicht werden sollten, wird inzwischen weitgehend durch die International Cocoa Organization (ICCO) erfüllt, die ein Quarterly Bulletin of Cocoa Statistics sowie (unregelmäßige) Marktanalysen erstellt.

Auf Anregung der Sowjetunion evaluierten die Statistiker der ICCO ihre eigenen Vorhersagen und verglichen diese mit denen von Gill & Duffus[44]. Untersucht wurde das Jahrzehnt 1974/75 - 1983/84. In acht dieser zehn Jahre lagen die ersten Schätzungen unter der späteren tatsächlichen Produktion bei der ICCO, bei Gill & Duffus nur in fünf Jahren. Bei den Vermahlungen lagen die Vorausschätzungen der ICCO in sechs Jahren unter den späteren Werten, bei Gill & Duffus in neun Jahren. Im Zehnjahresdurchschnitt unterschätzte die ICCO die Produktion um 2,8%, die Vermahlungen um 0,5%; Gill & Duffus um 1,8% bzw. 3,4%. Hinter diesen relativ niedrigen Durchschnittswerten verbirgt sich allerdings eine große Bandbreite (zufällig?) richtiger und falscher Vorausschätzungen, nicht nur zwischen einzelnen Jahren, sondern auch zwischen den einzelnen Ländern. Die Fehler heben sich also z.T. wieder gegenseitig auf.

Alles in allem gab es in sechs Jahren tatsächlich eine Überschußproduktion, in vier Jahren lag die Produktion unter den Vermahlungen. Die ICCO sagte in vier Jahren, Gill & Duffus in acht Jahren eine Überschußproduktion voraus. Für das Jahrzehnt schätzte die ICCO - bei ihrer jeweils ersten Vorhersage - aggregiert ein Produktionsdefizit von zusammen 204.000 t, während man bei Gill & Duffus einen aggregierten Überschuß von 269.000 t errechnen kann. In ihrer endgültigen Schätzung des Jahresergebnisses sind beide Institutionen nicht einer Meinung: die ICCO kommt für das Jahrzehnt auf einen Überschuß von 132.000 t, Gill & Duffus nur von 30.000 t. Man mag in diesen unterschiedlichen Zahlen einen

---

[41] Vgl. Dietrich/Gutierrez (1973).
[42] Vgl. Kofi (1972), S. 416 ff. und S. 438.
[43] Vgl. Kofi (1974), S. 467.
[44] Vgl. ICCO (1985).

erwarteten Bias beider Institutionen sehen. War dieser gewollt? Wollte die ICCO die Preise (kurzfristig) nach oben, Gill & Duffus nach unten treiben?

### 3.3. Internationale Organisationen

Damit wurden nicht alle Akteure benannt, die auf diesem Weltmarkt auftreten. Auch auf dem Kakaomarkt gibt es Versuche, durch internationale Regime die Marktschwankungen einzugrenzen, die archaische Entwicklung des Weltmarktes zu bändigen.

Diese gehen noch in die Zwischenkriegszeit zurück. Es waren allerdings nicht die Produzenten, sondern die Verarbeiter, die die starken Weltmarktschwankungen zuerst bewogen, eine kollektive Aktion zu suchen[45]. Auf einer Konferenz 1930 in Antwerpen konnte man sich jedoch nur auf die Gründung eines International Office of Chocolate and Cocoa Manufacturers einigen, das 1931 in Brüssel eingerichtet wurde und dessen Aufgaben im wesentlichen auf die Informationssammlung und -verbreitung beschränkt wurde. Das Office besteht bis heute als loser Zusammenschluß der Schokoladen- und Süßwarenindustrie der meisten westlichen Staaten. 1933 wurden schließlich auch Kakaoproduzenten initiativ: Die britischen Pflanzer auf Trinidad (damaliger Weltmarktanteil: 2,2%) brachten im März 1933 durch ihre Handelskammer die Idee ins Gespräch, durch Einrichtung eines Ausgleichslagers das Angebot und die Preise zu stabilisieren. Durch die britische Regierung wurde dieser Gedanke eines Internationalen Regierungsabkommens für Kakao auch auf die Londoner Währungs- und Weltwirtschaftskonferenz im Juli 1933 eingebracht und - ohne Ergebnis - diskutiert. Danach bemühte sich die Handelskammer von Trinidad sogar um eine Konferenz nur der Kakaoproduzenten, die jedoch nicht zustande kam. Regulierungsabkommen waren damals offensichtlich nur in Rohstoffbereichen möglich, wo die Produzentenebene von europäischen Unternehmen kontrolliert wurde. Das war u.a. im Tee-, Kautschuk-, Zinn- und Edelholzsektor, nicht jedoch im Kakaosektor, mit Ausnahme des kleinen Trinidad, der Fall. Erst ab den 50er Jahren entfalteten Kakaoproduzenten wie Verarbeiter neue Initiativen, die schließlich zur Gründung der Cocoa Producers Alliance (1962) und zu dem Abschluß eines Internationalen Kakaoabkommens zwischen Produzenten- und Konsumentenländern und der Gründung der International Cocoa Organization (1972) führten.

### 3.3.1. Die Cocoa Producers Alliance (CPA)

Die Initiative ging jedoch von Brasilien aus. Kaum war Ghana 1957 als erstes afrikanisches Land unabhängig geworden, sprach eine brasilianische Delegation

---

[45] Vgl. Kofi (1977), S. 40 ff.

in Accra vor und drängte auf eine Allianz unter den Produzentenländern. Ghana setzte jedoch damals unter Nkrumah, der erst in den 60er Jahren eine konfrontative Politik gegenüber dem Westen und dem "Neokolonialismus" zu betreiben versuchte, noch ganz auf eine Anlehnung an die bisherige Kolonialmacht und erhoffte sich speziell im Kakaobereich eine Kooperation mit den Konsumentenländern, insbesondere im Commonwealth[46]. Schließlich waren die übrigen westafrikanischen Produzentenländer noch Kolonien. Sie wurden erst 1960 unabhängig.

Der Verfall der Kakaopreise nach 1958 führte zu einem ersten Treffen wichtiger Produzentenländer - Brasiliens, Ghanas und Nigerias - im Januar 1960 in Accra. Die beiden westafrikanischen Länder konnten sich für den brasilianischen Vorschlag, eine Produzentenvereinigung zu gründen und die fallenden Preise durch ein gemeinsam zu betreibendes Ausgleichslager zu stabilisieren, noch nicht erwärmen. Es bedurfte weiter relativ schlechter Kakaojahre, damit man sich - nun auch mit der Côte d'Ivoire und Kamerun - im Januar 1962 in Abidjan auf die Gründung einer Cocoa Producers Alliance (CPA) verständigte. Das war damals - nach der 1960 gegründeten OPEC - erst die zweite derartige Produzentenvereinigung von Staaten der Dritten Welt[47]. Die Allianz nahm ihren Sitz in Lagos. Der erste Generalsekretär wurde ein Ghanaer. Der Exekutivrat sollte sich zweimal im Jahr treffen. Man vermochte sich sogar auf das Mehrheitsprinzip ("einfache Mehrheit", in einigen Ausnahmefällen "3/4 Mehrheit") in der Willensbildung zu einigen, wobei die Stimmen nach der Bedeutung des Produktionsvolumens gewichtet wurden[48].

An Preisregulierungsmaßnahmen dachte man damals jedoch noch nicht. Die Ziele waren eher bescheiden und moderat:

- Austausch technischer und wissenschaftlicher Informationen;
- Diskussion gemeinsamer Interessen, um die sozialen und wirtschaftlichen Beziehungen zwischen den Produzenten zu verbessern;
- Sicherstellung einer adäquaten Belieferung des Marktes zu lohnenden Preisen;
- Förderung des Verbrauchs (Art. 2,2.1.).

Die Mitglieder verstanden die Allianz von Anfang an zudem als organisatorisches Forum und als Lobby der Kakaoproduzenten gegenüber den Konsumen-

---

[46] Vgl. Hanisch (1975), S. 247 ff.

[47] Vgl. Hanisch (1982b).

[48] Vgl. Cocoa Producers Alliance, The Abidjan Charter, Lomé, 24 th March 1970, CPA-AC 293/Rev. 1. Nach Art. 8 werden 200 - von zusammen 1.000 Stimmen - gleichmäßig, 800 Stimmen nach dem Produktionsvolumen der jeweils sechs letzten Jahre gewichtet auf die Mitglieder verteilt.

tenländern. Man setzte damals auf den Abschluß eines Internationalen Warenabkommens, dessen Aushandlung, nach zahlreichen Mißerfolgen, jedoch erst ein Jahrzehnt später gelang. Nach dem Scheitern der FAO-Konferenz 1963, beunruhigt durch den anhaltenden Verfall der Kakaopreise, versuchte man 1964/65 - wiederum auf Initiative Brasiliens - einen Alleingang und durch eine kollektive Produzentenaktion - den totalen Angebotsstop - die Preise zu stabilisieren. Das war die erste und in dieser Radikalität bisher einzige Kartellaktion von Rohstoffproduzenten in der Dritten Welt - sie scheiterte kläglich (dazu Kapitel 5.3.)[49]. Danach und bis heute beschränkte man sich wieder auf die Instrumentalisierung der Allianz als Diskussions- und Informationsforum für ihre Mitglieder. Eine Harmonisierung der Kakaopolitiken und eine nennenswerte Beeinflussung des Marktgeschehens ist damit nicht mehr ernsthaft versucht worden oder gelungen. Lediglich im Dezember 1979 - als der Abschluß des dritten Internationalen Kakaoabkommens fraglich war - diskutierte man eigene preisbeeinflussende Maßnahmen und die Verteidigung eines eigenen "Mindestpreises". In der Literatur ist dieser Versuch als die Bildung einer "Abidjan-Gruppe", praktisch fast aller CPA-Mitglieder unter Führung der Côte d'Ivoire und Brasiliens, eingegangen[50]. Diese Kartellaktion, sollte es dazu gekommen sein, war jedoch nur sehr kurzlebig und erfolglos.

Zu den Gründungsmitgliedern, Brasilien, der Côte d'Ivoire, Ghana, Nigeria und Kamerun, die 1962 82% der Kakaoexporte kontrollierten, gesellten sich noch vor dem Verkaufsstreik Togo, in den 70er Jahren Ecuador, Gabun, Mexiko, Sao Tomé und Principe sowie Trinidad und Tobago hinzu. Der neue dynamische Großexporteur der 80er Jahre - Malaysia - fand jedoch ebenso wenig wie einige mittelgroße Exportländer - Papua Neuguinea, Indonesien, Dominikan. Republik, Kolumbien - den Weg in die Allianz. Sie repräsentiert somit mittlerweile nur noch 77% der Weltexporte.

Malaysias Haltung ist nicht untypisch und zeigt, wie nationale Interessen und Egoismen unter den Staaten der Dritten Welt nicht weniger wirksam sind als unter anderen Staaten auch. Als etablierter "Altproduzent" der Rohstoffe Kautschuk und Zinn betrieb es engagiert die Bildung von Produzentenvereinigungen

---

[49] Die Ölländer - übrigens nicht im Rahmen der OPEC, auch nicht der OAPEC, sondern eine Konferenz arabischer Erdölminister (d.h. OAPEC ohne Irak) - praktizierten 1973 einen politisch begründeten selektiven Lieferboykott nur gegen einige Importländer. Erst später suchte die OPEC - bei tendenziell fallenden Ölpreisen - durch Einführung von Exportquoten die Preise zu stabilisieren. Sie war dabei nicht sehr erfolgreich. Vgl. Hanisch (1982a).

[50] Vgl. Finlayson/Zacher (1983), S. 407. Der Exekutivsekretär der ICCO, der Ghanaer U. K. Hackman (in: The Courier, No. 61, May-June 1980, S. 74), spricht davon, daß in der CPA nur über preisbeeinflussende Maßnahmen diskutiert worden sei, ohne daß diese tatsächlich umgesetzt worden wären.

und den Abschluß Internationaler Warenabkommen, die überwiegend ihren Sitz sogar in Kuala Lumpur nahmen. Als dynamischer kostengünstig produzierender junger Kakao- (wie übrigens auch Öl)produzent blieb es diesen Produzentenvereinigungen sowie den Internationalen Warenabkommen jedoch fern, um sich nicht bei der Jagd nach Marktanteilen einbinden zu lassen. Brasilien verhält sich nicht anders. Als etabliertes Produzentenland im Kakao- wie auch im Kaffeesektor betrieb es engagiert die Bildung von Produzentenvereinigungen und den Abschluß von Warenabkommen. Andererseits dachte es nicht daran, die Ausbeutung und den Export seiner neu entdeckten, kostengünstig abbaubaren Zinnvorkommen durch internationale Vereinbarungen behindern zu lassen. Selbst die Côte d'Ivoire spielt als zwar etablierter, aber expansionsfreudiger Kakaoexporteur eine durchaus schillernde Rolle, wie noch zu zeigen sein wird.

### 3.3.2. Die International Cocoa Organization (ICCO)

Es waren die kleinen Händler und Fabrikanten und ihre Regierungen, die internationale Aktionen zur Stabilisierung der Kakaoweltmarktpreise forderten. Während der ersten Nachkriegspreishausse, Mitte der 50er Jahre, drückte, im April 1955, die Vollversammlung des International Office of Cocoa and Chocolate (IOCC) in einer Resolution ihre "schwere Besorgnis über den Ernst der Entwicklung" aus. Das IOCC entsandte Ende 1955 eine "Studiengruppe" nach Westafrika, die Kontakte mit den Produzenten herstellen und diese zur Ausweitung ihrer Produktion veranlassen sollte. Zur gleichen Zeit wurden zwei Regierungen aktiv: Die Schweiz brachte das Kakaoweltmarktproblem vor den Rat der OEEC, der eine Studie in Auftrag gab. Belgien trug diese Fragen vor den UN-Wirtschafts- und Sozialrat, dessen Generalsekretär daraufhin im Mai 1956 eine Vorkonferenz zwischen Produzenten- und Verbraucherländern nach New York einberief, die die FAO mit der Einrichtung einer Kakaostudiengruppe beauftragte[51]. Damit begann der lange Weg - ins Nichts.

Bis 1961 wurde unverbindlich, danach zielgerichtet über den Abschluß eines Internationalen Kakaoabkommens verhandelt. Die Beratungen erfolgten erst im Rahmen der FAO, seit 1964 der UNCTAD. Die Generalsekretäre dieser UN-Organisationen nahmen ein persönliches Interesse an diesen Verhandlungen. UN-Generalversammlungen und UNCTAD-Konferenzen versuchten, sie immer wieder durch fördernde Resolutionen zu begleiten. Am Konferenztisch saßen jedoch Regierungsdelegationen der Produzenten- und Konsumentenländer. 1956 in Brüssel waren es 15 Delegationen, die acht Konsumenten-, fünf Produzentenländer und zwei jeweils beide Seiten vertretende Länder repräsentierten. Diese Teilnehmerzahl wurde in den folgenden Jahren immer mehr ausgeweitet. 1967

---

[51] Zur ICCO und den Verhandlungen ausführlicher: Finlayson/Zacher (1983), Hanisch (1978), Khan (1979), Kofi (1977).

waren es jeweils 22 Delegationen von Konsumenten- und Produzentenländern, außerdem 16 Beobachterdelegationen und acht Internationale Organisationen (gleichfalls mit Beobachterstatus). Über das vierte Abkommen (1984/85) verhandelten 73 Delegationen. Dem ersten Abkommen traten schließlich 19 Produzentenländer- und 29 Konsumentenländer bei (vgl. Tabelle 9).

Tabelle 9: Mitgliedschaft in der ICCO

| Abkommen von | Exportländer | | Importländer (1) | |
|---|---|---|---|---|
| | Zahl | Anteil an Exporten | Zahl | Anteil an Importen |
| 1972 | 19 | 93,9% | 29 | 69,4% |
| 1975 | 14 | 92,8% | 26 | 66,7% |
| 1980 | | | | |
| 1981 | 17 | 59,5% | 18 | 47,1% |
| 1985 | 19 | 59,5% | 23 | 61,7% |
| 1986 | 17 | 90,9% | 22 | 66,5% |

(1): Außerdem die EG als korporatives Mitglied.

Quelle: ICCO, (Dec. 1984), S. 22; ICCO, Annual Reports.

In den Delegationen aller Konsumentenländer waren zunächst, neben höheren Regierungsbeamten, auch Vertreter des Kakaohandels und der Schokoladenfabrikation vertreten. Erst in den 60er Jahren, als konkret über den Abschluß eines Internationalen Kakaoabkommens verhandelt wurde, gaben die genannten Länder diese Praxis auf. Am Verhandlungstisch saßen sich hinfort fast ausschließlich Regierungsvertreter gegenüber, für die Konsumentenländer meist hohe Ministerialbeamte, für die Produzentenländer verschiedentlich auch Minister und Angehörige der öffentlichen Marketing Boards. Daneben (räumlich: dahinter) wurde für jedes Land eine kaum begrenzte Zahl von sog. "Beratern" zugelassen, die in den offiziellen Sitzungen das Wort selbst nicht ergreifen durften, dafür aber hinter den Kulissen wirkten. Während es sich bei den Produzenten um eine kleinere Anzahl weiterer Regierungsbeamter handelte, waren es bei den Konsumenten vornehmlich Vertreter der heimischen Interessenverbände, des Kakaohandels und der Schokoladenindustrie. Diese "privaten" Berater setzten mehrheitlich alles daran, die Verhandlungen zum Scheitern zu bringen. Sie empfanden die Verhandlungen als nutzlos und gefährlich, geeignet, den freien und expandierenden Kakaomarkt zu beseitigen.

Als Alternative zu einem Regulierungsabkommen, wenn das bestehende System schon nicht zu halten war, brachten die Schokoladenindustrie und der Kakaohandel der USA schon 1962 ein Produzentenabkommen ins Gespräch, für das sie einen prospektiven Vertragsentwurf vorlegten[52]. Als diese Produzenten-Vereinigung im selben Jahr in loser Form gegründet und 1964 ernste Anstrengungen unternahm, das Angebot zu regulieren, fand sie von dieser Seite durchaus auch Zustimmung. So hieß es im Fachblatt der deutschen Süßwarenindustrie: "Eine Kakao-Allianz als Partner der Verbraucherländer kann viele Trümpfe in der Hand halten und wenn sie klug operiert, auch günstig auf ihre Produzenten einwirken. Ein Weltkakaoabkommen aber würde unvereinbar gegensätzliche Interessen zusammenzwingen"[53]. Auch die Stabilisierung der Rohstoffeinkommen der Entwicklungsländer mittels eines "Systems der Ausgleichsfinanzierung im Rahmen einer weltweiten Lösung", die den sog. "freien Markt" nicht beseitigen würde, wurde schon in den sechziger Jahren gefordert[54]. Als eine solche Ausgleichskasse im Lomé-Abkommen der EG mit den sog. AKP-Staaten eingerichtet wurde, wurde sie ausdrücklich begrüßt[55].

Die ablehnende Haltung gegenüber einem Stabilisierungsabkommen war unter den Schokoladenfabrikanten und dem Kakaohandel jedoch nicht einheitlich: Händler bezogen im allgemeinen mehr als Fabrikanten dagegen Stellung, kleinere Fabrikanten waren positiver eingestellt als größere. In einigen Ländern (wie in der BRD und den USA) war der "Kakaosektor" geschlossener gegen, in anderen (wie in Belgien, Frankreich) eher für ein Abkommen, in wiederum anderen Ländern (wie in England) war man gespalten. Entsprechend agierten die offiziellen Delegationen: Neben den Vertretern der Produzentenländer zeigten sich nur Frankreich und einige kleinere Konsumentenländer bereit, ein Abkommen abzuschließen, während die USA und die BRD, aber auch England und die Niederlande, dieses zu blockieren suchten. Nachdem drei Konferenzen, Sept.-Okt. 1963 in Genf, im Mai-Juni 1966 in New York, im Nov.-Dez. 1967 wiederum in Genf, außerdem zahlreiche Beratungen in kleineren Ausschüssen und Arbeitsgruppen vor und zwischen diesen Konferenzen, zu keinem Ergebnis gekommen waren, gelang schließlich - also nach eigentlich sechzehnjährigen Bemühungen (seit 1956)! - 1972 die Einigung auf ein Regulierungsabkommen, auch dieses Mal nur unter erheblichen Geburtswehen: Die Konferenz im März mußte auf den Sept.-Okt. 1972 vertagt werden, wo erst ein - notdürftiger - Kompromiß gelang. Auch dieser hing an einem seidenen Faden: Das wichtigste Importland (mit 25% der Importe), die USA, hatten erhebliche Verwässerungen durchgesetzt und erklärten sich dennoch nicht zum Beitritt bereit.

---

[52] Der Entwurf ist nachgedruckt im CMB Newsletter (Accra), 1962, S. 5-9: "Realism in Cocoa Stabilisation".

[53] Gordian, No. 1534, Oktober 1964, S. 3.

[54] Erich Kröger, Vorsitzender des Vereins der am Rohkakaohandel beteiligten Firmen (in: Gordian, November 1967, S. 4).

[55] Verein der am Rohkakaohandel beteiligten Firmen: Geschäftsbericht 1972/73, S. 13 und 1974/75, S. 13.

Da das Abkommen erst in Kraft treten sollte, wenn ein ausreichend hoher Anteil an den Exporten und den Importen von Mitgliedsländern kontrolliert wird - zunächst war an jeweils 80% gedacht worden, die für die Importeure dann noch auf 70% ermäßigt wurden - hing alles von der Bundesrepublik Deutschland ab, auf die fast 12% der Importe entfielen und die bisher immer ähnliche Positionen wie die USA vertreten hatte.

Die Regierung in Bonn war in der Beitrittsfrage gespalten: Während das Landwirtschaftsministerium (BMELF), das Auswärtige Amt (AA) und das Entwicklungsministerium (BMZ), vorwiegend aus außen- bzw. entwicklungspolitischen Gründen, den Beitritt befürworteten, sperrte sich insbesondere das Wirtschaftsministerium (BMW), zu dem die Lobby des deutschen Kakaohandels und der Schokoladenindustrie den besten Zugang hat, weiterhin gegen den Beitritt, "solange die USA nicht beitreten". Man argumentierte mit dem Gespenst der Überproduktion und wachsender Überschüsse auf der einen und Wettbewerbsnachteilen der eigenen Industrie auf der anderen Seite. "Ohne den 'mäßigenden Einfluß' der USA aufgrund ihrer Wirtschaftskraft werde aller Voraussicht nach dem Druck der Entwicklungsländer auf immer höhere Preise nicht standgehalten werden können", hieß es z.B. in einer Vorlage dieses Ministeriums[56]. Die Befürworter des Abkommens konnten sich aber schließlich, unterstützt von der entwicklungspolitisch interessierten Öffentlichkeit, den beiden Kirchen, auch dem EG-Ministerrat, in dem Druck auf die Bonner Vertreter ausgeübt wurde[57], doch durchsetzen und die Bundesrepublik trat dem Abkommen bei.

Man kann sagen, daß es zu dem Internationalen Kakaoabkommen - und zu seinen bisher drei Nachfolgern 1975, 1980 und 1986 - kam, weil die Staaten der Dritten Welt es wollten, nicht nur die Kakaoexportländer im engeren Sinne, sondern im weiteren Sinne (fast) alle übrigen Dritte Welt-Staaten, die durch die UN und UNCTAD den Abkommensbefürwortern Schützenhilfe zu leisten suchten. Die wichtigen Importländer waren und sind eigentlich gegen eine administrative Regulierung des Weltmarktes, weniger, wie sie behaupten, weil sie grundsätzlich für einen freien Weltmarkt wären, als vielmehr weil ihnen Kosten und Nutzen in keinem Verhältnis zur politischen Notwendigkeit zu stehen scheinen. Für die eigene Landwirtschaft war und ist man bekanntlich bereit, mit erheblichen Subventionen und Zollschutz den freien Markt - auf Kosten der eigenen Verbraucher, aber auch der Produzenten in der Dritten Welt - außer Kraft zu setzen. Trotz allseits gepflegter Rhetorik von einer "Weltinnenpolitik" sieht man diese Verpflichtung gegenüber den Bauern und ihren Regierungen in der Dritten Welt jedoch nicht. Allerdings sind die Staaten der Dritten Welt, ausgestattet mit formaler Souveränität, unter den Bedingungen der Konkurrenz weltpolitisch antagonistischer Systeme, unterstützt auch von wohlmeinenden Dritte

---

[56] Süddeutsche Zeitung, München, 19. 12. 1972.

[57] Vgl. Nachrichten für Außenhandel, 6. 12. 1972.

Welt-Lobbys in den Metropolen, nicht gänzlich ohne Gewicht: Verhandeln muß man daher schon über ihre Forderungen. Das taten die USA nicht weniger als die Bundesrepublik Deutschland und beispielsweise Frankreich und Schweden. Allerdings sahen die USA letztlich keinen Grund, den potentiellen Nutznießern - überwiegend afrikanischen Staaten - wirklich entgegenzukommen. Ihr regionales Hauptinteresse konzentriert sich auf Lateinamerika. Deshalb beteiligte man sich am Internationalen Kaffeeabkommen, nicht am Kakaoabkommen, über das man zwar immer wieder mitverhandelte (auch über die späteren Abkommen), im Nachhinein möchte man vermuten, um es zu sabotieren.

Anders stellt sich die Lage für Frankreich dar, das sich in erster Linie um "seinen" afrikanischen "Hinterhof" sorgt, und deshalb zu den Förderern des Abkommens zählte, wie beispielsweise auch die skandinavischen Staaten eher aus einem allgemeinen Engagement für die Dritte Welt heraus, während in der Bundesrepublik Deutschland die philantropisch-politischen mit den wirtschaftlichen Interessen der betroffenen eigenen Wirtschaftslobby kollidieren.

Trotz aller Bemühungen - die im Abkommen vorgesehene Quote von Importländern wurde dennoch knapp verfehlt. Das Abkommen wurde daher im Juni 1973 provisorisch in Kraft gesetzt. Das sollte sich auch bei den folgenden Abkommen nie ändern. Die erste große Krise kam jedoch mit dem Auslaufen des zweiten Abkommens von 1975. Man vermochte sich erst nicht auf ein neues Abkommen zu verständigen, schließlich traten nicht genügend Mitglieder bei: Unter den Produzenten fehlten die Côte d'Ivoire, in ihrem Schlepptau Togo, außerdem die Dominikanische Republik und natürlich - wie immer - Malaysia. Vom März 1980 bis September 1981 herrschte ein vertragsloser Zustand. Schließlich wurde das dritte Abkommen von 1980 wiederum nur provisorisch mit einer Quote von knapp 60% der Export- und gerade nur 47% der Importländer, die später auf 61,7% erhöht werden konnte, in Kraft gesetzt[58]. Beim Abkommen von 1986 waren die Côte d'Ivoire und Togo wieder dabei (vgl. Tabelle 9).

1973 wurde die International Cocoa Organization (ICCO) in London - wo schon die Internationalen Warenabkommen für Zucker, Kaffee und Weizen ihren Sitz hatten - eingerichtet. Die Organisation wird durch Mitgliedsbeiträge ihrer Mitglieder entsprechend ihrer Bedeutung auf dem Weltmarkt (und ihrem Stimmrecht) finanziert. Die Verwaltungskosten für die Organisation mit zunächst ca. 40 Mitarbeitern belief sich im ersten Jahr 1973/74 auf 0,4 Mill. £ für die ICCO und ca. 0,2 Mill. US-$ für das Ausgleichslager. Die Mitarbeiterzahl wurde in den 80er Jahren auf knapp unter 60 Personen und die Ausgaben auf 0,8 Mill. £ für die ICCO und 0,9 Mill. £ für das Ausgleichslager erhöht (vgl. Tabelle 10).

---

[58] So ließ sich die Bundesrepublik Deutschland bis zum Juni 1984 Zeit, bevor sie ihre Ratifikationsurkunde einreichte. Vgl. ICCO, Annual Report 1983/84, S. 4.

Die beiden wichtigsten Positionen im Verwaltungsapparat werden von je einem Vertreter der Export- und der Importländer besetzt: Exekutivdirektor wurde zunächst der Ghanaer U. K. Hackmann, 1982-86 der Nigerianer Dr. Kobena G. Erbynn, seit 1986 der Ivorer Edouard Kouame. Manager des Ausgleichslagers wurde ein Deutscher, zunächst H. J. Fritze, dann J. Plambeck.

Das höchste Organ der ICCO ist der Internationale Kakaorat, in dem alle Mitgliedsländer vertreten sind, und dem verschiedene kleinere Ausschüsse, darunter auch ein Exekutivausschuß, zuarbeiten. Der Kakaorat trifft sich regulär zweimal im Jahr.

Tabelle 10: Budget der ICCO und des Ausgleichslagers, in £ bzw. in US-$, 1973-1985

|  | Administrative Ausgaben | | Ausstehende Beiträge | | Guthaben des Ausgleichslagers | |
|---|---|---|---|---|---|---|
|  | ICCO (in £) | Ausgleichslager (in £) | ICCO (in £) | Ausgleichslager (in Mill. $) | Cash (in Mill. $) | Kakao (Marktwert) |
| 1973/74 | 418.866 | 207.606(1) | 6.090 | 5,444 | 21,562 |  |
| 1974/75 | 497.826 | 134.351 | 6.894 | 1,766 | 54,443 |  |
| 1980/81 | 677.072 | 201.396 | 118.273 | 1,644 | 228,496 | (2) |
| 1981/82 | 637.251 | 745.699 | 50.958 | 2,625 | 23,270 | 161,785 |
| 1982/83 | 670.612 | 823,580 | 68.582 | 9,248 | 62,140 | 212,465 |
| 1983/84 | 830.206 | 927.639 | 90.066 | 8,771 | 109,933 | 225,771 |
| 1984/85 | 845.832 | 935.151 | 72.120 | 10,818 | 170,333 | 225,919 |

(1): US-$
(2): Kaufpreis des Kakaos im Jahre 1981/82 war zusammen 229,080 Mill. US-$

Quelle: ICCO, Annual Reports, (versch. Jhg.).

Das Stimmrecht ist zwischen Export- und Importländern paritätisch (1.000 : 1.000 Stimmen) und auf die einzelnen Mitgliedsländer entsprechend ihrem Weltmarktanteil gewichtet verteilt. Es genügen in der Regel einfache Mehrheitsentscheidungen, in wichtigen Fragen allerdings 2/3 Mehrheiten. Damit verhindert man ein Vetorecht der kleinen und weniger bedeutenden Mitgliedsländer. Können sich die großen Exporteure und Importeure jedoch nicht einigen, wird die Organisation paralysiert.

Was sind nun die Ziele des Internationalen Warenabkommens, wo lagen und liegen die Probleme? Seit 1961[59] liegen die Zielsetzungen, mit kleineren Modifikationen und zuletzt einer bedeutsamen Änderung, fest:

- Ausschaltung der exzessiven Preisschwankungen;
- Ausdehnung des Handels und angemessene Versorgung zu für Produzenten und Konsumenten tragbaren Preisen;
- Stabilisierung und Erhöhung der Kakaoeinnahmen der Produzentenländer, damit diese die Ressourcen in die Hand bekommen, um ihr wirtschaftliches Wachstum und ihre soziale Entwicklung voranzutreiben - unter Berücksichtigung der Interessen der Konsumenten in den Importländern (diese Zielsetzung fehlte erstmals 1986);
- Förderung der Ausweitung des Verbrauchs, und, wenn nötig, Anpassung der Produktion, um ein Gleichgewicht zwischen Angebot und Nachfrage zu erreichen.

Viele z.T. technische Probleme waren zu lösen, über die gelegentlich jahrelang verhandelt wurde: Die Stellung des Edelkakaos im Abkommen, der Umrechnungskurs von Kakaozwischenprodukten in Kakaobohnen, die Haltung gegenüber den Nichtmitgliedsländern, Möglichkeiten der Ausweitung des Konsums, Diskriminierungen im internationalen Handel (Zölle, Präferenzen, Dumping). Das zentrale Problem und der Kernpunkt des Abkommens waren jedoch die Preisregulierungsziele und -maßnahmen: Ziel des Abkommens sollte die Verteidigung von Mindest- und Höchstpreisen sein. Strittig war die Bandbreite. Eine größere Bandbreite ist leichter zu verteidigen als ein enges Preisband, aber auch potentiell inhaltsloser: Die Importeure waren eher für eine größere Bandbreite, die Exporteure für eine engere Bandbreite. Wo sollten die Mindest- und Höchstpreise liegen? Die Exporteure wollten diese möglichst hoch, die Importeure möglichst niedrig angesiedelt sehen.

Zur Stabilisierung der Preise standen mehrere Varianten zur Debatte: Die Festsetzung von je nach Marktlage gestaffelten Export- oder Verkaufsquoten, wobei letztere preisrelevanter als erstere sind, aber auch wesentlich schwieriger zu kontrollieren, und/oder die Einrichtung eines internationalen Ausgleichslagers, das im Falle einer Baisse von den Produzenten und/oder auf dem Markt Kakao kauft, im Falle einer Hausse diesen wieder verkauft. Es war hier die Frage, wie groß das Ausgleichslager maximal sein sollte, wer dieses sowie die internationale Kakaobehörde finanzieren und wie die Entscheidungsfindung und die Befugnisse dieser Behörde geregelt werden sollten.

---

[59] Vgl. Draft International Cocoa Agreement 1961, Nov. 1961 sowie Art. 1 der Abkommen von 1972, 1975, 1980 und 1986.

Schließlich ist auch die Verteilung von Länderquoten nicht ohne Brisanz: Expansive Produzenten müssen sich eingeengt fühlen, wenn die zurückliegenden (vier) Jahre (wie dann geschehen) als Basis genommen werden. In den 50er Jahren war die Errichtung eines Ausgleichslagers im Gespräch, an dessen Finanzierung die Importländer sich jedoch nicht beteiligen wollten. Man verhandelte dann über ein System der Verkaufsquoten (bis 1963), seit 1966 über ein Exportquotensystem mit einem Ausgleichslager, das dann der Kern des ersten und zweiten Abkommens von 1972 und 1975 wurde. Im dritten Abkommen von 1980 beschränkte man sich ganz auf ein Ausgleichslager, während man im vierten Abkommen von 1986 das Lager durch ein "withholding scheme" ergänzen wollte.

In der nunmehr achtzehnjährigen Geschichte der ICCO sollten jedoch nur zweimal preisregulierende Maßnahmen wirklich eingesetzt werden - mit allenfalls mäßigem Erfolg. Die Mittel waren zu gering, das zu verteidigende Preisband unrealistisch weit entfernt von den tatsächlichen Marktpreisen (vgl. Kapitel 5.3.). Viele Produzentenländer, ohnehin gebeutelt durch ihre allgemeine Wirtschafts- und Verschuldungskrise, überwiesen in den letzten Jahren nicht mehr die Exportabgaben für das Ausgleichslager. Die großen Importländer sahen die Chance, die immer schon ungeliebte und wirkungslose Regulierungsbehörde zu schließen. Verhandlungen über eine Senkung des zu verteidigenden Preisbandes liefen fest. Das Klima im Kakaorat verschlechterte sich zunehmend, so daß schließlich "nichts mehr ging". Es wurde dann schon als Erfolg gewertet, als man im März 1990 - man verhandelte seit 1988 - sich grundsätzlich auf eine Fortführung des im September 1990 auslaufenden Abkommens für vorerst zwei Jahre einigen konnte. Man wollte damit einen Notverkauf des Ausgleichslagers (immerhin 250.000 t) vermeiden, der die Preisbaisse noch weiter verschärft hätte. Auf einen Preisregulierungsmechanismus konnte man sich jedoch nicht mehr verständigen, d.h. die ICCO wird - ähnlich wie schon die International Sugar Organization - nur als Behörde weitergeführt. Obwohl man deren statistische und Forschungsarbeiten nicht zu gering bewerten soll, zeigt dieser Fall ein weiteres Mal: Einmal geschaffene Bürokratien verschwinden auch dann nicht mehr, wenn ihre ursprünglichen Aufgaben entfallen bzw. sich erledigt haben.

## 4. Die Akteure auf einem Verbrauchermarkt: Schokoladenindustrie und Süßwarenhandel in der Bundesrepublik Deutschland[*]

Der Kakaoweltmarkt wird jedoch nicht nur durch die konfliktiven und kooperativen Beziehungen zwischen den Anbietern, den Vermarktern und den Käufern des Kakaos allein gestaltet. Er erhält seine Dynamik außerdem durch die Konkurrenz der Verarbeiter - der Schokoladen- und Süßwarenindustrie - untereinander, durch deren konkfliktive Beziehungen zu den Süßwarengrossisten und dem Einzelhandel.

Es wurden schon in Kapitel 3.2. einige international vergleichende Daten zu den Konzentrations- und den betrieblichen Diversifizierungsprozessen in der Schokoladenindustrie genannt. Die einzelnen Verbrauchermärkte, ihre Schokoladen- und Süßwarenindustrie, ihr Groß-und Einzelhandel und ihr Verbraucherverhalten weisen gewiß eine Reihe landeskundlicher Spezifika auf. Diese können im Rahmen dieser Studie, deren Schwerpunkt auf der Stellung der Produzenten- und Entwicklungsländer auf dem Weltmarkt liegt, nicht erarbeitet und dargestellt werden, zumal dazu bisher kaum brauchbare Vorarbeiten vorliegen. Dennoch soll dieser Problembereich nicht ganz ausgeklammert werden. Er soll daher für den zweitgrößten Verbrauchermarkt (nach den USA) - den der Bundesrepublik Deutschland - im folgenden untersucht werden.

### 4.1. Vom geschützten zum freien Markt: Konkurrenzverschärfung und Innovationsstimulanz

Rohkakaohandel und -verarbeitung sind in der Bundesrepublik traditionell deutlicher getrennt als in Großbritannien oder Frankreich mit ihren intensiven, in der Kolonialzeit etablierten Wirtschaftsbeziehungen zu den Kakaoproduzentenländern. Zu diesem Nachteil gegenüber konkurrierenden ausländischen Unternehmen kamen weitere hinzu. Devisenbewirtschaftung und sonstige Einfuhrbeschränkungen bis 1948 erlaubten nur einen verspäteten Start der deutschen Schokoladenindustrie in den wirtschaftlichen Aufschwung der Nachkriegszeit[60]. Die Teilung Deutschlands und Europas bedeutete für die BRD den Verlust des wirtschaftlichen Hinterlandes bzw. des Absatzmarktes für Kakaoprodukte in Osteuropa. Beeinträchtigt wurden die unternehmerischen Entfaltungsmöglichkeiten der deutschen Schokoladenindustrie ferner durch die an den Zweiten Weltkrieg anschließende Westverlagerung vieler rohkakaoverarbeitender Betriebe und

---

[*] Von Sönke Schmidt.

[60] Vgl. Wilhelms (1962), S. 13.

die daraus resultierende vergleichsweise hohe Unternehmensanzahl in der Bundesrepublik[61].

Im Handelssektor war die Bundesrepublik als Folge der politischen Rahmenbedingungen weitgehend auf den übrigen europäischen Rohkakaohandel angewiesen: Großbritannien, die Niederlande und Frankreich waren zwischen 1956 und 1960 als Einkaufsländer mit 75% an der Gesamt-Einfuhrmenge beteiligt, Großbritannien allein mit ca. 50%[62]. Im industriellen Sektor hingegen war der Markt für Schokolade und Schokoladewaren in Europa bis Anfang der 60er Jahre noch weitgehend länderweise segmentiert, abgesichert durch hohe protektionistische Zollsätze. Die westdeutsche Schokoladenindustrie war damals international kaum konkurrenzfähig. Das wird auch bei der Betrachtung des Außenhandels deutlich. Während ihre eigenen Exporte unbedeutend waren, war sie an den westeuropäischen Einfuhren von Schokolade und Schokoladewaren z.B. 1960 mit ungefähr einem Viertel, von Kakaopulver mit gut einem Drittel beteiligt[63]. Dennoch galt diese Zeit als die "goldenen 50er Jahre" auch für die Schokoladenindustrie. Eine expandierende Nachfrage erlaubte, bei einem relativ hohen Preisniveau, die Entfaltung selbst kleiner und nicht sehr effizienter Betriebe und Unternehmen. Diese günstigen Bedingungen gingen in den 60er Jahren zu Ende. Im Rückblick könnte 1964 als Wendemarke identifiziert werden. Das Inkrafttreten des EWG-Vertrages am 1.1.1958 kündigte einen schärferen europäischen Wettbewerb durch stufenweisen Abbau der EWG-Binnenzölle und Vereinheitlichung der Außenzölle an. Der Angleichungsprozeß für den Rohkakaohandel wurde 1964, für die verarbeitenden Unternehmen vier Jahre später abgeschlossen.

Kaum weniger wichtig war im August 1964 die kartellrechtliche Aufhebung der Preisbindung für Tafelschokolade. Bis zu diesem Zeitpunkt lag diese bei DM 1,30, sackte dann unter die 1-DM-Grenze, wo sie bis heute angesiedelt ist[64].

Der verschärfte Konkurrenzdruck durch den Zusammenbruch der Preisbindung und die Abschaffung der EWG-Binnenzölle auf der einen, die verstärkte Marktmacht der Abnehmer durch einen rapiden Konzentrationsprozeß im Lebensmittelhandel[65] auf der anderen Seite, zwang die Schokoladenindustrie zu erhöhten

---

[61] Vgl. ebenda, S. 14.

[62] Vgl. ebenda, S. 50.

[63] Vgl. ebenda, S. 94.

[64] Vgl. Die Zeit, vom 9. 5. 1975.

[65] Letztlich ist auch die rasche Konzentration des Lebensmittelhandels auf die Gründung der EWG zurückzuführen. Der Schokoladenmarkt verdeutlicht das exemplarisch. Während vor 1964 die Handelsspanne des Einzelhandels mit 30% und die des Großhandels mit 15 % vom Endverkaufspreis geschätzt

Wettbewerbsanstrengungen, wollte sie bestehen. Dazu gehörte eine flexiblere Preis- und Distributionspolitik, eine Erhöhung der Werbeanstrengungen und eine Intensivierung der Rationalisierungsmaßnahmen[66].

*Flexibilisierung der Preis- und Distributionspolitik*

Klein- und mittelständische Betriebe der deutschen Schokoladenindustrie agierten nahezu ausschließlich auf regional begrenzten Teilmärkten. Vor dem Hintergrund der Konzentrationsprozesse im Lebensmitteleinzel- und -großhandel ließen sich Marktanteile nur noch dann behaupten, wenn es diesen Unternehmen gelang, für die bundesweit anbietenden Großhändler und Einzelhandelsketten ein ebenfalls bundesweites Distributionsnetz mit zudem konkurrenzfähigen Warenpreisen und Lieferbedingungen aufzubauen. Ein solcher Sprung war für die meisten kleineren und mittleren Betriebe allein von der Finanzierung unmöglich. Nur ganz wenige Unternehmen, wie etwa die Firma Ritter, konnten sich unter diesen Bedingungen behaupten. Das gelang ihr allerdings nur, da sie sich konsequent einer Konkurrenz über den Preis zu entziehen vermochte. Vorausschauend betrieb Ritter bereits in den 60er Jahren Fernseh- und Rundfunkwerbung und suchte sich über die Gestaltung "interessanter Produkte", konkret über die Produktion von Tafelschokolade in Quadratform, einen spezifischen Markt zu erschließen[67]. Der 1912 bei Stuttgart gegründete Familienbetrieb verzeichnete noch 1955, bei einem Mitarbeiterstamm von 180 Personen, einen jährlichen Umsatz von 12 Millionen DM. Bis Ende der 60er Jahre konnte der Umsatz, bei etwa konstanter Mitarbeiterzahl, auf 53 Millionen DM (1969) ausgeweitet werden, und das zudem bei ständigen Engpässen in der Nachfragebedienung. Gleichzeitig konzentrierte sich Ritter auf die Vermarktung von vier Sorten Vollmilchschokolade, so daß eine straffere Sortimentspolitik mit einer geschickten Marketing- und Produktstrategie im gehobenen Preissegment des Marktes das Überleben des Unternehmens absicherte. 1965 nahm Ritter damit eine mittlere Position unter den 15 größten Schokoladenfabriken ein, die zusammen bereits etwa 80% der Gesamtproduktion auf sich vereinigen konnten[68]. Das Beispiel Ritter zeigt also recht anschaulich, daß zum einen das Unternehmen nur über eine raschest mögliche Ausweitung der regionalen Marktbedienung bestehen

---

wurde (Industriekurier, vom 10.5.1961), konnten sich, nach Aufhebung der Preisbindung, die umsatzstarken Unternehmen mit zusätzlichen Preisanreizen aufgrund von Skalenerträgen und erhöhter Marktmacht rasch wachsende Marktanteile sichern.

[66] Vgl. FAZ, vom 22. 7. 1961.
[67] Vgl. Handelsblatt, vom 21. 7. 1967.
[68] Vgl. FAZ, vom 9. 11. 1966.

konnte, daß zum anderen eine solche Anstrengung bei weitem noch nicht ausreichte, das unternehmerische Überleben zu garantieren.

Das wesentlich größere Unternehmen Sprengel, das 1965 mit 2.500 Mitarbeitern einen Umsatz von 110 Millionen DM erzielte, sah sich ebenfalls gefordert, seine Distributionsreichweite über den norddeutschen Raum hinaus auszuweiten[69]. Um jedoch im traditionell bedienten Marktsegment, d.h. hauptsächlich Tafelschokolade, preislich kompetitiv bleiben zu können, wurde der Marketing- und Werbeetat stark gekürzt, um damit die angestrebte Marktausweitung finanzieren zu können[70]. Da das in Hannover produzierende Unternehmen nicht auf die Steuervorteile der Berlinpräferenz bauen konnte, geriet Sprengel mit seiner den Marktbedingungen unangemessenen Vermarktungsstrategie sukzessive in die roten Zahlen und wurde schließlich 1979 von der Imhoff-Gruppe übernommen. Also: Flexibilität in der Preis- und Distributionspolitik allein genügte nicht, sich auf dem bundesdeutschen Schokoladenmarkt zu behaupten.

*Erhöhung der Werbeanstrengungen*

Auch in diesem unternehmensstrategischen Teilbereich gibt es kein Standardrezept. Es hat sich gezeigt, daß offensichtlich traditionell und bundesweit eingeführte Marken, wie Sarotti (Nestlé), Trumpf (Monheim, heute Ludwig Schokolade GmbH) und Tobler (Jacobs-Suchard), auf hohe Werbeausgaben verzichten konnten. Die 'Eigenrepräsentation' der Ware sicherte die erwünschte Profitabilität[71]. Hingegen stellen die Unternehmen Ferrero, Mars und Ritter - gemessen am Umsatz - die höchsten Werbeetats bereit. Diese Kosten werden allerdings durch entsprechende Skalenerträge bei einer reduzierten Produktpalette kompensiert[72].

Eine erfolgreiche Konkurrenz setzt also die richtige Kombination verschiedener Faktoren wie Werbung, Preis, Sortimentsumfang und Käuferzielgruppe voraus, um auf der Endverbraucherseite zu bestehen. So wäre es unter Berücksichtigung der derzeitigen Marktbedingungen in der Bundesrepublik für Ferrero (Mon Cherie, duplo, Ferrero Küßchen, Nutella, Hanuta) langfristig kontraproduktiv, sich im hart umkämpften Markt für Tafelschokolade eine Position erobern zu wollen, wenn auf der anderen Seite mit einer markterprobten Marketingstrategie relativ hohe Gewinne eingefahren werden können. Eine horizontale bzw. geographische Ausweitung von Markenartikeln kann dann sinnvoller sein. Im Tafelschokoladenmarkt jedoch scheint schon seit Ende der 60er Jahre kein Raum

---

[69] Vgl. Industriemagazin, vom 15. 7. 1980.

[70] Vgl. ebenda.

[71] Vgl. Marzen/Marschner (o.J.), S. 4.

[72] Vgl. Marzen/Marschner (o.J.), S. 4.

mehr für newcomer zu sein, wie selbst der britische Weltkonzern Cadbury feststellen mußte, der, nach erheblichen Investitionen in eine Fabrikationsstätte in Norddeutschland, wieder die Segel streichen mußte[73].

Ganz deutlich zeigt die Entwicklung der Teilmärkte der Schokoladenindustrie, daß unternehmerische Zugewinne letztlich nur durch Produktinnovationen im nicht-traditionellen Bereich erzielt werden. So konnte etwa Mars, das den deutschen Markt seit 1962 mit Schokoladenriegeln bedient, ganz erheblich expandieren. "Gegründet wird der überdurchschnittliche Erfolg von Mars vor allem mit dem 'Zwischenmahlzeit-Charakter' der Produkte, wobei dem Unternehmen durchaus die Angst vor dem Dickwerden und das Gesundheitsdenken entgegenkommen dürfte"[74]. So konnte Mars 1971 immerhin 75% des expandierenden Riegelmarktes in der Bundesrepublik kontrollieren. Aber auch hier hat sich die Konkurrenz mittlerweile verschärft: Der Riegelmarkt wird zu über der Hälfte von Mars und seinen Marken und zu 27 bis 28 Prozent von Ferrero-Riegeln bestimmt. Die neuen Müsli-Riegel - sie enthalten keine Schokolade - nagen jedoch am erfolgreichen Riegelmarkt[75]. Es wird geschätzt, daß durchschnittlich 12% der Verkaufserlöse für Schokoladewaren in der Bundesrepublik für Werbung investiert werden (in Großbritannien sind es nur ca. 8%)[76]. Insbesondere bei starker Marktkonkurrenz hat sich Werbung als potentiell geeignetes, aber auch notwendiges Instrument erwiesen, unumgängliche Kostensteigerungen im Rohstoff- und Materialbereich zu kompensieren[77], indem durch 'Konkurrenzbarrieren' Schokolade vom homogenen, der Preiskonkurrenz massiv ausgesetzten Produkt, zu einer möglichst einzigartigen Spezialität hochstilisiert wird. Um die Geschichte von Sprengel fortzuführen, das Unternehmen produziert, unter den Fittichen der Imhoff-Gruppe, seit Anfang der 80er Jahre wieder in den schwarzen Zahlen. Die erzielte Trendwende wird vom neuen Besitzer darauf zurückgeführt, daß 1980/81 über 20 Millionen DM für Werbung und Marketing ausgegeben worden seien[78].

Aber natürlich ist Werbung allein noch kein Erfolgsgarant. Zwar sah etwa Stollwerck frühzeitig die Zeichen der Zeit, als das Unternehmen sich um "höhere Ansprüche an Qualität und äußerer Aufmachung der Markenware"[79] bemühte,

---

[73] Vgl. Handelsblatt, vom 28. 1. 1985.

[74] FAZ, vom 2. 2. 1978.

[75] Vgl. VWD, vom 29. 1. 1985.

[76] Vgl. Financial Times, vom 19. 4. 1983.

[77] Vgl. FAZ, vom 15. 5. 1975.

[78] Vgl. Südd. Zeitung, vom 18. 8. 1981.

[79] Industriekurier, vom 4. 1. 1961.

den Werbeetat von 8,69 Millionen DM (1963) auf 13,38 Millionen DM (1964) heraufsetzte und über das Bundesgebiet verteilt neue Auslieferungsläger zwecks schnellerer Belieferung der Abnehmer errichtete, um mit dem Trend zum Großabsatz Schritt zu halten. Ende der 60er Jahre rächte sich jedoch die offensichtlich überhöhte Dividendenausschüttung und das Versäumnis, keine verfeinerten Spezialitäten entwickelt zu haben. Der Hauptgrund für die Krise 1972 dürften daher die fehlenden Produktinnovationen und nicht - wie gesagt wurde - der stagnierende Schokoladenkonsum, der progressive Kostenanstieg sowie die vermehrten Importe und eine "unglückliche Geschäftspolitik" gewesen sein. "The bigger the brand, the better the margin": so einfach ist das. Diese Marke jedoch erst einmal aufzubauen, ist die Marketing-Schwierigkeit Nr. 1, diese dann in einem dynamisch sich entwickelnden Markt auf gleichbleibend hohem Niveau zu halten, ist so gut wie unmöglich. Neue Marktsegmente, wie z.B. Monopralinen oder Müsli-Riegel, entstehen ständig neu. Auch diese Perspektive darf nicht vernachlässigt werden.

Der richtige "Riecher" für Produktinnovation allein reicht jedoch nicht aus. Wenn z.B. Jacobs-Suchard dazu übergeht, in Discountern und Verbrauchermärkten Stellflächen zu mieten, in denen das ganze Jacobs-Sortiment umsatz- und profitstrategisch zum Verkauf präsentiert wird - diese Form des Marketing wird (neudeutsch) 'rack jobbing' genannt -, so bedeutet das eine weitere 'Eskalation' des werbe-und marketingmäßigen Verdrängungskampfes um Marktanteile, in dem nur noch die wenigen 'Ganz Großen' bestehen können.

*Intensivierung von Rationalisierungsmaßnahmen*

Werfen wir noch einmal einen Blick auf Stollwerck bis zur Übernahme durch Imhoff. Während der 60er Jahre stagnierte der Umsatz von Stollwerck, mit ca. 3.000 Beschäftigten, um etwa 100 Millionen DM jährlich. Bis 1971 wurde der Mitarbeiterstamm zwar auf 2.141 reduziert, dieser setzte, mit nicht weniger als 400 Artikeln, gerade 89 Millionen DM um. Die 400 Mitarbeiter der Imhoff-Gruppe brachten es in diesem Jahr auf 100 Million DM[80]. Nach Übernahme Stollwercks durch Imhoff wurde dessen Belegschaft auf 1.200 (1977) und das Sortiment auf 50 Artikel reduziert. Nicht anders erging es später Sprengel nach der Übernahme durch Imhoff. Nach dem Verkauf der Auslandsgeschäfte seitens der Firma Monheim an Jacobs-Suchard 1986, rückte Imhoff, mit einem Umsatz von 700 Millionen DM, 1986 zum Marktführer in der Schokoladenindustrie der Bundesrepublik auf. Worauf beruht dieser unternehmerische Erfolg?

Er beruhte auf einer flexiblen und durchaus nicht selten rüden Unternehmensstrategie, die Markttrends voraussah bzw. nicht verfehlte. Ein kopierbares unter-

---

[80] Vgl. FAZ, vom 23. 1. 1968 sowie Südd. Zeitung, vom 9. 2. 1971.

nehmerisches Erfolgsrezept läßt sich daraus jedoch nicht gewinnen. Ausgangspunkt war ein kleines Schokoladenunternehmen, das Imhoff 1945 im saarländischen Bullay gründete. Er setzte auf ein einziges Produkt, auf die Herstellung von Nicht-Marken-Schokolade. Er konnte somit auf Werbekosten zunächst weitgehend verzichten und lag mit seiner Unternehmensstrategie voll im Trend, dem gerade entstehenden Massenmarkt für Schokoladebilligprodukte. Später stattete er seine Unternehmen frühzeitig mit der modernsten Technologie aus, um die steigenden Löhne aufzufangen und den Lohnkostenanteil zu senken. 1968 übernahm Imhoff die älteste europäische Schokoladenfabrik der Firma Hildebrand in Berlin. Damit stieg Imhoff einerseits in die Markenschokolade ein, andererseits versicherte er sich der im Billigpreissegment zunehmend überlebenswichtigen Steuervergünstigungen des Standortes Berlin. Auf dem Weg zu diesem ersten großen Coup erwarb Imhoff zunächst kleine, aber regional gut eingeführte Unternehmen, deren Marken er mittels eines weit aufgefächerten Distributionsnetzes bei den großen Einzelhändlern unterbringen konnte[81]. Letztlich nutzte Imhoff sein Standbein in der hocheffizient gestalteten no name-Produktion aus, mittels der Übernahme traditionell gewachsener klein-oder mittelständischer Betriebe, die der massiven Konkurrenz seit 1964 aufgrund veralteter Technologien und mangelnder Marktvorausschau nicht mehr gewachsen waren, die 'Eigenrepräsentation' gängiger Marken ohne Werbeaufwand trendgemäß in ein klar geschnittenes Marketingkonzept zu integrieren. Hier öffnete sich eine Marktlücke, die bei großen und etablierten Schokoladenproduzenten aus unterschiedlichen Gründen keine Beachtung fand.

Integraler Bestandteil der beeindruckenden Expansion des Imhoff-Konzerns - und damit wird ein weiteres Charakteristikum der bundesdeutschen Schokoladenindustrie genannt - ist der strategische Aufbau von Produktionsüberkapazitäten, die immer bei etwa 30 bis 35% gelegen haben sollen[82]. Ohne diese Überkapazitäten wären die beschriebenen Sortimentsstraffungen und Personaleinsparungen nicht möglich gewesen, die bei Stollwerck und Sprengel zu einer raschen Konsolidierung der Betriebsergebnisse geführt hatten. In diesem Zusammenhang kann auch die Übernahme von Waldbaur durch Stollwerck (Imhoff) Ende 1976 erwähnt werden, die direkt zur Schließung der übernommenen Fabrik führte: die 300 Beschäftigten wurden entlassen, die Produktionslinie und -palette wurden entsprechend gestrafft und von den vorhandenen Fabriken der Imhoff-Gruppe übernommen[83].

Wiederum kann festgehalten werden, daß ein einzelner Aspekt - in diesem Fall die 'Intensivierung von Rationalisierungsvorhaben' - allein nicht ausreicht, den

---

[81] Vgl. Welt am Sonntag, vom 14. 3. 1982.
[82] Vgl. Der Spiegel, vom 21. 7. 1986.
[83] Vgl. Lebensmittelzeitung, vom 19. 11. 1976.

konkurrenzfähigen Fortbestand eines Unternehmens zu gewährleisten. Von vornherein mußten Rationalisierungen auf Expansionskurs zugeschnitten sein, wollte man nicht Gefahr laufen, in einem expandierenden und dynamisch sich verändernden Markt unternehmerisch zu stagnieren.

Die bisherige Betrachtung des Marktes hat gezeigt: Es gibt bzw. gab kein unternehmerisches Erfolgsrezept. Es kommt einzig auf die markt- und unternehmensangemessene Kombination verschiedener Strategieelemente an.

Die Rolle der Werbung und der Produktinnovation im nicht-homogenen Schokoladewarenbereich hat sich deutlich verstärkt. Luxusorientierung als kulturelles Massenphänomen der Wohlstandsgesellschaft ist eine Grundkontur auf der Nachfrageseite. Dieses Phänomen wird von der Industrie durch Werbeanstrengungen gezielt transportiert und verstärkt. Indem 'Lebensgefühl' über die beworbene 'Produktseele' zum wichtigen Kaufmotiv wird, gelingt es den schokoladeproduzierenden Unternehmen, der Marktmacht und dem Preisdruck des Lebensmittelhandels partiell zu entrinnen.

Unentrinnbar war jedoch die Konkurrenz zwischen den Branchenpartnern selbst. Wenn auch der Impuls zur Verdrängungskonkurrenz vom Gesetzgeber und dem vermachteten Lebensmittelhandel ausging, wurde dieser aber konsequent von der Schokoladenindustrie aufgenommen. Die besondere Eignung von Tafelschokolade als homogenes Produkt zum einen, und als gefragter Konsumartikel zum anderen, machte Schokolade zu einem der beliebtesten Aktions- und Sonderangebotswaren des Einzelhandels und führte damit zu einer überdurchschnittlich scharfen Konkurrenz in diesem Sektor.

Die spezifischen historischen Entstehungsbedingungen der Bundesrepublik mit dem Verlust traditioneller Märkte und der Westverlagerung schokoladenproduzierender Unternehmen in einen relativ engen Markt führten ebenfalls zu einer Konkurrenzverschärfung, aber auch zu einer ausgeprägten Innovationsbereitschaft der Industrie.

### 4.2. Der Konzentrationsprozeß in der Schokoladenindustrie

Der Konzentrationsprozeß erfolgte in mehreren Etappen: In den 60er Jahren, schon wesentlich abgeschwächter in den 70er Jahren, vollzog er sich in der Form des Konkurses klein- und mittelständischer Unternehmen, ohne daß diese Betriebe von liquiden Konkurrenten aufgekauft wurden. Diese Phase des Verdrängungswettbewerbs spielt jedoch seit Mitte der 70er Jahre so gut wie keine Rolle mehr. Der harte Wettbewerb brachte auch größere Unternehmen in Schwierigkeiten, die wiederum von anderen Unternehmen übernommen wurden. Der strategische Aufbau von Überkapazitäten führte zu Teilstillegungen übernommener Betriebe. Eingeführte Markennamen wurden jedoch nach den üblichen Sortimentsstraffungen fortgeführt. Seit Mitte der 60er Jahre versuchten sich ausländische Unternehmen verstärkt durch Übernahmeangebote auf dem Markt zu etablieren. Heute ist diese unternehmerische Expansionsstrategie weitgehend erschöpft. Ganz deutlich wurde das, als der Familienbetrieb Monheim -in den 60er Jahren lange Zeit der kontinental-europäische Marktführer- dem äußerst ungünstigen Verhältnis zwischen Umsatzzahlen und Stammkapital zum Opfer fiel und in die roten Zahlen geriet. Nachdem Monheim seit Anfang der 80er Jahre keine Dividenden mehr auszahlte, stand das Unternehmen praktisch zum Verkauf.

Im August 1986 erfolgte die Entflechtung des Unternehmens zwischen Auslands- und Inlandsgeschäften. Der Auslandsanteil wurde an Jacobs-Suchard veräußert, der Inlandsbereich in die Ludwig Schokolade GmbH übergeführt, und zwar weiterhin unter der Kontrolle der bisherigen Hauptaktionäre. Damit wuchs dem Schokoladenmulti Suchard, der seit 1982 unter dem Dach des international drittgrößten Kaffeerösters Jacobs produziert, ein zusätzlicher Schokoladenumsatz von 1,4 Mrd. DM zu. Jetzt aber das entscheidende: "Für diese Teilung des Monheim-Imperiums gibt es zumindest einen triftigen Grund: Das Bundeskartellamt, daran gibt es keinen Zweifel, hätte einer vollen Übernahme nicht zugestimmt"[84]. Heute können in der BRD also nur noch kleine Unternehmen - von denen es kaum noch welche gibt - übernommen werden, oder eben von marktfremden Unternehmen, die in diesem Sektor eine Diversifizierungsstrategie verfolgen. 1990 wurde Jacobs-Suchard dann selbst vom amerikanischen Konzern Philip Morris geschluckt.

Eine weitere Strategievariante ist die der Fusion ohne unmittelbare betriebswirtschaftliche Notwendigkeit. Im August 1970 legten Suchard und Tobler ihre Firmenleitungen unter einem Dach zusammen. Als Grund für diesen Beschluß wurden Sättigung des Marktes, wachsende Importe und gestiegene Betriebskosten genannt[85]. Die fortan Interfood betitelte Unternehmensgruppe verfügte damit über 14 ausländische Tochter- und affiliierte Gesellschaften sowie über 7 Lizenzgesellschaften. Deutlich war diese Fusion jedoch darauf abgestellt, über die Erwirtschaftung von Skalenerträgen eine forcierte Expansions- und Diversifizierungspolitik zu ermöglichen. "Überhaupt sollen in Zukunft in Ländern, in denen es bisher weder Suchard noch Tobler gelang, sich separat durchzusetzen, gemeinsame Aktionen beider Marken durchgeführt werden"[86]. Der Blick der Schokoladenunternehmen war also expansionsstrategisch zu diesem Zeitpunkt schon explizit auf das Auslandsgeschäft gerichtet. Die 'Kriegskassen' der meisten Unternehmen waren voll, der Stammarkt in seinen Grundstrukturen aber weitgehend zementiert. Für Interfood hieß die Strategie, nach Partnern Ausschau zu halten, "die innerhalb der Nahrungsmittelindustrie ebenfalls eine starke Position

---

[84] Handelsblatt, vom 16. 7. 1986.
[85] Vgl. Neue Züricher Zeitung, vom 25. 9. 1970.
[86] Deutsch-Schweizerische Handelskammer 7/71.

einnehmen und mit denen sich eine industrielle Kooperation in die Wege leiten ließe"[87]. Genau das geschah im September 1982. Wiederum wurde das Ziel formuliert, bisher wenig bearbeitete Märkte gemeinsam zu erschließen[88].

Begrenzt nun ist diese Form der strategischen Konzentrationsforcierung durch das Bundeskartellgesetz, wie am Beispiel der Monheim-Entflechtung klar wurde. Damit ist jedoch den Bemühungen der Unternehmen noch nicht abschließend Einhalt geboten. So wurde von der Ludwig Schokolade GmbH angedeutet, man wolle auf dem heimischen Markt im Lieferantenverhältnis zusammenarbeiten. In einigen Bereichen wird es wahrscheinlich zu einer Verflechtung der rechtlich selbständigen Unternehmen kommen[89], und damit mittelfristig zu einer Unterhöhlung der Konzentrationsschranken.

Diese Form der Zusammenarbeit (Synergetik) - in Form von Lizenzverträgen oder durch die gemeinsame Nutzung von Vertriebsnetzen - ist durchaus nicht mehr ungewöhnlich[90]. Sie stellt einen weiteren Indikator für die Härte des Wettbewerbs dar, in dem zu bestehen, allein betriebswirtschaftliche Rationalisierungen und Strategien offenbar nicht mehr ausreichen.

Der Konzentrationsprozeß der bundesdeutschen Schokoladenindustrie ist statistisch nicht genau bestimmbar. Das Statistische Bundesamt dokumentiert lediglich die (abnehmende) Zahl der Betriebe, nicht der diese kontrollierenden Unternehmen. Nach Angaben der UNCTAD lagen Anfang der 70er Jahre 66% der Rohkakaovermahlung und 55% der Schokoladenerzeugung in den Händen von 13 Firmen. Diese Schätzung scheint eher zu niedrig zu sein[91].

Im Bereich Tafelschokolade beherrschten in dieser Phase nur sechs Firmen rund 80% des Marktes, nämlich Ritter, Sprengel, Suchard, Monheim, Stollwerck und Sarotti[92]. 1985 hielten Jacobs-Suchard (inkl. Tobler, 32%), Ritter (18%), Imhoff-Stollwerck (inkl. Sprengel, 10%), Ludwig (Trumpf, 6%) und Ferrero (6%) zusammen 72% des Tafelschokolademarktes[93].

---

[87] Neue Züricher Zeitung, vom 27.6.1971.

[88] Vgl. Die Welt, vom 7.9.1982.

[89] Vgl. Handelsblatt, vom 16.7.1986.

[90] In Großbritannien haben z.B. Cadbury und Coca Cola ihre Abfüll- und Vertriebsaktivitäten im Oktober 1986 zusammengelegt, nachdem Cadbury vorher ein gleichgeartetes Kooperationsabkommen mit Pepsi Cola gekündigt hatte.

[91] Vgl. Schütze in: Süßwaren 9/1982, S. 260.

[92] Vgl. Die Zeit, vom 19.12.1975.

[93] Vgl. Niere (1987), S. 36.

Heute haben sich folgende Unternehmen als Marktführer deutlich abgesetzt: "Die Spitzenposition dürfte nunmehr die Gruppe Imhoff-Stollwerck (rd. 700 Mill. DM) einnehmen, gefolgt von Jacobs-Suchard, Ferrero (600 Mill. DM), der Ludwig-Schokoladenfabrik (500 Mill. DM) sowie Ritter-Sport und Sarotti (Nestlé, mit je 250 Mill. DM) und der PEA-Gruppe (Rothfos, mit rund 200 Mill. DM Schokoladenumsatz)"[94].

### 4.3. Die Internationalisierung der Schokoladenindustrie: Unsichtbare Schranken für neue Anbieter, Exportoffensive für hochwertige Produkte

In dem beschriebenen Verdrängungswettbewerb gingen nicht nur viele kleinere und mittlere Unternehmen unter, auch der Eintritt von neuen Anbietern und Wettbewerbern, die nicht über genaue Kenntnis des Marktes verfügten, wurde immer schwieriger. Dies trifft selbst auf kapitalkräftige ausländische Transnationale Konzerne zu, wenn sie nicht schon seit altersher auf dem deutschen Markt vertreten sind - wie die schweizerischen Unternehmen Suchard (seit 1880), Nestlé, Sarotti, Tobler, Lindt & Sprüngli - bzw. wenn sie nicht noch relativ frühzeitig in der Bundesrepublik einen Marktzugang suchten - wie Ferrero (italienisch) 1957, Mars (USA) 1962 durch Gründung einer Vertriebsgesellschaft, erst 1980 durch eine eigene Produktionsstätte, Rowntree-Mackintosh (britisch), das 1964 eine Mehrheitsbeteiligung bei Stockmann/Hamburg erwarb.

Mit Ausnahme von Ferrero gelang es lediglich den traditionell in Deutschland produzierenden ausländischen Unternehmen, sich in dem größten Teilmarkt der Industrie - dem für Tafelschokolade - zu etablieren.

Die scharfe Konkurrenz auf diesem Marktsegment, wo sich kaum mehr nominale Preiserhöhungen durchsetzen ließen und damit immer weniger rentabel produziert werden konnte, bildete eine schwer zu überwindende Barriere für den Neueinstieg[95]. Daraus läßt sich schließen, daß die konstatierten Wettbewerbsnachteile der deutschen Schokoladenindustrie relativ schnell und bereits in den 60er Jahren aufgeholt werden konnten. In einigen nicht-traditionellen Sparten, die z.T. von ausländischen Konzernen erst eingeführt wurden, vermochten diese hingegen gelegentlich dominierende Marktanteile zu erobern: Bei Schokoladenriegeln

---

[94] Südd. Zeitung, vom 15. 7. 1986.

[95] In der Periode 1969 bis 1975 wurden beispielsweise eine Reihe von Preiserhöhungen angekündigt: 1969: 5-8%, 1970: 13%, 1972: 5%, 1973: 7-10%, 1974: 8-12%, Ende 1974: 8-10% (vgl. Die Zeit, vom 9.5.1975). Dennoch stiegen die Preise für Tafelschokolade 1970-1974 nur um durchschnittlich 1,6% (vgl. Hamburger Abendblatt, vom 15.4.1975). Mit anderen Worten: Die Preisanhebungen konnten nicht durchgesetzt werden, sie blieben auf dem Papier.

fallen 90% des Marktes auf drei Anbieter. Dabei hält Mars einen Anteil von 55-60%, Ferrero von 25-30% und Rowntree Macintosh von 5-8%[96]. Bei Alkoholpralinen dominiert Ferrero mit rund 60%[97]. Auf dem traditionellen Markt für Pralinenmischungen dominieren dann wieder die etablierten Marken; und zwar Lindt mit 35% vor Trumpf/Mohnheim (13%) und Sarotti/Nestlé (10%)[98].

Festgehalten werden kann damit, daß die wesentlich umsatzstärkeren ausländischen Schokoladenproduzenten durch eine starke Billigpreiskonkurrenz von den strategisch zentralen Positionen der Industrie ferngehalten wurden. General Foods z.B. (mit einem damaligen Umsatz von 930 Mill. US-$) erwog 1968 die Übernahme von Stollwerck, beurteilte jedoch im Endeffekt ein Engagement auf diesem Markt als zu riskant. Der Weltkonzern Cadbury (Großbritannien) gab nach erheblichen Investitionen in den bundesdeutschen Markt, während der 60er Jahre, Anfang der 70er Jahre wieder auf[99].

Aufschlußreich ist das Engagement von Nabisco, eines US-Nahrungsmittelkonzerns (Umsatz: 720 Mill. US-$ 1966) im Dauerbackwarenbereich. Dieser übernahm 1965 die Keksfabrik Trüller und verfügte nunmehr über ein europaweites Verteilersystem, 1967 engagierte er sich mit einer 49 prozentigen Beteiligung bei Sprengel, welche in der Folge 1972 auf 75%, 1976 sogar auf 95% aufgestockt wurde[100]. Mit einer aggressiven Preispolitik suchten die US-amerikanischen Sprengel-Manager, während der 70er Jahre den Markt für Tafelschokolade zu erobern[101] und begingen dabei so ziemlich sämtliche Fehler, die man im deutschen Markt begehen konnte. Durchaus im Trend lag zwar die Sortimentseinschränkung von 270 auf 170 Artikel (1975) und die der Mitarbeiter von 2.700 (1971) auf 1.250 (1977). Da Sprengel jedoch "auf allen Preishochzeiten tanzte"[102], verschwamm das Markenimage des Unternehmens. Die einsetzende Krise wurde mit einer leichten Reduktion der Werbeausgaben und massiven Preiserhöhungen bekämpft: "Im Zuge dieser Besinnung auf Qualität wurden die Preise in den letzten 18 Monaten um 50% über dem Branchendurchschnitt angehoben"[103]. Mit anderen Worten: Nabisco, als typischer US-Multi, war mit den europäischen

---

[96] Vgl. Verlagsgruppe Bauer (1983), S. 7.

[97] Vgl. VWD, vom 29.1.1985.

[98] Vgl. VWD, Vom 9.1.1985.

[99] Vgl. Handelsblatt, vom 28.1.1985.

[100] Vgl. Hamburger Abendblatt, vom 13.4.1967; FAZ, vom 25.1.1972 sowie Handelsblatt, vom 16.11.1976.

[101] Vgl. FAZ, vom 20.10.1979.

[102] Handelblatt, vom 16.11.1976.

[103] Die Welt, vom 2.2.1979.

Marktbedingungen nicht vertraut und offensichtlich auch nicht lernfähig. 1979 gab Nabisco sein Sprengelengagement wieder auf und kehrte dem bundesdeutschen Markt den Rücken. Andere große Unternehmen, wie z.B. Hershey, der US-amerikanische Marktführer, zogen es vor, in weniger umkämpften Märkten, mit weniger Risiken und Kosten zu expandieren.

Die harte Konkurrenz auf dem bundesdeutschen Markt und die dadurch erzwungene größere Wettbewerbsfähigkeit der (überlebenden) Unternehmen findet ihren Niederschlag in einem seit Anfang der 60er Jahre stattfindenden strukturellen Wandel im Außenhandel.

Während in der Frühphase der EWG wertmäßig etwa viermal soviel importiert wie exportiert worden war, näherte sich diese Relation bis Mitte der 70er Jahre einem Verhältnis von 2 : 1. Durch die Dollarhausse erlebte die Exportindustrie zusätzlichen Antrieb: Importen in Höhe von 639 Mill. DM standen Exporte von 490 Mill. DM entgegen. Nimmt man Schokoladewaren und Kakaoerzeugnisse zusammen, so konnte 1986 die mengenmäßige Außenhandelsbilanz sogar erstmalig positiv gestaltet werden. Im Bereich für Schokoladewaren sah das Export/Import-Mengenverhältnis allerdings noch deutlich ungünstiger aus, nämlich 1 : 2. Allerdings fand für den Exportbereich eine Spezialisierung auf hochwertige Produkte statt. Während die Importe durchschnittlich 6,40 DM/kg kosteten, mußten ausländische Interessenten für bundesdeutsche Ware immerhin 9,09 DM/kg bezahlen. Es läßt sich damit festhalten, daß die scharfe Konkurrenz auf dem analysierten Markt nicht nur eine Barriere für ausländische Unternehmen im traditionellen Billigpreissegment darstellte, sondern daß durch die daraus entstandene Überlebensnotwendigkeit als zweites Standbein, produktinovative Geschmacks- und Marketingspezialisierung zu betreiben, auch im Hochpreissegment die bundesdeutsche Industrie im Laufe der Jahre der internationalen Konkurrenz im Technologie- und Marketingbereich enteilte.

Die Industrie selbst führt ihre Exportoffensive darauf zurück, "daß nach jahrelangem Wachstum des Binnenmarktes nunmehr der Markt für Süßwaren in Deutschland stagniert bzw. sogar leicht schrumpft und somit auch für kleinere und mittlere Unternehmen zunehmend der Zwang zum Export besteht, um ihre Anlagen auszulasten. ... Während kleinere Länder, wie z.B. die Niederlande und Belgien, wegen ihres geringen Binnenmarkt-Potentials schon frühzeitig gezwungen waren, zu exportieren, um vernünftige Produktionsgrößen zu erreichen, und Großbritannien über weltweite Beziehungen durch das Commonwealth verfügt, versuchen jetzt erst deutsche Unternehmen, bereits verteiltes Terrain im Ausland wettzumachen"[104].

---

[104] Wiesner, in: Süßwaren 11/1983, S. 372.

Idealtypisch vereinfacht kann man mithin in historischer Perspektive die Exportoffensive in dem Augenblick verzeichnen, in dem eine relativ starre oligopolistische Marktstruktur erreicht ist, die mit den bisherigen Methoden der Verdrängungskonkurrenz nicht mehr aufzubrechen ist.

Mittlerweile als 'Japaner in Europa' charakterisiert, nahm die Bundesrepublik 1984 beim Vergleich der internationalen Exportzahlen den ersten Rang ein[105]. Auch im Branchenvergleich brauchen die Schokoladenproduzenten sich nicht zu verstecken: Während der Umsatzanteil der Süßwarenindustrie an der Ernährungswirtschaft 1984 8,4% betrug, sicherte sich die Süßwarenindustrie im Exportgeschäft immerhin 10%. Die Exporte konzentrieren sich allerdings bisher auf den europäischen Markt. 1984 gingen nur 16% der Ausfuhren nach Übersee, allein 10% nach Nordamerika[106].

Bei einer Betrachtung der Exportorientierung der einzelnen in der BRD ansässigen Unternehmen lassen sich einige Differenzierungen vornehmen. Einige Produzenten, wie etwa Ferrero, Mars und Nestlé, sind als Ableger ihrer ausländischen Muttergesellschaft in deren Unternehmensstrategie fest eingebunden. Unternehmensgewinne werden tendenziell eher abgezogen, wenn nicht der bediente Markt unmittelbar Investitionen erfordert. Konkurrenz mit Tochtergesellschaften in anderen Ländern wird vermieden. Unternehmensinterne Regionalkartelle verhindern potentiell mögliche Exportsteigerungen. Praktisch alle großen deutschen Unternehmen vermelden einen wachsenden Anteil des Auslandsgeschäfts. Bereits 1973 betrug der Exportanteil von Ritter, als Tafelspezialist der Kleine unter den Großen, 5 bis 6%. Knapp 10% beträgt der derzeitige Exportanteil der heutigen Imhoff Industries Holding GmbH aus Köln.

Die unbestrittene Spitzenposition nahm jedoch bis 1986 Monheim ein. Anfang der 70er Jahre erbrachten die Auslandsgeschäfte - allerdings inklusive der Direktinvestitionen jenseits der Grenzen - schon 25% des Umsatzes. Bis Mitte der 80er Jahre stieg der Auslandsanteil auf über 50% am Gesamtumsatz. Schon Ende der 70er Jahre war Monheim - hinter Hershey, Mars, Nestlé und Cadbury - zum fünftgrößten Schokoladenkonzern der Welt aufgestiegen[107], verlor diese Position allerdings 1986 als es seine Auslandsgeschäfte an Jacobs-Suchard verkaufte.

---

[105] Vgl. Wiesner, in: Süßwaren 12/1985, S. 468.

[106] Vgl. ebenda, S. 469.

[107] Vgl. Handelsblatt, vom 4. 4. 1979.

## 4.4. Marktmacht und Preisdruck der Abnahme- und Distributionsseite: Der Süßwarenhandel

Es wurde schon gelegentlich auf die Bedeutung des Handels für den Wettbewerb und die Unternehmensstrategien der Schokoladenindustrie hingewiesen. Dieser Aspekt soll noch etwas ausführlicher behandelt werden.

Auf der Absatzseite der Schokoladenindustrie ergeben sich im Vergleich zu anderen Branchen der Ernährungsindustrie keine wesentlichen Unterschiede: Seit Jahren ist die Beziehung zwischen Handel und Industrie in der Bundesrepublik Deutschland geprägt durch einen überproportional starken Konzentrationsprozeß und durch verschiedene marktmachtsteigernde Kooperationsformen zwischen einzelnen Unternehmen im Handel. Neue, preisdämpfende und großflächige Vertriebsformen - insbesondere über Discounter, an deren erster Stelle unbestritten Aldi steht - forcieren zudem diesen unternehmerischen Verdrängungsprozeß, der strukturell die Verhandlungsposition der Industrie schwächt. Auf der Produktionsseite steht dem ein Angebotsüberhang auf der Basis erheblicher Überkapazitäten in den meisten Konsumgüterbereichen, so auch der Schokoladenindustrie, gegenüber. Der gesamten Ernährungsindustrie stehen heute nur noch weniger als 100 selbständige Einkaufsentscheidungszentralen des Handels gegenüber - mit weiter rückläufiger Tendenz[108]. Insbesondere die Discounter konnten ihren Marktanteil rapide ausweiten: Die Zahl ihrer Filialen hat sich zwischen 1975 und 1984 von 2.490 auf über 5.500 mehr als verdoppelt. Ihr Umsatz stieg in der gleichen Periode von 8 Mrd. DM p.a. auf ca. 28 Mrd. DM p.a.. Ungefähr 92% aller Haushalte pflegten 1984 - wenn auch nicht ausschließlich - in Discountern zu kaufen[109]. Nach Angaben des Spiegel verkaufte Aldi allein 1985 jede fünfte in der BRD konsumierte Tafel Schokolade[110]. Zusammen mit den Verbrauchermärkten vereinigten die Discounter sogar 65% des Tafelschokoladenabsatzes und 66% des Pralinenabsatzes auf sich[111]. Diese preisaggressiven Unternehmensformen gehen unternehmensstrategisch nach dem Prinzip "marktattraktiver Systemwirtschaftlichkeit" vor. Dabei stellt ein begrenztes Warensortiment ohne Service- und Werbeleistungen seitens der Händler den Marketing-Erfolg voll der Verantwortung und dem finanziellen Engagement des Verarbeiters anheim. Der Hersteller muß also selbst für eine 'Eigenrepräsentation der Ware' und entsprechend hohe qm-Umsätze sorgen. Unbedingter Bestandteil dieser Marketing-Strategie ist eine niedrige Preisgestaltung. Der mithin entstehende Rationalisierungs- und Preisdämpfungsdruck führt, mit Ausweitung

---

[108] Vgl. Schultes, in: Süßwaren 12/1984, S. 514.

[109] Vgl. Berger (1985), S. 5.

[110] Vgl. Der Spiegel, vom 21.7.1986.

[111] Vgl. Verlagsgruppe Bauer (1983), S. 48.

dieser Unternehmensform, zu einer verschärften Konkurrenz und folglich Vermachtung des Industriemarktsegments.

Nicht nur die Verarbeiter/Produzenten sind von diesem Druck auf die Erzeugerpreise betroffen, auch die Großhandelsunternehmen selbst, an denen oftmals 'vorbeigehandelt' wird. Vor allem im Süßwarenbereich wird der Fachgroßhandel zunehmend auf die Bedienung kleiner Geschäfte reduziert. Warenhäuser, Discounter und Verbrauchermärkte machen das Geschäft eher direkt. Der Vermachtungsprozeß ist denn auch deutlich: sechs dominante Nachfrager (Aldi, coop, Tengelmann, Edeka, Rewe und Metro) vereinigen über 65% des gesamten Lebensmittelumsatzes auf sich[112]. Entsprechend dieser Konstellation hat das Bundeskartellamt das Kartellgesetz dahingehend novelliert, daß seit 1980 präventive Fusionskontrollen nicht mehr nur die unmittelbaren Auswirkungen auf den Wettbewerb berücksichtigen, sondern auch die Frage, ob ein solcher Unternehmenszusammenschluß "die Position eines marktbeherrschenden Nachfrageoligopols von sechs Unternehmen bzw. Gruppen verstärkt ... oder nicht"[113]. Gleichzeitig machte die Verschärfung der An-schlußklausel seit diesem Zeitpunkt Unternehmensübernahmen kontroll- und anmeldepflichtig, wenn die aufgekaufte Firma einen Umsatz von mehr als 4 Mill. DM jährlich verzeichnete (vorher 50 Mill. DM). Dennoch entfielen zwischen 1980 und 1985 62% der 186 beim Bundeskartellamt angezeigten Unternehmenszusammenschlüsse in diesen Bereich auf 4 (!) Unternehmen, nämlich Rewe, coop, Schaper und Edeka[114].

Der Gesetzgeber scheint offensichtlich diesen Konzentrationsprozeß nicht aufhalten zu können. Für die süßwarenproduzierenden Unternehmen bedeutet das einen kontinuierlichen, langfristig kaum abnehmenden Druck auf die Erzeugerpreise.

Die Marktmacht der großen Nachfrager zwingt sie zur Abgabe der produzierten Ware zu Niedrigstpreisen: "Hätten die Hersteller ein äquivalentes Maß an Handlungsfreiheit wie die Großbetriebsformen des Handels und wäre der Leistungswettbewerb zwischen den Händlern von unlauteren Praktiken weitgehend befreit, würden die schädigenden Auswirkungen des preispolitischen Verhaltens bestimmter Händler nicht in dem Maße auftreten, wie es z.Z. der Fall ist"[115]. Schokolade wurde in den letzten Jahren immer wieder als zugkräftiger Aktions- und Werbungsartikel angeboten, man schätzt nicht weniger als 60-70% des Schoko-

---

[112] Vgl. Schultes, in: Süßwaren 12/1984, S. 514.

[113] Ebenda, S. 515.

[114] Vgl. Schultes (1986), S. 266.

[115] Ahlert (1986), S. 270.

ladetafelmarktes[116]. Die relativ starke Konkurrenz zwischen den Schokoladeproduzenten führte zudem dazu, daß systematische Verkäufe unter Erzeugerpreisniveau eher die Regel als die Ausnahme sind. Viele Unternehmen des Einzelhandels werden durch solche Praktiken in den Ruin getrieben, zumal wenn die umsatzstarken Großen selbst unter Einkaufspreis verkaufen[117]. Letztlich tragen also die schokoladenproduzierenden Konkurrenzunternehmen selbst dazu bei, wenn ihnen, wie sie bei jeder Gelegenheit lautstark beklagen, aufgrund der knallharten Konkurrenz, die Möglichkeiten genommen sind, die geforderten Preisüberwälzungsspielräume (etwa bei Kakaoweltmarktpreisschwankungen) auszunutzen[118]. Gerade bei dem Produkt Tafelschokolade zeigt sich dieser Mechanismus exemplarisch: "Hier sind die Qualitätsunterschiede zwischen den einzelnen Herstellern relativ gering, so daß bei einem praktisch homogenen Produkt der Kaufentscheid wesentlich vom Preis beeinflußt wird"[119].

Diese preisaggressiven Unternehmensformen üben noch einen weiteren Effekt auf die Produzenten aus. Bei diesem Handelstypus müssen sie sich Konzepte überlegen, wie sie eine effiziente Eigenrepräsentation der Ware aufbauen: Werbeausgaben werden durch diese allgemeine Marktmachtverschiebung deutlich auf die Schultern der Produzenten gelastet. Darüber hinaus aber erscheint ihre Marktposition jetzt noch zusätzlich kompliziert: "Die Hersteller müssen zusehen, wie viele ihrer Kreationen das Image von Billigprodukten bekommen"[120].

Trotz der beschriebenen deutlichen Konzentrationsentwicklung darf dieser Trend jedoch nicht überinterpretiert werden. Auf der anderen Seite nämlich ist das Absatzpotential von Nahrungs- und Genußmitteln in diesem Billigpreis-Marktsegment durchaus begrenzt. Seit Mitte der 80er Jahre scheint die Verbraucher-Akzeptanz der Billigpreis-Anbieter eher zu stagnieren. Fundiert hingegen erweist sich "der Trend zur Polarisierung der Einkaufsgewohnheiten und damit auch der Betriebsformen des Handels"[121]. Denn - dem Discounter fehlt jedes emotionale appeal, ein Bedürfnis, das der Verbraucher beim Einkauf ebenso befriedigt sehen möchte wie Preiswürdigkeit und -sicherheit.

Dr. Klaus Schütze, Geschäftsführer des Bundesverbandes Deutschen Süßwarenindustrie, diagnostiziert entsprechend die 'Doppelgesichtigkeit' des Verbrauchers.

---

[116] Vgl. VWO, vom 29. 1. 1985.

[117] Vgl. Kupsch (1986), S. 234.

[118] Vgl. BVE (1983), S. 13.

[119] Verlagsgruppe Bauer (1983), S. 50.

[120] Die Zeit, vom 19. 12. 1975.

[121] Berger (1985), S. 27.

"Einerseits sieht er seine Einkommens-Situation im Durchschnitt wieder positiver und hat auch flüssige Mittel, um sich hier und da etwas Besonderes zu gönnen. Andererseits überlagert die Haltung 'Sparen und Planen' nach wie vor seine Mentalität"[122]. Neben 'Preiswürdigkeit' wird also 'Hochgenuß' als zweiter wichtiger Konsumimpetus (einmal ganz abgesehen vom faktischen Bedarf) identifiziert. Schütze zählt die denkbaren Kaufmotive auf[123]:

- Einerseits das besonders Preiswerte,
- andererseits das besonders Genußreiche,
- ferner das Genußreiche zum Sonderpreis, also die besonders günstige Kaufgelegenheit,
- das besondere Prestige-Erlebnis (Geschenk, Anbieten, 'sich selbst etwas Besonderes gönnen'),
- weitere nicht zu unterschätzende Emotionen, wie eine witzige Produktionsidee, eine emotionelle Erinnerung (Nostalgie), die Vielfalt des Angebotes, eine ansprechende, zum Kauf anregende Umgebung oder ein realer bzw. suggerierter Zusatznutzen,
- Bequemlichkeit des Einkaufens.

Kimmes stellt in diesem Zusammenhang fest, daß nicht nur die großflächigen Discounter überproportional an Bedeutung gewonnen haben, sondern auch die kleinen Geschäfte unter 100 qm Verkaufsfläche[124]. Die damit konstatierte 'Polarisierung der Nachfragestruktur' folgt der Struktur der Kaufmotivation.

Die Kaufmotivation wiederum wird entscheidend mitgeprägt durch Werbekampagnen, welche die "Seele des Produkts" aufbauen und Schokolade zum Impulskaufartikel par excellence machen. In der Praxis bedeutet dies, daß Schokoladenriegel, -tafeln oder Monopralinen im Vorübergehen an Kiosken gekauft werden, in Tankstellen, beim Bäcker oder im kleinen Lebensmittelgeschäft um die Ecke. Insgesamt wird die Zahl der Süßwaren-Verkaufsstellen auf ca. 400.000 geschätzt. Davon sind 80.000 Lebensmitteleinzelhandelsgeschäfte, die restlichen gut 300.000 sind die bereits genannten Betriebsformen[125]. Derzeit sieht die Schokoladenbranche nur in diesem Marktsegment Expansionschancen, obwohl gerade diese Unternehmensformen weiter schrumpfen werden[126]. Allerdings ergeben

---

[122] Schütze, in: Süßwaren 1-2/1984, S. 16.

[123] Vgl. ebenda, S. 18.

[124] Vgl. Kimmes (1985), S. 26.

[125] Vgl. Verlagsgruppe Bauer (1983), S. 47.

[126] So breiten sich z.B. Selbstbedienungstankstellen aus, Kleinhändler gehen pleite: Es wird ein Verlust von fast 20.000 Distributionsstellen bis zum Jahr 2000 prognostiziert. Vgl. Sander (1987), S. 14.

sich über Forcierung bzw. Professionalisierung der Werbung potentiell weitere Absatzmöglichkeiten vor allem beim Nicht-Lebensmittelhandel[127]. Drei von Szallies konstatierten Lebenseinstellungen - wachsende Freizeitorientierung, Genußmoralität (fun morality) und selektives Gesundheitsbewußtsein[128] - scheinen diesen Markttrend zu begünstigen. Auf dieser Ebene der Konkurrenz, auf der "Produktseele" wichtiger als der Gebrauchswert ist, erfolgt die unternehmerische Konkurrenz erst in nachgeordneter Instanz über den Preis. Die grundsätzliche Entscheidung ist hier getroffen worden, Produkte vom Gebrauchswert als Nahrungsmittel abzukoppeln. Als Genußmittel bietet sich Schokolade unmittelbar an, als Materialisierung eines Konsum- und letztlich Lebensstils dem Nachfrager dargeboten zu werden. Hier überschneiden sich Geschmacksraffinessen mit Marketinggeschick. Der segmentierten Nachfragestruktur - Kinderschokolade für das Enkelkind, Mon Cherie für die Geliebte und Yogurette für den 'gesundheitsbewußten' Schokoladenkonsumenten - entspricht dann notwendig eine segmentierte Angebotsstrategie (die - noch einmal zurückblickend konstatiert - dem Konzept der Discounter widerspricht). Beherzigt man diese vielfältige Konsum- und Nachfragestruktur, wird die Begrenztheit der Billigpreisproduktion deutlich. Selbst für Marktrenner im Discounter gilt: "Der Umsatz der besser laufenden Artikel ist nicht denkbar ohne das anspruchsvolle vielfältige Umfeld, das den Käufer überhaupt erst zum Kauf verleitet"[129]. Gemäß dieses Marketinggesetzes, das für den gesamten Süßwarenbereich von besonderer Bedeutung ist, stellt Kimmes[130] fest: "Die Zahl der jährlichen Produkteinführungen hat sich innerhalb der letzten 30 Jahre praktisch verdoppelt. Allein im Jahr 1983 wurden 1.621 neue Produkte von der Lebensmittelzeitung festgestellt", 11% davon aus der Süßwarenbranche, die an der Ernährungsindustrie nur einen Anteil von ca. 6,5% hat.

Für die schokoladenproduzierenden Unternehmen heißt das folgendes: In dem einen bedeutsamen Marktsegment (Discounter), in dem die Konkurrenz primär über den Preis abgewickelt wird, verkaufen die Unternehmen nahe den Erzeugerkosten und erzielen (wenn überhaupt) niedrige Gewinne. Für viele Erzeugerfirmen war und ist dieser Preiskampf tödlich.

Gleichzeitig jedoch ermöglicht der massenhafte Absatz von Schokolade zum Sonder- bzw. Niedrigpreis, die anderen Sortimentsartikel des Unternehmens zu lancieren. Und gerade in diesen Bereichen werden die höheren Gewinne eingefahren: "Handelssortimente straffen hieße, die Hersteller-Sortimente einzuengen.

---

[127] Vgl. Verlagsgruppe Bauer (1983), S. 48.

[128] Vgl. Szallies (1985), S. 9.

[129] Schütze, in: Süßwaren 1-2/1984, S. 18.

[130] Kimmes (1985), S. 12.

Damit werden dem Hersteller aber ertragreichere Artikel genommen, mit denen er andere 'Schnelldreher' subventioniert hat"[131].

Vor dem Hintergrund dieser zweigeteilten Nachfragestruktur wird das Interesse der Produzenten notwendig so geartet sein, möglichst über den Aufbau von Spezialitäten, zugkräftigen Markenimages und attraktiven Geschmacksformen sozusagen ein konkurrenzfreies Produkt zu schaffen, mit dem die Profitspanneneinengung des anderen Marktsegments kompensiert werden kann: "Während in den letzten 10 Jahren die Produktionsmenge, sowohl bei Schokolade und Schokoladewaren als auch bei Zuckerwaren, neben positiven auch negative Änderungsraten aufwies, stieg der Produktionswert praktisch von Jahr zu Jahr, was auf Preiserhöhungen und die Hinwendung zu besseren Qualitäten schließen läßt"[132]. Die Entwicklung des Pralinenmarktes macht diese Tendenz deutlich: Der gesamte Pralinensektor ist in den letzten Jahren deutlich expandiert; pralinenähnliche Erzeugnisse haben einen deutlichen Absatzgewinn erzielt, ohne daß die traditionellen Segmente, Pralinenmischungen und alkoholgefüllte Pralinen, allzuviel verloren haben.

Zwar neigt der Handel dazu, die Artikelzahl deutlich zu vermindern, die Zwänge des Wettbewerbs fordern aber offensichtlich ein attraktives, vielfältiges Angebot. Der zweite genußorientierte Teilmarkt hat also eine Ventilfunktion, die Konkurrenz von der Preis- auf die Werbungsebene umzulenken. Es kommt gelegentlich wohl noch eine weitere Aufgabe hinzu: "Die Produktion gefüllter Tafelschokolade wurde von den Herstellern aufgrund der hohen Rohkakaopreise in den letzten Jahren forciert, da gefüllte Tafelschokolade weniger 'kakaointensiv' ist als massive Tafelschokolade. Desweiteren sind gefüllte Tafeln, des harten Wettbewerbs wegen, einem nur bedingten Preisvergleich geringer ausgesetzt als massive Tafeln"[133]. "Auf keinem anderen Konsumgütermarkt werden die Probleme des Handels und der Industrie so deutlich, die sich aus wachsendem Angebotsdruck bei weitgehend gesättigten Märkten ergeben"[134]. Imhoff stellt in diesem Zusammenhang fest: "Der Kampf um Marktanteile und die Angst, Marktanteile zu verlieren, führt immer wieder zur Vernachlässigung der Kalkulation"[135].

Die Begründung für die relativ pessimistischen Marktprognosen lautet wie folgt: Allgemein wird die Bevölkerung in der BRD zurückgehen. "Geht man davon aus, daß ca. 35 bis 40% des Verzehranteils für die Süßwaren auf die unter 20-jährige

---

[131] Schütze, in: Süßwaren 1-2/1984, S. 18.

[132] Verlagsgruppe Bauer (1983), S. 28.

[133] Niere (1987), S. 25.

[134] Kupsch (1986), S. 234.

[135] Zitiert nach: Handelsblatt, vom 28. 1. 1985.

Bevölkerung entfällt, und daß diese Altersgruppe innerhalb der nächsten zehn Jahre um ca. 13% schrumpfen wird, muß das zwangsläufig negative Auswirkungen auf die Süßwarennachfrage haben"[136]. Insgesamt kalkuliert Szallies einen Verlust des Nachfragepotentials von 5% innerhalb der nächsten zehn Jahre. "Die Diagnose ... steht fest: Schrumpfung der Kaufkraft, Verbraucherzurückhaltung, äußerstes Qualitätsbewußtsein bei gleichzeitigem äußersten Sparwillen des Käufers, kurz: schmerzhafter, da auf relativ geringe Zeit verteilter Anpassungsprozeß an einen sich vorläufig nicht erweiternden Markt. Künftige Markterweiterung wird noch weit weniger als bisher auf einem Mengenplus, sondern allenfalls auf einem Qualitätsplus beruhen"[137]. Der Markt läßt also keinen Optimismus zu: "Denn auf der einen Seite stehen die Einkaufsgruppen des Lebensmitteleinzelhandels, auf der anderen bekämpfen sich nach Ludwigs Schilderung die großen Schokoladenfabrikanten - und es gibt nur noch große - 'bis aufs Messer'"[138].

---

[136] Szallies (1985), S. 5.
[137] Schütze, in: Süßwaren 1-2/1984, S. 18.
[138] FAZ, vom 5. 12. 1980.

## 5. Das Ringen auf dem Weltmarkt um Preise und Einkommen

### 5.1. Die Entwicklung der Preise und ihre Bestimmungsgründe

Die Weltmarktpreise für agrarische und mineralische Rohstoffe unterliegen allgemein einer großen Schwankungsbreite. Kakao macht dabei keine Ausnahme. Kakao gehört sogar mit zu den preisinstabilsten Weltmärkten. Es gibt beträchtliche Schwankungen innerhalb des Erntejahres, zwischen den Jahren und auch mittelfristige Preiszyklen.

Die jährlichen Schwankungen der Produktion und der Preise seit 1950 veranschaulicht die Graphik 1. Die jährlichen Schwankungen - um den gleitenden Fünfjahrestrend - liegen, mit Ausnahme von Zucker, z.T. deutlich höher als bei anderen agrarischen Rohstoffen. So ist von der Weltbank für 1964-84 errechnet worden, daß der Kakaopreis in einem typischen Jahr um 37% unter oder über dem Preistrend gelegen hat (vgl. Tabelle 11). Hierbei wurden inflationsbereinigte (mit Industriewarenpreisen deflationierte) Preise betrachtet. Hoffmeyer (vgl. Tabelle 12) hat die nominalen Preisschwankungen gegenüber dem Fünfjahrestrend berechnet. Auch durch seine Berechnungen wird die relativ hohe Instabilität der Kakaopreise deutlich, die allerdings von vielen anderen Rohstoffen in den betrachteten Zeiträumen 1962-72 und 1973-85 eingeholt wurde. Die kurzfristige (vierteljährliche) Schwankungsbreite für Kakao nahm nur leicht von 16,6% auf 17,7% zu und auch die Schwankungsbreite auf Jahresbasis liegt nur geringfügig darüber.

Die Schwankungen der Exportpreise sind bei fast allen Rohstoffen extremer als die Schwankungen der Produktions- und Exportmenge, die wiederum deutlich über der Variationsbreite des Weltverbrauchs liegt. Für Kakao betrugen für den Zeitraum 1952-85 die jahreszeitlichen Abweichungen vom gleitenden Fünfjahrestrend 5,5% für die Produktion, 5,3% der Exporte und nur 2,5% des Verbrauchs (vgl. Tabelle 13).

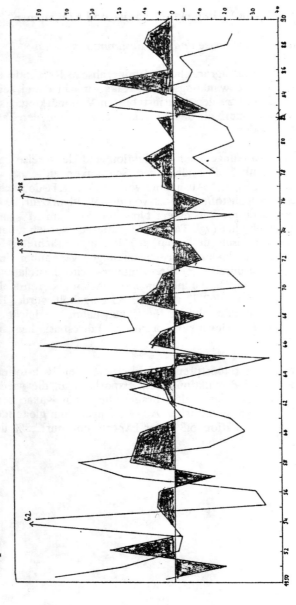

Graphik 1: Jährliche Veränderung der Produktion und der Weltmarktpreise für Kakao, 1950-1990

Quelle: The Economist, World Business Cycles, London 1982, S. 161 (ergänzt bis 1990).

Tabelle 11: Indizes der Preisinstabilität bei agrarischen Rohstoffen, 1964-1984

| Rohstoff | 1964-1984 | 1974-1984 |
|---|---|---|
| Zucker | 90,8 | 51,5 |
| Kakao | 37,3 | 34,1 |
| Reis | 33,0 | 21,9 |
| Kaffee | 32,0 | 37,7 |
| Palmkerne | 27,5 | 32,5 |
| Weizen | 24,3 | 16,9 |
| Tee | 21,7 | 23,6 |
| Jute | 21,2 | 26,8 |
| Sojabohnen | 20,8 | 9,9 |
| Rindfleisch | 16,7 | 11,3 |
| Mais | 16,6 | 15,6 |
| Kautschuk | 16,1 | 14,0 |
| Sorghum | 15,6 | 13,6 |
| Baumwolle | 14,3 | 10,7 |

Quelle: Weltbank (1986) S. 79.

Tabelle 12: Zur Instabilität der internationalen Rohstoffpreise (Durchschnittliche Abweichungen vom Trend in Prozent), 1960-1985

| Rohstoffe | Durchschnittliche vierteljährliche Preise | | Durchschnittliche jährliche Preise | |
|---|---|---|---|---|
| | 1960-1972 | 1973-1985 | 1960-1972 | 1973-1985 |
| **Rohstoffe mit internationalem Abkommen** | | | | |
| Kaffee | 10,2 | 20,7 | 9,4 | 18,1 |
| Kakao | 16,6 | 17,7 | 15,4 | 14,6 |
| Zucker | 32,3 | 42,1 | 29,3 | 37,2 |
| Naturkautschuk | 13,1 | 16,1 | 12,2 | 13,9 |
| Zinn | 9,4 | 12,0 | 7,9 | 10,2 |
| **Andere Rohstoffe** | | | | |
| Weizen | 7,4 | 12,3 | 6,6 | 9,6 |
| Mais | 8,0 | 12,7 | 6,5 | 8,8 |
| Tee | 5,9 | 16,7 | 3,8 | 13,9 |
| Sojabohnen | 8,9 | 14,8 | 7,4 | 11,5 |
| Baumwolle | 8,7 | 16,2 | 7,2 | 12,6 |
| Kupfer | 17,4 | 15,9 | 14,5 | 13,9 |

Quelle: Hoffmeyer (1988), S. 16.

Tabelle 13: Zur Instabilität von Rohstoffproduktion, -verbrauch und -export, in Prozent, 1949-1985

| Rohstoffe | Zeitraum | Jahresdurchschnittliche Abweichungen der Jahresdaten vom gleitenden Fünfjahresdurchschnitt | | |
|---|---|---|---|---|
| | | Weltproduktion | Weltverbrauch | Weltexportmenge |
| **Rohstoffe mit internationalem Abkommen** | | | | |
| Kaffee | 1958-1985 | 7,6 | 3,5 | 4,4 |
| Kakao | 1952-1985 | 5,5 | 2,5 | 5,3 |
| Zucker | 1949-1985 | 3,2 | 1,2 | 3,5 |
| Naturkautschuk | 1962-1985 | 2,4 | 1,7 | 2,6 |
| Zinn | 1962-1985 | 2,4 | 2,6 | 4,0 |
| **Andere Rohstoffe** | | | | |
| Weizen | 1962-1985 | 3,4 | 1,8 | 5,4 |
| Mais | 1962-1984 | 4,5 | - | 4,8 |
| Tee | 1962-1984 | 1,9 | - | 2,3 |
| Sojabohnen | 1962-1984 | 4,0 | - | 4,0 |
| Baumwolle | 1962-1985 | 5,1 | 1,6 | 4,4 |
| Kupfer | 1962-1984 | 2,1 | 3,2 | 2,9 |

Quelle: Hoffmeyer (1988), S. 19.

Damit unterliegen die Exporterlöse immer noch beträchtlicher, aber (verglichen mit den Preisen) geringerer Schwankungen. Diese haben allerdings für Kakao in den letzten Jahrzehnten zugenommen (1961-72: 9,7%; 1973-84: 14,4%) (vgl. Tabelle 14).

Es handelt sich bei Kakao - wie bei vielen anderen Agrargütern - um einen angebotsorientierten Rohstoff. Die Nachfrage ist relativ unelastisch, d.h. nur bedingt durch die Veränderung der Preise zu beeinflussen. Die Entwicklung des Verbrauchs hängt von verschiedenen Variablen (Einkommen, Preise konkurrierender Güter usw.) - neben den Preisen - ab, die zeit- und räumlich unterschiedliches Gewicht haben mögen. Außerdem gibt es verschiedene Methoden, die Preiselastizitäten zu berechnen.

Einen Überblick über Berechnungen der Nachfrageelastizitäten für Kakao verschiedener Autoren für die Hauptverbraucherländer bietet die Tabelle 15. Der Grundkonsens ist eindeutig: Wir haben es mit einer preisunelastischen Nachfrage zu tun (mit Werten deutlich unter 1). Die langfristige Preiselastizität ist etwas weniger unelastisch als die kurzfristige. Für die Bundesrepublik liegen die ermittelten Werte zwischen -.05 und -.34. Eine Preissenkung um 10% würde einen nur um 0,5% bzw. maximal um 3,4% höheren Verbrauch stimulieren. In den USA liegt die Preiselastizität offenbar deutlich höher, zwischen -.15 und -.40.

Tabelle 14: Zur Instabilität von Rohstoffexporterlösen, -preisen und -mengen, 1961-1984

|  | Export-erlöse in Mill. US-$ | Trendabweichungen (1) in Prozent | | | | | |
|---|---|---|---|---|---|---|---|
|  |  | 1961-1972 | | | 1973-1984 | | |
|  |  | Export-erlöse | Export-menge | Durch-schnitt-licher Export-preis | Export-erlöse | Export-menge | Durch-schnitt-licher Export-preis |
| **Rohstoffe mit internationalem Abkommen** | | | | | | | |
| Kaffee | 15.431 | 5,6 | 3,5 | 7,3 | 12,8 | 4,6 | 13,5 |
| Kakao | 3.042 | 9,7 | 4,8 | 13,6 | 14,4 | 4,4 | 16,0 |
| Zucker | 9.440 | 11,2 | 4,9 | 11,8 | 17,3 | 4,5 | 19,1 |
| Naturkau-tschuk | 2.963 | 14,2 | 5,1 | 10,8 | 15,4 | 3,6 | 12,3 |
| Zinn | 1.892 | 7,4 | 2,2 | 8,6 | 11,6 | 3,7 | 9,1 |
| **Andere ausgewählte Rohstoffe** | | | | | | | |
| Weizen | 12.981 | 7,5 | 3,7 | 4,8 | 10,2 | 5,9 | 9,1 |
| Mais | 6.819 | 8,2 | 3,9 | 5,1 | 10,5 | 5,0 | 8,7 |
| Tee | 2.043 | 3,1 | 2,2 | 1,7 | 12,5 | 2,3 | 10,4 |
| Sojabohnen | 5.593 | 9,3 | 4,2 | 6,3 | 7,6 | 3,8 | 8,1 |
| Sojaöl | 1.222 | 18,4 | 14,9 | 10,5 | 20,1 | 6,8 | 16,9 |
| Baumwolle | 5.227 | 4,6 | 2,5 | 3,2 | 7,3 | 4,2 | 8,8 |
| Kupfer (2) | 4.542 | 11,7 | 1,6 | 11,3 | 17,4 | 4,3 | 13,4 |

(1): Durchschnittliche Abweichung der Jahresdaten vom gleitenden Fünfjahresdurchschnitt
(2): raff.

Quelle: Hoffmeyer (1988), S. 18.

Tabelle 15: Preis- und Einkommenselastizität des Kakaoverbrauchs wichtiger Konsumentenländer

| ICCO/1951-81 (1) | USA | BRD | GB | Frankr. | UDSSR | Japan |
|---|---|---|---|---|---|---|
| Preiselastizität | -,20 | -,08 | -,07 | -,02 | -,05 | -- |
| Einkommenselastizität | +,12 | +,25 | +,40 | +,66 | +1,80 | -- |
| ICCO/1956-73 (2) | | | | | | |
| Preiselastizität (3) | -0,14 | -0,14 | -0,12 | -0,09 | -- | 0,37 |
| Preiselastizität (4) | -- | -0,09 | -0,19 | -- | -- | -0,22 |
| Einkommenselastizität | 0,36 | 0,37 | 0,32 | 0,47 | -- | 0,52 |
| ICCO/1961-83 (5) | | | | | | |
| Preiselastizität (3) | -0,17 | -0,10 | -0,12 | -0,03 | -0,43 | -0,48 |
| Einkommenselastizität | 0,34 | 0,44 | 0,47 | 0,67 | 1,68 | 0,54 |
| Gbetibouo/1950-80 | | | | | | |
| Preiselastizität | -0,32 | -0,25 | -0,33 | -0,38 | -- | -- |
| FAO/1953-59 | | | | | | |
| Preiselastizität | -0,37 | -0,34 | -0,61 | -0,35 | -- | -- |
| Okorie und Blandford/1953-75 | | | | | | |
| Preiselastizität | -,17 | -- | -- | -- | -,44 | -,88 |
| Einkommenselastizität | +,27 | -- | -- | -- | +1,92 | +,38 |
| Behrman/1951-64 (6) | | | | | | |
| Preiselastizität | -,40 | -,05 | -,01 | -,01 | -- | -- |
| Einkommenselastizität | -1,97 | +,77 | -,35 | +,22 | -- | -- |
| Behrman/1948-64 | | | | | | |
| Preiselastizität | -,25 | -,18 | -,16 | -,38 | -- | -- |
| Einkommenselastizität | -- | +,93 | +,71 | +,68 | -- | -- |
| Homem de Melo/1951-70 | | | | | | |
| Preiselastizität (3) | -,14 | -,18 | -- | -,18 | -- | -,29 |
| Preiselastizität (4) | -,31 | -,36 | -,10 | -,42 | -- | -1,61 |
| Einkommenselastizität | +,51 | +,73 | +,35 | +,74 | -- | +,78 |
| Menezes/1961-81 | | | | | | |
| Preiselastizität (3) | -,14 | -,06 | -,10 | -,03 | -,32 | -,52 |
| Preiselastizität (4) | -- | -,25 | -,14 | -- | -- | -- |
| Einkommenselastizität | +,37 | +,04 | -,36 | +,68 | +1,14 | +,36 |

(3): Kurzfristig
(4): Langfristig

Quellen: Menezes (1984), S. 133 (für Okorie/Blandford, Behrmann, de Melo, Menezes); außerdem: (1) ICCO (1982); (2) ICCO (1975, Tab. IV; (5) ICCO (1984), S. 17; (6) Behrman (1968), Gbetibouo (1983), S. 72; FAO (1961), S. 23.

Das Angebot wird kurzfristig von den wechselnden klimatischen Bedingungen, mittelfristig vom wirtschaftlichen Umfeld in den Produzentenländern und langfristig von den Weltmarktpreisen bestimmt. Die Bedeutung der Preise ist dabei allerdings nicht ganz eindeutig. Sarah Berry[139] hat eine "eher schwache Beziehung" zwischen der Entwicklung der Produzentenpreise und den Neupflanzungen in der ersten Jahrhunderthälfte in Nigeria festgestellt. Heute geht man allerdings von einer wesentlich höheren (langfristigen) Preiselastizität des Angebots (als der Nachfrage) aus. Behrman[140] hat für die 60er Jahre einen Durchschnitt aller Kakaoproduzenten über ,74 errechnet. Die beiden Weltbankökonomen Akiyama-/Duncan (vgl. Tabelle 16) errechneten niedrigere Werte. Sie gehen von einer kurzfristigen Preiselastizität von ,138, einer mittelfristigen (nach 6 Jahren) von ,24 und einer langfristigen (nach 9 Jahren) von ,42 aus. Zwischen den wichtigen Produzentenländern - Ghana und Nigeria auf der einen (,1), der Côte d'Ivoire, Kamerun, Brasilien auf der anderen Seite (,5) - konstatieren sie jedoch erhebliche Unterschiede.

Tabelle 16: Preiselastizität (der Produzentenpreise) des Kakaoangebots

|  | kurzfristig (1) | mittelfristig (2) | langfristig (3) |
|---|---|---|---|
| Ghana | ,18 | ,11 | ,126 |
| Nigeria | ,099 | ,106 | ,113 |
| Côte d'Ivoire | ,259 | ,32 | ,59 |
| Brasilien | ,103 | ,39 | ,54 |
| Kamerun | ,095 | ,32 | ,59 |
| Ecuador | ,103 | ,39 | ,54 |
| Papua New Guinea | ,103 | ,39 | ,54 |
| übrige Produzenten | ,022 | ,159 | ,207 |
| Welt | ,138 | ,24 | ,42 |

Elastizität der Kakaoanbaufläche auf Veränderungen der Produzentenpreise

|  | kurzfristig (4) | mittelfristig (5) | langfristig (6) |
|---|---|---|---|
| Côte d'Ivoire | ,0885 | ,30 | ,60 |
| Brasilien | ,03 | ,29 | ,618 |
| Kamerun | ,0885 | ,30 | ,60 |
| Ecuador | ,03 | ,29 | ,618 |
| Papua New Guinea | ,03 | ,29 | ,618 |

(1): bis zu 1 Jahr (2): nach 6 Jahren (3): nach 9 Jahren
(4): bis zu 3 Jahren (5): nach 5 Jahren (6): nach 9 Jahren

Quelle: Akiyama/Duncan (1982), S. 18.

---

[139] Vgl. Berry (1975), S. 88.

[140] Vgl. Behrman (1968), S. 704.

Die Schwankungen der Produktion und damit des Weltmarktangebots erfolgen extremer als das aggregierte Gesamtangebot, d.h. die (namentlich wetterbedingten) Schwankungen des Angebots zwischen Westafrika, Südamerika und zunehmend Südostasien gleichen sich z.T. aus. 1961-82 war die Instabilität der vier großen Produzentenländer doppelt so groß wie der Weltdurchschnitt (vgl. Tabelle 17).

Tabelle 17: Wachstum und Instabilität der Kakaoproduktion wichtiger Exportländer, 1961-1982

|  | Wachstum in % | Koeffizient der Instabilität in % | Anteil an der Welterzeugung 1980/83 |
|---|---|---|---|
| Brasilien | +5,12 | 14,07 | 19,3 |
| Kamerun | +1,91 | 8,92 | 7,3 |
| Ghana | -3,45 | 15,23 | 13,3 |
| Côte d'Ivoire | +7,30 | 14,90 | 25,6 |
| Nigeria | -1,60 | 18,70 | 10,3 |
| Kleinere Exportländer | +1,88 | 5,90 | 24,2 |
| Welt | +1,40 | 7,00 | 100,0 |

Quelle: Menezes (1984), S. 103.

Diese erheblichen Schwankungen sind nicht ohne Problem für die Vermarktung der Erzeugerländer und für deren kurz- und mittelfristige Rahmenplanung. Wie sieht es jedoch mit der langfristigen Preisentwicklung aus? Kann man von einer langfristigen Verschlechterung der terms-of-trade des Kakaos gegenüber den Industriegütern sprechen? Geschlossene Zeitreihen liegen nur für dieses Jahrhundert vor (vgl. Tabelle 18). Um die kurzfristigen Schwankungen auszuschließen, wurden die Daten auf Fünfjahresdurchschnitte aggregiert. Von einem kontinuierlichen Verfall der t-o-t für den Kakaosektor kann in diesem Jahrhundert nicht gesprochen werden. Die t-o-t für Ghanas Kakaoexporte haben sich seit der Jahrhundertwende zwar nahezu kontinuierlich - bis zu einem absoluten Tiefpunkt während des Zweiten Weltkrieges - verschlechtert, danach stiegen sie jedoch wieder an und erreichten in den 50er Jahren nahezu wieder ihr Niveau der ersten anderthalb Jahrzehnte dieses Jahrhunderts. Diese Entwicklung wird in ihrem Trend durch die Kakaoimportpreise wichtiger Verbraucherländer bestätigt, in denen die c-i-f-Kosten enthalten sind und die mit den Großhandelspreisindices dieser Länder deflationiert wurden (vgl. Tabelle 19).

Tabelle 18: Die Entwicklung der Kakaoexportpreisindices (1953 = 100) und der t-o-t von Ghana und Brasilien, in Jahrfünftdurchschnitten, 1900-1984

|  | Ghana | | | Brasilien | | |
|---|---|---|---|---|---|---|
|  | Kakaoexport-preisindex | Import-preisindex | t-o-t Kakao | Kakaoexport-preisindex | Import-preisindex | t-o-t Kakao |
| 1900-04 | 18 | 12 | 150 | | | |
| 1905-09 | 18 | 13 | 130 | | | |
| 1910-14 | 18 | 16 | 113 | | | |
| 1915-19 | 17 | 26 | 65 | | | |
| 1920-24 | 18 | 32 | 56 | 20 | 33 | 60 |
| 1925-29 | 19 | 26 | 73 | 17 | 22 | 77 |
| 1930-34 | 10 | 20 | 50 | 10 | 33 | 30 |
| 1935-39 | 10 | 21 | 48 | 16 | 39 | 41 |
| 1940-44 | 8 | 40 | 20 | 25 | 62 | 40 |
| 1945-49 | 41 | 65 | 63 | 62 | 108 | 57 |
| 1950-54 | 113 | 94 | 120 | 111 | 97 | 114 |
| 1955-59 | 111 | 82 | 135 | 102 | 73 | 140 |
| 1960-64 | 85 | 85 | 100 | 70 | 73 | 96 |
| 1965-69 | 101 | 92 | 110 | 80 | 77 | 104 |
| 1970-74 | 151 | 152 | 99 | 129 | 131 | 98 |
| 1975-79 | 491 | 293 | 168 | 391 | 214 | 183 |
| 1980-84 | 335 | 486 | 69 | 290 | 308 | 94 |

Quelle: Errechnet aus: Kay (1972), S. 332 und 338; World Bank (1984), S. 113 und 116; Conjuntura economica No. 5/22, Maio 1968; Calcagnotto, Bd.I, S. 434; Suzigan (1986).

Seit den 50er Jahren sind sowohl die nominalen Kakaoexport- bzw. auch Importpreise, wie auch die t-o-t, erheblichen Schwankungen ausgesetzt. Ein Allzeithoch wurde in der zweiten Hälfte der 70er Jahre erklommen, dem dann der dramatische Preisverfall der 80er Jahre folgte.

Bei näherer Betrachtung (vgl. Tabelle 20) setzte der Preisverfall vom absoluten Haussejahr - 1976/77 - an ein und nimmt seit 1986/87 dramatische Formen an. Der Grund: In elf dieser dreizehn Jahre wurde mehr Kakao erzeugt als verarbeitet und verbraucht. Die Lager wurden von 285.000 t (20% des Verbrauchs) auf zuletzt über 1,3 Millionen t (61% des Verbrauchs) gezwungenermaßen ausgeweitet (vgl. Tabelle 21). Damit wiederholt sich die Entwicklung, die - ausgehend von den hohen Preisen in den 50er Jahren - zu einer Überproduktion in den frühen 60er Jahren führte, die damals ins absoluten Baissejahr 1964/ 65 mündete, das allerdings 1988/89 real noch einmal um ca. 30% unterschritten wurde.

Tabelle 19: Die Entwicklung der nominalen und realen Kakaoimportpreisindices für die USA und Großbritanien, in Jahres-
fünftdurchschnitten, 1900-1984

|         | USA | GB      | USA | GB          |
|---------|-----|---------|-----|-------------|
|         |     | nominal | real (1953=100) | |
| 1900-04 | 44  | 27      | 128 | 104 |
| 1905-09 | 44  | 27      | 117 | 99  |
| 1910-14 | 40  | 25      | 93  | 84  |
| 1915-19 | 43  | 29      | 66  | 53  |
| 1920-24 | 33  | 23      | 50  | 41  |
| 1925-29 | 38  | 22      | 64  | 55  |
| 1930-34 | 18  | 13      | 41  | 43  |
| 1935-39 | 18  | 12      | 37  | 38  |
| 1940-44 | 21  | 14      | 38  | 27  |
| 1945-49 | 65  | 45      | 80  | 70  |
| 1950-54 | 113 | 111     | 113 | 109 |
| 1955-59 | 108 | 112     |     |     |
| 1960-64 | 72  | 78      |     |     |
| 1965-69 | 77  | 86      |     |     |
| 1970-74 | 123 | 155     |     |     |
| 1975-79 | 368 | 578     |     |     |
| 1980-84 | 301 | 519     |     |     |

Quellen: Viton (1955), S. 93 und Gill & Duffus, Cocoa Market Reports.

In der folgenden Dekade wuchs der Verbrauch schneller als die Produktion, in acht von zwölf Jahren gab es ein Defizit. Dies führte zu den hohen Preisen in der zweiten Hälfte der 70er und - schon abbröckelnd - auch in der ersten Hälfte der 80er Jahre. Die Preisbaisse in der zweiten Hälfte der 80er Jahre wird sich, mit einiger Wahrscheinlichkeit, in den frühen 90er Jahren fortsetzen. In verschiedenen Annahmen und Szenarien hält beispielsweise die ICCO[141] einen weiteren realen Preisverfall bis 1991/92 (gegenüber 1988/89) um 22% oder gar 27% für denkbar, bei niedrigen Ernten allenfalls einen Anstieg um 1%, bei wenigstens zwei schlechten Ernten einen Anstieg um real 76% für möglich.

---

[141] Vgl. ICCO (1989), S. 15.

Tabelle 20: Entwicklung der nominalen und realen Kakaoexportpreise, 1960-1989

| Jahr | US cents / lb | | | | | SDR / t | |
|---|---|---|---|---|---|---|---|
| | nominal | in den Preisen von 1985/86 preisbereinigt mit: | | | | nominal | preisbereinigt (Konsumgüterpreisindex der Verbraucherstaaten (1985/86=100) |
| | | US-Großhandelspreisindex | 5-Länder Konsumentenpreisindex | Wechselkursveränderungen | Wechselkurse und Verbraucherpreise | | |
| 1960/61 | 22,4 | 71,4 | 92,4 | 22,4 | 92,5 | 494 | 1.948 |
| 1961/62 | 21,7 | 69,2 | 86,6 | 21,9 | 87,6 | 478 | 1.836 |
| 1962/63 | 23,7 | 75,7 | 92,8 | 24,1 | 94,4 | 522 | 1.947 |
| 1963/64 | 23,7 | 75,7 | 91,1 | 24,4 | 93,9 | 522 | 1.903 |
| 1964/65 | 17,7 | 55,8 | 66,9 | 18,4 | 69,4 | 388 | 1.376 |
| 1965/66 | 22,3 | 67,8 | 80,9 | 23,4 | 85,1 | 492 | 1.688 |
| 1966/67 | 25,8 | 77,8 | 91,6 | 27,0 | 95,7 | 569 | 1.899 |
| 1967/68 | 29,2 | 86,7 | 100,7 | 30,9 | 106,5 | 644 | 2.078 |
| 1968/69 | 41,4 | 118,8 | 138,0 | 43,9 | 146,3 | 913 | 2.822 |
| 1969/70 | 33,1 | 91,1 | 106,0 | 34,0 | 108,9 | 730 | 2.144 |
| 1970/71 | 26,6 | 71,1 | 81,0 | 26,9 | 81,8 | 586 | 1.634 |
| 1971/72 | 26,4 | 67,8 | 76,3 | 25,3 | 73,2 | 546 | 1.452 |
| 1972/73 | 46,0 | 106,9 | 124,6 | 42,5 | 115,1 | 874 | 2.176 |
| 1973/74 | 66,0 | 131,0 | 161,3 | 61,7 | 150,9 | 1.209 | 2.704 |
| 1974/75 | 60,4 | 105,5 | 132,6 | 54,3 | 119,2 | 1.091 | 2.202 |
| 1975/76 | 75,1 | 125,4 | 150,5 | 71,2 | 142,7 | 1.428 | 2.663 |
| 1976/77 | 164,8 | 260,0 | 304,3 | 157,9 | 291,6 | 3.132 | 5.438 |
| 1977/78 | 148,9 | 218,7 | 256,5 | 133,7 | 230,2 | 2.683 | 4.388 |
| 1978/79 | 158,9 | 209,6 | 251,5 | 138,6 | 219,3 | 2.713 | 4.118 |
| 1979/80 | 128,2 | 148,5 | 179,6 | 106,6 | 149,4 | 2.165 | 2.949 |
| 1980/81 | 95,2 | 99,6 | 120,7 | 83,7 | 106,0 | 1.737 | 2.156 |
| 1981/82 | 84,7 | 85,8 | 99,1 | 80,7 | 94,5 | 1.660 | 1.917 |
| 1982/83 | 88,4 | 88,6 | 99,0 | 90,2 | 101,0 | 1.812 | 2.006 |
| 1983/84 | 109,4 | 107,0 | 117,3 | 118,1 | 126,7 | 2.320 | 2.465 |
| 1984/85 | 100,8 | 98,7 | 103,5 | 116,8 | 119,9 | 2.234 | 2.284 |
| 1985/86 | 97,5 | 97,5 | 97,5 | 97,5 | 97,5 | 1.886 | 1.886 |
| 1986/87 | 91,8 | 91,2 | 89,4 | 85,5 | 83,2 | 1.607 | 1.574 |
| 1987/88 | 77,4 | 73,9 | 72,9 | 68,0 | 64,0 | 1.269 | 1.207 |
| 1988/89 | 62,2 | 56,7 | 55,9 | 55,6 | 50,0 | 1.049 | 961 |

Quelle: ICCO (1989), S. 15.

Tabelle 21: Angebot und Nachfrage auf dem Kakaoweltmarkt, in 1.000 t, 1946-1990

| Kakao-saison Okt./Jul. | (1) Anteil (7) an (6)% | (2) Lager: Saison-beginn | (3) davon ICCO | (4) Welt-brutto-ernte | (5) verfüg-bare Menge | (6) Vermah-lungen | (7) Lager: Saison-ende | (8) Verände-rung der Lagerhalt. |
|---|---|---|---|---|---|---|---|---|
| 1946/47 | 25 | 203 | | 617 | 820 | 658 | 162 | - 41 |
| 1947/48 | 21 | 162 | | 593 | 755 | 624 | 131 | - 31 |
| 1948/49 | 32 | 131 | | 775 | 906 | 686 | 220 | + 89 |
| 1949/50 | 28 | 220 | | 760 | 980 | 768 | 212 | - 8 |
| 1950/51 | 33 | 212 | | 805 | 1.017 | 765 | 252 | + 40 |
| 1951/52 | 22 | 252 | | 645 | 897 | 734 | 163 | - 89 |
| 1952/53 | 23 | 163 | | 803 | 966 | 787 | 179 | + 16 |
| 1953/54 | 26 | 179 | | 780 | 959 | 761 | 198 | + 19 |
| 1954/55 | 37 | 198 | | 807 | 1.005 | 735 | 270 | + 72 |
| 1955/56 | 38 | 270 | | 846 | 1.116 | 808 | 308 | + 38 |
| 1956/57 | 35 | 308 | | 902 | 1.210 | 898 | 312 | + 4 |
| 1957/58 | 25 | 312 | | 778 | 1.090 | 875 | 215 | - 97 |
| 1958/59 | 30 | 215 | | 914 | 1.129 | 870 | 259 | + 44 |
| 1959/60 | 42 | 259 | | 1.042 | 1.301 | 916 | 385 | +126 |
| 1960/61 | 56 | 385 | | 1.177 | 1.562 | 1.000 | 562 | +177 |
| 1961/62 | 54 | 562 | | 1.129 | 1.691 | 1.095 | 596 | + 34 |
| 1962/63 | 54 | 596 | | 1.164 | 1.760 | 1.144 | 616 | + 20 |
| 1963/64 | 55 | 616 | | 1.222 | 1.838 | 1.184 | 654 | + 38 |
| 1964/65 | 65 | 654 | | 1.493 | 2.147 | 1.297 | 845 | +191 |
| 1965/66 | 50 | 845 | | 1.214 | 2.059 | 1.374 | 685 | -160 |
| 1966/67 | 46 | 685 | | 1.337 | 2.022 | 1.387 | 635 | - 50 |
| 1967/68 | 41 | 635 | | 1.340 | 1.975 | 1.403 | 572 | - 63 |
| 1968/69 | 32 | 572 | | 1.230 | 1.802 | 1.369 | 433 | -139 |
| 1969/70 | 37 | 433 | | 1.421 | 1.854 | 1.354 | 500 | + 67 |
| 1970/71 | 42 | 500 | | 1.484 | 1.984 | 1.399 | 585 | + 85 |
| 1971/72 | 40 | 585 | | 1.567 | 2.152 | 1.536 | 616 | + 31 |
| 1972/73 | 26 | 616 | | 1.383 | 1.999 | 1.583 | 416 | -200 |
| 1973/74 | 22 | 416 | | 1.433 | 1.848 | 1.512 | 336 | - 79 |
| 1974/75 | 29 | 336 | | 1.534 | 1.870 | 1.452 | 418 | + 82 |
| 1975/76 | 26 | 418 | | 1.499 | 1.917 | 1.523 | 394 | - 24 |
| 1976/77 | 20 | 394 | | 1.330 | 1.723 | 1.438 | 285 | -108 |
| 1977/78 | 28 | 285 | | 1.497 | 1.782 | 1.394 | 388 | +103 |
| 1978/79 | 28 | 388 | | 1.477 | 1.865 | 1.457 | 408 | + 20 |
| 1979/80 | 36 | 408 | | 1.610 | 2.018 | 1.489 | 529 | +121 |
| 1980/81 | 36 | 529 | | 1.643 | 2.172 | 1.598 | 574 | + 45 |
| 1981/82 | 44 | 574 | 101 | 1.717 | 2.291 | 1.592 | 699 | +125 |
| 1982/83 | 35 | 699 | 100 | 1.508 | 2.207 | 1.630 | 577 | -122 |
| 1983/84 | 19 | 577 | 101 | 1.498 | 2.075 | 1.740 | 335 | -242 |
| 1984/85 | 23 | 335 | 100 | 1.926 | 2.260 | 1.836 | 425 | + 90 |
| 1985/86 | 27 | 424 | 100 | 1.941 | 2.366 | 1.864 | 502 | + 77 |
| 1986/87 | 30 | 502 | 175 | 1.974 | 2.476 | 1.901 | 575 | + 73 |
| 1987/88 | 38 | 575 | 250 | 2.177 | 2.752 | 1.992 | 760 | +185 |
| 1988/89 | 52 | 760 | 250 | 2.375 | 3.135 | 2.061 | 1.074 | +314 |
| 1989/90 | 61 | 1.074 | 250 | 2.386 | 3.460 | 2.155 | 1.305 | +231 |

Quelle: Gill & Duffus, Cocoa Market Reports.

## 5.2. Angebot und Nachfrage in der gegenwärtigen Krise

Die gegenwärtig zu beobachtende Überproduktion hat verschiedene Gründe. Auf einen Nenner gebracht kann man sie dahingehend zusammenfassen, daß die Exportländer noch keinen ernsthaften Versuch unternommen haben, ihre Produktionspolitik miteinander abzustimmen, auf eine Bedarfsplanung zu harmonisieren. Weder in der ICCO noch in der CPA oder in einer Regionalorganisation (ECOWAS) wurde ein derartiger Versuch unternommen. Die nationalen Egoismen sind einfach zu groß. Die technischen Schwierigkeiten - dies sollte allerdings nicht übersehen werden - wären allerdings auch nicht gering.

Eine multilaterale und technokratisch geführte Agentur, wie die Weltbank, sollte schon eher den Überblick behalten. Die Förderung oder Rehabilitierung der (Kakao-)Exportwirtschaft mag in einem Land so sinnvoll sein wie in einem anderen und noch einem dritten. Zusammengenommen kann die Mehrerzeugung aber den Weltmarkt so beeinflussen, daß der Verfall der Preise die Früchte dieser Anstrengungen wieder in Frage stellt und u.U. andere Produzenten mit in die Krise reißt. Die Weltbank ist zwar bei der Finanzierung von Kakaoprojekten (nach ihren eigenen Richtlinien) gehalten, die ICCO zu konsultieren. Das geschieht offenbar nur in ganz allgemeiner Weise. Die ICCO wird nicht "als endgültiger Schiedsrichter" herangezogen, um zu entscheiden, ob ein Bankprojekt "einen signifikanten Einfluß auf das Weltangebot und die Preise" haben wird[142]. Mit ihrer Marktprognose lag die Weltbank dann allerdings weit neben der tatsächlichen Entwicklung: 1982 "errechneten" ihre Ökonometriker[143] für 1989/90 eine Weltproduktion von maximal 1,9 Mill. t, einen Verbrauch, der noch knapp darüber liegen sollte, und einen real gegenüber 1982 um 24% höheren Weltmarktpreis (US Importpreis). Sollte die Côte d'Ivoire, so wurde immerhin errechnet[144], ihre Produktion um 100.000 t, oder 21%, ausweiten, würden ihre Einnahmen um real 5% 1983-90 steigen können. Ghana würde bei einer gleichen Produktionsausweitung (34% der damaligen Produktion) seine Einnahmen um real 17% erhöhen können. Tatsächlich wurden in der Welt 1989/90 2,4 Mill. t Kakao produziert und nur 2,1 Mill. t verbraucht. Der reale Weltmarktpreis (US Importpreis) lag 1989/90 um 35% unter demjenigen von 1982/83[145]. Auf der

---

[142] Akiyama/Duncan (1982), S. 41.

[143] Vgl. ebenda, S. 22.

[144] Vgl. Akiyama/Duncan (1982), S. 36.

[145] Etwas besser lagen die Analysten der ICCO. 1983 prognostizierten sie die Produktion 1989/90 zwischen 1,9 - 2,1 Mill. t, den Verbrauch zwischen 1,8 - 1,95 Mill. t und einen realen Verfall der Preise zwischen -27% und -50% - ICCO (1984), S. 45. Zwei Jahre später korrigierten sie die erwartete Produktion auf 2 bis 2,2 Mill. t und den Verbrauch auf 1,92 bis 2,0 Mill. t und siedel-

Basis derartiger Berechnungen und Prognosen wurden offenbar viele Kakaoprojekte gefördert[146]. Dennoch sollte der negative Einfluß der Weltbank nicht überschätzt werden, allerdings ist der positive eher zweifelhaft.

Es war im wesentlichen die - staatlich geförderte - Produktionsausweitung in der Côte d'Ivoire und Brasilien, die die Angebotsseite bestimmte. Deren Mehrerzeugung wurde einige Zeit durch den Rückgang der Produktion in Nigeria und vor allem in Ghana (vgl. dazu Kapitel 6.2.) teilweise kompensiert. Die Krise des Kakaosektors in diesen Ländern, die zu einer Krise der Gesamtökonomie überleitete bzw. sich in diese einfügte, zwang jedoch zu Kurskorrekturen und zu verstärkten Anstrengungen, verlorene Weltmarktanteile zurückzugewinnen. Die Weltbank war dabei behilflich. Man erzielte erste Erfolge. Es gelang zwar beiden Ländern, ihre Produktion gegenüber ihrem Tiefpunkt (Ghana: 1983/84, Nigeria 1986/87) bis 1989/90 zu verdoppeln, damit liegen sie aber immer noch etwa 200-250.000 t unter ihrem einst höchsten Niveau. Gelänge es ihnen, an diese alte Spitzenerzeugung wieder anzuschließen, würde das eine Steigerung der gegenwärtigen Welterzeugung um 10% und eine Verdoppelung des Produktionsüberschusses bedeuten. Dazu ist es - aus der Sicht des Gesamtmarktes, möchte man sagen - bisher Gott sei Dank noch nicht gekommen.

Die eigentliche Dynamik der Produktionsausweitung erfolgte jedoch durch die Einführung der Hybriden, die schnellere und dann wesentlich höhere Erträge ermöglichen als die bisherigen Varietäten. Stimuliert durch die hohen Preise in den 70er Jahren führte dies zu einem Investitionsboom in Südostasien, vor allem in Malaysia und etwas später in Indonesien, die sich praktisch aus dem Nichts bedeutende Weltmarktanteile zu sichern vermochten und auf die praktisch die Hälfte der Mehrerzeugung in den 80er Jahren entfällt. Man schätzt, daß 1977/78 nur 3% der Anbaufläche von ca. 4,1 Mill. ha in der Welt mit Hybriden bepflanzt war. Bis 1986/87 kletterte dieser Anteil auf 22% (der 4,5 Mill. ha)[147]. Die Neupflanzungen in Südostasien erfolgten ausschließlich mit Hybriden, auch in Brasilien konnte der Hybridanbau - auf inzwischen etwa der Hälfte der Anbaufläche - ausgeweitet werden. Die traditionellen Produzenten in Westafrika hinken erheblich hinterher und im Augenblick sieht es danach aus, daß nur Nigeria den Anschluß finden kann (vgl. Tabelle 36).

Damit besteht die Gefahr, daß durch die weiter geplante Produktion in Südostasien die Überschußproduktion auf dem Weltmarkt noch weiter ausgeweitet und die Weltmarktpreise auf ein immer niedrigeres Niveau getrieben werden. Es

---

ten den realen Preisverfall zwischen -30% und -50% an - ICCO (1986), S.29.

[146] Eine Übersicht der Kakaoprojekte der Weltbank in den verschiedensten Produktionsländern in den letzten Jahren findet sich bei Jakobeit (1989), S. 85.

[147] Vgl. ICCO (1988), S. 5.

kann nicht ausgeschlossen werden, daß sich hier ein Verdrängungswettbewerb vollzieht. Der Hybridkakao ist wesentlich kostengünstiger zu erzeugen als die traditionellen Varietäten mit den althergebrachten Anbaumethoden. Westafrika wird damit unversehens zu einem Hochpreisproduzenten. Bevor der westafrikanische Kakao nicht nur relative Weltmarktanteile verliert, sondern auch absolut verdrängt wird, gibt es jedoch noch einige Sicherungen. Der südostasiatische Kakao wird bisher - aufgrund geringerer Qualität - noch mit Abschlägen gehandelt. Außerdem erhalten die Produzenten in Westafrika einen deutlich geringeren Anteil am Export- und Weltmarktpreis. Bevor die Produzentenpreise - möglicherweise unter die Rentabilitätsschwelle, die bei Kleinbauern ohnehin anders bewertet wird als bei kapitalistischen Plantagen - gesenkt werden müßten, könnten die nicht unbeträchtlichen Vermarktungs- und (staatlichen) Abschöpfungsmargen reduziert werden. Die jüngsten (1989) Produzentenpreissenkungen in der Côte d'Ivoire und in Kamerun zeigen allerdings, daß der Staat die zuletzt defizitären Vermarktungskosten voll auf die Produzenten abwälzte, seine Steuereinnahmen zwar gleichfalls reduzierte, aber doch beibehielt. Er stand zudem unter dem Druck der Weltbank und des IWF. Damit bliebe nur eine Vorwärtsstrategie: Schnellere Einführung von Hybriden. Neue Investitionen sind unter den Bedingungen der Krise allerdings nicht leicht zu realisieren. Diese Angebotsschlacht könnte darüberhinaus nur in einem Chaos enden, wenn es nicht gelingt, den Verbrauch auszuweiten.

Anders als in den 70er Jahren - als der Konsum nahezu stagnierte - ist der Verbrauch in den 80er Jahren durchaus kräftig, wenn auch eben geringer als das Angebot, gestiegen - um 3,5% p.a.. Die Ausweitung des Verbrauchs erfolgte vor allem in den bisher dominierenden Märkten: In den westlichen Industrieländern, insbesondere in Westeuropa und Nordamerika (vgl. Tabelle 22).

Tabelle 22: Die Entwicklung des regionalen Kakaoverbrauchs, in Kilogramm pro Kopf, 1981-1988

|  | 1981/82 | 1984/85 | 1987/88 |
|---|---|---|---|
| Westeuropa | 1,69 | 1,83 | 2,04 |
| Osteuropa | 0,62 | 0,80 | 0,63 |
| Amerika | 0,97 | 1,15 | 1,23 |
| (darunter USA) | 1,52 | 1,93 | 2,12 |
| Asien und Ozeanien | 0,10 | 0,09 | 0,12 |
| (darunter Japan) | 0,63 | 0,62 | 0,84 |
| Welt | 0,53 | 0,59 | 0,62 |
| Welt (ohne China) | 0,81 | 0,92 | 0,95 |

Quelle: ICCO (1989), S. 11.

**Graphik 2: Wohlstand und Kakaoverbrauch pro Kopf (Ende der 80er Jahre)**

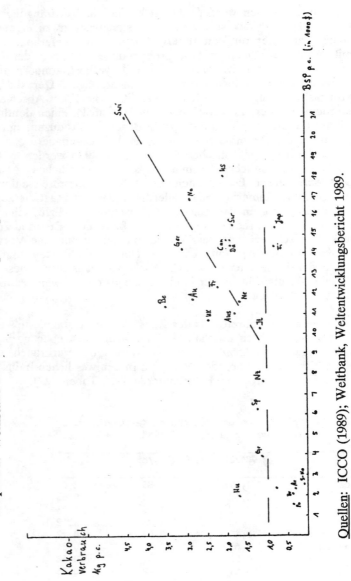

Quellen: ICCO (1989); Weltbank, Weltentwicklungsbericht 1989.

Dies scheint mit der guten Konjunktur zusammenzuhängen. Alle Berechnungen über die Nachfrageelastizität für die großen Verbraucherländer stimmen darin überein, daß nur in der Sowjetunion die Nachfrage deutlich einkommenselastisch ist, in den westlichen Verbraucherländern liegt die Einkommenselastizität der Nachfrage unter 1, meist jedoch deutlich über der Preiselastizität (vgl. Tabelle 15). Es gibt auch zwischen den westlichen Industrieländern in den gemäßigten Zonen erhebliche Unterschiede im Kakaoverbrauch. Die Beziehung zwischen dem Kakaoverbrauch mit dem BSP p.c. ist zwar eindeutig, aber doch breit gestreut (vgl. Graphik 2).

Der Pro-Kopf-Verbrauch erlebte in diesem Jahrhundert eine kontinuierliche Ausweitung, allerdings gab es in einigen wichtigen Verbraucherländern auch erhebliche Einbrüche. So konnte beispielsweise in den USA und Großbritannien erst 1988 wieder der p.c. Verbrauch registriert werden, den diese Länder schon 1938 bzw. 1950 erreicht hatten. Das unterschiedliche Niveau des Verbrauchs - in der Schweiz etwa doppelt so hoch wie in den USA und Frankreich, die Bundesrepublik liegt etwa dazwischen (vgl. Tabelle 23) - mag durch unterschiedliche Konsumpräferenzen erklärt werden, die aber durch kommerziell betriebene Marktschließungsstrategien neuerdings modifiziert werden können.

Das bezieht sich sowohl auf die Präferenz zum Süßwarengenuß allgemein als auch auf das Verhältnis von Schokolade (mit einem hohen Kakaogehalt) zu Schokoladewaren (mit einem niedrigeren Kakaoanteil). Konsumiert wird der Kakao - vom Endverbraucher - überwiegend nicht in reiner Form (etwa als Getränk) sondern als Zwischenprodukt von Süßwaren.

Tabelle 23: Die Entwicklung des Kakaoverbrauchs in wichtigen Importländern, in Kilogramm pro Kopf, 1900-1988 (ausgew. Jahre)

|      | Deutschland | Frankreich | Schweiz | Großbritannien | USA  | Italien |
|------|-------------|------------|---------|----------------|------|---------|
| 1900 | 0,33        | --         | 0,50    | 0,47           | 0,26 | 0,03    |
| 1910 | 0,64        | 0,66       | 0,91    | 0,57           | 0,55 | 0,11    |
| 1920 | 0,88        | 1,20       | 0,92    | 1,11           | 1,24 | 0,20    |
| 1930 | 1,13        | 0,93       | 1,35    | 1,32           | 1,37 | 0,20    |
| 1938 | 1,17        | 0,96       | 2,44    | 2,00           | 2,12 | 0,21    |
| 1950 | 1,56        | 1,47       | 2,64    | 2,39           | 2,03 | 0,30    |
| 1960 | 2,10        | 1,27       | --      | 2,10           | 1,73 | --      |
| 1970 | 2,50        | 1,43       | --      | 2,11           | 1,78 | --      |
| 1980 | 2,95        | 1,94       | 3,87    | 1,55           | 1,37 | --      |
| 1984 | 3,07        | 2,02       | 4,02    | 2,00           | 1,91 | 0,67    |
| 1988 | 3,03        | 2,23       | 4,32    | 2,46           | 2,12 | 1,07    |

Quellen: Viton (1955), S. 88 ff., ICCO (1986), S. 15 ff. sowie ICCO, (1989), S. 11.

Es spricht einiges dafür, daß die Einkommenselastizität der Nachfrage nach Schokolade und Schokoladewaren bei niedrigen Einkommen größer ist als bei höheren Einkommen. So ist der Verbrauch an Schokolade und Schokoladewaren in der Bundesrepublik 1965-84 von Personen in Haushalten mit geringerem Einkommen deutlich schneller gestiegen als von Verbrauchern aus Haushalten mit mittlerem und höherem Einkommen (vgl. Tabelle 24).

Tabelle 24: Verbrauch von Schokolade und Kakaoerzeugnissen in der Bundesrepublik nach Einkommensklassen, in Kilogramm pro Kopf pro Jahr, 1965-1984 (ausgewählte Jahre)

|      | kg / p. c. / p. a. | | | Index | | |
|------|------|------|------|------|------|------|
|      | 1    | 2    | 3    | 1    | 2    | 3    |
| 1965 | 2,01 | 3,12 | 4,31 | 100  | 100  | 100  |
| 1970 | 2,59 | 3,29 | 4,69 | 129  | 105  | 109  |
| 1975 | 3,39 | 4,20 | 5,02 | 169  | 135  | 116  |
| 1980 | 4,10 | 4,97 | 5,79 | 204  | 159  | 134  |
| 1984 | 5,02 | 4,89 | 6,10 | 250  | 157  | 142  |

1 = 2-Personen-Haushalt von Renten- und Sozialhilfeempfängern mit geringem Einkommen
2 = 4-Personen-Arbeitnehmerhaushalt mit mittlerem Einkommen
3 = 4-Personen-Haushalt von Beamten und Angestellten mit höherem Einkommen

Quelle: Errechnet aus: Süßwarentaschenbuch (1985), S. 144 ff.

Mit höherem Einkommen werden zunehmend höherwertige, teurere Schokoladewaren verbraucht, in denen der Kakaoanteil sinkt (Tafelschokolade - Pralinen). Es ist für den Markt der Bundesrepublik gezeigt worden (vgl. Kapitel 4), welch harter Konkurrenzkampf gerade auf dem Tafelschokolademarkt tobt. Das führte einerseits zu einem beträchtlichen realen Preisverfall der Tafelschokolade und andererseits zum Bemühen, Produktinnovationen und höherwertige Süßwaren zu plazieren, mit denen höhere Preise und Gewinne realisiert werden können, in denen allerdings die Bedeutung des Kakaos abnimmt. Für den Gesamtmarkt der Bundesrepublik bedeutete dies 1961/84 nahezu eine Verdoppelung des Schokolade- und Schokoladenwarenverbrauchs, der mengenmäßige Anteil des Kakaos am Schokoladen(waren)verbrauch sank jedoch von 54% auf 43%.

Eine ähnliche Entwicklung ist für die anderen großen Verbraucherländer zu konstatieren. Ins Auge fällt Großbritannien, wo der Kakaoanteil am Schokoladen(waren)verbrauch noch deutlich niedriger als in den anderen großen Verbraucherländern liegt und 1970-80 noch einmal drastisch gesenkt wurde (vgl. Tabelle 25).

Hier wurden schon immer andere - billigere - Öle und Fette (vor allem Kokusnuß- und Palmkernöl, Sojabohnenöl) als Kakaosubstitute verwendet, die, gefördert durch die hohen Kakaopreise in der zweiten Hälfte der 70er Jahre, ihre Verwendung erheblich ausweiten konnten. Die ICCO[148] schätzt ihren Markt 1977/78 auf bis zu 140.000 t (immerhin 10% der damaligen Kakaoernte). In der Bundesrepublik und den meisten übrigen EG-Staaten standen bisher dem größeren Einsatz von Kakaosubstituten eine Reihe rechtlicher Schranken im Wege, um deren Aufhebung der britische Unternehmerverband in der EG kämpft.

Tabelle 25: Verbrauch an Schokoladewaren und Kakaoerzeugnissen in wichtigen Konsumentenländern, 1961-1984 (ausgewählte Jahre)

(a) Schokoladenverbrauch (Kilogramm pro Kopf)

|  | BRD | Japan | GB | USA | Frankreich |
|---|---|---|---|---|---|
| 1961 | 3,87 | 0,40 | 5,91 | -- | 2,35 |
| 1965 | 4,97 | 1,00 | 6,09 | -- | 2,86 |
| 1970 | 5,00 | 1,05 | 5,52 | -- | 3,20 |
| 1975 | 5,81 | 1,17 | 5,87 | 4,03 | 3,88 |
| 1980 | 6,73 | 1,08 | 6,45 | 3,93 | 5,13 |
| 1984 | 7,07 | 1,23 | 7,93 | 4,84 | 5,24 |

(b) Anteil des Kakaos am Schokoladenkonsum (in Prozent)

|  | BRD | Japan | GB | USA | Frankreich |
|---|---|---|---|---|---|
| 1961 | 54 | 52 | 36 | -- | 54 |
| 1965 | 54 | 36 | 41 | -- | 51 |
| 1970 | 50 | 40 | 38 | -- | 45 |
| 1975 | 47 | 42 | 32 | 36 | 44 |
| 1980 | 44 | 41 | 24 | 36 | 38 |
| 1984 | 43 | 46 | 25 | 40 | 39 |

(c) Einzelhandelspreise für Schokolade (in Preisen von 1980)

|  | DM/kg | Yen/kg | £/t | $/t | FF/kg |
|---|---|---|---|---|---|
| 1961 | 26,5 | 3.094 | 2.725 | -- | 20,1 |
| 1965 | 16,5 | 2.382 | 2.815 | -- | 17,3 |
| 1970 | 15,1 | 2.296 | 3.126 | -- | 19,5 |
| 1975 | 12,2 | 2.772 | 3.184 | 3.462 | 20,9 |
| 1980 | 12,0 | 2.630 | 3.437 | 3.779 | 22,3 |
| 1984 | 10,2 | 2.204 | 2.906(1) | 3.792 | 22,5 |

(1): 1983

Quelle: Zusammengestellt aus: ICCO (1986), S. 15 ff.

---

[148] Vgl. ICCO (1978), S. 15.

Betrachtet man die Daten, die der britische Unternehmerverband für seine Mitglieder veröffentlicht hat (vgl. Tabelle 26) - nicht ganz vergleichbar mit den ICCO-Berechnungen (Tabelle 25) - so wird der traditionell niedrige Kakaobohnenanteil und der bedeutsame Anteil anderer Öle und Fette noch deutlicher unterstrichen. In der zweiten Hälfte der 70er Jahre übertrafen die Kakaosubstitute sogar die verarbeiteten Kakaobohnen. Der Kakaoanteil sank auf 60.000 t (1970: 90.000 t) und 12,4% am Volumen der Schokoladen(waren) (1970: 22,6%). Seither sind das absolute Volumen und der relative Anteil allerdings wieder etwas angestiegen.

Kakaosubstitute können Kakaobohnen sicher nie ganz verdrängen, aber den Verwendungsbereich einschränken. Hochpreisphasen (für Kakao) laden immer zu einer Ausweitung des Verbrauchs der Substitute ein, der möglicherweise, bei (für Kakao) günstigeren Preisverhältnissen, nicht wieder zurückgeführt wird.

Tabelle 26: Die Verwendung von Kakaobohnen und anderen Ölen und Fetten in der Kakao- und Schokoladenindustrie Großbritanniens, in 1.000 t, 1938-1982 (ausgewählte Jahre)

|  | Kakaobohnen (1) | Andere Fette u. Öle (2) | Kakaobohnenequivalent (5) (3) | Schokolade und kakaohaltige Süßwaren (4) | Anteil (1)/(4) in % | Anteil (3)/(4) in % |
|---|---|---|---|---|---|---|
| 1938/39 | 100 | 18 | 43 | 266 | 37,6 | 16,1 |
| 1952 | 91 | 9 | 22 | 274 | 33,2 | 8,0 |
| 1955 | 102 | 23 | 57 | 329 | 31,0 | 17,3 |
| 1960 | 73 | 29 | 70 | 368 | 19,8 | 19,0 |
| 1965 | 77 | 30 | 73 | 402 | 19,1 | 18,2 |
| 1970 | 90 | 31 | 75 | 399 | 22,6 | 18,8 |
| 1975 | 69 | 28 | 70 | 429 | 16,1 | 16,3 |
| 1976 | 88 | 34 | 82 | 464 | 19,0 | 17,7 |
| 1977 | 71 | 38 | 92 | 452 | 15,7 | 20,3 |
| 1978 | 72 | 38 | 93 | 478 | 15,1 | 19,5 |
| 1979 | 60 | 44 | 109 | 484 | 12,4 | 22,5 |
| 1980 | 66 | 46 | 113 | 471 | 14,0 | 24,0 |
| 1981 | 91 | 43 | 104 | 475 | 19,2 | 21,9 |
| 1982 | 102 | 41 | 100 | 514 | 19,8 | 19,5 |

(5): Umgerechnet nach dem von Karunasekera (1983), S. 41, angegebenen Faktor (41,25%).

Quelle: The Cocoa Chocolate and Confectionary Alliance, Annual Report, (versch. Jhg.).

Eine Ausweitung des Kakaoverbrauchs in den meisten westlichen Industrieländern über das ohnehin dort marktwirtschaftlich realisierte Wachstumstempo durch zielgerichtete staatliche bzw. staatlich vermittelte Aktionen dürfte kaum größeren Erfolg haben. Diese Märkte sind durch einen harten Wettbewerb gekennzeichnet. Die Werbeanstrengungen im Süßwarenbereich gelten mit als die relativ intensivsten in der Industrie überhaupt.

Allenfalls gibt es noch einige Länder, in denen der Schokoladengenuß keine große Tradition besitzt - wie z.B. in Japan, wo der Kakaoverbrauch nur bei 0,8 kg p.c. (1987/88) liegt, immerhin 33% über dem Niveau von 1981/82 -, wo möglicherweise der Verbrauch mit einiger Aussicht auf Erfolg noch gezielt gefördert werden könnte. Im Großen und Ganzen gilt dies für die westlichen Industrieländer jedoch nicht. Auch der Rat eines Lobbyisten[149], die Steuer zu senken (in GB: 15%) und die Fabrikanten zu entpflichten, den teuren EG-Zucker und die ebenso teure EG-Milch zu verarbeiten, was die Rohstoffkosten um 30-40%, die gesamten Fabrikationskosten um 15-20% verteuern würde, um die Einzelhandelspreise zu senken und dadurch neue Käufer zu erschließen, greift - angesichts der geringen Preiselastizität der Nachfrage - nicht. Eine solche Maßnahme könnte sogar konterproduktive Konsequenzen haben: Wesentlich billigere Inputpreise für die anderen Rohstoffe - insbesondere Zucker - könnte die Fabrikanten veranlassen, die Produktmischung - zu Ungunsten des Kakaos - zu verändern, ohne die niedrigeren Kosten an die Verbraucher weiterzuleiten.

Eine deutliche Marktausweitung ist eigentlich nur in Osteuropa denkbar. Hier konnte sich bisher keine Marktnachfrage entwickeln. Der "Bedarf" wurde staatlich geplant und den Konsumenten verordnet - einmal mehr (wie in Ungarn, 1987/88: 1,66 kg p.c.), einmal weniger (wie in der Sowjetunion 0,5 kg, Rumänien 0,1 kg). Das staatliche Außenhandelsmonopol stellte die Dominanz der administrativ-staatlichen Bedarfsplanung gegenüber den individuellen Bedürfnissen sicher. Der Hintergrund dieser allgemein restriktiven Importpolitik war das Unvermögen dieser Zentralverwaltungswirtschaften, industrielle Welthandelsgüter in ausreichendem Umfang zu produzieren und anzubieten und die sich daraus ergebende Knappheit an Devisen, die man nicht noch für "Luxuskonsumgüter" (wie Kakao) verschwenden wollte. Dieses Spannungsverhältnis versuchte man daher immer wieder durch Tauschgeschäfte - nicht wettbewerbsfähige Industriewaren gegen Kakao - zu umgehen, woran die Dritte Welt-Staaten immer weniger Interesse zeigten.

Die politische Revolution des Jahres 1989, in deren Gefolge die Marktwirtschaft und der Privatkapitalismus in vielen dieser Staaten eingeführt werden, hat neue Perspektiven auch für den Kakaoweltmarkt eröffnet. Gelingt eine Dynamisierung dieser Ökonomien durch eine deutliche Anhebung der Produktivität und der

---

[149] Vgl. Williamson (1988), S. 2-3.

Einkommen, wird der Bedarf nach tropischen Produkten, unter denen Kakao ganz vorne rangiert, sich in kaufkräftiger Nachfrage niederschlagen. Es gibt keinen Grund anzunehmen, daß, unter vergleichbaren wirtschaftlichen und sozialen Verhältnissen, der Kakaoverbrauch in der DDR (1987/88: 1,6 kg p.c.) nicht auf das Niveau der Bundesrepublik (3 kg p.c.), der Verbrauch ganz Osteuropas (0,6 kg) nicht auf das Durchschnittsniveau Westeuropas (2 kg) ansteigen wird. Das würde eine Verbrauchsausweitung um etwa 1/2 Mill. t - 25% über dem gegenwärtigen Niveau in der Welt - bedeuten. Angesichts der z.T. dramatischen Schwierigkeiten, mit denen sich einige osteuropäische Länder in diesem wirtschaftlichen Umstrukturierungsprozeß konfrontiert sehen, mag dies im Augenblick noch wie Zukunftsmusik klingen. Die Befürchtung, die verschiedentlich artikuliert wurde, daß Westeuropa über sein Interesse und Engagement am Aufbau Osteuropas nicht die Dritte Welt vergessen dürfte, ist - aus der Sicht des Entwicklungspostulats - unbegründet. Vielleicht wird die öffentliche Entwicklungshilfe in den Süden zugunsten anderer Ausgaben im Osten reduziert werden. Angesichts der nicht eben spektakulären bisherigen entwicklungspolitischen Erfolge derselben, wäre dies ein so großer Verlust wohl nicht. Die Perspektiven des Kakaoweltmarktes - die nicht nur für diesen gelten - veranschaulichen, wie der "Süden" auch von der Entwicklung des "Ostens" durch den "Westen" profitieren kann.

## 5.3. *Multilaterale und nationale Regulierungsversuche*

Es sind immer wieder Versuche unternommen worden, die Weltmarktpreisbildung zugunsten der Produzentenländer zu beeinflussen. Man war dabei nicht sehr erfolgreich.

Spektakulär war der Versuch der CPA im Oktober 1964, den Abwärtstrend der Preise durch Einführung von Quoten und Verkäufen nur zu einem Mindestpreis zu stoppen[150]. Ghana, damals mit einem Weltmarktanteil von 38%, war die treibende Kraft. Aufgrund der allgemeinen wirtschaftlichen Talfahrt hätte sich Ghana diese gewagte Aktion eigentlich am allerwenigsten leisten können. Kamerun beteiligte sich nur halbherzig daran, die Côte d'Ivoire praktisch überhaupt nicht. Die Schwäche Ghanas und der CPA war zu offensichtlich, der Marktüberschuß zu groß; Ankündigungen, die Überschüsse aus dem Markt zu nehmen (zur Margarineherstellung; um sie zu verbrennen) blieben leere Drohungen. Ein weiteres Abgleiten des Preises unter den von der CPA gesetzten Mindestpreis konnte nicht verhindert werden. Zum 1. Februar 1965 mußte der Verkaufsstreik abgebrochen werden. Ghana versuchte, das sich nun abzeichnende Desaster durch größere Teilverkäufe auf barter-Basis an industriefremde

---

[150] Vgl. dazu ausführlich: Hanisch (1975).

Unternehmen und Spekulanten, die sich z.T. verpflichteten, den Kakao zunächst aus dem Markt zu nehmen, aufzuhalten - vergebens. Weder erwies sich dieses Instrument als besonders befriedigend (man ging bald wieder davon ab), noch wurde das Ziel erreicht: Die Weltmarktpreise halbierten sich nach Beendigung der Kartellaktion bis zum Juli 1965.

Noch während des Verkaufsstreiks erklärte der Präsident der Côte d'Ivoire - wenig hilfreich für diese Aktion - innerhalb einer Dekade die Produktion seines Landes auf 400.000 t ausweiten zu wollen, d.h. praktisch zu verdreifachen. Die Côte d'Ivoire schickte sich damals an, die Marktführerschaft zu erobern. Die genannte Produktionsmarke wurde zwar erst 5 Jahre später, 1980/81, erreicht, schon 1977/78 wurde Ghana jedoch als wichtigster Produzent überflügelt. Erst jetzt suchte die Côte d'Ivoire, eine aktive und führende Rolle bei der Durchsetzung hoher Preise, in der CPA, der ICCO und allein, zu spielen.

Zusammen mit Brasilien - das es dann allerdings weitgehend bei reiner Rhetorik beließ - führte man die meisten Mitglieder der CPA (durch die "Abidjan Group") im Dezember 1979 zu einer weiteren Kartellaktion[151]. Wieder ließ sich der Mindestverkaufspreis, auf den man sich geeinigt hatte, nicht durchsetzen, selbst als man diesen noch einmal senkte. Es waren dieses Mal vor allem Ghana und Brasilien, die aus der Produzentenfront ausbrachen und diese unterminierten.

Nicht viel erfolgreicher war die ICCO. Bevor diese gegründet wurde bzw. preisregulierend einzugreifen vermochte, versuchten einige Autoren durch ökonometrische Berechnungen ihren Handlungsspielraum auszuloten: So simulierte der Ghanaer Tetteh Kofi[152] den Vertragsentwurf von 1968 - der nicht wirksam wurde - für die Zeit 1963-69 und kam zu einem beträchtlichen möglichen Gewinn für die Exportländer von 185 Mill. US-$. Demgegenüber warnte Jere R. Behrman[153] schon 1968, in Kartellversuchen ein Allheilmittel für die Produzentenländer zu sehen, da die Erträge des allenfalls durchsetzbaren höheren Preisniveaus begrenzt bleiben müßten und mit den beträchtlichen ökonomischen und politischen Opportunitätskosten, ein solches Abkommen auszuhandeln und zu unterhalten, aufgewogen werden sollten. Wie Recht sollte er doch behalten.

Lee/Blandford[154] haben die Kosten für ein Stabilisierungsmodell über ein Ausgleichslager für 1956-76 ausgerechnet: Um die jährlichen Preisschwankungen von durchschnittlich 32% auf 9% und die Schwankungen der Exporteinkommen von

---

[151] Vgl. Finlayson/Zacher (1983), S. 407 ff.

[152] Vgl. Kofi (1972), S. 438.

[153] Vgl. Behrman (1968), S. 711.

[154] Vgl. Lee/Blandford (1980).

33% auf 16% zu senken - bei einer durchschnittlichen Anhebung der Exporteinkommen von kaum 4% - wäre eine durchschnittliche jährliche Bewegung der Lagerhaltung von 7% der Produktion notwendig gewesen. Dreizehn Kaufjahren hätten nur acht Verkaufsjahre gegenübergestanden. Seit 1960 - insbesondere seit 1965 - wäre ein riesiges Ausgleichslager angesammelt worden, das seine Spitze mit über 1,1 Mill. t 1972 erreicht hätte - das wären dann 86% der damaligen Jahresproduktion gewesen. Im Durchschnitt dieser Jahre hätte das Ausgleichslager 43% der aktuellen Produktion transportiert. In den Preisen von 1976 hätte das einen durchschnittlichen jährlichen Kapitalaufwand von 922 Mill. US-$ und totale Netto-Kosten von über 1,7 Mrd. US-$ verursacht. Diese nicht eben sehr ermutigenden Berechnungen erfolgten zudem unter der - nicht sehr realistischen - Annahme, daß das Verhalten der Marktteilnehmer nicht durch die Ausgleichslagerinterventionen beeinflußt würde.

Der Brasilianer Jose A. de Souza Menezes[155] hat errechnet, daß der Versuch einer Preisstabilisierung in einer Bandbreite von +- 15% um den Trend das physische Kakaoangebot in einer Schwankungsbreite von 6,6% um den Trend durch Käufe und Verkäufe des Ausgleichslagers würde halten müssen. In der Zeit von 1960 bis 1982 hätte das Ausgleichslager in neun der 22 Jahre intervenieren müssen, in sechs Jahren hätte es kaufen, in drei verkaufen müssen. Die 1960 gekaufte Menge hätte erst 1976 wieder verkauft werden können. Zuvor wäre ein Ausgleichslager von über 558.000 t (1971-75) akkumuliert worden, immerhin 37% des Verbrauchs und deutlich mehr als die freien Lager (ca. 17%). Bis 1982 wäre das Ausgleichslager wieder auf immerhin noch 282.000 t reduziert worden. Nach Menezes würde der kurzfristige Ertrag für die Produzentenländer bescheiden bleiben. Allenfalls in der Tatsache, daß durch die Nivellierung der extremen Preisausschläge das Vordringen der Kakaosubstitute auf der einen, die extreme Ausweitung der Produktion auf der anderen Seite vermindert werden könnten, sieht er die eigentliche Begründung für diese Regulierungsaktionen. Exportquoten hält er daher für ein grundsätzlich geeigneteres Instrument als Operationen durch ein Ausgleichslager, zumal, wie Menezes 1982[156] ganz richtig prognostizierte, in den 80er Jahren mit einem wachsenden Überangebot zu rechnen sei. Er hielt das Preisband der ICCO daher für viel zu hoch und nicht operationabel und plädierte für einen um gut 1/3 niedrigeren Mindestpreis.

Und so sollte es dann auch kommen: Die Eckdaten wurden durch die Internationalen Kakaowarenabkommen seit 1972 unrealistisch festgesetzt und die Interventionsinstrumente zu sparsam ausgestattet. Der potentielle Umfang des Ausgleichslager wurde seit 1972 auf maximal 250.000 t begrenzt. Es wurde durch eine Abgabe auf die Exporte bzw. Importe finanziert. Diese wurde 1972 auf 1 cent/lb festgesetzt und ab Oktober 1982 auf 2 cents/lb verdoppelt. Bei nominal

---

[155] Vgl. Menezes (1984), S. 180 ff.
[156] Vgl. ebenda, S. 204.

steigenden Preisen reduzierte sich der relative Anteil der Abgabe an den Exportpreisen von ca. 3,4% (1972) auf 0,6% (1977), 0,8% (1980) und wurde dann erst wieder auf 2,1% (1982, 1986) und 2,2% (1988) angehoben.

Entscheidend war, daß das zu verteidigende Preisband in den 1970er Jahren zu niedrig, in den 1980er Jahren zu hoch - im Verhältnis zu den realen Marktpreisen - angesetzt wurde. Man kam dann für das Abkommen von 1986 zwar auf die Idee, die Indikatorpreise nicht mehr - wie bisher - in Dollar festzulegen und damit auch von dessen Kursschwankungen abhängig zu machen, sondern in Sonderziehungsrechten (des IWF, SDR) auszudrücken. Damit hätte man das zu verteidigende Preisband mit der Preisentwicklung in der ersten Hälfte der 80er Jahre auch in Einklang bringen können, nicht jedoch in der zweiten Hälfte (vgl. Graphik 3).

Trotz schwankender Marktpreise konnte die ICCO damit während der beiden ersten Abkommen nicht regulierend in den Markt eingreifen. In dieser Zeit wurde immerhin die Kakaoabgabe angespart. Sie belief sich schließlich 1980 auf fast 230 Mill. US-$ (vgl. Tabelle 10). Als mit dem dritten Abkommen das Preisband - an den fallenden Preisen vorbei - heraufgesetzt wurde, kam es erstmals zu Aufkäufen: Vom 28. 9. bis 7. 10. 1981 kaufte der Manager des Ausgleichslagers 61.325 t. Weitere Käufe erfolgten im November 1981, Januar und Februar 1982 - zusammen 100.345 t. Dann waren die Mittel erschöpft. Um das Lager bis zu dem maximalen Umfang (250.000 t) aufzufüllen, hätte man ca. 580 Mill. US-$ benötigt. So konnte der Preisverfall nicht nachhaltig gestoppt werden. In den nächsten Jahren vermochte der Manager des Ausgleichslagers der Preisentwicklung wiederum nur untätig zuzusehen. Bis Mitte 1987 sparte das Ausgleichslager daher wiederum 270 Mill. US-$ an[157]. Dieses Geld wurde für Aufkäufe über 75.000 t im Mai/Juni 1987 und noch einmal 75.000 t im Januar-Februar 1988 ausgegeben. Obwohl damit 1981/82 80%, 1986/87 gar 100% und 1987/88 40% der Überschüsse (vgl. Tabelle 21) aus dem Markt genommen wurden, konnten die Preise nicht stabilisiert werden. Die Ankündigung der Intervention führte zwar zu einem leichten Anstieg, danach bröckelten die Preise jedoch wieder ab (vgl. Graphik 4).

Tewes[158] schätzt, daß durch die Einlagerung 1981 dennoch der Preis um 18 cents/lb angehoben worden sei - was einem Mehrerlös für die Exportländer von 300-450 Mill. US-$ entsprochen hätte. Diese berechnete Schätzung wird jedoch durch einige Unsicherheitsfaktoren in ihrer Validität eingeschränkt, die Tewes auch selbst sieht. Selbst wenn man von diesem Wert ausgeht, könnte jedoch kaum von einem "Transfer in beachtlicher Größenordnung" gesprochen werden.

---

[157] Interview mit J. Plambeck, vom 26. 5. 1987. Die Côte d'Ivoire, die 1981-86 der ICCO nicht angehörte, hatte ihre Einlagen nicht zurückgezogen.

[158] Vgl. Tewes (1988), S. 244.

Graphik 3: ICCO-Preise und die zu verteidigenden Preisbandbreiten der Internationalen Kakaoabkommen, 1972-1990

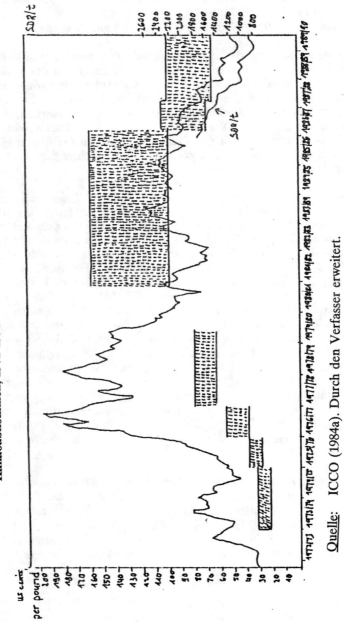

Quelle: ICCO (1984a). Durch den Verfasser erweitert.

## Graphik 4: ICCO-Preise und Marktinterventionen, Januar 1987 - Juli 1988

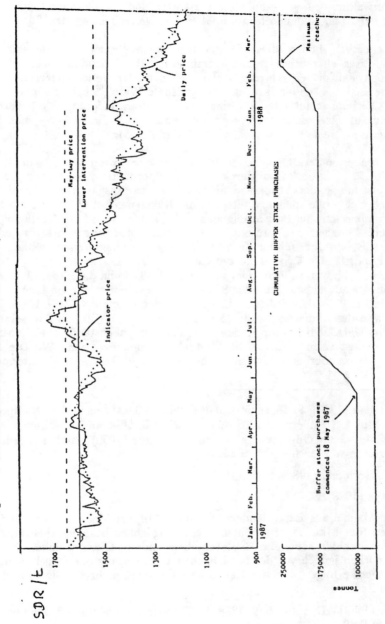

Quelle: ICCO (1988).

Die Verwaltungs-, Lager- und Rotationskosten und vor allem die Opportunitätskosten der so gebundenen Mittel müssen gegengerechnet werden[159].

Wahrscheinlich haben diese begrenzten Interventionen die Instabilität des Kakaopreises eher erhöht, denn vermindert[160]. Es ist zudem nicht sehr wahrscheinlich, daß der eingelagerte Kakao von den Marktteilnehmern auf der Verbraucherseite als "physisch nicht mehr präsente Ware"[161] betrachtet wird. Selbst die ICCO beobachtet seit 1980 eine deutliche Verminderung der Lagerhaltung bezogen auf das Preisniveau (gegen die Faustregel: hohe Preise = niedrige Lager, niedrige Preise = große Lager) (vgl. Graphik 5).

Dafür können andere Ursachen nicht ganz ausgeschlossen werden - die Reduzierung der Produktionskosten durch die Hybridproduktion, die veränderte Lagerhaltungsstrategie der Schokoladenindustrie - das Ausgleichslager wird hierbei dennoch eine Rolle spielen: Sollte sich das Kakaoangebot doch - wider Erwarten - verknappen und die Preise steigen, stände es dem Markt zur Verfügung. Dem Preisverfall der letzten Jahre mußte der Manager des Ausgleichslagers jedenfalls untätig zusehen. Ihm fehlten die Mittel, um weiter eingreifen zu können. Immer mehr Exportländer - vor allem die Côte d'Ivoire, aber auch Togo, Gabun und Brasilien - überweisen nicht oder nicht mehr vollständig die Exportabgabe, ohne daß die Abgabe erzwungen oder Sanktionen angewendet werden konnten[162]. Bis zum Herbst 1988 akkumulierten sich die Außenstände auf 40 Mill. US-$. Im Mai 1989 hatte der Manager gerade 15 von potentiell 100 Mill. US-$ in seiner Kasse[163]. Im März 1990 war die Rede davon, daß die Außenstände auf 140 Mill. US-$ angestiegen seien, während das Guthaben stagnierte[164], m.a.W.: Die Kakaoabgabe wurde überhaupt nicht mehr überwiesen. Im Januar 1988 hatte man die

---

[159] Bateman (1983), S. 18, schätzt, daß für die 100.000 t nach dem Kaufpreis von 230 Mill. US-$ allein bis 1988 weitere 109 Mill. US-$ an Verwaltungs- und 241 Mill. US-$ an Opportunitätskosten (Annahme: 10%) anfallen werden. Die Letzteren werden meist übersehen.

[160] Vgl. Hermann (1988), S. 273 ff.

[161] Tewes (1988), S. 258.

[162] Die Abgabe aus Exportländern, die nicht Mitglied sind, wird in den Importhäfen (der Mitglieder) erhoben. Diese Möglichkeit bestände theoretisch auch gegenüber den säumigen Exportmitgliedsländern. Diese erhielten ihre Stempelmarken jedoch vor der tatsächlichen Überweisung der Abgabe - die dann oft nicht erfolgt - und der Kakao ist dann nicht mehr für die Importabgabe identifizierbar.

[163] Vgl. UNCTAD, vom 26. 9. 1988, S. 27 sowie Interview mit J. Plambeck, vom 25. 5. 1989.

[164] Vgl. FAZ, vom 29. 3. 1990.

**Graphik 5:**
**Weltmarktpreise und Lagerhaltung, in konstanten Preisen von 1985/86**

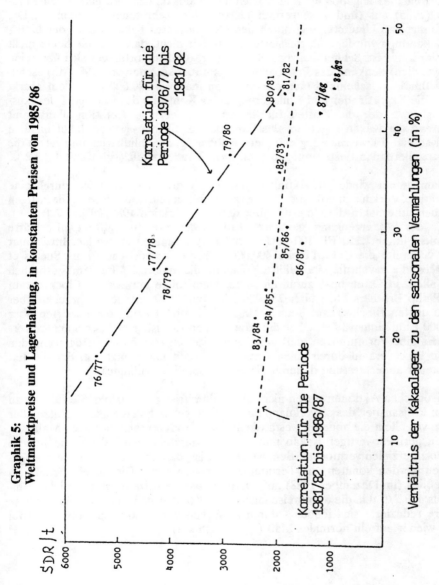

Quelle: ICCO (1988), S. 12. Ergänzt durch den Verfasser.

Abgabe auf 1,4 cents/lb reduziert. Eine teilweise Kreditfinanzierung - von Brasilien schon 1981 angeboten - schied nach dem Debakel des Internationalen Zinnrates (1985) aus (und wäre vermutlich auch hier sehr teuer gekommen). Die Hoffnung, daß Unterstützung durch den Gemeinsamen Rohstoffonds der UNCTAD kommen würde, materialisierte sich bisher nicht, da dieser bis heute nicht funktionsfähig ist. Schließlich zerstritten Export- und Importländer sich über eine (notwendige) Senkung des Preisbandes. Das im Abkommen von 1986 vorgesehene "withholding scheme" - Herausnahme von maximal 120.000 t aus dem Markt durch die Exportländer und Einlagerung unter Kontrolle des Managers des Ausgleichslagers, der die Kosten für Transport, Lagerung, Rotation übernimmt (während der Kakao Eigentum des Exportlandes bleibt) - wurde daher nicht in Kraft gesetzt. Inzwischen zog man den (halbherzigen) Schlußstrich und setzte die preisregulierenden Bestimmungen auch formal außer Kraft (vgl. Kapitel 3.3.2.).

Es kam immer wieder zu Aktionen einzelner großer Exportländer, durch eine restriktive Verkaufspolitik die Preise zu stabilisieren. Den letzten derartigen Versuch unternahm die Côte d'Ivoire, deren Produktion 1988/89 auf 780.000 t, 32,5% der Welterzeugung, geschätzt wird. In der zweiten Hälfte 1988 erklärte sie, nicht unter 1.250 FF/100 kg (=1.200 £/t) verkaufen zu wollen. Im Januar 1989 verkaufte die Côte d'Ivoire 400.000 t an die französische Firma Sucres et Denrées, die davon die eine Hälfte einlagern, die andere Hälfte dem Verbrauch (vor allem in Osteuropa) zuführen sollte. Dem folgte ein zweiter Blockverkauf (an Philip Brothers Ltd.) über 280.000 t im Juni 1989. Gerüchte sprachen über einen dritten Blockverkauf über 500.000 t im Juli 1989 und einen vierten über 100.000 t im Januar 1990. Über die Konditionen ist bisher nichts bekanntgeworden. Es gibt Vermutungen, daß möglicherweise die französische Regierung den ersten Blockverkauf durch einen Anpassungskredit unterstützt hat, der die Exportsteuer abdeckte (und dadurch die Handelspreise verbilligte)[165].

Die ivorischen Aktionen waren nicht ohne - kurzfristigen - Erfolg. Sie führten zu einem Preisanstieg des so verknappten, physisch gehandelten Kakaos. Nutznießer waren vor allem die anderen westafrikanischen Produzenten, aber auch Malaysia, dessen geringerwertiger Kakao nun bessere Marktchancen bekam und höhere Preise zu erzielen vermochte. Bemerkenswert ist, daß nur die Spotpreise hochgetrieben werden konnten, die Terminpreise folgten nicht. Die Schere belief sich schließlich (im Dezember 1988) auf ein dramatisches Allzeithoch von nicht weniger als 450 £/t, d.h. die Spotpreise lagen um 50% über den Terminpreisen. Diese Schere reduzierte sich jedoch - durch Absacken der Spotpreise - bis zum Mai 1989 wieder auf ein normales Maß (vgl. Graphik 6).

---

[165] Vgl. Gill & Duffus, Cocoa Market Report No. 333, March 1989, S. 3.

**Graphik 6:**
**Kakaobohnen Spot- und Future-Preis in London, Januar 1988 - Juli 1989**

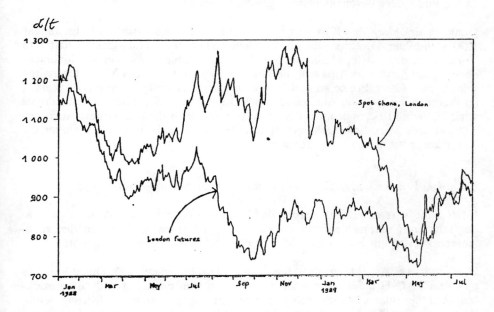

Quelle: ICCO (1989), S. 11.

Die Blockverkäufe der Côte d'Ivoire vermochten die Preise jeweils etwas hochzutreiben. Die Grundtendenz des Marktes wurde jedoch nicht korrigiert - und die wurde bestimmt durch sinkende Preise aufgrund des Überangebots, da die Überschüsse ja nicht wirklich aus dem Markt genommen (vernichtet bzw. anderweitig verwendet) wurden. Eine derartige Aktion eines einzelnen Produzenten kann sich auch mittel- und langfristig nicht auszahlen, da allenfalls die höheren Preise andere Produzenten stimulieren werden, mehr zu produzieren bzw. in den Markt überhaupt neu einzutreten, wenn die Preise durch Vernichtung der Überschüsse tatsächlich hochgetrieben werden könnten. Haessel[166] hat den Ertrag derartiger Aktionen schon für die 60er Jahre für den damals größten Anbieter - Ghana - berechnet. Schon im zweiten Jahr wäre die Bilanz negativ. Würde eine derartige Kartellaktion damals um Nigeria und die Côte d'Ivoire erweitert worden sein, wäre die Realisierung eines Nettoertrages auf drei bzw. sechs Jahre ausgedehnt worden. Erst mit einer Ausdehnung des Kartells auf Brasilien und Kamerun

---

[166] Vgl. Haessel (1974), S. 512 ff.

hätten in der untersuchten Periode (1960-72) für alle Kartellmitglieder positive Nettoerträge erzielt werden können, die sich seit 1966 allerdings stark abgebaut hätten und später durchaus negativ geworden wären[167].

Dennoch sind derartige Kartellaktionen immer noch nicht vom Tisch: Im Januar 1990 stellte der Direktor der ghanaischen Kakaovermarktungsgesellschaft und Vorsitzende der ICCO, Mana Mohamed, wieder einmal "drastische Maßnahmen" der Erzeugerländer in Aussicht, die das Angebot so lange vom Markt fernhalten sollten, bis höhere Preise zu erzielen seien. Nigeria kündigte Anfang 1990 an[168], im kommenden Jahr die Ausfuhren von Kakaobohnen völlig einzustellen, um nur noch Halb- und Fertigprodukte zu exportieren - ohne dafür allerdings auch nur ausreichende Verarbeitungskapazitäten zu besitzen. Ende 1990 wurde daher die Verordnung wieder zurückgenommen.

### 5.4. Die Vermarktungspolitik der einzelnen Produzentenländer im Vergleich

Interessant wäre die Beantwortung der Frage, ob die einzelnen Produzentenländer mit ihren unterschiedlichen Vermarktungssystemen im Rahmen des allgemeinen Preistrends relativ günstig oder eben schlechter verkaufen konnten.

Hier sind zwei Aspekte zu unterscheiden: 1. Die Fähigkeit, gute Qualitäten - es gibt drei FAO-Gradierungen - aufzukaufen, zu transportieren und zu vermarkten. Richtige oder unzweckmäßige Fermentierung, Trocknung, Lagerung beeinflussen die Qualität des Kakaos und seinen Marktpreis. Der qualitätsdifferenzierende Aufkauf kann die Produzenten schon zum Angebot besserer Qualitäten "erziehen". 2. Verkauf des Kakaos zum "richtigen Zeitpunkt", d.h. zu den relativ günstigsten Preisen des Erntejahres, was wiederum eine zutreffende Einschätzung des (kurzfristigen) Markttrends voraussetzt.

Obwohl die Haupternte in den wichtigsten Anbauländern zwischen September/Oktober und März liegt (vgl. Graphik 7), vermarkten diese ihren Kakao durchaus sehr individuell: Die Côte d'Ivoire vermarktet meist deutlich schneller als etwa Ghana oder gar Brasilien.

Die Vermarktungsbehörden bzw. Händler der einzelnen Erzeugerländer vermarkten jedoch nicht nach einem vorgegebenen Rhythmus, sondern variieren ihr Vermarktungsverhalten offenbar als Reaktion auf die (kurzfristige) Entwicklung des Marktes bzw. gemäß ihrer Einschätzung der Marktperspektiven (vgl. Graphik 8). Diese veränderbaren und damit bewertbaren politisch-administrativen

---

[167] Vgl. ebenda, S. 524.

[168] Vgl. FAZ, vom 25. 1. 1990.

## Graphik 7: Erntezeiten der wichtigsten Produzentenländer

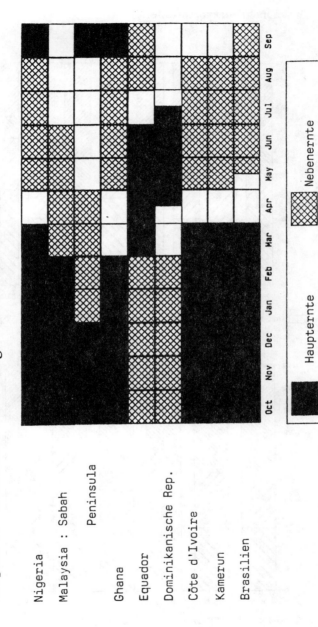

Quelle: Curtis (1987), S. 73

**Graphik 8: Kakaobohnenexportprofile**

**Brasilien**

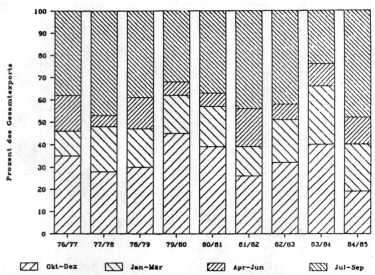

**Malaysia**

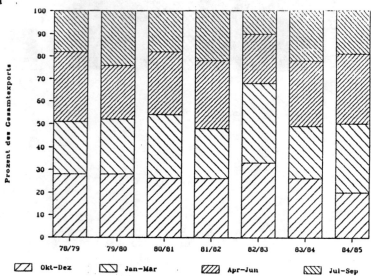

# Côte d'Ivoire

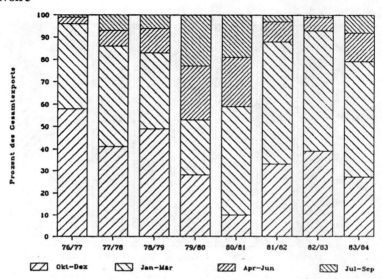

# Ghana

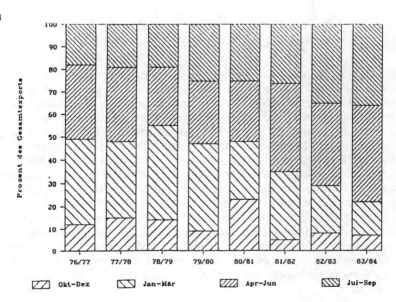

## Nigeria

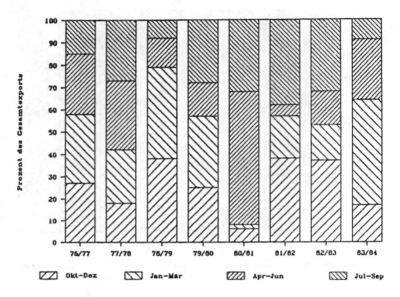

Quelle: Curtis (1987), S. 74-78.

und marktstrategischen Faktoren können allerdings nicht ganz von der Tatsache isoliert werden, daß der Kakao als natürliches Produkt nicht ganz homogen ist. Es gibt nicht nur verschiedene Varietäten: den teureren Edelkakao, von criollo und trinitario-Bäumen, vor allem aus Westindien (bleibt in dieser Diskussion außer Betracht), sowie den billigeren Massenkakao in den heutigen Hauptproduzentenländern. Der Massenkakao hat, aufgrund verschiedener Bodenverhältnisse, klimatischer Bedingungen und Züchtungen, unterschiedliche physische Eigenschaften (Bohnengröße, Anteil der Schale, Fettanteil) und Geschmacksvarianten, die wiederum in den einzelnen Verbraucherländern nicht in der gleichen Weise wertgeschätzt werden. Der Kakao fast aller Produzentenländer besitzt somit seine eigenen Charakteristika, Geschmacksrichtungen und Qualitätsstandards[169] und vermag daher seinen Preis zu erzielen, der sich jedoch im allgemeinen in einem bestimmten Verhältnis zu den übrigen Kakaopreisen bewegt. Den "einzigen" Weltmarktpreis gibt es also nicht. Es gibt verschiedene Kakaopreise, die praktiblerweise in einem zeit- und räumlichen Durchschnittspreis zusammengefaßt werden.

---

[169] Einen Überblick bietet: Curtis (1987), S. 17 f.

Der ghanaische - gefolgt vom nigerianischen - Kakao galt lange als die beste und gefragteste Qualität. Dafür wurde das effiziente, aber auch personal- und kostenintensive Aufkaufsystem durch die Marketing Boards verantwortlich gemacht, die Gradierungen schon beim Ankauf von den Bauern vornehmen, nicht, wie in anderen Ländern, erst im Verschiffungshafen. Der Verfall der Boards und des Transportwesens in den letzten Jahren, verstärkte Anstrengungen in den anderen großen Ländern - in Kamerun wurde beispielsweise der Anteil der Aufkäufe von Grade I Kakao von 18% (1960/61) auf 57% (1984/85) gesteigert (Jakobeit, Bd.II, K, S. 326) - haben zu einer gewissen Nivellierung der Preise zwischen den großen Produzentenländern geführt. 1986 wurde der Kakao aus Nigeria, der Côte d'Ivoire und aus Kamerun in London bei gleicher Qualitätsanforderung (weniger als 5% schiefrig, weniger als 5% defekt) wie der Ghana-Kakao gehandelt, während der brasilianische Bahia-Kakao sowie Kakao aus Ecuador und Malaysia mit einem Abschlag von 50 £/t gehandelt wurden (vgl. Tabelle 27). In New York erhält ghanaischer, nigerianischer und ivorischer Kakao aus der Haupternte einen Zuschlag von 160 US-$/t gegenüber malaysischem Kakao, während Kakao aus den (kleineren) Zwischenernten dieser Länder sowie aus Kamerun und Bahia nur eine Prämie von 80 US-$/t erhält[170].

Tabelle 27: Preisdifferentiale des Kakaos aus den wichtigsten Exportländern, 1986 und 1988

|  | 1986 | 1988 |
|---|---|---|
| 0 | Ghana, Côte d'Ivoire, Togo, Nigeria, Kamerun, Äquatorialguinea | Ghana |
| - 25 £/t | Papua Neu-Guinea | Togo |
| - 50 £/t | Brasilien, Ecuador, Malaysia | |
| - 60 £/t | | Kamerun |
| - 65 £/t | | Nigeria |
| - 70 £/t | | Côte d'Ivoire |
| - 82 £/t | | Brasilien |
| - 220 £/t | | Malaysia |

Der durchschnittliche Börsenpreis (Ghana Spot) in London betrug 1986 1.568 £/t und 1988 1.146 £/t.

Quellen: Curtis (1987), S. 152 ff.; ICCO, Annual Review of Standard Price Differentials, 13. September 1988.

---

[170] Vgl. Curtis (1987), S. 153 f.

1988 legte die ICCO (für ihr Ausgleichslager) wesentlich größere Differentials fest: Der malaysische Kakao wurde nun mit einem Abschlag von nicht weniger als 220 £/t gegenüber dem ghanaischen bewertet und gehandelt, das waren immerhin 19% weniger als der durchschnittliche Börsenpreis in diesem Jahr. Auch der Kakao aus der Côte d'Ivoire, Kamerun und Nigeria - Brasilien ohnehin - wurde wieder mit deutlichen Abschlägen gehandelt (vgl. Tabelle 27)[171].

Damit sind die Probleme allerdings noch nicht erschöpfend benannt, die einer Messung der Effizienz der Vermarktungspolitik der einzelnen Vermarktungssysteme und Produzentenländer im Wege stehen. Für einige Länder liegen nämlich nicht einmal zweifelsfreie Daten über die Exportmengen, Exporteinnahmen und die realisierten Exportpreise vor. Für Nigeria differieren die Angaben verschiedener Behörden und Organisationen in extremen Fällen in den 80er Jahren bis zu 100%[172] (Deutsch, Bd.II, S. 226). Schließlich kann insbesondere in den Ländern mit freiem Vermarktungssystem und Devisenbewirtschaftung - Brasilien, Nigeria (seit 1986) - nicht ausgeschlossen werden, daß die Exporterlöse - zum Zwecke der Kapitalflucht - unterfakturiert werden.

Betrachten wir dennoch 25 Jahre (1960-85) in vergleichender Sicht. Unser Bezugspunkt ist der durchschnittliche Börsenpreis, zu dem wir die real erzielten Exportpreise der wichtigsten Produzentenländer in Beziehung setzen. Das ergibt ein nicht ganz erwartetes Bild: Ghana hat zwar meist höhere Preise als Brasilien erzielt, was durchaus kompatibel mit der unterschiedlichen Bewertung des Kakaos in beiden Ländern wäre. Die Côte d'Ivoire und vor allem Kamerun waren jedoch deutlich erfolgreicher als Ghana (und natürlich auch Brasilien) (vgl. Tabelle 28 sowie Graphik 9). Das mag möglicherweise mit den nicht immer verläßlichen Daten zusammenhängen (so ist beispielsweise auch die besonders günstige Vermarktung Ghanas in der zweiten Hälfte der 70er Jahre nicht plausibel). Immerhin deuten diese Daten nicht darauf hin, daß die Marketing Board-Systeme Ghanas und Nigerias wesentlich günstiger den Kakao vermarkten als die halb-privaten Stabilisierungskassensysteme der frankophonen Länder. Bei den letzteren muß man allerdings berücksichtigen, daß ein Teil der möglicherweise höheren Exportpreise durch ausländische Aufkauf- und Exportfirmen vereinnahmt werden, die wiederum einen Teil ihrer Gewinne und Gehälter außer Landes bringen, was die Nettoexporteinnahmen, die im Lande verbleiben, entsprechend vermindern müßte. Dieser Befund deckt sich in der Tendenz mit der Untersuchung von Jean-Enrile Denis[173], der, auf der Basis von FAO-Daten, die

---

[171] Hierbei handelt es sich um Richtwerte, die offenbar auch nicht immer eingehalten werden. Der Kakao aus Äquatorialguinea wurde beispielsweise tatsächlich mit erheblichem Abschlag gehandelt, der Abschlag für den malaysischen Kakao war 1988 offenbar deutlich niedriger (vielleicht 50 £/t).

[172] Davor war es allerdings nicht so schlimm.

[173] Vgl. Denis (1982), S. 228.

Abweichung der westafrikanischen Exportländer von ihrem durchschnittlichen Exportpreis für die Jahre 1969-75 untersucht hat: Im Durchschnitt dieser 17 Jahre vermochten die Marketing Board-Manager Nigerias einen um 8,2% über dem gemeinsamen Durchschnittspreis liegenden Exportpreis zu erzielen. Sie lagen damit deutlich vor dem kleinen Togo (3,74%) und Kamerun (0,15%), während die Côte d'Ivoire (-2,81%) und Ghana (sogar um -4,53%) unter dem gemeinsamen Durchschnitt lagen. Von einer effizienteren und besseren Verkaufspolitik der Marketing Boards kann also auch hier nicht gesprochen werden.

Tabelle 28: Anteil der Exportpreise an den Börsenpreisen wichtiger Exportländer, in Prozent, 1960-1984 (in Jahrfünftdurchschnitten)

|         | Börsenpreis US-$/t | Brasil. | Côte d'Iv. | Kamer. | Ghana | Nigeria |
|---------|--------------------|---------|------------|--------|-------|---------|
| 1960    | 589=100            | 94      | 83         | 81     | 93    | 112     |
| 1960-64 | 518=100            | 93      | 87         | 92     | 99    | 105     |
| 1965-69 | 621=100            | 88      | 125        | 120    | 99    | 96      |
| 1970-74 | 909=100            | 96      | 103        | 126    | 100   | 107     |
| 1975-79 | 2.755=100          | 97      | 102        | 98     | 107   | 101     |
| 1980-84 | 2.187=100          | 91      | 99         | 113    | 91    | 96      |
| 1960-84 | 100                | 93      | 103        | 110    | 99    | 101     |

Quelle: Autoren der Länderstudien.

**Graphik 9:**
**Der Anteil der Exportpreise der wichtigsten Exportländer am Börsenpreis**

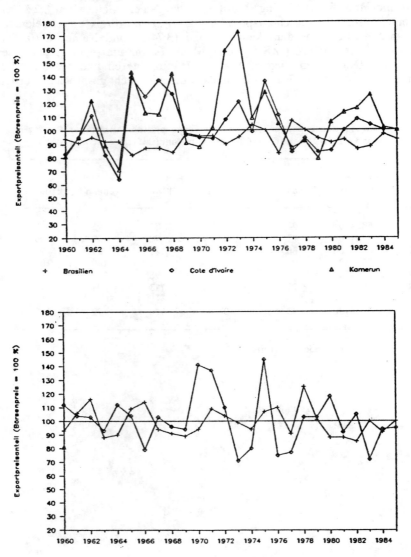

Quelle: Autoren der Länderstudien.

## 6. Die Weltmarkteinkommen und ihre Verteilung in den Erzeugerländern

Die Realisierung möglichst hoher Preise auf dem Weltmarkt - gekoppelt mit einem möglichst großen Anteil am Weltmarktangebot und damit hoher Weltmarkteinkommen - ist das eine Problem, das sich den Erzeugerländern stellt. Die Verteilung dieser Weltmarkteinkommen in diesen Ländern ein anderes. Hier stehen einerseits die unmittelbaren Produzenten den Aufkäufern, Händlern und Vermarktern sowie vor allem dem Staat gegenüber. Die Höhe des Produzentenpreises und vor allem die Margen zu den Weltmarkt/Exportpreisen entscheiden wesentlich mit über die Bruttoeinkommen dieser Gruppen. Die Nettoeinkommen der Produzenten werden durch Nutzung, Verfügbarkeit und Kosten von ertragssteigernden Inputs und von Fremdarbeit, die entlohnt wird, bestimmt. Die Höhe des Lohnes eines Landarbeiters ist für den landwirtschaftlichen Produzenten ein Kostenfaktor, für den Landarbeiter selbst meist die wesentliche Bestimmungsgröße für sein (Netto-)Einkommen.

Es wird zu zeigen sein, daß nicht alle beteiligten Gruppen als kollektive Akteure auftreten und Individualinteressen über politische Aktionen zugunsten der Gruppen zu realisieren versuchen. Dafür sind die Konkurrenzsituation und der Individualismus, das jeweilige kollektive Bewußtsein und die objektiven kollektiven zielgerichteten Aktionsmöglichkeiten zu unterschiedlich.

Obwohl eine Tendenz in den letzten Jahrzehnten festzustellen ist, daß die ökonomischen Eckdaten politisch manipuliert, die Verteilung zwischen den einzelnen Interessen politisch - und d.h. vor allen Dingen staatlich - geregelt wird, finden nach wie vor ökonomische, marktwirtschaftliche Prozesse statt, die sich urwüchsig entwickeln, d.h. kaum oder nur indirekt politisch vermittelt werden, die ein gleichgerichtetes wirtschaftliches Verhalten erzeugen, das nicht politisch gesteuert oder gewollt ist, politische Steuerungsbemühungen gelegentlich sogar konterkarieren.

Unter den vielen genannten Akteuren ragen nur zwei wirklich wichtige heraus, deren produktives Miteinander oder auch konfliktives Gegeneinander die Entwicklung der Kakaowirtschaft prägt. Bei diesen handelte es sich in der Kolonialzeit (in Afrika) um die europäischen Handelshäuser und die landwirtschaftlichen Produzenten, in den letzten drei oder vier Jahrzehnten um den Staat und die landwirtschaftlichen Produzenten. Auf diese Akteure und die Beziehung untereinander wird daher in der folgenden Analyse besonders Gewicht gelegt. Bevor dies jedoch geschieht, d.h. die z.T. verschiedenen und unterschiedlichen Triebkräfte für politisches Handeln und staatliche Politik in diesem Wirtschaftssektor in den wichtigsten Produzentenländern untersucht werden, sollen zunächst die Ergebnisse der staatlichen (Kakao-) Politiken dargestellt werden. Der Ausgangspunkt muß der Produzentenpreis sein.

## 6.1. Die Erzeugerpreispolitik und die Entwicklung der Einkommen der beteiligten Gruppen

Der für die Erzeuger optimale Produzentenpreis wird in der Spitze durch den Weltmarktpreis (minus Vermarktungskosten im Lande) bestimmt, wenn keine Produzentensubventionen erfolgen. Der Produzentenpreis kann jedoch deutlich unter den Weltmarktpreis gesenkt werden, wenn der (private) Handel oligopolistische oder der Staat administrativ festgesetzte (niedrigere) Preise durchsetzen kann.

Für die Kolonialzeit liegen nur Daten für Ghana und Nigeria vor (vgl. Tabelle 29). In Ghana - der damaligen (bis 1957) britischen Goldküste - wurde der Anteil des Produzentenpreises am Weltmarktpreis bis zum Zweiten Weltkrieg kontinuierlich gesenkt, von 83% (1910-14) auf schließlich nur noch 33% (1940-44). Nach dem Krieg wurde der relative Anteil der Produzentenpreise in Ghana jedoch wieder angehoben; diese erreichten jedoch nie wieder ihr altes Niveau und wurden in der Nach-Nkrumah-Zeit schließlich wieder auf ein Allzeittief (1975-79: 30%) gedrückt (vgl. Tabelle 30).

Tabelle 29: Die Entwicklung der Weltmarktpreise und der realen Produzentenpreise in Ghana und Nigeria, 1910-1960 (in Jahrfünftdurchschnitten)

|           | Index Ghana-Spotpreis New York nominal | real (1) | Ghana Produzenten-/ Börsenpreis in % | Ghana Indexpreise real (1) | Nigeria Produzentenpreise real (1) |
|-----------|----------------------------------------|----------|--------------------------------------|----------------------------|------------------------------------|
| 1910-1914 | 40  | 114 | 83 | 340 | 185 |
| 1915-1919 | 45  | 80  | 72 | 256 | 77  |
| 1920-1924 | 34  | 61  | 66 | 116 | 48  |
| 1925-1929 | 42  | 82  | 69 | 189 | 82  |
| 1930-1934 | 19  | 50  | 63 | 101 | 46  |
| 1935-1939 | 21  | 50  | 59 | 105 | 55  |
| 1940-1944 | 28  | 57  | 33 | 38  | 24  |
| 1945-1949 | 82  | 115 | 51 | 86  | 50  |
| 1950-1954 | 139 | 160 | 41 | 98  | 105 |
| 1955-1959 | 124 | 127 | 47 | 124 | 112 |
| 1960      | 100 | 100 |    | 100 | 100 |

(1): Die nominalen Produzentenpreise wurden mit den Verbraucherpreisen (Nigeria) bwz. Importpreisen (Ghana) deflationiert; die Börsenpreise mit den Großhandelspreisen in den USA.

Quellen: Errechnet aus: Kofi (1974), S. 483 ff.; Kay (1972), S. 332 ff.; Viton (1955), S. 94; sowie Manthy (1978), S. 182.

Vergleicht man die relativen Produzentenpreise der letzten drei Jahrzehnte in den einzelnen Erzeugerländern, so gibt es eine beträchtliche Spannweite. Im Durchschnitt liegen die relativen Produzentenpreise in den privatwirtschaftlichen Vermarktungssystemen Malaysias und Brasiliens jedoch deutlich am höchsten, in den halbstaatlichen Vermarktungssystemen der Côte d'Ivoire und vor allem Kameruns am niedrigsten, während die staatlichen Marketing Board-Systeme Ghanas und vor allem Nigerias in der Mitte liegen (vgl. Tabelle 30 und Graphik 10).

Diese Durchschnittswerte für die Marketing Board-Länder werden jedoch durch einige Spitzenjahre (1981-1983) nach oben gerechnet, in denen die Produzentenpreise sogar über den Exportpreisen lagen, 1982 beispielsweise für Ghana bei nicht weniger als 224%. Für Brasilien traf dies auf die Jahre 1987 - 1989 zu. Die erste Erklärung, die sich für diese Zahlen aufdrängt, trifft nicht zu: Die Marketing Boards kamen nicht ihrer ursprünglichen Aufgabenstellung nach und subventionierten und stabilisierten in diesen Jahren niedriger Weltmarktpreise - mit den Rücklagen aus den guten Jahren - die Produzentenpreise.

Tabelle 30: Der Anteil der Produzenten- an den Exportpreisen, in Prozent, 1940-1989 (in Jahrfünftdurchschnitten)

|  | Auf der Basis der amtlichen Wechselkurse | | | | | | Auf der Basis der Schwarzmarktkurse | | |
|---|---|---|---|---|---|---|---|---|---|
|  | Brasilien | Ghana | Côte d'Ivoire | Kamerun | Nigeria | Malaysia | Äquatorialguinea | Brasilien | Ghana | Nigeria |
| 1940-44 |  | 33(1) |  |  | 34(1) |  |  |  |  |  |
| 1945-49 | 56 | 51(1) |  |  | 51(1) |  |  |  |  |  |
| 1950-54 | 51 | 42(1) | 71(1) |  | 50(1) |  |  |  |  |  |
| 1955-59 | 36 | 47(1) | 70(1) | 42(2) | 62(1) |  |  |  |  |  |
| 1960-64 | 47 | 59 | 64 | 60 | 61 |  | 127(1) |  |  |  |
| 1965-69 | 65 | 43 | 48 | 50 | 44 |  | 135(1) | 52(3) | 18 |  |
| 1970-74 | 66 | 38 | 46 | 42 | 59 |  | 111(4) | 57 | 26 |  |
| 1975-79 | 74 | 30 | 39 | 32 | 53 | 89 | -- | 51 | 9 | 33 |
| 1980-84 | 73 | 145 | 52 | 48 | 99 | 86 | 113 | 48 | 11 | 43 |
| 1985-89 | 111(1) | 33(1) | 57 | 60(1) | 86(1) |  | 57(1) |  |  |  |
| 1960-89 | 73 | 58 | 51 | 49 | 67 |  | 109 | 50 | 16 | 37 |

(1): Bezogen auf den Börsenpreis
(2): Nur 1958-1959
(3): Nur 1967-1969
(4): Nur 1970-1972

Quellen: Gill & Duffus, Cocoa Statistics, (versch. Jhg.);
Autoren der Länderstudien; FAO, Cocoa Statistics, (versch. Jhg.);
Teal (1986), S. 274.

**Graphik 10:**
**Der Anteil der Produzenten- an den Exportpreisen, in Prozent, auf der Basis der amtlichen Wechselkurse, 1960-1990**

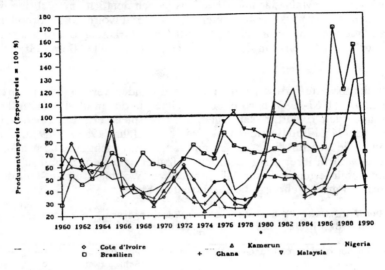

Quelle: Autoren der Länderstudien

**Graphik 11:**
**Der Anteil der Produzenten- an den Exportpreisen, in Prozent, auf der Basis der Schwarzmarktkurse, 1966-1986**

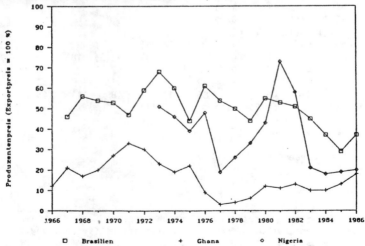

Quelle: Autoren der Länderstudien.

Es trifft zwar zu, daß die Marketing Boards in diesen Jahren Verluste akkumulierten, dennoch wurden die Bauern auch in diesen schlechten Jahren nicht weniger zur Kasse gebeten als in den besseren Jahren. Das Instrument dazu ist die Währungsmanipulation. In Nigeria und vor allem in Ghana, in geringerem Maße in Brasilien, verteidigt der Staat überbewertete Wechselkurse. Nutznießer dieser Politik sind die Verbraucher von Importwaren, eventuell die Exporteure von Industriewaren, Verlierer sind die Exporteure von Rohstoffen - also z.B. von Kakao -, die für ihre auf dem Weltmarkt erlösten Dollar - bei ungleichgewichtigen Währungsrelationen (Bias-Überbewertung) - weniger in nationaler Währung ausgezahlt bekommen als bei einem Wechselkurs, der die wirtschaftlichen Gleichgewichtsverhältnisse anstrebt. Die Bauern werden also auch noch Opfer einer unsichtbaren Abschöpfung (vgl. Graphik 11).

Diese bleibt jedoch von den Produzenten nicht unbemerkt, wenn sie außer Kontrolle gerät, wenn die Produzenten Vergleichsmöglichkeiten (etwa in grenznahen Gebieten) haben und wenn diese Politik schließlich zu einer Verknappung des (Import-) Güterangebots führt, die Bauern sich für den in nationaler Währung vergüteten Ertrag ihrer Arbeit eigentlich nichts mehr kaufen können. Genau in diese Richtung trieb lange Zeit die Entwicklung in Ghana.

Der Grad der Überbewertung und damit der mittelbaren Abschöpfung der Kakaobauern ist nur sehr aufwendig zu ermitteln. Wir begnügen uns zur Illustration mit dem Schwarzmarktkurs, der für viele Bauern (und Schmuggler) eine reale Größe darstellt, zu der sie handeln. Der Schwarzmarktkurs dürfte die Abweichung der amtlichen Währungsrelationen zu einem Gleichgewichtskurs zwar übertreiben, die Tendenz der Entwicklung sollte er aber einigermaßen zutreffend widerspiegeln. Schwarzmarktkurse signalisieren, daß eine Devisenbewirtschaftung vorliegt, daß die Nachfrage nach Devisen (und Importgütern) mit den Einnahmen (und Exporten) nicht gedeckt werden kann. Eine deutliche Auseinanderentwicklung von amtlichen und von Schwarzmarktkursen weist auf eine Verschlechterung des Güterangebots und eine Binneninflation hin, die zur Flucht in Sachwerte bzw. ins Ausland (Kapitalflucht) reizt. Genau darum handelte es sich in Ghana. Nehmen wir die relativ schlechtesten Jahre für die ghanaischen Kakaobauern (vgl. Graphik 11): 1977 und 1978 erhielten sie - nach amtlichem Wechselkurs - gerade 1/4 des Exportpreises. Das war zwar weniger als die Kakaobauern in der Côte d'Ivoire (32-33%) und Kamerun (27-29%) erhielten, aber doch in Sichtweite. Auf der Basis des Schwarzmarktkurses erhielten die ghanaischen Bauern jedoch nur 3 - 4% des Weltmarktpreises. Dabei handelte es sich um zwei Haussejahre. Bessere Weltmarktpreise vermochte Ghana - und alle übrigen Produzentenländer - in den letzten drei Jahrzehnten nie zu erzielen. Dennoch: Preisbereinigt bekamen Ghanas Bauern kaum mehr als ein Viertel (27-28%) des Preises von 1960 und nur noch etwas mehr als in den (Weltmarkt-) Baissejahren 1981, 1983 und 1984. Den absolut niedrigsten Produzentenpreis erhielten sie 1981, berechnet auf einem preisbereinigten Index, weniger als ein Fünftel (18%) des Niveaus von 1960 (=100) (vgl. Tabelle 31). Auf der Basis des amtlichen

Wechselkurses erhielten sie in diesem Jahr etwas mehr, auf der Basis des Schwarzmarktkurses allerdings gerade gut 1/10 des Weltmarktpreises.

Berücksichtigt man die Überbewertung der Währungen Ghanas, Nigerias und Brasiliens, so ergibt dies in Bezug auf die Abschöpfungsrate der Bauern der großen Produzentenländer ein verändertes Bild: Die eindeutigen Verlierer sind die Kakao-Bauern Ghanas, vor denen Nigerias. Auf der Basis der Schwarzmarktkurse - was nicht ganz zulässig ist - bekamen die Kakaoproduzenten Brasiliens einen den frankophonen Ländern vergleichbaren Anteil: In den letzten 30 Jahren etwa die Hälfte der Weltmarktpreise. Einsam begünstigt wurden die Produzenten Malaysias, deren relativ hohe Preise nicht durch eine schwache und überbewertete Währung aufgezehrt wurden und die - anders als die brasilianischen Produzenten - kaum besteuert wurden (vgl. Tabelle 30).

Nun ist es die eine Seite des Problems, welchen Anteil man den Produzenten an den Weltmarktpreisen zugesteht. Für sie von unmittelbarer Bedeutung sind die absoluten Preise und was und wieviel sie sich dafür an Konsum- und Investitionsgütern kaufen können.

Betrachtet man die preisbereinigten Produzentenpreise, ergibt sich das erwartete Bild (vgl. Tabelle 31). In Ghana rutschten diese nahezu kontinuierlich seit den 50er Jahren ab und erst jüngst scheint sich eine leichte Verbesserung anzudeuten. In den übrigen westafrikanischen Staaten gibt es diesen eindeutigen negativen Trend nicht. Die niedrigen Weltmarkt- und damit Produzentenpreise in der zweiten Hälfte der 60er und in den 80er Jahren haben ihre Spuren hinterlassen.

Von einem säkularen Abwärtstrend kann jedoch keine Rede sein. In Brasilien lag das Produzentenpreisniveau in den (inflationären!) 70er und 80er Jahren sogar gut um das Doppelte über dem Niveau der 50er und 60er Jahre. In Malaysia ist statistisch ein Rückgang der realen Produzentenpreise in den 80er Jahren gegenüber dem allerdings sehr hohen Niveau der 70er Jahre festzustellen.

Die Aufteilung der Exporteinnahmen ist allerdings nur kurzfristig ein Nullsummenspiel - was der einen Seite entzogen oder vorenthalten wird, muß der anderen Seite zugute kommen. Langfristig muß dies nicht zutreffen. Das verdeutlichen die Daten über die Kakaoeinnahmen des Staates (vgl. Tabelle 32). Der ghanaische Staat hat seine realen Kakaoeinnahmen in der Expansionsphase gerade halten können und erlebte in der zweiten Hälfte der 60er und ab der zweiten Hälfte der 70er Jahre einen dramatischen Rückgang. Der Anteil der Kakaoeinnahmen sackte von über 1/3 auf etwas mehr als 1/5 der Staatseinnahmen, die in dieser Zeit auch in den übrigen Einnahmepositionen real gesunken sind. Die realen Steuereinnahmen Bahias/Brasiliens, Kameruns und der Côte d'Ivoire konnten immerhin bis zur Preishausse in der zweiten Hälfte der 70er Jahre kontinuierlich angehoben werden. In Bahia ist der Anstieg besonders markant, da hier nicht nur die Steuer von ca. 5% (bis 1966) auf 10 - 12% in der Zeit

Tabelle 31: Index der realen Produzentenpreise, in Jahrfünftdurchschnitten und mit dem Index 1960 = 100, 1945-1989

1960 = 100 (1) in Jahrfünftdurchschnitten

| | Brasilien | Ghana | Côte d'Ivoire | Kamerun | Nigeria | Malaysia |
|---|---|---|---|---|---|---|
| 1945-49 | 119 | | | | | |
| 1950-54 | 164 | 122 | | | | |
| 1955-59 | 158 | 129 | | | | |
| 1960-64 | 134 | 85 | 76 | 87 | 88 | |
| 1965-69 | 173 | 51 | 58 | 66 | 61 | |
| 1970-74 | 220 | 60 | 63 | 73 | 83 | |
| 1975-79 | 496 | 38 | 84 | 85 | 86 | 245 |
| 1980-84 | 320 | 24 | 66 | 95 | 76 | 134 |
| 1985-89 | 380 (2) | 46 (3) | 61 | 84 | 68 (2) | 144 (2) |
| | | | | | | |
| 1960 | 100 | 100 | | | 100 | |
| 1961 | 156 | 94 | 100 | 100 | 89 | |
| 1962 | 124 | 86 | 72 | 91 | 78 | |
| 1963 | 136 | 81 | 65 | 77 | 84 | |
| 1964 | 155 | 66 | 66 | 78 | 89 | |
| 1965 | 124 | 48 | 65 | 86 | 53 | |
| 1966 | 146 | 36 | 49 | 55 | 52 | |
| 1967 | 135 | 50 | 60 | 62 | 60 | |
| 1968 | 203 | 58 | 59 | 61 | 70 | |
| 1969 | 257 | 61 | 56 | 65 | 72 | |
| 1970 | 171 | 63 | 62 | 77 | 90 | |
| 1971 | 122 | 57 | 60 | 74 | 77 | |
| 1972 | 155 | 60 | 61 | 74 | 75 | |
| 1973 | 298 | 58 | 60 | 69 | 78 | |
| 1974 | 356 | 62 | 71 | 72 | 96 | |
| 1975 | 244 | 56 | 95 | 75 | 96 | 100 |
| 1976 | 399 | 42 | 86 | 73 | 81 | 192 |
| 1977 | 775 | 28 | 78 | 76 | 77 | 389 |
| 1978 | 574 | 27 | 86 | 97 | 89 | 294 |
| 1979 | 489 | 36 | 76 | 105 | 86 | 248 |
| 1980 | 358 | 28 | 78 | 106 | 85 | 176 |
| 1981 | 261 | 18 | 68 | 100 | 82 | 126 |
| 1982 | 195 | 33 | 63 | 93 | 77 | 97 |
| 1983 | 325 | 20 | 58 | 93 | 74 | 136 |
| 1984 | 459 | 22 | 64 | 81 | 64 | 156 |
| 1985 | 397 | 36 | 56 | 91 | 66 | 152 |
| 1986 | 362 | 45 | 60 | 91 | 69 | 136 |
| 1987 | | 51 | 64 | 84 | | |
| 1988 | | 53 | 64 | 79 | | |
| 1989 | | | 59 | 73 | | |

(1): Côte d'Ivoire, Kamerun: 1961 = 100; Malaysia: 1975 = 100
(2): 1985-86
(3): 1985-88

Quelle: Autoren der Länderstudien.

Tabelle 32: Die Kakaoeinnahmen der Staaten Ghanas, der Côte d'Ivoire, Kameruns und Brasiliens, 1955-1986 (in Jahrfünftdurchschnitten)

|  | Index der realen Kakaoeinnahmen (1975 = 100) | | | | Anteil der Kakaoeinnahmen am Staatshaushalt (in %) | | |
|---|---|---|---|---|---|---|---|
|  | Ghana | Côte d'Ivoire | Kamerun | Brasilien (1) | Ghana | Côte d'Ivoire | Kamerun |
| 1955-59 | 89 |  |  |  | 39 |  |  |
| 1960-64 | 84 | 11 | 21 | 6 | 35 |  | 9 |
| 1965-69 | 38 | 55 | 62 | 22 | 17 | 20 | 17 |
| 1970-74 | 90 | 79 | 117 | 52 | 32 | 18 | 23 |
| 1975-79 | 47 | 194 | 180 | 203 | 29 | 23 | 27 |
| 1980-84 | 15 | 116 | 92 | 162 (2) | 23 | 13 | 9 |
| 1985-86 | 30 | 152 | 50 |  | 21 | 39 (3) | 10 |

(1): Einnahmen Bahias, auf US-$ Basis
(2): 1980-83
(3): 1985

Quelle: Autoren der Länderstudien.

danach angehoben, sondern auch die Produktion erheblich ausgeweitet wurde (Calcagnotto, Bd.I, S. 428). Der Weltmarktpreisverfall der 80er Jahre hinterließ aber auch in diesen Ländern seine Spuren - am stärksten in Kamerun mit seiner stagnierenden Produktion.

Der weitere Weltmarktpreisverfall - der von 1985 bis 1989 und 1990 zu einer (nominalen) Halbierung der Preise führte - konnte hier noch nicht berücksichtigt werden, hat dieses Bild allerdings noch weiter verschärft. In der Côte d'Ivoire mußte allein 1989 gegenüber 1988 die nominale Steuer halbiert werden[174].

### 6.2. Die Rentabilität und Attraktivität der Kakaowirtschaft

Die in Kapitel 6.1. beschriebene Entwicklung der Produzentenpreise gab Aufschluß über die Entwicklung der Bruttoeinkommen und der Bruttokaufkraft der Kakaoproduzenten. Wichtiger ist die Entwicklung der Netto-Einkommen. Deren Ermittlung in einer längeren Zeitreihe stehen jedoch nahezu unüberwindliche Hindernisse gegenüber, da weder für die einzelnen Länder, und damit auch nicht im Vergleich zwischen denselben, verläßliche Datenreihen über Art und Umfang der Investitions- und Betriebskosten und deren Preisentwicklung zur Verfügung stehen. Dennoch liegen einige Datenreihen sowie punktuelle Modellrechnungen

---

[174] Vgl. Gill & Duffus, Cocoa Market Report No. 335, October 1989.

und Sampleuntersuchungen vor, die Rückschlüsse erlauben. Dabei sind beträchtliche Unterschiede in den Betriebskosten, der Produktivität, den Brutto- und schließlich den Nettoerträgen zwischen kleinen und mittleren Familienbetrieben, Plantagen, zwischen dem Anbau traditionaler Varietäten oder von Hybriden festzustellen. Im traditionalen kleinbäuerlichen Anbau wurden und werden sehr wenig Inputs genutzt, oft überhaupt kein Dünger und Pestizide, lediglich Handwerkszeug wird verwendet. Die Arbeitskosten sind der einzige relevante Kostenfaktor, die auch nicht immer monetär (als Löhne) anfallen, sondern durch Familienarbeit erbracht werden. Modellrechnungen für Ghana gingen z.b. für 1981 davon aus, daß die Arbeitskosten 95% der Produktionskosten ausmachten, aufgrund höherer Inputpreise, 1984 und 1985 immer noch 83% (Wegner, Bd.II, S. 134). Eine Modellrechnung für Kamerun 1985 setzt den Anteil der Arbeitskosten gleichfalls in dieser Größenordnung (91%) an (Jakobeit, Bd.II, K, S. 308).

Für die Côte d'Ivoire wird der Anteil der Arbeitskosten an den gesamten variablen Kosten 1980 im traditionalen Anbau auf 95%, im Hybridanbau, bei einer absoluten Steigerung in allen Bereichen, auf 81% angesetzt (Jakobeit, Bd.II, C, S. 48-52). Sample-Untersuchungen in Brasilien ergaben für 1972 einen Anteil der Arbeitskosten von 71%, der Materialkosten von 9% und der Abschreibungen (langlebiger Gebäude und Maschinen) von 20% in Familienbetrieben (hier durchschnittlich 24 ha) und von 51%, 25% und 24% in Lohnarbeitsbetrieben (100 ha) (Calcagnotto, Bd.I, S. 402, 403). Eine andere Sample-Untersuchung in Lohnbetrieben ergab 1980 sogar einen Arbeitskostenanteil von nur 30%, während auf die Materialkosten 49% und die Abschreibungen 21% kamen (Calcagnotto, Bd.I, S. 411). Eine weitere Untersuchung von 1981 ergab, daß die Arbeitszeit und die Arbeits- sowie die Inputkosten vom traditionalen über den teilmodernisierten bis zum modernisierten Hybridanbau beträchtlich steigen, allerdings durch die Erträge auch die Brutto- und die Nettoeinkommen. Der Anteil der Arbeitskosten an den variablen Kosten vermindert sich von 73% auf 53% und 51% (Calcagnotto, Bd.I, S. 414).

In Malaysia setzt man das Verhältnis der Arbeits- zu den Materialkosten für Kleinbetriebe auf etwa 77 : 23 an (Senftleben, Bd.I, S. 200). In einer Modellrechnung für die Anlage und Bewirtschaftung einer Plantage über 23 Jahre werden die Arbeitskosten auf 39% der Gesamtkosten veranschlagt, Aufwendungen für Gebäude 15%, für Fahrzeuge und Maschinen sowie Pestizide und Dünger auf jeweils etwa 7% (Senftleben, Bd.I, S. 240/241).

Einer verläßlichen Bewertung der Arbeitskosten in zeit-/räumlicher Hinsicht stehen durch die Vielfalt der Entlohnungsformen, selbst örtlich in einem Land u.U. sehr unterschiedliche Entlohnungshöhen, nahezu unüberwindliche Probleme entgegen. Es gibt daher - bis auf Nigeria 1970-82 - keine Versuche, Zeitreihen für die Entwicklung der ländlichen Löhne aufzustellen. Die meisten Länder haben allerdings eine staatliche Mindestlohngesetzgebung, deren Anspruch darin besteht bzw. bestehen sollte, den Lohnarbeitern einen bestimmten Mindeststandard zu sichern. Allerdings gibt es meist keinen staatlichen Apparat oder private (gewerkschaftliche) Kontrolle, die die Mindestlöhne im Zweifelsfall tatsächlich erzwingen oder durchsetzen würden, so daß diese nicht einmal die untere Markierung einer größeren Bandbreite von Löhnen bestimmen müssen.

Betrachtet man die preisbereinigte Entwicklung der Mindestlöhne etwa in Ghana und der Côte d'Ivoire so deutet diese auch nicht auf ein ausgeprägtes Engagement der jeweiligen Regierung in diesem Bereich hin. Sie wurden jeweils nur in langen zeitlichen Abständen angehoben und hinken damit immer der Preisentwicklung hinterher. Im Laufe der letzten 2-3 Jahrzehnte führte dies zu einer deutlichen Senkung der Mindestlöhne. Für die Kakaobauern in Ghana haben sich dagegen die Mindestlöhne im ersten hier betrachteten Jahrzehnt (1955-66) noch verteuert, im zweiten (1967-77) blieben sie relativ konstant und sackten erst danach (1978-86) deutlich ab (vgl. Tabelle 33). Das bezieht sich jedoch nur auf die gesetzlichen Mindestlöhne. Die tatsächlich gezahlten Farmlöhne wichen von diesen jedoch immer mehr ab: 1955 lagen sie noch um 22% darunter, 1970 etwa auf gleicher Höhe, in den 70er Jahren etwa um 50%, in den 80er Jahren schließlich sogar um 200 bis 300% darüber. Dennoch mußten die Landarbeiter einen realen Rückgang ihrer Löhne hinnehmen, der jedoch geringer war als die Kakaoproduzentenpreise. Für die Kakaobauern wurden damit die Lohnkosten in den 80er Jahren relativ verteuert (Wegner, Bd.II, S. 147).

In der Côte d'Ivoire waren die Mindestlöhne in den 60er Jahren für die Bauern relativ stabil, um sich dann erst für sie zu ermäßigen. In den 80er Jahren waren die Mindestlöhne für die Kakaobauern um ca. 60% billiger als in den 60er Jahren. Allerdings werden die Arbeiter meist in (Anteils-) Pachtverhältnissen angestellt - die für sie wesentlich günstiger als Lohnarbeitsverhältnisse sind, in denen sie einerseits, aufgrund des zunehmenden Arbeitskräftemangels, die Konditionen zu verbessern vermochten (Jakobeit, Bd.II, C, S. 45), durch die sie andererseits durch sinkende Produzentenpreise getroffen werden.

In Brasilien wurden die Mindestlöhne preisbereinigt konstant gehalten - für die Kakaoproduzenten haben sie sich dadurch laufend und relevant verbilligt. Für die Landarbeiter waren sie aber zu wenig zum Leben. Die Armutsschwelle wird in Brasilien mit dem zweifachen eines Mindestlohnes für einen Familienhaushalt angenommen (Calcagnotto, Bd.I, S. 445).

Auch in Nigeria waren die Mindestlöhne zunächst real konstant und wurden dann - unter den Bedingungen der Ölökonomie - preisbereinigt gegenüber den 60er Jahren etwa verdoppelt. Für die Kakaobauern fand schon seit etwa der zweiten Hälfte der 60er Jahre eine spürbare relative Verteuerung der Löhne statt.

Tabelle 33: Die Entwicklung der Mindestlöhne zu realen Preisen und deren Kosten für die Kakaoproduzenten, 1955-1986

|  | Reale Mindestlöhne | | | | | t-o-t Mindestlöhne/Produzentenpreise | | | | |
|---|---|---|---|---|---|---|---|---|---|---|
|  | Ghana | Côte d'Ivoire | Brasilien | Nigeria (1) | (2) | Ghana | Côte d'Ivoire | Brasilien | Nigeria (1) | (2) |
| 1955 | 89 | | | | | 54 | | | | |
| 1956 | 99 | | | | | 59 | | | | |
| 1957 | 98 | | | | | 62 | | | | |
| 1958 | 104 | | | | | 70 | | | | |
| 1959 | 101 | | | | | 78 | | | | |
| 1960 | 100 | | 100 | | 120 | 85 | | | | 100 |
| 1961 | 112 | 100 | 96 | | 111 | 100 | 100 | 100 | | 105 |
| 1962 | 102 | 97 | 96 | | 104 | 100 | 136 | 61 | | 115 |
| 1963 | 98 | 89 | 86 | | 112 | 102 | 136 | 78 | | 110 |
| 1964 | 88 | 89 | 84 | | 109 | 111 | 136 | 63 | | 103 |
| 1965 | 69 | 88 | 96 | | 106 | 122 | 136 | 54 | | 154 |
| 1966 | 61 | 85 | 96 | | 92 | 146 | 173 | 78 | | 152 |
| 1967 | 71 | 82 | 90 | | 100 | 118 | 136 | 66 | | 137 |
| 1968 | 70 | 80 | 89 | | 107 | 101 | 136 | 66 | | 119 |
| 1969 | 66 | 76 | 88 | | 90 | 91 | 136 | 44 | | 92 |
| 1970 | 64 | 74 | 88 | 100 | 100 | 86 | 119 | 34 | 100 | 101 |
| 1971 | 77 | 67 | 88 | 153 | 86 | 113 | 112 | 52 | 177 | 101 |
| 1972 | 71 | 68 | 90 | 213 | 84 | 99 | 112 | 72 | 253 | 101 |
| 1973 | 60 | 67 | 92 | 260 | 79 | 86 | 112 | 58 | 300 | 93 |
| 1974 | 102 | 63 | 86 | 283 | 234 | 137 | 89 | 31 | 268 | 226 |
| 1975 | 78 | 66 | 92 | 300 | 209 | 115 | 70 | 24 | 237 | 169 |
| 1976 | 50 | 60 | 93 | 283 | 283 | 98 | 70 | 38 | 263 | 161 |
| 1977 | 35 | 66 | 94 | 276 | 243 | 102 | 85 | 23 | 262 | 141 |
| 1978 | 25 | 52 | 91 | 265 | 209 | 83 | 61 | 12 | 215 | 103 |
| 1979 | 17 | 51 | 96 | 289 | 215 | 40 | 67 | 16 | 244 | 96 |
| 1980 | 16 | 43 | 93 | 271 | 195 | 45 | 56 | 20 | 229 | 145 |
| 1981 | 16 | 38 | 92 | 233 | 176 | 75 | 56 | 26 | 223 | 136 |
| 1982 | 13 | 35 | 96 | 232 | 163 | 33 | 56 | 35 | 239 | 170 |
| 1983 | 13 | 36 | 77 | | | 49 | 61 | 49 | | |
| 1984 | 12 | 34 | 92 | | | 45 | 53 | 24 | | |
| 1985 | 22 | 38 | 72 | | | 52 | 56 | 20 | | |
| 1986 | 23 | 36 | | | | 43 | 52 | 18 | | |

(1): Geschätzte tatsächliche Landarbeiterlöhne
(2): Ländliche Mindestlöhne (nach: Oyejide (1986), S. 17)

Quelle: Autoren der Länderstudien.

Die Verwendung von ertragsteigernden Inputs erfolgt - wie erwähnt - in den traditional wirtschaftenden westafrikanischen Bauernwirtschaften sehr begrenzt. Das Problem dürfte hier nicht die fehlenden Kenntnisse und Bereitschaft der Bauern sein, sondern die absolute Verfügbarkeit. Wer mit Inputs versorgt wird, kommt in den Genuß hoher Subventionen und von Betriebsmitteln zu relativ konstanten Preisen. So wurde z.B. der Abgabepreis von Gammalin in Ghana in der Spitze bis zu 86% (1974) subventioniert, 1984 waren es immerhin noch 55%. In Nigeria wurde Gammalin 1976 zu 72%, 1982 zu 66% subventioniert (Wegner, Bd.II, S. 120; Deutsch, Bd.II, S. 207). Die Verwendung von ertragsteigernden Inputs ist allerdings starken Schwankungen unterworfen, die selbst in Fünfjahresdurchschnitten (vgl. Tabelle 34) nicht ausgeglichen werden.

Tabelle 34: Die Verwendung von Gammalin in Ghana und Nigeria, 1960-1984 (in Jahrfünftdurchschnitten)

|  | Verwendung von Gammalin (Jahresdurchschnitt 1.000 l) | | Kakaoproduktion 1.000 t | | Gammalin/Kakaoproduktion l / t | | Reale Exportpreise Index | |
|---|---|---|---|---|---|---|---|---|
|  | Ghana | Nigeria | Ghana | Nigeria | Ghana | Nigeria | Ghana | Nigeria |
| 1960-64(1) | 1.180 | 605 | 404 | 194 | 2,92 | 3,11 | 89 | 82 |
| 1965-69 | 645 | 1.068 | 418 | 233 | 1,54 | 4,58 | 98 | 84 |
| 1970-74 | 953 | 1.300 | 410 | 247 | 2,32 | 5,26 | 86 | 86 |
| 1975-79 | 840 | 660 | 322 | 188 | 2,60 | 3,51 | 148 | 137 |
| 1980-84(2) | 972 | 265 | 221 | 170 | 4,40 | 1,56 | 63 | 84 |

(1): Nigeria 1962-64
(2): Nigeria 1980-82

Quellen: Errechnet aus Wegner, Bd.II, S.120 und Deutsch, Bd.II, S.205.

Die Verwendung von Inputs - so z.B. von Gammalin - erfolgt in Nigeria etwas intensiver als in Ghana; seit Mitte der 70er Jahre ist aber ein kontinuierlicher Rückgang festzustellen, während man in Ghana in den 80er Jahren offenbar die rückläufige Produktion auch durch verstärkten Einsatz von Pestiziden aufzuhalten versucht[175].

In Brasilien wurde der Inputeinsatz in den letzten zwei Jahrzehnten drastisch ausgeweitet, in Bahia beispielsweise der Insektizideinsatz von ca. 900 t (1966) auf

---

[175] Bei den hier zusammengestellten Daten handelt es sich genau genommen nur um ausgegebene Inputs. Inwieweit diese tatsächlich im Kakaosektor verwendet, oder - aufgrund ihres hohen Subventionsanteils - in Nachbarländer geschmuggelt oder für andere, attraktivere Anbaukulturen im Land eingesetzt wurden, konnte nicht berücksichtigt werden. Fehlverwendungen der genannten Art fanden bis 1984 in Ghana in erheblichem Umfang statt.

10.000 t (1983), die Düngemittelverwendung von 30 t (1966) auf fast 39.000 t (1983) (Calcagnotto, Bd.I, S. 459, Tabelle 38). Die Preise der chemischen Industrie sind meist weniger gestiegen bzw. waren sogar, im Verhältnis zu den Kakaoproduzentenpreisen, absolut oder relativ rückläufig. In der Zeit des Kakaobooms in der zweiten Hälfte der 70er Jahre waren sie sogar deutlich verbilligt. Eine direkte Preissubvention durch den Staat erfolgt in Brasilien nicht, dennoch gehen die Input verwendenden Produzenten nicht leer aus, wenn sie diese mit einem Bankkredit kaufen (können). Die Zinsen werden meist deutlich unter der Inflationsrate gehalten, sind real negativ. 1980 stiegen die allgemeinen Preise beispielsweise um 77%, die Kakaoproduzentenpreise um 46%, die Düngerpreise um 150% - auf die Agrarkredite wurden nur 15% Zinsen verlangt (vgl. Tabelle 35). Kreditnehmer können also schon ein Geschäft machen, wenn sie einen billigen Kredit in Anspruch nehmen, nicht erst, wenn sie durch ihn gewinnbringend investieren.

Setzen wir diese Daten über Umfang und Preisentwicklung der Betriebsaufwendungen in Beziehung zu der Entwicklung der Produzentenpreise (vgl. Tabelle 31), so kann man zu der Entwicklung der (Netto-)Einkommen der Kakaoproduzenten folgende Aussage machen:

In den westafrikanischen Bauernwirtschaften dürfte - mit Ausnahme Nigerias - der Trend der Produzentenpreise etwa die Entwicklung der bäuerlichen Einkommen widerspiegeln: In Ghana ist seit den 50er Jahren ein anhaltender Verfall der Preise und damit auch der bäuerlichen Einkommen festzustellen, während in den beiden frankophonen Ländern die relativ stabilen Preise und Einkommen erst in den 80er Jahren deutlich - allerdings gegenüber Ghana weit geringer - abbröckelten. Eine ähnliche Entwicklung ist in Nigeria zu beobachten, wo der abwärts gerichtete Trend der Produzentenpreise als Bezugsgröße für die bäuerlichen Einkommen durch die deutliche Verteuerung der Lohn- und Arbeitskosten seit den 70er Jahren noch weiter verstärkt wird. Modellrechnungen für Nigeria 1976/77 und 1980 sowie Ghana 1981 haben ergeben, daß - bei vollem Fremdarbeitseinsatz - betriebswirtschaftliche Verluste erwirtschaftet wurden (Deutsch, Bd.II, S. 221 f.; Wegner, Bd.II, S. 133).

Dabei spielt nicht einmal eine so große Rolle, ob tatsächlich Fremdarbeit zu den ortsüblich hohen Löhnen eingesetzt wird oder nicht. Diese Daten besagen auch, daß die auf ihren eigenen Farmen arbeitenden Betriebsinhaber und ihre Familienmitglieder dabei nur ein unterdurchschnittliches Einkommen erzielen können, sich also selbst ausbeuten, als Lohnarbeiter anderswo mehr verdienen könnten.

Die Modellrechnung für Ghana 1981 ergab, daß beim Einsatz von Familienarbeit deren Tagesarbeitsertrag um die Hälfte unter dem Landarbeiterlohn lag. Die Nettoerträge in anderen Kulturen lagen z.T. um das doppelte (Mais, Cassava), z.T. sogar um das drei- bis fünffache (Mehlbananen, Ölpalme, Orangen) über

Tabelle 35: Jährliche Steigerung der Produzenten-, Input- sowie allmeinen Verbraucherpreise sowie die Bankzinsen in Brasilien, in Cruzeiros und in Prozent, 1974-1985

|  | Steigerung der Produzentenpreise | In Zinsen Bankkredit für chem. Inputs | Prozent Allgemeine Verbraucherpreise | Dünger | Insektizide |
|---|---|---|---|---|---|
| 1974/75 | - 12 | 0-15 | + 34 | + 7 | + 98 |
| 1975/76 | + 131 | 0-15 | + 29 | + 1 | + 21 |
| 1976/77 | + 177 | 0-15 | + 46 | + 27 | + 47 |
| 1977/78 | + 3 | 0-15 | + 38 | + 36 | + 18 |
| 1978/79 | + 31 | 0-15 | + 40 | + 56 | + 56 |
| 1979/80 | + 46 | 15 | + 77 | + 150 | + 86 |
| 1980/81 | - 54 | 33 | + 110 | + 77 | + 180 |
| 1981/82 | + 45 | 45 | + 95 | + 96 | + 87 |
| 1982/83 | + 325 | 45 | + 99 | + 150 | + 102 |
| 1983/84 | + 305 | 152 | + 211 | + 285 | + 462 |
| 1984/85 | + 181 | 200-240 | + 226 | + 216 | + 302 |

Quelle: Calcagnotto, Bd.I, S. 314 und Materialien zu Tab. 38, S.459.

den Erträgen, die in der Kakaowirtschaft erzielt werden konnten. Diese Verhältnisse markierten offenbar den Endpunkt einer längeren kontinuierlichen Entwicklung. Die bäuerliche Struktur bewahrte den Sektor jedoch vor einem gänzlichen Niedergang. Die Kakaoproduktion wurde nicht einfach eingestellt, die Kakaobäume herausgerissen, Cassava angebaut, Ölpalmen angepflanzt. Das geschah auch, erklärt aber nur etwa die Hälfte des Produktionsrückgangs. Im übrigen wurde der Arbeits- und Kapitaleinsatz vermindert: Es wurden weniger Pflanzenschutzmittel verwendet, Neupflanzungen (insbesondere auch mit den neuen Hochertragssorten, den Hybriden) angelegt. Die Anbaufläche sank von 1974-85 um 28%, die Erträge um 36%.

Die Krise der Kakaowirtschaft wurde zu einer Krise der Gesamtgesellschaft, da ihr Niedergang nicht zu einer Ressourcenverlagerung in andere Wirtschaftsbereiche führte. Die übrige Agrarproduktion war überwiegend rückläufig. Die Nahrungsmittelimporte verdoppelten sich 1977-82 gegenüber 1970-76. Ghana wurde zu einem der wichtigsten Empfängerländer für Nahrungsmittelhilfe in Afrika. Ghana war über Jahrzehnte Einwanderungsland für Gastarbeiter, nun kehrte sich der Migrationsstrom um: Mehr als 1,2 Mill. - 20% der Arbeitskräfte - zog es nach Nigeria mit den dort durch den Ölboom attraktiveren Einkommensmöglichkeiten. Als auch dieser Sektor und damit die gesamte Wirtschaft Nigerias in die Krise geriet, wurden sie 1983-85 zwangsweise zurückgeschickt. Sie halfen nun bei der Rehabilitierung des Kakaosektors und den deutlichen Produktionssteigerungen der meisten übrigen Agrarsektoren mit, die durch eine produzentenfreundliche Politik der Regierung ermöglicht wurden.

Der Ölboom in Nigeria ließ den binnenländischen Agrarsektor und insbesondere die Kakaowirtschaft gleichfalls nicht unberührt. Er verstärkte die "pull"-Effekte der Landflucht, die schon seit den 50er Jahren feststellbar waren. Durch Abwanderung der Jüngeren zu Ausbildungszwecken wie auch auf der Suche nach attraktiveren Lebensverhältnissen und Einkommensmöglichkeiten in den großen Städten wurde die Zahl der Familienarbeitskräfte immer mehr vermindert. Der Ölboom trieb die Löhne in die Höhe, auch die Landarbeiterlöhne (vgl. Tabelle 33). Der Staat investierte seine erheblichen Öleinnahmen überwiegend nicht in die Landwirtschaft. Im Gegenteil: Die Subventionen für Schädlingsbekämpfungsmittel für die Kakaowirtschaft wurden seit Mitte der 70er Jahre real gesenkt. Die effektive Versorgung der Bauern mit diesen Inputs erreichte allenfalls die Hälfte des Bedarfs. Die Kakaoproduktion wurde, unter Einsatz von Lohnarbeit, unrentabel. Familienarbeitskräfte mußten sich mit einem deutlich geringeren Einkommen als Lohnarbeiter begnügen. Die Kakaoerzeugerpreise verschlechterten sich jedoch nicht im Verhältnis zu denjenigen der meisten anderen landwirtschaftlichen Kulturen. Wie in Ghana führte der Rückgang der Kakaoproduktion nicht zu einer Steigerung der übrigen landwirtschaftlichen Erzeugung, wobei die Agrarstatistik in Nigeria allerdings noch unzuverlässiger als in Ghana zu sein scheint. Der Zusammenbruch des Ölbooms machte die Krise erst offenbar und führte durch Anhebung der Kakaoproduzentenpreise, schließlich der Auflösung des Marketing Boards, zu Gegenmaßnahmen, die erste positive Früchte zeigten.

In Kamerun und der Côte d'Ivoire liegt die staatliche Abschöpfung etwa auf dem gleichen Niveau, haben sich die realen Produzentenpreise ähnlich entwickelt. Dennoch stagniert die Kakaoproduktion in Kamerun, während sie in der Côte d'Ivoire erheblich ausgeweitet wurde. In beiden Ländern waren bzw. sind landwirtschaftlich nutzbare Landreserven vorhanden - und sei es auch auf Kosten des tropischen Regenwaldes. In beiden Ländern wird Kaffee in größerem Umfang als Weltmarktkultur angebaut, in der Côte d'Ivoire sogar meist neben dem Kakao in den einzelnen bäuerlichen Betrieben. Ein wichtiger Unterschied zwischen beiden Ländern liegt offenbar im Arbeitskräfteangebot. In Kamerun ist es relativ knapp, in der Côte d'Ivoire eigentlich auch, hier kann man jedoch auf einen nahezu unerschöpflichen Pool von Gastarbeitern, vor allem aus dem Sahel, zurückgreifen. Gegenwärtig sollen es etwa 2 Mill., 20% der Bevölkerung, sein, die überwiegend in der Landwirtschaft tätig sind. Obwohl die tatsächlich gezahlten Löhne inzwischen um mehr als das Doppelte über den gesetzlichen Löhnen liegen, haben sich die Löhne in der Côte d'Ivoire gegenüber den Kakaopreisen nicht verteuert. Die Erträge in der Kakaowirtschaft liegen deutlich über den Lohnsätzen. All dies hat die Expansion der Produktion und eine gewisse Landakkumulation ermöglicht, die in Kamerun ausblieb. Kamerun ist neuerdings (seit 1978) auch Ölexportland. Die Regierung ließ jedoch den Ölboom sich nicht so hemmungslos entfalten wie etwa in Nigeria. Dennoch gibt es auch in Kamerun einen Trend der Abwanderung der ausgebildeten jungen Leute vom Land in die Stadt. Der in die Hauptstadt vermarktbare Nahrungsmittelanbau wird immer attraktiver und beginnt in stadtnahen Regionen den Kakaoanbau zu verdrängen.

Viele wünschenswerte Maßnahmen zur Förderung des ländlichen Raumes, etwa im Bereich der Verkehrsinfrastruktur oder der direkten Produktionsförderung, werden - trotz der Öleinnahmen - immer noch nicht oder nicht konsequent angegangen. Förderungsprogramme für die Kakaowirtschaft gibt es selbstverständlich in beiden Ländern. Diese haben gewiß auch positive produktionsfördernde Ergebnisse erzielt. Allerdings waren bisher ihre Nutznießer immer nur ein begrenzter Kreis der Kakaobauern, in der Côte d'Ivoire vor allem die größeren Bauern. Immerhin wurden in Kamerun 1984/85 65% der Kakaoanbaufläche durch staatliche Programme gegen Miridenbefall, 53% gegen Braunfäule behandelt (Jakobeit, Bd.II, K, S. 289). Die Produktivität in Kamerun ist dennoch heute so niedrig, wie kaum noch in einem anderen großen Produzentenland (mit Ausnahme Ghanas). Sie ließe sich durch eine bessere Inputversorgung mit Krediten, Dünger - nur 5% der Bauern verwenden ihn bisher (Jakobeit, Bd.II, K, S. 292) - und eben Pflanzenschutzmitteln - Braunfäule kann Verluste bis über 50% der potentiellen Ernte verursachen - steigern. Das kann man für die anderen afrikanischen Produzentenländer auch sagen, die Defizite scheinen in Kamerun aber gravierender zu sein.

Die begrenzte Inputversorgung, die relativ konstanten, aber unattraktiven Kakaopreise und der knapper werdende Arbeitskräftepool in den bäuerlichen Familienbetrieben führten zur Stagnation in diesem Sektor. Es hätte sogar noch schlimmer kommen können, gäbe es nicht auch in Kamerun das relative Beharrungsvermögen der bäuerlichen Betriebsstruktur.

In einer Modellrechnung zu den Preisen von 1985 ist ermittelt worden, daß die Neuanlage einer Kakaopflanzung nicht rentabel ist, monetäre Verluste verursachen würde (Jakobeit, Bd.II, K, S. 309). Da die meisten Kosten im Familienbetrieb nicht monetär anfallen, ist dies den Kakaobauern sicher nicht so bewußt, über die mangelnde Attraktivität der Kakaowirtschaft dürften sie sich dennoch keinen Illusionen hingeben.

Während in der Côte d'Ivoire in den 70er Jahren, durch staatliche Förderung, die Anpflanzung neuer ertragreicher rentablerer Hybridsorten erfolgte, kam der Hybridanbau in Kamerun bisher nicht recht voran. Kakaohybriden haben mit ihrem schnelleren Produktionsbeginn und ihren später wesentlich höheren Erträgen - die, nach einer gewissen Anlaufzeit, etwa um das Doppelte über denjenigen traditionaler Sorten liegen können - den Kakaoanbau revolutioniert und die Produktionskosten per Ernteeinheit erheblich gesenkt. In allen afrikanischen Staaten spielen sie noch keine größere Rolle. Lediglich in Nigeria haben zwei durch die Weltbank geförderte Programme Hybriden auf mittlerweile 1/4 der produktiven Kakaoanbaufläche durchgesetzt (vgl. Tabelle 36).

Das ist ganz anders in Brasilien und Malaysia. In Malaysia hat man nur Hybriden gepflanzt. Der Kakaoanbau wurde als attraktive Alternative zu den bisher dominierenden Kautschuk- und Ölpalmenkulturen entwickelt. Die außerordentlich hohen Erträge werden bisher jedoch nur auf den Plantagen erzielt. Die Produktivität der Kleinbauern liegt deutlich darunter, unterliegt starken Schwankungen und ist durchaus mit derjenigen der westafrikanischen Produzenten vergleichbar.

Der Unterschied liegt im besseren Management und dem optimaleren Inputeinsatz auf den Plantagen, während die Kleinbauern ihren Arbeitseinsatz sowie Kunstdünger- und Pestizidverbrauch bei ungünstigeren Produzentenpreisen deutlich absenken. Außerdem sind die Böden in Westmalaysia (wo die Kakaokleinbauern zu finden sind) für den Kakaoanbau minderwertiger als diejenigen in Sabah (wo die meisten Plantagen angelegt wurden) (Senftleben, Bd.I, S. 211 ff).

Tabelle 36: Anbauflächen und Hektarerträge im traditionalen Anbau und mit Hybriden, 1973-1991

| | Produktive Anbaufläche in 1.000 ha | | | | | |
|---|---|---|---|---|---|---|
| | Brasilien | Ghana | Côte d'Iv. | Kamerun | Nigeria | Malays. |
| 1973/74 | 433 | 1.236 | 582 | 364 | | 12 |
| 1977/78 | 462 | 1.139 | 708 | 375 | | 30 |
| 1981/82 | 551 | 1.065 | 940 | 394 | 516 | 89 |
| 1984/85 | 631 | 894 | 1.116 | 402 | 472 | 195 |
| 1989/90(1) | 761 | 762 | 989 | 434 | | 218 |
| 1990/91(1) | 676 | 859 | 1.275 | 429 | 363 | 256 |
| | Erträge | | kg/ha | | | |
| 1973/74 | 544 | 308 | 360 | 305 | | 792 |
| 1977/78 | 576 | 262 | 419 | 290 | | 781 |
| 1981/82 | 605 | 220 | 463 | 309 | 326 | 655 |
| 1984/85 | 599 | 196 | 489 | 294 | 306 | 585 |
| 1989/90(1) | 694 | 214 | 508 | 305 | | 829 |
| 1990/91(1) | 666 | 234 | 483 | 313 | 381 | 796 |

| | Traditionaler Anbau (in Prozent) | | | | | | Hybridanbau (in Prozent) | | | | | |
|---|---|---|---|---|---|---|---|---|---|---|---|---|
| | Br | Gh | CdI | Ka | Ni | Mal | Br | Gh | CdI | Ka | Ni | Mal |
| 1973/74 | 97,5 | 99,8 | 99,5 | 100 | | 0 | 2,5 | 0,2 | 6,5 | 0 | | 100 |
| 1977/78 | 90,5 | 98,9 | 94,1 | 99,7 | | 0 | 9,5 | 1,4 | 5,9 | 0,3 | | 100 |
| 1981/82 | 74,1 | 92,7 | 86,7 | 98,2 | 82,5 | 0 | 25,9 | 7,3 | 13,3 | 1,8 | 17,5 | 100 |
| 1984/85 | 55,3 | 90,3 | 85,1 | 96,8 | 74,5 | 0 | 44,7 | 8,7 | 14,9 | 3,2 | 25,5 | 100 |
| 1989/90(1) | 47,6 | 83,1 | 79,1 | 89,4 | | 0 | 52,4 | 16,9 | 20,9 | 10,6 | | 100 |
| 1990/91(1) | 42,8 | 82,9 | 82,8 | 88,1 | 54,0 | 0 | 52,7 | 17,1 | 17,2 | 11,9 | 46,0 | 100 |
| | Erträge | | kg/ha | | | | | | | | | |
| 1973/74 | 547 | 308 | 361 | 305 | - | | 406 | 185 | 200 | - | | 792 |
| 1977/78 | 587 | 262 | 419 | 290 | - | | 472 | 215 | 421 | 100 | | 781 |
| 1981/82 | 629 | 219 | 440 | 310 | 312 | - | 536 | 236 | 610 | 257 | 387 | 655 |
| 1984/85 | 610 | 184 | 436 | 293 | 267 | - | 585 | 308 | 796 | 308 | 418 | 585 |
| 1989/90(1) | 531 | 181 | 439 | 299 | - | | 843 | 376 | 769 | 357 | | 829 |
| 1990/91(1) | 462 | 194 | 422 | 302 | 276 | - | 819 | 427 | 773 | 394 | 504 | 796 |

(1): Schätzung
Br = Brasilien; Gh = Ghana; CdI = Côte d'Ivoire; Ka = Kamerun;
Ni = Nigeria; Mal = Malaysia

Quellen: ICCO (1984); ICCO (1986) und ICCO (1988).

Tabelle 36 scheint einen Rückgang der Erträge in Malaysia zu belegen. Dies trifft nicht zu. In den ersten Jahren sind die Neuanpflanzungen nicht so produktiv wie später. Die enorme Ausweitung der Anbaufläche hat dadurch aber die statistischen Durchschnittswerte gesenkt. Plantagen mit ausgereiften Kakaobäumen erzielen meist zwischen 1.000 - 1.300 kg/ha, Kleinbauern meist zwischen 200 - 300 kg/ha. Es gibt für beide Betriebsformen Spitzenwerte, die jeweils erheblich über diesen Normalwerten liegen. Der Vergleich der Flächenproduktivität für den Kakaoanbau ist nicht ganz unproblematisch, da der Kakao meist in Mischkulturen angebaut wird und die Kakaobaumdichte je Hektar nicht überall gleich sein wird. Trotz dieses Vorbehaltes geben die Daten, im zeit- und räumlichen Vergleich gewiß nicht exakt, aber in den Dimensionen und Relationen einigermaßen zutreffend, die Verhältnisse an.

Bei einer großen Schwankungsbreite ermöglicht der Kakaoanbau auch den Kleinbauern in Malaysia Einkommen, die deutlich über der Armutsgrenze liegen können (Senftleben, Bd.I, S. 229). Die Plantagen haben bisher offenbar - sowohl bei guten, wie auch bei niedrigen Erzeugerpreisen - nicht nur rentabel, sondern meist mit sehr guten Gewinnspannen gewirtschaftet.

Das kann wohl auch für Brasilien gesagt werden, wo mittlerweile fast die Hälfte der produktiven Fläche schon mit Hybriden bepflanzt ist, die jedoch noch nicht ihre vollen Erträge bringen. Die Erzeugerpreise in den letzten 20 Jahren entwickelten sich gegenüber den Lohnkosten positiv, gegenüber den materiellen Inputkosten (Dünger), bei einigen Schwankungen, gleichfalls erfreulich und erlebten gegenüber den anderen landwirtschaftlichen Erzeugerpreisen eine zwar uneinheitliche, gewiß aber nicht durchweg negative Entwicklung. Hier konnten ganz offensichtlich recht gute Einkommen und Einkommenszuwächse erzielt werden. Dennoch kann auch in Brasilien nicht davon gesprochen werden, daß alle Kakaoproduzenten im Wohlstand leben. Die Mehrheit muß mit einem schmalen Budget auskommen, das nicht selten relativ dicht bei den Landarbeiterlöhnen liegen würde, wenn man die nicht-monetären und außerbetrieblichen Einkommen des Kakaokleinbauern unberücksichtigt ließe. Eine Richtgröße für die Einkommen ist die bewirtschaftete Fläche. Nach älteren Maßstäben sollte es - erstaunlich hoch! - eine Betriebsfläche von 30 ha, eine Anbaufläche von 17 ha sein, damit ein normales Einkommen erzielt werden kann. 79% der Kakaobewirtschafter verfügen über kleinere Flächen. Der Hybridanbau ließ diesen Richtwert schrumpfen (auf 8 ha), da wesentlich höhere Nettoerträge/ha erzielt werden können (Calcagnotto, Bd.I, S.448). Allerdings vermochte die Mehrheit der Kleinbauern noch nicht zu modernisieren. Außerdem vermögen diese, durch ungünstige Vorausverkäufe, fehlende Lager- (und Trocknungs-?)möglichkeiten, geringerer Verhandlungsmacht gegenüber dem Aufkäufer, deutlich geringere Erzeugerpreise als die Großbetriebe zu erzielen (Calcagnotto, Bd.I, S. 439). Bezieht man ferner die billigen (institutionellen) Kreditmöglichkeiten der Großbetriebe mit ein, zu denen die Kleinbauern meist keinen Zugang haben, so dürften die Einkommen der Kakaoproduzenten deutlich überproportional zu den von ihnen bewirtschafteten Anbauflächen auseinanderklaffen.

Im Rahmen der allgemeinen Wirtschaftskrise des Landes, verstärkt durch neu auftretende Pflanzenkrankheiten auf der einen, der Weltmarktbaisse auf der anderen Seite, steht die gesamte Kakaowirtschaft gegenwärtig allerdings auf einem Scheitelpunkt; die weitere Entwicklung erscheint ungewiß.

### 6.3. Staat und Kakaowirtschaft: Zur vergleichenden Policy-Analyse

Für den Politikwissenschaftler stellt sich die Frage, ob die verschiedenen Kakaopolitiken in den einzelnen Produzentenländern aus den gesellschaftlichen Verhältnissen und der Kontrolle der staatlichen Politik erklärt werden können.

Es ist auffallend, daß in den afrikanischen Agrargesellschaften die Kakaobauern die relativ niedrigsten Preise erhalten, sich jedoch der Staat durch direkte Steuern und Marketing-Board-Abschöpfungen den relativ größten Teil an den Exporterlösen zu sichern vermag. Dies war - paradoxerweise - nicht immer so. In der Kolonialzeit war der Anteil der Produzentenpreise an den Weltmarktpreisen in der Goldküste (Ghana) deutlich höher. Er wurde allerdings seit Beginn des Jahrhunderts schon kontinuierlich gesenkt. Ein zunehmend sich konzentrierender oligopolistischer Handel vermochte offenbar, seine Handelsspannen, trotz sinkender Weltmarktpreise, auf Kosten der Produzenten zu erhöhen. Damit war ein verstärkter Ressourcenabfluß verbunden. Durch die Einführung der Marketing Boards wurde dieser zwar deutlich vermindert[176], die Produzenten hatten davon allerdings nichts: Ihr Anteil wurde noch weiter gesenkt (vgl. Tabelle 29).

In der Côte d'Ivoire wurden die afrikanischen Produzenten in der Kolonialzeit gegenüber den europäischen Pflanzern zunächst preislich (und bei der Bereitstellung von Arbeitskräften und Inputs) gegenüber den französischen Pflanzern diskriminiert[177]. Seit dem Zweiten Weltkrieg vermochten die Afrikaner allerdings, gegen die Kolonialadministration und die europäischen Pflanzer sich politisch zu organisieren und durchzusetzen: Unter Führung der afrikanischen Agrarbourgeoisie spalteten sich die afrikanischen Produzenten von der von Franzosen dominierten Pflanzervereinigung ab und gründeten einen eigenen Interessenverband, das Syndicat Agricole Africain (um 1944). Sie stellten außerdem die führenden Kräfte in der Partei - der RDA -, die schließlich Selbstverwaltung und völkerrechtliche Unabhängigkeit (1960) durchzusetzen vermochte. In dieser Übergangszeit der auslaufenden Kolonialadministration und der zunehmenden

---

[176] Vgl. Kofi (1974), S. 457, der auf diesen Umstand hinweist, ihn allerdings etwas überbewertet.

[177] Vgl. Campbell (1985), S. 271.

Mobilisierung der von den Großpflanzern geführten ivorischen politischen Kräfte wurden die relativen Produzentenpreise - etwa 70% der Exportpreise in den 50er Jahren - noch recht hoch gehalten. Erst nach der völkerrechtlichen Unabhängigkeit wurden sie auf das dann in Westafrika allgemein übliche Niveau gesenkt.

Noch besser ging es den Pflanzern in Äquatorialguinea in der Kolonialzeit: Ihre Produzentenpreise lagen deutlich über den Weltmarktpreisen (vgl. Tabelle 30). Hier wurde den spanischen Konsumenten zugunsten der spanischen Pflanzer ein Sonderopfer zugemutet. Diese Subventionen hätten prinzipiell auch nach der Unabhängigkeit (1968) beibehalten werden können, wäre in Äquatorialguinea mit Macias Nguema nicht ein Despot an die Macht gekommen, der ein Schreckensregiment errichtete und ohne erkennbar Zielsetzung und Perspektiven die Wirtschaft ruinierte und die (Sonder-) Beziehungen zu Spanien aufkündigte. Zunächst durch Vertreibung der spanischen Pflanzer (1969), dann der nigerianischen Gastarbeiter (1976), deren Weggang durch Zwangsarbeit nicht kompensiert werden konnte, wurde auch die Kakaowirtschaft, der wichtigste monetäre Wirtschaftszweig des kleinen Landes, zerstört. Sie erlebte einen dramatischen Rückgang von 34 - 38.000 t zum Zeitpunkt der Unabhängigkeit auf 6 - 8.000 t beim Sturz von Macias (1979). Obwohl diese Rest-Ökonomie immer noch von zentraler Bedeutung für das verwüstete Land ist - in den 80er Jahren trugen die Kakaoexporte zwischen 8 bis 49% der Staatseinnahmen bei - gelang ihre Rehabilitierung, trotz fördernder Unterstützung durch die Weltbank, bisher nicht. Das Produktionsniveau verharrt auf dem niedrigen Niveau der Endphase des Macias-Regimes (Jakobeit, Bd.II, Ä, S. 349).

Die Macias-Despotie ist in Afrika keine vereinzelte, aber doch nicht typische Erscheinung. Ein weit verbreitetes Muster ist allerdings die Benachteiligung und Ausbeutung der ländlichen (Klein-) Produzenten durch die (Haupt-) Städter, die durch den Staat vermittelt wird[178].

Die Landbewirtschafter besitzen - trotz ihrer großen Zahl, sie stellen meist die deutlichen Mehrheiten der Beschäftigten (vgl. Tabelle 38) - offenbar nirgendwo die politische Macht und den politischen Einfluß. Den besitzen, dank besserer Organisations-, Mobilisierungs- und strategischer Aktionsfähigkeit an den zentralen Schaltstellen der monetären Export-/Import-Ökonomie, der Industrie und der Verwaltung und der größeren Nähe zur Regierung und den entscheidenden politischen Organen, die Arbeiter, Händler, Akademiker, Verwaltungsbeamten und Militärs in den großen Städten.

Ein instruktives Beispiel lieferte jüngst die Côte d'Ivoire: Das Land ist inzwischen (pro Kopf) das am höchsten verschuldete Land Afrikas und vermag seinen

---

[178] Grundlegend und stellvertretend für eine umfangreiche Literatur: Bates (1981).

Schuldendienst seit drei Jahren nicht mehr zu bedienen. Der gleichzeitige Weltmarktpreisverfall seiner beiden Hauptexportgüter, neben Kakao auch Kaffee, trieb das Land immer weiter in die Krise, ohne daß die Regierung des greisenhaften (fünfundachtzigjährigen) Houphouët-Boigny sich zu Gegen- und Sparmaßnahmen aufraffen konnte. Obwohl die Kakaoweltmarktpreise von 1986 bis 1989 um 40% sanken, hielt man standhaft an den Produzentenpreisen fest (400 F CFA/kg). Der Anteil der Produzentenpreise am Weltmarktpreis kletterte von 32% (1984/85), 48% (1985/86) auf 77% (1988 /89). Schließlich konnte man dem Druck von IWF und Weltbank nicht mehr widerstehen: Die Kakaoproduzentenpreise wurden auf 200 F CFA/kg (1989/90) - oder etwa 47% des Weltmarktpreises - halbiert. Für den öffentlichen Sektor wurden drastische Sparmaßnahmen angekündigt, inklusive Einkommenskürzungen von mittleren und höheren Beamten und Politikern. Dies führte im Frühjahr 1990 zu einem Aufstand von Studenten und Oberschülern in Abidjan, an dem sich auch Angehörige akademischer Berufe beteiligten.

Tabelle 37: Bevölkerung und Wirtschaftskraft der wichtigen Kakaoexportländer, 1986/87

|  | Brasilien | Côte d'Ivoire | Ghana | Nigeria | Kamerun | Malaysia |
|---|---|---|---|---|---|---|
| Einwohner 1986 (Mill.) | 138 | 10,6 | 13,1 | 103,1 | 10,5 | 16,1 |
| BSP pro Kopf 1987 (US-$) | 2.020 | 740 | 390 | 370 | 970 | 1.810 |
| Wachstum des BSP p.c. p.a. 1965-1987 (%) | + 4,1 | + 1,0 | - 1,6 | + 1,1 | + 3,8 | + 4,1 |
| Exporte p.c. 1986 (US-$) | 162 | 300 | 66 | 66 | 170 | 859 |

Quelle: World Bank, World Tables 1988-89 sowie Weltentwicklungsbericht 1989.

Der Patriarch auf dem Präsidentenstuhl wurde der Korruption bezichtigt und zum Rücktritt aufgefordert. Repressive Maßnahmen vermochten die Lage nicht zu stabilisieren. Schließlich wurden einige Sparmaßnahmen zurückgenommen bzw. durch Preisreduktionen von einigen Verbrauchsgütern abgemildert (im April 1990) und die Zulassung von Oppositionsparteien (im Mai 1990) ermöglicht[179]. Die Produzentenpreise für die Bauern wurden jedoch nicht wieder angehoben - diese sind während der ganzen Krise politisch nicht in Erscheinung getreten. Die Weltbörsen reagierten allerdings: Nicht zuletzt wegen der politischen Destabilisierung der Côte d'Ivoire fürchtete man Nachschubprobleme dieses wichtigsten Exporteurs. Die Reaktion blieb nicht aus: Die Kakaopreise erhöhten sich von Januar bis Mai 1990 um fast die Hälfte (gingen dann allerdings wieder zurück).

---

[179] Vgl. Keesing's Record of World Events 1990, S. 37307/81 sowie West Africa, vom 14. 5. 1990.

Tabelle 38: Die Bedeutung des Agrarsektors und des verarbeitenden Gewerbes für die wichtigsten Kakaoexportländer, in Prozent, 1965 und 1987

|  | Brasilien | Côte d'Ivoire | Ghana | Nigeria | Kamerun | Malaysia |
|---|---|---|---|---|---|---|
| Anteil der Beschäftigten in der Landwirtschaft | | | | | | |
| 1965 | 49 | 81 | 61 | 72 | 86 | 59 |
| 1985 | 34 | 76 | 47 | 49 | 78 | 31 |
| Anteil der Landwirtschaft am BIP | | | | | | |
| 1965 | 19 | 47 | 44 | 54 | 33 | 28 |
| 1985 | 11 | 36 | 51 | 30 | 24 | 18 |
| Anteil des verarbeitenden Gewerbes am BIP | | | | | | |
| 1965 | 26 | 11 | 10 | 6 | 10 | 25 |
| 1985 | 28 | 16 | 10 | 8 | 13 | 26 |
| Anteil der Rohstoffe (ohne Erdöl) an den Exporten | | | | | | |
| 1965 | 93 | 96 | 94 | 62 | 98 | 85 |
| 1985 | 51 | 88 | 95 | 4 | 38 | 40 |
| Anteil des Erdöls und von Industriewaren an den Exporten 1986 | | | | | | |
| Erdöl | 4 (1) | 3 (1) | 3 (1) | 94 | 55 | 23 |
| Industriewaren | 45 | 9 | 2 | 1 | 7 | 37 |

(1): Netto-Importeure

Quellen: World Bank, Weltentwicklungsbericht 1989 sowie FEER, Asia 1990 Yearbook (für Malaysia).

Die Kakaobauern haben in den afrikanischen Ländern offenbar keine politischen Mittel, gegen den Staat "gerechtere" Preise für sich durchzusetzen. Es gibt praktisch keine autonomen (Kakao) Bauernverbände oder gar Parteien, nur relativ schwache Genossenschaften, die mehr oder weniger vom Staat kontrolliert und auf ihre wirtschaftlichen und sozialen Dienste beschränkt werden und somit nicht in eine politische Interessenvertretung hineinwachsen konnten. Selbst kollektive politische Protestaktionen - von den Kakaobauern der Goldküste in der Kolonialzeit durch Verkaufs- und Kaufboykotte oft praktiziert - kommen kaum noch vor. Lediglich die Kakaobauern in Nigeria machten - während des Bürgerkrieges (1967-70) - durch eine Steuerboykottaktion kurzfristig auf sich aufmerksam und errangen dabei einige Erfolge.

Die Kakaobauern reagieren allenfalls unpolitisch, individuell: durch Ausweichen in die Schattenwirtschaft, durch Schmuggel, durch Arbeitsverweigerung oder wirtschaftliche Umdispositionen. Sie grenzen sich damit aus der nationalen Politik ihrer Länder aus, die sie nicht zu beeinflussen vermögen. Sind sie aber einmal entschlossen, sich dem offiziellen Markt zu entziehen, können sie nur noch schwer kontrolliert werden. Das kann zu einer gegenseitigen Blockade und einem allseitigen Schrumpfungsprozeß führen. Die Krise des Kakaosektors weitete sich in Ghana folgerichtig zu einer allgemeinen Staatskrise aus.

Der Staat ist in den betrachteten afrikanischen Staaten in der Regel autoritär verfaßt, formal durch Einparteien- oder Militärdiktaturen organisiert, durch die die Staatsklasse, einzelne Fraktionen derselben oder im weiteren Sinne die verschiedenen gesellschaftlichen Gruppen in den (Haupt-) Städten die Macht ausüben. Um diese Machtausübung wird zwischen den verschiedenen Fraktionen und Gruppen in Ghana und Nigeria konfliktiv gerungen. In Kamerun und der Côte d'Ivoire vermochten sie bisher mehr oder weniger erfolgreich unter dem Deckel der von der Spitze geführten Einheitspartei materiell integriert, notfalls durch schnelle repressive Maßnahmen an autonomen politischen Aktionen gehindert werden. Die Landbewirtschafter werden praktisch nicht beteiligt.

Gemeinsames Ziel der urbanen Gruppen ist die Ausweitung des Staatsapparates und des öffentlichen Sektors sowie der staatlichen Leistungen. In Agrargesellschaften können diese Ansprüche zunächst nur durch Abschöpfungen aus dem Agrarsektor finanziert werden, aus praktisch-administrativen Gründen vor allem durch Abschöpfung aus der agrarischen Weltmarktproduktion, im weiteren Sinne durch Steuern aus der Export-Importökonomie.

Dieser Einschätzung scheint die Tatsache zu widersprechen, daß in der Côte d'Ivoire die Pflanzerbourgeoisie - an ihrer Spitze Houphouët-Boigny - zunächst den anti-kolonialen Widerstand anführte und schließlich - durch Kooperation mit der Kolonialmacht - die staatliche Macht übernahm. Landeskenner diskutieren, zu welchem Zeitpunkt die Pflanzerbourgeoisie die Macht dann tatsächlich an die Staatsklasse verlor[180]. Man sollte jedoch eher davon ausgehen, daß die Pflanzerbourgeoisie mit der Erringung der politischen Macht sich in eine Staatsklasse zu transformieren begann, indem sie ihren politischen Einfluß zur Ausweitung ihrer (vor allem) nicht-agrarischen wirtschaftlichen Interessen einsetzte. Sie behielt in der Regel ihre Pflanzungen, vergrößerte diese möglicherweise sogar; deren relative Bedeutung sank jedoch im Verhältnis zu den anderen Wirtschaftsunternehmen, die sie nun auch kontrollierten und deren Erwerb vor allem durch staatliche Vermittlung, Lizenzen, Kreditierung ermöglicht wurde. Als Berufsbezeichnungen geben die Angehörigen der politischen Elite folgerichtig kaum noch "Pflanzer" an - das ist nunmehr allenfalls ihr Sekundärberuf, eine zweitrangige Einkommensquelle.

Unter diesen Umständen können auch die Großpflanzer eine relativ hohe Besteuerung ihrer Agrarunternehmen hinnehmen, zumal sie durch bevorzugte Bedienung der verschiedenen (subventionierten) Kakaoförderungsmaßnahmen dafür z.T. wieder entschädigt werden.

---

[180] Vgl. Jakobeit (1984), S. 73 f., sowie Jakobeit, Bd.II, C, S. 17 f.

Der Umstand, daß man mit dieser Politik - wie etwa in Ghana - nicht auch die Henne schlachtete, die die goldenen Eier legt, liegt letztlich weder am größeren politischen Einfluß der ivorischen Kakaobauern, noch an einer größeren Einsicht und Weitsicht, einem aufgeklärten Selbstinteresse, der politischen Staatsführung in dieser speziellen Sektorpolitik. Vielmehr wirkt sich eine Grundsatzentscheidung in einem anderen Bereich positiv aus: die - im Kern - denationalisierte Währungspolitik. Der Verzicht auf eine nationale Zentralbank und eine nationale Währung sowie die Bindung des CFA Franc an den französischen Franc erlaubt nicht Versuche, kurzfristige Finanznöte durch Betätigung der Notenpresse - mit den dann langfristig katastrophalen (inflationären) Folgen - zu beheben, hält die Außenwährung einigermaßen im Gleichgewicht und ermöglicht den nahezu unbegrenzten Import von Waren, nach denen eine Nachfrage vorhanden ist. Der ivorische Staat ist damit nicht weniger habgierig als die anderen Staaten der Region. Die Bauern erhalten jedoch einen relativ stabilen Preis in einer Währung, mit der sie sich etwas kaufen können. Sie können auf ausländische Arbeitskräfte zurückgreifen, für die die relativ stabile und transferierbare Währung gleichfalls ein wichtiger Anreiz darstellt[181]. In Ghana wurden stattdessen die realen Produzentenpreise durch die im wesentlichen hausgemachte Inflation und durch die Überbewertung der - nationalen - Währung herunter getrieben.

Nicht nur für Ghana ist der enge Zusammenhang in Afrika zwischen dem Angebot an industriellen Konsumgütern und der Bereitschaft der Landbewirtschafter, ihr Marktangebot auszuweiten, nachgewiesen worden[182]. Zeitweise konnten die Kakaobauern in Ghana für ihre mageren Cedi-Einkommen buchstäblich nichts auf dem legalen Markt kaufen, der wie leergefegt war. Warum sollten sie daher noch etwas auf dem Markt anbieten?

Die hier vorgetragene Argumentation bezieht sich auf autoritär verfaßte Agrargesellschaften. In den afrikanischen Untersuchungsländern sind zwei Modifikationen zu berücksichtigen.

Durch die Entwicklung einer extraktiven Erdölökonomie vermochten Nigeria (seit den 70er Jahren) und im minderen Maße Kamerun (seit den 80er Jahren) die Bedeutung des Agrarsektors für staatliche Abschöpfungsmaßnahmen zurückzudrängen (vgl. Tabelle 38 und 39). Im Ölsektor fallen hohe Differentialrenten an, die relativ leicht abgeschöpft werden können. In Nigeria wuchs der Ölsektor bis auf einen Anteil von 29% am BIP und 70% an den Staatseinnahmen (1980), in Kamerun bis auf 17% bzw. 45% (1985). Tatsächlich liegt der Anteil an den

---

[181] Jakobeit, Bd.II, C, S. 74-77, führt ein Bündel von neun Gründen für die positive Entwicklung an. Ein guter Teil davon läßt sich jedoch im Kern auf die Währungspolitik zurückführen (die Argumente 1, 3, 5, 7, 8).

[182] Berthelemy/Morrisson (1987) untersuchen zwölf sub-saharische Länder, darunter Ghana, die Côte d'Ivoire und Kamerun.

Tabelle 39: Die Bedeutung der Kakaowirtschaft für das BIP und die
Exporte der wichtigsten Kakaoexportländer, in Prozent,
1950-1986 (ausgewählte Jahre)

|  | Brasilien | Côte d'Ivoire | Ghana | Nigeria | Kamerun | Malaysia |
|---|---|---|---|---|---|---|
| **Anteil der Kakaowirtschaft am BIP** | | | | | | |
| 1960 |  |  | 3,3 |  |  |  |
| 1970 |  | 4,6 | 16,8 | 3,8 | 2,8 |  |
| 1980 |  | 6,5 | 10,1 | 0,6 | 1,9 |  |
| 1984 |  | 9,2 |  |  |  |  |
| **Anteil der Kakaoexporte an den Exporten** | | | | | | |
| 1950-53 | 5 | 36 | 66 | 22 | 52 | - |
| 1960 | 6 | 23 | 58 | 23 | 38 | - |
| 1964-66 | 2,1 | 17,6 | 63,6 | 14,5 | 21,5 | - |
| 1971 | 3,2 | 25,7 | 43,9 | 11,8 | 29,1 | 0,12 |
| 1975 | 3,4 | 24,8 | 68,6 | 4,3 | 33,6 | 0,40 |
| 1977 | 5,0 | 25,6 | 78,6 | 4,9 | 31,4 | 0,88 |
| 1979 | 6,2 | 28,1 | 71,0 | 4,3 | 23,7 | 0,78 |
| 1980 | 3,5 | 29,5 | 62,9 | 1,2 | 19,8 | 0,71 |
| 1982 | 2,1 | 26,3 | 47,8 | 1,1 | 13,7 | 0,95 |
| 1986 | 2,8 | 37,1 | 57,8 | 3,7 | 27,3 | 1,80 |

Quellen: ICCO (1984b), S. 16; Nicolas (1968), S. 4; UNCTAD (1985),
S. 411; World Bank, World Tables 1988-89 sowie die Autoren
der Länderstudien.

Exporteinnahmen, den man den Bauern zubilligt, in Nigeria deutlich über den Anteilen in den anderen afrikanischen Ländern. In Kamerun erfolgte in den - schwierigen - 80er Jahren eine deutliche Anhebung gegenüber den 70er Jahren (vgl. Tabelle 30 und Graphik 10) und sogar, anders als in allen anderen untersuchten Ländern, in denen für diesen Zeitraum ein Verfall der realen Produzentenpreise festzustellen ist, eine Anhebung der realen Produzentenpreise (vgl. Tabelle 31). Diese waren dennoch nicht ausreichend, wie schon gezeigt wurde.

Nicht alle untersuchten Länder waren zu jedem Zeitpunkt politisch autoritär verfaßt. Sowohl in Ghana (1951 - 57/60, Aug. 69 - Jan. 72, Sept. 79 - Dez. 1981) wie in Nigeria (1956 - Jan. 66, Okt. 80 - Dez. 1983) gab es einen Parlamentarismus mit Mehrparteiensystemen, der sich unter dem Schutz der britischen Kolonialmacht entwickelte, nach der völkerrechtlichen Unabhängigkeit (in Ghana 1957, in Nigeria 1960) zwar zusammenbrach, später jedoch kürzere Restaurationsversuche erlebte. Die Parteien hatten ihren politischen Schwerpunkt gewiß nicht unter der Landbevölkerung. Sie konkurrierten aber untereinander in kompetitiven Wahlen um parlamentarische Mehrheiten und die politische Macht. In diesem Rahmen mußten sie sich um die Zustimmung und Mobilisierung der ländlichen Wähler bemühen, die schließlich die großen Mehrheiten in ihren Gesellschaften darstellen. Die Parteien rekrutierten und aktivierten ihre Anhänger allerdings nicht in erster Linie durch politische Sachprogramme, aus der

Regierungsverantwortung heraus durch kollektive materielle Leistungen, sondern durch Instrumentalisierung klientelistischer und tribalistischer Beziehungen sowie von charismatischen Persönlichkeiten, wenn sie über diese verfügten.

Dennoch spielte etwa die Kakaofrage bei den ersten Wahlen (1954, 1956) in der (britischen) Goldküste eine Rolle. Die Opposition zur CPP-Regierung wurde mit dem Volk der Ashanti, deren traditionalen Autoritäten - den Häuptlingen - und deren wichtigster wirtschaftlicher Tätigkeit - dem Kakaoanbau - identifiziert. Die niedrigen Kakaoerzeugerpreise, Korruption und massive Fehlverwendung von Mitteln in einer neu gegründeten staatlichen Aufkauforganisation wurden angeprangert. 1956 siegte die Opposition im Ashanti-Land, die regierende CPP aber fast in allen anderen Landesteilen. Die relativen Produzentenpreise waren damals, in den 50er Jahren, gar nicht so niedrig, wenn man sie mit der zweiten Hälfte der 60er und den 70er Jahren vergleicht. Sie waren aber nicht nur in der parlamentarischen, sondern auch noch während der autoritären Nkrumah-Phase in der ersten Hälfte der 60er Jahre deutlich höher als später. Selbst unter den späteren kürzeren Zwischenspielen mit kompetitiven Parteiensystemen lagen die relativen Kakaoproduzentenpreise deutlich höher als unter den autoritären Militärregimen zuvor und danach. Eine Ausnahme bildet nur das an die zivile Liman-Regierung anschließende Rawlings-Regime in den 80er Jahren.

Dieses suchte zunächst auf der Basis eines eher diffusen links-populistischen-nationalistischen Programms, dann mit Förderung und Anleitung von Weltbank und IWF, die tiefe Wirtschaftskrise durch Verbesserung der Rahmenbedingungen für ein Wachstum auf dem Lande und Mobilisierung der Landbevölkerung zu überwinden[183].

Die ursprüngliche Zustimmung urbaner Gruppen ging schon bald verloren. Rawlings vermochte jedoch ein Auseinanderbrechen seiner ursprünglichen Koalition, mehrere Putschversuche und regimekritische Aktionen von Studenten, akademischen Berufsgruppen und Gewerkschaften zu überstehen und kann inzwischen - nach Nkrumah (1951/57-66) - auf die längste Amtszeit in Ghana zurückblicken[184]. Allerdings bleibt seine politische Basis, allein auf die Landbewirtschafter und die (kleine) Unternehmerschaft gestützt, zu begrenzt, als daß ihre Stabilität nicht immer noch mit Skepsis betrachtet würde. In den Worten von G. Mikell ist "die Unterstützung der Landbewirtschafter eine notwendige aber unzureichende Grundlage, auf der ein stabiles ökonomisches System und ein stabiler politischer

---

[183] Der in Tabelle 40 aggregierte Wert für das Rawlings-Regime wird jedoch durch die nominal extrem hohen relativen Produzentenpreise der ersten beiden Jahre, bei einer stark überbewerteten Währung, verzerrt. Die drastischen Abwertungen führten auch zu den eher üblichen relativen Produzentenpreisen (1981-89: 46 %).

[184] Vgl. Wegner, Bd.II, sowie neuerdings: Mikell (1989), S. 215 ff.

Tabelle 40: Politische Regime und Kakaoproduzentenpreise in Ghana und Nigeria

| Politisches Regime | Zahl der Jahre | Zeitraum | Anteil der Kakaproduzenten- an den Exportpreisen (in%) amtl. Kurs | Schwarzmarktkurs | reale Kakaoproduzentenpreisindex (1960=100) |
|---|---|---|---|---|---|
| **Ghana** zivil-autorit. | 6 | 1960-65 | 60 | -- | 79 |
| Militär | 3 | 1966-68 | 38 | 17 | 48 |
| Mehrparteinewettbewerb | 3 | 1969-71 | 43 | 27 | 60 |
| Militär | 7 | 1972-78 | 30 | 16 | 48 |
| Mehrparteienwettbewerb | 3 | 1979-81 | 67 | 10 | 27 |
| Militär | 8 | 1981-(89) | 94 | 13 (1) | 37 |
| **Nigeria** Mehrparteienwettbewerb | 6 | 1960-65 | 59 | -- | 82 |
| Militär (Bürgerkrieg) | 5 | 1966-70 | 43 | -- | 69 |
| Militär (Ölboom) | 9 | 1971-79 | 57 | 37 (2) | 84 |
| Mehrparteienwettbewerb | 4 | 1980-83 | 103 | 49 | 80 |
| Militär | 6 | 1984-(89) | 86 | 19 (1) | 66 |

(1): bis 1986
(2): ab 1973

Quellen: Tabelle 31 und Graphik 10 und 11.

Prozeß aufgebaut werden kann"[185]. Ein Ausgleich mit den politisch-strategischen städtischen Gruppen, der nicht auf Kosten der Landbewirtschafter geht, ist unter den in Afrika gegebenen Umständen, ihrer Ansicht nach, nur möglich durch die Realisierung internationaler Transferzahlungen, um die sich Rawlings erfolgreich bemüht, die jedoch vom IWF und der Weltbank nicht ohne schmerzhafte Auflagen zu erhalten sind.

Dieses Argument ist plausibel und für das idealistische Rawlings-Regime möglicherweise auch zutreffend, im entwicklungspolitischen Sinne verallgemeinert kann es für Afrika jedoch nicht werden. Internationale Transferzahlungen ("Entwicklungshilfe") können es möglicherweise einer parasitären urbanen Staatsklasse ermöglichen, auf die Ausbeutung der Landbevölkerung zu verzichten, mit dem Umfang dieser Zahlungen mag jedoch auch die Notwendigkeit und Bereitschaft

---

[185] Mikell (1989), S. 477.

zu positiven Entwicklungsanstrengungen abnehmen, da diese für die Reproduktion der Staatsklasse an Bedeutung verlieren.

In Nigeria waren die relativen Produzentenpreise in den 50er und in der ersten Hälfte der 60er Jahre gleichfalls relativ hoch. Während des Bürgerkrieges wurden sie zwar drastisch gesenkt, die sprudelnden Öleinnahmen machten dann - unter Militärregimen - eine erneute Anhebung möglich. Das Parteienregime in den frühen 80er Jahren hob die Produzentenpreise - als Teil einer Rehabilitierungsstrategie - zeitweise sogar über die Exporterlöse an.

Auch unter den folgenden Militärregierungen blieben sie nominell recht hoch - allerdings nur auf der Basis einer überbewerteten Währung, die dramatisch ihren tatsächlichen Außenwert verlor, was die steigenden Schwarzmarktkurse signalisierten (vgl. Tabelle 40).

Eine grundsätzlich andere Rolle spielt die Kakaowirtschaft in den letzten Jahrzehnten in den beiden außerafrikanischen Hauptproduzentenländern: In Malaysia wird seit den 50er Jahren die Politik im Rahmen eines kompetitiven Parteiensystems gestaltet. Es gab bisher keine echte Chance, daß die Regierungskoalition im Bund - wohl in den Einzelstaaten - von der Macht verdrängt werden konnte. Die Arbeit der Opposition wird durch z.T. gravierende Einschränkungen der Bürgerrechte behindert. Dennoch gibt es einen Wettbewerb zwischen den kommunalistischen Parteien in der Regierung und der Opposition. Das einfache Mehrheitswahlrecht ermöglicht zwar durchweg eindeutige Mehrheiten, diese werden jedoch oft mit nur relativ knappen Stimmenmehrheiten gewonnen. Allerdings ist die gespaltene Opposition untereinander auch nicht koalitions- und damit regierungsfähig. Das politische Machtzentrum lag früher bei der ländlichen malayischen Aristokratie, verlagerte sich in den letzten 10 bis 15 Jahren jedoch zunehmend auf die (urbane) malayische Mittelklasse, die, über die politische Sphäre, sich ein ökonomisches Fundament zu schaffen versucht. Auch Malaysia erlebt damit die Konstituierung einer Staatsklasse. Der Lebensschwerpunkt dieser Klasse liegt im modernen städtischen Bereich, den sie - früher eindeutig von den Chinesen geprägt - für immer mehr Malaien zu öffnen versucht. Nicht zuletzt aufgrund der in freien Wahlen ausgefochtenen Parteienkonkurrenz wurde der ländliche Raum mit den kleinbäuerlichen Malaien und den ursprünglich von Briten und Chinesen kontrollierten und von tamilischen und chinesischen Arbeitern bewirtschafteten Plantagen jedoch nicht vernachlässigt.

Ausländische Plantagen wurden aufgekauft und nationalisiert, d.h. im Rahmen von Staatsbetrieben malaisiert (so auch einige der größten Plantagen im Kakaosektor). Im Rahmen dieser Gesamtstrategie wurde der Kakaoanbau - als Alternative und Ergänzung zur althergebrachten Kautschukexportwirtschaft und dem in den 60er Jahren eingeführten Ölpalmsektor - propagiert und gefördert, sowohl unter malaiischen Kleinbauern und Neusiedlern als auch durch Plantagen, die sich zum größten Teil unter chinesischer sowie quasi-staatlich-malaiischer Kontrolle befinden. Dieser neu entstehende Sektor hat keine wichtige Funktion für die Akkumulationsbasis der politischen Elite und des Staates selbst. Die Bedeutung der Kakaowirtschaft für die Exporte ist zwar steigend, aber bleibt gering (vgl. Tabelle 39), wie allgemein die relative Bedeutung des Agrarsektors zugunsten des Ölsektors und der boomartig sich entwickelnden Exportindustrialisierung allgemein rückläufig ist (vgl. Tabelle 38).

So ging und geht es nur um eine Entwicklung des Kakaosektors als Teil einer landwirtschaftlichen Diversifizierungsstrategie. Man kann ihm daher die Anreize und Möglichkeiten, die der Weltmarkt bietet, ungeschmälert zugute kommen lassen.

In Brasilien hat die Kakaowirtschaft von den heutigen großen Produzentenländern die längste und politisch wechselvollste Geschichte (Calcagnotto, Bd.I, S. 280 ff.). Obwohl Brasilien schon immer einer der größten Kakaoproduzenten der Welt war, vermochte die Kakaowirtschaft in diesem großen Land nie die gesamtwirtschaftliche Bedeutung zu erlangen wie in den westafrikanischen Ländern oder wie hier der doch wichtigere Kaffee. Allerdings hat der Kakao die Wirtschaft und Entwicklung eines Bundesstaates - Bahia - entscheidend geprägt. Für ganz Brasilien gilt noch mehr als für Malaysia, daß der Agrarsektor seine dominierende Rolle für die Wirtschaft zugunsten der Industrie inzwischen verloren hat (vgl. Tabelle 38 und 39).

Die Entwicklung der Kakaowirtschaft wurde bestimmt durch Konflikte zwischen den Pflanzern und den Händlern sowie zwischen den verschiedenen staatlich-politischen Ebenen: der kommunallokalen (Itabuna, Ilheus), der einzelstaatlichen (Bahia) und der bundesstaatlichen Ebene und ihren Instanzen. Die ersten Jahrzehnte dieses Jahrhunderts wurden geprägt durch die Konflikte auf lokaler Ebene zwischen der Handelsbourgeoisie und der Landoligarchie, in die staatliche Instanzen autonom praktisch kaum eingriffen. Die Handelsbourgeoisie vermochte sich zunächst durchzusetzen. Die Produzentenpreise erreichten meist nur 50 - 55% der Exportpreise - und lagen damit deutlich niedriger als in der westafrikanischen Goldküste zu dieser Zeit. Die Weltwirtschaftskrise führte zu der Aneignung eines Teils des Landes durch die Handelsbourgeoisie und zu deren Verschmelzung mit der Agraroligarchie. Ein politischer Umschwung (1930) bewirkte jedoch eine verstärkte Kooptation der Interessenvertreter der Kakaowirtschaft in die einzelstaatlichen politischen Organe. 1931 wurde, zunächst als private Genossenschaft und Interessenvertretung der Großpflanzer, das Bahianische Kakao-Institut (ICB) gegründet, das im Zweiten Weltkrieg politisches Organ der Landesregierung wurde und zeitweise sogar das Exportmonopol übertragen erhielt. Getulio Vargas (1930-45, 1951-54) versuchte aber eigentlich, gestützt auf eine Allianz der urbanen Bourgeoisie und der Arbeiterschaft, eine binnenorientierte Industrialisierung voranzutreiben - auf Kosten der traditionellen Land- und Außenhandelsoligarchie. In seiner zweiten Amtsperiode wurde diese Strategie verstärkt verfolgt. Durch gespaltene Wechselkurse wurde den traditionalen Exporteuren ein Sonderopfer abverlangt, das den Investitionsgüterimporteuren zugute kam. Die Kakaoproduzenten erhielten 1953 beispielsweise um 1/3 weniger Cruzeiros für ihre auf dem Weltmarkt erlösten Dollar als Industriewarenimporteure ihrerseits bezahlen mußten (Calcagnotto, Bd.I, S. 294).

Der Anteil der Produzentenpreise wurde in der zweiten Hälfte der 50er Jahre auf 36% der Exportpreise gedrückt - für Brasilien ein Allzeittief und deutlich niedriger als in den westafrikanischen Konkurrentenländern (vgl. Tabelle 30). Viele Kakaoproduzenten gerieten damals in die Krise. Die Produktion ging absolut zurück, der Weltmarktanteil Brasiliens halbierte sich nahezu (vgl. Tabelle 1 und 2).

Dem Druck der Kakaoproduzenten vermochte sich die Kubitschek-Regierung, die in einem kompetitiven Parteienwettbewerbssystem zu agieren hatte, nicht ganz zu entziehen. Sie dachte über die Rehabilitierung des Sektors nach und gründete 1957 eine bundesstaatliche Kakaoforschungs- und Förderungsbehörde, die CEPLAC. Damit wurde gleichzeitig ein Förderungs- und Steuerungsinstrument geschaffen, durch das die bundesstaatliche die einzelstaatliche Ebene (mit dem ICB in Bahia) verdrängen konnte. 1963 wurde außerdem ein Nationaler Rat der Kakaoproduzenten geschaffen, der von der CEPLAC finanziert und kontrolliert wird, tatsächlich jedoch eine begrenzt autonome Interessenpolitik im Sinne der hier dominierenden Großpflanzer betreiben kann (Calcagnotto, Bd.I, S. 299).

Damit wurden schon vor dem Machtantritt der Militärs (1964-1985) korporatistische Strukturen eingerichtet, deren sich die Militärs für ihre Entwicklungsstrategie nun bedienen konnten. Das Regime versuchte, einerseits durch seine zentrale Behörde und ihren wachsenden bürokratischen und technokratischen Sachverstand über den Rat der Kakaoproduzenten, der aus öffentlichen Geldern unterhalten wurde, die gesellschaftlichen Gruppen in diesem Sektor zu kontrollieren und zu steuern. Andererseits wurden die Rahmenbedingungen für Investitionen in die Kakaowirtschaft und für ihre Modernisierung entscheidend verbessert, wovon allerdings in erster Linie die Großproduzenten unter den Agrariern profitierten. Darüber hinaus fanden diese immer noch Mittel und Wege, ihre Interessen in Einzelfragen auch gegen die zentralstaatliche Behörde und den Rat zu artikulieren und immer wieder durchzusetzen. 1985 betrieben sie schließlich eine Kampagne zur Abschaffung der Exportsteuer, durch die die CEPLAC finanziert wurde. In diesen zwei Jahrzehnten des Militärregimes gelang allerdings eine Revitalisierung der Kakaowirtschaft, die Brasilien wieder von einem technologisch rückständigen zu einem am meisten fortgeschrittenen und (anteilmäßig) zweitwichtigsten Kakaoerzeugerland werden ließ.

Zusammenfassend läßt sich für die letzten Jahrzehnte Kakaopolitik sagen, daß die Kakaoproduzenten in ihren Ländern keine relevante politische Kraft darstellen, die die staatliche Politik für ihren Bereich wesentlich zu ihren Gunsten zu beeinflussen wüßten. Sie unterscheiden sich dabei kaum von den anderen Landbewirtschaftern. Ihre politische Bedeutung scheint in den kompetitiv-pluralistisch organisierten politischen Systemen nur unwesentlich höher zu sein als in den autoritär verfaßten Regimen. Andere Faktoren spielen offensichtlich eine bedeutsamere Rolle: Je gewichtiger der Anteil des Agrar- und des agrarischen Exportsektors an der Gesamtökonomie ist, je größer ist die Wahrscheinlichkeit, daß der (in erster Linie urban bestimmte) Staat seine Extraktions- und Revenuebedürfnisse weiter ausdehnt und seine Entwicklungs- und Förderungsaufgaben eher vernachlässigt als in relativ diversifizierten Ökonomien. Auf den Punkt gebracht: Der Staat in (den afrikanischen) Agrargesellschaften beutet seine Kakaoproduzenten in erster Linie aus; der Staat in den Schwellenländern (Brasilien, Malaysia) kann es sich leisten, darauf zu verzichten und für die Entfaltung des Sektors positive Bedingungen zu schaffen, die wiederum zu einer gesamtökonomischen Dynamik beitragen.

Nicht von ungefähr werden in diesen privat-kapitalistischen Wachstumsökonomien die innovativen Großproduzenten faktisch besonders gefördert bzw. sind diese die eigentlichen Nutznießer und Träger dieser Entwicklungsstrategie, obwohl aus wahlstrategischen und ethnisch-sozialen politischen Gründen der Staat auch in Malaysia nicht auf eine spezielle Förderung der Kleinbauern verzichtet. Auch in den afrikanischen Agrargesellschaften sind die größeren Produzenten nicht selten die besonderen Nutznießer staatlich subventionierter Inputs und Kredite. Dabei muß es sich allerdings nicht notwendigerweise um die Konzentration knapper Ressourcen auf den effizientesten Wirt handeln. Außerökonomische Faktoren sind häufig nicht zu übersehen: Klientelbeziehungen zwischen den politisch-administrativen und den agrarischen Eliten, gelegentlich deren personelle Symbiosen, politische Tauschgeschäfte - Subventionen gegen niedrige Preise -, die die Kakaopolitik wenigstens für die agrarischen Eliten akzeptabel macht. Auf die Kleinproduzenten kommt es politisch eben nicht an.

Die Kakaosektoren entwickelten sich jedoch nicht einheitlich und nicht linear in den einzelnen afrikanischen Agrargesellschaften. Maßgeblich für diese unterschiedliche Dynamik, die Aufsteiger und Absteiger unter den Kakaoerzeugern produzierte, waren jedoch nicht gravierend unterschiedliche Ziele und Kakaopolitiken der Staatsadministrationen in den einzelnen Ländern unter verschiedenen politischen Regimen. Vielmehr waren andere wirtschaftspolitische Entscheidungen und Entwicklungen von Bedeutung, die zwar nicht direkt bzw. speziell auf den Kakaosektor abzielten, diesen aber nichtsdestoweniger nachhaltig beeinflußten, wie z.B. die verschiedenen Währungspolitiken, die Konsequenzen der Entfaltung und des Niedergangs der Petroökonomie, weniger die Arbeitsmarktpolitiken, umso mehr aber die Verfügbarkeit von Arbeitskräften. Lediglich der Umschwung, der in den letzten Jahren in Ghana, Nigeria und Äquatorialguinea zu beobachten ist (im letztgenannten Fall bisher allerdings ohne materielle Ergebnisse), hat eine direkte politische Dimension, nämlich die Einsicht der politischen Entscheidungsträger, daß der Niedergang der einst so wichtigen Kakaoexportsektoren gesamtökonomisch und gesamtgesellschaftlich so katastrophale

Folgen hat, daß durch positive Maßnahmen diese Rückentwicklung einfach gestoppt werden muß. Die Einsicht in die Notwendigkeit dieses Kurswechsels ist in allen genannten Fällen wesentlich durch transnationale Akteure (Weltbank, IWF) gefördert und materiell unterstützt worden.

## 7. "Entwicklung" durch weltmarktorientierte Rohstoffproduktion?

### 7.1. "Vent for Surplus"?

War nun die Verbreitung des Kakaoanbaus aus seinen amerikanischen Ursprungsgebieten in andere Teile Lateinamerikas, nach Westafrika und Südostasien, ein Instrument, das zur wirtschaftlichen Entwicklung dieser Länder beitrug oder bildete es vielmehr eine Hypothek für die Entwicklung dieser Staaten, die in eine entwicklungspolitische Sackgasse geführt wurden, vielleicht eine Strategie zur "Entwicklung der Unterentwicklung"?

Mit dem Verlassen seiner Heimatregion verlor der Kakao seinen Charakter als Nahrungsmittel und Gebrauchsgut für seine Produzenten und die ortsansässige Bevölkerung. Er wurde zu einem Handelsgut, das von seinen Erzeugern selbst nicht verzehrt bzw. genossen, sondern nahezu ausschließlich für den Export in die (damals noch kolonialen) Metropolen angebaut wurde, deren schwankende Nachfrage damit die Dynamik der Entfaltung dieses Exportsektors bestimmte. Kakao wurde ein Produkt, das maßgeblich an der Entfaltung des Weltmarktes, der ökonomischen Vernetzung aller Teile der Welt, beteiligt war. Es handelte sich zunächst um einen kolonialen Weltmarkt, der seinen Schwerpunkt in den (kolonialen) Metropolen der Nordhalbkugel hatte, auf die sich die wirtschaftliche Vernetzung zentrierte, während alle anderen Teile kaum miteinander in Beziehung und in einen wirtschaftlichen Austausch kamen. Die Peripherien lieferten die Rohstoffe, die sie komparativ billiger anbauen und produzieren können, und sie importierten Industriewaren. Für den hier behandelten Teilsektor - den Kakaoweltmarkt - trifft diese Charakteristik bis heute im wesentlichen zu.

Die Entfaltung der Rohstoffexportproduktion - namentlich in Westafrika - ist von den Klassikern der Handels- und Entwicklungstheorie durch die "vent for surplus"-Theorie beschrieben worden[186]: Dieses Modell unterstellt, daß Boden und Arbeitskräfte vorhanden sind, für deren Inwertsetzung und Beschäftigung keine genügende Nachfrage besteht, die nun durch den internationalen Handel eröffnet wird. Dieser steigert durch zusätzliche Einkommens- und Konsummöglichkeiten die Opportunitätskosten des Müßiggangs und ermuntert damit bisher Beschäftigungslose zu produktiver Tätigkeit.

---

[186] Vgl. Myint (1958).

Die Annahmen und Implikationen dieses Modells sind für Ghana und Nigeria jüngst kritisiert und modifiziert worden: Barbara Ingham und Sara Berry[187] weisen - u.a. auch mit Hinweis auf die Arbeiten von Polly Hill[188] - daraufhin, daß örtliche Arbeitskräfte bei der Entwicklung der Kakaoproduktion eher knapp waren und zugewanderte Arbeiter und Unternehmer-Bauern eine wesentliche Rolle gespielt haben. Wie die Opportunitätskosten für Arbeit nicht Null gesetzt werden konnten, so war auch die Inwertsetzung des Bodens nicht ohne Kapitaleinsatz möglich. Der physische Kapitaleinsatz war zwar begrenzt, dafür brauchte man disponibles Kapital, das die Zeit von der Rodung der Anbaufläche und der Anpflanzung der Kakaobäume bis zur Ernte überbrückte. Es half dabei die Kultivierung von Nahrungsmittelkulturen, die selbst verbraucht wurden. Größere Unternehmer-Bauern mußten darüber hinaus jedoch über einen gewissen Kapitalstock verfügen, den sie z.T. in anderen Exportkulturen (Ölpalme, Palmkerne, Kautschuk) angesammelt hatten.

Für unseren Zusammenhang ergibt sich aus dieser empirisch zutreffenden Kritik keine wesentliche Modifikation des Hauptargumentes, daß die Einführung der Kakaoexportkultur durch eine erstmalige oder bessere Nutzung vorhandener Ressourcen eine Produktions- und Einkommenssteigerung ermöglichte, die ohne Kakao so nicht vorhanden gewesen wäre.

Die Einführung und Entfaltung der Kakaoexportkulturen erfolgte nicht durch außer-ökonomischen oder ökonomischen Zwang, jedenfalls war er nicht wichtig. Dies traf auf die britischen wohl noch mehr als auf die französischen Kolonien zu. In der Côte d'Ivoire wurden die ivorischen Pflanzer durch Einführung der Zwangsarbeit und durch die Einführung eines dualen Preissystems zugunsten der französischen Pflanzer sogar zeitweise erheblich diskriminiert (Jakobeit, Bd.II, C, S. 4)[189]. In Kamerun suchten die Franzosen zeitweise durch Kopfsteuern, Vergabe von Auszeichnungen für hohe Produktionsergebnisse, aber auch Strafen bei Verwilderung von Kakaoplantagen, die Exportproduktion zu stimulieren (Jakobeit, Bd.II, K, S. 265). Wichtig waren diese Maßnahmen jedoch nicht. Sie wurden durch positive Förderungsmaßnahmen an den Rand gedrängt und schließlich abgelöst. Der von einer wachsenden Weltmarktnachfrage ausgehende ökonomische Anreiz war genug, um die Weltmarktproduktion aus dem Boden schießen zu lassen. Diese erfolgte zeitweise, wie etwa in der Goldküste (Ghana), gegen den Willen der Kolonialadministration, die die Konkurrenz der einheimischen

---

[187] Vgl. Berry (1975), und Ingham (1981).
[188] Vgl. Hill (1963).
[189] Vgl. auch Campbell (1985), S. 270 f.

Kakaowirtschaft um Arbeitskräfte und Transportraum gegen die von ihr zunächst favorisierte und kontrollierte Goldproduktion mit Mißtrauen verfolgte[190].

Die Kritik am Entwicklungspotential der kolonialen Export-Importökonomie findet hier also ihre Grenzen: Wo Kakao eingeführt und betrieben wurde, war und ist offenbar eine rentablere Nutzung des Bodens nicht möglich. Wann immer diese komparativen Vorteile nicht mehr gegeben sind, weil die Preisverhältnisse sich gegen den Kakaoanbau entwickelten bzw. andere lohnendere Betätigungs- und Einkommensmöglichkeiten sich anbieten, wird die Kakaoproduktion aufgegeben oder reduziert. Dies geschieht individuell und massenhaft, ohne daß es akademisch formulierter Entwicklungstheorien oder staatlich geplanter Entwicklungsstrategien bedarf. Wo dies nicht der Fall ist, werden durch den Kakaoanbau höhere Einkommen erzielt als durch alternative Anbaukulturen.

Nutznießer der Kakaowirtschaft auf Erzeugerebene sind nicht alle Landbesitzer im gleichen Maße. Es gibt in Afrika, in Brasilien und Malaysia ohnehin, deutliche Unterschiede in den Betriebsgrößen bzw. der Eigentumskonzentration, Unterschiede, die den Grad der Kontrolle der Produktionsmittel begründen (Eigentumsbauern, Pächter, Tagelöhner). Es gibt allerdings keine oder kaum flächendeckende Expropriationsprozesse, Vertreibung kleiner Landbewirtschafter von ihrem Land, die sich nun auf marginalen Böden begnügen müssen und ein kümmerliches Zubrot durch Saisonarbeit auf den großen Plantagen verdienen müssen, während die Landbesitzer den Löwenanteil der Wertschöpfung einstreichen. Die Kakaogesellschaften sind keine egalitären Gesellschaften. Krass inegalitäre Ausbeutergesellschaften, in denen die Kontrolle des Landes über deutliche Unterschiede in bezug auf den Status, die politische Macht, das ökonomische Einkommen entscheiden, sind sie gleichfalls nicht, auch wenn es durchaus erkennbare regionale Unterschiede gibt.

Es kann keine Rede davon sein, daß Landoligarchien durch ihren politischen Einfluß sicherstellen, daß die Investitionsbedingungen in ihrem Bereich am rentabelsten waren bzw. sind, was prinzipiell nur durch eine offene freihändlerische Export- und Importökonomie zu erreichen ist, was mögliche andere - bessere - Entwicklungswege verhindert oder behindert hätte.

Eine binnenorientierte Entwicklung - als Alternative! - wäre in diesen kleinräumigen Staaten sehr bald an ihre Grenzen gestoßen. Und tatsächlich wurde fast nirgendwo diese Strategie bewußt verfolgt. Regionen, die sich nicht dem Weltmarkt öffneten, verfügen nicht über die dort nachgefragten Ressourcen. Ihre Wirtschaftskreisläufe blieben autozentriert - allerdings auf einem sehr niedrigen Niveau der Bedürfnisbefriedigung.

---

[190] Vgl. Hanisch (1975), S. 44 f.

Kritiker der exportorientierten Agrarentwicklung suchen einen Zusammenhang zwischen der Ausweitung der exportorientierten cash crops und dem Hunger in der Dritten Welt herzustellen - und das ist so ziemlich der schlimmste Vorwurf, den man einer Entwicklungsstrategie machen kann. Diese Argumentation geht von einer weithin überholten Prämisse aus, nämlich der Vorstellung, daß der Hunger mit der Fähigkeit korreliert ist, Nahrungsmittel selbst herzustellen. Das ist allerdings nur dann der Fall, wenn es keine Verkehrsinfrastruktur gibt, die den Transport und die Verteilung von Nahrungsmitteln ermöglicht bzw. Krieg oder Unruhen die durchaus vorhandene Infrastruktur blockierten. Treffen diese einschränkenden Bedingungen nicht zu, ist Hunger, wie die allgemeine Bedürfnisbefriedigung, eine Funktion des Einkommens. Reiche Leute kämpfen mit dem Übergewicht, arme Leute hungern. Werden kleine Landbewirtschafter, die bisher Nahrungsmittel für den eigenen Bedarf anbauten, durch expandierende Landoligarchien oder Agrarkonzerne zugunsten des Anbaus von Exportkulturen von ihrem Land vertrieben und nur ein Teil als schlecht bezahlte Saisonarbeiter wieder eingestellt, so ist die Beziehung Exportkultur = Hunger evident. Allerdings können derartige Landkonzentrationsprozesse durch Agribusinessunternehmen nicht nur im Bereich der Export- sondern auch der binnenorientierten Kulturen stattfinden. Nicht auf den Charakter der Anbaukultur kommt es an, sondern auf die Natur der Produktionsverhältnisse. In den Kakaoregionen haben derartige Expropriationsprozesse, wie erwähnt, allerdings im nennenswerten Umfang nicht stattgefunden. Die Einkommenssteigerungen durch den Kakaoanbau ermöglichten eine bessere Bedürfnisbefriedigung aller, in vielen Fällen allerdings auf einem sehr niedrigen Niveau.

Die volkswirtschaftliche Bilanz sieht nicht anders als die individuell/betriebswirtschaftliche Bilanz aus. Es kann ökonomisch sinnvoll sein, Kakao zu exportieren und Grundnahrungsmittel zu importieren. Die VR China exportiert hochwertigen, teuren und importiert - billigeren - minderwertigen Reis. Die Tatsache, daß beispielsweise Ghana, Nigeria und Malaysia Grundnahrungsmittel einführen, spricht deshalb nicht gegen die ökonomische Rationalität der (Kakao)Exportkulturen. Allenfalls könnte man für Ghana und Nigeria fragen, ob eine Entlastung der angespannten Devisenbilanz nicht durch Produktivitätssteigerung der Grundnahrungsmittelproduktion und Verbesserung der Binnenvermarktung möglich ist. Es kommt hinzu, daß Kakao in den bäuerlichen Betrieben in der Regel als Mischkultur mit Nahrungsmitteln angebaut wird, in Westafrika etwa mit Jams, Kochbananen, Maniok, Reis. Vielfach werden Nahrungsmittelparzellen neben den Kakaopflanzungen beibehalten. Die Bauern suchen sich dadurch ihre Subsistenz zu sichern und durch Kakao "cash" zu erlösen. Das ist vielerorts ratsam, da es für Grundnahrungsmittel häufig keine ausgebauten Vermarktungskanäle gibt, während Exportkulturen (wie Kakao) einen garantierten Absatz haben. Es gibt einzelne Beispiele dafür, daß in dichtbesiedelten Regionen, im ghanaischen Eweland, in der Provinz Lékie (Kamerun), Kakao die Nahrungsmittelkulturen auf die schlechteren Böden verdrängt, sich vielleicht auch die Brachzeiten verkürzt haben (Wegner, Bd.II, S. 137; Jakobeit, Bd.II, K, S. 306).

Im Kerngebiet des Kakaoanbaus in Bahia halbierte sich von 1975 bis 1980 - während des Kakaobooms - der Anteil der Betriebe, die auch Nahrungsmittel anbauten (von 2/5 auf 1/5), der Anteil an der Ackerfläche ging sogar auf weniger als 4% für Nahrungsmittel zurück (Calcagnotto, Bd.I, S. 360). Die aufgezeigten Entwicklungen waren ein Resultat der günstigeren Preisverhältnisse des Kakaos gegenüber den Nahrungsmitteln oder anderen Kulturen. Verändern diese sich zu Ungunsten des Kakaos, nehmen andere Anbaukulturen an Bedeutung zu.

Obwohl die Einführung und die Entfaltung des Kakaoanbaus die Einkommen der Landbewirtschafter erhöht hat, so sind diese für einen nicht unbeträchtlichen Teil von ihnen immer noch sehr niedrig. Für Kamerun und Malaysia (Kleinbauern) sollen sie sogar unter dem nationalen statistischen Einkommensdurchschnitt liegen (Jakobeit, Bd.II, K, S. 314; Senftleben, Bd.I, S. 229). Andererseits galt beispielsweise Ghana, der Frühstarter unter den großen afrikanischen Produzentenländern, zum Zeitpunkt der völkerrechtlichen Unabhängigkeit (1957) als das Land mit dem höchsten Lebensstandard seiner Bevölkerung in Afrika - aufgrund seiner Kakaowirtschaft[191].

Dennoch: Die relative Armut vieler Kakaobauern bedarf der Erklärung. Ihre Ausbeutung bzw. Besteuerung in der Zirkulationssphäre durch Handel und Staat (vgl. Kapitel 6.1.) bietet eine wichtige, aber nicht hinreichende Antwort, obwohl gerade die kleinen selbstbewirtschaftenden Kakaobauern in den afrikanischen Staaten mit zu den am höchsten besteuerten Gruppen gehören, während die größeren Kakaoproduzenten wenigstens durch Importsubventionen etwas entschädigt werden. Wichtiger ist jedoch, daß das Wachstum des Kakaoanbaues nicht qualitativ, sondern in die Breite erfolgte[192], durch Kultivierung von immer mehr Land, durch Einsatz von immer mehr Arbeitskräften. Der Einsatz von technischen Hilfsmitteln - im wesentlichen einfache Hacken, Macheten, Sägen - blieb gering. Technische Innovationen wurden nicht vorgenommen. Der Kakaoanbau war und bleibt bis heute eine arbeitsintensive Beschäftigung, zunächst ohne Einsatz ertrags- und einkommenssteigernder Hilfsmittel. Das beschränkt die Wertschöpfung und individuell realisierbaren Einkommen pro Arbeitstag.

Jahrzehnte lang wurden von den afrikanischen Bauern kaum Pflegearbeiten vorgenommen. Man begnügte sich mit der gegebenen Produktivität, die von den natürlichen Bedingungen bestimmt wird. Ließ die Bodenfruchtbarkeit nach zwei oder drei Dekaden deutlich nach, wurde die Pflanzung aufgegeben, eine neue Parzelle gerodet und neue Kakaobäume gepflanzt. Auf diese Weise - und das war auch der Preis der Kakaoexportökonomie, der aber, nach Lage der Dinge, unvermeidbar war - wurden die tropischen Regenwälder in Westafrika und Bahia abgeholzt. Die Vernichtung des tropischen Regenwaldes ebnet, aufgrund der

---

[191] Vgl. Teal (1986), S. 278.

[192] Vgl. Meier (1975), S. 451.

dünnen Humusdecke, nicht selten, wie wir heute wissen, den Weg für die Bodenerosion und Verkarstung. Allerdings trifft dies mehr für Brasilien (und hier mehr für die Amazonasregion und weniger Bahia), denn für Afrika oder gar Südostasien zu. Die Anlage von Kakaopflanzungen in Mischkulturen mit den dafür notwendigen Schattenbäumen vermag das Problem der Bodenerosion - anders als bei der Anlage reiner Nahrungsmittelkulturen - noch aufzuhalten. Werden die Kakaomischpflanzungen allerdings aufgegeben, setzt auch hier dieser Prozeß ein[193].

Um ertragserhaltende und -steigernde Maßnahmen bemüht man sich im größeren Stil erst in den letzten vier Jahrzehnten[194].

Unmittelbare Bedeutung hatte zunächst die Entwicklung und der Einsatz von chemischen Insektiziden und Fungiziden, die zur Produktions- und Produktivitätssteigerung seit Ende der 50er Jahre einen deutlichen Beitrag leisteten. Dann kam der Einsatz von Kunstdünger hinzu. Am längsten dauerte die Entwicklung und das Angebot von neuen schneller tragenden und ertragreicheren Pflanzenhybriden, die erst seit Ende der 70er Jahre richtig eingesetzt wurden und die Produktivität im Kakaoanbau revolutionierten: So gehen z.B. verschiedene Modellrechnungen davon aus, daß in den frühen 80er Jahren in Kamerun pro Arbeitstag im traditionalen Anbau 4,4 kg, im modernen Anbau 8,1 kg (im Durchschnitt) erzeugt werden können; in Brasilien 6,5 kg bzw. 10,1 kg; in Malaysia 4,8 kg (Kleinbauern) bzw. ca. 14 kg (Plantagen) (errechnet aus: Jakobeit, Bd.II, K, S. 308 ff.; Calcagnotto, Bd.I, S. 414; Senftleben, Bd.I, S. 200, 236).

Dieser Produktivitätssteigerung entspricht eine Steigerung der Nettoeinkommen. Sie erfolgt nicht durch Freisetzung von Arbeitskräften durch Mechanisierung, sondern durch intensivere Kultivierung mit Inputs. Bis heute werden die wesentlichen Arbeitsgänge - von der Landerschließung bis zur Ernte, Fermentierung und Trocknung - durch Handarbeit verrichtet.

Die produktivitäts- und einkommenssteigernden Innovationen und Maßnahmen werden allerdings nicht gleichzeitig und gleichmäßig in allen Produzentenländern durchgeführt. In Afrika werden Insektizide und Fungizide eher unregelmäßig, Dünger eher selten eingesetzt. Die Kultivierung mit Hybriden steht noch am Anfang - ganz anders als in Südostasien und Brasilien, wo die Verwendung chemischer Inputs breit gefächert, und der Hybridanbau schon dominierend ist.

Die Einkommenssteigerung, die zunächst durch die Einführung und zuletzt durch die Modernisierung des Kakaoanbaus möglich wurde, ist jedoch in keiner Weise vergleichbar mit der Wohlstands- und Einkommensentwicklung in den Verbrau-

---

[193] Vgl. Viton (1956), S. 19.

[194] Vgl. ICCO (1975), S. 10 ff.

cherländern, die den Kakao importieren und zu Schokolade und Süßwaren verarbeiten. Werfen wir zur Illustration einen Blick auf die Entwicklung der westdeutschen Süßwarenindustrie (vgl. Tabelle 41).

Deren mengenmäßiger Umsatz hat sich in den letzten 35 Jahren verfünffacht. Die Zahl der Beschäftigten und die tatsächlich geleisteten Arbeitsstunden stiegen bis 1962 an, verminderten sich seither um 31% (Beschäftigte) bzw. 45% (Arbeitsstunden). Das Volumen der Erzeugung pro Arbeitsstunde wurde versiebenfacht, der wertmäßige Umsatz und der Lohn je Arbeitsstunde wurde nahezu verfünfzehnfacht[195]. Mit anderen Worten: Es fand ein rasanter technologischer Fortschritt statt, der zur Freisetzung von Arbeitskräften, Verminderung der Arbeitszeit (1953-1988 um 36%), zu einer deutlichen Anhebung der Arbeitsproduktivität, der Stundenlöhne (1953-1988 real verfünffacht!) und der Arbeitnehmereinkommen geführt hat.

Tabelle 41: Arbeitsproduktivität und Lohnentwicklung in der Süßwarenindustrie der Bundesrepublik Deutschland, 1953-1988 (ausgewählte Jahre)

|      | Umsatz der Süßwarenindustrie in t | Betriebe Zahl | Beschäftigte Zahl | geleistete Arbeitsstunden in 1.000 | Umsatz/Stunde DM | Umsatz/Stunde kg | Lohn/Stunde DM | |
|------|-----------|------|--------|---------|--------|------|-------|-------|
| 1953 | 388.707   | 488  | 49.851 | 96.693  | 15,3   | 4,2  | 1,15  |       |
| 1960 | 610.900   | 445  | 70.210 | 113.904 | 22,3   | 5,3  | 2,04  |       |
| 1962 | 685.674   | 451  | 73.026 | 112.540 | 26,7   | 6,0  | 2,59  |       |
| 1970 | 1.084.608 | 352  | 68.797 | 95.687  | 49,9   | 15,7 | 5,18  |       |
| 1980 | 1.536.671 | 251  | 60.022 | 70.670  | 155,2  | 21,7 | 12,42 |       |
| 1988 | 1.925.659 | 234  | 50.120 | 62.315  | 221,0  | 30,9 | 17,24 |       |
|      | Index     | Index| Index  | Index   | Index  | Index| nomin.| real  |
| 1953 | 100       | 100  | 100    | 100     | 100    | 100  | 100   | 100   |
| 1960 | 157       | 91   | 141    | 118     | 146    | 126  | 177   | 159   |
| 1962 | 176       | 92   | 146    | 116     | 175    | 143  | 225   | 192   |
| 1970 | 279       | 72   | 138    | 99      | 326    | 374  | 450   | 315   |
| 1980 | 395       | 51   | 120    | 73      | 1.014  | 517  | 1.080 | 465   |
| 1988 | 495       | 48   | 101    | 64      | 1.444  | 736  | 1.499 | 534   |

Lohn/Stunde real: In den Preisen von 1980 (Statistisches Jahrbuch für die Bundesrepublik Deutschland, S. 520)

Quelle: Errechnet und zusammengestellt aus: Süßwarentaschenbuch (1975) und (1988).

---

[195] Der Anteil der Kakao- und Schokoladenerzeugnisse liegt (1988) bei 37% (bezogen auf die Menge) bzw. 45% (bezogen auf den Umsatz) in diesem Industriezweig.

Daran kann und konnte die agrare Kakaoexportproduktion nicht anschließen. Während ein Beschäftigter in der deutschen Süßwarenindustrie Anfang der 80er Jahre einen Bruttolohn von ca. 25 - 30.000 DM erhielt, konnte ein Kleinbauernhaushalt in der Côte d'Ivoire durch seine Exportkulturen allenfalls 3.000 DM, vielleicht sogar nur 2.500 DM erzielen, einige Schätzungen gehen sogar nur von 1.500 DM aus (Jakobeit, Bd.II, C, S. 53).

Obwohl diese Zahlen nicht ganz vergleichbar sind, illustrieren sie doch unterschiedliche Dimensionen der Entwicklung[196]. Sie verdeutlichen die Innovationsschübe, die in den industriellen und demokratisch verfaßten Gesellschaften möglich sind. Der Konkurrenzkapitalismus in der Marktwirtschaft vermag diese Dynamik zu entfalten. Die Erträge werden durch Gewerkschaften und frei miteinander konkurrierende (Volks-) Parteien mittels sozialstaatlicher Maßnahmen und der Tarifpolitik verallgemeinert. Selbst die aus dem Produktionsprozeß ausgeschiedenen Beschäftigten (Rentner, Arbeitslose) werden davon nicht ausgeschlossen, allerdings auf einem abgestuften Niveau.

Diese Daten lenken die Aufmerksamkeit auf die Tatsache, daß ein einfaches Wachstum allein im Agrarsektor an seine räumlichen und individuellen Grenzen stoßen muß. Diese können nur durch technologische Innovationen, die die Arbeitsproduktivität unter Freisetzung von Arbeitskräften steigert, nachhaltig überwunden werden. Erfolgt eine derartige Dynamisierung durch Mechanisierung in nicht-komplexen Agrargesellschaften, bedeutet die Freisetzung von Arbeitskräften gleichzeitig deren Marginalisierung, die man durchaus mit dem Schlagwort "Entwicklung der Unterentwicklung" fassen kann. In einigen Agrarsektoren (Zucker, Reis) konnte ein derartiger Prozeß durchaus beobachtet werden, bisher jedoch nicht im Kakaosektor, wo der gegenwärtig sich vollziehende Modernisierungsschub durchaus entwicklungsadäquat - aber eben begrenzt - ist. Produktivitäts- und Einkommenssteigerungen durch Mechanisierung sind im Agrarsektor erst sozialadäquat durchzuführen, wenn es andere Wirtschaftssektoren gibt, die die freigesetzten Arbeitskräfte aufnehmen können.

Ein (zunächst) einfacher Wachstumsschub im Agrarsektor kann die Grundlage für die Entwicklung nicht-agrarischer Sektoren legen, die wiederum zu einer weiteren Dynamisierung des Agrarsektors und zu einer allseitigen Vermaschung

---

[196] Sie berücksichtigen die unterschiedlichen Lebenshaltungskosten und Bedürfnisse nicht. Der Kakaobauernhaushalt hat noch weitere monetäre und nichtmonetäre Einnahmen. Der industriell Beschäftigte verfügt nicht über die Bruttolohnsumme, sondern nur über einen Nettolohn. Sein Haushaltseinkommen wird möglicherweise durch einen gleichfalls berufstätigen Ehepartner weiter aufgestockt. Schließlich mag die westdeutsche Süßwarenindustrie in der betrachteten Periode (seit 1962) einer besonderen Dynamik unterliegen, die nicht für alle Zeiten und alle Länder typisch zu sein braucht.

der Wirtschaftssektoren beitragen. In einer derart vernetzten, komplexen Ökonomie haben Wachstumseffekte in einem Teilsektor Multiplikatoreffekte für die anderen Sektoren. Ökonomische Einbrüche in Teilsektoren haben zwar gleichfalls weiterreichende Konsequenzen für die mit diesen vernetzten anderen Bereiche, die breitgefächerte Struktur der Wirtschaft hilft Krisen in einzelnen Sektoren allerdings leichter abzufedern als dies für Krisen im dominanten Sektor nicht-komplexer Ökonomien der Fall sein kann. Damit wird die Frage nach dem Beitrag des Kakaoexportsektors zum Aufbau anderer nicht-agrarischer Sektoren und zu ihrer internen Vermaschung in den Produzentenländern aufgeworfen.

### 7.2. Die Vermaschungseffekte des Kakaosektors mit der übrigen Ökonomie in den Produzentenländern

Es wurde schon deutlich: Die nachgelagerten Vermaschungseffekte ("backward linkages") können für einen Agrarsektor nicht besonders groß sein, der sich weithin traditioneller Anbaumethoden und kaum ertragsteigernder Inputs bedient. In Westafrika werden nicht nur (die wenigen) Sprühgeräte importiert, selbst Hacken, Äxte und Macheten werden nicht in jedem Fall lokal hergestellt; wo dies geschieht, müssen die Metallteile importiert werden. Chemische Inputs, wie Pestizide und Insektizide, müssen in den Grundsubstanzen importiert werden und werden im Lande allenfalls gemischt, verpackt, etikettiert. Verpackungsmittel, Säcke, Dosen, werden inzwischen in den Ländern hergestellt, auch hier müssen die Grundstoffe (Jute, Weißblech) importiert werden. Umsatz, Wertschöpfung und Beschäftigung in diesen vorgelagerten Industrien sind daher sehr gering (Jakobeit, Bd.II, C, S. 64; Jakobeit, Bd.II, K, S. 324; Wegner, Bd.II, S. 151; Deutsch, Bd.II, S. 240).

In Malaysia und Brasilien ist der Einsatz ertragsteigernder chemischer Inputs deutlich höher. In beiden Ländern gibt es inzwischen eine Düngemittelindustrie, die einen großen Teil des inländischen Bedarfs zu decken vermag. In Brasilien wurde außerdem eine bedeutsame Pestizidindustrie aufgebaut. Selbst für diese Industrien gilt jedoch, daß ein guter Teil der Grund- und Wirkstoffe importiert werden muß. Für Pestizide sieht es wie eine Umschichtung des Imports fertiger Handelsprodukte auf den Import von Grund- und Wirkstoffen aus, die durch den Aufbau eigener Verarbeitungskapazitäten 1975-80 erfolgte. Inzwischen wird allerdings ein nicht unbedeutender und wachsender Anteil der Pestizide exportiert (Calcagnotto, Bd.I, S. 461, Tabelle 39).

Obwohl der Inputbedarf des Kakaosektors noch Anfang der 70er Jahre deutlich hinter dem Zuckerrohr-, Kaffee- und Reissektor hinterherhinkte, hatte er, als binnenländischer Nachfrager, einen wachsenden Anteil an der Entwicklung dieser chemischen Industrie, deren Aufbau allerdings durch den Staat (Zollschutz) erzwungen wurde. Da sie recht kapitalintensiv aufgebaut wurde - 1975-80 wurden 190.000 US-$ je Arbeitsplatz investiert (errechnet aus Calcagnotto, Bd.I, S. 462)

- ist der Beschäftigungseffekt auch in Brasilien nicht sehr hoch. Da Transnationale Konzerne im Rahmen von Joint Ventures eine bedeutsame Rolle spielen, fließt vermutlich ein Teil der Wertschöpfung offen oder verdeckt ins Ausland ab.

Die bedeutsamsten Linkage-Effekte lassen sich im Transportwesen feststellen: Durch den Aufbau und die Auslastung eines Straßen- und Schienennetzes, durch den Aufbau von Reparaturwerkstätten, Ersatzteillagern, Tankstellen usw. konnten nicht nur einige hunderte oder tausende (wie in den vorgelagerten chemischen Industrien), sondern einige zehntausende Arbeitsplätze in den großen Produzentenländern geschaffen werden. Eine vergleichbar hohe Zahl ist im Handel, im Aufkauf und der Vermarktung des Sektors beschäftigt. Über die Beschäftigung im staatlichen Sektor der Distributionssphäre muß noch kritisch gesprochen werden, für den Transportsektor gilt jedoch nicht weniger, was schon für die vorgelagerten industriellen Vermaschungseffekte festgestellt wurde: Es blieb bei einem einmaligen Nachfrageschub, von dem selbst keine weiteren Multiplikatoreffekte ausgingen (wenn man davon absieht, daß die Verkehrsinfrastruktur auch für andere Zwecke benutzt werden kann): Die Investitionsgüter für die Straßen, Schienen, Fahrzeuge usw. müssen komplett oder in Einzelteilen, die man nur vor Ort zusammenfügt, eingeführt werden. Lokale Zulieferungen - über die Arbeitskraft und die Energie hinaus - bleiben begrenzt und beschränken sich beispielsweise in Westafrika auf die Holzaufbauten der Lastkraftwagen. Das kann noch pointierter von dem Versuch gesagt werden, durch die Schaffung eigener Handelsmarinen, die in Dollar anfallenden Frachtgebühren zu vereinnahmen. Die nationalen, meist staatlichen Schiffahrtslinien sehen sich der Konkurrenz der besser ausgestatteten (westlichen) Gesellschaften gegenüber und vermögen ihre Kapazitäten nicht immer auszulasten, werden in ihrer Effizienz außerdem nicht immer mithalten können. Alle hier betrachteten Länder konnten daher nicht die UNCTAD-Formel, 40% des Kakaos selbst zu transportieren, erreichen. Wichtiger ist, daß der volkswirtschaftliche Nettoertrag durch die beträchtlichen Anschaffungs- und Betriebskosten der Handelsschiffe deutlich unter dem Bruttoerlös (etwa 4-5% des fob-Preises) liegt. In Ghana und Kamerun fuhren die staatlichen Schiffahrtslinien noch beträchtliche betriebswirtschaftliche Verluste ein (Wegner, Bd.II, S. 151; Jakobeit, Bd.II, K, S. 324).

Wie sieht es mit der Verarbeitung des Rohkakaos, den "forward linkages", aus? Die Verarbeitung des Kakaos erfolgt in mehreren Etappen: Auf Produktionsebene werden die Kakaofrüchte aufgeschlagen und die im Fruchtfleisch eingebetteten Samen (Kakaobohnen) herausgekratzt, vergoren (fermentiert) - was die Bitterkeit reduzieren soll - und getrocknet, um den Wassergehalt von 35 - 40% auf unter 8% zu senken. Letzteres erfolgt meist durch einfache Lufttrocknung. Wo dies nicht gelingt, werden von den Handelshäusern technische Apparate eingesetzt. Zwischen Kakaonaßbohnen und Kakaotrockenbohnen besteht eine beträchtliche Preisspanne: Für die ersteren erhält der (Klein-) Bauer in Malaysia beispielsweise weniger als 1/3 als für die letzteren (Senftleben, Bd.I, S. 228); in Äquatorialguinea immerhin ca. 3/4 der letzteren (Jakobeit, Bd.II, Ä, S. 376).

In einer zweiten Stufe werden die Kakaobohnen vom Beimaterial gereinigt, entschält, geröstet und zu Kakaoalkohol (Kakaopaste oder Masse) gemahlen. Daraus wird Kakaobutter und Kakaokuchen ausgepreßt, aus dem, in einem weiteren Schritt, Kakaopulver gewonnen wird. Erst ab dieser Stufe kann man von einer industriellen Verarbeitung sprechen, die die Zwischenprodukte liefert, die dann in der dritten Stufe zu Endprodukten in der Süßwaren- und Getränkeindustrie, zu Schokolade, Konfekt, Gebäck, Getränke usw., zu einem geringen Teil auch in der Pharma- und Kosmetikindustrie, verarbeitet werden.

Beide industriellen Verarbeitungsstufen siedelten sich nach der Entfaltung des Kakaoweltmarktes in den Verbraucherländern an. Daran hat sich inzwischen einiges geändert. Die Verarbeitung zu Kakaozwischenprodukten erfolgte 1930 nur zu 3,3% in den Produzentenländern, vor allem in Lateinamerika. Seit dem zweiten Weltkrieg wurde ein wachsender Teil der Kakaoernte in den Produzentenländern selbst verarbeitet. In Brasilien, wo die ersten Verarbeitungsbetriebe schon 1908 und 1927 errichtet wurden, dann in Westafrika, in Ghana (Fabrikgründungen 1947, 1964, 1965), Nigeria, Kamerun (1953, 1969) und der Côte d'Ivoire (1962, 1968, 1974), wurden Fabriken zur Kakaozwischenverarbeitung, häufig unter Beteiligung TNK, errichtet. In Lateinamerika, insbesondere in Brasilien, gab es einen ersten Industrialisierungsschub in den vierziger und fünfziger, einen zweiten in den 70er Jahren; in Afrika nach der völkerrechtlichen Unabhängigkeit in den 60er Jahren. Bis 1980 erreichten alle Produzentenländer immerhin einen Anteil von gut einem Drittel an den Gesamtvermahlungen in der Welt. Seither bröckelte der Anteil allerdings wieder etwas ab (vgl. Tabelle 42).

Die Zwischenverarbeitung des Kakaos erfolgt jedoch noch immer sehr ungleichmäßig in den Herkunftsregionen: In Lateinamerika wird mehr als 2/3 der Produktion verarbeitet, in Südostasien, d.h. vor allem im Stadtstaat Singapur (für die malaysische und indonesische Produktion), etwa ein Viertel, in Westafrika gerade 12% (vgl. Tabelle 43). Die Expansion der Kakaozwischenverarbeitung ist das Ergebnis intensiver staatlicher Förderung in Ecuador und vor allem in Brasilien. Diese erfolgte seit den 50er Jahren durch eine steuer- und kreditpolitische Vorzugsbehandlung, durch günstigere, schließlich realistischere Wechselkurse, zuletzt (1970-1980) sogar durch Quotenzuteilungen (50% der Kakaoproduktion hatten national verarbeitet zu werden (Calcagnotto, Bd.I, S. 348 ff).

Brasilien ist auf diese Weise zum weltgrößten Kakaoverarbeiter (seit 1983) aufgestiegen, vor den traditionell führenden USA und der Bundesrepublik Deutschland. Acht Unternehmen besitzen in Brasilien mittlerweile eine Verarbeitungskapazität von nicht weniger als 270.000 t. Die aktuelle Verarbeitung lag in den 80er Jahren zwischen 170-234.000 t (63-87% der Kapazität, Calcagnotto, Bd.I, S. 396).

In den afrikanischen Staaten erfolgte die staatliche Förderung nicht so konsequent wie in Brasilien: Durch Gründung von joint-ventures mit TNK signalisierte der Staat zwar sein Interesse an einer Weiterverarbeitung im Lande. Tatsächlich übertreffen die gemeinsamen Verarbeitungskapazitäten Westafrikas diejenigen Brasiliens mit 100.000 t in der Côte d'Ivoire, 90.000 t in Nigeria, 72.500 t in Ghana und 30.000 t in Kamerun (Jakobeit, Bd.II, C, S. 70; Deutsch, Bd.II, S. 234; Wegner, Bd.II, S. 154; Jakobeit, Bd.II, K, S. 326). Allerdings haben die Verarbeiter in Westafrika immer wieder die unregelmäßige Belieferung mit

Tabelle 42: Vermahlungen des Rohkakaos in Produzenten- und Konsumentenländern, in 1.000 t und in Prozent, 1930-1989 (ausgewählte Jahre)

| In 1.000 t | 1930 | 1938 | 1950 | 1960 | 1970 | 1980 | 84/85 | 86/87 | 88/89 |
|---|---|---|---|---|---|---|---|---|---|
| Produzentenländer | 16 | 31 | 84 | 159 | 301 | 530 | 629 | 630 | 685 |
| Amerika | 14 | 29 | 78 | 141 | 155 | 359 | 386 | 387 | 414 |
| Afrika | - | - | 4 | 11 | 133 | 136 | 171 | 161 | 171 |
| Asien (1) | 2 | 2 | 2 | 7 | 13 | 35 | 72 | 82 | 100 |
| übr. 3. Welt | 6 | 7 | 6 | 5 | 7 | 15 | 17 | 38 | 33 |
| Westl. IL | 445 | 556 | 672 | 689 | 840 | 747 | 955 | 980 | 1.095 |
| Europa | 267 | 332 | 373 | 433 | 507 | 548 | 680 | 695 | 777 |
| USA | 165 | 205 | 265 | 215 | 261 | 142 | 195 | 225 | 255 |
| übr. IL (2) | 12 | 19 | 34 | 41 | 72 | 57 | 65 | 60 | 63 |
| Soz. Staat. (3) | 21 | 44 | 19 | 74 | 184 | 218 | 246 | 265 | 263 |
| Welt | 488 | 641 | 781 | 927 | 1.332 | 1.510 | 1.847 | 1.910 | 2.073 |
| In Prozent der Weltvermahlungen | 1930 | 1938 | 1950 | 1960 | 1970 | 1980 | 84/85 | 86/87 | 88/89 |
| Produzentenländer | 3,3 | 4,8 | 10,8 | 17,1 | 22,6 | 35,1 | 34,0 | 33,0 | 33,0 |
| Amerika | 2,9 | 4,5 | 10,0 | 15,2 | 11,6 | 23,8 | 20,7 | 20,3 | 20,0 |
| Afrika | - | - | 0,5 | 1,2 | 10,0 | 9,0 | 9,3 | 8,4 | 8,2 |
| Asien (1) | 0,4 | 0,3 | 0,3 | 0,8 | 0,1 | 2,3 | 3,9 | 4,3 | 4,8 |
| übr. 3. Welt | 1,2 | 1,1 | 0,8 | 0,5 | 0,5 | 1,0 | 0,9 | 2,0 | 1,6 |
| Westl. IL | 91,2 | 86,7 | 86,0 | 74,3 | 63,0 | 49,5 | 51,7 | 51,3 | 52,8 |
| Europa | 54,7 | 51,8 | 47,8 | 46,8 | 38,1 | 36,3 | 37,6 | 36,4 | 37,5 |
| USA | 33,8 | 32,0 | 34,0 | 23,2 | 19,6 | 9,4 | 10,6 | 11,8 | 12,3 |
| übr. IL (2) | 2,7 | 3,0 | 4,4 | 4,4 | 5,4 | 3,8 | 3,5 | 3,1 | 3,0 |
| Soz. Staat. (3) | 4,3 | 6,9 | 2,4 | 8,0 | 13,8 | 14,4 | 13,3 | 13,9 | 12,7 |
| Welt | 100 | 100 | 100 | 100 | 100 | 100 | 100 | 100 | 100 |

IL : Industrieländer
(1): Incl. Singapur, Ozeanien
(2): Japan, Kanada, Australien, Neuseeland, Süd-Afrika, Israel
(3): Osteuropas

Quelle: Gill & Duffus, (versch. Jhg.).

Kakaobohnen zu beklagen, die sie ja nicht vom Produzenten oder dem Zwischenhandel direkt, sondern von den staatlichen Behörden kaufen müssen. Sie werden nicht selten in die Rolle eines Residualkäufers gedrängt, der das abzunehmen hat, was auf dem Weltmarkt nicht abzusetzen ist. Sie verarbeiten daher überwiegend minderwertige Qualitäten, die sie jedoch nicht immer mit relevanten Preisabschlägen erhalten. Die inzwischen verstaatlichten Betriebe in Ghana und Nigeria leiden unter der Überalterung des Produktionsapparates. Mangel an Ersatzteilen und Betriebsstoffen zwingt immer wieder zu Einschränkungen der Produktion (Wegner, Bd.II, S. 153; Deutsch, Bd.II, S. 239).

Die staatlichen Betriebe bieten zudem weitere Möglichkeiten der Patronage und werden daher personell überbesetzt. Während in Brasilien Mitte der 80er Jahre knapp 3.000 Arbeitskräfte in der kakaoverarbeitenden Industrie beschäftigt waren, in der Côte d'Ivoire etwa 800, die 81 t bzw. 121 t je Arbeitskraft im Jahr verarbeiteten, waren es in Kamerun 550 Arbeitskräfte und in Ghana sogar 1.654 (nachdem schon 1981-84 1/4 der Belegschaft entlassen worden war), die magere 36 t bzw. 13 t pro Kopf und pro Jahr verarbeiteten (errechnet mit der Kakaoverarbeitung 1984/85 nach Wegner, Bd.II, S. 152; Jakobeit, Bd.II, C, S. 74 und Jakobeit, Bd.II, K, S. 328, Gill & Duffus).

Tabelle 43: Anteil der Vermahlung an der Produktion in den Produzentenregionen, in Prozent, 1930-1989 (ausgewählte Jahre)

|  | 1930 | 1938 | 1950 | 1960 | 1970 | 1980 | 1989 |
|---|---|---|---|---|---|---|---|
| Alle Produzentenländer | 3,0 | 3,9 | 10,5 | 13,6 | 19,7 | 31,9 | 28,6 |
| Amerika | 7,8 | 11,7 | 27,1 | 47,5 | 41,0 | 62,7 | 68,2 |
| Afrika | - | - | 0,8 | 1,3 | 12,0 | 13,7 | 11,8 |
| Asien, Ozeanien | 22,2 | 18,1 | 28,6 | 36,8 | 16,7 | 38,0 | 25,0 |

Quelle: Errechnet aus Gill & Duffus, (versch. Jhg.).

Eine vergleichende Studie von Karunasekera über die Côte d'Ivoire, Ghana und Nigeria und einem Betrieb aus Großbritannien, mit Daten für 1976-78, erhärtet diesen Befund. Während in dem britischen Betrieb 155 Arbeitskräfte beschäftigt waren, waren es in der Côte d'Ivoire 273, in Nigeria 572, in Ghana 593. Auf dem Managementlevel war die personelle Überbesetzung noch ausgeprägter: Acht höheren Angestellten in der Côte d'Ivoire standen 37 in Ghana und 55 in Nigeria gegenüber, die allerdings mit Durchschnittsgehältern von 2.545 US-$ (Ghana) und 10.402 US-$ (Nigeria) nicht an die hohen Gehälter der ausländischen Experten in der Côte d'Ivoire heranreichten (51.875 US-$)[197]. 1978 waren damit ledig-

---

[197] Vgl. Karunasekera (1983), S. 53.

lich in der Côte d'Ivoire (66 US-$) die Lohnkosten, um 1 t Kakao zu verarbeiten, deutlich niedriger als in Großbritannien (96 US-$). In Ghana lagen die Lohnstückkosten, nach einer kräftigen Abwertung, etwa auf dem britischen Niveau (92 US-$/t, ein Jahr zuvor noch: 158 US-$/t), in Nigeria jedoch deutlich (um 1/3) darüber (131 US-$/t)[198]. Mit anderen Worten: Ein Billiglohnland bedeutet noch lange nicht, daß tatsächlich niedrige Lohnstückkosten anfallen, auf die es allein ankommt[199].

In Ghana und Nigeria wurden in den 80er Jahren die Verarbeitungskapazitäten nur zu ca. 20-35% ausgelastet. In Ghana verzeichnete man daher von 1972 bis 1984 betriebswirtschaftliche Verluste, in Nigeria vermutlich auch (Wegner, Bd. II, S. 153; Deutsch, Bd.II, S. 238).

Die unterschiedliche Entwicklung selbst in den afrikanischen Produzentenländern, die einen formal gleichen Zutritt als AKP-Staaten zum wichtigsten Markt, der EG, haben, signalisiert, daß hausgemachte Probleme bzw. Anreize die Entfaltung der Zwischenverarbeitungsindustrien in den Produzentenländern beeinflussen und nicht mögliche Hemmschwellen auf dem Weltmarkt. Tatsächlich hat sich auf dem Weltmarkt in den letzten Jahrzehnten ein bedeutsamer Strukturwandel ergeben: Ein immer größerer Teil des Kakaos gelangt nicht mehr als unverarbeitete Kakaobohne, sondern in verarbeitetem oder teilverarbeitetem Zustand in den Welthandel. Es handelt sich in erster Linie allerdings um einen wachsenden Handel zwischen den Verbraucherländern, etwa im Rahmen der EG, mit Kakaozwischenprodukten und Schokoladenwaren. Auch die Produzentenländer vermögen dabei eine wachsende Rolle zu spielen (vgl. Tabelle 44).

So sank beispielsweise der Anteil der unverarbeiteten Kakaobohnen an den gesamten Kakaoimporten aus aller Welt in den USA von 1962-66 bis 1980-81 von 79% auf 47%, bei den Importen aus der Dritten Welt von 92% auf 55%. Die entsprechenden Anteile bei den Importen in die EG verminderten sich von 65% auf 43% bzw. von 92% auf 80%, in den sozialistischen (osteuropäischen) Ländern von 89% auf 58% bzw. 90% auf 60% (vgl. Tabelle 44). Profitiert haben davon jeweils in erster Linie die Einfuhranteile von Kakaozwischenprodukten.

---

[198] Vgl. ebenda, S. 50.

[199] Diese Feststellung trifft insbesondere dann zu, wenn die übrigen Investitions- und Produktionskosten höher sind als in anderen konkurrierenden Standorten.

Tabelle 44: Verarbeitungsgrad der Kakaoimporte ausgewählter Länder,
in Prozent, 1962-66 und 1980-81

|  | USA 62-66 | USA 80-81 | EG 62-66 | EG 80-81 | BR Deutschland 62-66 | BR Deutschland 80-81 | Soz. Länder 62-66 | Soz. Länder 80-81 |
|---|---|---|---|---|---|---|---|---|
| **Ganze Welt** | 100,0 | 100,0 | 100,0 | 100,0 | 100,0 | 100,0 | 100,0 | 100,0 |
| Bohnen | 79,4 | 47,3 | 65,0 | 43,5 | 69,2 | 48,1 | 89,0 | 58,0 |
| Masse | 2,0 | 11,5 | 0,8 | 4,3 | 0,1 | 1,2 | - | 34,0 |
| Pulver | 5,0 | 9,8 | 1,3 | 2,6 | 2,6 | 2,5 | 3,0 | 1,0 |
| Butter | 5,2 | 22,7 | 12,6 | 17,3 | 3,0 | 17,8 | 8,0 | 1,0 |
| Schokolade | 8,4 | 8,7 | 20,4 | 26,5 | 25,1 | 30,3 | 2,0 | 6,0 |
| **Aus der Dritten Welt** | 100,0 | 100,0 | 100,0 | 100,0 | 100,0 | 100,0 | 100,0 | 100,0 |
| Bohnen | 92,0 | 55,3 | 92,4 | 79,7 | 99,7 | 88,1 | 94,0 | 60,0 |
| Masse | 1,9 | 12,5 | 0,4 | 6,3 | - | 0,2 | - | 36,0 |
| Pulver | 0,7 | 5,0 | 0,0 | 0,1 | - | - | - | 7,0 |
| Butter | 5,3 | 25,1 | 7,2 | 12,4 | 0,2 | 11,7 | 6,0 | - |
| Schokolade | 0,1 | 2,1 | 0,05 | 1,5 | 0,03 | - | - | 3,0 |
| **Anteil der DW an Importen** | | | | | | | | |
| Masse | 79,3 | 90,0 | 37,4 | 77,1 | 6,6 | 13,2 | - | - |
| Pulver | 11,5 | 43,2 | 0,9 | 1,1 | 0,05 | - | - | - |
| Butter | 88,1 | 93,6 | 37,9 | 38,0 | 3,0 | 35,8 | - | - |
| Schokolade | 1,0 | 20,5 | 0,1 | 2,4 | 0,05 | 0,1 | - | - |

Quelle: UNCTAD (1984), S. 10, 14 und 17.

Welchen Nutzen bringt jedoch die Weiter- und Zwischenverarbeitung der Kakaobohnen in den Produzentenländern? Die Untersuchung von Karunasekera für die Kakaozwischenverarbeitung in Ghana, Nigeria und der Côte d'Ivoire in den Jahren 1976-78 vermittelt, in einer gewissen Variationsbreite, ein begrenzt positives Bild: Die Wertschöpfung liegt in den drei untersuchten Jahren in der Côte d'Ivoire bei 18%, 25% und 24%, in Ghana sogar bei 67%, 71% und 18%. Ausschlaggebend sind die Preise, die für die Kakaobohnen gezahlt werden müssen, auf die mehr als 85% aller Produktionskosten entfallen. In Ghana wurden in den beiden ersten Jahren der Untersuchung die Kakaobohnenpreise für die Verarbeiter stark subventioniert. Hätte man Exportpreise zugrundegelegt, wäre die Wertschöpfung deutlich geringer, die Verarbeitungskosten im Durchschnitt sogar höher (3.656 US-$/t statt 2.191 US-$/t) als in der Côte d'Ivoire (3.293 US-$/t) und Nigeria (3.451 US-$/t) gewesen[200].

Die Devisengewinne durch die Zwischenverarbeitung errechnet Karunesekera mit 22% (Ghana), 32% (NIgeria) und 15% (Côte d'Ivoire), wobei in der Côte

---

[200] Vgl. Karunesekera (1983), S. 59.

d'Ivoire erhebliche Abflüsse durch Gewinntransfers und Gehälter für ausländische Experten zu Buche schlagen[201]. Die betriebswirtschaftlich effizienter und kapitalintensiver geführten joint-venture Betriebe in der Côte d'Ivoire erlauben eine rentablere Betriebsführung, nicht aber eine größere Vermaschung mit der übrigen Ökonomie, die in allen drei afrikanischen Ländern begrenzt ist. Die Daten bieten darüberhinaus keinen Anhaltspunkt dafür, daß eine größere technologische Kompetenz angesammelt und weiterentwickelt wurde.

Entscheidend für die volkswirtschaftliche Rentabilität der Kakaozwischenproduktion in den Produzentenländern ist das Verhältnis der für die Kakaozwischenprodukte zu erzielenden Preise und der Kakaobohnenexportpreise. Dieses Verhältnis ist durchaus nicht konstant und schwankt innerhalb eines Jahres, 1988 beispielsweise zwischen einem Faktor von 2,87 (Dezember) und 2,35 (Juni) - oder mit Abweichungen von +13% bzw. -7% vom Jahresdurchschnitt (2,54 für das Preisverhältnis von Kakaobutter/Bohnen). Zwischen 1970 und 1989 lagen die Jahresdurchschnittswerte des Preisverhältnisses Kakaobutter/Bohnen zwischen 1,28 (1977) und 2,77 (1989), für Kakaopulver/Bohnen zwischen 0,46 (1973/74) und 1,44 (1978)[202].

Es gibt außerdem noch beträchtliche Unterschiede für die einzelnen Handelspartner und selbstverständlich für verschiedene Qualitäten. Es ist beobachtet worden, daß die Tochterunternehmen ausländischer Konzerne in Brasilien niedrigere Exportpreise abrechnen als die brasilianischen Unternehmen, daß joint-ventures eines französischen Konzerns in der Côte d'Ivoire niedrigere Exportpreise erlösen als die staatlichen Unternehmen in Ghana und Nigeria[203]. Transfermanipulationen um Steuern zu sparen und Gewinne zu transferieren? Das Verhältnis der Preise Butter/Bohnen liegt im langfristigen Durchschnitt höher für die Produzentenländer als für die Konsumentenländer (z.B. Niederlande, Großbritannien), während das Verhältnis für Pulver/Bohnen sich genau umgekehrt verhält. Es scheint daher sinnvoll zu sein, daß die Produzentenländer ihren Verarbeitungsschwerpunkt auf die Herstellung von Kakaobutter und weniger von Kakaopulver legen sollten, was zudem den Einsatz der einfacheren und weniger kapitalintensiven Schleuder-Extraktions-Technologie - und nicht der Press-Technologie - erfordert[204].

Dennoch: Der Markt für Kakaozwischenprodukte scheint ein Residualmarkt zu sein. Die großen Süßwarenproduzenten verarbeiten die Kakaobohnen unter dem eigenen Dach oder durch Tochterunternehmen, gelegentlich durch Drittunter-

---

[201] Vgl. ebenda, S. 74.

[202] Vgl. ICCO (1989), S. 16.

[203] Vgl. Karunesekera (1983), S. 23 und 35.

[204] Vgl. Cohen (1986), S. 580.

nehmen (etwa in den Niederlanden), zu denen sich alteingespielte Geschäftsbeziehungen entwickelt haben.

Auf dem freien Markt wird der Spitzenbedarf gekauft - entsprechend volatil sind die Preise für die Kakaozwischenprodukte. Für Ghana wurden in den 15 Jahren 1953-68 nur in 5 Jahren tatsächlich zusätzliche Devisen erwirtschaftet (Wegner, Bd.II, S. 153). Selbst in Brasilien wird der volkswirtschaftliche Nutzen der Kakaozwischenverarbeitung kontrovers diskutiert. Eine Studie im Auftrag des Kakaoproduzentenverbandes sieht nur für drei von 25 Jahren (1952-77) höhere Devisenerlöse, eine Gegenstudie des Industriellenverbandes weist für 1974-80 Nettogewinne nach, muß aber zugleich einräumen, daß die staatlichen Exportanreize diese erst ermöglichen würden. (Calcagnotto, Bd.I, S. 472 ff.).

Tabelle 45: Kostenstruktur der Schokoladenindustrie in Großbritannien, in Prozent, 1975 und 1978

| | Schokolade | | Milch-schokolade | | Gefüllte Schokolade | | Alle Schokoladen-Produkte | |
|---|---|---|---|---|---|---|---|---|
| | 1975 | 1978 | 1975 | 1978 | 1975 | 1978 | 1975 | 1978 |
| Anteil des Kakaos am Gewicht | 40 | 40 | 25 | 25 | | | | |
| Anteil am Einzelhandelspreis | | | | | | | | |
| Kakaobutter | 24,6 | 35,1 | 18,3 | 22,5 | 10,9 | 14,7 | 11,2 | 14,5 |
| Zucker, Milch, Fette, Nüsse usw. | 10,8 | 7,0 | 18,0 | 14,4 | | | | |
| Andere Fabrikkosten und Gewinne | 35,4 | 29,1 | 34,1 | 33,9 | 60,0 | 55,4 | 59,0 | 55,6 |
| Fabrikabgabepreis | 70,8 | 71,2 | 70,4 | 70,8 | 70,9 | 70,1 | 70,2 | 70,1 |
| Groß- und Einzelhandel | 21,8 | 21,4 | 22,2 | 21,8 | 21,7 | 22,5 | 22,4 | 22,5 |
| Mehrwertsteuer | 7,4 | 7,4 | 7,4 | 7,4 | 7,4 | 7,4 | 7,4 | 7,4 |
| Einzelhandelsverkaufspreis | 100 | 100 | 100 | 100 | 100 | 100 | 100 | 100 |
| £/t | 1.722 | 3.192 | 1.632 | 2.786 | 1.386 | 2.185 | 1.627 | 2.592 |

| Preisindices | 1975 | 1978 | | 1975 | 1978 |
|---|---|---|---|---|---|
| Kakaobutter | 100 | 200 | Bruttolohn (1) | 100 | 141 |
| Zucker | 100 | 103 | Gewinn vor Steuern (1) | 100 | 125 |

(1): Cadbury-Schweppes

Quelle: Zusammengestellt aus: ICCO (1979).

Es ist zu vermuten, daß durch den wachsenden Umfang des Marktes für Kakaozwischenprodukte dieser seinen Residualcharakter allmählich verlieren und damit relativ stabilere und günstigere Preise gegenüber den Kakaobohnen erzielt werden können. Der Aufbau der Zwischenverarbeitungsindustrie in den Produzentenländern wäre damit nicht sinnlos, allerdings sind die bisherigen Vermaschungseffekte noch sehr begrenzt. Die eigentlichen vorgelagerten Vermaschungseffekte der Kakaowirtschaft liegen in der Endverarbeitung, in der Herstellung von Schokolade und von Schokoladenprodukten und deren Vertrieb.

Zur Illustration mögen folgende Daten für die britische Schokoladenindustrie für ein Jahr mit moderaten (1975) und hohen Kakaopreisen (1978) dienen (vgl. Tabelle 45): Bezogen auf den Einzelhandelspreis betrug der Kostenanteil von Kakaobutter bei (Bitter-) Schokolade 25% bzw. 35%, bei Milchschokolade und gefüllter Schokolade lag er noch deutlich niedriger, bei allen Schokoladenwaren zusammen bei 11% bzw. 15%. Die fob-Exportpreise für Kakaobohnen dürften für die Bitter-Schokolade einen Anteil zwischen 20 - 28%, für alle Schokoladenprodukte zwischen ca. 9 - 11% am Einzelhandelspreis ausmachen.

Traditionell erfolgte die Endverarbeitung zu Schokolade und Schokoladenwaren weitgehend in den jeweiligen Verbraucherländern selbst. Hier zeichnet sich ein Strukturwandel ab. Die Exporte von Schokolade und Schokoladenwaren stiegen von ca. 110.000 (1960) auf 570.000 t (1980) und 900.000 t (1987) (vgl. Tabelle 46). Es liegen keine Daten über die Weltschokoladenproduktion vor, mit denen man diese Zahlen in Relation setzen könnte. Die 17 größten westlichen Industrie- und Verbraucherländer produzierten 1973 2,6 Mill. t, 1980 2,4 Mill. t und 1987 3 Mill. t Schokolade und Schokoladenprodukte[205].

Tabelle 44 gibt Aufschluß darüber, daß der internationale Schokoladenmarkt in den Industrie- und Verbraucherländern sich sehr ungleichmäßig entwickelt: Er stagniert praktisch in den USA, erlebte in den sozialistischen (osteuropäischen) Ländern einen kräftigen Zuwachs, allerdings von einem sehr niedrigen Niveau, und wurde in den EG-Staaten von einem recht hohen Niveau, Anfang der 60er Jahre, bis Anfang der 80er Jahre noch weiter ausgeweitet (auf einen Schokoladenanteil an den Gesamtimporten von 26%, 1980/81). Für die Bundesrepublik liegt der Wert sogar noch höher.

Die Produzentenländer vermochten sich an dieser Entwicklung jedoch kaum zu beteiligen. Lediglich in den USA errangen sie mit 20% einen nennenswerten Anteil an den Schokoladenimporten, das sind aber dennoch nur 2% ihrer Kakaoexporte in diesen Markt. Für die EG, insbesondere für die Bundesrepublik, sind ihre Schokoladenexporte in jeder Hinsicht ohne Bedeutung (vgl. Tabelle 44).

---

[205] Vgl. Süßwarentaschenbuch (1975), S. 76 sowie Dass. (1988), S. 79.

Tabelle 46: Export von Schokolade und Schokoladenprodukten ausgewählter Länder, in t und in Prozent, 1947-1987 (ausgewählte Jahre)

|  | 1947-51 Durchschnitt | 1960 | 1972 | 1980/81 | 1984/85 | 1987/88 |
|---|---|---|---|---|---|---|
| Côte d'Ivoire | - | - | - | 2.248 | 2.075 | 6.040 |
| Ghana | - | - | - | - | - | - |
| Nigeria | - | - | - | - | - | 10 |
| Kamerun | - | - | 2.869 | 4.000 | - | - |
| Malaysia/Singapur | 72 | 66 | 437 | 6.384 | 7.690 | 24.188 |
| Brasilien | 362 | 106 | 296 | 21.329 | 17.811 | 14.050 |
| 5 Produzentenländer | 434 | 172 | 3.602 | 33.961 | 27.576 | 44.288 |
| übr. Dritte Welt | 436 | 375 | 1.752 | 14.465 | 13.704 | 15.733 |
| Niederlande | 13.398 | 20.271 | 70.043 | 110.852 | 144.266 | 162.074 |
| BR Deutschland | 21 | 3.429 | 20.070 | 70.233 | 105.929 | 111.705 |
| Großbritannien | 19.397 | 17.292 | 43.238 | 56.777 | 80.494 | 78.262 |
| Frankreich | 4.938 | 5.164 | 12.755 | 43.899 | 67.288 | 70.314 |
| Irland | 15.184 | 39.886 | 50.536 | 33.349 | 54.202 | 70.860 |
| 5 Hauptexportl. | 52.938 | 86.042 | 196.642 | 315.110 | 452.179 | 493.215 |
| Alle Exporte | 66.800 | 109.800 | 312.500 | 568.440 | 780.640 | 900.800 |
| Anteil an Weltexporten in Prozent | | | | | | |
| 5 Produzentenländer | 0,6 | 0,2 | 1,1 | 6,0 | 3,5 | 4,9 |
| Gesamte Dritte Welt | 1,3 | 0,5 | 1,7 | 8,5 | 5,3 | 6,7 |
| 5 Hauptexportländer | 79,2 | 78,3 | 62,9 | 55,4 | 57,9 | 54,7 |

Quelle: FAO, Cocoa Statistics (versch. Jhg.); ICCO, Quarterly Bulletin of Cocoa Statistics (versch. Jhg.).

Betrachtet man die globale Exportstatistik, so haben die Produzentenländer ihre Schokoladenwarenexporte von nahe Null (1960) auf 34.000 t (1980/81) und 44.000 t (1987/88) steigern können, das waren aber nur 6% bzw. knapp 5% der gesamten Weltexporte (vgl. Tabelle 46)[206]. Die Grundtendenz wird dadurch jedoch nur modifiziert, nicht verändert. Nennenswerte Schokoladenexporte entfallen nur auf Brasilien, in jüngerer Zeit auch auf Malaysia/Singapur und - in deutlichem Abstand - auf die Côte d'Ivoire. In allen großen Produzentenländern gibt es eine kakaoverarbeitende Industrie, die Schokolade, Schokoladenwaren und Kakaogetränke herstellt. In Afrika ist diese jedoch sehr klein. Sie findet nur einen sehr begrenzten (Côte d'Ivoire) oder gar keinen Exportmarkt und verfügt nur über einen sehr engen Binnenmarkt. In Ghana wurden beispielsweise 1984 230 t Kakaopulver zu Getränken, Speiseeis usw. verarbeitet - gerade 5% der Kakaopulverexporte. Die drei Verarbeitungsbetriebe, joint-ventures mit ausländischen Unternehmen, konnten ihre Kapazitäten nur zu 9 - 15% auslasten (Wegner, Bd.II, S. 154).

In der Côte d'Ivoire sieht der Binnenmarkt nicht wesentlich anders aus. Zusammen mit den geringen Exporten in die benachbarten CEAO-Länder wurden 1976/77 83 t Schokolade und Schokoladenprodukte im Lande hergestellt und verbraucht (5% der ivorischen Schokoladenproduktion), 1980/81 waren es immerhin 413 t ( 5%), 1984/85 274 t (2%), Jakobeit, Bd.II, C, S. 72).

Lediglich in Brasilien vermochte sich, wiederum mit staatlicher Förderung, eine bedeutende Schokoladenindustrie zu entwickeln, die ihr Produktionsvolumen von 38.600 t (1969) auf 106.000 t (1980) und 154.000 t (1987) auszuweiten wußte (Calcagnotto, Bd.I, S. 476). Sie liegt damit inzwischen an siebter Stelle in der Welt. Sie findet ihren Absatz zum geringeren, allerdings stark schwankenden, Teil im Ausland (USA, Japan): 1976-84 wurden zwischen 0,7% und 47% der Produktion exportiert, der Median für diese Zeit liegt bei mageren 8% (Calcagnotto, Bd.I, S. 476). Es gelang, den Binnenmarkt durch ein vielfältiges und qualitativ ansprechendes Angebot und durch gezielte Werbekampagnen auszuweiten. Der Gesamtverbrauch pro Kopf der Bevölkerung stieg von 0,4 kg (1970) auf 0,9

---

[206] Die hier verwendeten Daten der ICCO weichen allerdings deutlich von den nationalen Daten ab:

| In t | | 1980/81 | 1984/85 |
|---|---|---|---|
| Brasilien | ICCO | 21.329 | 17.811 |
| | nat. Statistik | 3.300 | 12.800 |
| Bundesrepublik | ICCO | 70.233 | 105.929 |
| | nat. Statistik | 28.381 | 56.743 |
| Côte d'Ivoire | ICCO | 2.248 | 6.040 |
| | nat. Statistik | 7.924 | 11.651 |
| Kamerun | ICCO | 4.000 | - |
| | nat. Statistik | 3.400 | 400 |

Vgl. Jakobeit, Bd.II, C, S. 72; Jakobeit, Bd.II, K, S. 325; Calcagnotto, Bd.I, S. 476; Süßwarentaschenbuch (1985), S.91.

kg (1982) (Calcagnotto, Bd.I, S. 476)[207]. 23 Betriebe - mit zusammen etwa 25.000 Beschäftigten - stellen in Brasilien Schokolade und Schokoladenwaren her. Dabei handelt es sich zum Teil um große Nahrungsmittelkonzerne, die Schokoladenwaren, neben anderen Produkten, herstellen. Für die drei größten Schokoladenproduzenten liegt der Schokoladenumsatz um 10% des Gesamtumsatzes (Calcagnotto, Bd.I, S. 420). Da es sich nicht um Staatsbetriebe handelt, müssen diese Unternehmen rentabel wirtschaften, wollen sie überleben. 1979 wurden beispielsweise Gewinne über insgesamt 40 Mill. US-$ und 1984 über 49 Mill. US-$ erwirtschaftet (Calcagnotto, Bd.I, S. 423). Diese Zahlen sollen jedoch nicht einen harten Konkurrenzkampf verschleiern, bei dem sich ausländische joint-ventures bzw. Tochterunternehmen zunehmend durchzusetzen vermögen. So wurde die brasilianische Firma Lacta 1976 von Nestlé, schon seit 1920 im Lande und seit 1953 in der Schokoladenindustrie, als Marktführer überholt und mußte 1984 eine Verbindung mit Jacobs-Suchard eingehen. 1988 teilten beide Unternehmen mit 36% bzw. 35,5% den größten Teil des Marktes fast gleichmäßig untereinander auf (Calcagnotto, Bd.I, S. 421).

Es bleibt die Frage, warum die Entwicklung eines brasilianischen, nicht aber eines afrikanischen Binnenmarktes, gelang? Ins Auge springt die Größe des potentiellen Marktes in Brasilien, der sich mit 144 Mill. Einwohnern und einem BSP p.c. von 2.160 US-$ (1988) deutlich von den relativ bevölkerungsarmen Côte d'Ivoire (11 Mill. E., 770 US-$ p.c.), Kamerun (11 Mill. E., 1.010 US-$ p.c.) und Ghana (14 Mill. E., 400 US-$ p.c.) abhebt, während das bevölkerunsreiche Nigeria (110 Mill. E.) eine Bevölkerung mit nur sehr geringer Kaufkraft (290 US-$ p.c.) hat. Auch in Brasilien gibt es Massenarmut und damit breite Schichten, die gar nicht daran denken können, sich ein Luxuskonsumgut wie Schokolade zu kaufen.

Es gibt nur eine relativ kleine, zahlenmäßig aber doch bedeutsame kaufkräftige Gruppe, Oberschicht, Mittelschicht, z.T. qualifizierte Arbeiterschaft. Selbst wenn man diese nur bei 10% der Gesamtbevölkerung ansiedeln würde, ergebe dies einen Verbrauchermarkt, der größer als der Belgiens ist und etwa dem der Niederlande entsprechen würde.

Die Neigung zum Verbrauch von Schokolade hängt vermutlich nicht nur vom Einkommen, sondern auch von der Temperierung des Klimas ab. Brasilien hat in seinen südlichen Landesteilen subtropisches und sogar gemäßigtes Klima - das sind auch die wirtschaftlichen Kernprovinzen und die Zentren des Schokoladenverbrauchs. Obwohl die in Westafrika hergestellte Schokolade etwa zum halben Preis und weniger im Vergleich zur Importschokolade angeboten wird, kann letztere allenfalls durch administrative Mittel von diesem kleinen Markt ver-

---

[207] Die offenbar nicht sehr verläßliche ICCO (1989), S. 11, veröffentlicht allerdings weit niedrigere Zahlen: 0,3 kg p.c. (1982), 0,4 kg p.c. (1987).

drängt werden. Wer es sich leisten kann und europäische Verbrauchergewohnheiten pflegt, greift vermutlich gleich zu den europäischen Markenartikeln und nicht zu den qualitativ weniger überzeugenden örtlichen Produkten.

Warum vermögen die Kakaoproduzentenländer kaum oder gar nicht auf den Hauptverbrauchermärkten für Schokolade und Schokoladenwaren Fuß zu fassen? Die naheliegende Antwort wäre, daß sie entweder nicht kostengünstig konkurrenzfähige Produkte herzustellen vermögen oder - alternativ - durch administrative Barrieren (Zölle, nichttarifäre Hindernisse) am Zugang zu den Märkten in den großen Verbraucherländern gehindert werden. Leider muß die Antwort hier spekulativ ausfallen, da es keine Untersuchungen bzw. Daten gibt, die einen verläßlichen Vergleich der Kosten und Kostenstrukturen in der Schokoladenindustrie ermöglichen würden. Es spricht aber einiges dafür, daß die Kostenstruktur in den Kakaoproduzentenländern nicht günstiger, sondern eher ungünstiger ist als in den Industrieländern: Der örtlich vorhandene Kakao muß nicht immer tatsächlich verfügbar sein. Es fehlen die verschiedenen Varietäten, die von den Verarbeitern in den Industrieländern gern aus Kosten- und Geschmacksgründen gemischt werden. Diese Nachteile könnten allerdings durch verbilligte Ankaufpreise, also durch staatliche Subventionen, ausgeglichen werden. Der Kostenanteil von Kakao an den Schokoladenprodukten ist aber relativ gering, vielleicht 10-20% des Fabrikabgabepreises. Andere Rohstoffe, Milch, Nüsse, Rosinen, Zucker usw., sind zusammengenommen z.T. bedeutsamer, sie müssen (in Westafrika) importiert werden - was allerdings gegenüber den EG-Verarbeitern, die die überhöhten Preise des EG-Agrarmarktes bezahlen müssen, ein Kostenvorteil sein kann. Die Kapitalkosten dürften in den Produzentenländern höher, die Lohnstückkosten, trotz dürftiger Löhne, nicht unbedingt niedriger liegen als in den Industrieländern. Es gibt eine Reihe nichttarifärer und tarifärer Hindernisse - wie z.B. die eskalierenden Zollsätze nach der Verarbeitungsstufe[208]. Einige kleinere Verbrauchermärkte mögen sich durch diese zugunsten ihrer nationalen Verarbeitung abschotten, entscheidende Bedeutung für den Weltmarkt dürften sie jedoch nicht (mehr) haben.

Weit bedeutsamer dürfte der harte Wettbewerb, die Kontrolle der Technologie, die genaue Marktübersicht der Schokoladenfabrikanten in den großen Verbrauchermärkten sein, die nicht selten im Rahmen großer vertikal und horizontal integrierter Nahrungsmittelkonzerne agieren.

Es kann deshalb jedoch nicht unbedingt von einer "oligopolistischen Abschottung" dieser Märkte durch TNK gesprochen werden, wie dies beispielsweise die

---

[208] Die UNCTAD (1984), S. 35, hat für elf Länder folgenden Durchschnitt errechnet: Für Kakaobohnen keine Zölle, auf Kakaozwischenprodukte 11,4 %, auf Schokoladenwaren 20,3 %. Für den Bereich EG-AKP-Staaten (zu denen Westafrika gehört) sind Zölle in allen Bereichen abgeschafft worden.

UNCTAD tut[209]. Die Darstellung des Marktes in der Bundesrepublik Deutschland (Kapitel 4) zeigt, wie wichtig eine genaue Übersicht über einen sich wandelnden Markt ist, welche Bedeutung eingeführte Markenartikel, Produktinnovationen und Werbekampagnen haben, welcher Preisdruck von der Einzelhandels- und Abnehmerseite auf die Fabrikanten ausgeübt wird. Dieser harte Wettbewerb verschließt diesen wichtigen Markt nicht nur gegenüber potentiellen Anbietern aus der Dritten Welt. Selbst TNK, die hier noch nicht etabliert waren und den Markt nicht genau einzuschätzen wußten, scheiterten bei ihrem Eintrittsversuch. Manches alteingesessene Unternehmen, das sich den wechselnden Anforderungen gegenüber nicht flexibel genug zeigte, ging unter. Auf jeden Fall ist ein Eintrittsversuch mit erheblichen Kosten verbunden, die nicht allein im Ursprungsland zu erbringen wären, sondern im Absatzmarkt selbst - entsprechend geringer würden wieder die Vermaschungseffekte für die heimische Ökonomie ausfallen. In den Bereichen, in denen die Kosten vergleichsweise am niedrigsten sein werden - bei den einfachen Schokoladenverarbeitungen, etwa Couverturen, Tafelschokoladen usw. - sind die Gewinnmargen allerdings auch am geringsten. Die aktuellen Schokoladenwarenexporte aus der Dritten Welt dürften sich vor allem in diesem unteren Segment der Schokoladenindustrie abspielen. Dieser Handel erfolgt überwiegend durch die vertikal integrierten TNK. Daß dieser Handel nicht wesentlich größer ist, dürfte aber weniger an den oligopolistischen TNK liegen, die die Märkte so aufgeteilt haben, als eben an der Tatsache, daß sich dieser Handel für die TNK nicht lohnt, sie also durch die Erzeugung von Schokoladenwaren in den Produzentenländern keine Kosten- und Wettbewerbsvorteile auf den großen Verbrauchermärkten erzielen können. Wäre dies anders, ist nicht einzusehen, warum sie ihre Produktion nicht in die Dritte Welt verlagern sollten, wie sie es mit anderen Industriezweigen tun. Eine Stimulierung der Weiter- und Endverarbeitung von Kakao in den Produzentenländern wird daher an einer Verbesserung der Anlagebedingungen und Senkung der potentiellen Produktionskosten nicht vorbeikommen. Dabei wird man realistischerweise die TNK nicht zugunsten etablierter (mittelständischer) Unternehmen in den Verbraucherländern aussparen können, wie es die UNCTAD anregt[210].

Ob es einen großen Sinn macht, international auf eine Zielgröße der Verarbeitungskapazitäten für Schokoladenwaren in den Produzentenländern sich zu einigen - und darin noch einen Eigentumsanteil der Produzentenländer als Mindestgröße festzuschreiben - muß gleichfalls bezweifelt werden[211].

Hier scheinen ein weiteres Mal internationale Bürokratien, Beschäftigung und Rechtfertigung zugleich zu suchen. Es ist ferner ein problematischer und riskanter Weg, die (multilaterale) Kreditfinanzierung auszuweiten, um "die Produzen-

---

[209] Die UNCTAD (1984), S. 52.

[210] Vgl. UNCTAD (1983), S. 52.

[211] Vgl. ebenda, S. 76 f.

tenländer" (und offenbar den öffentlichen Sektor in denselben) von den TNK unabhängiger zu machen[212]. Aus der internationalen Verschuldungskrise hat man offenbar immer noch nichts gelernt. Es muß allerdings gleichfalls bezweifelt werden, ob allein rechtlich verläßliche Regelungen (Investitionsschutzabkommen, freier Gewinntransfer) ausreichen, wie es ein deutscher Lobbyist als Replik auf die UNCTAD-Vorschläge forderte, um die Schokoladenherstellung in den Produzentenländern zu stimulieren[213].

Ein möglicher Beitrag des Kakaoexportsektors auf die Entwicklung der übrigen Ökonomie beschränkt sich nicht nur auf die direkt vor- und nachgelagerten Vermaschungseffekte. Die höhere agrarische Produktivität und Wertschöpfung durch Einführung der Exportkultur ermöglicht höhere Einkommen, die z.t. individuell verfügbar anfallen, z.T. über Steuern, Monopolunternehmen und dgl. vom Staat abgeschöpft werden. Die private wie staatliche Verwendung dieser Einkommen kann eine wichtige entwicklungspolitische Dimension mit unterschiedlich multiplikatorischen Konsequenzen haben.

Die höheren Einkommen können einerseits zu Investitionen verwendet werden, die die Produktivkraft ausbauen, die Produktivität und die Einkommen auf eine höhere Stufe heben. Sie können andererseits auch konsumptiv verwendet werden. Sie stimulieren dann die Ansiedlung bzw. Ausweitung des Dienstleistungsangebots bzw. des Absatzes materieller Güter. Es ist dabei entwicklungspolitisch bedeutsam, welche Güter wo nachgefragt werden: Handelt es sich um Dienstleistungen und Waren, die nicht im Lande angeboten, sondern importiert oder im Ausland in Anspruch genommen werden müssen, so reduzieren sich die Nachfragelinkages für die heimische Ökonomie auf ein schmales Segment im Transport- und Verteilungsbereich. Umgekehrt sind die Nachfrage- und Vermaschungseffekte für die heimische Wirtschaft größer, je höher der Anteil der nachgefragten heimischen Waren und Dienstleistungen ist. Die entwicklungspolitische Diskussion dreht sich dabei um möglicherweise unterschiedliche Nachfrageprofile, die "reiche" und die "arme" Leute entwickeln, im Agrarsektor also Großgrund- und Plantagenbesitzer oder Klein- und Familienbauern. Die ersteren fragen angeblich "Luxuskonsumgüter", die letzteren "Massenkonsumgüter" nach. Man unterstellt dabei, daß letztere überwiegend durch lokale Produktionsfaktoren hergestellt werden bzw. hergestellt werden können (also: arbeitsintensive, lokal verfügbare Materialien bzw. Nahrungsmittel), während erstere mit den Produktionsfaktoren in den Industrieländern (kapitalintensiv und hoher Importanteil) erzeugt werden. Die Zuordnung der einzelnen Verbrauchsgüter in diese beiden Gruppen ist nicht immer eindeutig möglich. Der ihnen zugeschriebene

---

[212] Vgl. ebenda, S. 73.

[213] Vgl. Schütze (1982), S. 26.

ökonomische Charakter ist in einigen Fällen (z.B. franz. Champagner[214] und Akpeteshi, in Ghana gebrannter Hochprozentiger) offensichtlich, oft jedoch schwierig, da Verbrauchsgüter sowohl kapital- als auch arbeitsintensiv usw. hergestellt werden können. Diese Problemstellung bleibt dennoch interessant genug und bedarf weiterer empirischer Verifikation, für die sich gerade auch der Kakaoexportsektor anbieten würde. Allerdings liegen dafür bislang nur unzureichende Informationen vor. Eine Erhebung über das Investitions- und Konsumverhalten der Kakaoproduzenten konnte im Rahmen der Länderstudien dieses Projektes nicht durchgeführt werden.

Dennoch einige Hinweise: Die Spar- und Investitionsfähigkeit von Kleinbauern ist vielerorts in der Dritten Welt nachgewiesen worden. Sie scheint auch unter Kakaobauern gegeben zu sein (Jakobeit, Bd.II, K, S. 314). Ein beträchtlicher Teil scheint in die Schul- und gegebenenfalls Universitätsausbildung der Kinder zu fließen, außerdem in den Hausbau. Für die Côte d'Ivoire wird berichtet, daß nur 3 - 20% der Bauern (nach verschiedenen Schätzungen) zu Intensivierungsinvestitionen in ihren Kakaobetrieben in der Lage sein sollen, diese mithin, mangels eines ausreichenden Kreditangebots und durch ihre unzureichenden Mittel, ökonomisch blockiert sein sollen (Jakobeit, Bd.II, C, S.54). Mit der Höhe der Einkommen sollen allerdings die Ausgaben für Prestigezwecke zunehmen, die man einerseits als unproduktive "Schatzbildungsökonomie" bezeichnen kann, die aber andererseits das lokale Handwerk und Dienstleistungen im o.a. Sinne besonders stimulieren mögen.

Für die Côte d'Ivoire wurde ein durchschnittliches Ausgabenprofil eines Kakao- und Kaffeebauern etwa folgendermaßen geschätzt: 28% der Ausgaben gehen in (kostbare) Kleidung und Schmuck, 10% werden für Begräbnisse aufgewendet, jeweils 5% für Gesundheit und Schulausgaben, 15% für Nahrungsmittel und 20% für dörfliche Gemeinschaftsprojekte (Bau von Schulen und Straßen) bereitgestellt, der Rest (17%) offenbar gespart (Jakobeit, Bd.II, C, S. 55).

In der Côte d'Ivoire, wie in Ghana, Nigeria und in Brasilien, finden sich Großpflanzer, Pflanzer-Unternehmer, die auch anderen Geschäften nachgehen, im Handel, im Geldverleih, Immobilien, im Staatsdienst. Die politische Schiene ist hierbei nicht selten offensichtlich. Es wäre aber dennoch reizvoll zu wissen, ob und wie eine ursprüngliche Akkumulation in der Kakaowirtschaft die wirtschaftliche Tätigkeit in anderen Wirtschaftsbereichen erst ermöglicht hat. Auch hierzu

---

[214] Kamerun (mit 261.480 Flaschen) und die Côte d'Ivoire (209.006 Flaschen) führen übrigens die afrikanischen Importe französischen Champagners mit deutlichem Abstand - und zusammen 36 % aller Importe des Kontinents - an. Vgl. West Africa, vom 9. 7. 1990, S. 2069. In der Côte d'Ivoire wurde die Hälfte des Champagners unverzollt eingeführt. Vgl. Süddeutsche Zeitung, vom 28. 7. 1990.

müßten empirische Fallstudien durchgeführt werden, die recht aufwendig wären und bisher noch ausstehen.

Der letzte Problembereich kann nur kursorisch angesprochen werden: Die fiskalischen Linkages. Es wurde schon in Kapitel 6.1. darauf hingewiesen, daß der Staat in Westafrika einen beträchtlichen Teil der Kakaoeinnahmen abschöpft. Aus entwicklungspolitischer Sicht ist diese Abschöpfungspolitik zunächst nicht einmal negativ zu bewerten. Wo sollte der Staat in einer Agrargesellschaft seine Ressourcen sonst herbekommen, wenn nicht von den ländlichen Produzenten? Er braucht Ressourcen, um eine Infrastruktur aufzubauen und zu unterhalten, die Entwicklung anderer produktiver Bereiche anzuregen und voranzutreiben, die die gesamte Ökonomie auf eine breitere, diversifiziertere Basis und vielleicht auf ein höheres technologisches Niveau heben. Bedenklich, ja problematisch, ist die Art und Weise der Abschöpfung und ihre Verwendung.

Es wurde gezeigt, daß diese z.T. so radikal vorgenommen wurde, daß die Produktion auch für familienbäuerliche Betriebe unrentabel wurde und die Gefahr bestand, daß der ganze Wirtschaftszweig zusammenbrechen würde. Sie wurde (wie in Ghana) auch auf Kosten eines langfristigen Realeinkommensverfalls der Bauern erzwungen. Die Kakao- und andere cash crop-Bauern gehören mit zu den am höchsten und konsequentesten besteuerten Gruppen in ihren Gesellschaften (in Afrika). Die Mehrheit unter ihnen gehört zwar nicht zu den ärmsten Gruppen, gleichwohl handelt es sich meist nur um Niedrigeinkommensbezieher. Diese unterliegen nicht nur im gesamtgesellschaftlichen Maßstab, als untere Einkommensbezieher, einer degressiven Besteuerung, sondern auch im Verhältnis zu den Großbauern und Großproduzenten in ihrem Sektor, die formal linearen Abschöpfungssätzen unterliegen, diese durch subventionierte Inputs und Kredite faktisch jedoch senken können.

Die Verwendung der Kakaoabschöpfung ist entwicklungspolitisch kaum weniger problematisch als ihre Aufbringung sozialpolitisch unausgewogen. Es ist dabei sicherlich nicht sinnvoll, eine direkte Rückflußrechnung aufzustellen, wieviel die Kakaobauern zahlen und wieviel sie durch staatliche Leistungen zurückerhalten. Es gibt in den meisten Ländern auf die Kakaobauern bezogene staatliche Sozial- und Infrastrukturprogramme. Diese verwenden nur einen kleinen Teil der abgeschöpften Beträge. Der größere Teil wird anderen Verwendungen zugeführt, und das ist sicherlich nicht grundsätzlich falsch. Problematisch ist jedoch, daß ein so hoher Anteil der staatlichen Einnahmen für expandierende Bürokratien und Beschäftigte im öffentlichen Sektor ausgegeben wird. Es handelt sich dabei um ständig sich erweiternde Klientelnetze, die die Tendenz haben, nicht mit den notwendigen Aufgaben, sondern eher mit der Krise zu wachsen, als Versuch der Regierenden, ihren Legitimationsverlust durch Erweiterung der unmittelbar Begünstigten ihres Regimes aufzufangen und abzusichern. Dabei gibt es natürliche Grenzen. In Ghana mußte das revolutionäre Regime nach 1980 einen Teil der immerhin 100.000 Beschäftigten des CMB - dem allenfalls 1/2 Million Bauern gegenüberstehen - entlassen, weil sie nicht mehr zu finanzieren waren und der IWF drängte (Wegner, Bd.II, S. 109).

Die Löhne und Gehälter, die im öffentlichen Sektor gezahlt werden (können), müssen dabei nicht einmal üppig sein. Da sie mit keiner entsprechenden Leistung verbunden sind, könnte man ihnen jedoch allenfalls eine sozialpolitische Dimension beimessen. Sie schaffen Arbeitslose von der Straße, wirken also wie eine Art "Beschäftigungsprogramm". Die so verwendeten und verschwendeten Mittel gehen jedoch den Investitionen verloren, die Produktivkraft und echte Arbeitsplätze schaffen, die nun zunehmend durch Kreditaufnahme und Verschuldung im Ausland finanziert werden müssen. Die Einkommen im öffentlichen Sektor entsprechen jedoch selten den Ansprüchen. Der umfassende staatliche Lenkungs-, Leitungs- und Subventionsapparat bietet, zumal unter den Bedingungen autoritärer oder nur eingeschränkt offen und kompetitiver politischer Herrschaft, ein breites Feld der Selbstbereicherung der Staatsklasse. Es ist das eigentlich katastrophale Ergebnis dieses Systems, daß Investitionen nicht in die gesamtwirtschaftlich sinnvollsten und rentabelsten Bereiche gelenkt werden, sondern wo die Geschäftemacherei privater Unternehmer und Staatsklassenvertreter sich - jenseits eines Wettbewerbsmarktes - zu verbinden wissen.

Gewiß sollten nicht alle Ergebnisse der staatlichen Entwicklungspolitik pauschal kritisiert werden. Viele durchaus sinnvolle Versuche scheiterten an den objektiv schwierigen Bedingungen - wie z.B. die Bemühungen Ghanas in den 60er Jahren, der Côte d'Ivoire in den 70er Jahren, ihre zurückgebliebenen Nordprovinzen zu entwickeln. Dennoch wurde und wird ein bedeutsamer Anteil der durch die Staatsapparate geleiteten und von diesen regulierten Ressourcen verschwendet und in fragwürdige oder gar dubiose Projekte investiert und fehlgeleitet. Als Symbol hierfür wird sicher die Kathedrale, die Houphouët-Boigny in seinem Heimatdorf Yamoussoukro, das er zur Hauptstadt erklärte und ausbauen ließ, in die Geschichte eingehen. Sie löst damit quasi das goldene Bett ab, das Anfang der 60er Jahre von Frau Edusei, einer reichen Händlerin und Ehefrau eines korrupten Nkrumah-Ministers, in London bestellt (und, aufgrund des Entrüstungssturms, allerdings wieder abbestellt) wurde.

Es spielt sicher keine Rolle, ob die angeblich 250 Mill. DM Baukosten tatsächlich von Houphouët privat finanziert wurden (wie er behauptet) oder ob es sich um staatliche Gelder handelt. Der Baubeginn dieses monströsen Projektes erfolgte zu einem Zeitpunkt, als die Kakao- und Kaffeepreise so hoch wie lange nicht waren. Diese ermöglichten dem Land einen großen finanziellen Handlungsspielraum, der allerdings offenbar nicht ausreichte. In dieser Zeit der Weltmarktkonjunktur wurde die Auslandsverschuldung so ausgeweitet, daß die Côte d'Ivoire in den 80er Jahren, mit fallenden Rohstoffpreisen und steigenden Zinsen und Rückzahlungslasten, zahlungsunfähig wurde.

Die Stimulierung einer gesamtgesellschaftlichen Entwicklung durch die Kakaoexportökonomie trifft auf größere Schwierigkeiten und höhere Hindernisse als die Dynamisierung des Agrarsektors durch Einführung und Intensivierung dieser Exportkultur. Nicht nur durch den Weltmarkt gesetzte Schranken spielen eine Rolle, sondern endogene Hindernisse in diesen Ländern selbst, die also prinzipiell von den Akteuren in diesen Ländern überwunden werden müßten, wie die in den beiden Bänden dieses Projektes aufbereiteten Länderfallstudien in unterschiedlicher Weise deutlich machen. Es ist zwar auffallend, daß die bislang mit ihrer nachholenden Entwicklung erfolgreichsten Dritte Welt-Staaten, die beiden Stadtstaaten Hongkong und Singapur, außerdem Taiwan und Süd-Korea, rohstoff- und ressourcenarm sind. Dies erlaubt allerdings nicht den Schluß, daß die Rohstoffexportsektoren die Entwicklung eher behindern, denn stimulieren, eine konsequente Entwicklungspolitik diese Exportsektoren einebnen müsse, um eine allein binnenorientierte Entwicklung "aus eigener" Kraft anzustreben. Auch Burkina Faso und der Tschad besitzen kaum Ressourcen, ihre Entwicklungspolitik scheint dennoch allenfalls zwischen Armut und Elend ihrer Bevölkerung zu pendeln. Malaysia und Brasilien haben im Gegensatz zu den afrikanischen Staaten gezeigt, daß eine relativ erfolgreiche Entwicklung mit und durch die Rohstoffexportsektoren und über diese hinaus möglich ist, auch wenn die nach wie vor vorhandene Armut in beiden Ländern und die aktuelle Wirtschaftskrise in Brasilien den Blick dafür verstellen mögen.

## 8. Literaturverzeichnis

Ahlert, D., (1986). Niedrigpreisstrategien und Untereinstandspreise oder das Problem des 'leistungsgerechten' Preises im Einzelhandel. In: Markenartikel, Vol. 48, No. 6.

Akiyama, T., und Duncan, R. C., (1982). Analysis of the World Cocoa Market. Washington: The World Bank.

Atsé, D., (1986). Commodity Futures Trading and International Market Stabilization. Uppsala.

Bates, R. H., (1981). Markets and States in Tropical Africa: The Political Basis of Agricultural Policies. Berkeley.

Bates, R. H., (1988). Governments and Agricultural Markets in Africa. In: Ders. (Hg.). Toward a Political Economy of Development.Berkeley.

Behrmann, J. R., (1965). Cocoa: A Study of Demand Elasticities in the Five Leading Consuming Countries, 1950-1961. In: Journal of Farm Economics, No. 47.

Behrmann, J. R., (1968). Monopolistic Cocoa Pricing. In: American Journal of Agricultural Economics. Vol. 50, No. 3, August.

Berger, R., (1985). Discountmärkte: Bei steigenden Verbraucheransprüchen noch im Trend. Vortrag gehalten am 13. 10. 1985 auf dem Messegelände der ANUGA, Köln (unv.).

Berry, S. S., (1975). Cocoa, Custom and Socio-Economic Change in Rural Western Nigeria. Oxford.

Berthelemy, J. C., und Morrison, C., (1987). Manufactured Goods Supply and Cash Crops in Sub-Saharan Africa. In: World Development, Vol. 15, No. 10/11.

Brown, C. P., (1970). Short Run Static Price and Income Effects of Cocoa Control. In: The Journal of Development Studies. Vol. 6, April.

Bukh, J., (1979). The Village Women in Ghana. Uppsala.

Cadbury Brothers Limited (Hg.). Industrial Challenge. The Experience of Cadburys of Bourneville in the Post-War Years. London.

Campbell, B. K., (1985). The Fiscal Crisis of the State. The Case of the Ivory Coast. In: Bernstein/Campbell (Hrsg.). Contradictions of Accumulation in Africa. Studies in Economy and State. Beverly Hills.

Cohen, S. I., (1986). Product Prices and Technological Choice: The Case of the International Cocoa Processing Industry. In: The Journal of Development Studies, Vol. 22, No. 3, April.

Curtis, B. N. et al., (1987). Cocoa: A Trader's Guide. Geneva: International Trade Centre UNCTAD/GATT.

P. T. Data Consult Inc., (1989). Indonesian Cocoa Plantations: Their Condition and Prospects. In: Indonesian Commercial Newsletter, No. 21, February.

Denis, J.-E., (1982). Export Performance of the Marketing Boards in LDC's - the Case of Cocoa and Coffee in West Africa. In: Kostekki, M. M. (Hg.). State Trading in International Markets. London.

Dietrich, J. K., und Gutierrez, A. D., (1973). An Evaluation of Short-Term Forecasts of Coffee and Cocoa. In: American Journal of Agricultural Economics, Vol. 55, No. 1.
Ehrler, F., (1977). Handelskonflikte zwischen europäischen Firmen und einheimischen Produzenten in Britisch-Westafrika. Die 'Cocoa-Hold-Ups' in der Zwischenkriegszeit. Zürich.
Elliot, H., (1974). Cocoa Production Prospects in Ivory Coast. In: Kotey, R. A. et al., (Hrsg.). Economics of Cocoa Production and Marketing. Legon.
FAO Cocoa Study Group (1961). The Cocoa Situation: Recent Developments and the Outlook for Production and Demand, Rome.
Finlayson, J. A., und Zacher, M. W., (1983). The Politics of International Commodity Regulation: the negotiation and operation of the International Cocoa Agreements. In: Third World Quarterly, Vol. 5, No. 2, April.
Gbetibouo, M., (1983). Export Strategies for Ivory Coast Cocoa. University of Illinois at Urbana, Ph.D..
Guyer, J. I., (1980). Food, Cocoa, and the Division of Labour by Sex in Two West African Societies. In: Comparative Studies in Society and History, Vol. 22, No. 3, July.
Hanisch, R., (1975). Confrontation between Primary Commodity Producers and Consumers: The Cocoa Hold-up of 1964-65. In: The Journal of Commonwealth and Comparative Studies, Vol. 13, No. 3, November.
Hanisch, R., (1976). Ghana and the cocoa world market. The Scope of action of a raw material exporting country of the periphery in the world market (up to 1966). Saarbrücken.
Hanisch, R., (1978). Kakaopolitik - Das Ringen der Entwicklungsländer mit den Industrieländern um die Regulierung eines Rohstoffmarktes. In: Verfassung und Recht in Übersee, Heft 1.
Hanisch, R., (1982). Die OPEC. In: Matthies, V. (Hg.). Süd-Süd-Beziehungen. München.
Hanisch, R. (1982a). Produzentenvereinigungen von Entwicklungsländern. In: Matthies, V. (Hg.). Süd-Süd-Beziehungen. München.
Haessel, W. W., (1974). Pay-offs to alternative cocoa producers' coalitions. In: Kotey, R. A. et al., (Hrsg.). Economics of Cocoa Production and Marketing. Legon.
Hill, P., (1963). The Migrant Cocoa-Farmers of Southern Ghana. A study in rural capitalism. Cambridge.
Historicus (1896). Cocoa: All About It. London.
Hoffmeyer, M., (1988). Entwicklung und Gestaltung der Internationalen Rohstoffpolitik. In: Hoffmeyer/Schrader/Tewes. Internationale Rohstoffabkommen. Ziele, Ansatzpunkte, Wirkungen. Kiel.
Homem de Melo, F., (1973). An Analysis of the World Cocoa Economy in 1980. North Carolina State University at Raleigh, Ph.D..
Hunter, J. M., (1972). Cocoa Migration and Patterns of Land Ownership in the Densu Valley near Suhum, Ghana. In: Prothero, R. M. (Hg.). People and Land in Africa South of the Sahara. London.

Ingham, B., (1981). <u>Tropical Exports and Economic Development. New Perspectives on Producer Responses in Three Low-Income Countries</u>. New York.

International Cocoa Organization (1975). <u>Study of Cocoa Production and Consumption Capacity</u>. 19 August, ICC/5/8, STC 18, London: ICCO.

International Cocoa Organization (1978). <u>Survey of the Current World Cocoa Economy with Projections up to 1985</u>. 29 September, PCA/2 /2, London: ICCO.

International Cocoa Organization (1979). <u>Methods of Determining the share of Cocoa Raw Material Costs in the Final Price paid by Consumer of Chocolate Products</u>. 23 November, AG/4/4, London: ICCO.

International Cocoa Organization (1982). <u>Study of cocoa consumption</u>. 14 May, EX/38/4, London: ICCO.

International Cocoa Organization (1984). <u>An Analysis of the World Cocoa Economy</u>. 19 January, PCA/3/6, London: ICCO.

International Cocoa Organization (1984a). <u>Operation of the International Cocoa Agreements of 1972, 1975 and 1980: An Appraisal by the Secretariat of the ICCO</u>. December, ECON/SPEC/1, London: ICCO.

International Cocoa Organization (1985). <u>Short-Term Forecasting of Cocoa Production and Grindings, 1974/75 to 1983/84: The "Track Records" of the Statistics Committee and of Gill & Duffus</u>. 22 May, STC/30/3, London: ICCO.

International Cocoa Organization (1986). <u>Past, Current and Prospective Developments in the World Cocoa Economy: A Statistical Asessment</u>. 7 February, ECON/SPEC/2, London: ICCO.

International Cocoa Organization (1986a). <u>Review of Cocoa Production, Consumption and Prices</u>. 1 September, ICC/29/4, London: ICCO.

International Cocoa Organization (1988). <u>The World Cocoa Economy: Review of Recent Developments and Outlook for the Next Three Years</u>. 15 August, ICC/36/14, London: ICCO.

International Cocoa Organization (1989). <u>The World Cocoa Economy: Review of Recent Developments and Outlook for the Next Three Years</u>. 6 September, EX/64/6, London: ICCO.

Jakobeit, C., (1989). Zur Entwicklung afrikanischer Rohstoffpreise: Das Beispiel Kakao. In: <u>Afrika Jahrbuch 1988</u>.

Kabir-ur-Rahman Khan (1979). International Cocoa Agreement 1975. In: <u>Food Policy</u>, Vol. 4, No. 1, February.

Kay, G. B. (Hg.), (1972). <u>The political economy of colonialism in Ghana. A Collection of Documents and Statistics 1900-1960</u>. Cambridge.

Kimmes, A., (1985). <u>Entwicklung und Perspektiven des Süßwarenmarktes</u>. Vortrag für die A.C. Nielsen Company GmbH (unv.).

Kleinpenning, J.M.G. (1982): Losing ground: Processes of land concentration in the cocoa region of Southern Bahia. In: <u>Boletin de Estudios Latinoamericanos y del Caribe</u>, Nr.33.

Kofi, T. A., (1972). World Cocoa Prices and Underdevelopment in Ghana. In: <u>The Legon Observer</u>, 8 Sept., 22 Sept., 3 Nov., 1 Dec.

Kofi, T. A., (1973). A Framework for Comparing the Efficiency of Futures Markets. In: American Journal of Agricultural Economics, Vol. 55.

Kofi, T. A., (1974). Vertical price relations in the international cocoa market and implications for Ghana's marketing policies. In: Kotey, R. A. et al., (Hrsg.). Economics of Cocoa Production and Marketing. Legon.

Kofi, T. A., (1975). The Role of Multinational Corporations in Cocoa Marketing and Pricing and Economic Development in Producer (African) Countries. In: Widstrand, C. (Hg.). Multinational Firms in Africa. Uppsala.

Kofi, T. A., (1977). The International Cocoa Agreements. In: Journal of World Trade Law, Vol. 11, No. 1, Jan./Febr.

Kofi, T. A., (1979). World Trade in Cocoa. Nyon: Third World Forum Occasional Paper, No. 10.

Kumar, H., (1974). Institutional Arrangements in the World Cocoa Market. In: Kotey, R. A. et al., (Hrsg.). Economics of Cocoa Production and Marketing. Legon.

Kupsch, H., (1986). Handel und Industrie - mehr Gemeinsamkeit in der Wettbewerbspolitik. In: Markenartikel, Vol. 48, No. 6.

Lass, R. A., und Wood, G. A. R. (Hrsg.), (1985). Cocoa Production. Present Constraints and Priorities for Research. May, Washington: The World Bank.

Lee, S., und Blandford, D., (1980). An Analysis of International Buffer Stocks for Cocoa and Copper Through Dynamic Optimization. In: Journal of Policy Modelling, Vol. 2, No. 3.

Maclaren, W. A. (Hg.), (1924). The Resources of the Empire Series. Rubber, Tea and Cocoa. London.

Manthy, R. S., (1978). Natural Resource Commodities - A Century of Statistics. Prices, Output, Consumption, Foreign Trade, and Employment in the United States, 1870-1973. Baltimore.

Marzen, W., und Marschner, H., (o.J.). Hersteller- und Produktprofile im Süßwarenmarkt der Bundesrepublik Deutschland. O.O..

Meier, G., (1975). External Trade and Internal Development. In: Duignan, B., und Gann, L. H. (Hrsg.). Colonialism in Africa 1870-1960. Vol. 4, Cambridge.

Menezes, J. A. D., (1984). The International Cocoa Agreement: The Consequences of Attempting to Reduce Price Instability in the 1980s. Ithaca: Cornell University, Ph.D..

Mikell, G., (1989). Cocoa and Chaos in Ghana. New York.

Mikell, G., (1989a). Peasant Politicisation and Economic Recuperation in Ghana: Local and National Dilemmas. In: The Journal of Modern African Studies, Vol. 27, No. 3.

MSI Database (1985). Chocolate Confectionary UK. Mitcham: Marketing Strategies for Industries (UK) Ltd., July.

Mueller, W., (1957). Seltsame Frucht Kakao. Geschichte des Kakaos und der Schokolade. Hamburg.

Myint, H., (1958). The Classical Theory of International Trade and the Underdeveloped Countries. In: Economic Journal, June.

Nicolas, L., (1968). Fondements économique d'une organisation du marché mondiale du cacao. Diss. Université Toulouse, Juin.
Niere, S., (1987). Der Markt für Schokolade und Schokoladewaren in der Bundesrepublik Deutschland. Diplomarbeit Justus-Liebig-Universität Giessen.
Okori, A., und Blandford, D., (1979). World Market Trends and Prospects for Cocoa. Ithaca: Cornell University.
Outters-Jaeger, I., (1979). The Development Impact of Barter in Developing Countries. Paris: OECD.
Rees, G. L., (1972). Britain's Commodity Markets. London.
Robertson, A. F., (1982). Abusa: The Structural History of an Economic Contract. In: The Journal of Development Studies, Vol. 18, No. 4, July.
Scherr, S. J., (1985). The Oil Syndrome and agricultural development. Lessons from Tabasco, Mexico. New York.
Schultes, W., (1984). Fusionskontrolle, Nachfragemacht und Niedrigpreisstrategien im Handel. In: Süßwaren, No. 12.
Schultes, W., (1986). Zur Fusionskontrolle im Lebensmittelhandel. In: Markenartikel, Vol. 48, Nr. 6.
Schütze, K., (1982). Mehr Kakaoverarbeitung in den Anbauländern?. In: Süßwaren, Nr. 6.
Schütze, K., (1984). Klare Konzepte notwendig. Das Verhältnis zwischen Industrie und Handel im Süßwarenmarkt aus der Sicht der Industrie. In: Süßwaren, Nr. 1-2.
Stevens, C., (1977). Entente Commerciale: The Soviet Union and West Africa. In: Nayyar, D. (Hg.). Economic Relations Between Socialist Countries and the Third World. London.
Suzigan, W., (1986). Industria brasileira. Origen e desenvolvimento. O.O.
Szallies, R., (1985). Verändertes Verbraucherverhalten - Gefahr oder Chance für die Süßwarenindustrie? Vortrag für die GfK Marktforschung GmbH & Co Kg (unv.).
Teal, R., (1986). The Foreign Exchange Regime and Growth: A Comparison of Ghana and the Ivory Coast. In: African Affairs, Vol. 85, No. 339, April.
Teweles, R. J., Harlow, C. B. und Stone, H. L., (1977). The Commodity Futures Game. Who Wins? Who Loses? Why? New York.
Tewes, T., (1988). Auswirkungen der internationalen Kakaoabkommen. In: Hoffmeyer/Schrader/Tewes. Internationale Rohstoffabkommen. Ziele, Ansatzpunkte, Wirkungen. Kiel.
UNCTAD (1984). Studies in the processing, marketing and distribution of commodities. The processing before export of cocoa: Areas for international cooperation. New York.
Verlagsgruppe Bauer (1983). Der Markt für Schokolade und Süßwaren. Markt- und Mediaforschung, Dezember.
Viton, A., (1955). A Review of Current Trends in Production, Price, and Consumption. Rome: Fao Commodity Series Bulletin, No. 27, November.
Wickizer, V. D., (1951). Coffee, Tea and Cocoa. An Economic and Political Analysis. Stanford.

Wiesner, K., (1983). Erwacht aus dem Dornröschenschlaf. In: Süßwaren. Nr. 11.
Wiesner, K., (1987). Die Chancen der deutschen Süßwarenindustrie im Export. In: Süßwaren. Nr. 1-2.
Wilhelms, C., (1962). Hamburgs Lage und Entwicklungsmöglichkeiten unter den Bedingungen der Europäischen Integration. Warengruppe Rohkakao, Kakao- und Schokoladenerzeugnisse. Hamburg.
Williamson, A. P., (1988). Ways and Means of Increasing Cocoa Consumption. ICCO, 13 June, AG/5WP.11.
World Bank (1984). World Bank Country Study: Ghana: Policies and Programme for Adjustment. Washington, D.C.: The World Bank.

## ANHANG

### GRAPHIKVERZEICHNIS

| | | |
|---|---|---|
| Graphik 1: | Jährliche Veränderung der Produktion und der Weltmarktpreise für Kakao, 1950-1990 | 68 |
| Graphik 2: | Wohlstand und Kakaoverbrauch pro Kopf (Ende der 80er Jahre) | 82 |
| Graphik 3: | ICCO-Preise und die zu verteidigenden Preisbandbreiten der Internationalen Kakaoabkommen, 1972-1990 | 92 |
| Graphik 4: | ICCO-Preise und Marktinterventionen, Januar 1987 - Juli 1988 | 93 |
| Graphik 5: | Weltmarktpreise und Lagerhaltung, in konstanten Preisen von 1985/86 | 95 |
| Graphik 6: | Kakaobohnen Spot- und Future-Preis in London, Januar 1988 - Juli 1989 | 97 |
| Graphik 7: | Erntezeiten der wichtigsten Produzentenländer | 99 |
| Graphik 8: | Kakaobohnenexportprofile | 100 |
| Graphik 9: | Der Anteil der Exportpreise der wichtigsten Exportländer am Börsenpreis | 106 |
| Graphik 10: | Der Anteil der Produzenten- an den Exportpreisen, in Prozent, auf der Basis der amtlichen Wechselkurse, 1960-1990 | 110 |
| Graphik 11: | Der Anteil der Produzenten- an den Exportpreisen, in Prozent, auf der Basis der Schwarzmarktkurse, 1966-1986 | 110 |

# TABELLENVERZEICHNIS

Tabelle 1: Die Entwicklung der Kakaoproduktion, in 1.000 t, 1893-1990 .................................... 10
Tabelle 2: Der Anteil der einzelnen Regionen und Erzeugerländer an der Kakaoproduktion, in Prozent, 1893-1990 .......... 12
Tabelle 3: Importe von Kakaobohnen und Zwischenprodukten (ab 1950) in 1.000 t und in Prozent, 1894-1988 (ausgewählte Jahre) .................................... 13
Tabelle 4: Verbrauch von Kakao in den Großregionen, in 1.000 t und in Prozent des Weltverbrauchs, 1967-1986 (ausgewählte Jahre) .................................... 15
Tabelle 5: Tätigkeit von Männern und Frauen auf Kakao- und Nahrungsmittelparzellen in Familienwirtschaften in Nigeria (1968/69) und in Kamerun (1975-77) ............ 16
Tabelle 6: Konzentration und Kontrolle der brasilianischen Kakao- und Kakaozwischenproduktausfuhren, in Millionen US-$ und in Prozent, 1976 und 1986 ................. 25
Tabelle 7: Vermarktungssysteme der wichtigsten Produzentenländer, 1980 und 1989 .................................... 26
Tabelle 8: Die größten Schokoladenfabrikanten der Welt ........... 32
Tabelle 9: Mitgliedschaft in der ICCO ....................... 39
Tabelle 10: Budget der ICCO und des Ausgleichslagers, in £ bzw. in US-$, 1973-1985 .................................... 43
Tabelle 11: Indizes der Preisinstabilität bei agrarischen Rohstoffen, 1964-1984 .................................... 69
Tabelle 12: Zur Instabilität der internationalen Rohstoffpreise (Durchschnittliche Abweichungen vom Trend in Prozent), 1960-1985 .................................... 69
Tabelle 13: Zur Instabilität von Rohstoffproduktion, -verbrauch und -export, in Prozent, 1949-1985 .................. 70
Tabelle 14: Zur Instabilität von Rohstoffexporterlösen, -preisen und -mengen, 1961-1984 ........................... 71
Tabelle 15: Preis- und Einkommenselastizität des Kakaoverbrauchs wichtiger Konsumentenländer ........................ 72
Tabelle 16: Preiselastizität (der Produzentenpreise) des Kakaoangebots .................................... 73
Tabelle 17: Wachstum und Instabilität der Kakaoproduktion wichtiger Exportländer, 1961-1982 .................. 74
Tabelle 18: Die Entwicklung der Kakaoexportpreisindices (1953 = 100) und der t-o-t von Ghana und Brasilien, in Jahrfünftdurchschnitten, 1900-1984 .................. 75

## Weltmarkt

Tabelle 19: Die Entwicklung der nominalen und realen Kakaoimportpreisindices für die USA und Großbritanien, in Jahrfünftdurchschnitten, 1900-1984 .................... 76

Tabelle 20: Entwicklung der nominalen und realen Kakaoexportpreise, 1960-1989 ........................... 77

Tabelle 21: Angebot und Nachfrage auf dem Kakaoweltmarkt, in 1.000 t, 1946-1990 ............................. 78

Tabelle 22: Die Entwicklung des regionalen Kakaoverbrauchs, in Kilogramm pro Kopf, 1981-1988 ................. 81

Tabelle 23: Die Entwicklung des Kakaoverbrauchs in wichtigen Importländern, in Kilogramm pro Kopf, 1900-1988 (ausgew. Jahre) .................................. 83

Tabelle 24: Verbrauch von Schokolade und Kakaoerzeugnissen in der Bundesrepublik nach Einkommensklassen, in Kilogramm pro Kopf pro Jahr, 1965-1984 (ausgewählte Jahre) ............................... 84

Tabelle 25: Verbrauch an Schokoladewaren und Kakaoerzeugnissen in wichtigen Konsumentenländern, 1961-1984 (ausgewählte Jahre) ............................... 85

Tabelle 26: Die Verwendung von Kakaobohnen und anderen Ölen und Fetten in der Kakao- und Schokoladenindustrie Großbritanniens, in 1.000 t, 1938-1982 (ausgewählte Jahre) ............................... 86

Tabelle 27: Preisdifferentiale des Kakaos aus den wichtigsten Exportländern, 1986 und 1988 ..................... 103

Tabelle 28: Anteil der Exportpreise an den Börsenpreisen wichtiger Exportländer, in Prozent, 1960-1984 (in Jahrfünftdurchschnitten) ........................... 105

Tabelle 29: Die Entwicklung der Weltmarktpreise und der realen Produzentenpreise in Ghana und Nigeria, 1910-1960 (in Jahrfünftdurchschnitten) ....................... 108

Tabelle 30: Der Anteil der Produzenten- an den Exportpreisen, in Prozent, 1940-1989 (in Jahrfünftdurchschnitten) ......... 109

Tabelle 31: Index der realen Produzentenpreise, in Jahrfünftdurchschnitten und mit dem Index 1960 = 100, 1945-1989 ........................................ 113

Tabelle 32: Die Kakaoeinnahmen der Staaten Ghanas, der Côte d'Ivoire, Kameruns und Brasiliens, 1955-1986 (in Jahrfünftdurchschnitten) ....................... 114

Tabelle 33: Die Entwicklung der Mindestlöhne zu realen Preisen und deren Kosten für die Kakaoproduzenten, 1955-1986 ........................................ 117

Tabelle 34: Die Verwendung von Gammalin in Ghana und Nigeria, 1960-1984 (in Jahrfünftdurchschnitten) ................ 118

Tabelle 35: Jährliche Steigerung der Produzenten-, Input- sowie allmeinen Verbraucherpreise sowie die Bankzinsen in Brasilien, in Cruzeiros und in Prozent, 1974-1985 ......... 120

Tabelle 36: Anbauflächen und Hektarerträge im traditionalen Anbau und mit Hybriden, 1973-1991 .................. 123

Tabelle 37: Bevölkerung und Wirtschaftskraft der wichtigen Kakaoexportländer, 1986/87 ......................... 127

Tabelle 38: Die Bedeutung des Agrarsektors und des verarbeitenden Gewerbes für die wichtigsten Kakaoexportländer, in Prozent, 1965 und 1987 ........................... 128

Tabelle 39: Die Bedeutung der Kakaowirtschaft für das BIP und die Exporte der wichtigsten Kakaoexportländer, in Prozent, 1950-1986 .............................. 131

Tabelle 40: Politische Regime und Kakaoproduzentenpreise in Ghana und Nigeria ................................ 133

Tabelle 41: Arbeitsproduktivität und Lohnentwicklung in der Süßwarenindustrie der Bundesrepublik Deutschland, 1953-1988 (ausgewählte Jahre) ...................... 144

Tabelle 42: Vermahlungen des Rohkakaos in Produzenten- und Konsumentenländern, in 1.000 t und in Prozent, 1930-1989 (ausgewählte Jahre) ...................... 149

Tabelle 43: Anteil der Vermahlung an der Produktion in den Produzentenregionen, in Prozent, 1930-1989 (ausgewählte Jahre) ................................ 150

Tabelle 44: Verarbeitungsgrad der Kakaoimporte ausgewählter Länder, in Prozent, 1962-66 und 1980-81 ............... 152

Tabelle 45: Kostenstruktur der Schokoladenindustrie in Großbritannien, in Prozent, 1975 und 1978 .................. 154

Tabelle 46: Export von Schokolade und Schokoladenprodukten ausgewählter Länder, in t und in Prozent, 1947-1987 (ausgewählte Jahre) ................................ 156

## ABKÜRZUNGSVERZEICHNIS

| | | |
|---|---|---|
| AA | = | Auswärtiges Amt |
| BMELF | = | Bundesministerium für Ernährung, Landwirtschaft und Forsten |
| BMZ | = | Bundesministerium für wirtschaftliche Zusammenarbeit |
| CACEX | = | Außenhandelsdepartment der Banco do Brazil |
| CdI | = | Côte d'Ivoire |
| CMB | = | Cocoa Marketing Board |
| CPA | = | Cocoa Producers Alliance |
| d | = | Pence |
| EG | = | Europäische Gemeinschaft |
| EWG | = | Europäische Wirtschaftsgemeinschaft |
| FAMA | = | Federal Agricultural Marketing Authority |
| FAO | = | Food and Agricultural Organization |
| FF | = | Französischer Franc |
| ha | = | Hektar |
| ICCO | = | International Cocoa Organization |
| IL | = | Industrieländer |
| IOCC | = | International Office of Cocoa and Chocolate |
| IWF | = | Internationaler Währungsfonds |
| MSI | = | Marketing Strategies for Industry |
| n.a. | = | nicht angegeben |
| OPEC | = | Organization of Petroleum Exporting Countries |
| p.c. | = | per capita |
| s | = | Shillings |
| SAMA | = | Sabah Marketing Corporation |
| SDR | = | Special Drawing Rights |
| t | = | Tonne |
| TNK | = | Transnationale Konzerne |
| t-o-t | = | terms-of-trade |
| UFCC | = | United Farmer's Cooperative Council |
| UN | = | United Nations |
| unb. | = | unbekannt |
| UNCTAD | = | United Nations Conference on Trade and Development |
| VWD | = | Vereinigte Wirtschaftsdienste |

# Malaysia

Wolfgang Senftleben*

**Gliederung**

| | | |
|---|---|---|
| 1. | Grundlinien der allgemeinen wirtschaftlichen und politischen Entwicklung | 178 |
| 2. | Kakao in der Gesamt- und Regionalökonomie | 180 |
| 2.1 | Einführung und Verbreitung des Kakaoanbaus | 180 |
| 2.2 | Die gegenwärtige Bedeutung der Kakaowirtschaft | 182 |
| 3. | Der Staat und der Kakaosektor | 184 |
| 3.1 | Ziele und Kompetenzen der staatlichen Kakaopolitik | 184 |
| 3.2 | Besteuerungspolitik für Kakao | 188 |
| 3.3 | Private und staatliche Kakaoforschung | 190 |
| 3.4 | Die Finanzierung der Anlage von Kakaoplantagen | 192 |
| 3.5 | Staatliche Neulanderschließungsprojekte und Kakaoanbau | 194 |
| 3.5.1 | Die Kakaopolitik der FELDA und FELCRA | 195 |
| 3.5.2 | Die Kakaopolitik des Sabah und des Sarawak Development Board | 197 |
| 3.6 | Das "Coconut Replanting and Rehabilitation Scheme" für Kleinbauern in West-Malaysia | 198 |
| 3.7 | Verbesserung des Kakaoaromas | 200 |
| 3.8 | Kakao-Produktionsförderungspolitik | 204 |
| 3.8.1 | Schädlingsbekämpfung | 204 |
| 3.8.2 | Düngemittelförderung | 206 |
| 4. | Produktionsstruktur und Produktionsverhältnisse | 208 |
| 4.1 | Die Kleinbauern in West-Malaysia | 208 |
| 4.2 | Der Plantagensektor | 212 |
| 4.3 | Lohnarbeiter im Plantagensektor | 215 |
| 4.4 | Die Vermarktung | 219 |
| 4.4.1 | Lokale Vermarktungskanäle und Vermarktungspraxis | 219 |
| 4.4.2 | Die Rolle von FAMA bei der Kakaovermarktung | 223 |
| 4.4.3 | Die Sabah Marketing Corporation | 224 |
| 5. | Ökonomie und Einkommen der Kakaoproduktion | 226 |
| 5.1 | Die Entwicklung der Preise und der Preisverhältnisse | 226 |
| 5.2 | Die Kleinbauern | 228 |
| 5.3 | Die Plantagen | 230 |

(*) Unter Mitarbeit von Rolf Hanisch.

| | | |
|---|---|---|
| 5.3.1 | Fall-Studien: Torkington Estate und United Plantations | 231 |
| 5.3.2 | Wirtschaftlichkeit kombinierter Kakao-Kokusnußkultivierung | 233 |
| 5.4 | Input-Output-Analyse des Landwirtschaftsamtes (Sabah) | 234 |
| 6. | Die Linkage-Effekte zur übrigen Ökonomie | 242 |
| 6.1 | Input-, Transport- und Dienstleistungslinkages | 242 |
| 6.2 | Der Verarbeitungssektor | 245 |
| 7. | Weltmarkt, Staat und die Entwicklung der Kakaowirtschaft in Malaysia | 250 |
| 8. | Literaturverzeichnis | 253 |

ANHANG
Tabellenverzeichnis ... 262
Figurenverzeichnis ... 264
Abkürzungsverzeichnis ... 265

# Malaysia

## 1. Grundlinien der allgemeinen wirtschaftlichen und politischen Entwicklung

Malaysia befindet sich - mit gegenwärtig schon einem statistischen Pro-Kopf-Einkommen von fast 2.000 US-$ - auf dem Wege zum Status eines Schwellenlandes. Das Land besteht aus drei Landesteilen, West-Malaysia (früher Malaya) sowie Sarawak und Sabah (auf der Insel Borneo). Mit etwa 16 Mill. Einwohnern und einer Bevölkerungsdichte von 48 Einw./qkm ist Malaysia noch in weiten Teilen unterbevölkert und besteht noch zu zwei Dritteln aus primärem tropischen Regenwald.

Während der britischen Kolonialzeit, bis 1957 (West-) bzw. 1963 (Ost-Malaysia), ist das Land ökonomisch in den Weltmarkt durch den Aufbau von zwei Rohstoffexportsektoren (Zinn, Kautschuk) integriert worden. Diese wurden im wesentlichen an der ortsansässigen malaiischen Bevölkerung vorbei durch (größeres) britisches und (kleineres) chinesisches Kapital sowie zugewanderte chinesische und indische Arbeiter aufgebaut und betrieben. Damit prägte zum Zeitpunkt der völkerrechtlichen Unabhängigkeit eine duale Struktur Wirtschaft und Gesellschaft: Auf der einen Seite standen die Malaien auf dem Lande, die aus ihrer kleinbäuerlichen Reis-Subsistenzökonomie nicht herausgekommen waren sowie deren Aristokratie, die von den Engländern zwar entmachtet, aber in ihren Ämtern belassen worden war. Auf der anderen Seite hatte sich ein kapitalistischer - überwiegend urbaner - Sektor entwickelt, in dem Inder und vor allem Chinesen in allen Schichten vertreten waren. Zusammen mit den ihnen entfernt verwandten Alt-Malaien Borneos halten die Malaien heute eine knappe Bevölkerungsmehrheit (55%), denen die Chinesen mit 35% und die Inder mit 7% gegenüberstehen.

Die Malaien - zunächst geführt von den anglisierten und professionalisierten Mitgliedern der Aristokratie - vermochten als "bumiputras" (Söhne der Erde) die politische Initiative und die politische Hegemonie an sich zu reißen. Dies gelang im Bündnis mit Parteien der anderen Ethnien im Rahmen eines parlamentarischen Systems nach dem Westminster-Vorbild modifiziert durch eine bundesstaatliche Ordnung und harsche Sicherheitsgesetze. Die Regierungskoalition unter der Führung der (malaiischen) UMNO sieht sich immer auch Oppositionsgruppen gegenüber, gegen die sie sich in echten Wahlen durchsetzen muß. Da die wichtigen Oppositionsparteien gleichfalls ethnisch gebunden und damit nicht untereinander koalitionsfähig sind, vermochte die Regierungskoalition, von nur wenigen Landtagswahlen abgesehen, sich immer durchzusetzen. Die Spaltung der Opposition und das Mehrheitswahlrecht ermöglichte ihr meist deutliche parlamentarische (2/3) Mehrheiten. Diese wurde in Einzelfällen durchaus mit nur knappen Wählermehrheiten gewonnen, was der politischen Elite immer wieder signalisierte, die populären Wünsche und Bedürfnisse nicht aus dem Auge zu verlieren.

Eine Wegscheide waren die Wahlen von 1969 als die Zustimmung zur Regierungskoalition mit 48% der Wählerstimmen aber 64% der Mandate einen fühlbaren, parlamentarisch aber unerheblichen Einbruch erlebte. Die daran anschließenden

Unruhen führten zur vorübergehenden Suspendierung des Parlaments, der Erweiterung der Regierungskoalition (von 3 auf 10 Parteien) und der Formulierung eines (damals auf 20 Jahre befristeten) Wirtschaftsprogramms, der New Economic Policy (NEP), durch das (prioritär) die Armut der Malaien überwunden und ihre bisher unbedeutende Verfügungsgewalt über das moderne (kapitalistische) Produktivvermögen deutlich gesteigert werden sollte.Die NEP hat die selbstgesteckten Ziele nicht ganz erreicht. Sie hat jedoch zu einer Verminderung der Armut unter den Malaien und zu deren größerer Kontrolle am Produktivvermögen beigetragen.

Als eine wichtige Förderungsmaßnahme erwies sich ein großangelegtes Neusiedlungsprogramm. Außerdem wurden den Malaien lohnendere Beschäftigungsmöglichkeiten in den Städten eröffnet. Obwohl die Chinesen ökonomisch und zunehmend kulturell diskriminiert wurden, sind sie alles in allem mit dieser Wirtschaftsstrategie nicht schlecht gefahren. Dies wurde durch einen Wirtschaftsboom ermöglicht (das reale Wachstum lag in den 70er Jahren bei ca. 5% p.a.), der maßgeblich von den Chinesen und ausländischen neuen Investoren - während die kolonialen Rohstoffunternehmen meist malaiisiert wurden - getragen wurde. Der Staat förderte die Privatinitiative und das Privatkapital insgesamt in positiver Weise. Seine Regulierungs- und Patronageabsichten, deren er sich auch in Malaysia nicht enthalten konnte und wollte, hatten sozialpolitisch einerseits eine berechtigte Komponente, andererseits führten die damit z.T. auch unbeträchtlichen Kosten nicht zu einer Blockade der privat organisierten Produktivkräfte. So gelang zunächst eine Diversifizierung der monokulturell ausgelegten Rohstoffexportökonomie: Neben Kautschuk und Zinn wurde ein Ölpalmsektor - der größte in der Welt - aufgebaut, tropische Edelhölzer exportiert, Erdöl prospektiert, gefördert und exportiert und, neben Kokusnußkulturen, ein Kakaosektor aufgebaut.

Ab Mitte der 70er Jahre wurden darüber hinaus ein Industriesektor entwickelt, zunächst vor allem für den Export, allmählich auch für den Binnenmarkt. Der Anteil der Fertigwaren an den Ausfuhren stieg von 22% (1980) auf 49% (1988). 1987 übertraf der Wert der Industrieproduktion erstmals den Wert der Agrarproduktion. 1988 trug der Agrarsektor nur noch zu 21% zum BSP bei, der verarbeitende Sektor zu 24%, Dienstleistungen zu 41%, die Bauwirtschaft zu 3% und der Bergbau (u.a. Öl) zu ca. 10%.

Diese Umstrukturierung der Ökonomie war auch in Malaysia nicht ohne ein bedrohliches Anwachsen der Außenverschuldung möglich, die sich verschärfte, als das Land 1985 und 1986 in eine Rezession geriet. Diese erwies sich jedoch nur als ein kurzzeitiger Einbruch. Inzwischen ist das Land wieder zu hohen Wachstumsraten zurückgekehrt. Politische Turbulenzen, die durch Machtkämpfe in der dominierenden malaiischen Regierungspartei ausgelöst wurden und die eine Umstrukturierung der politischen Machtverhältnisse denkbar erscheinen ließen, sind zwar noch nicht ganz überwunden, haben ihre politische Sprengkraft inzwischen aber eingebüßt.

## 2. Kakao in der Gesamt- und Regionalökonomie

### 2.1 Einführung und Verbreitung des Kakaoanbaus

Die erste belegte Einführung des Kakaobaumes in dem damaligen Nord-Borneo (heute Sabah) geht auf das Jahr 1890 zurück, als Kakao-Setzlinge aus Ceylon eingeführt und auf den landwirtschaftlichen Versuchsstationen in Sandakan und Lahad Datu zu Versuchszwecken angebaut wurden[1]. Kakao blieb jedoch vorerst nur eine "Gartenkuriosität".

Nachdem 1948 ein bahnbrechendes Gutachten[2] den großräumigen Anbau von Kakao auf guten vulkanischen Böden im Tawau-Distrikt empfahl, erfolgte der erste kommerzielle Plantagenanbau in den Jahren 1955 und 1956 durch die Commonwealth Development Corporation nordwestlich von Tawau[3]. Bis 1964 gehörten alle Kakaopflanzungen zur westafrikanischen Amelonado-Art. Erst danach wurden mit Hilfe von Kakao-Versuchsstationen hybride Kakaoarten eingeführt, welche durch ihre Resistenz gegen Krankheiten und Schädlinge geeigneter sind und die Amelonado-Art heute verdrängt haben. Nach Überwindung anfänglicher Rückschläge durch Kakaokrankheiten (besonders die gefürchtete "Dieback"-Krankheit) und durch die geringen Weltmarktpreise in den 60er Jahren erfolgte ab 1970 ein stetiger, steiler Anstieg in der Anbaufläche von Kakao in Sabah. Steigende Kakaopreise auf dem Weltmarkt und die Einführung von hybridem Pflanzenmaterial trugen dazu bei. Bis 1975 stieg die Anbaufläche in Sabah auf knapp 10.000 ha.

Der Haupt-Boom kam während der Periode des 3. Malaysia-Planes (1976-1980) mit einer durchschnittlichen Zuwachsrate in der Anbaufläche von ca. 10.000 ha pro Jahr. Ende 1985 waren dann bereits 173.200 ha in Sabah mit Kakao bepflanzt. Der Kakao hat inzwischen für die Regionalökonomie Sabahs eine überragende Bedeutung erlangt und die übrigen Dauerkulturen in der Anbaufläche vom ersten Platz verdrängt. Die Hauptanbauzone konzentriert sich auf den Distrikt Tawau, der für seine fruchtbaren vulkanischen Böden bekannt ist. In Sabah dominiert außerdem der Großplantagenanbau, wobei allerdings auch hier die Hektarerträge der Kleinbauern - etwa im Gegensatz zu West-Malaysia - mit zu den höchsten auf der Welt zählen.

Für die Zeit des 5. Malaysia-Planes (1986-1990) sind weitere 50.000 ha Kakaoneupflanzungen in Sabah vorgesehen, so daß die Fläche Ende 1990 auf ca. 223.000 ha ansteigen wird. Insgesamt ist daher auch in den nächsten Jahren mit einem weiteren Anstieg der Kakaoproduktion Malaysias zu rechnen.

---

[1] Vgl. Shao (1982), S. 31, sowie North Borneo Commissioner of Lands (1890).

[2] Vgl. Cheesman (1948).

[3] Vgl. North Borneo Department of Agriculture (1956 und 1957).

Die Geschichte des Kakaoanbaus in Malaya (heute West-Malaysia) beginnt schon weit früher, nämlich mit der erstmaligen Erwähnung eines Kakaobaums in einem Obstgarten in Malakka im Jahre 1778[4]. Einer großräumigen Anpflanzung von Kakao wurden zunächst wegen der minderwertigen Bodenqualitäten und der hohen Krankheitsanfälligkeit des Amelonado-Kakaos wenig Entwicklungschancen eingeräumt[5]. Erste kommerzielle Kakaopflanzungen auf Plantagenbasis erfolgten erst im Jahre 1950.

Im Zuge der Diversifizierung des malaiischen Landwirtschaftssektors noch während der britischen Kolonialzeit wurde im Jahre 1954 eine Arbeitsgruppe unter dem Vorsitz des Commissioner of Lands, Mr. H.A.L. Luckham, ins Leben gerufen, welche den Anbau von Kakao in der Malaiischen Föderation erneut untersuchen sollte. Die Kakaoarbeitsgruppe veröffentlichte 1955 ihr Gutachten[6], welches 24 detaillierte Empfehlungen enthielt. Paragraph 21 des Gutachtens empfahl, daß 300.000 acres (ca. 120.000 ha) in Malaya mit Kakao bepflanzt werden sollten, und zwar sowohl auf Plantagenbasis (Estates) als auch in Kleinbetrieben (Smallholdings unter 10 acres). Es dauerte jedoch noch weitere zehn Jahre, bis Kakao zum erstenmal in größerem Umfang 1965 angebaut wurde. Kakao sollte zum dritten Agrarprodukt nach Kautschuk und Palmöl aufsteigen, jedoch fehlte Malaysia die Erfahrung bei Anbau, Vermarktung und Verarbeitung von Kakao.

Im Unterschied zu Sabah, wo der Schwerpunkt auf dem Plantagensektor mit Mono-Kakao lag, konzentrierten sich die Bemühungen in West-Malaysia (besonders an der Westküste mit Schwerpunkt in Hilir Peak und Kuala Selangpor) auf die Rehabilitierung von minderwertigen Kokosnuß-Kleinbetrieben durch Zwischenpflanzen mit Kakaobäumen. 1969 wurde vom Landwirtschaftsamt das "Coconut Replanting and Rehabilitation Scheme in West Malaysia" ins Leben gerufen, welches das subventionierte Zwischenpflanzen von Kakao unter Kokospalmen auf den meist minderwertigen brackisch-alluvialen Küstenböden vorsieht[7].

Während der Hochpreisperiode von Kakao in der zweiten Hälfte der siebziger Jahre weitete auch der private Plantagensektor den Kakaoanbau aus. Besonders die Plantagengesellschaften Dunlop Estate, Harrison Malaysia Plantations, Sime Darby Plantations, Taiko Plantations und United Plantations erschlossen neue Areale für Mono-Kakao in Johore, Perak und Pahang. Der staatliche Sektor wagte sich nur zögernd an die Einführung von Kakaopflanzungen, jedoch wurden Mitte der 70er Jahre sowohl von der Federal Land Development Authority (FELDA) als

---

[4] Zur historischen Entwicklung des Kakaoanbaus in West-Malaysia vgl. Burkill (1935) und Cheesman (1948), S. 6.
[5] Vgl. Mohd. Sharif Ahmad u.a. (1986), S. 1.
[6] Vgl. Luckham (1955).
[7] Vgl. Othman Bin Lela (1971), S. 444.

auch vom Malaysian Agricultural Research and Development Institute (MARDI) große Kakaoversuchsstationen im Jenka-Dreieck[8] und bei Teluk Intan eingerichtet. Die Landerschließungsbehörde FELDA hat in West-Malaysia bis 1984 12.000 ha mit Kakao bepflanzt und weitere 6.000 ha in Sabah[9]. Die Zahl der Kakaoplantagen in West-Malaysia wuchs von (1979) 58 auf (1984) 144, und die Anbaufläche vermehrte sich von 45.168 ha auf 80.000 ha, wobei die meisten Plantagen jedoch Kakao nur als Nebenprodukt neben Kautschuk und Ölpalmen anpflanzen. Mitte der 80er Jahre teilte sich in West-Malaysia die Produktion in etwa zwischen Großplantagen auf der einen Seite und Kleinbetrieben und Neulanderschließungsprojekten auf der anderen Seite auf.

### 2.2 Die gegenwärtige Bedeutung der Kakaowirtschaft

Tabelle 1 gibt einen Überblick über die insbesondere seit Mitte der 70er Jahre zu beobachtende rasante Zunahme der Kakaoanbauflächen und der Kakaoproduktion in Malaysia.

Während des 5. Malaysia-Planes (1986-1990) wird die Produktion von Kakao, die gegenwärtig einen Anteil von 4,7% an der gesamten landwirtschaftlichen Erzeugung hat, rapide ansteigen und eine Wachstumsrate von jährlich 11,5% projektiert. 1990 wird dann die Kakaoproduktion rund 6,9% der gesamten landwirtschaftlichen Produktion ausmachen, und die Anbaufläche wird während der Laufzeit des 5. Malaysia-Planes bis 1990 um weitere 85.000 ha wachsen. Mitte der 80er Jahre nimmt Kakao bezüglich der Anbaufläche erst den fünften Rang ein. Vor Kakao rangieren Kautschuk, Ölpalmen, Reis und Kokospalmen. Die Gesamtplanung für die zukünftige Entwicklung der Anbauflächen sieht einen starken Zuwachs für Ölpalmen und Kakao vor, während die Fläche für Kautschuk, Reis und Kokospalmen stagnieren oder sogar leicht zurückgehen soll.

Trotz des phänomenalen Wachstums des Kakaosektors in den letzten Jahren spielt der Kakao im gesamtwirtschaftlichen Rahmen immer noch eine sehr geringe Rolle. Hier spiegelt sich die äußerst diversifizierte Struktur der malaysischen Wirtschaft wider. Da der Kakaosektor erst in den letzten Jahren an Bedeutung gewonnen hat, hat das Statistische Amt ("Department of Statistics") noch nicht nachgezogen und weist Kakao noch nicht als separaten Posten in vielen Statistiken aus. So sind Zahlen über den Anteil des Kakaos am Bruttosozialprodukt nicht verfügbar. Ebensowenig sind Angaben über die Zahl der Beschäftigten im Kakaosektor erhältlich. Was den Export anbetrifft, verdeutlicht Tabelle 2, daß sich der Anteil von Kakao - gegen den Trend - von 0,7 auf 1,4% (1980-85) zwar verdoppelt hat, gleichwohl

---

[8] PPPTR = Pusat Pebyekidekan Pertanian Tun Razak (Tun Razak Agricultural Research Centre im Jengka-Dreieck, FELDA).

[9] Vgl. Federal Land Development Authority (1985), S. 9.

eine geringe Bedeutung besitzt. Die Exporte werden in Malaysia in den 80er Jahren durch Rohöl und vor allem Fertigwaren dominiert. Die relative Bedeutung des Agrar- und Forstsektors ist hingegen deutlich rückläufig.

Tabelle 1: Kakaoanbauflächen und Kakaoproduktion, 1965-1984

| Jahr | Fläche (Hektar) West Malaysia | Sabah | Sarawak | Gesamt- fläche (ha) | Produk- tion (Tonnen) |
|---|---|---|---|---|---|
| 1965 | 761 | 2.187 | - | 2.940 | 1.000 |
| 1970 | 3.362 | 4.019 | - | 7.381 | 2.400 |
| 1971 | 5.878 | 4.517 | - | 10.395 | 4.000 |
| 1972 | 8.984 | 5.447 | 880 | 15.311 | 5.000 |
| 1973 | 11.599 | 6.242 | 1.481 | 19.322 | 9.000 |
| 1974 | 13.634 | 8.126 | 2.313 | 24.073 | 10.000 |
| 1975 | 17.587 | 9.823 | 2.870 | 30.280 | 13.000 |
| 1976 | 20.796 | 11.673 | 3.342 | 35.811 | 15.434 |
| 1977 | 29.635 | 14.994 | 3.850 | 48.479 | 16.708 |
| 1978 | 34.268 | 22.467 | 4.557 | 61.292 | 17.564 |
| 1979 | 45.168 | 37.803 | 6.385 | 89.356 | 26.580 |
| 1980 | 57.345 | 57.984 | 8.526 | 123.855 | 36.500 |
| 1981 | 64.618 | 83.455 | 10.711 | 158.784 | 45.200 |
| 1982 | 82.185 | 114.474 | 12.740 | 209.399 | 66.200 |
| 1983 | 83.949 | 132.729 | 14.402 | 231.080 | 69.000 |
| 1984 | 89.163 | 159.288 | 17.059 | 265.510 | 88.000 |
| 1985 | 106.932 | 172.713 | 24.252 | 303.897 | 108.000 |
| 1986 | 117.525 | 189.821 | 26.654 | 334.000 | 131.000 |
| 1987 | | | | | 185.000 |

Quellen: Ministry of Primary Industries (1986) und Kementerian Perusahaan Utama (Sept. 1987), S. 2.

Da Kakao eine neue Anbaukultur für Malaysia ist, und um Kakao für potentielle Pflanzer attraktiv zu machen, wurde der Anbau und Export bisher von jeglichen Steuern ausgenommen. Es gibt im Unterschied zu Kautschuk und Palmöl keine Exportabgaben für Kakaoausfuhren. Wesentliche Einnahmen für die Länderregierungen erwachsen aus den Grundsteuern ("land taxes"), die für Plantagenland und Kleinparzellen gezahlt werden müssen, also auch für Land unter Kakaobewirtschaftung. Sabah mit seinen rund (1986) 183.000 ha Kakaoland nimmt beträchtliche Grundsteuern ein; Haupteinnahmequelle für das Bundesland Sabah sind jedoch Exportsteuern und Ertragsabgaben für Edelholz ("timber royalties"), welche 66,4% der Landesseinnahmen ausmachen, während die Grundsteuern nur 2,6% einbringen[10]. Sabah hatte für die Dauer von vier Jahren (1979-1983) eine Produktionsab-

---

[10] Vgl. Department of Statistics (1983), Tabelle 17.1. Vgl. hierzu auch Senftleben (1979), S. 47-50.

gabe für Kakao eingeführt, die jedoch sehr umstritten war und wegen der Dürre 1983 und der sinkenden Weltmarktpreise Anfang 1984 wieder eingefroren wurde.

Tabelle 2: Struktur der Exporte, in Prozent, 1975-1985

|  | 1975 | 1980 | 1981 | 1982 | 1983 | 1984 | 1985 |
|---|---|---|---|---|---|---|---|
| Agrar- und Forstwirtschaft | 53,1 | 42,7 | 40,5 | 39,0 | 37,4 | 37,3 | 33,0 |
| darunter Kakao | -- | 0,7 | 0,8 | 0,9 | 0,9 | 1,2 | 1,4 |
| Rohöl u. mineralische Rohst. | 25,3 | 34,0 | 34,9 | 34,1 | 31,5 | 28,4 | 31,3 |
| Fertigwaren | 21,6 | 23,0 | 24,4 | 26,6 | 30,8 | 34,1 | 35,6 |

Quelle: Ministry of Primary Industries (1986a).

## 3. Der Staat und der Kakaosektor

*3.1 Ziele und Kompetenzen der staatlichen Kakaopolitik*

Der Staat versucht nur relativ geringen Einfluß auf die Entwicklung und Entfaltung der Kakaowirtschaft zu nehmen. Er überläßt dies weithin der privatwirtschaftlichen Initiative, insbesondere den Plantagengesellschaften, sucht aber auch Kleinbauern aktiv zu fördern.

Die staatliche Einflußnahme beschränkt sich auf folgende Bereiche:

1. Landvergabe ("land alienation") an Plantagengesellschaften zum Zwecke des Kakaoanbaus; nach der Bundesverfassung ("Federal Constitution", ninth schedule, list II), in der der Grundsatz gilt "land is a state matter", obliegt die Vergabe von Staatsland der Kompetenz der Bundesländer.

2. Aufstellung von Entwicklungsplänen, besonders den Fünfjahresplänen, und Ausweisung von Arealen für die Anpflanzung von Kakao und anderen Dauerkulturen.

3. Erstellung von Kakaostatistiken.

4. Durchführung von Forschung zur Entwicklung der Kakaoindustrie. Diese wird durch das Malysian Agricultural Research and Development Institute in West-Malaysia und durch die Quoin Hill Cocoa Research Station in Sabah durchgeführt. Daneben unterhalten jedoch private Plantagengesellschaften ihre eigenen Forschungsstationen.

5. Vermarktung von Kakao durch die Federal Agricultural Marketing Authority in West-Malaysia und die Sabah Marketing Corporation in Sabah. Beide Institutionen zusammen vermarkten jedoch weniger als ein Viertel des Kakaos

in Malaysia. Die Plantagengesellschaften haben ihre eigene Vermarktungsmaschinerie.

6. Einführung von Kakao als dritte Dauerkultur in den staatlichen Neulanderschließungsprojekten. Aber sowohl die Federal Land Development Authority in West-Malaysia und Sabah als auch der Sabah Land Development Board und Sarawak Land Development Board in Ost-Malaysia haben sich bisher nur sehr zögernd für die Einführung von Kakao in ihren Projekten entschlossen.

7. Das Zwischenpflanzen von Kakao unter Altbestände von Kokospalmen an der Westküste West-Malaysias durch Unterstützung des Department of Agriculture im Rahmen des Programms "Coconut Replanting and Rehabilitation Schemes".

Die staatliche Rahmenplanung erfolgt in Malaysia durch die Aufstellung von Entwicklungsplänen. Die Malaysiapläne weisen jeweils die Areale aus, die während der Laufzeit eines jeden Entwicklungsplanes für den Neuanbau einer bestimmten Agrarkultur vorgesehen sind. Da riesige Gebiete, besonders im Inneren Malaysias, unvergebenes Staatsland ("state land") sind, kann bei der Landvergabe ("land alienation") ein entscheidender Einfluß auf die Anbauart genommen werden. Seit Verkündung des Zweiten Fünfjahresplanes der Föderation Malaya ("Malaya's Second Five-Year Plan", 1961-1965) war die Diversifizierung der Landwirtschaft eines der Hauptziele der Entwicklungspolitik: "To widen the variety of Malayan production, emphasizing the development of suitable agricultural products in addition to rubber"[11].

Der Erste Malaysia-Plan (1966-1970) legte sein Hauptaugenmerk auf die Einführung von Ölpalmen. Kakao wurde wegen der Rückschläge durch Schädlingsbefall auf Versuchspflanzungen überhaupt nicht im Plan erwähnt. Die Regierung überließ die Risiken einer Einführung von Kakao weitgehend dem privaten Plantagenbereich. Der Rückblickbericht über den Ersten Malaysia-Plan bemerkt dazu[12]:

"Private estates are acquiring additional valuable experience in the intercropping of mature coconuts with cocoa. Results to date are encouraging. In consequence cocoa acreage on estates in both East and West Malaysia has grown steadily and further expansion is planned."

---

[11] Ministry of Planning (1963), S. 12.
[12] Ministry of Planning (1969), S. 52.

Der Zweite Malaysia-Plan (1971-1975) sah erstmals größere Steigerungsraten für Kakao vor, jedoch galt Kakao damals immer noch als "Minor crop" neben Tabak, Tapioka, Zuckerrohr und Mais. Während des Zweiten Malaysia-Planes engagierte sich zum ersten Mal der Staat bei der großräumigen Einführung des Kakaos: Beim west-malaysischen Coconut & Pineapple Replanting & Rehabilitation Scheme wurde Kakao als neue subventionsberechtigte Zwischenpflanzkultur aufgenommen und ein Planziel von 8.100 ha für Kakao unter Kokospalmen ausgewiesen. Auch begann die Bundesländerschließungsbehörde FELDA ein 2.000 ha Versuchsprojekt mit Kakao im Jengka-Dreieck von Pahang[13]. Der Dritte Malaysia-Plan (1976-1980) forcierte dann bereits den Kakaoanbau[14].

Der Vierte Malaysia-Plan (1981-1985) sah eine rapide Ausweitung der Kakaoanbaufläche vor, und dies fast ausschließlich durch den privaten Plantagenbereich. Als Ansporn dienten die hohen Kakaopreise am Ende der 70er Jahre. Zum ersten Mal wurde im Plan auch der Ruf nach verbesserten Kakaoverarbeitungsmethoden und Qualitätssteigerungen laut[15]:

"Cocoa production grew rapidly with increased acreage estimated at 68.700 ha in 1980. A large portion of the increase in cocoa area was from intercropping. Production of dry beans increased more than eight fold to 33.000 tons in 1980, a major portion of which was still exported. The quality of cocoa output of smallholders continued to be affected by problems of inadequate processing facilities and lack of technical knowledge with regard to acidity".

Der Fünfte Malaysia-Plan (1986-1990) sieht schließlich eine weitere phänomenale Steigerung der Anbaufläche und Produktion von Kakao vor und forciert die innergebietliche Verarbeitung von Kakaobohnen zu Halbfertigprodukten[16]:

"Cocoa production, which currently accounts for 4,7% of the total agricultural output, is projected to grow at a rapid rate of 11,5% per annum, arising from large increase in hectarage and planting density to 177.200 tons in 1990, raising its share in agricultural output to 6,9%. Total hectarage is expected to increase by 85.000 ha".

Die Expansion soll noch weitergehen. Wie Tabelle 3 zeigt, sollen bis zum Jahr 2.000 weitere 90.000 ha mit Kakao bepflanzt werden. Malaysia hofft dann, vom drittgrößten zum weltgrößten Erzeuger und Exporteur aufzusteigen. Obwohl die

---

[13] Vgl. Ministry of Planning (1973a), S. 124.
[14] Ministry of Planning (1976), S. 296.
[15] Ministry of Planning (1981), S. 278.
[16] Ministry of Planning (1986), S. 63.

International Cocoa Organization (ICO) keine Produktionsquoten, sondern nur ein seit Jahren volles Ausgleichslager als Marktregulierungsinstrument einzusetzen versucht, weigert sich Malaysia bisher standhaft, Mitglied zu werden. Auch ist es nicht der Cocoa Producer Alliance beigetreten. Man will offenbar schon die potentielle Möglichkeit der Regulierung und Eindämmung dieses ambitionierten Expansionsprogrammes von vornherein ausschließen. 1988 kam es dennoch zu einigen Gesprächen mit der ICO, die jedoch ergebnislos verliefen[17]. Inzwischen liegt die ICO selbst in Agonie und sieht einer ungewissen Zukunft entgegen.

Tabelle 3: Geplante Neupflanzungen von Kakao, in Hektar, 1986-2000

|  | 1986-1990 | 1991-1995 | 1996-2000 | 1986-2000 |
|---|---|---|---|---|
| West-Malaysia | 14.850 | 29.010 | 16.850 | 60.710 |
| Sabah | 56.000 |  | 38.000 | 94.000 |
| Sarawak | 6.000 |  | 6.000 | 12.000 |
| Gesamt-Malaysia | 76.850 |  | 89.860 | 166.710 |

Quelle: Ministry of Agriculture (1984a).

Diese Rahmenpläne verschleiern, daß es nicht immer leicht ist, eine kohärente staatliche Kakaopolitik zu formulieren und umzusetzen. Das scheitert nicht selten an der Kompetenzfrage zwischen dem Bund und den Ländern. Aufgrund der Bundesverfassung[18] haben zumindest Sabah und Sarawak eine gewissen Autonomie auf dem Landwirtschaftssektor. Außerdem sind die wirtschafts- und entwicklungspolitischen Interessen auf dem Kakaobereich zwischen Ost- und West-Malaysia nicht nur verschieden, sondern oftmals diametral entgegengesetzt[19]. Drei Bundesministerien teilen sich die Kompetenz auf dem Sektor der Kakaowirtschaft:

1. **Das Ministerium für Primärindustrien** (Ministry of Primary Industries - MOPI)[20] ist bis zu einem gewissen Grad zuständig für die Formulierung einer einheitlichen Politik für Forschung, Entwicklung und Vermarktung von Malaysias Erzeugnissen des primären Sektors, wie Kautschuk, Kakao, Edelholz, Zinn, Kupfer und anderer Mineralien. Ananas und Kakao sind organisatorisch in einer eigenen Abteilung des MOPI zusammengefaßt (Cocoa & Pineapple Division). Bezüglich Kakao ist das MOPI jedoch in einer schwachen Position, da sowohl die für Kakao

---

[17] Vgl. FEER vom 12. 5. 1988.
[18] Vgl. Federal Constitution, II. Schedule.
[19] Persönlich Kontakte des Autors mit Mr. Yeo Heng Han, Chief of Section for Cocoa & Pineapple, Ministry of Primary Industries.
[20] Vgl. zur Organisation und Kompetenz der einzelnen Ministerien die Beschreibung im Informationshandbuch über Malaysia: Berita Publishing (1986).

zuständige Forschungsanstalt, das Malaysian Agricultural Research and Development Institute (MARDI), als auch die Kakaovermarktungsbehörde, die Federal Agricultural Marketing Authority (FAMA), dem Landwirtschaftsministerium unterstehen. Sollte es zur Bildung eines eigenen Malaysian Cocoa Research and Development Board (MCRDB) kommen, so würde diese Institution als Körperschaft des öffentlichen Rechts unter die Aufsicht des MOPI kommen. Das MOPI organisiert und koordiniert Konferenzen und Seminare zur Kakaoförderung in Zusammenhang mit den einzelnen Kakaoverbänden und Interessengemeinschaften, wie beispielsweise dem Malaysian Cocoa Growers' Council (MCGC); der Incorporated Society of Planters (ISP) und der East Malaysian Planters Association (EMPA)[21].

**2. Das Ministerium für Handel und Industrie** (Ministry of Trade and Industry - MOTI) ist für den Import und Export von Kakaoroh- und Kakaohalbfertigprodukten zuständig. Es vertritt ferner den Kakaosektor auf internationalen Messen und Ausstellungen und schließt internationale Verträge ab. So war Malaysia beim neuen Internationalen Kakaoabkommen vom September 1986 durch das MOTI vertreten.

**3. Das Landwirtschaftsministerium** (Ministry of Agriculture - MOA) ist für die Kakao-Agronomie zuständig, außerdem - wie bereits erwähnt - für die Kakaoforschung durch MARDI und die Kakaovermarktung durch FAMA. Aufgrund der malaysischen Verfassung ist Landwirtschaft jedoch ein hybrides Gebiet, welches teilweise in die Kompetenz des Bundes und, was Ost-Malaysia anbetrifft, in die Kompetenz der Länderregierungen fällt. So ist beispielsweise das Landwirtschaftsamt von Sabah (DOA) eine Dienststelle der Landesregierung von Sabah. Das west-malaysische Department of Agriculture ist mit der Durchführung des Coconut Smallholders Development Scheme beauftragt, welches Kokosnuß-Kleinbauern bei der Umpflanzung, Diversifizierung und Sanierung ihrer maroden Kokospalmbestände finanziell und personell hilft. Hauptaspekt der Sanierung der Küstengebiete West-Malaysias ist das Zwischenpflanzen mit Kakao unter Kokosnuß-Altbeständen, um das kleinbäuerliche Einkommen zu erhöhen.

*3.2 Besteuerungspolitik für Kakao*

Im Unterschied zu Kautschuk und Palmöl gibt es für Kakao keine direkten Produktions- und Exportsteuern. Bei Kautschuk und Palmöl wird eine Forschungsabgabe ("research cess") in Form eines Ausfuhrzolls von den Zollbehörden nach dem Customs Act 1967 erhoben, und der tatsächliche Betrag der Abgabe wird durch eine komplizierte Formel berechnet, wobei der jeweilige monatliche Farmgate-Preis entscheidend ist.

---

[21] So stand beispielsweise die 1984er "International Conference on Cocoa and Coconuts" unter der Federführung des MOPI.

Eine ähnliche Forschungsabgabe ist auch für Kakao geplant, wird aber vorläufig noch nicht eingeführt, da sich die Kakaowirtschaft in Malaysia noch im Anfangsstadium befindet und sich eine solche Abgabe zum gegenwärtigen Zeitpunkt negativ auf weitere Investitionen im Kakaosektor auswirken würde. Finanzfachleute im MOPI vermerkten hierzu: "We don't want to kill the hen, before she has laid the golden egg." Die Forschungsabgabe für Kakao ("cocoa cess") würde erst zum Tragen kommen, wenn der Farmgate-Preis über eine bestimmte Interventionsmarke steigt; man denkt gegenwärtig an einen Schwellenwert von Ringgit 4.000 pro Tonne Kakao-Trockenbohnen. Die Produzentenseite plädiert jedoch für einen wesentlich höheren Schwellenwert und nennt beispielsweise eine Marke von Ringgit 5.850 pro Tonne, dem unteren Interventionspreis nach dem alten Internationalen Kakaoabkommen der ICCO. 1985 lag der durchschnittliche Farmgate-Preis für Kakao-Trockenbohnen für West-Malaysia beispielsweise bei Ringgit 4.752 pro Tonne, also nur geringfügig über dem anvisierten Schwellenwert von Ringgit 4.000 pro Tonne. Eine Einführung der Forschungsabgabe zum gegenwärtigen Zeitpunkt würde also wenig Einkünfte einbringen, wenn man die hohen Verwaltungskosten abzieht. Aus diesem Grund wartet man ab, bis die Kakaopreise auf den Weltmärkten wieder nach oben gehen.

**Separatlösung für Sabah:** Würde ein solcher "cocoa cess" durch Verabschiedung eines Bundesgesetzes eingeführt, fände er Anwendung sowohl für West- als auch für Ost-Malaysia. Von historischem Interesse ist es jedoch, daß es bereits in Sabah von 1979 bis 1983 einen "cocoa cess" gab. Er wurde 1979 unter der Regierung des Berjaya-Minsterpräsidenten Datuk Harris Salleh eingeführt, als Kakao Rekordpreise bis zu Ringgit 14.000 pro Tonne erzielte. Ende 1983 jedoch, als Dürren, Wassermangel, Buschfeuer und niedrige Weltmarktpreise die Kakaoindustrie in Schwierigkeiten brachten, wurde der "cocoa cess" ausgesetzt. Er wurde auch 1984 wegen großräumiger Überschwemmungen und Kakaokrankheiten nicht aufgenommen, und als 1985 die Parti Bersatu unter Datuk Joseph Pairin Kitingan die Staatsgeschäfte übernahm, lag der Kakaopreis nur knapp über Ringgit 4.000 pro Tonne. Bei einem Preis von bis zu Ringgit 4.000 pro Tonne war die Kakaoproduktion abgabenfrei; darüber wurde sie mit einem Steuersatz von 25% belegt.

Verfassungsexperten, Landespolitiker und Juristen geben zu, daß die Landesverordnung zur Erhebung eines "cocoa cess" in Sabah nicht nur fehlerhaft und mit juristischen Mängeln abgefaßt, sondern eventuell auch verfassungswidrig war. Da Steuererhebungen auf landwirtschaftliche Erzeugnisse nach der Bundesverfassung in die Kompetenz des Bundes fallen, wäre das Land Sabah unter Umständen gar nicht berechtigt gewesen, einen "cocoa cess" zu erheben. Dieses wurde jedoch dadurch umgangen, daß der "cess" als eine Art Distriktsteuer nach dem § 89 der Local Government Ordinance (Sabah No. 11 of 1961) verordnet wurde. Der "cocoa cess" wurde von den Distriktbehörden eingezogen und floß in die Distriktkasse; ein Großteil davon wurde von korrupten Distriktbeamten in die eigene Tasche gesteckt. Die Forschungsabgabe wurde also nicht bei der

Ausfuhr von Kakao von den Zollbehörden erhoben und eingezogen, sondern aufgrund von Rechnungsbelegen direkt von den Erzeugern. Da die Abgabesteuer nur bei einem Preis von über Ringgit 4.000 pro Tonne zur Anwendung kam, fälschten viele Plantagen die Rechnungen und gaben beispielsweise nur einen fiktiven Verkaufswert von Ringgit 3.900 pro Tonne an. Mit der beabsichtigten Verabschiedung eines Cocoa Research and Development Act durch das Bundesparlament würde sich der "cocoa cess" in Sabah erübrigen, zumal er seit 1984 wegen Dürren, Überschwemmungen, Kakaokrankheiten (VSD) und niedriger Weltmarktpreise außer Kraft gesetzt ist.

### 3.3 Private und staatliche Kakaoforschung

Das starke Engagement des privaten Sektors in der Kakaowirtschaft in Malaysia geht daraus hervor, daß private Plantagengesellschaften bisher die Hauptlast der Forschung und Entwicklung dieses Sektors getragen haben. Diese Forschung bezog sich vorwiegend auf agronomische Probleme, Kakaoschädlingsbekämpfung und Verbesserung der Kakaoqualität (Geschmacksverbesserung); es gibt jedoch auch einige ökonomische Untersuchungen mit "Input-Output-Kalkulationen" über Kakao im Plantagenbereich[22]. Viele dieser Forschungsstationen des privaten Plantagenbereichs sind schon alt, die Kakaoforschung wurde jedoch erst in den letzten Jahren forciert. Die wichtigsten Forschungsstationen der privaten Plantagengesellschaften sind in Tabelle 4 dargestellt.

Auch ost-malaysische Plantagen sind an diesem Forschungsprogramm beteiligt. Hauptaugenmerk liegt hierbei auf der Schädlingsbekämpfung.

1981 wurde von der East Malaysian Planters' Association das "Cocoa Moth Research Programme" begonnen, welches in West-Malaysia unter der Federführung des Commonwealth Institute of Biological Control durchgeführt wird.

Aufgrund der ständig expandierenden Kakaowirtschaft gab die malaysische Regierung erst 1983 überhaupt die Absicht zur Bildung eines eigenen Kakaoforschungsinstituts, dem Malaysian Cocoa Research and Development Board (MCRDB), bekannt. Im Februar 1984 berief das Ministerium für Primärindustrien eine Tagung ein, bei der die Leitlinien für die Errichtung eines MCRDB

---

[22] Vgl. Ti Teow Chuan und Gunting (1983); Chok und Tang Teng-lai (1983); Chua Eng-kee (1983) sowie Wurcker und Ismail Salam (1984), die alle - mit Ausnahme der letztgenannten Studie - Beiträge zu einem wissenschaftlichen Kakaoseminar in Kuala Lumpur im Jahre 1983 waren.

Tabelle 4: Forschungsstationen der Plantagengesellschaften

| Forschungsstation | Besitzer | Gründungsjahr | Anbaukultur |
|---|---|---|---|
| BAL Research Station | BAL Estates Bhd. | 1957 | Kakao |
| Dunlop Research Stat. | Dunlop Estates Bhd. | 1910 | Ölpalmen, Kakao, Kautschuk, Früchte |
| Ebor Research Stat. | Sime Darby Plantat. | 1972 | Ölpalmen, Kakao und Kautschuk |
| Guthrie Research Chemara | Kumpulan Guthrie Sdn. Bhd. | 1920 | Ölpalmen, Kakao und Kautschuk |
| H.R.U. Sdn. Bhd. | Highland & Lowlands Bhd. Boustead Bhd. | 1964 | Ölpalmen, Kakao und Kautschuk |
| Oil Palm Research Station | Harrison Malaysia Plantations Bhd. | 1954 | Ölpalmen, Kokosnuß |
| Prang Besar Research Station | Harrison Malaysia Plantations Bhd. | 1921 | Kautschuk, Kakao, Trop. Früchte |
| United Plantations Research Dept. | United Plantations Bhd. | 1964 | Ölpalmen, Kakao und Kokosnuß |

Quelle: Ministry of Primary Industries (1986).

diskutiert werden sollten. Unabhängige Behörden ("Statutory Bodies") für Forschung, Entwicklung und Exportlizenzerteilung gibt es bereits für andere Primärprodukte[23].

Als Vorlage für die Gesetzgebung zur Institutionalisierung des MCRDB soll der "Palm Oilm Research and Development Act", No. 218, 1979 dienen. Bis heute ist es jedoch noch nicht zur Bildung dieser Kakaobehörde gekommen, da es Differenzen über Standort, Finanzierung und Funktionen der Kakaobehörde gibt. So möchten u.a. das MOPI aus finanziellen Gründen, daß MARDI (Versuchsstation in Sungai Sumun, Hilir Perak) und das Sabah DOA (Versuchsstation Quoin Hill bei Tawau) weiterhin für die agronomischen und produktionstechnischen Aspekte der Kakaoindustrie zuständig sein, während der

---

[23] Malayan Pineapple Industry Board (MPIB), 1957; Malaysian Rubber Exchange and Licensing Board (MRELB); Malaysian Rubber Research and Development Board (MRRDB); Rubber Research Institute of Malaysia (RRIM); Malaysian Timber Industry Board (MTIB), 1973; Palm Oil Registration and Licensing Authority (PORLA), 1976; Palm Oil Research Institute of Malaysia (PORIM), 1979; Tin Industry (Research and Development) Board, 1954 und National Tobacco Board (NTB), 1973.

MCRDB nur die Richtlinien und Prioritäten für das Forschungsprogramm festlegen soll.

Auch sollen FAMA und SAMA (in Sabah) ihre bisherigen Aktivitäten bei der Vermarktung und Güteklasseneinteilung fortführen, während der MCRDB die Ausfuhrlizenzen ausstellt. Praktiker des Kakaogeschäfts sind hingegen der Meinung, daß eine Trennung von "Marketing", "Grading" und "Certification" nicht praktikabel ist. Geplant ist also im Anfangsstadium eine Skelettinstitution, deren Funktionen dann in der Zukunft erweitert werden sollen, wenn die Kakaoindustrie genügend Gewinn abwirft, um den MCRDB durch eine Abgabensteuer selber finanzieren zu können.

## 3.4  Die Finanzierung der Anlage von Kakaoplantagen

Zu der rasanten Erweiterung der Kakaoanbaufläche von 1970 ca. 7.381 ha auf 1985 ca. 285.000 ha war ein riesiger Kapitalbedarf notwendig. Da sich der Staat im Rahmen des regulären Entwicklungsprogrammes nur zögernd bei der Finanzierung der Kakaoplantagen engagieren wollte, blieb es weitgehend dem privaten Bereich vorbehalten, also Finanzierungs- und Versicherungsgesellschaften, Kredit- und Darlehensvereinen, Genossenschaften und kommerziellen Handelsbanken.

Hauptinstrument des Staates sind die Entwicklungsfinanzierungsgesellschaften ("finance companies"), die sich - mit Mehrheitsanteilen - sowohl im malaysischen Bundes- als auch Landesbesitz befinden. Auf dem Agrarsektor ist Bank Pertanian Malaysia (BPM) die wichtigste Entwicklungsbank. BPM wurde 1969 mit dem Ziel gegründet, die Agrarentwicklung des Landes voranzutreiben. Sie ist überwiegend in West-Malaysia tätig und besitzt 38 Zweigstellen im ganzen Land. Von den Gesamtdarlehen der BPM auf dem Agrarsektor entfallen rund 40% der Gelder für die Anlage von Kakao-Pflanzungen, wobei 41,9% kurzfristige Kredite, 16,1% mittelfristige und 42% langfristige Kredite sind. In Sabah wurde 1978 die staatlich finanzierte Sabah Development Bank Bhd. (Sdb.) gegründet, welche die Hauptfinanzierungsquelle auf dem Kakaosektor in Sabah ist. Außerdem spielen die State Economic Development Corporations in West-Malaysia eine entscheidende Rolle bei der Anlage von Kakaoplantagen auf Landesebene, besonders in Perak und Johore.

Die kommerziellen Handelsbanken sind jedoch bei weitem die Hauptquelle der Finanzierung des Kakaoplantagensektors in Malaysia. Im Unterschied zu den Entwicklungsfinanzierungsgesellschaften gewähren sie Kredite und Darlehen mit einem fluktuierenden Zinssatz. Nach Schätzungen der Bank Negara Malaysia kommen rund 70% aller Gelder für die Neuanlage von Kakaoplantagen in Malaysia von kommerziellen Handelsbanken. Tabelle 5 verdeutlicht das Engagement der kommerziellen Handelsbanken im Agrarbereich.

Die Wirtschaftlichkeit der Kakaoinvestitionen ist wesentlich günstiger als die für Kautschuk und Ölpalmen. Das hat seinen Grund darin, daß Kautschuk erst nach ca. sieben Jahren und Ölpalmen erst nach ca. drei Jahren Ertrag bringen, während Kakaobäume bereits nach 18 Monaten geringe Erträge einbringen. Der Rückzahlungszeitraum ("pay-back period") bei Darlehen für Kakaopflanzungen ist weitaus kürzer als bei Kautschuk und Ölpalmen.

Tabelle 5: Kreditvergabe der kommerziellen Handelsbanken auf dem Agrarsektor, in Millionen Ringgit, 1975-1985

| Wirtschaftsbereich | 1975 | 1982 | 1983 | 1984 | 1985 |
|---|---|---|---|---|---|
| Kautschuk | 133,7 | 180,1 | 206,6 | 264,2 | 290,3 |
| Reis | 8,7 | 29,5 | 26,3 | 28,5 | 29,3 |
| Ölpalmen | 74,5 | 478,8 | 499,1 | 480,2 | 557,1 |
| Kokosnuß-Produkte | 1,3 | 33,6 | 34,1 | 39,7 | 39,1 |
| Kakao | - | 328,1 | 392,2 | 469,1 | 507,8 |
| Tierzucht | - | 153,5 | 187,3 | 234,5 | 262,4 |
| Forstwirtschaft | 217,6 | 730,4 | 770,2 | 854,6 | 888,3 |
| Fischerei | 9,5 | 43,4 | 51,7 | 67,6 | 74,3 |
| Anderes | 38,5 | 157,0 | 222,0 | 225,6 | 287,7 |
| Landwirtschaft | 483,8 | 2.134,4 | 2.389,5 | 2.644,0 | 2.936,3 |
| Gesamtkreditvergabe | 6.486,4 | 29.665,6 | 36.781,8 | 43.504,3 | 48.981,7 |

Quelle: Bank Negara Malaysia (versch. Jhg.).

Die Mittelbeschaffung ist jedoch nicht immer leicht: Kommerzielle Banken engagieren sich meist erst, wenn der Investor über ein eigenes Risiko-Kapital von mindestens 50% der Grundprojektkosten verfügt, damit er nicht bei Mißernten bzw. schlechten Marktpreisen sofort in Liquiditätsschwierigkeiten gerät. Es ist schwierig, langfristig Darlehen zu bekommen. Da der Amortisationszeitraum bei Kakao zwischen acht und zehn Jahren liegt, werden Kredite über neun Jahre hinaus nur selten gegeben. Die Kreditaufnahme auf dem ausländischen off-shore-Markt wird durch das zusätzliche Währungsrisiko riskanter, außerdem akzeptieren ausländische Kreditinstitute häufig nicht die üblichen Sicherheitsleistungen, Hypotheken und Eintragungen ins Grundbuch, da bei der Neulandvergabe die Übernahme durch nicht-malaysische Besitzer eingeschränkt ist.

Dennoch: Trotz der genannten Schwierigkeiten kann festgestellt werden, daß, unter relativ unbedeutender Beteiligung des Staates, die enorme Expansion der Kakaoplantagenfläche effizient durch die private Kreditwirtschaft finanziert und ermöglicht wurde.

## 3.5 Staatliche Neulanderschließungsprojekte und Kakaoanbau

Malaysia verfügt über eines der ehrgeizigsten Neulanderschließungsprogramme der Welt, wobei Primärurwald für die Agrarkolonisation urbar gemacht wird[24]. Allein die Federal Land Development Authority (FELDA) erschloß seit ihrer Gründung im Jahre 1956 bis Ende 1984 insgesamt 693.576 ha und siedelte 94.168 Familien auf 388 Siedlungsprojekten an[25]. 63,3% der Projektfläche von FELDA ist mit Ölpalmen und 27,2% mit Kautschuk bepflanzt. Kakao soll jetzt als Dritt-Anbaukultur forciert werden. Bisher beträgt der Anteil von Kakao an der Gesamtanbaufläche der FELDA-Projekte lediglich 2,6%. Auch andere staatliche Neulanderschließungsinstitutionen, wie die Federal Land Consolidation and Rehabilitation Authority (FELCRA), der Sabah Development Board (SLDB) und der Sarawak Land Development Board (SwLDB) haben sich bisher bei der Einführung von Kakao merklich zurückgehalten. Gründe hierfür sind:

1. mangelnde Erfahrung im Umgang mit Kakao und das Fehlen von Kakaoexperten;
2. die weit verbreitete Angst vor Kakaokrankheiten;
3. für Kakao ungeeignete Böden im bergigen Inland;

Tabelle 6: Gesamtanbaufläche von Kakao in staatlichen Landerschließungsprojekten nach Bundesländern, in Hektar, 1984

| Bundesland | FELDA | FELCRA | SLDE | SwLDB | Gesamt |
|---|---|---|---|---|---|
| Johore | 3.480 | - | - | - | 3.480 |
| Kelantan | - | 22 | - | - | 22 |
| Pahang | 8.416 | - | - | - | 8.416 |
| Perak | - | 278 | - | - | 278 |
| Sabah | 6.109 | - | 662 | - | 6.771 |
| Sarawak | - | - | - | 1.633 | 1.633 |
| Malaysia | 18.005 | 300 | 662 | 1.633 | 20.600 |

Quellen: Federal Land Development Authority (1985), Federal Land Consolidation and Rehabilitation Authority (1985), und Department of Statistics (1985).

---

[24] Vgl. Senftleben (1978).
[25] Vgl. Federal Land Development Authority (1985).

4. schlechte Erfahrungen und Fehlschläge beim Anbau von Kakao in bestehenden Projekten. Beispielsweise betrug der durchschnittliche Ertrag (Kakao-Trockenbohnen) 1984 in allen FELDA-Projekten nur 140 kg / ha/Jahr und in den FELCRA-Projekten 120 kg/ha/Jahr, während der vergleichbare Ertrag für west-malaysische Plantagen bei 570 kg/ha /Jahr lag.

Tabelle 6 zeigt die Gesamtanbaufläche von Kakao in staatlichen Landerschließungsprojekten und deren Verteilung auf die einzelnen Bundesländer im Jahre 1984.

### 3.5.1 Die Kakaopolitik der FELDA und FELCRA

Kakao als dritte alternative Dauerkultur wurde ursprünglich nur geringe Priorität eingeräumt, zumal mehrere Regionalplanungsgutachten die Böden im Inneren Malaysias als nicht sonderlich geeignet für Kakao ansahen[26]. Auch frühere Fehlschläge durch die verheerende VSD-Krankheit ("Dieback") bei der damals vorherrschenden Amelonado-Art trugen zu dieser Zurückhaltung bei. Erst durch die Einführung resistenterer Hybridsetzlinge in den 70er Jahren wurde das angeschlagene Vertrauen in den Kakaoanbau wiederhergestellt. 1972 drängte der Nationale Planungsausschuß der Zentralregierung FELDA, ein 2.000 ha großes Versuchsareal von Kakao im Tun Razak Agricultural Research Centre (Pusat Penyelidekan Pertanian Tun Razak - PPPTR) im Jengka-Dreieck bei Sungei Tekam einzurichten. Dieses Versuchsprogramm wurde mit Unterstützung der Food and Agriculture Organization (UN/FAO) im Rahmen des Entwicklungsprogrammes der Vereinten Nationen gefördert. Mehrere Kakaoexperten (A. Garot, P. N. Byrne) wurden nach Malaysia entsandt und zwei malaysische Forschungsstipendiaten (Lee Aik Kein, Tan Gim Seng) zum Training nach Übersee geschickt. Ein FAO-Gutachter erstellte schließlich 1977 einen Bericht über die Durchführbarkeit von großräumigen Kakaopflanzungen im Jengka-Gebiet[27].

Das PPPTR unternahm seit 1969 systematische Forschung über den Kakaoanbau, welches in den Jahresberichten der FELDA der 70er Jahre dokumentiert ist. Das PPPTR arbeitete damals stark mit Papua Neuguinea zusammen, welches als einziges asiatisch-pazifisches Land Erfahrungen im Kakaoanbau hatte. Seit 1972 bis Ende 1984 wurden insgesamt 18.500 ha von FELDA mit Kakao bepflanzt, davon 8.416 ha im Jengka-Dreieck von Pahang und 3.480 ha im Trolak-Komplex von Perak. Hier befindet sich auch das FELDA Land Development Institute (INPUT), das Ausbildungskurse für Landerschließungsexperten auf allen Ebenen anbietet, unter anderem auch Lehrgänge für Kakao-

---

[26] Vgl. Hunting Technical Services Ltd. (1967).
[27] Vgl. FAO (1977).

Agronomie. Anfang der 80er Jahre gab die Berjaya-Regierung von Sabah[28], die sehr wohlwollend gegenüber den Bundesinteressen eingestellt war, die Erlaubnis, daß FELDA auch in Sabah tätig werden kann. Bis Ende 1984 wurden 23 FELDA-Projekte im Gebiet von Tawau und Lahad Datu angelegt und insgesamt eine Fläche von 6.109 ha Kakao bepflanzt. Auf der Sitzung des National Land Council vom September 1984 wurde ferner eindeutig festgelegt, daß für alle neuen FELDA-Projekte keine "Individual"- oder "Gruppen"-Besitztitel mit zugeteilter Parzelle vergeben werden, sondern daß das "Anteil-System" verbindlich eingeführt wird. Dieses "Share System" wirkt sich besonders für Kakao negativ aus, da diese Anbauart eine besonders intensive Bewirtschaftung erfordert und der Siedler sich mit einem bestimmten Areal identifizieren und praktisch jeden Kakaobaum kennen muß. Die Erträge auf den FELDA-Plantagen in Sabah liegen deshalb alle unter 200 kg/ha/Jahr.

FELDA ist auch auf dem Kakao-Verarbeitungssektor eingestiegen. Die Malaysian Cocoa Manufacturing Sdn. Bhd. ind Seremban (Negri Sembilan), ein "Joint-venture"-Betrieb zwischen der FELDA und einer anderen halb-staatlichen Beteiligung, nahm ihre Produktion von Kakaopulver und Kakaobutter im Juli 1984 auf. Bis heute konnte jedoch die Verlustzone noch nicht verlassen werden, was auf Fehlplanungen, Auslastungsschwierigkeiten und mangelhaften Absatz zurückzuführen ist.

Die FELCRA wurde im April 1966 mit dem Ziel gegründet, die Sanierung von fehlgeschlagenen oder verwahrlosten Neulanderschließungsprojekten ("land rehabilitation") und Flurbereinigung von Altland ("land consolidation") durchzuführen[29]. Bis Ende Dezember 1985 wurden durch die FELCRA lediglich 1.011 ha Kakao angebaut oder saniert, bei einer Gesamtprojektfläche von 138.228 ha.

Der Hauptgrund für FELCRAs mangelndes Interesse an Kakao ist die Tatsache, daß FELCRA als relativ kleine Institution kein geschultes Personal hat, welches über langjährige Erfahrungen mit dem Kakaoanbau verfügt und die Siedler mit der neuen Dauerkultur vertraut machen kann. Die meisten Gruppenprojekte sind zudem unter 100 ha groß, oft verstreut und auf hügeligem Gelände gelegen, so daß die Anstellung eines Kakaoagronomen nicht lohnen würde. In vielen Sanierungsgebieten von Altland erlaubt der Besitztitel ("expressed conditions of land") den Anbau einer Dauerkultur nicht; hier müßte erst eine Grundbuchänderung vorgenommen werden. Die größte Fläche von Kakao, nämlich 769 ha, befindet sich in Altlandsanierungsgebieten oder traditionellen Dorfentwicklungsprogrammen, die zwei Konzepte vereinen: Flurbereinigung und Dorferneuerung ("land consolidation" und "village regrouping"). Die

---

[28] Parti Berdatu Rakyat Jelata Sabah.
[29] Vgl. Senftleben (1978), S. 127 ff.

Hektarerträge von Kakao in allen FELCRA-Projekten sind mit durchschnittlich 120 kg/ha/Jahr äußerst gering.

### 3.5.2 Die Kakaopolitik des Sabah und des Sarawak Develpment Board

Die beiden Teilstaaten in Ost-Malaysia, Sabah und Sarawak, haben eigene Landerschließungsbehörden. Der Sabah Land Development Board (SLDB) wurde am 1. Januar 1969 als Landesbehörde des öffentlichen Rechts zum Zwecke der großräumigen Landerschließung im Land Sabah gegründet. Bis Ende 1983 hat der SLDB 46.537 ha in 33 Projekten erschlossen und ist damit die größte Plantagengesellschaft in Sabah. Bis 1970 konzentrierte sich der SLDB fast ausschließlich auf die Anpflanzung von Ölpalmen, und noch heute sind über 95% der Projektfläche des SLDBs mit Ölpalmen bepflanzt. 1970 drängte die Landesregierung zu einer verstärkten Diversifizierung der Agrarstruktur, und Kakao sollte als zweite Dauerkultur forciert werden. 1972 wurde vom Schokoladenkonzern Cadbury das Rumidi Estate im Labuk-Sugut-Distrikt aufgekauft, und die Kakaoplantage wurde als Entwicklungszentrum des Labuk-Tales für weitere Kakaopflanzungen ausersehen. Später erschloß der SLDB dann das dem Rumidi Estate angrenzende Perancangan Cocoa-Projekt[30]. 1968 hatte bereits ein Gutachten der Vereinten Nationen[31] über die natürlichen Ressourcen des Labuk-Tales die großflächige Einführung von Kakao vorgeschlagen. Im Unterschied zum privaten Plantagenbereich hat sich jedoch Kakao in den staatlichen Neulanderschließungsprojekten in Sabah nicht durchgesetzt. Von den insgesamt (1984) 159.288 ha Kakaofläche in Sabah entfallen lediglich 5.644 ha auf staatliche Landerschließungsprojekte, das sind nur 3,5%[32].

Niedrige Hektarerträge, Kakaokrankheiten und mangelnde Erfahrung im Umgang mit Kakao zwangen den SLDB, den großflächigen Kakaoanbau einzuschränken und den privaten Plantagenunternehmen zu überlassen. Ein Erkundungsaufenthalt im Langkon-Projekt bei Kota Marudu zeigte den desolaten Zustand der 90 ha Kakaofläche. Das Fehlen eines Kakaospezialisten im Projekt, die 1984er Überschwemmungen und die Tatsache, daß Kakao nur ein "ungeliebtes Anhängsel" des 2.356 ha Gesamtprojektes auf Ölpalm-Basis ist, mag die niedrigen Hektarerträge erklären, die bei 150 kg/ha/Jahr liegen sollen.

Sarawak, Malaysias flächengrößtes Bundesland, ist Neuling auf dem Kakaosektor. Von den insgesamt 17.059 ha Kakao entfallen rund 14.300 ha auf Klein-

---

[30] Vgl. Senftleben (1978), S. 241.
[31] Vgl. United Nations (1968).
[32] Neben der SLDB unterhält auch die Federal Land Development Authority (FELDA) und das Sabah Department of Agriculture Kakaoprojekte in Sabah.

betriebe, besonders an der Nordküste der 1. Division. Zweitgrößter Kakaopflanzer in Sarawak ist der Sarawak Land Development Board (SwLDB), der als Landneuerschließungsbehörde ähnliche Funktionen hat, wie der Sabah Land Development Board[33]. Der SwLDB unterhält ein größeres Projekt im Subis-Distrikt der 4. Division bei Miri. Dieses Gebiet gehört zum regionalen Entwicklungsdreieck Miri-Bintulu-Long Lama. Große Teile von Sarawak sind als "Stammesland" ("native customary land") klassifiziert und Wanderhackbau ("shifting cultivation") ist in weiten Teilen die vorherrschende Form der Landwirtschaft. Der SwLDB hat deshalb Schwierigkeiten, geeignete Areale für die Anpflanzung einer Dauerkultur wie Kakao zu finden.

### 3.6 Das "Coconut Replanting and Rehabilitation Scheme" für Kleinbauern in West-Malaysia

Die Kokosnußgebiete der Westküste West-Malaysias gehören seit jeher zu den einkommensschwächsten in ganz Malaysia: schlechte Böden, Hochwassergefahr, Kleinstparzellen, Besitzsplitterung, ertragsschwache und überalterte Palmbestände sind Gründe für die Strukturkrise dieser Küstengebiete. Bereits 1968 erstellte die Food and Agriculture Organization ein Wirtschaftsgutachten über die Kokosindustrie Malaysias und empfahl die Diversifizierung[34]. Zur Sanierung der maroden Kokosnußgebiete an der Westküste wurde 1963 das Coconut Replanting and Rehabilitation Scheme (RPSKK) ins Leben gerufen, das sich vom Süden Johores bis nach Kedah erstreckt. Das Programm umfaßt zwei Arten der Sanierung: 1. Die Umpflanzung von Kokosnuß-Altbeständen mit der kurzstämmigen Hochertragsart MAWA, und 2. die Rehabilitation unproduktiver Kokospalmbestände durch Zwischenpflanzen mit Alternativkulturen wie Ananas, Bananen, Kaffee und Kakao. Seit 1973 läuft das Cocoa Subsidy Scheme (CSS), welches vom Department of Agriculture in West-Malaysia durchgeführt wird und das Zwischenpflanzen mit ertragsstarken hybriden Kakaosorten durch einen Zuschuß planmäßig fördert. Zuschußberechtigt sind Kokosnuß-Kleinpflanzer, die weniger als 2 ha Land haben und folgende Bedingungen erfüllen: 1. Ausreichende Bodenqualität und genügende Entwässerung des Gebietes; 2. Die Kokospalmbestände müssen von guter Qualität sein. Als "gut" gelten solche, die mindestens 60 Kokosnüsse pro Palme und Jahr erbringen. Der Kleinbauer kann entweder nur die Umpflanzungsbeihilfe in Anspruch nehmen oder die Rehabilitationsbeihilfe zum Zwischenpflanzen mit Kakao, jedoch nicht beides. Das Beihilfeprogramm sieht nicht die Auszahlung von Bargeld vor, sondern stellt kostenlos Material zur Verfügung, d.h. bis zu 300 Kakaosetzlinge der Art "Sabah Hybrid", Düngemittel und Insektizide im Werte von Ringgit 618 pro ha, welches

---

[33] Vgl. Senftleben (1978), S. 244.

[34] Vgl. Food and Agriculture Organization (1968).

in einem Zeitraum von drei Jahren nach dem in Tabelle 7 beschriebenen Modus ausgeführt wird.

Tabelle 7: Förderungsprogramm für Kleinbauern an der Westküste West-Malaysias zur Sanierung der Kokospalmbestände, in Ringgit pro Hektar

| Dauer des Zuschusses | Zuschuß zur Umpflanzung | Zuschuß zur Rehabilitation | Zuschuß zum Zwischenpflanzen mit Kakao |
|---|---|---|---|
| Erstes Jahr | 741,33 | 494,20 | 296,53 |
| Zweites Jahr | 197,69 | 123,55 | 160,62 |
| Drittes Jahr | 172,97 | 123,55 | 160,62 |
| Viertes Jahr | 123,55 | - | - |
| Gesamt | 1.235,54 | 741,30 | 617,77 |

Quelle: Department of Agriculture (1977).

Als Dichte für die Kakaosetzlinge werden 740 pro ha angestrebt. Bis 1985 wurden ungefähr 80% der Altbestände an Kokospalmen der west-malaysischen Küstengebiete umgepflanzt oder saniert. Viele Küstengebiete sind jedoch aus edaphischen Gründen nicht berechtigt, am Programm teilzunehmen. Für die Periode von 1985-1990 sind weitere 17.139 ha für das Zwischenpflanzen mit Kakao vorgesehen. Bis Ende 1985 handelte es sich bei diesem Programm um eine Subvention, die nicht zurückgezahlt werden mußte. Seit Anfang 1986 wurde die Subvention wegen leerer Finanzkassen und den wirtschaftlichen Schwierigkeiten des Landes eingestellt. Das Programm läuft in der bisherigen Form zwar weiter, jedoch müssen die Kleinbauern die ab 1986 erhaltenen Gelder für die Diversifizierung mit Kakao in voller Höhe zurückzahlen, zuzüglich eines geringen Zinssatzes von 2,5% pro Jahr.

Tabelle 8: Vorgesehene Hektarfläche für das Zwischenpflanzen mit Kakao nach dem RPSKK-Programm, 1985-1990

| Programm | Hektar | | | | | | |
|---|---|---|---|---|---|---|---|
| | 1985 | 1986 | 1987 | 1988 | 1989 | 1990 | Gesamt |
| (1) | 470 | 360 | 564 | 696 | 828 | 1.116 | 4.034 |
| (2) | 1.105 | 840 | 1.316 | 1.624 | 1.932 | 2.604 | 9.421 |
| (3) | 714 | 300 | 470 | 580 | 690 | 930 | 3.684 |
| Gesamt | 2.289 | 1.500 | 2.350 | 2.900 | 3.450 | 4.650 | 17.139 |

(1): Zwischenpflanzen mit Kakao unter bestehenden Kokospalmen
(2): Rehabilitation von Kakao unter Kokospalmen
(3): Umpflanzen von Kakao und Kokospalmen

Quelle: Department of Agriculture (1984), S. 5.

Tabelle 9: Produktionskosten für 1 Hektar Kakaokleinbetrieb unter Kokospalmen

| Art der Leistung | Materialkosten (Ringgit) | Mann-Tag | Kosten (Ringgit) | Gesamtkosten (Ringgit) |
|---|---|---|---|---|
| 1. Düngung | 207,48 | 7,4 | 59,20 | 266,68 |
| 2. Unkraut jäten | 69,16 | 7,4 | 59,20 | 128,36 |
| 3. Schädlingsbekämpfung | 27,17 | 14,8 | 118,40 | 145,57 |
| 4. Baumbeschneid. | - | 14,8 | 118,40 | 118,40 |
| 5. Ernten | - | 59,3 | 474,40 | 474,40 |
| 6. Verarbeitung/ Transport | - | 24,0 | 192,00 | 192,00 |
| Gesamt | 303,81 | 127,7 | 1.021,60 | 1.325,41 |

1 Mann-Tag = Ringgit 8,00
Kakaoertrag pro ha = 617 kg Trockenbohnen
Kosten für Ernten, Verarbeiten und Transport sind proportional zum Ertrag
Kokosnuß-Ertrag pro ha = 5.928 Kokosnüsse
Nettoeinkommen von Kokosnüssen = 5.928 * 9 cents = Ringgit 533,50

Quelle: Berechnet von Betriebswirtschaftskalkulationen des Department of Agriculture.

Diese neue Politik ist einleuchtend, da die Siedler in den Neulanderschließungsprojekten von FELDA auch ihre Investitionskosten für die Parzelle voll zurückzahlen müssen. Schulungslehrgänge und landwirtschaftliche Beratung ("extension service") bei der Einführung von Kakao sind jedoch nach wie vor kostenlos für die Kleinbauern. Bei dem RPSKK-Programm spielen die Farmers' Associations (FA), ein Konzept, das in den 60er Jahren aus Taiwan erfolgreich übernommen wurde, eine entscheidende Rolle.

### 3.7 Verbesserung des Kakaoaromas

Kakao aus Malaysia wurde früher im Vergleich mit Kakao aus Ghana oder der Elfenbeinküste mit einem Discount (Preisnachlaß) von über 10% auf dem Weltmarkt gehandelt, heute ist dieser Preisnachlaß auf unter 5% abgesunken. Dieses zeigt, daß trotz des hohen Standards im Plantagenmanagement malaysischer Kakao aus der Sicht der Käufer, verglichen mit den Erzeugnissen der west-afrikanischen Kakaobauern[35], immer noch nicht ganz den Geschmacksanforderun-

---

[35] Vgl. Hubbard (1976), S. 172.

gen entspricht. Der Grund für den Preisabschlag liegt im höheren Säuregehalt der malaysischen Kakaobohnen, der kleinen und ungleichmäßigen Bohnengröße sowie dem hohen Schalengehalt. Wie Tabelle 10 zeigt, hat malaysischer Kakao einen pH-Wert von 4,5 bis 5,0 im Vergleich zum ghanaischen Kakao, dessen pH-Wert zwischen 5,4 und 5,6 liegt.

Tabelle 10: PH-Wert und flüchtiger Säuregehalt von Kakaobohnen aus verschiedenen Regionen

| Ursprung der Bohnen | PH-Wert | Flüchtiger Säuregehalt |
|---|---|---|
| Ghana | 5,4 | 50 |
| Sabah | 4,9 - 5,1 | 75 - 140 |
| West-Malaysia (Sonnentrocknen) | 4,6 | 225 |
| West-Malaysia (Trockenanlagen) | 4,7 | 160 |

Quelle: Proceedings of the 1976 East Malaysian Planters' Association Seminar on Cocoa and Coconuts (1976), S. 162.

Der Fermentierungsprozeß hat einen wesentlichen Einfluß auf den späteren Kakaogeschmack. Das Hauptaugenmerk der Kakaoforschung in Malaysia durch MARDI, die Quoin Hill Research Station und den privaten Plantagensektor konzentriert sich deshalb auf die Verbesserung des Kakaogeschmacks. Mit Hilfe eines deutschen Experten, B. Biehl von der Technischen Universität Braunschweig, wurden der Prozeß der Kakaofermentation, das Problem des hohen Säuregehalts, der Überfermentation und des ungenügenden Kakaoaromas untersucht. Biehl kam zu der Auffassung[36], daß durch Änderung der Fermentations- und Verarbeitungstechnik diese Mängel beseitigt werden können:
"Ein zu schneller Temperaturanstieg und eine zu starke Säurebildung während der ersten Phase der Fermentation durch beschleunigte Belüftung sollte vermieden werden. Jede nachfolgende Erhöhung des internen pH-Wertes durch die Stoffwechseltätigkeit luftliebender Organismen, die der Schaumbildung folgen, von Essigsäurebakterien und Milchsäurebakterien nach dem Stillstand der Fruchtzuckerbildung, sollte vermieden werden. Es wäre wünschenswert, die Temperatur nur mäßig zu erhöhen und die darauffolgende Ansammlung der Essigsäure zu vermindern. Der interne pH-Wert sollte leicht abnehmen, bis er am Ende der Fermentation nicht weniger als 5,0 - 5,5 erreicht".

Das Problem des richtigen pH-Wertes bei der Fermentation von Kakaobohnen konnte inzwischen in West-Malaysia gelöst werden, aber der Kakaogeschmack und das Aroma sind immer noch mangelhaft (MARDI). Eine bessere Fermentation erreicht man dadurch, daß man niedrige Fermentationsboxen nimmt, die eine Tiefe von 40 cm nicht übersteigen sollten. Auch in Sabah wurden die

---

[36] Vgl. Biehl (1984), S. 6.

Unzulänglichkeiten bezüglich hohem Säuregehalt und minderem Kakaoaroma durch verbesserte Fermentations- und Verarbeitungsmethoden weitgehend gelöst.

Um die Qualität zu garantieren, wurde eine Konzessionserteilung für Kakaovermarkter verfügt ("cocoa licensing"), eine Güteklasseneinteilung für Kakaobohnen entwickelt ("grading scheme") und eine Exportbescheinigung ausgestellt ("export certification"). Die Marketing-Organisation FAMA wurde durch die Cocoa Marketing Regulations of 1980 autorisiert, "licensing", "grading" und "certification" vorzunehmen. Dieses System wurde bisher nur in West-Malaysia eingeführt. Die Standard Malaysian Cocoa Grades (SMC) sind die Kakaogüteklassen, die vom Standards and Industrial Research Institute of Malaysia (SIRIM) genehmigt wurden, das wiederum die Richtlinien der ISO zugrundelegte. Danach ist für Exportzwecke der west-malaysische Kakao in zwei Hauptgüteklassen eingeteilt, nämlich in SMC I und SMC II mit den jeweiligen Unterklassen A, B und C. Für minderwertiges Bohnenmaterial wurde eine eigene Klasse unterhalb der Norm ("sub-standard") eingerichtet, wie aus Tabelle 11 ersichtlich wird.

Tabelle 11: Güteklasseneinteilung für Kakao in Malaysia

| SMC | Bohnenanzahl (pro 100 kg) | Modrigkeit | Schieferhaltigkeit | andere Mängel Schäden durch Insekten und Keimung |
|---|---|---|---|---|
| SMC I | | | | |
| A | ≤ 100 | ≤ 3,0 % | ≤ 3,0 % | ≤ 2,5 % |
| B | > 100 ≤ 110 | ≤ 3,0 % | ≤ 3,0 % | ≤ 2,5 % |
| C | > 110 ≤ 120 | ≤ 3,0 % | ≤ 3,0 % | ≤ 2,5 % |
| SMC II | | | | |
| A | ≤ 100 | ≤ 4,0 % | ≤ 8,0 % | ≤ 5,0 % |
| B | > 100 ≤ 110 | ≤ 4,0 % | ≤ 8,0 % | ≤ 5,0 % |
| C | > 110 ≤ 120 | ≤ 4,0 % | ≤ 8,0 % | ≤ 5,0 % |
| Unterhalb der Norm | > 120 | > 4,0 % | > 8,0 % | > 5,0 % |

Quelle: Federal Agricultural Marketing Authority (1986).

Standard Malaysian Kakaobohnen sollen nach Möglichkeit frei von lebenden Insekten, frei von flachen und zerbrochenen Bohnen, Fragmenten oder Abfallmaterial sein und weniger als 7,5% Feuchtigkeit enthalten. Darüber hinaus sollen sie gut vergoren sein und keinen fauligen Geruch haben. Bohnen, die durch Chemikalien, unerlaubte Zusätze oder anderweitig verunreinigt sind, werden nicht zur Güteklasseneinteilung zugelassen und als "sub-standard" aussortiert. Inspektion, Güteklasseneinteilung und Exportbescheinigung werden in speziellen "Grading centres" von FAMA in den Ausfuhrhäfen und in Lagerungszentren vorgenommen. Bisher wurden Zentren in den drei west-malaysischen Häfen Port Kelang, Penang und Johore Bahru eingerichtet; weitere sollen folgen. In dieser Voruntersuchung werden zunächst 10% der Säcke eines bestimmten Kontingents auf Insektengehalt, Abfallmaterial und Feuchtigkeit getestet. Übersteigen die gemessenen Werte die Norm, werden die Säcke an die Erzeuger zurückgegeben. Andernfalls werden weitere 20% zur näheren Untersuchung über Bohnengröße, Modrigkeit, Schieferhaltigkeit, pH-Wert und andere Mängel getestet. Die nominellen Kosten für Test, Laboruntersuchungen und Inspektion muß der Erzeuger tragen. Zur Abpackung werden standardisierte Säcke von 62,5 kg Nettogewicht mit den Daten des Erzeugers, der Güteklasse und dem Ursprungsland "Produce of Malaysia" benutzt.

Sabah hat sich bisher gegen die Einführung des SMC-Grading-Systems zum gegenwärtigen Zeitpunkt ausgesprochen, da mangelnde Infrastruktur und die erschwerte Transportsituation der Kakaoindustrie hohe zusätzliche Kosten aufbürden würden. FAMAs Kompetenz erstreckt sich zwar nicht auf Ost-Malaysia, jedoch ist die Bundesvermarktungsbehörde bisher kaum in Sabah aktiv geworden, da die Plantagen ihre eigenen Absatzmärkte und Vermarktungsmaschinerie und die Landesvermarktungsbehörde SAMA sehr effektiv arbeitet. Auf lange Sicht gesehen, wird sich auch Sabah dem FAMA-"Grading Scheme" anschließen; man möchte es jedoch im Augenblick nicht obligatorisch machen, um eine Flexibilität zu erhalten, die der besonderen Situation Sabahs gerecht wird. Da über 80% von Sabahs Kakaoproduktion in Großplantagen mit effizientem Management erwirtschaftet wird, ist das SMC-System weniger wichtig, da Plantagen von sich aus auf eine rigorose Qualitätskontrolle und einen hohen Qualitätsstandard sehen. Die Einführung des SMC-Systems würde die Produktionskosten erhöhen und die Verschiffung verzögern. Da die Hauptexporthäfen Tawau, Lahat Datu, Sandakan und Kota Kinabalu nur in größeren Intervallen von Zubringerschiffen, die meist Singapur als "entreport" benützen, bedient werden, ist es wichtig, die Kakaoladung schnell und fristgerecht zur Verschiffung zu bringen, sobald Transportmittel zur Verfügung stehen. Das "Export-Grading Scheme" wurde in West-Malaysia im August 1984 eingeführt und soll bis Anfang 1987 nach Sarawak ausgedehnt werden. Ein Zeitplan für die Einführung in Sabah besteht noch nicht. Nach Meinung des Sabah Department of Agriculture soll der von Sabah exportierte Kakao heute dem westafrikanischen gleichwertig sein. Aus psychologischen Gründen wird der malaysische Kakao jedoch heute noch mit einem Preisabschlag gehandelt. Laut Auskunft der Sabah Marketing Corporation werden Kakaobohnen aus Sabah mit einem Abschlag von £ 50 pro Tonne gehandelt, wenn beispielsweise der Preis an der Londoner Kakaobörse bei £ 1.200 pro Tonne liegt. Der Preis "Ex Lager Kota Kinabalu" läge dann bei ca. £ 850, um die Fracht-, Versicherungs- und Maklerkosten mit ca. £ 300 pro Tonne zu decken.

## 3.8 Kakao-Produktionsförderungspolitik

### 3.8.1 Schädlingsbekämpfung

Ein Hauptgrund, weshalb Malaya und Nord-Borneo (Sabah) während der Kolonialzeit so spät mit der großflächigen Einführung des Kakaos begannen, ist die Tatsache, daß die ursprünglich verwendete Amelonado-Art sich als besonders krankheitsanfällig erwies und Malaysia das Know-how bei der Bekämpfung der Krankheiten fehlte. Das Luckham-Kakaogutachten von 1955 vermerkte zu diesem Problem: "§10. The question of disease must be carefully watched, but the greatest care has to be taken to keep planting material in this country free from those diseases which beset other countries"[37]. Das Problem der Kakaokrankheiten ist in Sabah stärker verbreitet und stellt sich dort anders als in West-Malaysia.

Die "Vascular Streak Dieback"-Krankheit (VSD), welche durch einen Pilz hervorgerufen wird und sich innerhalb der Holzgefäße ausbreitet, stellt eine der ernstesten Bedrohungen der malaysischen Kakaowirtschaft dar. Die VSD ist eine hochinfektiöse Gefäßkrankheit und führt zum Verdorren der Kakaopflanzen. Obwohl die VSD in West-Malaysia weitgehend unter Kontrolle gebracht wurde, beherrscht diese gefährliche Gefäßkrankheit Pflanzungen in Sabah und wirkt sich besonders dort verheerend aus, wo Kakao unter marginalen Bedingungen angebaut wird. Begegnet wird der VSD besonders durch chemische Behandlung und die Züchtung krankheitsresistenter Arten. Der Conway-Bericht über Kakaokrankheiten in Sabah aus dem Jahre 1971 vermerkt, daß bis 1971 keine größeren Pilzkrankheiten bei Kakao in Sabah vorkamen. Heute stellt die VSD in Sabah eine ernsthafte Bedrohung dar und hat seit 1983 auch auf Indonesien (Kalimantan, Molukken und Java) übergegriffen. Bei extremem Befall werden oft ganze Flächen kahlgerodet. Die chemische Behandlung besteht aus Anwendung eines kupferhaltigen Pilzvernichtungsmittels von 0,25 - 0,5% Kupfer, jedoch können Chemikalien die Krankheit oft nur unzureichend bekämpfen. Erwähnenswert ist noch, daß hohe Pflanzdichte bei Mono-Kakao eine kühlere und feuchtere Umgebung im Laubgewölbe schafft, was die VSD-Krankheit fördert.

Die "Pod-borer"-Krankheit wird durch ein Insekt (Cornomorpha Caramerella) oder den Kakaohülsenwurm hervorgerufen. Er frißt sich in die Kakaohülse, was zu einer Erhärtung der Kakaobohnen führt, die dann nicht mehr fermentierungsfähig sind. Befallene Kakaofrüchte wachsen bis zur Daumengröße und fallen dann ab. In Sabah ist die Krankheit seit 1982 ein großes Problem. Nach West-Malaysia wurde sie erst 1986 eingeschleppt, als die 750 ha große Plantage

---

[37] Vgl. Luckham (1955).

Jasind Lallang Estate in Malakka befallen wurde. Die Plantage wurde sofort unter Quarantäne gestellt. Man fürchtet, daß andere Gebiete West-Malaysias, besonders das Hauptanbaugebiet von Johore, befallen werden. Die Bekämpfung der "Pod-borer"-Krankheit erfolgt durch Sprayen des wirkungsvollen Insektizids Dalthametrin. MARDI beschäftigt sich derzeit mit der Erforschung biologischer Bekämpfungsmethoden, indem Insekten eingesetzt werden, die die Eier des Parasiten auffressen.

Die Kakaomotte, welche Kakaopflanzungen in Indonesien und auf den Philippinen in der Vergangenheit ernsthaft befallen hat, hat auch seit Anfang der 80er Jahre bedeutenden Schaden in Sabah angerichtet und die Qualität der Kakaobohnen negativ beeinflußt. Versuche auf den Philippinen zeigten, daß man die Kakaomotte nur schwer ausrotten kann[38]. Das "Cocoa moth"-Forschungsprogramm wurde im Februar 1981 durch die East Malaysia Planters' Association als Antwort auf die wachsende Gefährdung durch die Kakaomotte ins Leben gerufen. In Zusammenarbeit mit dem Commonwealth Institute of Biological Control wurde ein Forschungsprogramm durchgeführt, um die natürlichen Feinde der Kakaomotte in Malaysia und den umliegenden Ländern zu identifizieren.

Erfahrungen haben gezeigt, daß im Extremfall ein Verlust der Kakaoernte bis zu 50% durch Ratten, Eichhörnchen, Musang (gestreiftes katzenähnliches Tier) und andere Nagetiere eintreten kann, wenn keine Maßnahmen gegen die Tiere ergriffen werden. Die Bekämpfung erfolgt durch Fallenstellen, Köder und Tierscheuchen. Diese Tiere können oft über weite Strecken laufen, wenn sie Hunger haben. Wichtig ist, daß man eine Tierplage als solche rechtzeitig erkennt und Gegenmaßnahmen trifft. In neuerschlossenen Kakaoplantagen in der Nähe des Urwalds kann der Schaden durch Affen (Macaca fasciolaris) und Wildschweine (Sus barbatus) verursacht werden.

Eine ausgezeichnete Zusammenfassung über die in Malaysia vorkommenden Krankheiten und Schädlinge des Kakaos wurde 1983 von Tay Eong Beok u.a. erstellt[39]. Die meisten der Kakaokrankheiten und Kakaoschädlinge in Malaysia sind einheimischen Ursprungs und nicht von außen eingeschleppt. Drei der gefürchtetsten Kakaokrankheiten, die der Kakaoindustrie in Südamerika und West-Afrika riesigen Schaden zugefügt haben, sind in Malaysia bisher noch nicht entdeckt worden: 1. Moniliasis (besonders in Ekuador und Kolumbien vorkommend); 2. Witches' Broom (in ganz Südamerika vorkommend) und 3. "Swollen shoot virus Disease", welche seit 1920 Ghana und andere Gebiete West-Afrikas heimsucht. Mit Ausnahme der VSD und des "Cocoa pod-borer"

---

[38] Vgl. Mohd. Sharif Ahmad u.a. (1986), S. 22.
[39] Vgl. Tay Eong Beok u.a. (1983).

ist Malaysia relativ frei von schlimmen Kakaokrankheiten, die oft andere Teile der Welt heimgesucht haben.

Die Kosten, die für die Schädlingsbekämpfung und Insektizide aufgebracht werden müssen, sind verhältnismäßig gering, verglichen mit anderen Gebieten der Welt. Die jährlichen Kosten für die Schädlingsbekämpfung dürften sich zwischen Ringgit 148 und 222 pro ha bewegen. Eine allgemeine Erfahrung der Kakaopflanzer besagt, daß eine kostenaufwendige Schädlingsbekämpfung nur dann ökonomisch vertretbar ist, wenn der Schädigungsgrad 5% des Ernteertrages übertrifft.

### 3.8.2 Düngemittelförderung

Es gibt nur wenig veröffentlichte Informationen oder Statistiken über Düngemittelanwendung im Kakaosektor. Auch gibt es in Malaysia keine zentrale staatliche Düngemittelbehörde, sondern Produktion und Verteilung (Vermarktung) von Düngemitteln unterliegen weitgehend dem privaten Bereich. Die Malaysian Urea and Fertilizer Corporation Sdn. Bhd. ist zwar eine halbstaatliche Institution, die allerdings nur einen sehr kleinen Teil des Agrarbedarfs von Kleinbauern, Landerschließungsprojekten und Plantagen deckt. West-Malaysia ist in Normaljahren autark in der Herstellung von Kunstdünger - größere Kunstdüngemittelfabriken befinden sich in Shah Alam und Butterworth -; für Spezialbedürfnisse und bei übermäßig starkem Bedarf wird jedoch aus dem Ausland Kunstdünger eingeführt (1985 wurden für 412,3 Mill. Ringgit Roh-Düngemittel eingeführt). Die Art und Qualität der Düngemittel, welche für Mono-Kakao benötigt werden, hängt weitgehend vom Klima, der Bodenqualität, dem Schattenregime und der Pflanzdichte der Kakaobäume ab. Es sei vermerkt, daß der Nährstoffhaushalt von Inlandsböden in Malaysia generell gering ist. In den ersten Jahren braucht der junge Kakaobaum besonders Stickstoffverbindungen, während der Bedarf von Kalium während der ertragsreichen Zeit zunimmt.

Düngemittel sind in Malaysia nicht subventioniert. Ein großer Teil der Kleinbauern an der Westküste hatte jedoch Anspruch auf kostenlosen Dünger während der ersten drei Jahre des Zwischenpflanzens mit Kakao im Rahmen des Programmes "Coconut Replanting and Rehabilitation Scheme", allerdings lief das Programm 1985 aus. Die Anwendung von Kunstdünger hängt wesentlich vom Kakaopreis für Kakao ab. Bei hohen Preisen wird mehr Geld für Dünger ausgegeben, während bei sehr niedrigen Preisen Kleinbauern überhaupt keinen Dünger anwenden. Nach Auskunft der Malaysian Urea and Fertilizer Corporation wird das in den Tabellen 12 und 13 beschriebene Düngemittelprogramm bei Kakao angewandt.

Tabelle 12: Düngemittelprogramm für Kakao

| | |
|---|---|
| Pflanzabstand | : 26 * 31 cm |
| Pflanzdichte | : 900 Pflanzen pro Hektar |
| Allgem. benützter Dünger | : Gemisch 15/7/18/2 |
| Düngerbedarf pro Pflanze | : 0,6 kg |
| Häufigkeit der Düngung | : 3 * pro Jahr |
| Gesamtdüngerbedarf pro ha | : 900 * 0,6 * 3 = 1,62 Tonnen |
| Kosten pro Tonne (Gemisch) | : Ringgit 310 |
| Kosten pro Hektar | : 1,62 * 310 = Ringgit 502,20 |

Quelle: Malaysian Urea and Fertilizer Corporation, 1986.

Tabelle 13: Preis für Düngemittel 1986

| Düngemittel | Preis pro Tonne geliefert |
|---|---|
| Urea | Ringgit 300 - 340 |
| Stein-Phosphat | Ringgit 210 - 230 |
| Ammonium-Sulphat | Ringgit 280 - 310 |
| Kaliumclorid von Pottasche | Ringgit 280 - 330 |
| Kieserit | Ringgit 295 - 315 |
| Kosten für Mischen und Abfüllen pro Tonne | Ringgit 20 - 25 |
| Transportkosten (pro Tonne) | Ringgit 15 - 50 |

Quelle: Malaysian Urea and Fertilizer Corporation, 1986.

Alles in allem kann also zur aktiven Produktionsförderungspolitik des Staates gesagt werden: Sie findet nur sehr zurückhaltend und in bescheidenem Maße statt. Der Entwicklung dieses Wirtschaftszweiges hat dies dennoch keinen Abbruch getan.

## 4. Produktionsstruktur und Produktionsverhältnisse

Gut die Hälfte der Anbaufläche von Kakao in Malaysia werden von privaten Plantagen eingenommen. Etwa vierzig Prozent der Kakaoanbaufläche wird von Kleinbauern bewirtschaftet, die durch verschiedene Programme der Umpflanzungs- und Neupflanzungssubvention mehr oder weniger durch den Staat gefördert werden. Nur sieben Prozent entfallen auf staatliche Neulanderschließungsprojekte, wie aus folgender Übersicht hervorgeht.

Tabelle 14: Verteilung der Kakaoanbaufläche auf Kleinbauern, Plantagen und Neulanderschließungsprojekte, in Prozent, 1978 und 1986

|  | Kleinbetriebe | Neulanderschließungsprojekte | Plantagen | Gesamt | HA |
|---|---|---|---|---|---|
| **West-Malaysia** | | | | | |
| 1978 | 37,0 | 6,8 | 56,2 | 100 | 34.268 |
| 1986 | 57,2 | 11,5 | 31,3 | 100 | 117.525 |
| **Sabah** | | | | | |
| 1978 | 26,8 | - | 73,2 | 100 | 5.447 |
| 1986 | 24,0 | 3,1 | 72,8 | 100 | 189.821 |
| **Sarawak** | | | | | |
| 1978 | 91,8 | 7,8 | 0,4 | 100 | 6.385 |
| 1986 | 81,4 | 12,9 | 5,7 | 100 | 26.654 |
| **Malaysia** | | | | | |
| 1978 | 43,4 | 6,1 | 50,5 | 100 | 46.100 |
| 1986 | 40,3 | 6,8 | 52,9 | 100 | 334.000 |

Quelle: Kementerian Perusahaan Utama (Sept. 1987), S. 3-5.

### 4.1 Die Kleinbauern in West-Malaysia

Die Tabelle 14 macht deutlich, daß in West-Malaysia die Kleinbetriebe dominieren, wobei die Anbauflächen sowohl für Kakao-Monokulturen wie Mischkulturen zusammengefaßt werden[40]. Das Zwischenpflanzen von Kakao unter Kokosnußaltbeständen ist die häufigste Form des Kakaoanbaus in West-Malaysia. Die fünf Hauptanbaugebiete von Kakao unter Kokospalmen als traditionelle Anbaukultur verteilen sich wie folgt:
1. Das Gebiet von Bagan Datoh in Lower Perak;
2. die Distrikte von Sabak Bernam und Kuala Selangor in Selangor;
3. die Distrikte von Muar und Batu Pahat im Westen Johores;
4. Seberang Prai (Province Wellesley) im Staate Pulau Pinang und
5. der Jerantut-Distrikt in Pahang.

---

[40] Vgl. Ministry of Agriculture (1984).

Beim Zwischenpflanzen von Kakao mit anderen Anbaukulturen wird der "Gesamtgegenwert der alleinigen Bepflanzung" (T = Total Sole Crop Equivalent) berechnet. Dieser ergibt sich aus der Summe von 100% der Fläche von Mono-Kakao (A = Sole Crop) + 75% der Fläche von Arealen, bei denen Kakao die Hauptanbauart stellt (B = Main Crop) + 50% der Fläche von Mischkulturen, wobei Kakao nur eine unter vielen Anbaukulturen ist (C = Mixed Crop). Es ergibt sich also die Formel:

$$T = A + 0{,}75\ B + 0{,}5\ C$$

Für das Jahr 1983 ergibt sich so das in der Tabelle 15 folgende Bild über die Kakaoanbaufläche in den einzelnen Bundesländern West-Malaysias. Aus der Übersicht geht deutlich hervor, daß Mono-Kakao (meist auf Plantagenbasis) besonders in den Staaten Trengganu (zu 73,2% der Kakaoanbaufläche), Pahang (68,9%) und Negri Sembilan (54,2%) vorherrschend ist, während in den Küstengebieten von Johore, Selangor, Perak, Pulau Binang und Kedah Kakao mit anderen Anbauarten zwischengepflanzt ist.

Tabelle 15: Kakaoanbauflächen in den einzelnen Bundesländern West-Malaysias, in Hektar, 1984

| Bundes-<br>land | T | A | Kakaoanbaufläche<br>B | 0,75 B | C | 0,5 C |
|---|---|---|---|---|---|---|
| Johore | 9.832 | 3.819 | 1.190 | 892 | 10.241 | 5.120 |
| Kedah | 204 | 1 | 170 | 127 | 151 | 75 |
| Kelentan | 227 | 99 | 95 | 71 | 114 | 57 |
| Malacca | 2.216 | 735 | 1.531 | 1.148 | 666 | 333 |
| Negri Sembilan | 677 | 367 | - | - | 620 | 310 |
| Pahang | 8.459 | 5.830 | 251 | 188 | 4.881 | 2.440 |
| Pulau Pinang | 540 | - | - | - | 1.079 | 540 |
| Perak | 14.015 | 281 | 1.683 | 1.262 | 24.944 | 12.472 |
| Selangor | 12.538 | 1.682 | 166 | 125 | 21.464 | 10.732 |
| Trengganu | 1.730 | 1.267 | 608 | 456 | 14 | 7 |
| West-Malaysia | 50.438 | 14.081 | 5.694 | 4.271 | 64.174 | 32.086 |

Quelle: Ministry of Agriculture (1985), S. 5.

Die durchschnittliche Größe der Kakao-Kleinbetriebe in den Hauptanbaugebieten der Westküste liegen zwischen 1,5-3,0 ha[41]. Eine eingehende Untersuchung der Kakao-Kleinbetriebe, welche die Federal Agricultural Marketing Authority im Jahre 1974 in den Gebieten von Hilir Perak, Sabak Bernam und

---

[41] Vgl. Department of Agriculture (1984), S. 1.

Kuala Langat durchgeführt hat, ergab eine durchschnittliche Betriebsgröße von ungefähr 1,77 ha für Kakao-Kleinbetriebe[42]. Untersuchungen im Gebiet von Hilir Perak, wo 83% der Kakao-Kleinbauern an der Befragung teilnahmen, geben eine Größe von Kakao-Kleinbetrieben von 0,8 - 1,6 ha[43]. Im Distrikt von Sabak Bernam scheint die durchschnittliche Größe von Kakao-Kleinbetrieben bei 1,68 ha zu liegen[44]. Eigene Geländebeobachtungen ergaben, daß Betriebsgrößen von unter 1,5 ha unökonomisch sind und die betroffenen Kleinbauern es vorziehen, das Land brachliegen zu lassen und alternative Beschäftigung außerhalb ihres Betriebes zu suchen. Ein besonderes Problem der übervölkerten Küstengebiete bildet die Besitzersplitterung (Fragmentation) und die Vielzahl der Mitbesitzer an einer Kleinparzelle, meist als Folge des islamischen Erbrechts bei den malaiischen Kleinbauern[45]. Diese existieren meist nur auf dem Papier (beispielsweise durch Eintragung im Grundbuch), während in der Praxis meist nur ein Kleinbauer die Parzelle bewirtschaftet, ohne die anderen Miteigentümer zu entschädigen. Die Einkünfte aus diesen Kleinparzellen sind oft zu gering, so daß Miteigentümer fast immer auf einen Einkommensanteil verzichten. Der Augenschein bestätigt jedoch eindeutig, daß die chinesischen Kakao-Kleinbauern an der Westküste nicht nur größere Parzellengrößen haben, sondern auch höhere Einkünfte durch intensive Nutzung und zusätzliches Einkommen durch Viehhaltung als ihre malaiischen Kollegen. Dieses manifestiert sich oftmals in der Größe und Ausstattung des Wohnhauses der jeweiligen Bauern.

Im Unterschied zum Plantagensektor gibt es keine offiziellen Statistiken über Kakao-Hektarerträge für Kleinbetriebe. Für die Mehrzahl der Kakaokleinbauern der Westküste von West-Malaysia, die Kakao unter Altbestände von Kokosnußpalmen pflanzen, gilt jedoch, daß die Hektarerträge ausgesprochen niedrig sind und im Durchschnitt nur wenig über 200 kg pro ha und Jahr Trockenbohnen liegen. Dieses steht im krassen Gegensatz zu Kleinbauern mit Mono-Kakao im Inland und besonders in Sabah, wo Musterbetriebe zum Teil Spitzenerträge bis zu 2.000 kg pro ha erzielen. In West-Malaysia liegen die Hektarerträge der Kleinbauern fast durchweg weit unter denjenigen der Plantagen, was auf schlechtes Management, niedrigen Ausbildungsstand, schlechte Böden und kulturelle Hindernisse zurückzuführen ist. Bei hohen Kakaopreisen ist der Input an Kunstdünger, Insektiziden und Arbeitskraft wesentlich höher, während er bei niedrigen Kakaopreisen auf fast null absinkt. So schwanken die Erträge der Kleinbauern von Jahr zu Jahr erheblich. Plantagen sind hier bezüglich der Input-Kosten weniger flexibel.

---

[42] Vgl. Federal Agricultural Marketing Authority (1974).
[43] Vgl. Abdul Kadir bin Abdul Hadi (1977).
[44] Vgl. Shaaban Shahar u. a. (1980).
[45] Vgl. Senftleben (1978), S. 168-170.

Kakao, zwischengepflanzt mit Kokosnußpalmen, erzielt im Plantagenbetrieb einen durchschnittlichen Hektarertrag von 1.000-1.300 kg pro ha und Jahr Trockenbohnen, jedoch ist der statistische Durchschnittsertrag in den letzten fünf Jahren ständig abgesunken. Eine Untersuchung im Sabak Bernam-Distrikt ergab einen durchschnittlichen Hektarertrag von nur 330 kg für Kleinbetriebe, jedoch mit einer erheblichen Streuung im Ertrag von 210 kg bis 574 kg pro ha und Jahr Trockenbohnen[46]. Eine Untersuchung unter Kokosnuß/Kakao-Kleinbauern vor der Sanierung ihrer Betriebe und vor Teilnahme am RPSKK in drei Bundesländern ergab einen durchschnittlichen Hektarertrag von 217 kg bis 245 kg für vier bis fünf Jahre alte Kakaobestände (Tabelle 16).

Mehrere Gründe lassen sich anführen, daß die Kakao-Kleinbauern der Westküste Malaysias so niedrige Erträge haben:

Tabelle 16: Kakaohektarerträge von Kokosnuß/Kakao-Kleinbauern in drei Bundesländern West-Malaysias, 1984

| Bundesland | Alter der Kakaobestände (in Jahren) | Ertrag Trockenbohnen (kg/ha/Jahr) |
|---|---|---|
| Perak | 4 - 5 | 245 |
| Johor | 4 - 5 | 237 |
| Selangor | 4 - 5 | 217 |
| Durchschnitt | 4 - 5 | 220 |

Quelle: Department of Agriculture (1984).

(1) Es wird zu wenig und unkorrekt Kunstdünger verwendet. Aus Erfahrungen beim Kokospalm-Sanierungsprogramm im Rahmen des RPSKK hat sich gezeigt, daß die meisten Kakao-Kleinbauern spätestens ab dem vierten Jahr nach Anpflanzung aufhören, die Kakaobäume zu düngen, nämlich dann, wenn der Zuschuß für Düngemittel ausläuft.

(2) Ein weiterer Faktor ist, daß viele Kleinbauern Ende der 70er Jahre minderwertiges Pflanzenmaterial benutzt haben, als der Kakaopreis sehr hoch stand und Setzlinge von Hochertragsarten wegen der großen Nachfrage knapp waren.

(3) Die geringe Erfahrung im Umgang mit Kakaobäumen wirkt sich negativ aus. Kurze Schulungslehrgänge mit vorwiegend theoretischer Wissensvermittlung machen noch keinen erfolgreichen Kakao-Kleinpflanzer.

---

[46] Vgl. Shaaban Shahar u.a. (1980).

(4) Kulturelle Gepflogenheiten haben einen negativen Einfluß. So ist es in den Altsiedelgebieten üblich, auf den Kleinparzellen eine Art Mischnutzung (Kampong gardening) mit zahlreichen Obstbäumen und anderen Nutzpflanzen zu pflegen. In bezug auf Kakao kommt es hierbei oftmals zum Problem der Überschattung ("over-shading"). Überschattung ist oft eine Folge von zu hoher Kokospalmdichte, die von 148-247 Palmen pro ha reichen kann. Neben der hohen Dichte an Kokospalmen sind pro ha oft noch außerdem 120-250 Bananenstauden und andere Obstbäume gepflanzt. Eine solche Mischkultur senkt natürlich die Effizienz und läßt moderne Managementmethoden selten zu.

(5) Der wichtigste Grund für die niedrigen Erträge liegt jedoch bei den minderwertigen Böden der Westküste West-Malaysias. Die alluvialen Böden sind zwar nicht ungeeignet für Kakao, jedoch ist die Entwässerung der tiefliegenden Areale oft ungenügend, so daß es zu häufigen Überschwemmungen und stagnierendem Wasser kommt. Vorübergehende Überschwemmungen durch sich bewegendes Wasser richten nicht unbedingt Schäden an ausgewachsenen Kakaobäumen an, jedoch Wasser, das mehr als drei Tage steht, hat einen negativen Einfluß auf die Kakaoerträge, wie die großen Überschwemmungen vom Februar 1984 in Hilir Perak gezeigt haben. Das Drainage und Irrigation Department (DID) führt ein großangelegtes Entwicklungsprojekt durch, um die Kokosnuß/Kakao-Gebiete der Westküste mit Vorflutern und Entwässerungskanälen zu versehen. Allerdings ist das Programm sehr aufwendig, und es wird noch ca. 20 Jahre dauern, bis alle Kleinparzellen im Küstenbereich davon profitieren.

### 4.2 Der Plantagensektor

Bis in die frühen 70er Jahre befand sich die Mehrzahl der Plantagen in ausländischem Besitz. Durch die New Economic Policy bemüht man sich um eine Nationalisierung bzw. vor allem Malaiisierung des Plantagensektors. Im Kakaoplantagensektor ist diese Politik erfolgreich gewesen. Diese Plantagen wurden allerdings erst in den 70er und 80er Jahren, z.T. durch Umwandlung bisheriger Kautschukplantagen, angelegt. Gegenwärtig ergibt sich folgendes Bild:

Wie aus Tabelle 17 ersichtlich ist, befinden sich von den Kakaoplantagen 554 in malaysischem und nur 24 in ausländischem Besitz, das sind nur 4%. Bezüglich der Kakaoanbaufläche (Tabelle 18) befinden sich 140.137 ha in malaysischem Besitz und 10.377 ha in ausländischem Besitz, das sind nur knapp 7%. Die malaysische Statistik unterscheidet aber leider nicht ganz eindeutig: Die Kategorie "Malaysische Einwohner" schließt auch Ausländer ein, die den Residentenstatus haben.

Tabelle 17: Anzahl der Kakaoplantagen in Malaysia am 31.12.1984, aufgeschlüsselt nach Bundesland, Unternehmensart und Besitzverhältnisse

| Bundesland | Malaysische Einwohner | | | | | Nicht-Malaysische Einwohner | | | | |
|---|---|---|---|---|---|---|---|---|---|---|
| | A | B | C | D | E | A | B | C | D | E |
| Johore | 12 | 10 | 4 | 2 | 28 | 2 | 8 | 1 | - | 11 |
| Kedah & Perlis | 2 | 2 | 1 | - | 5 | - | 1 | - | - | 1 |
| Kelantan | 1 | - | 1 | - | 2 | - | - | - | - | - |
| Malacca | 5 | 4 | - | - | 9 | - | - | - | - | - |
| Negri Sembilan | 6 | - | - | - | 6 | - | - | - | - | - |
| Pahang | 4 | 8 | - | - | 12 | - | - | - | - | - |
| Pulau Pinang | - | 2 | - | 1 | 3 | - | - | - | - | - |
| Perak | 14 | 10 | 2 | 7 | 33 | 1 | 3 | 1 | - | 5 |
| Sabah | 8 | 317 | 31 | 70 | 426 | - | 7 | - | - | 7 |
| Sarawak | - | 6 | - | 1 | 7 | - | - | - | - | - |
| Selangor & F.T. | 11 | 9 | - | 3 | 23 | - | - | - | - | - |
| Trengganu | - | - | - | - | - | - | - | - | - | - |
| Gesamt | 63 | 368 | 39 | 84 | 554 | 3 | 19 | 2 | - | 24 |

A: Öffentl. GmbH, Public Ltd. Co.
B: Privatrechtl. GmbH, Private Ltd. Co.
C: Partnerschaft und Kommanditgesellschaft
D: Andere, einschließlich Privatbesitz, Körperschaft des öffentl. Rechts und Genossenschaften
E: Insgesamt

Quelle: Department of Statistics (1984).

Bei der Durchsicht der Statistik fällt sofort die hohe Anzahl von Plantagen mit dem Status einer privatrechtlichen GmbH in Sabah auf, d.h. 317 von insgesamt 426 Plantagen. Hierbei handelt es sich um kleinere Plantagen mit einer durchschnittlichen Fläche von 175 ha Kakaoareal, die sich meist im Besitz von Chinesen befinden. Andererseits gibt es in Sabah acht Großplantagen mit Kakao, die als "Public Ltd. Co." klassifiziert sind und eine durchschnittliche Fläche von 6.800 ha haben; hier ist der Staat indirekt durch Körperschaften des öffentlichen Rechts sehr stark beteiligt.

Was die Produktivität anbetrifft, so tritt Malaysia als führendes Land unter den Kakaoweltproduzenten auf. Aufgrund konservativer Schätzungen liegt der reale Durchschnittsertrag auf Plantagen in West-Malaysia bei ca. 1.000 kg/ha/Jahr und in Sabah bei 800 kg/ha /Jahr[47]. Auf vielen Kakaoplantagen werden jedoch Hektarerträge erwirtschaftet, die mit zu den höchsten auf der ganzen Welt zählen: 1.600-1.800 kg/ha/Jahr sind keine Seltenheit.

---

[47] Vgl. Mohd. Sharif Ahmad u.a. (1986), S. 7.

Tabelle 18: Hektarfläche der Kakaoplantagen in Malaysia am 31.12.1984, aufgeschlüsselt nach Bundesland, Ertragsart und Besitzverhältnisse, in Hektar

| Bundesland | Malaysische Einwohner | | | Nicht-Malaysische Einwohner | | |
|---|---|---|---|---|---|---|
| | Ertragbringend | Ertragslos | Gesamt | Ertragbringend | Ertragslos | Gesamt |
| Johore | 3.721 | 792 | 4.513 | 360 | 298 | 658 |
| Kedah & Perlis | 354 | 3 | 357 | 96 | 42 | 138 |
| Kelantan | 4 | 27 | 31 | - | - | - |
| Malacca | 2.489 | 238 | 2.797 | - | - | - |
| Negri Semb. | 433 | 64 | 497 | - | - | - |
| Pahang | 1.204 | 424 | 1.628 | - | - | - |
| Pulau Pinang | 69 | 4 | 73 | - | - | - |
| Perak | 10.460 | 1.307 | 11.767 | 2.829 | 7 | 2.836 |
| Sabah | 54.378 | 55.703 | 110.081 | 4.556 | 2.189 | 6.745 |
| Sarawak | 558 | 559 | 1.117 | - | - | - |
| Selangor | 5.702 | 640 | 6.342 | - | - | - |
| Trengganu | 723 | 281 | 1.004 | - | - | - |
| Gesamt | 80.095 | 60.042 | 140.137 | 7.841 | 2.536 | 10.377 |

Quelle: Department of Statistics (1984).

Die wesentlich höhere Produktivität der Plantagen im Unterschied zu den Kleinbetrieben wird durch die höheren Produktionskosten ausgeglichen. So haben Plantagen hohe Verwaltungskosten ("social benefits"), eine hohe indirekte Besteuerung der Gewinne und hohe Kosten für Managergehälter, welche bei den Produktionskosten stark zu Buche schlagen. Gründe für die relativ hohen Hektarerträge auf den malaysischen Kakaoplantagen sind die lange Tradition des Plantagensektors in Malaysia seit der Jahrhundertwende, der relativ hohe Bildungsstand der Plantagenarbeiter, die in West-Malaysia überwiegend der indisch-tamilischen Bevölkerungsgruppe angehören, und ein verantwortungsbewußtes effizientes Plantagenmanagement.

Über Hektarerträge auf Plantagen und Neulanderschließungsprojekten gibt es in Malaysia Statistiken, die jedoch nur mit Vorsicht zu gebrauchen sind. Der Hektarertrag für ein bestimmtes Areal errechnet sich aus der Produktion von Kakaotrockenbohnen, geteilt durch die Anbaufläche. Da in den letzten Jahren riesige Areale mit Kakao neu bepflanzt wurden und der Kakaobaum in den ersten zwei Jahren keinen Ertrag bringt, erscheint die Statistik verzerrt. Nach dem "Oil Palm, Cocoa, Coconut and Tea Statistics Handbook" haben die Hektarerträge von Plantagen seit 1976 bis 1984 ständig abgenommen. Dieses spiegelt jedoch nicht einen Rückgang der Produktivität wider, sondern beruht auf der Tatsache, daß riesige neue Areale mit noch nicht ertragbringendem Kakao ("immature cocoa") bepflanzt sind. Auch sind große Gebiete mit noch sehr jungen Kakaobäumen entstanden, die im dritten und vierten Jahr nach Pflanzung noch wenig Ertrag bringen. Dieses senkt die statistischen Durchschnittswerte.

Tabelle 19: Hektarerträge von Kakaoplantagen und Neulanderschließungsprojekten, in kg/ha/Jahr, 1976-1984

| Jahr | West-Malaysia | Sabah | Sarawak |
|---|---|---|---|
| 1976 | k.a. | 1.250 | k.a. |
| 1977 | k.a. | 1.070 | k.a. |
| 1978 | k.a. | 1.130 | k.a. |
| 1979 | 850 | 1.000 | k.a. |
| 1980 | 800 | 950 | k.a. |
| 1981 | 650 | 800 | k.a. |
| 1982 | 680 | 680 | 880 |
| 1983 | 560 | 570 | 310 |
| 1984 | 490 | 480 | 340 |

k.a.: keine Angaben

Quelle: Department of Statistics (versch. Jhg.).

## 4.3 Lohnarbeiter im Plantagensektor

1984 waren insgesamt 45.155 Personen im Kakaoplantagensektor beschäftigt, davon 38.376 Personen in Sabah, 6.399 Personen in West-Malaysia und 380 Personen in Sarawak. Diese Beschäftigtenzahl liegt schon um ca. 50% über derjenigen von 1981. Die Beschäftigung im Kakaoplantagensektor liegt damit schon bei etwa der Hälfte des ungleich gewichtigeren Ölpalm-, bei einem Drittel des althergebrachten Kautschuksektors (vgl. Tabelle 10). Da viele Plantagen jedoch mehrere Dauerkulturen auf ihrem Areal anpflanzen, ist der Einsatz der Arbeitskräfte übergreifend und hängt vom saisonalen Arbeitsbedarf ab.

Es gibt einige bemerkenswerte Unterschiede in der Beschäftigungsstruktur im Kakaoplantagensektor zwischen West-Malaysia und Ost-Malaysia: Von den 6.016 Plantagenarbeitern im Kakaobereich waren nur 3.122 direkt angestellt, 2.894 sind Leiharbeiter, die durch Vermietungsunternehmer an die Plantagen ausgeliehen werden. Diese Leiharbeiter unterliegen nicht den gewerkschaftlichen Rahmenbedingungen des Tarifvertrages zwischen der National Union of Plantation Workers und der Malayan Agricultural Producers Association. Im ost-malaysischen Sabah, wo ein empfindlicher Arbeitskräftemangel herrscht, ist das System der Leiharbeiter wenig ausgeprägt: Von den insgesamt 38.314 Beschäftigten waren 34.340 fest angestellt und nur 3.974 Leiharbeiter.

Tabelle 20: Beschäftigtenzahl im Plantagensektor und in der Forstwirtschaft, 1980-1985

| Jahr | Kautschuk (1) | Forstwirt-schaft | Ölpalmen (2) | Kakao (3) | Kokosnuß |
|---|---|---|---|---|---|
| 1980 | 152.218 | 73.478 | 77.840 | n.v. | 3.700 |
| 1981 | 150.451 | 77.303 | 72.750 | 29.915 | 3.310 |
| 1982 | 138.171 | 93.858 | 92.450 | 39.169 | 4.380 |
| 1983 | 132.258 | 94.780 | 92.810 | 41.264 | 4.090 |
| 1984 | 127.893 | 87.013 | 96.458 | 45.155 | 2.814 |
| 1985 | 121.727 | 56.652 | n.v. | n.v. | n.v. |

(1): Ausschließlich ca. 500.000 Kautschuk-Kleinbauern
(2): Schließt ca. 60.000 Haushalte im öffentl. Neulanderschließungsbereich nicht ein
(3): Schließt Kakao-Kleinbauern nicht ein
n.v.: nicht verfügbar

Quelle: Ministry of Primary Industries (1986a), S. 9.

In West-Malaysia fällt außerdem auf, daß die knappe Hälfte der Beschäftigten im Kakaoplantagensektor Frauen sind. Während in West-Malaysia die überwiegende Mehrzahl der Kakaoplantagenarbeiter malaysische Staatsbürger sind, ist der Anteil der ausländischen Gastarbeiter in Sabah relativ hoch. Diese kommen sowohl aus West-Malaysia als auch aus dem muslimischen Teil Mindanaos (Philippinen) und aus Kalimantan (Indonesien).

Tabelle 21: Beschäftigtenstruktur im Kakaoplantagensektor, West-Malaysia, 1984

| Art der Be-schäftigten | Gesamt Beschäftigte | Malaysier Gesamt | M | F | Nicht-Malaysier Gesamt | M | F |
|---|---|---|---|---|---|---|---|
| Vollbeschäft. | 6.101 | 6.003 | 2.054 | 3.949 | 98 | 89 | 9 |
| Zeitweise und Saisonbeschäft. | 295 | 275 | 150 | 125 | 20 | 10 | 10 |
| Direktangestellte | 2.997 | 2.994 | 1.082 | 1.912 | 3 | 2 | 1 |
| Leiharbeiter (1) | 2.730 | 2.636 | 673 | 1.963 | 94 | 86 | 8 |

M: Männer
F: Frauen
(1): Ausgeliehen durch Vermietungsunternehmer

Quelle: Department of Statistics (1984), S. 143.

**Tabelle 22:** Beschäftigtenstruktur im Kakaoplantagensektor nach Landesteilen, 1984

| Gebiet | Gesamtbeschäftigte | Unbezahlte Familienmitglieder oder Partner | Direktangestellte | Leiharbeiter |
|---|---|---|---|---|
| West-Malaysia | 6.399 | 3 | 3.436 | 2.960 |
| Sabah | 38.376 | 62 | 34.340 | 3.974 |
| Sarawak | 380 | - | 374 | 6 |
| Gesamt | 45.155 | 65 | 38.150 | 6.940 |

Quelle: Department of Statistics (1984), S. 19.

In Malaysia existiert Gewerkschaftsfreiheit in gewissen Grenzen. Es gibt formal Berufs- und nicht Industriegewerkschaften. Im Plantagensektor bietet sich folgendes Bild (vgl. auch Tabelle 23):

Über dem Plantagenmanager befindet sich der sogenannte "Visiting Agent", der gewöhnlich für mehrere Plantagen zuständig ist und Angelegenheiten innerhalb der Plantagen koordiniert. Diese arbeiten meist auf Honorarbasis und sind gewerkschaftlich nicht organisiert. Der Plantagenoberbau, bestehend aus dem Manager und seinen Assistenten, ist in der West Malaysian Plantation Executive Association (WMPEA) organisiert, die jedoch derzeit nicht aktiv ist. Die Gründe hierfür liegen auf der Hand: Nur wenige Manager sind Mitglieder dieser Gewerkschaft. Außerdem lassen sich Lohnstruktur und Arbeitsbedingungen der Plantagenführungskräfte nur schwer gewerkschaftlich regeln. Mindestlöhne können hier kaum bezahlt werden. Der Manager kann oft seine eigenen Interessen gegenüber dem Arbeitgeber viel besser selber vertreten als eine Gewerkschaft. Auch die All Malayan Estates Staff Union, die Gewerkschaft für

**Tabelle 23:** Gewerkschaften im Plantagensektor

| Angestelltenkategorie | | Gewerkschaft |
|---|---|---|
| Oberbau: | Manager | Der Oberbau ist in der West Malaysian Plantation Executive Association (derzeit nicht aktiv!) |
| | Assistenzmanager | |
| Mittelbau: | Chief Clerk | Der Mittelbau ist in der All Malayan Estates Staff Union organisiert |
| | Field Conductor | |
| Unterbau: | Kangani (Aufseher) | Der Unterbau ist in der National Union of Plantation Workers organisiert |
| | Harvester (Arbeiter) | |

Quelle: National Union of Plantation Workers, Malaysia.

den Plantagenmittelbau, ist nur sehr schwach und hat wenige Mitglieder. Eine der mächtigsten Gewerkschaften in Malaysia ist hingegen die National Union of Plantation Workers (NUPW)[48], welche die Interessen des Plantagenunterbaus, also der Arbeiter und der Aufseher (Kangani) vertritt. Bei der Aushandlung von Tarifverträgen für Kakaoplantagen stehen sich also auf seiten der Arbeitnehmer die NUPW und auf seiten der Arbeitgeber die Malayan Agricultural Producers Association (MAPA) entgegen. Der letzte Tarifvertrag im Kakaosektor zwischen der NUPW und MAPA lief im Juni 1984 aus, und es ist bis heute kein neuer Tarifvertrag abgeschlossen worden. Trotz des gegenwärtig vertragslosen Zustandes werden die bisherigen Vertragsbedingungen angewandt[49]. Die Gewerkschaft fordert kräftige Lohnerhöhungen während der Hauptsaison und vor allen Dingen feste und garantierte Mindestlöhne während der Nebensaison. Aufgrund der empfindlichen Wirtschaftsrezession in Malaysia und der niedrigen Weltmarktpreise für Plantagenerzeugnisse, die oftmals die Produktionskosten nicht einmal decken, schreckt die NUPW davor zurück, bessere Vertragsbedingungen durch Streiks oder andere Kampfmittel zu erzwingen. Jede Seite wartet zunächst ab, daß sich die wirtschaftliche Situation bessert, bevor ein neues Abkommen unterzeichnet wird. Die Lohnbedingungen auf dem Kakaoplantagensektor zwischen 1974 und 1984 sowie die Angebote der MAPA für das neue Abkommen werden in Tabelle 24 dargestellt:

Tabelle 24: Lohnbedingungen im Kakaoplantagensektor, 1974-1984

| Tarifvertrag zwischen MAPA und der NUPW | Leistungslohn (in Ringgit pro 1000 Kakaofrüchte) | Ausgleichszahlung (in Ringgit) | Bonus nach Kautschukpreis (Ringgit) |
|---|---|---|---|
| 1974-1976 | 5,00 | kein | kein |
| 1977-1980 | 6,20 | 1,00 | n.v. |
| 1981-1984 (Juni) | 7,25 | 1,50 | 1,73 p. Tag |
| Neues Abkommen (Angebot der MAPA) | 9,60 | 2,00 | n.v. |

n.v.: nicht verfügbar

Quelle: National Union of Plantation Workers, Malaysia.

---

[48] Die Informationen basieren auf Kontakten mit dem National Executive Secretary of the NUPW, Mr. A. Navamukundan, und dem Director of Research der NUPW, Mr. N. Krishnan.

[49] Vgl. Memorandum of Agreement between the Malayan Agricultural Producers Association and the National Union of Plantation Workers of the wages and other conditions of employment of cocoa harvesters, of 1981.

Während der Hauptsaison kann ein Erntearbeiter im Durchschnitt ca. 2.500 Kakaohülsen pro Tag ernten; in der Nebensaison jedoch nur knapp 500 Kakaohülsen. Damit käme er auf einen Tageslohn, der unter dem Existenzminimum und dem gesetzlichen Mindestlohn liegen würde. Aus diesem Grunde wurde ab 1977 eine Ausgleichszahlung von gegenwärtig Ringgit 1,50 pro 1.000 Kakaohülsen für maximal zwei Monate pro Kalenderjahr gezahlt. Da die Nebensaison oft sehr viel länger dauert, hat man sich geeinigt, die Ausgleichszahlung bei Abschluß eines neuen Tarifvertrages auf drei Monate auszudehnen. Die NUPW verlangt jedoch weiterhin einen festen Mindestlohn während der Nebensaison: Das ist jedoch im Augenblick nicht durchsetzbar. Außerdem erhalten die Kakaoarbeiter nach einem Abkommen zwischen MAPA und NUPW vom 1. November 1979 (MAPA/NUPW Agreement of Fringe Benefits) zusätzliche Sozialaufwendungen: a) Sonderzuschlag bei hohem Kakaopreis, b) bezahlte gesetzliche Feiertage, c) Jahresurlaub, d) Sonderzuschlag bei Arbeit an Feiertagen, e) Ruhetag pro Woche, f) bezahlten Krankenurlaub, g) eine Wohngeldzulage und h) unbezahlten Urlaub für Pilgerfahrten. Der Kangani (oder Aufseher über ca. zehn bis zwanzig Kakaoarbeiter) erhält den Durchschnitt der unter ihm arbeitenden Arbeiter plus Ringgit 2,00 pro Tag. Das Ernten der Kakaohülsen ist normalerweise eine Frauenarbeit. Aufgrund von Schätzungen sind ca. 30-40% der Kakaoplantagenarbeiter Malayen, 40-50% sind Inder. Auf manchen Plantagen in Perak sind über drei Viertel aller Arbeiter Inder.

## 4.4 Die Vermarktung

### 4.4.1 Lokale Vermarktungskanäle und Vermarktungspraxis

Kleinbetriebe haben im Unterschied zu den Plantagen verschiedene Vermarktungsmöglichkeiten. Die Vermarktungskanäle für den Kakaosektor sind in Abbildung 1 dargestellt. Während Plantagen meist direkt an Kakaogroßhändler, Kakaoexporteure und den internationalen Markt liefern, läuft die Vermarktung für Kleinbetriebe und staatliche Neulanderschließungsprojekte über mehrere Zwischenstufen. Der Vermarktungsweg über mehrere Zwischenhändler ist also wesentlich länger[50].

Die Vermarktung der Kakaobohnen bei Kleinbauern beginnt mit dem Verkauf an kleine und mittlere Zwischenhändler. Es wird geschätzt, daß rund zwei Drittel aller kleinbäuerlichen Kakaoerzeugung in Form von Naßbohnen verkauft wird, da die Kleinbauern keine Trocknungseinrichtungen und wenig Kenntnisse über moderne Fermentierungstechniken haben. Sachgerechte Trocknung und richtige Fermentierung haben nämlich einen entscheidenden

---

[50] Vgl. Fatimah Mohd. Arshad (1985), S. 10.

Einfluß auf die Kakaoqualität und den späteren Geschmack. In West-Malaysia mit einem dichten Netz von Mittelsmännern und Vermarktungsmöglichkeiten bestehen für den Kleinbauern fünf Möglichkeiten des Absatzes von Naßbohnen: 1. Zwischenhändler der unteren Kategorie; dieses sind in den meisten Fällen die Besitzer von Gemischtwarenläden in der näheren Umgebung; 2. Zwischenhändler der mittleren Kategorie, die oft auch Kakaotrocknungsanlagen und Fermentierungsbetriebe besitzen; 3. Kakaogroßhändler; 4. die staatliche Vermarktungsbehörde FAMA (in Sabah SAMA) und 5. ländliche Genossenschaften.

Nach ihren eigenen Schätzungen vermarktete die FAMA 1986 nur rund 17% des Kakaoangebots der Kleinbauern, während kleinere und mittlere Zwischenhändler über 70% vermarkten, Großhändler rund 12% und Genossenschaften weniger als 1%. Das Genossenschaftswesen im ländlichen Bereich, besonders unter den Chinesen und Malaien in West-Malaysia, ist völlig unterentwickelt oder nicht-existent. Wesentlich populärer sind Genossenschaften unter dem indischen Bevölkerungsanteil und im Ostteil Sabah. Die große Popularität der Zwischenhändler erstaunt nicht. Sie überziehen wie ein dichtes Netz die dichtbesiedelte Küstenregion West-Malaysias. Tabelle 25 zeigt, daß 1982 354 Zwischenhändler der unteren Kategorie tätig waren und 118 der mittleren Kategorie mit starker Konzentration in Selangor und Perak.

**Figur 1:** Vermarktungskanäle für Kakao in Malaysia

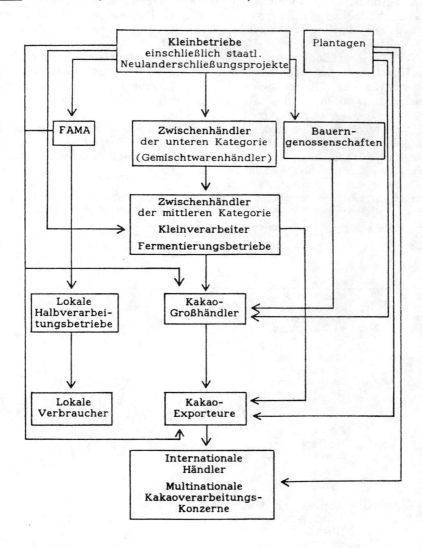

Quelle: Fatimah Mohd. Arshad (1985), S. 10.

Auf die wichtige Funktion der Zwischenhändler der unteren Kategorie braucht nicht besonders hingewiesen zu werden. Im Durchschnitt setzen sie ca. 10 Tonnen Naßkakao jährlich pro Händler um[51]. Die Attraktivität dieser meist chinesischen Händler für den Kleinbauern ergibt sich aus mehreren Punkten:

1) Die Zwischenhändler unterer Kategorie treten oftmals als Kreditgeber für die Kleinbauern auf. Während der einkommenslosen Zeit kaufen die Kleinbauern von den Gemischtwarenläden Versorgungsgegenstände auf Kredit, welcher dann mit dem Erlös aus dem Kakaoverkauf verrechnet wird.

2) Die Zwischenhändler zahlen bei normaler Marktlage oft einen geringfügig besseren Preis als FAMA, da ihre Betriebskosten geringer sind und sie meist kein Bargeld auszahlen, sondern den Kakaoerlös mit Waren verrechnen, an denen sie ohnehin schon verdient haben.

Tabelle 25: Zahl und Verteilung von Kakaozwischenhändlern in den Bundesländern Perak, Selangor, Johore und Pulau Pinang, 1982

| Bundesland | Distrikt | Zwischenhändler der unteren | Kleinverarbeiter/ Zwischenhändler der oberen Kategorie/Großhändler |
|---|---|---|---|
| Perak | Hilir Perak | 122 | 54 |
| | Sitiawan | 10 | 8 |
| | Daerah Taiping | 8 | 1 |
| | Gesamt | 140 | 63 |
| Selangor | Kuala Langat | 14 | 4 |
| | Kelang | 8 | 2 |
| | Kuala Selangor | 38 | 7 |
| | Sabak Bernam | 126 | 8 |
| | Gesamt | 186 | 21 |
| Johore | Johore Bahru | 3 | 5 |
| | Pontian | 2 | 6 |
| | Batu Pahat | 19 | 15 |
| | Muar | - | 3 |
| | Gesamt | 24 | 29 |
| Pulau Pinang | Seberang Prai Tengah | 3 | 2 |
| | Seber. Prai Selantan | 1 | 2 |
| | Timur Laut | - | 1 |
| | Gesamt | 4 | 5 |
| Gesamt | | 354 | 118 |

Quelle: Federal Agricultural Marketing Authority (1982).

---

[51] Vgl. Federal Agricultural Marketing Authority (1982).

3) Durch ihre Nähe zum Erzeuger und persönliche Vertrautheit sind sie oft viel flexibler als eine große Institution wie FAMA.

4) Bei den Kleinstmengen Kakao, die bei jedem Farmer anfallen, können sie billiger Transportmöglichkeiten zur Verfügung stellen und ungenutzte Transportkapazitäten oft mit anderen Waren auffüllen.

Im Gegensatz dazu hat FAMA eine eher "konservative" Preispolitik; FAMA vergibt weder Kredite an Kleinbauern noch verkauft sie Güter für den Alltagsgebrauch. Kommt es zu Absatzschwierigkeiten, Transportproblemen oder Staus beim Absatz, ist es durchaus möglich, daß die kleinen Zwischenhändler auch einen geringfügig niedrigeren Preis für Kakao bieten. In diesem Fall steht es dem Kleinbauern jederzeit frei, sein Erzeugnis FAMA zum Verkauf anzubieten. Diese Möglichkeit schützt die Kleinbauern vor einer allzu großen Abhängigkeit von Zwischenhändlern. Diese kann lediglich dann entstehen, wenn hohe Schulden aufgelaufen sind, so daß die Kakaoernte im voraus vom Zwischenhändler gepfändet wird. Die kleinen Zwischenhändler verarbeiten die Rohkakaobohnen in den wenigsten Fällen, sondern verkaufen diese wiederum an größere Zwischenhändler oder Verarbeitungsbetriebe. Diese Händler mittlerer Kategorie setzen durchschnittlich ca. 70 Tonnen Kakao jährlich um. Sie kaufen sowohl Naß- als auch Trockenbohnen auf. Trocknung und Fermentierung auf dieser Ebene ist viel effizienter und qualitätsorientierter als bei Kleinbauern. Viele Zwischenhändler der unteren Kategorie (Gemischtwarenhändler) stehen übrigens in einem ähnlichen Abhängigkeitsverhältnis zu Händlern der oberen Kategorie, da auch sie größere Kredite für ihr Geschäft erhalten.

Die Kakaogroßhändler spielen eine entscheidende Rolle beim Aufkaufen, Sortieren, Packen und dem Transport von Trockenbohnen, die von Kleinbauern und Zwischenhändlern aufgekauft werden. Es gibt nur wenige Großhändler in West-Malaysia, und das durchschnittliche Umschlagsvolumen an Kakao beträgt ca. 150 Tonnen pro Jahr. Die nächste Stufe sind Kakaoexporteure, die im Durchschnitt ca. 600 Tonnen pro Jahr umsetzen. Laut FAMA soll es 1982 42 Exporteure gegeben haben; fast alle Exporteure sind nicht nur auf Kakao spezialisiert, sondern handeln auch mit anderen Dauerkulturen, wie Palmöl, Kautschuk, Kopra, Kaffee, Pfeffer etc. Die Exporteure sind entweder örtliche Vertreter von großen Handelshäusern aus Einfuhrländern oder lokale Firmen, die enge Beziehungen oder Verflechtung mit Großplantagen und Kakaoverarbeitungsbetrieben haben.

### 4.4.2   Die Rolle von FAMA bei der Kakaovermarktung

Die Bundesvermarktungsbehörde FAMA wurde am 30. September 1965 durch das Federal Agricultural Marketing Authority Act gegründet und konzentrierte sich zunächst auf die Vermarktung von Reis, Kautschuk, Fisch, Ananas,

Pfeffer, Palmöl und -kerne sowie Kokosnüssen und Kopra. Mit der Einführung von Kakao als dritte Dauerkultur Mitte der 70er Jahre wurde die Vermarktung von Kakao eine der Hauptaufgaben von FAMA. FAMAs Kompetenz erstreckt sich zwar auf Gesamt-Malaysia, die Vermarktungsbehörde wurde jedoch bisher in dem Ostmalaysia-Staaten nur wenig tätig, da Sabah und Sarawak ihre eigenen Vermarktungsgesellschaften haben. Um die Kakaokleinbauern vor Übervorteilung und Abhängigkeit von privaten Zwischenhändlern zu schützen, bietet FAMA die Möglichkeit, Rohkakao zu einem annehmlichen Preis zu verkaufen. FAMA wurde durch die Cocoa Marketing Regulations 1980 autorisiert, alle Zwischenhändler und Aufkäufer von Kakao zu lizenzieren, um unlauteren Wettbewerb zu verhindern. Um einen Qualitätsstandard für Kakaobohnen zu setzen, wurde im April 1984 in Zusammenarbeit mit dem Standards and Industrial Research Institute of Malaysia (SIRIM) das "Cocoa Grading Scheme" in West-Malaysia eingeführt. FAMAs Einfluß auf die "Farmgate"-Preise bleibt jedoch äußerst gering, insbesondere, wenn man bedenkt, daß FAMA weniger als 5% des Kakaoumsatzes in Gesamt-Malaysia kontrolliert. FAMAs Preisstruktur reagiert viel schwerfälliger auf die "Tag-zu-Tag"-Fluktuationen des Kakaomarktes als der private Vermarktungssektor. Die Weitergabe der Preisinformation verzerrt sich zunehmend im unteren Bereich der Vermarktungskette, d.h., die Kleinbauern und kleinen Zwischenhändler unterliegen weitaus weniger den täglichen Preisfluktuationen des Weltmarktes als Großhändler und Exporteure. Die Produzentenpreise für Trockenbohnen liegen allerdings etwa um das Dreifache über denjenigen für die Naßbohnen. Viele Kakaokleinbauern sind jedoch wegen ihrer geringen Menge und mangelndem Know-how nicht in der Lage, Trockenbohnen von ausreichender Qualität zu verkaufen.

### 4.4.3 Die Sabah Marketing Corporation

Die Sabah Marketing Corporation (SAMA) wurde ursprünglich am 22. Oktober 1977 als Joint Marketing Agency (JMA) mit der Aufgabe gegründet, die Vermarktung einschließlich des Exports und Imports von allen landwirtschaftlichen Produkten von Regierungsstellen, halbstaatlichen Institutionen und Unternehmen, die mit öffentlichen Mitteln gefördert wurden, zu übernehmen. 1978 wurde der Name in SAMA geändert und als "Limited Company" unter dem Company Act 1965 eingetragen. Seit ihrer Gründung bis Anfang 1982 hatte SAMA die Doppelaufgabe, sozio-ökonomische Programme zur Entwicklung des ländlichen Sektors in Sabah durchzuführen und zur gleichen Zeit profitorientierte Vermarktungsaufgaben zu übernehmen. Die erste Aufgabe, eine nicht-profitorientierte Entwicklungsarbeit im Dienste des Rakyat (Volkes), besonders mit dem Ziel der Einkommensverbesserung im ländlichen Bereich, belastete die Effektivität von SAMA immer mehr, so daß 1982 beschlossen wurde, SAMA sollte ausschließlich als kommerzielles Unternehmen tätig werden und den sozio-ökonomischen Bereich an andere Regierungsstellen abtreten, besonders an die Rural Development Corporation (RDC).

SAMA vermarktet landwirtschaftliche Erzeugnisse, wie Palmöl, Kakao, Kautschuk, Edel- und Schnittholz sowie Industrieerzeugnisse und Verbraucherprodukte, wie Milch, Tee, Kaffee, Pfeffer und Streichhölzer. Neben dem Hauptbüro ("trading house") unterhält SAMA regionale Zweigstellen ("regional marketing branches") in Sandakan, Tawau, Lahat Datu und Tenom. SAMA dient als äußerst effiziente Vermarktungsbehörde besonders im Dienste von Kakaokleinerzeugern und staatlichen Landerschließungsprojekten, wie dem Sabah Land Development Board. Private Großplantagen haben meist ihre eigenen Vermarktungskanäle und nehmen SAMA nur in Ausnahmefällen in Anspruch. Der "trading room" von SAMA ist per Telex und Telefon mit den Kakaohandelszentren in Amsterdam, Paris, London und New York verbunden. Dabei ist Sabah in einer besonderen geographischen Situation: Wegen der Zeitverschiebung zu den Kakaobörsen der westlichen Welt vollzieht sich die Hauptaktivität in den späten Abend- und Nachtstunden. Während der Tageszeit in Sabah, wenn Kakao von den Produzenten angeboten wird, sind andererseits die Kakaobörsen in Übersee geschlossen. Wegen der schlechten Infrastruktur und Weiträumigkeit Sabahs spielen private Mittelsmänner oder "small dealer" eine weitaus geringere Rolle bei der Vermarktung von Kakao als in West-Malaysia; hier muß SAMA in die Bresche springen. Für ihre Dienste erhält SAMA eine Vermittlungsprovision. Der überwiegende Teil der Kakaoausfuhr von Sabah geht direkt in die Niederlande (1984: rund 24,2%) und nach Singapur (1984: rund 42,0%), das jedoch nur als "entreport" für andere Destinationen fungiert. SAMA achtet besonders darauf, daß nur qualitativ hochwertige Kakaobohnen angeboten werden; trotzdem wird der Kakao aus Sabah mit einem Discount von rund £ 50 pro Tonne auf dem Londoner Kakaomarkt gehandelt.

Die Frachtkosten von ost-malaysischen Häfen sind wesentlich höher als von west-malaysischen, und daran wird sich auch in Zukunft nicht viel ändern. Singapur wird auch zukünftig als Umschlagplatz für Sabahs Kakao unumgänglich sein, während West-Malaysia meist direkt nach Hamburg, London, Amsterdam etc. liefert.

Neben der Vermarktungsfunktion unterhält SAMA seit 1980 die Kakaoplantage Desa Subur Sdn. Bhd. bei Tawau mit einer Größe von 2.230 ha. Auch plant SAMA im Zuge des Diversifizierungsprogrammes die Errichtung einer Düngemittelfabrik und einer Kakaoverarbeitungsanlage. Im September 1985 haben sich unter der Federführung von SAMA die Kakaohändler Sabahs zur Sabah Cocoa Dealers' Association (SACODA) zusammengeschlossen, um ihre Interessen gegenüber Regierung und Kakaoabnehmern effektiv vertreten zu können. Mitglieder von SACODA sind die Agri-Horticultural Trading, Borneo Farmers Company, Hasil Tawau, Joseph Liew, Syarikat Jet Joo Trading, Planters Enterprise, Syarikat Teck Guan, SAMA, T.T.S., Sime Darby (Commodities Trading Malaysia) und Manilal Plantations.

## 5. Ökonomie und Einkommen der Kakaoproduktion

### 5.1 Die Entwicklung der Preise und der Preisverhältnisse

Eine entscheidende Variable für die Rentabilität der Kakaoproduktion und die erzielbaren Produzenteneinkommen sind die Weltmarktpreise, die in Malaysia - anders als in den afrikanischen Ländern - nicht politisch vermittelt auf die landwirtschaftlichen Produzenten durchschlagen. Tatsächlich ist der Abstand zwischen den Produzenten- und den Exportpreisen in Malaysia deutlich niedriger als etwa in Afrika, da hier keine Steuern bzw. Marketing Board-Abgaben anfallen. Im Durchschnitt der Jahre 1975-84 waren die Exportpreise nur um 13% höher als die Produzentenpreise (vgl. Tabelle 26)[52]. Allerdings - darauf wurde oben schon hingewiesen - kann der malaysische Kakao nur mit Abschlägen gegenüber dem westafrikanischen Spitzenkakao verkauft werden. Gegenüber dem ghanaischen Spotpreisen - diese sind nicht ganz identisch mit den tatsächlich von Ghana erzielten Exportpreisen - betrug der Abschlag im Durchschnitt der Jahre 1975-84 ca. 12%. Malaysia besitzt allerdings eine relativ stabile Währung (vgl. Tabelle 26 (f)), die begrenzt konvertierbar ist. Einen Schwarzmarktkurs gibt es nicht. Von einer wesentlichen Überbewertung des Ringgit, die einen verdeckten Transfer von den Rohstoffexporteuren auf die Importeure und Verbraucher von Industriewaren ermöglicht, kann nicht gesprochen werden.

Die in den 80er Jahren - gegenüber der zweiten Hälfte der 70er Jahre - niedrigen Weltmarktpreise haben auch zu einem Verfall der nominalen Produzentenpreise geführt, die, gemessen an ihrer Kaufkraft, in den 80er Jahren real deutlich auf etwa 60% ihres Niveaus der 70er Jahre abgesenkt wurden (vgl. Tabelle 27). Da die allgemeine Preisentwicklung in Malaysia - verglichen mit derjenigen der anglophonen afrikanischen Staaten, aber auch Brasiliens - eher moderat ist, hält sich der reale Produzentenpreisverfall eher noch in Grenzen, zumal als Ausgangspunkt hier sehr hohe Weltmarkt- und Produzentenpreise genommen wurden. Allerdings werden hier Durchschnittspreise betrachtet, die, da es im freien Vermarktungssystem keine einheitlichen Aufkaufpreise gibt, örtlich sehr unterschiedlich sein können. In Tabelle 29 werden die Aufkaufpreise in drei Orten gegenübergestellt: Die Schwankungsbreite der jährlich gezahlten Preise liegt zwischen 1% und 36%, im Durchschnitt dieser 10 Jahre bei 8%. Ein weiterer Faktor muß gleichfalls noch einmal in Erinnerung geru-

---

[52] Hierbei handelt es sich um einen errechneten Residualwert, das Ergebnis der Subtraktion des durchschnittlichen Produzentenpreises vom durchschnittlichen Exportpreis. Das Ergebnis kann nur eine Annäherung an die tatsächlich erzielte Handelsspanne sein, die in einem Jahr (1977) sogar negativ (also mit Verlust) erscheint.

fen werden: Die Aufkaufpreise zwischen Kakaonaßbohnen und Trockenbohnen liegen weit auseinander: Für die ersteren ist weniger als 1/3 des Preises der letzteren zu erzielen - und diese Schere scheint sich im betrachteten Zeitraum noch weiter zu öffnen (vgl. Tabelle 28).

Tabelle 26: Malaysische Kakaoproduzenten- und Weltmarktpreise, 1975-1986

|  | (a)<br>FOB-Preis<br>Rgt/kg | (b)<br>Handels-<br>spanne<br>Rgt/kg | (c)<br>Anteil des<br>Produzenten-<br>am Export-<br>preis (%) | (d)<br>Spotpreis<br>Ghana-Lon-<br>don Rgt/kg | (e)<br>Export-<br>preis<br>Malaysia<br>in % des<br>Ghana-<br>Preises | (f)<br>Ringgit/<br>US-$ |
|---|---|---|---|---|---|---|
| 1975 | 3,01 | 0,93 | 69 | 3,96 | 76 | 2,40 |
| 1976 | 4,31 | 0,22 | 95 | 6,09 | 71 | 2,54 |
| 1977 | 8,32 | - 0,27 | 103 | 10,99 | 76 | 2,46 |
| 1978 | 7,41 | 0,79 | 89 | 7,90 | 94 | 2,31 |
| 1979 | 6,54 | 0,77 | 88 | 7,20 | 91 | 2,18 |
| 1980 | 5,28 | 0,92 | 83 | 5,04 | 105 | 2,17 |
| 1981 | 4,09 | 0,68 | 83 | 4,84 | 85 | 2,30 |
| 1982 | 3,45 | 0,68 | 80 | 4,31 | 80 | 2,33 |
| 1983 | 4,38 | 0,27 | 94 | 5,14 | 85 | 2,32 |
| 1984 | 5,39 | 0,57 | 89 | 5,99 | 90 | 2,34 |
| 1985 | 5,03 | 0,35 | 93 | 5,95 | 84 | 2,48 |
| 1986 | 4,68 | 0,47 | 90 | 5,45 | 86 | 2,58 |

Quellen: FAMA (1986), Gill & Duffus (versch. Jhg.), sowie Bank Negara Malaysia (versch. Jhg.).


Tabelle 27: Entwicklung der Export- und Produzentenpreisindices (in Dreijahresdurchschnitten), 1975-1986

|  | Weltmarktpreis<br>ICCO<br>Währungsbasis<br>US-$ | FOB-Preis<br>Malaysia<br>Währungsbasis<br>Rgt | Produzentenpreisindex | |
|---|---|---|---|---|
|  |  |  | nominal | real |
| 1975-77 | 100 | 100 | 100 | 100 |
| 1978-80 | 131 | 123 | 113 | 105 |
| 1981-83 | 84 | 76 | 70 | 53 |
| 1984-86 | 95 | 97 | 93 | 65 |

Quellen: Errechnet aus Tabellen 26 und 28 sowie Gill & Duffus (versch. Jhg.).

Tabelle 28: Die Entwicklung der Kakaoproduzentenpreise, 1975-1986

|  | (a)<br>Naßboh-<br>nen<br>Rgt/kg | (b)<br>Trocken-<br>bohnen<br>Rgt/kg | (c)<br>Differenz<br>Rgt/kg | (d)<br>(a)/(b)<br>% | (e)<br>Verbrau-<br>cherprei-<br>se Sabah | (f)<br>reale<br>Preise<br>Rgt/kg | (g)<br>Produzen-<br>tenindex<br>(Trocken-<br>bohnen) |
|---|---|---|---|---|---|---|---|
| 1975 | 0,66 | 2,08 | 1,41 | 32 | 100 | 2,08 | 100 |
| 1976 | 1,34 | 4,09 | 2,75 | 33 | 102 | 4,00 | 192 |
| 1977 | 2,78 | 8,59 | 5,81 | 32 | 106 | 8,10 | 389 |
| 1978 | 2,11 | 6,62 | 4,51 | 32 | 108 | 6,13 | 294 |
| 1979 | 1,87 | 5,77 | 3,90 | 32 | 112 | 5,15 | 248 |
| 1980 | 1,37 | 4,36 | 2,99 | 31 | 119 | 3,66 | 176 |
| 1981 | 1,06 | 3,41 | 2,35 | 31 | 130 | 2,62 | 126 |
| 1982 | 0,84 | 2,77 | 1,93 | 30 | 138 | 2,01 | 97 |
| 1983 | 1,26 | 4,11 | 2,85 | 31 | 145 | 2,83 | 136 |
| 1984 | 1,43 | 4,82 | 3,39 | 30 | 147 | 3,28 | 156 |
| 1985 | 1,35 | 4,68 | 3,33 | 29 | 148 | 3,16 | 152 |
| 1986 | 1,20 | 4,21 | 3,01 | 29 | 149 | 2,82 | 136 |

Quellen: FAMA (1986) und United Nations (1988).

Während Plantagen wohl fast ausschließlich Trockenbohnen vermarkten, dürfte ein guter Teil der Kleinbauern den Händlern nur Naßbohnen anbieten und entsprechend schlecht bezahlt werden. Damit wird die oben durchgeführte Zeitreihenbetrachtung (auf der Basis der Trockenbohnenpreise) auch für die Kleinbauern nicht wesentlich tangiert. Dennoch muß festgehalten werden, daß deren Produzentenpreise immer deutlich unter denjenigen der Plantagen liegen werden.

## 5.2 Die Kleinbauern

Die Einkommen der Kleinbauern variieren stark nach der Bodenqualität, Parzellengröße, Arbeitsleistung, dem Input von Dünger und Pestiziden sowie - natürlich - den Produzentenpreisen, die erzielt werden können. Leider gibt es noch keine empirischen Untersuchungen auf Betriebs- bzw. Haushaltsebene, die uns mit genaueren Daten und Kenntnissen versorgen würden. Allgemein kann allerdings gesagt werden, daß die den Bauern zur Verfügung stehenden Parzellen meist viel zu klein sind, um ihnen ein auskömmliches Einkommen zu ermöglichen. Viele dürften daher auf außerbetriebliche Einkommen zur Auffüllung ihrer Haushaltskasse angewiesen sein. In welchem Umfang und mit welchem Ergebnis dies geschieht, wissen wir jedoch nicht.

Eine Steigerung der Erträge der Kleinbauern in Richtung derjenigen der Plantagen würde die Einkommen jedoch noch erheblich steigern können. Das geht aus dem vom Landwirtschaftsministerium aufgestellten Einkommensschema hervor. Es unterscheidet, neben unterschiedlichen Hektarerträgen und Produzentenpreisen, zwischen Brutto- und Nettoeinkommen (in Klammern). Bei den ersteren wird die Arbeitsleistung durch Familienarbeitskräfte, bei den letzteren durch Lohnarbeiter erbracht. Das Bruttoeinkommen pro Hektar bewegt sich also von Ringgit 779 bei niedrigem Ertrag und niedrigem Produzentenpreis bis zu Ringgit 5.754 bei hohen Erträgen und hohen Produzentenpreisen. Nimmt man beispielsweise eine Betriebsgröße von 1,5 ha und einen mittleren Hektarertrag von 617 kg/ha/Jahr sowie einen mittleren Produzentenpreis von Ringgit 4,50 pro kg Trockenbohnen, so erzielt die Kleinbauernfamilie ein Einkommen von Ringgit 4.512 pro Jahr. Dieser Betrag würde deutlich über der Armutsgrenze in West-Malaysia liegen. Bei Steigerung der Produktivität (besseres Management, mehr Dünger und Arbeitsleistung) ließe sich das Einkommen wesentlich steigern. Der aktuelle Durchschnitt der Erträge wie der Preise liegt gegenwärtig allerdings noch wesentlich niedriger. Damit würden die Kleinbauern mit ihren Kakaoeinnahmen - zu denen allerdings noch andere betriebliche (u.a. Kokusnuß) und außerbetriebliche Einkommen kommen werden - deutlich unter die statistische Armutsgrenze sinken.

Tabelle 29: Durchschnittlicher Produzentenpeis von Kakaotrockenbohnen in Bagan Datok, Sabak Bernam und Kuala Selangor, 1975-86

| Jahr | Bagan Datok (Rgt/kg) | Sabak Bernam (Rgt/kg) | Kuala Selanggor (Rgt/kg) | Differenz zwischen Höchst- und Niedrigstpreis (in %) |
|---|---|---|---|---|
| 1975 | 2,26 | 2,29 | 1,68 | 36 |
| 1976 | 4,33 | 3,95 | 4,00 | 10 |
| 1977 | 8,62 | 8,59 | 8,54 | 1 |
| 1978 | 6,68 | 6,66 | 6,48 | 2 |
| 1979 | 5,83 | 5,87 | 5,59 | 5 |
| 1980 | 4,40 | 4,37 | 4,28 | 2 |
| 1981 | 3,47 | 3,44 | 3,36 | 4 |
| 1982 | 2,81 | 2,95 | 2,55 | 15 |
| 1983 | 4,11 | 4,11 | 3,94 | 4 |
| 1984 | 4,82 | 4,83 | 4,91 | 2 |
| 1985 | 4,72 | 4,71 | 4,62 | 2 |
| 1986 | 4,26 | 4,26 | 4,11 | 3 |

Quelle: Kementerian Perusahaan Utama (Sept. 1987), S. 21.

Tabelle 30: Geschätztes Brutto/Netto-Einkommen von 1 ha Kakaoland unter Kokospalmen bei verschiedenen Hektarerträgen und Produzentenpreisen, 1984

| Kakaoertrag (kg/ha/Jahr) | Kakao-Preis | (Ringgit/kg | Trockenbohnen) |
|---|---|---|---|
| | 2,50 | 4,50 | 6,50 |
| 220,0 | 779 | 1.219 | 1.659 |
| | (187) | (597) | (1.067) |
| 617,0 | 1.773 | 3.008 | 4.243 |
| | (751) | (1.986) | (3.221) |
| 850,0 | 2.354 | 4.054 | 5.754 |
| | (1.082) | (2.782) | (4.482) |

Quelle: Department of Agriculture (1984), S. 4.

## 5.3 Die Plantagen

Für Plantagen stellt sich die Rentabilitätssituation und die Kapitalrendite anders als für die Kleinbauern dar. Mit kapitalistischer Produktionsweise werden wesentlich höhere (Ha-)Erträge, unter Verwendung von wesentlich mehr Marktinputs, erzielt. Die jeweils erzielbaren Nettoerträge hängen auch von den unterschiedlichen natürlichen Bedingungen (Bodenbeschaffenheit und -qualität, infrastrukturelle Anbindung), den Marktpreisen und der Qualität des Managements - zunehmend ein Knappheitsfaktor in Sabah - ab. Das bedeutet, daß man auch hier von einer zeit- und räumlichen bzw. betrieblichen Spannweite ausgehen kann.

Abgesicherte empirische Daten über die Ertragssituation ausgewählter - repräsentativer - Plantagen liegen nicht vor, da das Management üblicherweise nicht bereit ist, vorbehaltlos Einblick in die Bilanzen zu gewähren. Dennoch konnten einige Erkenntnisse auf der Basis von Modellrechnungen und eigenen Fallstudieninterviews gewonnen werden, die die Ertragssituation der Plantagen hinreichend illustrieren. Noch eine Vorbemerkung: Die wenigsten Plantagen in Malaysia sind reine Kakaoplantagen, sondern der Anbau von mehreren Dauerkulturen wird innerhalb einer Plantage kombiniert, um das Anbaurisiko durch Schädlingsbefall und Weltmarktpreisfluktuation möglichst auszugleichen. Besonders häufig ist die Kombination von Ölpalmen mit Monokakao auf separaten Arealen, während die Kombination von Kautschuk mit Kakao äußerst selten ist. Die Kombination von mehreren Dauerkulturen innerhalb einer Plantage glättet auch die Saisonspitzen für den Einsatz von Arbeitskräften, da die einzelnen Dauerkulturen verschiedene Erntezeiten und einen unterschiedlichen Arbeitsrhythmus haben. Die Spitzen für die Kakaoernte und -verarbeitung liegen in Malaysia im Februar/März/April (Hauptsaison) und im September/Oktober (Nebensaison).

## 5.3.1 Fall-Studien: Torkington Estate und United Plantations

Das Torkington Estate (ca. 5 km östl. von Sungei Besar, Sabak Bernam, Selangor) befand sich ursprünglich in britischer Hand, wurde aber Ende der 70er Jahre von Malaysiern aufgekauft. Die Plantage gehört zu Guthrie Plantations Sdn. Bhd., einer der größten Plantagengesellschaften in Malaysia. Die Gesamtfläche der Plantage beträgt 3.400 ha, davon sind gegenwärtig 1.800 ha unter Kakao. Kakaopflanzungen auf Versuchsbasis durch die ehem. britische Gesellschaft erfolgten bereits um 1930. Zwei Drittel aller Arbeitskräfte sind indische (telugu) Kontraktarbeiter, die pro Tag zwischen Ringgit 7,50 und 11,50 verdienen. Das Plantagenareal ist hochwassergefährdet, da es im Bereich eines versiegten Meanders des Sungei-Bernam-Flusses liegt. Der jährliche Hektarertrag ist deshalb mit 477 kg/ha/Jahr relativ gering. Die Plantage unternimmt gegenwärtig umfangreiche Kakaoforschung auf ihrem Versuchsgelände.

Kakao bringt im Augenblick einen geringen Gewinn für die Plantage ein, während Kautschuk und Palmöl wegen der schlechten Weltmarktpreise geringe Verluste erwirtschaften. Bei Kautschuk wird zwar ein geringer Gewinn erwirtschaftet, der jedoch durch die hohen Zinszahlungen für Investitionen aufgezehrt wird. Aufgrund der hohen Betriebskosten ("over-head charges") haben die Plantagen höhere Produktionskosten als Kleinbauern; diese werden jedoch durch effizienteres Management und besseres Know-how wieder wettgemacht. Neue schädlingsresistente Kakaosorten wurden besonders aus Papua-Neuguinea eingeführt. Ein erheblicher Anteil des Plantagengewinns wird aus dem Verkauf von Kakaosetzlingen (Preis ¢ pro Setzling) an Kunden außerhalb der Plantage erzielt. Der kleinere Teil der Kakaoanpflanzung besteht aus "Mono-Kakao" mit Akazien als Schattenbäumen. Als Versuchsprojekt wird auch Kakao unter Ölpalmen angepflanzt, um den prozentualen Anteil der Schädigung durch fallende Objekte (Palmölfrüchte und Zweige) zu mindern. Der Verlust an der Kakaoernte wird auf ca. 10 Prozent geschätzt. Die Plantage verfügt über eine moderne Kakaotrocknungs- und Fermentierungsanlage. Die Produktionskosten für das Jahr 1986 verdeutlicht Tabelle 31.

Die Plantagengruppe United Plantations (UP - Landang Jendarata Estates, ca. 5 km nördlich von Hutan Melintang, Teluk Intan, Perak) ist heute mehrheitlich in malaysischem Besitz; tatsächlich ist das Konglomerat ein malaysisch-indisches Gemeinschaftsunternehmen, welches zum indischen Imperium der TATA-Gruppe gehört. Der Gesamtbesitz von UP beträgt 19.327 ha Plantagenland, wovon das Jendarata-Estate eine Fläche von 6.434 ha hat. Zwei Drittel der Plantage sind mit Ölpalmen bepflanzt, und auf dem Gelände befindet sich eine Palmöl-Raffinerie. Ein Drittel der Anbaufläche ist mit Kakao unter Ölpalmen bedeckt, eine bisher in Malaysia seltene Kombination. Der Hektarertrag von Kakao auf der Plantage betrug 1984 ungefähr 800 kg/ha/Jahr. Das Verhältnis von Kakaobäumen zu Ölpalmen ist ungefähr 40:60. Der Diebstahl von reifen Kakaofrüchten ist ein großes Problem für Plantagen. Das UP-

Tabelle 31: Produktionskosten des Torkington Estates, 1986

| Produktionskosten | Ringgit/t |
|---|---|
| Anpflanzung + Unterhalt | 1.354 |
| Kakaoernte | 652 |
| Transport zur Fabrik | 63 |
| Verarbeitung | 382 |
| Lohnnebenkosten | 309 |
| Betriebsunkosten | 280 |
| Umpflanzung | 59 |
| Gesamt | 3.099 |
| gegenwärtiger Verkaufspreis | 4.100 |
| Produktionskosten | Ringgit/ha |
| Arbeit (Düngung) | 18,13 |
| Kunstdünger | 228,27 |
| Interner Transport | 2,21 |
| Schädlingsbekämpfung | 65,25 |
| Jäten | 195,59 |
| Beschneiden | 76,93 |
| Ausdünnen | 1,89 |
| Schattenerhaltung | 4,50 |
| Nachpflanzen | 52,89 |
| Gesamt | 645,66 |

Quelle: Angaben des Managements, Torkington Estate


Tabelle 32: Kakaostatistik der United Plantations, Kakaoproduktion, Produktionskosten, Verkaufspreise und Gewinn, 1975-1984

| Jahr | Kakaoproduktion (in 1.000 kg) (A) | Produktionskosten Kakao (Ringgit/kg) (B) | Verkaufspreis Kakao (Ringgit/kg) (C) | Plantagengewinn am Kakaoverkauf (Rgt.) (D)= (C)-(B)*(A) |
|---|---|---|---|---|
| 1975 | 929 | 1,43 | 2,61 | 1.293.540 |
| 1976 | 1.063 | 1,38 | 2,79 | 1.498.830 |
| 1977 | 1.235 | 1,39 | 7,10 | 7.051.850 |
| 1978 | 1.329 | 1,43 | 7,37 | 7.894.260 |
| 1979 | 1.341 | 1,49 | 6,70 | 6.986.610 |
| 1980 | 1.532 | 1,70 | 5,38 | 5.637.760 |
| 1981 | 1.849 | 1,69 | 4,77 | 5.694.920 |
| 1982 | 2.189 | 1,97 | 4,16 | 4.793.910 |
| 1983 | 2.009 | 2,31 | 3,45 | 2.290.260 |
| 1984 | 1.896 | 2,62 | 4,96 | 4.436.640 |

Quelle: Angaben des Managements, United Plantations.

Jendarata-Estate ist heute mit einem Stacheldrahtzaun versehen und wird ständig bewacht, um den Verlust durch Diebstahl einzuschränken. Bei Ölpalmfrüchten stellt sich das Problem des Diebstahls weniger, da die Früchte zu schwer sind, um ohne Hilfsmittel abtransportiert zu werden. Ungefähr 10% der Kakaofrüchte werden durch fallende Objekte, wie Ölpalmfrüchte und Äste, beschädigt; 1-2% werden durch Ratten und Eichhörnchen beschädigt. Die Art des Anbaus auf der Plantage wird im wesentlichen durch die edaphischen Gegebenheiten bestimmt: Das Gelände ist tiefliegend und wird oft überflutet. Eine längerandauernde Überschwemmung reicht aus, um die Kakaoernte eines Jahres zu zerstören. 1984 erlebte die Plantage einen erheblichen Produktionsrückgang aufgrund der großen Überschwemmungen. Besonders in den Jahren 1977-1979 machte UP aus dem Verkauf von Kakao einen großen Gewinn, da die Produktionskosten bis 1979 nahezu konstant blieben, die Weltmarktpreise für Kakao jedoch auf einen nie gekannten Höchststand kletterten.

### 5.3.2 Wirtschaftlichkeit kombinierter Kakao-Kokosnußkultivierung

Chai Wah hat eine Wirtschaftlichkeitsberechnung für Kakao-Kokosnußplantagen angestellt, in der er die Überlegenheit dieser Plantagenmischkultur etwa gegenüber reinen Monokulturen nachweist. Unter drei verschiedenen Preisszenarien untersucht er dabei drei Kriterien:

(1) Der Gegenwärtige Nettowert (GNW) gibt den gegenwärtigen Wert des Nettogeldflusses des Kakaoprojektes an, abzüglich der Kapitalkosten der Firma zur Zeit der Anlage der Kakaopflanzung. Zur Berechnung des GNW ist ein Diskontsatz von 12% angenommen.
(2) Die Innere Ertragsquote (IEQ) gibt eine Vorstellung des Diskontsatzes, welcher den gegenwärtigen Wert der Geldeinnahmen mit den Anschaffungskosten zum Zeitpunkt der Investition gleichsetzt.
(3) Die Einfache Amortisationszeit (EAZ) gibt die Zeitdauer an, in welcher sich die ursprünglichen Anschaffungskosten amortisieren.

Im Unterschied zu Mono-Kokosnußpflanzungen ist Kakao zwischengepflanzt unter Kokospalmen, bei einem durchschnittlichen Ertragsprofil, bei allen drei Preishöhen wesentlich rentabler. Diese Anbaukombination erzeugt einen GNW von Ringgit 8.960 pro ha und eine IEQ von 20,8% bei Annahme einer durchschnittlichen Preishöhe. Die Amortisationsdauer bei durchschnittlicher Preishöhe liegt bei 9,5 Jahren. Bei Niedrigpreisen erreicht der GNW Ringgit 4.990 pro ha und die IEQ 17,4%. Selbst bei einer Ertragsminderung von 15% bleibt die Kombination Kakao-Kokospalmen noch ertragbringend, wie Tabelle 33 zeigt.

Tabelle 33: Wirtschaftlichkeit von Kokospalmen als Monokultur im Vergleich zu Kakao zwischengepflanzt unter Kokospalmen, 1982

| Ertragswert | Investitionskriterien | Kokosnuß-Monokultur | | | Kakao-Kokosnuß-Kombination | | |
|---|---|---|---|---|---|---|---|
| | | Niedrigpreis | Durchschnittspreis | Hochpreis | Niedrigpreis | Durchschnittspreis | Hochpreis |
| Durchschnittliches Ertragsprofil | GNW (Ringgit/ha) | 250 | 2110 | 3970 | 4990 | 8960 | 12930 |
| | IEQ (%) | 12,4 | 15,3 | 17,8 | 17,4 | 20,8 | 23,7 |
| | EAZ (Jahre) | 12 | 11 | 10 | 10,5 | 9,5 | 9 |
| 15 % unter dem durchschnittlichen Ertragsprofil | GNW (Ringgit/ha) | -1260 | 310 | 1880 | 2100 | 5480 | 8860 |
| | IEQ (%) | 9,6 | 12,5 | 15,0 | 14,5 | 17,8 | 20,7 |
| | EAZ (Jahre) | 13,5 | 12 | 11 | 11,5 | 10,5 | 9,5 |

GNW: Gegenwärtiger Nettowert
IEQ: Innere Ertragsquote
EAZ: Einfache Amortisationszeit

Quelle: Chai Wah (1982), S. 10.

## 5.4 Input-Output-Analyse des Landwirtschaftsamtes (Sabah)

Das Department of Agriculture, Sabah, hat sich auf der Jahresversammlung des Landwirtschaftsamtes (Department Annual Meeting, 20-21 December, 1984) eingehend mit einer Input-Output-Analyse für die Kakaoproduktion befaßt[53]. Da keine detaillierten Zahlen über Inputpreise für unterschiedliche Jahre erhältlich sind, basieren alle Berechnungen auf fiktiven Werten von Falluntersuchungen.

Die Inputs lassen sich in solche zusammenfassen, über die der Pflanzer keinen Einfluß hat (Umweltfaktoren), und solche, die der Pflanzer kontrollieren kann (kontrollierende Faktoren). Die letzteren können in drei Hauptkategorien eingeteilt werden: Land-, Arbeits- und Materialkosten.

(1) <u>Grund und Boden</u> ist ein konstanter Input-Faktor, der sich aus dem Kaufwert für das Land, den Zinszahlungen und steuerlichen Abgaben für Grundsteuern zusammensetzt. Er besteht aus drei Komponenten:

---

[53] Vgl. Wurcker/Ismail Salam (1984).

(i) Landkauf, Grundsteuern und "Feasibility Study": Es wird allgemein angenommen, daß das Land für Kakaopflanzungen nicht auf dem kommerziellen Markt erworben wird, sondern daß Staatsland durch Landvergabe an die Plantagengesellschaften gegen Zahlung einer Kaufprämie erworben wird. In Sabah beträgt diese zur Zeit Ringgit 125 pro ha Urwaldland. Außerdem ist eine jährliche Grundsteuer zu zahlen: Vom ersten bis fünften Jahr beträgt sie Ringgit 2,50/ha/Jahr; vom sechsten bis neunten Jahr beträgt sie Ringgit 10,0/ha/Jahr und vom zehnten bis fünfundzwanzigsten Jahr beträgt sie Ringgit 15,0/ha/Jahr. Außerdem werden für Vorbereitungsarbeiten (Bodengutachten, "feasibility studies") und notarielle/rechtliche Vorbereitungen eine Gebühr ("consultant fee") von Ringgit 50,0 pro ha veranschlagt.

(ii) Rodung und Bepflanzung. Dieses wird in den meisten Fällen nicht von der Plantagengesellschaft durchgeführt, sondern es werden Rodungsunternehmen damit beauftragt. Der Prozeß der Urbarmachung dauert im allgemeinen zwei Jahre; die Erschließungskosten verteilen sich wie in Tabelle 34 dargestellt.

Tabelle 34: Erschließungskosten für die Anlage einer Kakaoplantage in den ersten beiden Jahren, in Ringgit pro ha, 1984

| Arbeiten | 1. Jahr | 2. Jahr |
|---|---|---|
| Vermessung und Sperrung | 27 | - |
| Unterholzbeseitigung | 84 | - |
| Fällen und Baumbeschneiden | 250 | - |
| Abbrennen | 17 | - |
| Bäume entfernen, aufhäufen und verbrennen | 341 | - |
| Reihenbildung und Pflanzen der Schattenbäume | 405 | - |
| Erhaltung der Schattenbäume | 183 | - |
| Vorbereiten zum Kakaopflanzen | - | 282 |
| Produktion von Kakaosetzlingen | - | 474 |
| Pflanzen von Kakaosetzlingen | - | 378 |
| Vorbereitung zur Straßenanlage | 200 | - |
| Straßenbau mit Schotterbelag | 304 | - |
| Brücken und Abzugskanäle | 193 | - |
| Entwässerungsanlagen | 116 | - |
| Verschiedenes | 431 | 231 |
| Gesamtkosten pro ha | 2.551 | 1.365 |

(iii) Rückgewinnungswert. Dieser Wert ("salvage value") wird am Ende der Nutzungszeit der Kakaopflanzung, d.h. ca. nach 25 Jahren, als Guthaben auf der Einnahmenseite gutgeschrieben. Der Rückgewinnungswert einer Kakaoplantage nach ca. 25 Jahren beträgt ungefähr 14% der Investitionskosten.

(2) Arbeit ist der wichtigste Inputfaktor auf den Kakaoplantagen. Während der zweijährigen Phase der Rodung und Pflanzung fallen keine Lohnkosten für Arbeiter an, da diese Arbeit an Rodungsunternehmer vergeben wird. Aller-

dings wird in dieser Phase Verwaltungs- und Aufsichtspersonal benötigt. Der Arbeitskräftebedarf wird nach folgendem Verhältnis zwischen Arbeit und Land berechnet: ein Arbeiter auf 3 ha Land während der ertragslosen Zeit ("immature phase") im dritten und vierten Jahr und ein Arbeiter auf 4 ha während der ertragbringenden Zeit (5. bis 25. Jahr). Weiterhin kommen ein Mandor (Aufseher) auf 25 Arbeiter. Außerdem werden zusätzliche Arbeiter während der Saisonzeit angeheuert. Die Lohnkosten ergeben sich aus Tabelle 35.

Tabelle 35: Lohnkosten (einschließlich Lohnnebenkosten (1)) im Kakaoplantagensektor während der ersten fünf Jahre der Pflanzung

| Angestelltenstatus | Monat. Lohn oder Gehalt (Ringgit) | Zahl der Eingestellten oder (Entlassenen) im Jahr | | | | |
|---|---|---|---|---|---|---|
| | | 1 | 2 | 3 | 4 | 5 |
| Personal: | | | | | | |
| Manager | 2.000 | 1 | - | - | - | - |
| Aufseher | 650 | - | - | 1 | - | - |
| Sekretär/Buchhalter | 390 | 1 | - | - | - | - |
| Fahrer | 260 | 1 | - | 1 | - | - |
| Arbeiter: | | | | | | |
| Mandors | 390 | - | - | 5 | - | - |
| Arbeiter - festangestellt | 260 | - | - | 125 | - | - |
| - zeitweise angestellt | 240 | - | - | 42 | - | (42) |

(1): Lohnnebenkosten schließen die Beiträge zur gesetzlichen Altersversorgung ("Employment Provident Fund") ein.

(3) <u>Materialkosten</u> setzen sich auf einer Kakaoplantage aus folgenden Einzelposten zusammen: (i) Unterbringung, Gebäude und Verarbeitungsanlagen; (ii) Kraftfahrzeuge, Maschinen und andere technische Ausrüstung; (iii) Düngemittel; (iv) Insektizide und Unkrautvertilgungsmittel; und (v) andere Materialkosten.

(i) <u>Unterbringung</u>: Die Unterbringung des Personals und der Plantagenarbeiter erfolgt nach dem in Tabelle 36 angegebenen Schema. Die Wohngebäude für den Manager, Aufseher, Sekretär, die Fahrer und Mandors können für die gesamte Nutzungsperiode der Plantage (ca. 25 Jahre) verwendet werden. Die Arbeiterunterkünfte müssen im zwölften Jahr erneuert werden. Für Saisonarbeiter und Zeitarbeiter werden keine Unterkünfte gestellt. Außerdem werden ein Bürogebäude und ein Lager benötigt.

(ii) Verarbeitungsanlagen: Es wird geschätzt, daß eine Verarbeitungskapazität von 6 Tonnen pro Tag benötigt wird. Bei dieser Schätzung wird angenommen, daß 25% der Ernte im Spitzenmonat verarbeitet wird und daß die Anlage in diesem Monat an 30 Tagen voll in Betrieb ist. Die Verarbeitungsanlage verwendet die Trockenanlage vom Typ Barico. Zwei Drei-Tonnen-Trockner werden benützt, der erste wird im dritten Jahr und der zweite im sechsten Jahr angeschafft. Alle diese Anlagen werden bereits ein Jahr vor Inbetriebnahme errichtet. Die Errichtungskosten verteilen sich wie in Tabelle 39 dargestellt; außerdem müssen ca. 5% für die jährliche Instandhaltung und Reparaturen hinzugerechnet werden.

(iii) Fahrzeuge, Maschinen und andere technische Ausrüstung: Für diese Kosten wird die in Tabelle 37 dargestellte Veranschlagung gemacht. Alle technischen Geräte mit Ausnahme der Sprayer müssen alle fünf Jahre ersetzt werden. Die Sprayer-Ausrüstung hält nur drei Jahre und muß dann ersetzt werden. Die Hälfte der Tornister-Sprayer wird zum Versprühen von Pestiziden benutzt, die andere Hälfte für Unkrautvernichtungsmittel. Ein Beitrag von Ringgit 4.000 steht zum Kauf von Kleingeräten zur Verfügung, wie Parangs (Hackmesser) und Cangkuls (Haken). Zum Unterhalt und zur Instandsetzung der technischen Geräte wird ein Betrag von 10% der Anschaffungskosten jährlich in Rechnung gesetzt. Ein wesentlicher Kostenfaktor ist der Treibstoff zum Betrieb der Motoren.

Tabelle 36: Kosten und Bauabschnitte für die Erstellung von Unterkünften, Gebäuden und Verarbeitungsanglagen im Kakaoplantagenbereich, in 1.000 Ringgit

| Bauvorhaben | Kosten pro Einheit (Ringgit) | Zahl der Einheiten | Erbaut/Errichtet 1 | 2 | 3 | 4 | 5 | 6 |
|---|---|---|---|---|---|---|---|---|
| **Unterkünfte:** | | | | | | | | |
| Manager | 80 | 1 | 80 | - | - | - | - | - |
| Aufseher | 50 | 1 | - | 50 | - | - | - | - |
| Büropersonal, Fahrer, Mandors | 30 | 4 | 30 | 90 | - | - | - | - |
| Arbeiterunterkünfte | 30 | 25 | - | 750 | - | - | - | - |
| **Gebäude:** | | | | | | | | |
| Büro mit Lager | 50 | 1 | 50 | - | - | - | - | - |
| **Verarbeitungsanlagen:** | | | | | | | | |
| Fermentationsanlage | 100 | 1 | - | - | 100 | - | - | - |
| Kakaolager (200 Tonnen) | 35 | 1 | - | - | 35 | - | - | - |
| Trockenanlage | 55 | 2 | - | - | 55 | - | - | 55 |
| **Gesamt** | | | 160 | 890 | 190 | - | - | 55 |

Tabelle 37: Kosten für Kraftfahrzeuge, Maschinen und andere Ausrüstung, in 1.000 Ringgit

| Gegenstand | Kosten pro Einheit (Ringgit) | Zahl der Einheiten | Erworben im Jahr 1 | 2 | 3 | 4 | 5 | 6 |
|---|---|---|---|---|---|---|---|---|
| Vierradantrieb-Kombiwagen | 45 | 1 | 45 | - | - | - | - | - |
| Lastwagen (5-Tonner) | 55 | 1 | - | - | 55 | - | - | - |
| 125 ccm Motorrad | 4 | 1 | - | - | 4 | - | - | - |
| Traktor (65 PS) | 55 | 1 | - | - | 55 | - | - | - |
| Generator (25 kVA) | 30 | 1 | 30 | - | - | - | - | - |
| Motorisierte Sprayer | 0,7 | 17 | - | - | - | - | - | 12 |
| Tornistersprayer | 0,1 | 135 | - | - | 14 | - | - | - |
| Gesamt | | | 75 | - | 128 | - | - | 12 |

(iv) <u>Düngemittelkosten</u>: Nach den Empfehlungen von Wyrley-Birch wird auf den meisten Kakaoplantagen folgendes Düngemittelschema angewandt[54]: (a) für junge Kakaobäume (erstes bis drittes Jahr nach Pflanzung): Düngemittelgemisch im Verhältnis 15:15:6:4 mit jährlicher Steigerung von 100 auf 450 kg/ha. (b) Für ausgewachsenen Kakao (vom vierten Jahr ab): Düngemittelgemisch im Verhältnis 6:14:14:4 mit einer jährlichen Rate von 600 kg/ha für einen Hektarertrag von ca. 1.000 kg/ha/Jahr Trockenbohnen. Sollen höhere Hektarerträge erzielt werden, so wird entsprechend mehr Kunstdünger verwendet. Da die malaysischen Böden gewöhnlich sehr säurehaltig sind, wird ungebrannter Magnesiumkalk (GML) zugegeben. Die Preise für Dünger lagen 1982 (ab Lager Tawau) wie folgt: Mischdünger: ca. 660 Ringgit pro Tonne und ungebrannter Magnesiumkalk (GML): ca. 180 Ringgit pro Tonne.

(v) <u>Pestizide</u>: (1) Zur Bekämpfung der "Pod-borer"-Krankheit werden vier Durchgänge von Deltamethrin zweimal im Jahr gesprüht, was Kosten von ungefähr Ringgit 110 pro ha und pro Jahr verursacht. (2) Beim Auftreten von anderen Kakaokrankheiten müssen weitere Spray-Mittel angewendet werden. Im Etat der Plantage sind dafür Ringgit 50 pro ha pro Jahr vorgesehen. Bei massivem Befall reicht dieser Betrag jedoch im Einzelfall nicht aus.

---

[54] Vgl. Wirley-Birch (1972).

(vi) Unkrautvertilgung: Allgemeine Unkrautvertilgung schließt mehrere Runden von Sprayen ein, was Kosten von ca. Ringgit 130 pro ha erfordert. Zur Bekämpfung von Lalang (Imperata cylindrica) wird Dalapon verwendet, welches Kosten in Höhe von Ringgit 48 pro ha verursacht.

(vii) Andere Materialien: Für Büromaterial werden Kosten von Ringgit 5.000 pro Jahr veranschlagt. Zur Gewinnung von Wasser sind im zweiten Jahr Investitionen von Ringgit 50.000 notwendig, wobei weitere 5% jährlich zur Wartung und Instandsetzung gebraucht werden.

Die Outputs hängen von zwei variablen Größen ab: 1) dem Hektarertrag und 2) dem Weltmarktpreis. Tay/Kong nahmen einen durchschnittlichen Hektarertrag von nicht weniger als 1.132 kg/ha/Jahr an[55]; vorausgesetzt ist ein ausreichender Input und gutes Management. Daraus ergibt sich die in Tabelle 38 angegebene Aufstellung über die Entwicklung der Hektarerträge während der einzelnen Jahre.

Tabelle 38: Angenommene Hektarerträge während der einzelnen Jahre bei niedriger/mittlerer/hoher Veranschlagung, in kg/ha/Jahr

| Jahr der Investition | Kakaohektarerträge (kg/ha/Jahr) | | | Jahr der Anpflanzung |
|---|---|---|---|---|
| | niedriger | mittlerer | hoher | |
| 1 | 0 | 0 | 0 | - |
| 2 | 0 | 0 | 0 | - |
| 3 | 0 | 0 | 0 | 1 |
| 4 | 80 | 100 | 120 | 2 |
| 5 | 160 | 200 | 240 | 3 |
| 6 | 320 | 400 | 480 | 4 |
| 7 | 640 | 800 | 960 | 5 |
| 8 | 800 | 1.000 | 1.200 | 6 |
| 9 | 960 | 1.200 | 1.440 | 7 |
| 10-20 | 1.040 | 1.300 | 1.560 | 8-18 |
| 21-25 | 960 | 1.200 | 1.440 | 19-23 |
| Durchschnittl. Ertrag für Jahr 8 - 25 | 1.000 | 1.250 | 1.500 | |

Quelle: Tay/Kong (1983).

2) Der Weltmarktpreis: Der gegenwärtige Exportpreis von Kakaotrockenbohnen (ab Lager Ost-Malaysia) liegt bei Ringgit 4.000 im Jahre 1986, was relativ niedrig ist, jedoch immer noch einen Gewinn abwirft. In der beiliegenden Input-Output-Rechnung (vgl. Tabelle 39) wurde ein höherer Nettopreis - 4.900

---

[55] Vgl. Tay/Kong (1983).

Tabelle 39: Jährlicher Geldfluß (Einnahmen und Ausgaben aus einer Kakaoplantage bei Annahme eines Hektarertrages von 1.250 kg/ha/Jahr und einem FOB-Preis von Ringgit 5.000 pro Tonne, in 1.000 Ringgit

| Jahr | 1 | 2 | 3 | 4 | 5 | 6 | 7 | 8 | 9 | 10 |
|---|---|---|---|---|---|---|---|---|---|---|
| Outputs (t) | - | - | - | 50 | 100 | 200 | 400 | 500 | 600 | 650 |
| Einkünfte bei Nettopreis von Rgt. 4.900/t | - | - | - | 245 | 490 | 980 | 1960 | 2450 | 2940 | 3185 |
| Ausgaben (Inputs) Grund und Boden Landkauf, Grundsteuern u.a. | 98 | 1 | 1 | 1 | 1 | 6 | 6 | 6 | 6 | 8 |
| Rodung und Bepflanzung | 1403 | 751 | | | | | | | | |
| Rückgewinnungswert | - | - | - | - | - | - | - | - | - | - |
| Arbeit, Personal | 32 | 32 | 43 | 43 | 43 | 43 | 43 | 43 | 43 | 43 |
| Arbeiter | - | 585 | 585 | 413 | 413 | 413 | 413 | 413 | 413 | 413 |
| Materialkosten Unterbringung Gebäude und Verarbeitung | 168 | 943 | 252 | 65 | 126 | 77 | 88 | 94 | 100 | 103 |
| Fahrzeuge, Maschinen etc. | 96 | 21 | 167 | 39 | 39 | 126 | 39 | 154 | 52 | 40 |
| Pestizide und Unkrautvertilgung | - | - | 60 | 134 | 126 | 80 | 80 | 80 | 80 | 80 |
| Anderes | - | 53 | 221 | 74 | 175 | 256 | 274 | 256 | 274 | 256 |
| Unvorhergesehene Ausgaben à 5 % | 90 | 90 | 66 | 47 | 46 | 50 | 47 | 52 | 48 | 47 |
| Gesamtausgaben | 1887 | 1891 | 1395 | 988 | 969 | 1051 | 990 | 1086 | 1016 | 990 |
| Gewinne und Verluste | -1887 | -1891 | -1395 | -743 | -473 | -71 | 970 | 1352 | 1924 | 2195 |

Quelle: Wurcker/Ismail Salam (1984), S. 33.

| 11 | 12 | 13 | 14 | 15 | 16 | 17 | 18 | 19 | 20 | 21 | 22 | 23 |
|---|---|---|---|---|---|---|---|---|---|---|---|---|
| 650 | 650 | 650 | 650 | 650 | 650 | 650 | 650 | 650 | 650 | 600 | 600 | 600 |
| 3185 | 3185 | 3185 | 3185 | 3185 | 3185 | 3185 | 3185 | 3185 | 3185 | 2940 | 2940 | 2940 |
| 8 | 8 | 8 | 8 | 8 | 8 | 8 | 8 | 8 | 8 | 8 | 8 | 8 |
| - | - | - | - | - | - | - | - | - | - | - | - | - |
| - | - | - | - | - | - | - | - | - | - | - | - | - |
| 43 | 43 | 43 | 43 | 43 | 43 | 43 | 43 | 43 | 43 | 43 | 43 | 43 |
| 413 | 413 | 413 | 413 | 413 | 413 | 413 | 413 | 413 | 413 | 413 | 413 | 413 |
| 103 | 853 | 103 | 103 | 103 | 103 | 103 | 103 | 103 | 103 | 100 | 100 | 100 |
| 115 | 52 | 154 | 40 | 52 | 115 | 40 | 166 | 40 | 40 | 127 | 40 | 154 |
| 80 | 80 | 80 | 80 | 80 | 80 | 80 | 80 | 80 | 80 | 80 | 80 | 80 |
| 274 | 256 | 274 | 256 | 274 | 256 | 274 | 256 | 274 | 256 | 274 | 256 | 274 |
| 52 | 85 | 54 | 47 | 49 | 51 | 48 | 53 | 48 | 47 | 52 | 47 | 54 |
| 1088 | 1790 | 1129 | 990 | 1022 | 1069 | 1009 | 1122 | 1009 | 990 | 1097 | 987 | 1126 |
| 2097 | 1395 | 2056 | 2196 | 2163 | 2116 | 2176 | 2063 | 2176 | 2195 | 1843 | 1953 | 1814 |

Rgt/t - zugrundegelegt. Sie zeigt, daß, unter den angegebenen Bedingungen, in den ersten sechs Jahren Verluste erwirtschaftet werden, die im 7.-10. Jahr ausgeglichen werden. Danach belaufen sich die Nettoerträge auf über 2.000 Rgt/ha und Jahr.

Inzwischen sind die Marktpreise noch weiter gefallen. 1989 müßten daher eher 3.500 Rgt/t veranschlagt werden. Legt man diese weit niedrigeren Produzentenpreise zugrunde, so würde die Gewinnschwelle immer noch im 7. Jahr erreicht werden können, die Anfangsverluste würden aber erheblich später - erst im 12. Jahr oder gar 13. Jahr - ausgeglichen werden können. Die laufenden Nettoerträge würden auf ca. 1.200 Rgt/ha fallen. Das zeigt, daß selbst unter den gegenwärtig extrem niedrigen Weltmarktpreisen die malaysischen Kakaoplantagen immer noch rentabel geführt werden können - auch wenn sie durchaus schmerzliche Gewinneinbußen hinnehmen müssen.

## 6. Die Linkage-Effekte zur übrigen Ökonomie

### 6.1 Input-, Transport- und Dienstleistungslinkages

Die Kakaowirtschaft gibt bisher nur wenig direkte Impulse zur Industrialisierung des Landes. In der Modellrechnung geht man davon aus, daß der wichtigste Kosten- und Inputfaktor die Löhne und Gehälter sind (40-46%). Die Aufwendungen für Investitionsgüter und industriell gefertigte Inputs werden nur mit ca. 19% bis 30% - allerdings mit steigender Tendenz - der Ausgaben veranschlagt, das ist ca. 1/10 des Gesamtumsatzes der Plantagen (vgl. Tabelle 40). Dieser Wert ist wohl für die gesamte Kakaowirtschaft noch erheblich niedriger anzusetzen, wenn man die Kleinbauernwirtschaften miteinbezieht, deren Nachfrage nach industriellen Inputs noch geringer ist. Nicht alle nachgefragten (industriellen) Inputs werden jedoch im Lande selbst hergestellt. Im Einzelnen bietet sich folgendes Bild:

Kakaosetzlinge: Während früher das Pflanzmaterial vorwiegend aus Papua-Neuguinea eingeführt wurde, ist Malaysia heute Selbstversorger mit hybridem Pflanzmaterial. Es wird hauptsächlich die "Sabah Hybrid"-Art verwendet, die sich gegenüber der eingeführten Amelonado-Art als resistenter erwiesen hat. Der größte Erzeuger von Kakao-Setzlingen ist die Kakaoforschungsstation Quoin Hill bei Tawau in Sabah, jedoch haben fast alle Plantagen ihr eigenes "cocoa nursery" für den Eigenbedarf und den Verkauf nach außerhalb.

Insektizide: Die gegenwärtig benötigten Insektizide werden größtenteils in Malaysia hergestellt. Es handelt sich um zahlreiche kleinere private chemische Betriebe im Raume Butterworth und Shah Alam. Zur Unkrautvertilgung wird besonders MSMA, Natriumchlorat und 2,4 D Amine in Form von Mischsprays verwendet.

Tabelle 40: Struktur der Ausgaben einer Kakaoplantage in ausgewählten Jahren der Anlage (Modellrechnung), in Ringgit/ha und in Prozent

|  |  | 1. Jahr | 7. Jahr | 10. Jahr | 23. Jahr |
|---|---|---|---|---|---|
| Gewinn | Rgt/ha | - 1.887 | 970 | 2.195 | 1.814 |
| Einkünfte | Rgt/ha | - | 1.960 | 3.185 | 2.940 |
| Ausgaben | Rgt/ha | - 1.887 | - 990 | - 990 | - 1.126 |
| Anteile an den Ausgaben in Prozent | | | | | |
| Boden, Steuern | | 79,5 | 0,6 | 0,8 | 0,7 |
| Löhne, Gehälter | | 1,7 | 46,0 | 46,0 | 40,5 |
| Material, Gebäude | | 8,9 | 8,9 | 10,4 | 8,9 |
| Fahrzeuge, Maschinen | | 5,1 | 3,9 | 4,0 | 13,7 |
| Pestizide, Dünger | | - | 8,0 | 8,0 | 7,1 |
| Industriewaren | | 18,8 | 20,8 | 22,4 | 29,7 |
| Sonstiges | | 4,8 | 32,4 | 30,6 | 29,1 |
| Anteil der Industriewaren am Gesamtumsatz (Einkünfte) | | | 10,5 | 7,0 | 11,4 |

Quelle: Errechnet aus Tabelle 39.

**Düngemittel**: Auch Düngemittel werden überwiegend in West-Malaysia in mittleren Betrieben in der Kelang-Valley-Region hergestellt. Zur Kakaodüngung werden folgende Dünger verwendet: Urea, Steinphosphat, Ammoniumsulfat, Kieserit und Hydrochlorid mit Pottasche. Trotz der erheblichen Eigenproduktion von Kunstdünger führte Malaysia 1985 für 1,215 Millionen Ringgit Dünger aus dem Ausland ein; hier handelt es sich hauptsächlich um Spezialdünger.

**Jute-Säcke**: Die Satzung der FAMA-Kakaovermarktung schreibt für West-Malaysia das Abpacken von Kakao für den Export in standardisierten Jute-Säcken mit einem Nettogewicht von 62,5 kg vor. Die Rohjute wird aus dem Ausland eingeführt, hauptsächlich aus Bangladesh, jedoch in Malaysia verarbeitet.

**Transportlinkages**: Der Straßenanschluß der peripheren Regionen von Lahad Datu und Tawau, den Hauptanbaugebieten von Kakao in Ost-Malaysia, mit der Landeshauptstadt Kota Kinabalu und der Hafenstadt Sandakan ist wohl die bedeutendste Auswirkung der Kakaoproduktion. Diese Straßenverbindung von Ladad Datu nach Sandakan wurde in der zweiten Hälfte des Vierten Malaysia-Planes (1980-1985) fertiggestellt. Die Strecke führt fast 800 km durch nahezu unbewohntes Urwaldgebiet. Das Personenverkehrsaufkommen ist bisher überaus gering, da die Flugpreise auf dieser Strecke nur geringfügig über den Preisen einer beschwerlichen Autobuspassage liegen. Die Anlage von Kakaoplantagen trug auch zur Anschaffung eines beachtlichen Fuhrparks bei. Nach Berechnungen der Federal Industrial Development Authority sind für eine 2.000 ha große Kakaoplantage drei Traktoren, drei Anhänger, zwei Lastwagen, ein Landrover, zwei Motorräder und eine Brückenwaage erforderlich. Sämtliche Fahrzeuge, die in West-Malaysia verwendet werden, werden im Lande selber zusammengebaut. Große "motor vehicle assembly plants" befinden sich in der Kelang Valley-Region und in der Provinz Wellesley. Die Einzelteile müssen aus dem Ausland (vorwiegend aus Japan) importiert werden. In Ost-Malaysia ist es jedoch bequemer, die Fertigfahrzeuge direkt aus Übersee zu importieren, da der Umweg über West-Malaysia umständlich ist.

Weitere Inputs wie Reifen, Batterien, Ersatzteile etc. werden im Lande selber hergestellt. Auch der Treibstoff (Benzin und Diesel) wird in Malaysia gewonnen, da das Land über Off-shore-Erdölvorkommen vor den Küsten von Trengganu und Sabah verfügt. Die Kakaoplantageindustrie fördert das Entstehen von Reparaturwerkstätten, Tankstellen und Ersatzteillagern, die besonders in Ost-Malaysia bisher sehr spärlich sind.

Was den Schiffsverkehr anbetrifft, so wird die Kakaoladung in West-Malaysia fast ausschließlich direkt an die Empfänger/Verbraucherländer in Europa verschifft. Von Port Kelang gehen beispielsweise mehrere Direktschiffe pro Woche nach Rotterdam, London und Hamburg. Wegen des geringen Verkehrsaufkommens und der Abseitslage Sabahs wird die Kakaoladung aus Ost-Malaysia zunächst auf Zubringerschiffen nach Singapur als "entreport" gebracht, wo sie umgeladen und weitergeleitet wird. Ein Teil der Rohkakaobohnen wird aber auch in Singapur zu Halbfertigprodukten und Schokolade weiterverarbeitet. Fast alle großen Plantagengesellschaften, Transportunternehmen und andere Firmen in Sabah unterhalten deshalb in Singapur ein Zweigbüro.

**Andere Dienstleistungslinkages:** Die staatlichen Bauernvereinigungen oder "Farmers Associations" spielen eine entscheidende Rolle in der kleinbäuerlichen Kakaowirtschaft West-Malaysias. Es handelt sich um ein Konzept, welches seit 1961 von Taiwan übernommen wurde. Die "Farmers Associations" sind Parallelinstitutionen zu ländlichen Genossenschaften mit Vielzweckfunktionen auf dem Gebiet der landwirtschaftlichen Verwaltungsausdehnung auf Mukim-Ebene ("agricultural extension"), der Schulung und des Trainings, der Kreditvergabe und der Vermarktung von Kakao- und anderen landwirtschaftlichen Erzeugnissen[56]. Im ost-malaysischen Sabah sind ländliche Genossenschaften sehr aktiv, sowohl bei der Kreditvergabe an Kakaokleinbauern als auch in der Anlage von Ersparnissen aus dem Kakaosektor. Jedoch ist der Kakaosektor in West-Malaysia noch zu jung, als daß sich größere Beträge aus dem Kakaoverkauf akkumuliert hätten. Die privaten kommerziellen Banken, die überwiegend in den Händen von Chinesen sind, verfügen über ein ausgedehntes Netz von lokalen Zweigstellen im ländlichen Bereich.

---

[56] Vgl. Senftleben (1971), S. 101 ff.

## 6.2 Der Verarbeitungssektor

Malaysia exportiert immer noch den größten Teil seiner Kakaoproduktion im unverarbeiteten Zustand als Kakaotrockenbohnen. In den 70er Jahren wurden 86% der Produktion in diesem unverarbeiteten Zustand exportiert, in den 80er Jahren im Durchschnitt immer noch 83% (vgl. Tabelle 41, Spalte 3). Die Vermahlungen wurden absolut von 12.300 t (1982/83) auf 33.000 t (1988/89) gesteigert (vgl. Tabelle 42, Spalte 1). Tatsächlich liegen die Vermahlungen in dieser Region erheblich höher, wenn man den Stadtstaat Singapur, seit 1965 selbständig, aber wirtschaftlich eben in vielfältiger Weise mit dem malaysischen Hinterland verflochten, miteinbezieht. Singapur ist der größte Abnehmer des malaysischen Rohkakaos (z.B. 1986/87 mit 34% der malaysischen Exporte). Malaysia ist auch das mit Abstand bedeutendste Lieferland für Singapur (1986/87 79% aller Importe). Der größere Teil des von Singapur importierten Kakaos wird hier jedoch nur umgeschlagen und re-exportiert (1986/87: 60%).

Tabelle 41: Die Entwicklung der Exporte von Kakaobohnen, Kakaozwischenprodukten und Schokolade, 1972-1987

| Jahr | (1) Produktion t | (2) Export Kakaobohnen t | (3) Anteil 2/1 in % | Export Zwischenprodukte in t | Schokolade t | Wert der Kakaobohnen und Kakaoprodukte in Mio. Rgt. | Anteile in Prozent Bohnen | Zwischenprodukte | Schokolade |
|---|---|---|---|---|---|---|---|---|---|
| 1972 | 5.000 | 4.084 | 82 | 553 | 109 | 8,872 | 73,9 | 22,0 | 4,1 |
| 1973 | 9.000 | 5.655 | 63 | 952 | 211 | 19,089 | 77,9 | 18,6 | 3,5 |
| 1974 | 10.000 | 9.720 | 97 | 604 | 4 | 35,375 | 93,2 | 6,7 | 0,1 |
| 1975 | 13.000 | 11.729 | 90 | 304 | 13 | 36,883 | 95,8 | 3,9 | 0,3 |
| 1976 | 15.434 | 14.751 | 96 | 508 | 51 | 67,710 | 93,8 | 5,8 | 0,4 |
| 1977 | 16.708 | 13.610 | 81 | 1.857 | 255 | 133,987 | 84,5 | 13,9 | 1,6 |
| 1978 | 17.564 | 17.625 | 100 | 3.081 | 230 | 164,682 | 79,4 | 19,4 | 1,2 |
| 1979 | 26.500 | 24.100 | 91 | 3.255 | 219 | 189,725 | 83,1 | 15,9 | 1,0 |
| 1980 | 36.500 | 30.640 | 84 | 3.926 | 269 | 202,204 | 80,0 | 18,9 | 1,1 |
| 1981 | 45.200 | 42.237 | 93 | 4.747 | 268 | 217,703 | 78,8 | 20,1 | 1,1 |
| 1982 | 66.200 | 57.614 | 87 | 5.852 | 175 | 245,294 | 80,8 | 18,4 | 0,8 |
| 1983 | 69.000 | 57.268 | 83 | 8.705 | 327 | 286,386 | 79,8 | 19,1 | 1,1 |
| 1984 | 88.000 | 66.133 | 75 | 14.327 | 275 | 461,788 | 73,2 | 26,2 | 0,6 |
| 1985 | 108.000 | 81.465 | 75 | 16.292 | 203 | 544,723 | 75,2 | 24,4 | 0,4 |
| 1986 | 131.000 | 106.078 | 81 | 19.604 | 290 | 646,226 | 76,9 | 22,7 | 0,4 |
| 1987 | 185.000 | 157.428 | 85 | 20.538 | 2.048 | | | | |

Quelle: Kementerian Perusahaan Utama (Sept. 1987).

Ein bedeutender Teil wird jedoch in dem Stadtstaat verarbeitet (1986/87: 40%) (vgl. Tabelle 42). Folgt man der ICCO-Statistik so liegen die Kakaovermahlungen in Singapur etwa auf dem Niveau Malaysias (vgl. Tabelle 42, Spalte 1 und 2). Vergleicht man die Exportstatistik für Kakaozwischenprodukte und Schokolade, so liegt das Volumen Singapurs deutlich über demjenigen Malaysias (z.B. 1986/87: 80%) (vgl. Tabelle 43)[57]. Ein Teil der möglichen Linkage-Effekte in der Verarbeitung des Kakaos wird also nach Singapur ausgelagert.

Tabelle 42: Die Verknüpfung der Kakao- und Schokoladenwirtschaft Malaysias und Singapurs, 1982-1989

|  | Vermahlungen Malay- Singa- sia pur in 1.000 t | | Export Kakao- bohnen Mal.> Singap. 1.000 t | Anteil an den Expor- ten Mal. in % | Kakao- bohnen- import Singap. 1.000 t | Anteil 3/5 in % | Kakao- bohnen export Singap. 1.000 t | Anteil 7/5 in % | Anteil 2/5 in% |
|---|---|---|---|---|---|---|---|---|---|
|  | (1) | (2) | (3) | (4) | (5) | (6) | (7) | (8) | (9) |
| 1981/82 |  |  | 25,6 | 44 |  |  | 26,6 |  |  |
| 1982/83 | 12,3 | 22,4 | 30,6 | 53 | 47,0 | 65 | 23,7 | 50 | 48 |
| 1983/84 | 19,3 | 15,6 |  |  | 48,0 |  | 30,0 | 63 | 33 |
| 1984/85 | 22,6 | 23,0 | 35,8 | 44 | 49,3 | 73 | 26,2 | 53 | 47 |
| 1985/86 | 23,7 | 20,4 | 40,1 | 38 | 57,4 | 70 | 37,1 | 65 | 35 |
| 1986/87 | 30,0 | 27,5 | 54,0 | 34 | 68,1 | 79 | 40,6 | 60 | 40 |
| 1987/88 | 32,0 | 33,0 |  |  |  |  |  |  |  |
| 1988/89 | 33,0 | 37,0 |  |  |  |  |  |  |  |

Quelle: ICCO (versch. Jhg.).

Tabelle 43: Exporte von Kakaozwischenprodukten und Schokolade aus Malaysia und Singapur, in 1.000 t, 1982-87

|  | Kakaobutter | | Kakaomehl/-kuchen/-liquör | | Schokolade | | Gesamt | |
|---|---|---|---|---|---|---|---|---|
|  | Mal. | Sing. | Malaysia | Singapur | Mal. | Sing. | Mal. | Sing. |
| 1982/83 | 5,1 | 11,3 | 2,9 | 15,4 | 0,5 | 6,2 | 8,5 | 32,9 |
| 1983/84 | 7,5 | 7,0 | 5,5 | 11,3 | 0,7 | 5,5 | 13,7 | 23,8 |
| 1984/85 | 8,8 | 7,9 | 5,9 | 11,0 | 0,4 | 7,2 | 15,1 | 26,1 |
| 1985/86 | 10,0 | 10,3 | 8,4 | 14,6 | 0,8 | 8,7 | 19,2 | 33,6 |
| 1986/87 | 12,4 | 11,4 | 10,5 | 17,1 | 1,8 | 16,2 | 24,7 | 44,7 |

Quelle: ICCO (versch. Jhg.).

---

[57] Die Diskrepanz erklärt sich z.T. durch die hier nicht berücksichtigten relativ unbedeutenden Importe Singapurs an Kakaozwischenprodukten (die gleichfalls re-exportiert werden), aus der geringeren mengenmäßigen Gewichtigkeit des Kakaos in den Schokoladeexporten, möglicherweise auch aus nicht statistisch erfaßten Importen.

Insgesamt sind die Linkage-Effekte allerdings begrenzt, da die Maschinen für die Kakaotrocknung, Fermentation und Kakaoverarbeitung aus dem Ausland eingeführt werden müssen. Lieferländer Malaysias sind Großbritannien, Holland, die Bundesrepublik Deutschland, die DDR und Japan. Der malaysische und singaporeanische Markt für solche Kakaoverarbeitungsmaschinen ist noch zu klein, um eine Eigenproduktion zu rechtfertigen. So bleiben als Linkage-Effekte im wesentlichen nur die Beschäftigung und die erzielte Wertschöpfung im Lande. Bei der Kakaozwischenverarbeitung ist diese allerdings relativ gering, wesentlich höher in der Schokoladenproduktion. Die Herstellung von Schokolade liegt in Malaysia erst in den Anfängen, während sie in Singapur kräftig expandiert und - bezogen auf das Volumen - um das neunfache über dem Niveau Malaysias liegt. Ein ausbaufähiger natürlicher Binnenmarkt steht der Schokoladenindustrie in beiden Ländern nicht zur Verfügung, da Schokolade und Süßwaren für Malaien und Chinesen nicht zu den Eßpräferenzen gehört. Dem Absatz von Schokolade in den Hauptverbraucherländern stehen mannigfaltige Probleme entgegen. Die geringe Schokoladenproduktion Malaysias wird daher vor allem in die Region exportiert. Von den produzierten und exportierten 1.800 t Schokolade gingen 1986/87 31% nach Singapur (wohl wiederum vor allem im Transit), 24% nach Brunei und 22% nach Hongkong[58].

Da der Kakaoanbau in Malaysia noch sehr jung ist, ist auch die Verarbeitungsindustrie erst in den letzten Jahren entstanden; sie steckt deshalb noch in den "Kinderschuhen" und arbeitet zum Teil mit erheblichen Verlusten. 1986 gab es in Malaysia sieben Kakaoverarbeitungsbetriebe, wobei sechs auf West-Malaysia entfallen:

1. Cadbury - Shah Alam/Selangor
2. Upali - in Shah Alam/Selangor
3. Chocolate Products - in Butterworth/Pulau Pinang
4. Cocoa Processors - in Parit Buntar/Perak
5. Cocoa Malaysia - in Hilir Perak/Perak
6. Majulah Koko - in Tawau/Sabah
7. Malaysia Cocoa Manufacturers - in Seremban/Negri Sembilan

Die Besitzstruktur dieser Kakaoverarbeitunsbetriebe ist äußerst diversifiziert und unübersichtlich. Cadbury und Upali sind mehrheitlich im Besitz privater Plantagengesellschaften und Agrarkonzerne, aber auch der Staat durch die State Development Corporations hat einen Anteil. Bei den anderen Kakaobetrieben hat der Staat einen mehrheitlichen Anteil; so gehört beispielsweise Malaysia Cocoa Manufacturers in Seremban der FELDA als "joint venture"-Unternehmen.

---

[58] Vgl. ICCO (1988), S. 40.

Die Mehrzahl der Kakaoverarbeitungsbetriebe arbeitet mit Verlust und ein noch stärkerer Ausbau dieses Sektors wird zum gegenwärtigen Zeitpunkt nicht gefördert. Der malaysische Markt ist gesättigt, und was die Kakao-Ausfuhr anbetrifft, so ist es wesentlich einfacher, unverarbeitete Kakaotrockenbohnen auf dem Weltmarkt abzusetzen als die Halbverarbeitungsprodukte. Hinzu kommt, daß die großen internationalen Konzerne, wie Nestlé, Cadbury etc., die Einfuhr von Kakaozwischenprodukten mit dem Argument boykottieren, daß diese aus den Entwicklungsländern nicht den Qualitätsanforderungen der Verbraucherländer entsprechen. Da Maschinenpark und technisches Management der Kakaoverarbeitung in Malaysia aus dem Ausland kommen, sind die Produktionskosten relativ hoch, zumal die Betriebe weitgehend automatisiert sind und somit die niedrigen Lohnkosten in Malaysia kaum zum Tragen kommen. Einige internationale Firmen wie Cadbury haben zwar einen Teil ihrer Kakaoverarbeitung nach Malaysia und Singapur verlegt, es ist jedoch nicht anzunehmen, daß andere Schokoladenkonzerne dem folgen werden.

Bei der Kakaoverarbeitung entsteht zudem ein Mißverhältnis unter den Zwischenprodukten: Während nach Kakaobutter eine relativ große Nachfrage besteht, sind die anderen Nebenprodukte wie Kakaomehl und Kakaoalkohol praktisch unverkäuflich und nur für industrielle Zwecke verwendbar. In einem mehrheitlich islamischen Land wird Entwicklung und Konsum von Kakaoalkohol wenig gefördert. Für die internationale Vermarktung müßte erst einmal viel Geld in Forschung und Entwicklung gesteckt werden, um einen hochwertigen Markenschnaps auf den Markt zu bringen.

Da fast alle Kakaoverarbeitungsbetriebe mit Verlusten arbeiten, werden nur minderwertige Kakaotrockenbohnen ("substandard"), ausschließlich von Kleinbauern entweder direkt oder über FAMA, zur Verarbeitung aufgekauft. Für Halbfertigerzeugnisse spielt die Qualität und Größe der Kakaotrockenbohnen kaum eine Rolle. Kakaoplantagen, die meist hochwertige Qualitätsbohnen (SMC-grades A, B und C) erzeugen, exportieren deshalb lieber das Rohprodukt auf den Weltmarkt, als es selber zu verarbeiten.

Von seiten der Verarbeitungsindustrie wurde der Wunsch laut, daß für Kakaotrockenbohnen unter der Norm, also für die "substandard-grades" D und E, die fast ausschließlich von Kleinbauern erzeugt werden, ein Exportzoll erhoben wird, um mehr Anreiz für Qualitätsverbesserung und ein besseres "Image" für den malaysischen Kakao im Ausland herzustellen. Fände diese Forderung Gehör, würden die Kleinbauern mit ihren minderwertigen Kakaobohnen praktisch von der Ausfuhr abgeschnitten und noch mehr von dem lokalen Verarbeitungssektor abhängig.

Die sieben in Malaysia bestehenden Kakaoverarbeitungsbetriebe haben eine Gesamtkapazität von 50.000 Tonnen; gegenwärtig werden jedoch nur schätzungsweise 33.000 Tonnen genutzt. Philip Meijer argumentiert[59], daß gegenwärtig erhebliche Überkapazitäten weltweit an Kakaoverarbeitungsanlagen bestehen, selbst in Zeiten der Hochkonjunktur. Schokoladenhersteller gehen immer mehr dazu über, die Verarbeitung der Kakaobohnen nicht selber vorzunehmen, sondern diese spezialisierten Zwischenindustrien zu überlassen. Der Grund für diese Spezialisierung liegt in dem eingangs erwähnten Ungleichgewicht, daß die Hersteller auf großen Quanten von praktisch unverwertbarem Kakaokuchen/mehl sitzenbleiben. Auch der Saisoneffekt spricht eindeutig gegen die Rentabilität der malaysischen Kakaoverarbeitungsbetriebe. Während Verarbeiter in den Verbraucherländern den Saisonalitätsfaktor durch Einfuhren aus verschiedenen Teilen der Welt ausgleichen, arbeitet die malaysische Verarbeitungsindustrie nur zu den Spitzenzeiten von Februar bis April sowie von September bis November auf Hochtouren, während in den Sommermonaten die Produktion praktisch stillsteht. Der Meijer-Bericht gibt trotzdem eine recht positive Zusammenfassung über die Vorteile der malaysischen Kakaoverarbeitungsindustrie:

> Turning to Malaysia, it would seem that all three elements are combining here: Firstly, a stable political climate and a government that supports the development of the industry. Secondly, the increasing knowledge locally and the continued participation of major international companies in the Malaysian industry has meant a constant improvement of quality, procedures and technology leading to better products and prices. Thirdly, Malaysia seems ideally placed for most "special effects": A cheap and abundant bean supply at its door step, relatively low labour and capital costs, hard butter, and best of all, a vast and captive, yet not fully developed powder market surrounding it. On the negative side, I should mention the distance from most final markets.

---

[59] Vgl. Meijer (1984).

## 7. Weltmarkt, Staat und die Entwicklung der Kakaowirtschaft in Malaysia

Malaysia ist unter den großen kakaoproduzierenden Ländern ein Spätstarter: Praktisch nur innerhalb eines Jahrzehnts hat das Land seine Kakaoproduktion von 32.000 t (1980) auf 230.000 t (1989) - oder von 2% auf 10% der Welterzeugung - ausgeweitet. Damit steht Malaysia nun zusammen mit Ghana, dem über ein halbes Jahrhundert führenden Kakaoproduzenten, an dritter Stelle in der Welt. Ein weiterer Vormarsch ist beabsichtigt und auch wahrscheinlich.

Malaysia hat durch diese dramatische Ausweitung seiner Produktion und seiner Exporte mit zu dem Preisverfall auf dem Kakaoweltmarkt beigetragen, der 1984 einsetzte und seit 1987 ein nahezu katastrophales Ausmaß angenommen hat. Darunter leidet selbstverständlich auch die Rentabilität der Kakaowirtschaft in Malaysia. Da diese jedoch vollständig auf neuen ertragreichen Hybriden aufbaut, kann sie diese Preisbaisse leichter überstehen als etwa die traditionell führenden afrikanischen Produzenten. Allerdings ist die Kakaowirtschaft Malaysias zweigeteilt: Die Hälfte der Anbaufläche wird von den mit modernem kapitalistischen Management geführten hochproduktiven Plantagen kontrolliert, die andere Hälfte von Kleinbauern, die eine Mischwirtschaft betreiben, relativ wenige produktivitätsfördernde Inputs einsetzen und nur niedrige Erträge erzielen. Sie verfügen nicht selten über Parzellen, die zu klein sind, um einer Familie ein angemessenes Einkommen zu ermöglichen. Eine technisch durchaus mögliche Steigerung ihrer Produktivität und ihrer Einkommen muß eine Aufgabe der Zukunft sein. Die gegenwärtige Weltmarktbaisse, die sich mit einer allgemeinen Rezession in Malaysia z.T. überschnitt, bot dafür bisher allerdings noch nicht den geeigneten Ansatzpunkt.

Malaysia hat seine Expansionsstrategie also quasi auf Kosten der traditionalen Lieferländer geführt. Der malaysische Kakao ist zwar minderwertiger als der westafrikanische und wird daher auch mit einem Abschlag gehandelt, dennoch bietet die Baisse weitere Möglichkeiten der Expansion, vielleicht sogar in Form eines Verdrängungswettbewerbs des billig produzierten malaysischen Kakaos gegen den relativ teuer produzierten westafrikanischen Kakao.

Obwohl Malaysia als alteingeführter Produzent und Weltmarktanbieter in anderen Rohstoffsektoren (Kautschuk, Zinn) aktiver Promotor von internationalen Regulierungsabkommen von Produzenten und Konsumenten ist, die Sekretariate dieser Internationalen Organisationen sogar in seiner Hauptstadt beherbergt, hat es sich bisher geweigert, der Cocoa Producer Alliance oder dem International Cocoa Agreement beizutreten, obwohl diese nicht einmal Quotenregelungen oder dergleichen kennen, die die weitere Expansion Malaysias behindern könnten.

Wie wurde diese Expansion möglich? Auf eine Voraussetzung wurde schon hingewiesen: Der Einsatz neuen Hybridmaterials, das frühere und - bei sachkundiger Pflege - wesentlich höhere Erträge ermöglicht als die traditionellen Varietäten. Nicht weniger wichtig ist jedoch die Rolle des Staates und die Verfassung der Gesamtökonomie: Malaysia erlebte in den letzten Jahrzehnten eine einzigartige Geschichte des wirtschaftlichen Wachstums zunächst auf der Basis der Rohstoffexportproduktion, die - wie u.a. durch Kakao - weiter diversifiziert wurde, schließlich durch den Aufbau von Export- und binnenorientierten Industrien. Das Land besitzt damit eine relativ stabile Währung. Einkommen, die erzielt werden, können auch in reale Kaufkraft umgesetzt werden.

Auch in Malaysia gibt es eine Staatsklasse, d.h. ein Teil des malaysischen Bevölkerungssegments, der sich über die politische Sphäre Ressourcen anzueignen vermag. Diese hat die Entwicklung und die Entfaltung privaten Unternehmertums und privater Marktkräfte nicht nachhaltig behindert oder gar blockiert. Auch im Bereich der Kakaopolitik ist dies nicht nachweisbar. Hier hat der Staat die Marktkräfte sich frei entfalten lassen. Angesichts der allgemein abnehmenden Bedeutung des Agrarsektors, der gesamtwirtschaftlich eher geringen Bedeutung dieses neu entstehenden landwirtschaftlichen Exportsektors, konnte der Staat auf eine relevante Besteuerung und Abschöpfung für seine eigene Revenuebildung weitgehend verzichten.

Es gibt ein freies Vermarktungssystem, in dem eine staatliche Vermarktungsgesellschaft im wesentlichen nur als Wettbewerber auftritt, der örtliche, die Kleinanbieter möglicherweise übervorteilende Vermarktungsmonopole verhindern will. Die Produzenten erhalten damit Weltmarktpreis minus die nun einmal anfallenden normalen Transaktionskosten (und Gewinne). Das bedeutet einerseits, daß ihre Erzeugerpreise deutlich höher als in allen anderen Produzentenländern liegen, andererseits aber auch, daß die Schwankungen des Weltmarktes auf sie ungebrochen durchschlagen - im positiven, wie im negativen Sinne. Diese liegen damit in der ersten Hälfte der 80er Jahre deutlich unter denen der 70er Jahre, in realen Preisen gerade bei etwas weniger als 60% des Niveaus der 70er Jahre; danach dürften die realen Produzentenpreise noch weiter gefallen sein. Dennoch: Der Sturz erfolgte von einem hohen Niveau und hat offenbar die Rentabilität und damit Expansion der Kakaoproduktion nicht erkennbar behindert. Der Staat beschränkt sich auf eine Reihe von fördernden Maßnahmen, die häufig auch nur komplementär, und damit in ihrer Bedeutung eher sekundär, zur Privatwirtschaft erfolgen.

Der Schwerpunkt der staatlichen Bemühungen liegt auf der Förderung und Unterstützung des kleinbäuerlichen Sektors. Dieser wird vor allem von Malaien getragen, einer wichtigen Wählergruppe für die hegemoniale Regierungspartei (UMNO), um deren Gunst sie in freien Wahlen immer wieder - gegen die mit ihr konkurrierenden Oppositionsparteien - ringen muß. Allerdings sind diese fördernden Bemühungen des Staates für seine Wählerklientel noch nicht nachhaltig erfolgreich gewesen: Viele Kleinbauern vermarkten nur Naßbohnen, wofür sie schmerzhafte Preisabschläge gegenüber Trockenbohnenvermarktern in Kauf nehmen müssen. Ihre Produktivität ist weit entfernt vom möglichen Optimum, das von den Plantagen erzielt wird; ihre Einkommen sind sehr niedrig.

Aus entwicklungspolitischer Sicht ist also die Erfolgsstory der malaysischen Kakaopolitik doch nicht so glänzend zu bewerten, wie sie der erste Anschein hat? Wachstum ohne Entwicklung?

Zweifelsfrei kann diese Frage nicht beantwortet werden. Über die soziale Dimension, die Lage und die Einkommensentwicklung der Kleinbauern und Plantagenarbeiter, liegen keine empirischen Untersuchungen vor und auch im Rahmen dieser Studie konnte dieses Desideratum nicht geschlossen werden. Es gibt hier noch relative und sicher absolute Armut. Die entscheidende Frage kann jedoch nicht beantwortet werden, in welchem Umfang das Ausmaß der Armut abgebaut wird. Die höhere Wertschöpfung des Kakaoanbaus gegenüber anderen Kulturen spricht allerdings für eine solche Einkommenssteigerung auch der kleinen Produzenten. Die Löhne auf den Plantagen leiden hingegen sicher unter dem realen Produzentenpreisverfall der letzten Jahre. Andererseits wurden durch die Kakaowirtschaft neue Arbeitsmöglichkeiten geschaffen. Das allgemeine Lohnniveau in Malaysia ist heute deutlich niedriger als im Stadtstaat Singapur - aber auch deutlich höher als in den benachbarten Philippinen und Indonesien. Viele Arbeitsmigranten aus diesen beiden Ländern suchen illegal Beschäftigung auf den Plantagen Malaysias.

Die von dem Kakaoanbau ausgehenden industriellen Vermaschungseffekte sind sowohl im vorgelagerten (Input-) als auch im nachgelagerten (Verarbeitungs-)Bereich noch begrenzt. Ein Teil hat sich allerdings im benachbarten Singapur - eigentlich der natürlichen Hauptstadt - angesiedelt. Dort vermochte sich eine exportfähige Schokoladenindustrie zu entwickeln, die in Malaysia noch in den Kinderschuhen steckt und augenblicklich nicht sehr ausbaufähig zu sein scheint.

So weist das entwicklungspolitische Fazit durchaus Leerstellen auf. Dennoch kontrastiert die Kakaowirtschaft Malaysias positiv mit derjenigen einiger anderer wichtiger Produzentenländer. Pointiert könnte man sagen: Wachstum ohne viel Entwicklung ist immer noch besser als Schrumpfung ohne Alternative. Aber auch diese Einschätzung wird der Entwicklung des Kakaosektors in Malaysia nicht ganz gerecht, wenn man sie als Teil der gesamten Entwicklungsstrategie des Landes begreift. Durch diese konnte die Unterentwicklung gewiß noch nicht überwunden werden. Es wurden aber deutliche Fortschritte gemacht. Das kann man von vielen anderen Ländern in der Dritten Welt nicht sagen.

## 8. Literaturverzeichnis

Abdul Kadir bin Abdul Hadi (1977). Rancangan Tanaman Koko Hilir Perak. In-service Course, Department of Agriculture, Perak, 2. Aufl. (Malaiisch).
Abu, Z. A., (1978). An Economic Study of the Malaysian Cocoa Industry. Serdang: Universiti Pertanian Malaysia (B.S. Agribus. Acad. Exercise (unveröffentl.).
Acres, B. D., Bower, R. P., Borough, P. A., Folland, C. J., Kalsi, M. S., Thomas, P., und Wright, P. S., (1975). The Soils of Sabah - Land Resources Study. Vol. 1 - 5. Surbition, Surrey, UK: Land Resources Division, Ministry of Overseas Development.
Allen, J. B., (1984). Evaluation of Early Vigour of Wild Cocoa from the Amazon Region of Ecuador. In: International Conference on Cocoa and Coconuts. Paper 3, Kuala Lumpur
Arasu, N. T., und Pang, C. I., (1972). Cocoa Improvements in West Malaysia. In: Wastie, R. L., und Earp, D. A., (Ed.). Cocoa and Coconuts in West Malaysia. Kuala Lumpur.
Bank Negara Malaysia (versch. Jhg.). Annual Reports. Kuala Lumpur.
Bank Pertanian Malaysia (1976). Tanaman Tunggal Koko; Jabatan Perancang dan Penyelidik. Malaisisch, Kuala Lumpur.
Berita Publishing (1986). Information Malaysia - 1986 Yearbook. Kuala Lumpur.
Berwick, E. J. H. N., (1950). Further Investigation into the Growing of Cocoa in Malaya. In: Malayan Agricultural Journal. Vol. 33.
Biehl, B., (1984). Cocoa Fermentation and Problems of Acidity, Over-Fermentation and Low Cocoa Flavour. In: International Conference on Cocoa & Coconuts. Paper 31, Kuala Lumpur.
Blencowe, J. W., und Templeton, J. K., (1970). Establishing Cocoa under Rubber. In: Incorporated Society of Planters (Ed.). Crop Diversification in Malaysia. Kuala Lumpur.
Burkill, I. H., (1935). Dictionary of Economic Products of the Malay Peninsula. Kuala Lumpur.
Chai Wah (1982). Economics of Coconut Monoculture and Cocoa-Coconut Intercropping. In: 1982 National Coconut Conference. Paper 29, Kuala Lumpur.
Chan Keng Aun, (1983). Cocoa Marketing in Malaysia. Serdang: Universiti Pertanian Malaysia. Project Paper (B.S. Agribus).
Cheesman, E. E., (1948). Draft Report on Potentialities for the Cultivation of Cocoa in Malaya, Sarawak and North Borneo. London: Her Majesty's Stationery Office.

Chok, D., und Tang Teng-lai (1983). Technical Requirements and Suitability of Malaysia and in particular Sabah for Cocoa Cultivation on Large Scale. In: <u>1983 Seminar on Recent Development and Future Prospects of the Cocoa Industry in Malaysia</u>. Paper 2, Kuala Lumpur.
Chok, D. K. K., und Khoo, K. T., (1970). Shade - Its Cultivation, Management and Problems at BAL Cocoa Estates. In: <u>Sabah Planters Association Cocoa Seminar</u>. Tawau.
Chok, D. K. K., und Khoo, K. T., (1984). Observations on Cocoa Planting under Thinned Jungle Shade. In: <u>1984 International Conference on Cocoa and Coconuts</u>. Paper 13, Kuala Lumpur.
Chua, Eng-kee, (1983). Financing of Large Scale Cocoa Cultivation. In: <u>1983 Seminar on Recent Development and Future Prospects of the Cocoa Industry in Malaysia</u>. Paper 4, Kuala Lumpur.
Cocoa, Chocolate and Confectionary Alliance (1984). <u>Cocoa Beans: Chocolate Manufactures Requirements</u>. 3. Aufl., London.
Department of Agriculture, Sabah (1976). <u>Raw Cocoa Processing</u>. Technical Bulletin No. 2, verfaßt von H. T. L. Liau. Kota Kinabalu.
Department of Agriculture (1977). <u>Coconut Replanting & Rehabilitation Scheme</u>. West-Malaysia. Kuala Lumpur.
Department of Agriculture, Sabah (1978). <u>Cocoa Planting Manual</u>. Verfaßt von E. A. Wyrley-Birch, Kota Kinabalu: Agricultural Informations Division.
Department of Agriculture, West Malaysia (1981). <u>Tanaman Koko</u>. Zusammengestellt von C. I. Phang, Risalah Perkembangan Bilangan 13, (Malaisisch), Kuala Lumpur.
Department of Agriculture (1984). Peninsular Malaysia: Production and Extension of Smallholder Cocoa in Peninsular Malaysia. In: <u>1984 International Conference on Cocoa & Coconuts</u>. Paper 33. Kuala Lumpur.
Department of Agriculture, Sabah (1985). <u>Sabah Agricultural Statistics</u>. (Unveröffentlicht). Kota Kinabalu.
Department of Agriculture, Sabah, (versch. Jhg.). <u>Annual Reports</u>. Sabah.
Department of Agriculture, Sabah, (versch. Jhg.). <u>Bulletin of Agricultural Statistics</u>. Sabah.
Department of Statistics (1983). <u>Sabah Annual Bulletin of Statistics</u>. Kuala Lumpur.
Department of Statistics (1984). <u>Oilpalm, Cocoa, Coffee and Tea Statistics Handbook</u>. Kuala Lumpur.
Department of Statistics (1985). <u>Oilpalm, Cocoa, Coffee and Tea Statistics Handbook</u>. Kuala Lumpur.
Department of Statistics (1985a). <u>Yearbook of Statistics</u>. Kuala Lumpur.
Deraman, I., (1978). Cocoa Marketing: Some Pertinent Problems in Peninsular Malaysia. In: <u>Proceedings of the International Confe rence on Cocoa and Coconuts</u>. Kuala Lumpur.
East Malaysian Planters Association (1976). <u>Proceedings of the EMPA Seminar on Cocoa and Coconuts</u>. Tawau, Sandakan.

East Malaysian Planters Association (1985). Annual Report for 1984. Sandakan: Spring Printing.
Fatimah Mohd. Arshad (1985). Marketing of Cocoa: Present and Future. Unpublished Working Paper written for Project: "Agriculture in the Year 2000". Serdang: Universiti Pertanian Malaysia.
Fatimah Mohd. Arshad, und Roslan A. Ghaffar, (1986). Univariate Approach towards Cocoa Price Forcasting. Serdang: Universiti Pertanian Malaysia, Centre for Agricultural Policy Studies, Faculty of Resource Economics and Agribusiness. PKDP Report No. 4.
Federal Agricultural Marketing Authority (1974). A Survey Report of Cocoa Production and Marketing in Hilir Perak. Sabak Bernam and Kuala Langat.
Federal Agricultural Marketing Authority (1982). Cocoa Production Survey. FAMA Survey Report No. 15. Kuala Lumpur.
Federal Agricultural Marketing Authority (1986). Grading and Certification of Malaysian Cocoa Beans for Export. Kuala Lumpur.
Federal Industrial Development Authority (1977). An Investigation Report on Cultivation of Cocoa as a Monocrop. Prepared by the Industrial Studies and Surveys Division. Kuala Lumpur.
Federal Land Consolidation and Rehabilitation Authority (o.J.). Idle Lands! Come, let us Rehabilitate them. (Broschüre), Kula Lumpur.
Federal Land Consolidation and Rehabilitation Authority (1985). Annual Report for 1984. Kuala Lumpur.
Federal Land Consolidation and Rehabilitation Authority (1986). FEL CRA's Role and Effort in Rehabilitation and Consolidation of Land. Appendix B, (Broschüre). Kuala Lumpur.
Federal Land Development Authority (1985). Annual Report for 1984. Kuala Lumpur.
Federation of Malaya (1955). Working Party Set Up to Consider the Development of a Cocoa Industry in the Federation of Malaya. Kuala Lumpur: GPO.
Flynn, G., (1974). Cocoa Bean Processing. Jabatan Pertanian, Seksi Perhubungan dan Penerangan, Cewangan Perkembangan. Kuala Lumpur.
Food and Agriculture Organization (versch. Jhg.). Commodity Review and Outlook. Rome.
Food and Agriculture Organization (1968). Economic Survey of the Coconut Growing Industry. Rome. (No. TA 2441 Project: MAL/EC/C).
Food and Agriculture Organization (1977). Cocoa Cultivation - FELDA, Malaysia - Project Findings and Recommendations. Report prepared for the Government of Malaysia. Rome: FAO and UNDP.
Food and Agriculture Organization (1986). Production Yearbook. Rome.
Food and Agriculture Organization (1986a). Trade Yearbook. Rome.
Gill & Duffus (versch. Jhg.). Cocoa Statistics. London.

Gunawardene, S., (1983). Downstreams Processing and Manufacturing of Cocoa. In: <u>1983 Seminar on Recent Developments and Future Prospects of the Cocoa Industry in Malaysia</u>. Paper 5, Kuala Lumpur.
Hubbard, F. T. P., (1976). Role of Estate Cocoa Factory in Processing Cocoa Beans. In: <u>1983 Seminar of Recent Developments & Future Prospects of the Cocoa Industry in Malaysia</u>. Paper 5, Kuala Lumpur.
Hunting Technical Services Ltd. (1967). <u>The Jengka Triangle Report, Outline Plan: Resources and Development</u>. Kuala Lumpur.
ICCO (versch. Jhg.). <u>Quarterly Bulletin of Cocoa Statistics</u>. London.
ICCO (1988). <u>Quarterly Bulletin of Cocoa Statistics</u>. Vol. 14, No. 4.
Incorporated Society of Planters (1968). <u>Proceedings of a Symposium on Cocoa and Coconuts in Malaya held in Kuala Lumpur</u>. Kuala Lumpur.
Incorporated Society of Planters (1970). <u>Seminar Proceedings on Crop Diversification in Malaysia</u>. Kuala Lumpur.
Johari bin Mat, (1983). <u>Regional Development in West Malaysia - A Comparative Effectiveness Study of Jengka, DARA, KEJORA, and KETENGAH</u>. Monograph of the National Institute of Public Administration, No. 2. Kuala Lumpur.
Kasch, V., (1984). <u>Agrarpolitik in Malaysia. Zur Rolle des Staates im Entwicklungsprozeß. Darstellung zur internationalen Politik und Entwicklungspolitik</u>. Baden-Baden.
Kementerian Perusahaan Utama (Sept. 1987). <u>Statistics on Cocoa</u>. Kuala Lumpur.
Khoo, K. M. und Sergeant, C. T., (1980). Some Aspects of Monoculture Cocoa Establishment on an Estate in Peninsular Malaysia. In: <u>Proceedings of the 1978 International Conference on Cocoa and Coconuts</u>. Kuala Lumpur.
Kissey, C., (1982). <u>A Feasibility Study of Mechanized Drying of Cocoa Beans by Farmers Associations</u>. Kota Marudu, Serdang: Universiti Pertanian Malaysia, Project Paper (B.S. Agribus).
Lau, Kok-cin, (1971). <u>Cocoa Production in West-Malaysia. Some Agroeconomic Aspects</u>. Kuala Lumpur: University of Malaya, Academic Exercise (B. Agr. Science).
Lee, A. K., und Yeong, W. L., (1980). Early Experiences in Large Scale Cocoa Planting in FELDA. In: <u>Proceedings of the International Conference on Cocoa and Coconuts</u>. Kuala Lumpur.
Li, K. und Lee Ming-tong, (1984). Current Practices of Primary Processing and Quality of Cocoa Beans in Sabah. In: <u>1984 International Conference on Cocoa and Coconuts</u>. Paper 30, Kuala Lumpur.
Lim, D., und Chan, Y. H., (1984). Some Aspects on Spacing and Thinning in Cocoa. In: <u>1984 International Conference on Cocoa and Coconuts</u>. Paper 10, Kuala Lumpur.
Lim, K. H., Wood, B. J., Ho, C. Y., und Lam, K. S., (1983). Studies on Irrigation and Soil Management to optimize Cocoa Yields. In: <u>Proceedings of the Second National Cocoa Conference</u>. Medan, Indonesia.

Lim, K. P., und Chai, W., (1980). Cocoa-Coconut and Oil Palm as Possible Alternatives in Replanting Old Rubber - An Economic Appraisal. In: <u>Proceedings of the 1978 International Conference on Cocoa and Coconuts</u>. Kuala Lumpur.

Luckham, H. A. L., (1955). <u>Report of the Working Party Set Up to Consider the Development of a Cocoa Industry in the Federation of Malaya</u>. London.

Malaysian Agricultural Research and Development Insitute (o. J.). <u>Status of Cocoa Industry in Malaysia</u>. Vefaßt von Ramadasan Krishnan, Kuala Lumpur.

Malaysian Agricultural Research and Development Insitute (1971). A Review of World Cocoa Production, Consumption and Sources of Output Growth. Verfaßt von Samion bin Hj. Abdullah. In: <u>MARDI Agricultural Economic Bulletin</u>. Vol. 1, No. 7.

Malaysian Agricultural Research and Development Insitute (1978). <u>An Introduction to the Cocoa and Coconut Industry of Malaysia</u>. Serdang: MARDI.

Malaysian Agricultural Research and Development Insitute (1980). <u>Pengurusan Pemersosesan Koko di Malaysia Barat</u>. Verfaßt von Zahari bin Radi. Serdang: MARDI, Sociology and Agribusiness Branch (Malaisisch).

Malaysian Agricultural Research and Development Insitute (1981). <u>Seminar Technologi Koko Masakini</u>. Telok Anson, Perak.

Malaysian Agricultural Research and Development Insitute (1982). <u>National Coconut Conference</u>. Kuala Lumpur.

Malaysian Agricultural Research and Development Insitute and Incorporated Society of Planters (1978). <u>An Introduction to the Cocoa and Coconut Industries of Malaysia</u>. Published to mark the 1978 International Conference on Cocoa and Coconuts. Kuala Lumpur.

Malaysian Plant Protection Society (1983). <u>Advances in Cocoa Plant Protection in Malaysia</u>. Seminar organized by the MPPS on January 10. Kuala Lumpur.

Meijer, P., (1984). The Marketing Mechanism for Selling Cocoa Powder and Cocoa Butter in the Malaysia Context and its Implications on the Industry as a Whole. In: <u>1984 International Conference on Cocoa and Coconuts</u>. Paper 40, Kuala Lumpur.

Ministry of Agriculture and Cooperatives (1967). <u>An Evaluation of the Minyak Beku Coconut Replanting and Rehabilitation Scheme</u>. By S. Selvadurai und Othman bin Lela. Kuala Lumpur.

Ministry of Agriculture and Cooperatives (1968). <u>A Preliminary Report on the Survey of Coconut Smallholdings in West Malaysia</u>. By S. Selvadurai. Kuala Lumpur.

Ministry of Agriculture and Lands (1971). <u>The Present Land Use Survey of West Malaysia, 1966</u>. By I. F. T. Wong. Kuala Lumpur: Lai Than Fong Press.

Ministry of Agriculture (1984). <u>Dasar Pertanian Negara. Program Pembangunan Komoditi: Koko</u>. (Malaisisch). Luala Lumpur.
Ministry of Agriculture (1984). <u>Area of Miscellaneous Crops</u>. Kuala Lumpur.
Ministry of Agriculture (1984a). <u>Dasar Pertanian Negara. Program Pembangunan Komoditi: Koko</u>. Kuala Lumpur.
Ministry of Planning (1963). <u>Interim Review of Development in Malaya under the Second Five-Year-Plan</u>. December. Kuala Lumpur: G.P.O.
Ministry of Planning (1969). <u>Mid-term Review of the First Malaysia Plan</u>. Kuala Lumpur: G.P.O.
Ministry of Planning (1973). <u>Second Malaysia Plan</u>. Kuala Lumpur: G.P.O.
Ministry of Planning (1973a). <u>Mid-term Review of the Second Malaysia Plan</u>. Kuala Lumpur: G.P.O.
Ministry of Planning (1976). <u>Third Malaysia Plan</u>. Kuala Lumpur: G.P.O.
Ministry of Planning (1981). <u>Fourth Malaysia Plan</u>. Kuala Lumpur: G.P.O.
Ministry of Planning (1986). <u>Fifth Malaysia Plan</u>. Kuala Lumpur: G.P.O.
Ministry of Primary Industries (1986). <u>Profile of the Primary Commodity Sector in Malaysia</u>. Kuala Lumpur.
Ministry of Primary Industries (1986a). <u>Statistics on Commodities</u>. Kuala Lumpur.
Ministry of Trade and Industries (o.J.). <u>Tinjuan pesaran: Koko dan benga Koko (Cocoa and Cocoa Products)</u>. Published by the Department of International Trade; Amerika Sharikat Antarabangsa, (Malaysisch), Kuala Lumpur.
Ministry of Trade and Industries (versch. Jhg.). <u>Malaysian Annual Statistics of External Trade</u>. Kuala Lumpur.
Mohd. Mohid bin Hamzah, (1980). <u>Fats in Post-Harvest Cocoa Beans</u>. Serdang: Universiti Pertanian Malaysia, Project Paper. (B. Food Science and Technology).
Mohd. Sharif Ahmad, Othman Mohd. Rijal, und Tay, E. B., (1986). <u>Status of Cocoa Industry - An Outline</u>. Seminar Kebangsaan Barangan Utama, 21-24 April, Kuala Lumpur.
Mohd. Yusof Hashim (1981). Industri Koko di Malaysia Masakini dan Strateji Penyelidikan MARDI. In: <u>1981 MARDI Seminar Technologi Koko Masakini</u>. (Malaisich). Telok Anson.
Mudie, R. F. u.a., (1954). <u>Report of the Mission Enquiry into the Rubber Industry of Malaya</u>. Kuala Lumpur: GPO.
Mueller, W., (1951). <u>Bibliographie des Kakaos, seiner Geschichte Bedeutung, Kultur, Verwendung, Verarbeitung, Wirtschaftliche Bedeutung</u>. Hamburg.
Ng Poh Tip, (1978). Cocoa Prospects in Malaysia. In: <u>Union Herald</u>. Vol. 58, Februar. (Reprinted in the New Straits Times).
North Borneo Commissioner of Lands (1890). <u>Memorandum on Coffee, Cocoa and Tropical Products in British North Borneo</u>. London: William Brown & Company.
North Borneo Department of Agriculture (versch. Jhg.). <u>Annual Reports</u>. London.

Othman Bin Lela (1971). The Coconut Replanting & Rehabilitation Scheme in West Malaysia. In: Wastie, R. L., und Earp, D. A. (Hrsg.). Cocoa & Coconuts in Malaysia. Kuala Lumpur.

Paalberg, D., u.a., (1963). Policies and Measures leading towards greater Diversification of the Agricultural Economy of the Fede ration of Malaysia. Report submitted to the Government of the Fed. of Malaya by the Survey Team provided by the Ford Foundation.

Parson, J. W., und Ong Kean Teong, (1976). Marketing of Sabah Cocoa. In: Proceedings of the 1976 EMPA Seminar on Cocoa-Coconuts. Kuala Lumpur.

Phillips, P. H., (1970). Marketing of Cocoa. In: Cocoa Seminar, 20-21 November 1970. Published by the Sabah Planters Association. Kuala Lumpur.

Powell, B. D., (1984). Chocolate and Cocoa Manufacturers Quality Requirements for Cocoa Beans. In: 1984 International Conference on Cocoa and Coconuts. Paper 37, Kuala Lumpur.

Proceedings of the 1976 East Malaysian Planters' Association Seminar on Cocoa and Coconuts (1976). Tawau, Sabah.

Sabah Land Development Board (1984). Annual Report for 1982. Kota Kinabalu.

Sabah Planters Association (1970). Cocoa Seminar, 20-21 November 1970, Tawau, Sabah. Kuala Lumpur: Yau Seng Press.

Samion bin Hj. Abdullah, (1971). A Review of World Cocoa Production, Consumption and Sources of Output Growth. In: Agricultural Economic Bulletin. MARDI, Vol. 1, No. 7.

Savage, J., (1976). Some Marketing Opportunities for Malaysian Agricultural Corporations. Report prepared for National Farmers Association. Kuala Lumpur.

Seminar of Recent Developments and Future Prospects of the Cocoa Industry in Malaysia. Organized by Korporasi Pembangunan Desa, Sabah; Sabah Development Bank Bhd. und Pertanian Baring Sanwa Bhd. (Merchant Bankers), 23 March.

Senftleben, W., (1971). Neulanderschließung und raumrelevante Strukturverbesserung von Altland als zentrales Problem der Bodenpolitik in West-Malaysia. Hrsg. von der Deutschen Stiftung für Entwicklungsländer. DOK-Nr. 580 C/71, Berlin.

Senftleben, W., (1973). Landerschließungsprojekte für Jugendliche in Malaysia. Mitteilungen des Instituts für Asienkunde, Nr. 55. Hamburg.

Senftleben, W., (1978). Background to Agricultural Land Policy in Malaysia. Schriften des Instituts für Asienkunde in Hamburg, Band 44. Wiesbaden.

Senftleben, W., (1978b). Youth Development Schemes in Malaysia. In: Proceddings of the Jubilee Symposium on "Geography and Environment in Southeast Asia. Published by the Department of Geography and Sociology, University of Hongkong, Hongkong.

Senftleben, W., (1979). Regional Disparities of State Government Revenue in Malaysia. In: Geoforum. Band 19, September.
Senftleben, W., (1988). Die Kakaowirtschaft und Kakaopolitik in Malaysia. Mitteilungen des Instituts für Asienkunde Hamburg Nr. 164. Hamburg.
Shaaban Shahar u. a. (1980). Report of the Coconut-Based Farming System Survey in Sabak Bernam. MARDI Report.
Shao, Yen-tze, (1982). The Cocoa Industry in Sabah - Review of Progress and Prospect for the Future. Paper presented at the Semi nar held in conjunction with the 25th Anniversary of Quoin Hill Cocoa Research Station, Tawau.
Siew, K. Y., (Hg.), (1970). The Present Land Use of the Tawau Residency, Sabah 1970. In: Sabah Present Land Use Report. No. 3.
Standards and Industrial Research Institute of Malaysia (1981). Malaysian Standard - Specifications for Grading of Malaysian Cocoa Beans. First Revision, Kuala Lumpur.
Tan, Juat-hong, (1980). An Economic Analysis of Supply Response of Cocoa Production for Malaysia. Serdang: Universiti Pertanian Malaysia, Project Paper (B. S. Agribus).
Tay Eong Beok, Bong, C. L., und Lim, G. T., (1983). Pests and Diseases in Cocoa Cultivation. In: 1983 Seminar on Recent Developments and Future Prospects of the Cocoa Industry in Malaysia. Paper 3, Kuala Lumpur.
Tay, E. B., und Kong, H. H., (1983). The Cocoa Industry in Sabah. Unpublished Report, Department of Agriculture, Sabah.
Teoh, K. S., Abdul Kadir, A. H., Syed Kamaruddin, und Chan, C. L., (1977). A Preliminary Survey of Problems in Cocoa Cultivation by Smallholders in Lower Perak. In: Lapuran MARDI Report. No. 58, Kuala Lumpur.
Ti Teow Chuan und Gunting, R., (1983). Potential for Cocoa Investment in Sabah. In: 1983 Seminar on Recent Development and Future Prospects of the Cocoa Industry in Malaysia. Paper 1, Kuala Lumpur.
United Nations (1968). Natural Resources Survey of the Labuk Valley, Malaysia. General Report prepared for the Government of Malaysia. New York.
United Nations (1988). Statistical Yearbook for Asia and the Pacific. New York.
United Plantations (1985). Annual Report for 1984. Kuala Lumpur: Charles Grenier.
Wadsworth, R. N., und Boudt, D., (1980). Malaysian Cocoa - Some Observations on its Quality and Value. A Report Issued on the Plantations Groups in Malaysia on 18 April 1980. Kuala Lumpur.
Wastie, R. L., und Earp, D. A., (Hrsg.), (1972). Cocoa and Coconuts in Malaysia. In: Proceedings of the Conference Held in Kuala Lumpur, 25-27 November 1971. Kuala Lumpur: Incorporated Society of Planters.
Wood, G. A. R., (1966). A Note on Interplanting Oil Palm with Cocoa. In: Cocoa Seminar, Tawau 1966. Organized by the Sabah Planters Association.

Wood, G. A. R., (1970). Cocoa Drying. In: <u>Cocoa Seminar, Tawau 1970</u>. Organized by the Sabah Planters Association.
Wood, G. A. R., (1975). <u>Cocoa</u>. 3. Aufl., London und New York: Longmann.
Wong (1966). <u>The Present Land Use of West Malaysia</u>. Kuala Lumpur.
Wurcker, J., und Ismail Salam, M. C., (1984). <u>Crop Production Economics Study with Reference to Preliminary Work of Cocoa</u>. Published by Department of Agriculture, Sabah. Department Annual Meeting 20-21 December.
Wyrley-Birch, E. A., (1970). Shade for Cocoa. In: <u>Cocoa Seminar, Tawau 1970</u>. Organized by the Sabah Planters Association.
Wyrley-Birch, E. A., und Shao, Y. T., (1970). The Cocoa Industry in Sabah. In: <u>Cocoa Seminar, Tawau 1970</u>. Organized by the Sabah Planters Association.
Wyrley-Birch, E. A., und Shao, Y. T., (1971). <u>Cocoa and Soils in the State of Sabah</u>. Kota Kinabalu: Jabatan Pertanian.
Wyrley-Birch, E. A., und Shao, Y. T., (1971a). The Cocoa Industry of Sabah. In: <u>The Planter</u>. Vol. 47, No. 341.
Wyrley-Birch, E. A., (1972). The Manuring of Cocoa. In: <u>Cocoa Seminar, Tawau 1970</u>. Organized by the Sabah Planters Association.
Wyrley-Birch, E. A., (1976). An Assessment of the Development Potential for Cocoa in Sabah. In: <u>1976 EMPA Seminar Proceedings on Cocoa-Coconuts</u>. Tawau, Sabah: East Malaysian Planters Association.
Yap Pak Chin, (1978). <u>Financial Analysis of Monocrop Cocoa Cultivation on a Large Scale</u>. Serdang: Universiti Pertanian Malaysia, Project Paper (B. S. Agribus).
Yusof bin Balang, (1981). <u>Setting up a Smallholders 'Cocoa Processing Centre in Tenim, Sabah: A Feasibility Study</u>. Serdang: Universiti Pertanian Malaysia, Project Paper (B. S. Agribus).

## TABELLENVERZEICHNIS

Tabelle 1: Kakaoanbauflächen und Kakaoproduktion, 1965-1984 ..... 183
Tabelle 2: Struktur der Exporte, in Prozent, 1975-1985 ............ 184
Tabelle 3: Geplante Neupflanzungen von Kakao,
in Hektar, 1986-2000 ............................. 187
Tabelle 4: Forschungsstationen der Plantagengesellschaften ......... 191
Tabelle 5: Kreditvergabe der kommerziellen Handelsbanken auf
dem Agrarsektor, in Millionen Ringgit, 1975-1985 ........ 193
Tabelle 6: Gesamtanbaufläche von Kakao in staatlichen Landerschließungsprojekten nach Bundesländern, in Hektar,
1984 .......................................... 194
Tabelle 7: Förderungsprogramm für Kleinbauern an der Westküste
West-Malaysias zur Sanierung der Kokospalmbestände,
in Ringgit pro Hektar ............................. 199
Tabelle 8: Vorgesehene Hektarfläche für das Zwischenpflanzen
mit Kakao nach dem RPSKK-Programm, 1985-1990 ...... 199
Tabelle 9: Produktionskosten für 1 Hektar Kakaokleinbetrieb
unter Kokospalmen ............................... 200
Tabelle 10: PH-Wert und flüchtiger Säuregehalt von Kakaobohnen
aus verschiedenen Regionen ........................ 201
Tabelle 11: Güteklasseneinteilung für Kakao in Malaysia ............ 202
Tabelle 12: Düngemittelprogramm für Kakao .................... 207
Tabelle 13: Preis für Düngemittel 1986 ......................... 207
Tabelle 14: Verteilung der Kakaoanbaufläche auf Kleinbauern,
Plantagen und Neulanderschließungsprojekte,
in Prozent, 1978 und 1986 ......................... 208
Tabelle 15: Kakaoanbauflächen in den einzelnen Bundesländern
West-Malaysias, in Hektar, 1984 .................... 209
Tabelle 16: Kakaohektarerträge von Kokosnuß/Kakao-Kleinbauern
in drei Bundesländern West-Malaysias, 1984 ........... 211
Tabelle 17: Anzahl der Kakaoplantagen in Malaysia am 31. 12. 1984,
aufgeschlüsselt nach Bundesland, Unternehmensart und
Besitzverhältnisse ................................ 213
Tabelle 18: Hektarfläche der Kakaoplantagen in Malaysia am
31.12.1984, aufgeschlüsselt nach Bundesland, Ertragsart
und Besitzverhältnisse, in Hektar .................... 214
Tabelle 19: Hektarerträge von Kakaoplantagen und Neulanderschließungsprojekten, in kg/ha/Jahr, 1976-1984 .......... 215
Tabelle 20: Beschäftigtenzahl im Plantagensektor und in der
Forstwirtschaft, 1980-1985 ......................... 216

Malaysia 263

Tabelle 21: Beschäftigtenstruktur im Kakaoplantagensektor, West-Malaysia, 1984 .............................. 216
Tabelle 22: Beschäftigtenstruktur im Kakaoplantagensektor nach Landesteilen, 1984 ................................ 217
Tabelle 23: Gewerkschaften im Plantagensektor .................. 217
Tabelle 24: Lohnbedingungen im Kakaoplantagensektor, 1974-1984 ........................................ 218
Tabelle 25: Zahl und Verteilung von Kakaozwischenhändlern in den Bundesländern Perak, Selangor, Johore und Pulau Pinang, 1982 ................................ 222
Tabelle 26: Malaysische Kakaoproduzenten- und Weltmarktpreise, 1975-1986 ........................................ 227
Tabelle 27: Entwicklung der Export- und Produzentenpreisindices (in Dreijahresdurchschnitten), 1975-1986 ............... 227
Tabelle 28: Die Entwicklung der Kakaoproduzentenpreise, 1975-1986 ........................................ 228
Tabelle 29: Durchschnittlicher Produzentenpeis von Kakaotrockenbohnen in Bagan Datok, Sabak Bernam und Kuala Selangor, 1975-86 ........................... 229
Tabelle 30: Geschätztes Brutto/Netto-Einkommen von 1 ha Kakaoland unter Kokospalmen bei verschiedenen Hektarerträgen und Produzentenpreisen, 1984 ........... 230
Tabelle 31: Produktionskosten des Torkington Estates, 1986 ........ 232
Tabelle 32: Kakaostatistik der United Plantations, Kakaoproduktion, Produktionskosten, Verkaufspreise und Gewinn, 1975-1984 ..................... 232
Tabelle 33: Wirtschaftlichkeit von Kokospalmen als Monokultur im Vergleich zu Kakao zwischengepflanzt unter Kokospalmen, 1982 .............................. 234
Tabelle 34: Erschließungskosten für die Anlage einer Kakaoplantage in den ersten beiden Jahren, in Ringgit pro ha, 1984 ...................................... 235
Tabelle 35: Lohnkosten (einschließlich Lohnnebenkosten (1)) im Kakaoplantagensektor während der ersten fünf Jahre der Pflanzung ............................... 236
Tabelle 36: Kosten und Bauabschnitte für die Erstellung von Unterkünften, Gebäuden und Verarbeitungsanglagen im Kakaoplantagenbereich, in 1.000 Ringgit ............ 237
Tabelle 37: Kosten für Kraftfahrzeuge, Maschinen und andere Ausrüstung, in 1.000 Ringgit ....................... 238
Tabelle 38: Angenommene Hektarerträge während der einzelnen Jahre bei niedriger/mittlerer/hoher Veranschlagung, in kg/ha/Jahr .................................... 239

Tabelle 39: Jährlicher Geldfluß (Einnahmen und Ausgaben aus einer Kakaoplantage bei Annahme eines Hektarertrages von 1.250 kg/ha/Jahr und einem FOB-Preis von Ringgit 5.000 pro Tonne, in 1.000 Ringgit .................. 240

Tabelle 40: Struktur der Ausgaben einer Kakaoplantage in ausgewählten Jahren der Anlage (Modellrechnung), in Ringgit/ha und in Prozent ...................... 243

Tabelle 41: Die Entwicklung der Exporte von Kakaobohnen, Kakaozwischenprodukten und Schokolade, 1972-1987 .......... 245

Tabelle 42: Die Verknüpfung der Kakao- und Schokoladenwirtschaft Malaysias und Singapurs, 1982-1989 ................. 246

Tabelle 43: Exporte von Kakaozwischenprodukten und Schokolade aus Malaysia und Singapur, in 1.000 t, 1982-87 .......... 246


## **FIGURENVERZEICHNIS**

Figur 1:   Vermarktungskanäle für Kakao in Malaysia ............ 221

## ABKÜRZUNGSVERZEICHNIS

| | | |
|---|---|---|
| AKP | = | EG-assoziierte Staaten Afrikas, der Karibik und des Pazifik |
| AMESU | = | All Malayan Estates Staff Union |
| ASEAN | = | Association of Southeast Asian Nations |
| BAL | = | British Abaca Limited |
| BIP | = | Bruttoinlandsprodukt |
| BNM | = | Bank Negara Malaysia |
| BPM | = | Bank Pertanian Malaysia |
| CRRS | = | Coconut Replanting and Rehabilitation Scheme |
| CSS | = | Cocoa Subsidy Scheme |
| DID | = | Drainage and Irrigation Department |
| DOA | = | Department of Agriculture |
| DOS | = | Department of Statistics |
| EAZ | = | Einfache Amortisationszeit |
| EMPA | = | East Malaysian Planters Association |
| FA | = | Farmers Association |
| FAMA | = | Federal Agricultural Marketing Authority |
| FAO | = | Food and Agriculture Organization |
| FELCRA | = | Federal Land Consolidation and Rehabilitation Authority |
| FELDA | = | Federal Land Development Authority |
| FIDA | = | Federal Industrial Development Authority |
| GNW | = | Gegenwärtiger Nettowert |
| GPO | = | Government Printing Office |
| HCM | = | Harrison & Crossfield Malaysia |
| ICA | = | International Cocoa Agreement |
| ICCO | = | International Cocoa Organization |
| IEQ | = | Innere Ertragsquote |
| INPUT | = | FELDA Land Development Institute |
| INTAN | = | National Institute of Public Administration |
| ISP | = | Incorporated Society of Planters |
| JMA | = | Joint Marketing Agency |
| KOKOMAL | = | Cocoa Malaysia |
| MAPA | = | Malaysian Agricultural Producers Association |
| MARDI | = | Malaysian Agricultural Research and Development Institute |
| MCGC | = | Malaysian Cocoa Growers Council |
| MOA | = | Ministry of Agriculture |

| | | |
|---|---|---|
| MOPI | = | Ministry of Primary Industries |
| MOTI | = | Ministry of Trade and Industries |
| MPIB | = | Malayan Pineapple Industry Board |
| MRELB | = | Malaysian Rubber Exchange and Licensing Board |
| MRRDB | = | Malaysian Rubber Research and Development Board |
| MTIB | = | Malaysian Timber Industry Board |
| MUAFC | = | Malaysian Urea and Fertilizer Coporation |
| NEP | = | New Economic Policy |
| NTB | = | National Tobacco Board |
| NUPW | = | National Union of Plantation Workers |
| PORIM | = | Palm Oil Research Institute of Malaysia |
| PPPTR | = | Pusat Penyelidekan Pertanian Tun Razak |
| RDC | = | Rural Development Corporation |
| RGT | = | Ringgit |
| RISDA | = | Rubber Industry Smallholders Development Authority |
| RPSKK | = | Scheme for the Rehabilitation of Coconut Holdings |
| RRIM | = | Rubber Research Institute of Malaysia |
| SACODA | = | Sabah Cocoa Dealers Association |
| SAMA | = | Sabah Marketing Corporation |
| SDB | = | Sabah Development Bank |
| SEDC | = | State Economic Development Corporation |
| SIRIM | = | Standards and Industrial Research Institute of Malaysia |
| SLDB | = | Sabah Land Development Board |
| SwLDB | = | Sarawak Land Development Board |
| SwLCRA | = | Sarawak Land Consolidation and Rehabilitation Authority |
| UP | = | United Plantations |
| UPAM | = | United Planting Association of Malaysia |
| VSD | = | Vascular Streak Dieback |
| WMPEA | = | West Malaysian Plantation Executive Association |

# Brasilien

Gilberto Calcagnotto

**Inhaltsverzeichnis**

| | | |
|---|---|---|
| 1. | Grundlinien der allgemeinen politischen und wirtschaftlichen Entwicklung | 270 |
| 2. | Geschichte und regionale Bedeutung des Kakaoanbaus | 272 |
| 3. | Gesellschaftliche Interessen und Staat im Kakaosektor | 280 |
| 3.1 | Die gesellschaftlichen Akteure des Sektors unter sich (1890-1941) | 285 |
| 3.2 | Der Staat als politischer Hegemon | 291 |
| 3.2.1 | Die Politik gegen den Produktionssektor (1941-1957) | 291 |
| 3.2.2 | Aktive Kakaoförderungspolitik (seit 1957/62) | 295 |
| 4. | Die Durchführung der staatlichen Politik | 307 |
| 4.1 | Die CEPLAC | 307 |
| 4.2 | Einzelne Politikbereiche | 313 |
| 4.2.1 | Kreditpolitik | 313 |
| 4.2.2 | Forschungs- und Beratungspolitik | 322 |
| 4.2.3 | Politik und Praxis der Beratung | 328 |
| 4.2.4 | Sozialpolitik | 336 |
| 4.2.5 | Vermarktungspolitik | 342 |
| 4.2.6 | Steuer- und Exportförderungspolitik | 348 |
| 4.2.7 | Förderung der regionalen Infrastruktur | 352 |
| 5. | Produktionsstruktur und Produktionsverhältnisse | 356 |
| 5.1 | Kakao als Mono- und Mischkultur | 356 |
| 5.2 | Betriebsgrößen und Besitzverhältnisse | 365 |
| 5.3 | Beschäftigungs- und Arbeitsverhältnisse | 375 |
| 5.4 | Vermarktungssektor | 385 |
| 5.5 | Verarbeitungssektor | 396 |
| 6. | Ökonomie der Kakaoproduktion | 401 |
| 6.1 | Kakao im Vergleich zu anderen Kulturen | 401 |
| 6.2 | Familien- und Lohnbetriebe | 410 |
| 6.3 | Traditioneller und moderner Anbau | 417 |
| 6.4 | Die Zirkulationssphäre und die Verarbeitung | 417 |
| 7. | Die Entwicklung der Preise und Einkommen | 427 |
| 7.1 | Die Produzenteneinkommen | 427 |
| 7.2 | Die Einkommen von Kakaoproduzenten und Landarbeitern | 441 |

| | | |
|---|---|---|
| 8. | Die Linkage-Effekte des Kakaosektors zur übrigen Ökonomie | 454 |
| 8.1 | Linkages zu vorgelagerten Bereichen | 454 |
| 8.2 | Transport und Verkehr | 463 |
| 8.3 | Linkages zu nachgelagerten Bereichen: Die Verarbeitung | 466 |
| 9. | Staat, Kakaosektor und Entwicklung | 479 |
| 9.1 | Kakaowirtschaft, Weltmarkt und Staat | 479 |
| 9.2 | Kakaowirtschaft und Entwicklung | 480 |
| 10. | Literaturverzeichnis | 488 |

ANHANG
    Tabellenverzeichnis    500
    Abbildungsverzeichnis    503

## 1. Grundlinien der allgemeinen politischen und wirtschaftlichen Entwicklung

Brasilien ist mit einer Fläche von 8,5 Mio. qkm und etwa 144 Mio. Einwohnern (1988) das größte und zugleich das älteste der heute noch wichtigen Kakaoproduzentenländer. Es wurden schon seit der Zwischenkriegszeit Anstrengungen unternommen, über den Aufbau binnenorientierter Industrien die reine Nahrungsmittel- und Rohstofforientierung der kolonialen und nachkolonialen Ökonomie zu überwinden. Nach dem Zusammenbruch der diktatorischen Regierung (1937 - 1945) des nationalistischen Getúlio Vargas wurden diese Anstrengungen zunehmend auf die Verbesserung der Investitionsbedingungen für Auslandskapital in einem wachsenden und mit erheblichen Zollmauern geschützten Binnenmarkt (Importsubstitutionsstrategie) ausgerichtet. Diese Wirtschaftspolitik wurde unter den Militärregierungen (1964 - 1985) konsequent fortgesetzt. Die Militärs regierten nicht personengebunden, sondern korporativ: Der von ihnen zum Präsidenten bestimmte General konnte nur für jeweils eine Wahlperiode Präsident werden. In den 21 Jahren gab es fünf Generalspräsidenten. Es wurde mit harter Hand, autoritär, aber nicht ohne einen Rumpf an formal demokratischen Institutionen regiert, die gewissermaßen zur Stützung eines korporativen Systems mißbraucht wurden. Wahlen zu den parlamentarischen Vertretungskörperschaften wurden nicht abgeschafft, aber auf eine Regierungs- und eine Oppositionspartei verengt und durch diese kanalisiert. Interessengruppen, Gewerkschaften, Unternehmerverbände blieben zugelassen, an ihrer Mitgliederbasis ausgeweitet, in ihren Hierarchien - oftmals nach Ausschaltung der gewählten Gewerkschaftsführer - gestärkt und an ihrer Spitze in den Staat inkorporiert sowie abhängig gehalten. Wirtschaftspolitisch setzte das Militärregime auf eine Wachstumspolitik durch den Ausbau des Staatssektors und des staatlichen Lenkungs- und Förderungsapparates sowie des privaten Unternehmertums, insbesondere der Anlagemöglichkeiten für transnationale Konzerne. Brasilien gelang damit durch die Mobilisierung nationaler (Erhöhung der nationalen Sparfähigkeit durch restriktive Lohnpolitik) und internationaler (Auslandskapital und Auslandskredite) Ressourcen ein beschleunigtes Wachstum, wie es in dieser Zeit nur einige Ölländer und südost- und ostasiatische Ökonomien erreichten. Von 1965 - 1980 wurde das BIP um jährlich 8,8% gesteigert[1]; bei einem Bevölkerungswachstum von 2,4% p. a. bedeutete dies ein pro-Kopf-Wachstum von 6,4% p.a. Wachstumsmotor waren die Industrie (das verarbeitende Gewerbe), die jährlich mit fast 10% wuchs - während die Landwirtschaft mit 3,8% deutlich hinterherhinkte, aber immer noch eine passable Entwicklung aufwies -, sowie die Exporte, die mit 9,3% jährlich gesteigert wurden.

Auf der Angebots- wie auch auf der Nachfrageseite wurde somit Brasilien von einem Agrar- und Rohstoffland zu einem "Newly Industrialized Country" (NIC) bzw. Schwellenland. Es besitzt heute eine relativ breit gefächerte und diversifi-

---

[1] Alle Zahlen aus: Weltentwicklungsbericht 1990.

zierte Industriestruktur auf einer noch starken natürlichen Ressourcenbasis. Etwa ein Viertel der Beschäftigten (28,5%: 1985) dürfen noch in der Landwirtschaft tätig sein, der Agrarsektor trägt jedoch nur noch zu 9% (1988) zum BIP bei. 1965 waren es noch 19%. Der Anteil des industriellen Sektors (Bau, Bergbau, Industrie) wurde in dieser Zeit von 33% auf 43% ausgeweitet, darunter der Anteil des verarbeitenden Gewerbes von 26% auf 29%. Auch in der Exportstruktur wird dieser Strukturwandel deutlich: Der Anteil der agrarischen Rohstoffe und Nahrungsmittel an den Gesamtexporten verminderte sich von dominierenden 83% (1965) auf nur noch 31% (1988), die Industriewaren steigerten ihren Anteil von mageren 9% (1965) auf beachtliche 48% (1988). Auf der Nachfrageseite zeigt Brasilien eines der am meisten konzentrierten Einkommensverteilungsprofile unter den NICs - mit all den damit verbundenen Erschwernissen für eine sich selbst tragende Entwicklung ebenso wie für die soziale und politische Stabilität.

In den 80er Jahren konnte die boomartige Entwicklung der vorhergehenden Jahrzehnte nicht fortgesetzt werden. Weltwirtschaftliche und hausgemachte Gründe führten das Land, wie so viele Staaten der Dritten Welt, in eine tiefe Wirtschaftskrise und Rezession. Das Wachstum war großenteils von der öffentlichen Hand und von privaten Unternehmern auf einer überzogenen Kreditfinanzierung aufgebaut worden. Brasilien trug eine Auslandsverschuldung von mittlerweile 115 Mrd. US$ (1988) zusammen, davon 78% durch den öffentlichen Sektor bzw. durch staatlich garantierte Kreditnehmer. Der Anteil der Auslandsschulden am BSP kletterte von 12% (1970) auf 30% (1988), der Schuldendienst von ca. 22% der Exporteinnahmen von Waren und Dienstleistungen (1970) auf immerhin 42% (1988). Die steigenden internationalen Zinsen und die z. T. fallenden Exportpreise verschärften die Krise für Brasilien ebensosehr von der Weltmarktseite her wie eine in Teilen überdimensionierte Investitionspolitik (Stichwort: Großprojekte) und mangelnde Ausgabendisziplin mit der Konsequenz einer sich beschleunigenden Inflation (von recht hohen 32% p.a. im Zeitraum 1965-1980 auf 189% im Zeitraum 1980-1989) sie von der Binnenseite her fütterten.

In dieser von Wirtschaftskrisen ununterbrochen durchgeschüttelten Zeit vollzog sich der Übergang vom Militärregime mit eingeschränkter politischer Partizipation zu einem uneingeschränkt konkurrierenden zivilen Parteiensystem. Es sollte sich als Verhängnis für Brasilien erweisen, daß der erste zivile Präsident (1985 - 1990) ein Politiker zweiter Wahl sein sollte: Sarney, ein später Überläufer aus der Regierungspartei der Militärs (deren Vorsitzender er zuletzt war) zur damaligen Opposition, sollte als einflußloser Vizepräsident nur diesen Teil der heterogenen Opposition im Rahmen der Demokratischen Allianz repräsentieren. Tatsächlich mußte er dem gewählten Präsidenten Tancredo Neves, der am Vorabend der Amtsübernahme schwer erkrankte und wenig später verstarb, ins höchste Staatsamt nachfolgen, das er in keiner Weise auszufüllen in der Lage war. In die Zange genommen zwischen einem legitimatorischen

Nachholbedarf gegenüber der Bevölkerungsmehrheit und den klientelistischen Macht- und sonstigen Ansprüchen seiner Trägergruppen ließ er die Wirtschaftskrise praktisch ungehemmt ihren Lauf nehmen und stürzte die junge Demokratie in eine erneute Legitimationskrise. Inzwischen ist Sarney durch einen anderen, fortschrittlich anmutenden Konservativen - Fernando Collor de Mello, gewählt in der ersten freien Volkswahl seit 1960 gegen einen linken Gegenkandidaten - abgelöst worden. Anders als sein Vorgänger zeigt Collor Tat- und Durchsetzungskraft. Ob dies ausreichen wird, angesichts eines durch fehlende Arbeitsmoral und Selbstprivilegierung, aber auch durch wachsendes Selbstbewußtsein in Erscheinung tretenden Kongresses, die wegen der Verschuldungskrise ohnehin stark eingeengten Problemlösungskapazitäten des zivil-demokratischen Regimes unter Beweis zu stellen, kann zu diesem Zeitpunkt noch nicht beurteilt werden. Jedenfalls spiegelt sich die allgemeine Krise auch im Bereich des Kakaoexportsektors wider.

## 2. Geschichte und regionale Bedeutung des Kakaoanbaus

Das Amazonasgebiet Brasiliens ist eine Heimatregion der Kakaopflanze. Kakao wurde hier ursprünglich in Sammelwirtschaft genutzt. Der systematische Anbau begann 1678 auf Veranlassung der portugiesischen Krone[1], die im Jahre 1681 Prämien für den Anbau und zeitlich befristete Steuerbefreiung für den Export einführte. Die wichtigsten Kakaoproduzenten - die Missionsgesellschaften - erhielten obige Privilegien gar unbefristet[2]. Zur regionalen Hauptkultur an den Unterläufen des Amazonas und Tocantins avancierte der Kakao erst nach der Gründung einer königlichen Gesellschaft im Jahre 1755 durch den portugiesischen König D. José I (1750 - 1777), der "Companhia Geral de Comércio Grão-Pará e Maranhão", die den direkten Handel zwischen Amazonas und Portugal eröffnete und damit das seit 1728 von Spanien ausgeübte Kakao-Handelsmonopol beendete[3]. Kakao wurde zum regionalen Hauptexportprodukt mit 61% des Gesamtexportwertes Nordbrasiliens[4]. Die ersten Pflanzungen wurden auf höhergelegenen Flächen am rechten Ufer des Amazonas angelegt. 1749 zählte man im Amazonasgebiet 700.000 gepflanzte Kakaobäume

---

[1] Vgl. Dias (1961), S. 28. Zit. in: Menezes (1987), S. 21

[2] Eine Befreiung bzw. Halbierung von Exportabgaben wurde für die Dauer von sechs Jahren bzw. während der darauffolgenden vier Jahre gewährt (vgl. Simonsen 1969, S. 371).

[3] Menezes (1987), S. 21 und Batista (1976), S. 157.

[4] Vgl. Dias (1962), S. 373 ff. Zitiert in: Menezes (1987), S. 21. 1730 befanden sich im Amazonasgebiet 1,5 Millionen Kakaopflanzen "im vollen Tragen"; mindestens die Hälfte davon entfiel sicherlich auf wild wachsende Exemplare. Vgl. Bandeira (1934). Zitiert in: Seligsohn (1960), S. 16.

mit einer Jahresproduktion von ca. 1.000 t. Die Exporte schwankten sehr stark zwischen 14 t im Jahre 1769 und 3.000 t im Jahre 1806. Begünstigt durch reichlich verfügbare Sklavenarbeitskraft (ganz im Gegensatz zum Kakaoanbau im Südosten Bahias) wuchs die Kakaokultur in Amazonien während des XIX. Jahrhunderts langsam aber stetig bis zur Erreichung einer Spitzenproduktion von 7.000 t/Jahr an. Pará war die weitaus wichtigste brasilianische Kakao-Exportregion jener Zeit, doch insgesamt hatten die brasilianischen Kakaoausfuhren der Kolonialzeit (1500 - 1822) wegen der geringen Auslandsnachfrage keine große Bedeutung für den nationalen Außenhandel. Von den Gesamtexporteinnahmen über 535 Mio. Gold Sterling in dieser Zeit wurden nur 3,5 Mio. durch Kakao erzielt - 300 Mio. durch Zucker, 170 Mio. durch Gold und Diamanten[5]. Nach Erreichen des genannten Spitzenwertes Mitte des XIX. Jahrhunderts ging die Kakaoproduktion im Amazonasgebiet ständig zurück. Zwei Ereignisse an der Jahrhundertwende machten der amazonischen Kakaoproduktion den Garaus: der Gummiboom und eine aus der Karibik importierte Pilzkrankheit - die Hexenbesenkrankheit[6]. Seit dem Ende der 1960er Jahre wird im Zuge der "Ausweitung der landwirtschaftlichen Grenze" und im Rahmen offizieller Kolonisierungsprogramme mit der Wiedereinführung nunmehr verbesserter Kakaosorten in ihr amazonisches Ursprungsgebiet versucht.

Seine eigentliche Bedeutung für Brasiliens Wirtschaft erlangte der Kakaoanbau weit weg von Amazonien. Im Südosten Bahias befindet sich heute das 18.102 km² große Hauptanbaugebiet im Schnittpunkt von drei Klimazonen (nämlich dem Tropenwald-, dem Übergangs- und dem feucht heißen Tropenklima) mit Luftmassen äquatorialen und polaren Ursprungs, die das für den Kakaoanbau ideale feucht heiße, regenreiche Klima bilden. Auch die mäßig tiefen Böden mit mittlerem bis hohem Nährstoffanteil und Wasserspeichervermögen sind dafür vorzüglich geeignet.

Der Kakaoanbau wurde hier 1746 eingeführt. Zunächst wurde die Kakaokultur nur zögernd ausgebreitet. Stimulierend wirkten später der Niedergang der Zuckerwirtschaft an der Küste, die Suche nach rentablen Alternativen für die Händlerbourgeoisie in Ilhéus und das Interesse der portugiesischen Krone, Spanien das Kakaohandelsmonopol streitig zu machen[7].

---

[5] Simonsen (1969), S. 381.
[6] Vgl. Seligsohn (1960), S. 15.
[7] Vgl. Baiardi (1984), S. 52-3.

- Die gesellschaftlich-ökonomische Entwicklung des Kakaoanbaus in Bahia wird gewöhnlich in fünf Perioden eingeteilt[8]:

Die Urbarmachung (1746 - 1820): Kakao als Faktor landwirtschaftlicher Neuerschließung; Zeit der Urwaldpioniere, die der Kakaoregion ihre spezifische, von Anfang an (handels-)kapitalistische Ausprägung gaben; sie rodeten im Auftrag der städtischen Händler oder auf eigene Rechnung, aber mit Finanzierung durch dieselben, Stück um Stück den vorhandenen Urwald; die dafür eingestellte Arbeitskraft wurde bezahlt und nicht - wie etwa bei der Zuckermonokultur - als Sklave angeheuert; das Interesse des Urwaldpioniers war es, Grundbesitzer zu werden; die Aneignung von (ungenutztem) Staatsland erfolgte formlos, da dieses Land keinen monetären Wert besaß; Zuwanderer aus der ärmeren Umgebung von Bahia und Sergipe ließen auf diese Weise Lohnbetriebe neben Familienbetrieben entstehen, auch wenn der Kakaoanbau aufgrund der mangelnden Nachfrage sowie wegen der Abgeschiedenheit, des indianischen Widerstandes und des mangelnden Fachwissens nicht über weit verstreute Ansätze hinausging; doch schon 1780 fiel die Förderung des Kakaoanbaus - neben der Überwachung der kroneigenen Holzernte - in die Zuständigkeit des lokalen Regierungsoberhaupts[9].

Die Konsolidierungsphase (1821 - 1895) erfolgt im Zuge der Aufnahme regulärer Exportlieferungen von Bahia-Kakao ab 1834; die Exportproduktion nimmt von 47 t 1825 auf 304 t 1850 zu; mit der Einführung lokal besser angepasster Kakao-Sorten ("Pará" 1857 und "Maranhão" 1874) beginnt die eigentlich wirtschaftliche Nutzung des Kakaoanbaus, der sich auf auf das gesamte Gebiet der Gemeinde Ilhéus ausweitet; gemessen an ihrem Wert nimmt der Exportanteil vom Kakao an Bahias Gesamtausfuhren zwischen 1850/51 und 1885/86 von 0,5% auf 15% zu; 1890 trug die Kakaoausfuhr mit 1,5% zum brasilianischen Gesamtexport, mit 9% zur Weltproduktion und mit 20% zu Bahias Gesamtausfuhren bei[10]; Kakao begründete keine Exportenklave, aber sehr wohl eine Exportkultur; die Rodung in Form von "Vertragsarbeit" (der Besitzer stellt - neben Bezahlung je angepflanztem Kakaobaum - für 6 Jahre ungerodetes Land gegen Anlage einer Kakaopflanzung und einer selbstgewirtschafteten Subsistenzfläche zur Verfügung) nimmt Gestalt an; die Zuwanderung verstärkt sich.

Aufschwung und Höhepunkt (1896-1930) fanden im Zuge der Expansion der Städte als Abnehmer- und Lieferantenmarkt für den Kakaoanbau statt; in den darauffolgenden Jahrzehnten eroberte der Kakaoanbau mit der Einführung einer Sorte mit geringeren Wasseransprüchen - die Sorte "Forastero" in den

---

[8] Vgl. Garcez u.a. (1976), Filho (1978), Baiardi (1984).
[9] Vgl. Garcez (1976), S. 15.
[10] Vgl. Garcez (1976), S. 17 und Guerreiro de Freitas (1979), S. 15.

Varietäten Pará und Maranhão - auch die von Flußufern entfernteren fruchtbaren Hangböden. Dadurch wurde der Bundesstaat Bahia zum brasilianischen Hauptanbaugebiet. Der Urwaldpionier wird zum "Oberst" ("coronel") und zieht unter Beibehaltung seines Farmbesitzes in die Stadt - ein Werdegang, der ihn von der anderen Oberstgestalt der "Zuckerbarone" (durch Erbschaft zu solchen gemacht) wesentlich unterscheidet und der ihn ins lokalpolitische Machtgefüge einfügt[11]; die Verknüpfung zwischen dem Agrar- und dem Handelskapital wird an der Allianz zwischen Kakao-Großbauern und Exporthäusern besonders deutlich; "dabei entsteht eine einzige herrschende Schicht - die der "Kakaobourgeoisie" - mit zwei Fraktionen, nämlich der Produktions- und der Handelsfraktion"[12]; die Kakaoproduktion wächst um jährlich 7,4% in der Zeit zwischen 1900 bis 1920; bereits 1903 wird Kakao zum wichtigsten Exportprodukt Bahias. Die Produktion in Bahia wurde in dieser dynamischen Phase von 11.599 t (1900) auf 120.162 t (1935) ausgeweitet.

Die Produktivitäts- und Produktionskrise (1930 - 1957) war bestimmt durch extreme Weltmarktpreisschwankungen und Preisverfall, höhere Transportkosten für die erst jüngst angelegten Pflanzungen, Verfall der Produktivität und der Qualität. Trotz Gründung des Bahianischen Kakaoinstituts ICB im Jahre 1931 und entsprechender Anfangserfolge (s. Kap. 3.1) müssen viele Kakaobetriebe aufgeben. Ihre Zahl geht allein zwischen 1940 und 1960 um über 10% zurück [13] - mit der Folge verschärfter Besitzkonzentration. Die Krise wurde erst mit dem erneuten Ansteigen der Weltmarktpreise Ende der 40er Jahre überwunden. Doch schon 1951-52 wurde die Produktion aufgrund übermäßigen Regens durch einen starken Pilzbefall noch einmal empfindlich getroffen. Mit den Weltmarktpreisen stieg die Produktion im Jahre 1954 wieder an. Zwischen 1931 und 1957 wurde die Anbaufläche von 109.405 ha auf 302.418 ha, die Produktion jedoch nur von 73.000 t auf 104.000 t ausgeweitet.

Die Sanierungsphase beginnt 1957 mit der Einrichtung der Bundesbehörde für Kakao CEPLAC, in der die staatlichen Förderungsfunktionen (Kredit, Forschung, Beratung und Verkauf moderner Einsatzmittel) ebenso gebündelt sind wie die Vertretung des kapitalistischen Kakao-Produktionssektors und die des Staates; ihr vielseitiger Erfolg (Produktion, Produktivität, Qualität, Nutzung von Nebenprodukten) verstärkte bestehende Einkommensverteilungsmuster im Sinne der regionalen und sozialen Konzentration; als Reaktion gegen diese

---

[11] Vgl. Filho (1978), S. 51-53 und 60-61; Guerreiro de Freitas (1979), S. 78-102.

[12] Vgl. Baiardi (1984), S. 61.

[13] Nämlich von 20.428 auf 19.275 Betriebe im Jahre 1950 und auf 18.103 im Jahre 1969. Quelle: Brasilianisches Statistisches Bundesamt IBGE, Land- und viehwirtschaftliche Zählungen von 1940, 1950 und 1960. Zit. nach: Diniz/Duarte (1983), S. 281

Politiken regionaler Entwicklung werden solche Fraktionen von Staat und Produktionssektor stärker, die die zunehmend lokale Nutzung der Kakaoeinnahmen fordern - sei es durch Industrialisierung von Rohkakao in dem Produktionsgebiet oder durch die Schaffung einer Finanzgrundlage für das Industriekapital überhaupt; damit würde auch die Kakaoregion Anschluß an die gesamtwirtschaftliche Entwicklung in Richtung auf zunehmende Integration von Landwirtschaft und Industrie wieder finden[14].

Abbildung 1: Entwicklungsphasen der Produktion und Vermahlung von Kakao in Brasilien 1860 - 1988 (bis 1975/76: brasil. Erntejahr, 1.5.-30.4.; ab 1977: Kalenderjahr)

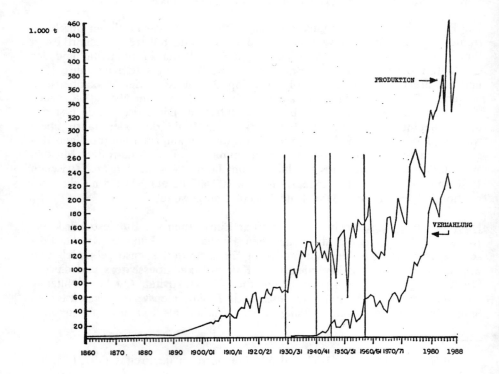

---

[14] Vgl. zu diesem Teil ausführlicher: Baiardi (1984), S. 51-68.

Brasilien 277

**1. Periode:**
1860-1970. Anstieg der Produktion in Bahia von 500 t auf 27.000; in Amazonien pendelt sich die Produktion auf 3-4.000 t ein.

**2. Periode:**
1910/1911-1929/30: Konsolidierung vom Kakao als Bahias Hauptanbauprodukt. Klimabedingt große Produktionsschwankungen. 1904-13: Bau der Eisenbahnlinie zwischen Ilhéus und Itabuna. 1923/26: Bau des Hafens von Ilhéus. 1926: Erste Kakaoausfuhr vom Ilhéus-Hafen aus.

**3. Periode:**
1929/30-1940/41: 1931: Gründung und Aufbau des Bahianischen Kakaoinstituts ICB. Expansion des Anbaugebietes auf Flächen nördlich des Rio de Contas und im Binnenland von Canavieiras und Una. 1932: Zahlungsaufschub und Umschuldung aufgrund fallender Erzeugerpreise. Sukzessive Produktionshöchstzahlen aufgrund des verstärkten Anbaus vor 1930. Anhaltender Preisverfall hemmt die Anlage von Neupflanzungen.

**4. Periode:**
1940/41-1945/46. Empfindliche Störung des Produktionsprozesses durch einseitig von den USA festgelegte Preise für ihre Kakaoimporte sowie durch Anstieg der Produktionskosten. Kakaopflanzungen werden verlassen oder vernachlässigt, mit der Folge eines erheblichen Produktionsrückgangs. Entwicklung der Kakaoverarbeitung, Politik der internen und externen Vermarktung durch das Bahianische Kakaoinstitut ICB.

**5. Periode:**
1945/46-1957/58: Umorganisierung des Kakaoanbaus als Folge klimatischer Vorgänge und starken Braunfäule-Befalls. Klimatisch außergewöhnlich günstige Bedingungen erlauben Produktionshöchstzahlen in den Jahren 1946/47, 1949/50 und 1954/55. Anlage von Neupflanzungen aufgrund gestiegener Preise. 1956/57: Krise der Kakaowirtschaft als Folge des Weltmarktpreisverfalls. 1957: Planung von Strukturmaßnahmen zur betriebs- und agrarwirtschaftlichen Wiederherstellung des Kakaoanbaus.

**6. Periode:**
Gegenwärtige Wirkungszeit der Bundesanstalt für die Kakaoförderung CEPLAC.

<u>Quelle:</u> CEPLAC (1977), S.38; sowie Tabellen 1 und 19.

Fast parallel zu der gesellschaftlich-ökonomischen Entwicklung verlief auch die trotz starker Schwankungen steil steigende Produktionskurve in mehreren Phasen. Während zwischen 1935 und 1953 die Produktion um einen mittleren Jahreswert von annähernd 120.000 t schwankte, erhöhte sich dieser mittlere Wert für den Zeitraum bis Anfang der 70er Jahre auf rund 150.000 t und verdoppelte sich noch einmal bis in die 80er Jahre. Abb. 1 verdeutlicht diese phasenhafte Produktionsentwicklung seit Mitte des vergangenen Jahrhunderts. Daran anschließend gibt Tab. 1 für Kakao in Brasilien einen detaillierten Überblick über Produktion, Anbaufläche, Hektarproduktivität, Wert und Erzeugerpreise (letztere differenziert nach verschiedenen Datenquellen) für den Zeitraum von 1928 bis 1986 bzw. 1988.

Tabelle 1: Entwicklung der Produktion von Kakaobohnen (Anbaufläche, Menge und Hektarerträge) sowie der Erzeugerpreise in Brasilien 1928/32 - 1988

| | ANBAU- BZW. ERNTEFLÄCHE[1] | PRODUKTION: INSG. JE ha | | PRODUKTIONSWERT | ERZEUGERPREIS ERRECHNET D x 15 : B | % v.FOB-Preis | HANDELSANGABEN |
|---|---|---|---|---|---|---|---|
| | | (t) | (t) | (1.000 Cr$) | (Cr$/ARROBA) | (Cr$/ARROBA) | (Cr$/ARROBA) |
| | A | B | C | D | E | F | G |
| 1928/32 (Durchschnitt) | | 77.459 | | 101.106 | 19,6 | | |
| 1931 | 153.670 | 76.738 | 0,50 | | | | |
| 1932 | 180.000 | 104.437 | 0,58 | | | | |
| 1933 | 175.730 | 100.074 | 0,57 | 109.059 | 16,3 | | |
| 1934 | 175.880 | 107.922 | 0,61 | 107.076 | 14,9 | | |
| 1935 | 177.715 | 127.677 | 0,72 | 126.504 | 14,9 | | |
| 1936 | 189.080 | 126.677 | 0,67 | 126.007 | 14,9 | | |
| 1937 | 187.330 | 118.900 | 0,63 | 118.644 | 15,0 | | |
| 1938 | 180.909 | 141.839 | 0,78 | 164.337 | 17,4 | | |
| 1939 | 205.902 | 134.759 | 0,65 | 163.987 | 18,2 | | |
| 1940 | 229.884 | 128.016 | 0,56 | | | | |
| 1941 | 239.362 | 132.305 | 0,55 | | | | |
| 1942 | 241.164 | 108.869 | 0,45 | 183.401 | 25,3 | | |
| 1943 | 239.173 | 178.300 | 0,75 | | | | |
| 1944 | 241.520 | 116.532 | 0,48 | | | | |
| 1945 | 267.920 | 119.656 | 0,45 | 221.341 | 27,7 | | |
| 1946 | 243.772 | 121.659 | 0,50 | 419.055 | 51,7 | | |
| 1947 | 257.885 | 119.056 | 0,46 | 790.074 | 99,5 | | |
| 1948 | 260.786 | 96.910 | 0,37 | 629.722 | 97,5 | | |
| 1949 | 258.024 | 133.376 | 0,52 | 615.707 | 69,2 | | |
| 1950 | 275.970 | 152.902 | 0,55 | 1.029.926 | 101,0 | | |
| 1951 | 291.383 | 121.199 | 0,42 | 999.182 | 123,7 | | |
| 1952 | 284.396 | 113.558 | 0,40 | 895.645 | 118,3 | | |
| 1953 | 340.462 | 136.970 | 0,40 | 1.716.252 | 187,9 | | |
| 1954 | 352.924 | 162.947 | 0,46 | 3.787.339 | 346,8 | | |
| 1955 | 368.297 | 157.921 | 0,43 | 3.282.733 | 311,8 | | |
| 1956 | 375.915 | 161.093 | 0,43 | 2.504.207 | 233,2 | | |
| 1957 | 386.876 | 164.556 | 0,43 | 3.497.299 | 318,8 | | |
| 1958 | 460.917 | 164.186 | 0,36 | 4.587.649 | 419,1 | | |
| 1959 | 466.209 | 177.834 | 0,38 | 7.123.659 | 600,9 | | |

(Forts. nächste Seite)

Tabelle 1: (Forts.)

| | ANBAU- BZW. ERNTEFLÄCHE[1] | PRODUKTION: INSG. JE ha | | | PRODUKTIONSWERT | ERZEUGERPREIS ERRECHNET D x 15 : B (CR$/ARROBA) | HANDELSANGABEN % v.FOB-Preis (CR$/ARROBA) | (CR$/ARROBA) |
|---|---|---|---|---|---|---|---|---|
| | (t) | (t) | (t) | | (1.000 Cr$) | | | |
| | A | B | C | | D | E | F | G |
| 1960 | 470.806 | 163.223 | 0,35 | | 8.001.292 | 735,3 | 1.100,0 | 450,0 |
| 1961 | 474.270 | 155.901 | 0,33 | | 9.990.374 | 961,2 | 1.270,0 | 960,0 |
| 1962 | 464.762 | 140.363 | 0,30 | | 12.782.627 | 1.366,0 | 1.770,0 | 1.160,0 |
| 1963 | 469.644 | 143.495 | 0,31 | | 21.034.085 | 2.198,8 | 3.080,0 | 2.230,0 |
| 1964 | 487.136 | 153.685 | 0,32 | | 47.682.925 | 4.654,0 | 6.200,0 | 4.850,0 |
| 1965 | 482.317 | 160.823 | 0,33 | | 66.834.925 | 6.233,7 | 6.320,0 | 6.070,0 |
| 1966 | 455.866 | 170.363 | 0,37 | | 97.737.519 | 8.605,5 | 11.040,0 | 9.850,0 |
| 1967 | 473.078 | 194.692 | 0,41 | | 145.203.118 | 11.187,1 | 15.060,0 | 11.720,0 |
| 1968 | 432.691 | 149.332 | 0,35 | | 219.940.346 | 22.092,4 | 22.440,0 | 21.900,0 |
| 1969 | 437.637 | 211.162 | 0,48 | | 437.601.000 | 31.085,2 | 34.170,0 | 33.440,0 |
| 1970 | 443.916 | 197.061 | 0,44 | | 376.000.000 | 28.620,6 | 28.450,0 | 26.680,0 |
| 1971* | 413.889 | 217.000 | 0,52 | | ... | ... | 28.880,0 | 22.800,0 |
| 1972 | 416.694 | 182.000 | 0,44 | | ... | ... | 41.340,0 | 34.040,0 |
| 1973 | 416.175 | 195.916 | 0,47 | | 1.005.129.000 | 76.956,1 | 84.740,0 | 75.410,0 |
| 1974 | 515.200 | 164.616 | 0,32 | | 1.121.739.000 | 102.214,1 | 120.130,0 | 115.650,0 |
| 1975 | 451.145 | 281.887 | 0,62 | | 2.183.294.000 | 116.179,2 | 110.640,0 | 101.320,0 |
| 1976 | 407.329 | 231.796 | 0,57 | | 3.872.946.000 | 250.626,4 | 201.350,0 | 234.260,0 |
| 1977 | 412.743 | 249.755 | 0,61 | | 9.163.162.000 | 550.329,0 | 574.780,0 | 649.380,0 |
| 1978 | 443.866 | 284.490 | 0,64 | | 12.595.201.000 | 664.093,7 | 661.770,0 | 666.890,0 |
| 1979 | 453.569 | 336.326 | 0,74 | | 19.257.227.000 | 858.864,3 | 874.240,0 | 874.150,0 |
| 1980 | 482.521 | 319.141 | 0,66 | | 22.897.127.000 | 1.076.191,7 | 1.138.260,0 | 1.280.890,0 |
| 1981 | 504.935 | 335.625 | 0,66 | | 42.608.000.000 | 1.904.268,2 | 1.888.630,0 | 1.965.000,0 |
| 1982 | 533.273 | 351.149 | 0,66 | | 69.151.000.000 | 2.953.917,0 | 2.822.850,0 | 2.859.000,0 |
| 1983 | 590.744 | 380.256 | 0,64 | | ... | ... | 9.554.670,0 | 12.152.000,0 |
| 1984 | 586.242 | 329.903 | 0,56 | | 1.019.811.000.000 | 46.370.000,0 | ... | 49.218.300,0 |
| 1985 | 649.070 | 430.789 | 0,66 | | 4.085.278.000.000 | 142.250.000,0 | ... | 138.429.800,0 |
| 1986 | 655.502 | 458.754 | 0,70 | | 7.212.676.000.000 | 235.830.000,0 | ... | 305.770.000,0+ |
| 1987 | 649.383 | 329.266 | 0,51 | | ... | ... | ... | ... |
| 1988 | 667.842 | 374.868 | 0,56 | | ... | ... | ... | ... |

1 arroba = 15 kg

[1] Bis 1946: Ernteflache; 1947 - 65: Anbauflache; ab 1966: Ernteflache

2 Januar bis August 1988.
+ Sept. 1986

Quellen: Spalten A und B: Brasilianisches Statistisches Bundesamt FIBGE nach: Agroanalysis 9(1989), S. 35. Ernteangaben für 1971 und 1972 nach CEPLAC (1984), S. 15. Produktionswert 1970 - 1980: Lima et al. (1985), S. 70.
Erzeugerpreise auf Spalte E errechnet in laufenden Werten aus Produktionswert/Produktionsmenge nach: FIBGE, Anuário Estatístico do Brasil, versch. Jahrgänge, sowie Lima et al. (1985), S. 70. Erzeugerpreise auf Spalten F und G nach: Lafleur (o.J. - 1984), S. 44 sowie CEPLAC, Informe Econômico, Juli-Sept. 1986, S. 79.

Mit der erheblichen Ausweitung der brasilianischen Kakaoanbaufläche und Kakaoproduktion in den letzten Jahrzehnten verminderte sich ihre hohe regionale Konzentration, wobei der Flächenanteil Bahias von ca. 95% auf 86% (1987) zurückfiel. Die zweitwichtigste Anbauregion (das sind die Bundesstaaten Rondônia im Nordwesten und Pará im Norden) hat erst neuerdings die traditionelle Kakaoregion des Bundesstaates Espírito Santo südlich von Bahia überholt; ihr Beitrag zur brasilianischen Gesamternte geht jedoch nicht über jeweils 6,6 und 3,6% hinaus[15]. Von der bahianischen Gesamtproduktion stammen über 90% aus der sogenannten "Kakaoregion" (vgl. Abbildung 4, Kap. 5), die sich von der Atlantik-Küste über eine vorwiegend weidewirtschaftlich genutzte Übergangszone bis hin zu den östlichen Ausläufern eines Gebirgszugs erstreckt, der das trockene Hinterland von den auf dem Küstenstreifen gelegenen Regenwäldern trennt. Zentrum der bahianischen Kakaoregion ist die Hafenstadt Ilhéus, von wo aus die überwiegende Mehrheit der brasilianischen Kakaoexporte über den Hafen von Malhados erfolgt. Abb. 2 stellt die gegenwärtige geographische Verteilung von Kakaoanbau und -produktion in Brasilien dar.

Die Bedeutung der Kakaowirtschaft für dieses riesige und ökonomisch diversifizierte Land ist begrenzt. Sie beansprucht nur 1,3% der Ackerfläche (1985). Etwa 4/5 der Produktion werden in verarbeiteter und unverarbeiteter Form exportiert. Damit wurden 1986 Einnahmen von mehr als 657 Mio. US$ erzielt - 2,9% aller Exporteinnahmen. Zum Vergleich: Mit Kaffee und Soja wurden 4,3% bzw. 17,5% der Ackerfläche bewirtschaftet und 10,2% bzw. 7,2% zu den Exporteinnahmen beigetragen[16]. Nachfolgende Tab. 2 gibt einen Überblick über den Kakaobeitrag zu den Exporteinnahmen Brasiliens im Verlauf der letzten vier Jahrzehnte, aufgeschlüsselt nach Rohkakao und Kakaoderivaten.

### 3. Gesellschaftliche Interessen und Staat im Kakaosektor

Seit der 1890 abgeschlossenen Konsolidierung vom Kakaoanbau in Bahia verschoben sich die Machtverhältnisse zwischen den politischen Instanzen (Akteuren wie Institutionen) auf National-, Landes- und Ortsebene in einem ständigen, wenn auch nicht-linearen Prozeß mit deutlichen Folgen für den Charakter der jeweiligen Kakaopolitik. Zur knappen Einschätzung der staatlichen Kakaopolitik in dem Beobachtungszeitraum mag eine grobe Einteilung dieser Entwicklung in vier Phasen dienen, die sich je nach Wirkungsgrad der jeweiligen Instanz in der Kakaopolitik Bahias unterscheiden (vgl. Tab. 3).

---

[15] IBGE (1987), S. 280.
[16] Vgl. CACEX/DEPEC (1988), S. 22.

## Abbildung 2: Kakaoerntefläche und Kakaoproduktion in Brasilien, 1987

Erntefläche: 649.191 ha

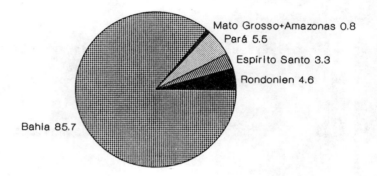

Bahia 85.7
Mato Grosso+Amazonas 0.8
Pará 5.5
Espírito Santo 3.3
Rondonien 4.6

Produktion: 329.212 t

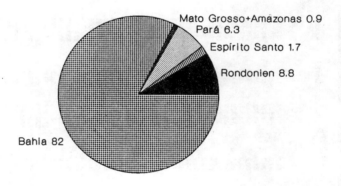

Bahia 82
Mato Grosso+Amazonas 0.9
Pará 6.3
Espírito Santo 1.7
Rondonien 8.8

Quelle: FIBGE (1988), S. 344

Brasilien

Tabelle 2: Beitrag vom Kakaoexport zu Brasiliens Gesamtausfuhren, aufgeschlüsselt nach Bohnen und Derivaten, 1950 - 1988 (in Tsd. US$ und %)

| JAHR | KAKAOBOHNEN 1.000 US$ A | % B | AUSFUHRWERT FÜR: KAKAODERIVATE 1.000 US$ C | % D | KAKAOAUSFUHR INSGESAMT 1.000 US$ E | % F | KAKAOBEITRAG ZUR PRIMÄRGÜTERAUSFUHR + VERARBEITET UNVERARBEITET % G | VERARBEITET % H | KAKAOBEITRAG ZUM GESAMTEXPORT KAKAO-% I |
|---|---|---|---|---|---|---|---|---|---|
| 1950 | 78.661 | 88,3 | 10.454 | 11,7 | 89.115 | 100 | 6,7 | 14,3 | 4,5 |
| 1951 | 69.414 | 87,8 | 9.609 | 12,2 | 79.023 | 100 | 4,7 | 13,9 | 3,3 |
| 1952 | 41.516 | 89,7 | 4.774 | 10,3 | 46.290 | 100 | 3,4 | 19,9 | 6,0 |
| 1953 | 75.223 | 81,6 | 16.921 | 18,4 | 92.144 | 100 | 5,5 | 19,9 | 9,8 |
| 1954 | 135.606 | 90,9 | 13.628 | 9,1 | 149.234 | 100 | 9,8 | 19,0 | 14,7 |
| 1955 | 90.907 | 84,8 | 16.305 | 15,2 | 107.212 | 100 | 7,8 | 19,0 | 7,5 |
| 1956 | 67.207 | 82,3 | 14.429 | 17,7 | 81.636 | 100 | 5,2 | 19,5 | 5,5 |
| 1957 | 69.963 | 75,2 | 23.022 | 24,8 | 92.985 | 100 | 6,4 | 16,7 | 6,7 |
| 1958 | 89.591 | 76,1 | 28.186 | 23,9 | 117.777 | 100 | 9,4 | 22,4 | 9,5 |
| 1959 | 59.447 | 64,8 | 32.290 | 35,2 | 91.737 | 100 | 6,1 | 30,5 | 7,2 |
| 1960 | 69.181 | 70,2 | 29.438 | 29,8 | 98.619 | 100 | 7,1 | 27,5 | 7,8 |
| 1961 | 45.923 | 73,7 | 16.420 | 26,3 | 62.343 | 100 | 4,3 | 15,0 | 4,4 |
| 1962 | 24.227 | 58,2 | 17.387 | 41,8 | 41.614 | 100 | 2,8 | 15,0 | 3,4 |
| 1963 | 35.029 | 68,2 | 16.358 | 31,8 | 51.387 | 100 | 3,1 | 16,2 | 3,7 |
| 1964 | 34.816 | 74,9 | 11.659 | 25,1 | 46.475 | 100 | 3,2 | 11,0 | 2,6 |
| 1965 | 27.689 | 66,8 | 13.736 | 33,2 | 41.425 | 100 | 2,5 | 10,1 | 2,6 |
| 1966 | 50.731 | 70,2 | 21.502 | 29,8 | 72.233 | 100 | 4,0 | 15,5 | 4,2 |
| 1967 | 59.161 | 69,3 | 26.263 | 30,7 | 85.424 | 100 | 5,2 | 19,9 | 5,2 |
| 1968 | 46.098 | 62,8 | 27.254 | 37,2 | 73.352 | 100 | 3,5 | 16,4 | 3,9 |
| 1969 | 105.666 | 76,1 | 33.187 | 23,9 | 138.853 | 100 | 6,7 | 17,2 | 6,0 |
| 1970 | 77.678 | 70,6 | 32.313 | 29,4 | 109.991 | 100 | 4,5 | 16,5 | 4,0 |
| 1971 | 61.681 | 67,2 | 30.171 | 32,8 | 91.852 | 100 | 3,8 | 14,6 | 3,2 |
| 1972 | 59.156 | 59,0 | 41.032 | 41,0 | 100.188 | 100 | 2,8 | 11,9 | 2,5 |
| 1973 | 88.522 | 59,6 | 59.941 | 40,4 | 148.463 | 100 | 2,5 | 12,4 | 2,4 |
| 1974 | 210.002 | 62,1 | 128.329 | 37,9 | 338.331 | 100 | 5,6 | 17,4 | 4,3 |
| 1975 | 220.369 | 67,4 | 106.699 | 32,6 | 327.068 | 100 | 5,9 | 15,7 | 3,8 |
| 1976 | 218.757 | 61,3 | 138.297 | 38,7 | 357.054 | 100 | 4,5 | 22,1 | 3,5 |
| 1977 | 435.467 | 56,2 | 339.008 | 43,8 | 774.475 | 100 | 7,6 | 45,2 | 6,4 |
| 1978 | 453.814 | 54,4 | 380.096 | 45,6 | 833.910 | 100 | 9,7 | 35,4 | 6,6 |
| 1979 | 486.873 | 50,9 | 469.986 | 49,1 | 956.859 | 100 | 9,9 | 33,0 | 6,3 |
| 1980 | 291.888 | 41,0 | 418.979 | 59,0 | 710.867 | 100 | 4,5 | 27,3 | 3,5 |
| 1981 | 241.618 | 39,4 | 371.411 | 60,6 | 613.029 | 100 | 3,8 | 29,5 | 2,6 |
| 1982 | 215.978 | 49,4 | 220.948 | 50,6 | 436.926 | 100 | 3,9 | 30,1 | 2,2 |
| 1983 | 284.000 | 49,5 | 290.000 | 50,5 | 574.000 | 100 | 4,3 | 42,3 | 2,6 |
| 1984 | 249.000 | 35,7 | 448.000 | 64,3 | 697.000 | 100 | 4,3 | 35,3 | 2,8 |
| 1985 | 360.796 | 44,9 | 442.262 * | 55,1 | 803.058 | 100 | 5,3 | 29,4 | 3,1 |
| 1986 | 272.800 | 41,5 | 346.000 * | 52,7 | 656.956 | 100 | 4,4 | 30,8 | 2,9 |
| 1987 | 265.600 | 43,7 | 316.000 | 52,0 | 607.679 | 100 | 3,8 | 18,1 | 2,3 |
| 1988 | ... | ... | ... | ... | 513.600 | | | | 1,5 |

+ Zusammenstellung der wichtigsten land- und viehwirtschaftlichen Exportprodukte (35 Rohprodukte und 14 Halbfabrikate) nach: EMBRAPA (1985), S. 49 - 52.
* Nur Kakaobutter, -masse und -kuchen nach: FIBGE (1988), S. 635; CACEX (1985) Informação Semanal, 21 (1985) Nr. 985, S. 16.

Quellen: Daten der Jahresberichte der CACEX, Banco do Brasil und Banco Central do Brasil nach: Weltbank (1982), S. 73, Banco Central do Brasil (1985), S. 78 - 81; Dto. Boletim Mensal, verschiedene Ausgaben; CEPLAC (1984), S. 60 und 96. Confederação Nacional do Comércio (1989), S. 35. FIBGE (1988), S. 635; Dto., 1952, S. 285; CACEX (1985), S. 16. Informação Semanal, 21 (1985) Nr. 985; CEPLAC/SECRE/CAECI (1986), S. 44. CEPLAC/SECRE/CAECI (1986), S.57. Cacau Informe Econômico, 9 (1986), Nr. 2

Tabelle 3: Kakaopolitik in Südbahia 1890 - 1987: Wirkungsgrad lokaler, regionaler sowie nationaler Gruppen und Instanzen

| ZEITRAUM UND RELEVANTESTE EREIGNISSE | WIRKUNGSGRAD POLITISCHER INSTANZEN DER: | | | WIRKUNGSGRAD GESELLSCHAFTLICHER GRUPPEN: | | | | | |
|---|---|---|---|---|---|---|---|---|---|
| | KAKAOREGION | LANDESEBENE | BUNDESEBENE | HANDEL | | | INDUSTRIE | PRODUZENTEN | |
| | | | | Genoss. | Ortshdl. | Export | | Klein-u.mittl. | Groß-prod. |
| **I. 1890 - 1931: Entstehung der Kakaoregion** | + | 0 | + | 0 | ++ | ++ | 0 | 0 | + |
| 1908: Gründung der Handelsvereinigung von Itabuna | | | | | | | | | |
| 1912: Gründung der Handelsvereinigung von Ilhéus | | | | | | | | | |
| 1926: Gründung der Bauernvereinigung von Ilhéus | | | | | | | | | |
| **II. 1931 - 1941: Konsolidierung der Kakaoregion als Einheit** | + | 0 | 0 | 0 | + | + | 0 | 0 | ++ |
| 1931: Gründung des Bahianischen Kakaoinstituts ICB*) als Genossenschaft | | | | | | | | | |
| **III. 1941 - 1963: Kakaoregion in der Krise** | | | | | | | | | |
| 1941 - 1946: | 0 | ++ | + | 0/+ | +/0 | + | 0 | 0 | ++ |
| 1941: Umwandlung des ICB in eigenständige Landesbehörde | | | | | | | | | |
| 1943: Kakaohandelsmonopol durch ICB | | | | | | | | | |
| 1946 - 1957: | 0 | + | + | 0/+ | +/0 | + | 0/+ | 0 | ++ |
| 1946: Aufhebung des Kakao-Handelsmonopols vom ICB | | | | | | | | | |
| 1957 - 1963: | 0 | 0 | ++ | + | 0 | + | + | 0/+ | ++ |
| 1957: Gründung der Kakao-Bundesbehörde (CEPLAC) | | | | | | | | | |
| 1961: Gründung des Kakaoindustrie-Verbandes (ABIC) | | | | | | | | | |
| 1962: Einführung der Exportabgabe an CEPLAC | | | | | | | | | |

Forts. Tab.3

## IV. 1963 - 1987: Wiederbehauptung der Kakaoregion

| Zeitraum/Ereignis | | | | | | | | | |
|---|---|---|---|---|---|---|---|---|---|
| 1963 - 1971: | + | 0 | ++ | +/0 | 0 | + | + | 0/+ | ++ |
| 1963: Gründung des Kakaoproduzententrates (CCPC)*) | | | | | | | | | |
| 1966: Verlegung des Sitzes vom ICB von Salvador nach Ilhéus | | | | | | | | | |
| 1971 - 1983: | ++ | 0 | ++ | +/0 | 0 | + | +/++ | 0/+ | ++ |
| 1971: Umbildung des ICB | | | | | | | | | |
| 1974: Staatsunternehmen CEPLAC, PROCACAU | | | | | | | | | |
| 1983 - 1987: | + | 0 | + | +/0 | 0 | + | ++ | 0/+ | ++ |
| 1983: Umwandlung der Kakaoexportabgabe in Kakaoexportsteuer | | | | | | | | | |
| 1987: Ernennung von Carlos Vianna zum Leiter der CEPLAC in Ilhéus/Itabuna | +(?) | +(?) | 0(?) | +0 | 0 | + | ++ | 0/+ | ++ |

0 = SCHWACH   0/+ = SCHWACH BIS STARK   + = STARK   +/++ = STARK BIS SEHR STARK   ++ = SEHR STARK

* ICB = Instituto de Cacau da Bahia (Bahias Kakaoinstitut); CEPLAC = Comissão do Plano de Recuperação Econômico-Rural da Lavoura Cacaueira (Planungskommission für die wirtschaftlich-ländliche Sanierung des Kakaoanbaus); CCPC = Conselho Consultivo dos Produtores de Cacau; ABIC = Associação Brasileira das Indústrias de Cacau.

QUELLE: Angepaßt und aktualisiert nach: Diniz/Duarte (1983), S. 38

Diese Entwicklung läßt sich wie folgt zusammenfassen: Der <u>Kakaoregion</u> kommt sowohl in den ersten beiden Perioden (1890 - 1931 sowie 1931 - 1941) als auch in der letzten Periode (1963 - 1987) des Beobachtungszeitraums eine relativ starke Bedeutung zu, wohingegen die <u>Landesebene</u> nur während einer relativ kurzen Zeit (1941 - 1957) über einen ansehnlichen Einfluß verfügte. Die <u>Bundesebene</u> aber verstärkte ihre Präsenz in der Region vor allem seit Einrichtung der Kakaobehörde CEPLAC im Jahre 1957 und behielt ihren Einfluß solange auf höchstem Niveau bei, bis auch diese Bundesbehörde mit dem Verlust der zweckgebundenen Exportabgabe 1983 und deren Umwandlung in eine Bundessteuer in den Kreis der Opfer der Verschuldungskrise hineingezogen wurde[1]. 1987 verschob sich die Machtbalance erneut zugunsten klientelistischer Interessen der Landesebene.

### 3.1 Die gesellschaftlichen Akteure des Sektors unter sich (1890 - 1941)

Die erste Periode zeichnet sich durch eine vom Staat weitgehend unbeeinflußte Entwicklung vom Kakaoanbau zu einer Monokultur und zur wirtschaftlichen Grundlage der regionalen Gesellschaft aus. Auch die Zuwanderung landloser Bauern aus Nord-Bahia und aus dem nordöstlichen Nachbarstaat Sergipe in die dünn besiedelten[2] und herrenlosen (weil landeseigenen) Gebiete mit fruchtbarem Boden Südbahias verlief zumeist spontan und ohne staatlichen Eingriff. Die dabei praktizierten Landbesetzungen und entsprechenden Veräußerungsgeschäfte blieben teilweise aufgrund dieser staatlichen Abstinenz lange Zeit ille-

---

[1] Schon 1981 hatte der damalige Planungsminister Delfim Netto - im Vorgriff auf eine damals noch für vermeidbar gehaltene Umschuldungsverhandlung mit dem Internationalen Währungsfonds - die zweckgebundene CEPLAC-Exportabgabe (10% des Exportwertes von Kakaobohnen wie -derivaten) auf dem Umweg über den Bundeshaushalt umgeleitet; auf Drängen des IWF wurde die Exportabgabe zwecks "Abschaffung kleiner Wechselkursverzerrungen" Ende 1983 (Resolution Nr. 887 der Zentralbank) in eine Exportsteuer umgewandelt. Die Folge war eine je nach dem Finanzierungsbedarf des Bundeshauhsalts dosierte Zurückhaltung der an die CEPLAC überwiesenen Beträge. Bei fortschreitender Inflation und nominal gleichbleibenden Beträgen brachte dies erhebliche Kaufkraftverluste für den CEPLAC-Haushalt nach sich. Der finanzielle Planungs- und Handlungsspielraum der Kakaobehörde wurde dadurch erheblich eingeschränkt. Vgl. CEPLAC (1986), S. 11-12.

[2] Dort lebende Indianer (Aimorés, Pataxós) verhinderten mit ihrem Widerstand eine frühe Ausbreitung des Kakaoanbaus; doch auf Dauer konnten sie sich nur am Rand der vom Kakaoanbau eroberten und gerodeten Urwaldfläche behaupten. Vgl. Garcez/Freitas (1975), S. 6 f. und 55.

gal³. Ein ausschließlich finanzielles Interesse am Kakao bekundete der koloniale Staat mit der 1866 beschlossenen Erhebung einer 6%igen Steuer auf dessen Exportwert. Binnen weniger Jahrzehnte stieg die Kakaokultur zur bedeutendsten Einnahmequelle des bahianischen Staates auf (mit 19,4% bzw. 28% aller Staatseinnahmen der Jahre 1905 bzw. 1930)⁴. Die sozial und lokal politisch herrschende Gruppe war die Handelsbourgeoisie (Exporthäuser und Zwischenhändler), die den mit dem Verfall der Zuckerexportwirtschaft drohenden Positionsverlust mit dem rechtzeitigen Umstieg auf den Kakaoexport abwandte: Zwischen 1890 und 1930 erhöhte sich der Kakaoanteil am Gesamtexport Bahias von 20% auf 42,6%⁵. Die selbständigen Zwischenhändler ("partidistas"), die für die Exporthäuser von Salvador die Kakaobohnen aufkauften, kontrollierten 70% der Kakaoproduktion⁶. Zusätzliche Sozialmacht erwuchs diesen aus der Finanzierungslücke, die wegen des mangelhaften Kreditsystems⁷ und des ungeregelten Landbesitzes in der Region bestand. Da in den ersten Dekaden des XX. Jahrhunderts die Exportpreise nie hinreichend waren, um eine im Sinne der Kapitalakkumulation befriedigende Gewinnspanne auf Erzeugerebene zu gewährleisten⁸, waren die Kakaopflanzer auf Fremdfinanzierung angewiesen; den meisten von ihnen aber waren die relativ zinsgünstigen Bankenkredite aufgrund der geforderten Eigentumsurkunde unzugänglich; ihnen blieb lediglich der Rückgriff auf das Kreditangebot des Zwischenhändlers erhalten, der jedoch um bis zu 5 mal höhere Zinsen verlangte⁹. Dieses Zinsniveau - verbunden mit fallenden Erzeugerpreisen (die durchschnittlich bei ca. 50 - 55% des Exportpreises lagen) - führte oft zur Zahlungsunfähigkeit des Kakaobauern und in deren Folge zur Übernahme des Landes durch den Zwi-

---

³ Dies lag hauptsächlich an der prohibitiven Höhe der mit der Legalisierung verbundenen Ausgaben (Kataster-, Vermessungsgebühren, Reiseaufwand bei mangelhaften Straßen- und Schienennetz usw.), die oft den Bodenwert um das Dreifache überstiegen. Vgl. Garcez/Freitas (1979), S. 22-23; Garcez/Freitas (1975), S. 24.

⁴ Garcez/Freitas (1979), S. 47.

⁵ Vgl. Garcez/Freitas (1975), S. 17-18 und S. 73.

⁶ Nach O. Soledade, zit. in: Garcez/Freitas (1979), S. 60.

⁷ Die erste Hypothekenbank wurde mit der "Banco de Crédito Hipotecário e Agrícola do Estado" 1905 gegründet; die Banco do Brasil folgte 1917, doch ohne Agrarkreditabteilung; erst 1925 kam eine dritte Bank hinzu, die Banco Econômico. Vgl. Garcez/Freitas (1979), S. 25.

⁸ Vgl. Garcez/Freitas (1979), S. 19.

⁹ Während die Kreditzinsen der Banken 8% betrugen, verlangten die Zwischenhändler bis zu 48% und nahmen dafür das bebaute Land als (unverbriefte) Sicherheit. Vgl. Garcez/Freitas (1979), S. 26.

schenhändler. Dies ist einer der wesentlichen Erklärungsfaktoren für den bereits in dieser Periode beobachteten starken Konzentrationsprozeß des Landbesitzes. Die mit der Besitzkonzentration zunehmende soziale Macht der Händlerbourgeoisie erfuhr mit der Gründung des Handelsvereins in Itabuna (1908) und Ilhéus (1912) einen institutionellen Ausdruck als Interessenorganisation. Damit verschaffte sich die Händlerbourgeoisie einen Kanal, um eigenen Forderungen den Charakter allgemeingültiger Interessen der gesamten Kakaogesellschaft einschließlich der noch unorganisierten Pflanzer zu verleihen. Traf diese Allgemeingültigkeit auf den Widerstand gegen den weltweiten Kakao-Preisverfall ebenso wie auf die Verbesserung der Kommunikationsinfrastruktur (Straßen- und Eisenbahnbau) zu, so gingen die fraktionsspezifischen Interessen an entscheidenden Punkten deutlich auseinander. So traten die Produzenten vehement für den Ausbau des Hafens von Ilhéus ein; damit verfolgten sie den Zweck, den bis 1926 ausschließlich von Salvador betriebenen Kakaoexport auch durch einen Hafen in der Nähe der Produktionszone zu ermöglichen. Für die in Salvador ansässigen Exporthäuser würde dies jedoch Einbusse finanzieller und politischer Art bedeuten. Entsprechend mobilisierten sie die ihnen verbundene Landesregierung, um diese Forderung abzublocken. Erst eine Initiative direkt bei der Zentralregierung brachte eine Entscheidung zugunsten der Kakaoproduzenten[10]. Im gleichen Jahr gründeten diese in Ilhéus ihre eigene Vereinigung und legten damit den Grundstein für den wachsenden Einfluß, der im Zuge der Selbstbehauptung der Kakaoregion in der auf die Weltwirtschaftskrise folgenden Periode voll zum Durchbruch kam. Zusammenfassend: In dieser ersten Entwicklungsperiode der Kakaomonokultur waren die Produzenten noch wenig organisiert, während die Händler mit ihrer frühen Organisation gleichzeitig die Interessenvertretung des Produktionssektors übernahmen. Die Handelshäuser hatten aufgrund eines weit gespannten Vertreternetzes in den Produktionszonen solide Grundlagen; sie machten die Produzenten finanziell abhängig und befestigten damit die eigene Herrschaft über sie. Die exportierenden Handelshäuser hatten Zugang zu Bankkrediten und waren damit ihrerseits in der Lage, Kredite an die Produzenten zu hohen Zinsen[11] weiterzuleiten. Damit verstärkten sie ihre Machtstellung im Hinblick auf die Festsetzung der Preise bzw. auf den Erwerb verpfändeter Immobilien, die

---

[10] Diniz/Duarte (1983), S. 54.

[11] "Der Handel war durch die Käufer einseitig beherrscht. Diese behielten in ihrer Hand alle Grunddaten, auf die der Bauer angewiesen ist, um die Produktion zu entwickeln, das Produkt zu verkaufen und den eigenen Unterhalt zu bestreiten. Sie manipulierten den Kredit zu extrem hohen Zinsen, die nicht selten 36-60% jährlich erreichten, und lieferten Konsumwaren zu übertriebenen Preisen. Die Produzenten hatten nicht die geringste Kontrolle über die Berechtigung der gebotenen Preise" (Tosta Filho 1948, S. 31).

zur Schuldenbedienung in Zahlung gegeben wurden. Nun begannen auch die Handelshäuser, in die Produktion zu investieren. Kapitalkräftigere Produzenten diversifizierten ihrerseits die Investitionen, indem sie ihre Tätigkeit auf den Handelsbereich ausdehnten. Dieser Diversifizierungsprozeß setzte in den 20er Jahren ein und ließ im weiteren Verlauf eine "Kakaobourgeoisie" entstehen, die den Kurs der Kakaoentwicklung in Bahia fortan bestimmen sollte[12]. Da dieser Prozeß zu Lasten der kleinen und mittleren Produzenten ging, differenzierte sich zunehmend die Interessenlage der Produzentenmehrheit und der aus Kakaohändlern und Großbauern bestehenden Kakao-Elite. Der Handelsbereich wurde in seiner Eigenschaft als Wortführer der gesamten Kakaowirtschaft immer mehr in Frage gestellt. Da er jedoch zumindest im Exportsegment seinen politischen Einfluß - mit der Besetzung öffentlicher Ämter durch eigene Vertreter - abzusichern wußte, blieb sein Einfluß auf die Formulierung der Kakaopolitik bis heute erhalten.

Angesichts des drohenden Zusammenbruchs der Kakaowirtschaft als Folge der Weltwirtschaftskrise von 1929 wandten sich die bis dahin getrennt agierenden Pflanzer und Händler an die Zentralregierung mit ungewohnter Einigkeit; 1931 erreichte eine gemischte Kommission aus Lokalpolitikern, Kakaopflanzern und Händlern[13] von der neuen Zentralregierung der sog. "Liberalen Allianz" die Zusage, die Kakaowirtschaft durch spezifische Institutionen und Maßnahmen zu fördern. Damit wurde erstmals der Versuch unternommen, durch eine umfassende staatliche Kakaopolitik - unter Einbeziehung der Anbaufinanzierung sowie der Vermarktungs- und Infrastrukturkomponenten - die Entwicklung des Kakaosektors zu steuern. 1931 erfolgte dafür die Gründung des Bahianischen Kakaoinsituts ICB in der Form einer Genossenschaft unter staatlicher Verwaltung[14]. Die Jahre der regionalen Selbstbehauptung brachten die unangefochtene Vorherrschaft der Großpflanzer: Der praktisch totale Zusammenbruch der Kakaowirtschaft nach der 29er Krise spiegelte sich jedoch kaum im Produktions- und Exportvolumen wider; vielmehr war es der drastische Rückgang des Weltmarktpreises für Kakao (nämlich um rd. 40% bzw. Cr$ 57.858,00), der Tausende von gegenüber den lokalen Händlern total verschuldeten Kakaobauern in die Verzweiflung trieb: Bei Zahlungsunfähigkeit wurde das als Pfand angebotene Kakao-Land (selbst ohne Besitztitel) als Tilgung genommen (sog. "caxixe"-Geschäfte). Auf diese Weise wuchsen zahlreiche Kleinhändler der I. Phase (1890 - 1931) zu den sozial vorherrschenden Großbauern der II. Phase

---

[12] Vgl. Garcez/Freitas (1975), S. 51 - 53.
[13] Darin waren u.a. der Bürgermeister von Ilhéus, Dr. Eusinio Lavigne, sowie die Handels- und die Bauernorganisationen von Ilhéus und Itabuna vertreten. Vgl. Garcez (1985), S. 52.
[14] Vgl. Garcez/Freitas (1979), S. 19.

heran. Dies erklärt die teilweise Verschmelzung der Interessen zwischen diesen beiden Fraktionen der Kakaobourgeoisie. Die neuen Machthaber auf Bundes- und Landesebene vermieden eine offene Konfrontation mit den örtlichen Agraroligarchien; vielmehr versuchten sie, lokale Meinungsführer unter der eingesessenen Pflanzerbourgeoisie zu kooptieren und deren Zöglinge zu Regierungschefs der wichtigsten Kakao-Munizipien zu ernennen: so wurde der Meinungsführer der Kakaoregion, Ignácio Tosta Filho, zum Landwirtschaftsminister der von der Zentralregierung eingesetzten Landesregierung[15] Bahias; Gileno Amado, jahrzehntelang politisch und sozial beherrschende Gestalt unter den Kakao-Großpflanzern aus Itabuna, wurde zum Gemeindevorsteher von Itabuna ernannt, obwohl (oder gerade weil) er in den 20er Jahren Landtagsabgeordneter und Fraktionsführer der abgesetzten Landesregierung war und der Liberalen Allianz anfänglich Opposition leistete[16]; eines seiner Ziehkinder, Glicério Esteves Lima, wurde in eine weitere, für die Pflanzerfraktion strategische Stelle gehievt, als 1931 die Zentralregierung auf die Forderungen der Kakaowirtschaft einging und das Bahianische Kakao-Institut ICB (Instituto de Cacau da Bahia) gründete. In der Position eines Aufsichtsratsmitglieds[17] konnte er zusammen mit dessen Vorsitzendem, einem anderen Ortsführer[18], die Tätigkeiten des Instituts im entscheidenden ersten Jahrzehnt seines Betriebes kompromißlos auf die Interessen der Großpflanzer zuungusten der Handelsfraktion ausrichten. Das ICB stellte sich somit als ein Transmissionsriemen zwischen der Regierung und der Kakaoelite dar. Da es ein Mittel des Zugangs zur Macht war, blieb die Besetzung seiner leitenden Stellen in den folgenden Jahrzehnten Gegenstand scharfer Auseinandersetzungen zwischen der Handels- und der Produktionsfraktion der herrschenden Kakaoelite. Die Handelsfraktion war dann jeweils am erfolgreichsten, wenn das ICB stärker unter den Einfluß der in Salvador amtierenden Landesregierung geriet, wie es vor allem ab Anfang der 40er Jahre der Fall war[19]. In Zeiten, da es unter dem maßgeblichen Einfluß der Produzentenfraktion stand[20], versuchte das ICB, durch eine breite Bekanntmachung der jeweiligen Preise sowie durch gezielten Aufkauf der Pro-

---

[15] Vgl. Garcez (1985), S. 54.
[16] Vgl. Garcez/Freitas (1979), S. 76-7.
[17] Vgl. Garcez (1985), S. 197.
[18] Nämlich Ignácio Tosta Fillho, der als Inhaber sukzessiver öffentlicher Ämter jahrzehntelang entschiedener Verfechter der Interessen der Kakaopflanzer blieb.
[19] Vgl. Garcez (1985), S. 82 und 101.
[20] so beispielsweise im ersten Jahrzehnt und noch mehr während des von der Zentralregierung beschlossenen dreijährigen Handelsmonopols von 1943 - 1946.

duktion die mit dem Kakaohandel vielfach verbundene Spekulation einzudämmen. Dadurch erhöhte sich der vom Produzenten erzielte Preis auf schätzungsweise 70% des FOB-Wertes[21]. Die von den Kakaobauern verfolgte Strategie der Interessenvertretung wurde jahrzehntelang beibehalten: statt eigene Klassenvertreter in die Exekutive und/oder Legislative wählen bzw. bestellen zu lassen, suchten die Kakaobauern lieber einen direkten Draht zu den "Technokraten" der (halb)staatlichen Kakao-Implementierungsinstitutionen[22] - bis schließlich (Anfang der 60er Jahre) wirksamere eigenständige Organisationen wie der Nationale Rat der Kakaoproduzenten CCPC oder der Kakaoindustrie-Verband ABIC ins Leben gerufen wurden. Trotz seiner Einbindung in die Struktur und Administration des Landes Bahia lag das ICB als private Genossenschaft mit ihren 700 zahlenden Genossen und mit ihrem von den (Mitglieds-)Pflanzern gewählten Vorstand [23] in dem ersten Jahrzehnt seiner Tätigkeiten praktisch in der Hand der lokalen Machtinstanzen. Durch die Mitgliedschaft größerer und großer Exportfirmen der Hauptstadt Salvador gestärkt[24], konnte das ICB in seinen ersten zehn Jahren erhebliche Erfolge vor allem im Sinne der Eindämmung der finanziellen und geschäftsmäßigen Übermacht der Zwischenhändler vorweisen: Zahlreiche Umschuldungsaktionen, Preisinformationsdienste, ein erheblicher Anteil am Kakaoexport (1933/34: 29%; 1938/39: 38%), Transportdienste, Straßen- und Brückenbau (bis 1940: 450 km) sowie Forschungen zur Anbautechnik und Genverbesserung in der Versuchsstation Agua Preta (später Uruçuca) sind einige der wesentlichen Leistungen[25]. Durch das Zusammentreffen mehrerer Faktoren am Ende des Jahrzehnts wurde die bis dahin starke lokale Macht der Kakaopflanzer zurückgedrängt: Der Ausbruch des II. Weltkrieges wirkte sich auf die Kakaowirtschaft ähnlich aus wie die Krise von 1929. Die Inflation (52% zwischen 1932 und 1940) erodierte die Finanzkraft des Kakaoinstituts ICB, dessen Haupteinnahmequelle - der Exportbeitrag von Cr$ 2,50/ Sack - seit 1931 unverändert blieb[26]; das sogenannte "Wuchergesetz" vom 7.4.1933 (Festlegung der Kreditzinsen auf höchstens 6%) bedeutete für das ICB einen drastischen Rentabilitätseinbruch, da es bis dahin erst bei einem Zinssatz von 8% kostendeckend arbeitete; der nach dem "Wirt-

---

[21] Garcez/Freitas (1975), S. 39.
[22] Vgl. Garcez/Freitas (1979), S. 98. S. auch Kap. 7.1.
[23] Vgl. Garcez (1985), S. 68.
[24] 1933 traten ihm bedeutende Firmen aus Salvador bei, darunter der Export- und Verarbeitungsbetrieb Hugo Kaufmann & Cia., die Exporthäuser F. Stevenson & Cia. Ltda. und Correa Ribeiro & Cia. sowie die Bank Banco de Crédito Hipotecário e Agrícola.
[25] Vgl. Diniz/Duarte (1983), S. 54 sowie Garcez/Freitas (1979), S. 37-8.
[26] Garcez/Freitas (1979), S. 38.

schaftsanpassungsgesetz" vom 30.6.1933 gewährte Erlaß von 50% der Agrarschulden war ein weiterer schwerer Schlag; seine Preisinformationsdienste und Exporterfolge brachten es auf Konfrontationskurs mit den mächtige(re)n Exporthäusern. 1936 wurde es schließlich Opfer seines eigenen Erfolgs, als die Kakaopflanzer angesichts einer plötzlichen Preishausse an der New Yorker Börse - die binnen Wochen den Erzeugerpreis in Bahia von 18$000 auf 50$000 steigen ließ - sich weigerten, den im Voraus zum Festpreis an das ICB verkauften Kakao zu liefern; zur Erfüllung seiner Exportverträge mußte das ICB zum höheren Preis kaufen und zum vereinbarten (niedrigeren) Preis ausführen. Der unmittelbare finanzielle Verlust war nicht so verheerend wie der Vertrauensverlust bei den Bauern, die in der Handelsinkompetenz des ICB den Grund für die - allerdings kriegsbedingte - Lähmung des Kakaohandels in den folgenden Jahren sahen[27]. Die Situation verschärfte sich im Jahre 1939, als das ICB entsprechend einer Verfügung der (1937-45 mit diktatorischen Vollmachten handelnden) Zentralregierung des Populisten Getúlio Vargas[28] sich in eine Zentralgenossenschaft umwandelte und damit von der Obhut der Landesregierung lossagte. Der von der Zentralregierung eingesetzte Gouverneur Landulfo Alves wandte sich gegen diesen Einflußverlust und erreichte schließlich die Verwandlung des ICB in eine eigenständige Landesbehörde, was einem Rausschmiß der Kakaopflanzer aus "ihrer" Genossenschaft gleichkam.

### 3.2 Der Staat als politischer Hegemon

#### 3.2.1 Die Politik gegen den Produktionssektor (1941 - 1957)

Die Umwandlung des Kakaoinstituts in eine Behörde der Landesregierung im Jahre 1941 leitete eine zwei Jahrzehnte andauernde Periode schwachen politischen Einflusses der Kakaoregion ein. Die politische Hegemonie lag in dieser Zeit abwechselnd bei der Landes- und bei der Zentralregierung. Durch die Kontrolle des ICB gelang es der bahianischen Landesregierung der größte Einflußgewinn. Mit der Vorgabe, daß eine solche Behörde "die Kakaoprobleme schneller und sachgerechter lösen kann als eine Genossenschaft", ging die auf

---

[27] Die USA - mit 75% größter Abnehmer des bahianischen Kakaos - verminderten 1938-39 ihre Kakaoimporte drastisch, während die europäischen Märkte (auf Belgien, Skandinavien, Deutschland, Italien und Holland entfielen 20% des Kakaoexportes) den Import praktisch einstellten. Vgl. Garcez (1985), S. 77-78. Aus diesem Grund blieben 6.670 t Kakaobohnen in den Lägern.

[28] Diese sah ein Verbot für jede Exportgenossenschaft vor, unter Kontrolle oder Abhängigkeit einer anderen Institution zu stehen. Vgl. Garcez (1985), S. 81-82.

schnelle Industrialisierung ausgerichtete Landesregierung von Landulfo Alves gegen die Interessen der Kakaopflanzer vor. Die Finanzierungsprobleme der Pflanzer wurden übersehen. Dem ICB wurde sogar die Befugnis entzogen, neue Briefhypotheken auszustellen, womit sich dessen ohnehin beinahe erschöpfte Finanzkraft weiter verminderte. Das ICB entwickelte sich zu einem rein politischen Organ der Landesregierung[29]. Mit dem Eingreifen der Zentralregierung 1943 wurden die Gewichte erneut umverteilt - freilich nur für die kurze Übergangszeit von 3 Jahren: die Interessen der Exporthäuser wurden übergangen, als aufgrund des kriegsbedingt chaotischen Kakaowelthandels dem ICB das Kakao-Exportmonopol übertragen wurde[30]. Auf den Produktionsbereich wirkte sich das Exportmonopol in zweifacher Hinsicht günstig aus: Durch Ausschaltung der Zwischenhändler konnte das ICB den Erzeugern höhere Preise als bis dahin üblich anbieten. Andererseits bedeuteten die Exportgeschäfte für das ICB die notwendige Erschließung einer neuen Einnahmequelle, nachdem die Beitragseinnahmen zum überwiegenden Teil bereits für die Bedienung alter Schulden gebunden waren[31]. Dank dieser zusätzlichen Quelle konnte das ICB in dieser Zeit 300 km Straßen bauen und die Forschungsstation in Uruçuca mit erheblichen Investitionen in Infrastruktur, Forschung und Beratung weiter festigen. Die 1946 - nach Beendigung der nationalistischen Vargas-Diktatur - demokratisch gewählte Regierung des internationalistischen Marschall Dutra trat für eine weltmarktoffene Volkswirtschaft ein; in diesem Sinne intervenierte sie erneut in die Kakaopolitik des Bundesstaates Bahia mit der Abschaffung des ICB-Exportmonopols, ohne für einen Ausgleich auf der Einnahmenseite zu sorgen. Auf die Landesregierung fiel praktisch die gesamte finanzielle Last, da seit der Abschaffung des Genossenschaftschaftscharakters die Mitgliedsbeiträge auf eine unerhebliche Größe gefallen waren[32]; für die Förderung der Produktion blieben jedoch immer weniger Mittel übrig. Die Entfremdung zwischen ICB und Kakaoproduzenten verschärfte sich daher von

---

[29] Vgl. Diniz/Duarte (1983), S. 44 sowie Garcez (1985), S. 100.

[30] Verordnung Nr. 63 der Bundeskommission für Wirtschaftliche Mobilisierung.

[31] Allein für Zinszahlungen und Tilgungen mußten 1941/42 66,4 %, 1945/46 gar 100 % der Beitragseinnahmen aufgewendet werden. Vgl. Garcez (1985), S. 98-99.

[32] Auf den Bundesstaat Bahia entfielen 96,25% der ICB-Finanzmittel, während nur 3,75% auf Beiträge der Kakaobauern zurückgingen (eigene Berechnung nach einem Gutachten des Jahres 1951 vom Landtagsabgeordneten Arthur Leite da Silveira, zit. in: Garcez (1985), S. 104); außerdem sorgte die Landesregierung für die parlamentarische Bewilligung von Sonderkrediten an das ICB.

Jahr zu Jahr[33]: Die Exporthäuser blühten erneut auf, der Produktionssektor wurde vernachlässigt. Mit der fortschreitenden Einengung seiner finanziellen Basis ab 1946 entfernte sich das ICB zunehmend von den ursprünglichen Aufgaben (Förderung von Produktion, Handel, Kommunikations- und Transportinfrastruktur) und gab schließlich sogar die in der vorigen Phase begonnene Forschungstätigkeit in Uruçuca auf. Daraus folgten ein drastischer Rückgang vom ICB-Anteil am Kakaoexport zugunsten der Exporthäuser und eine ebenso dramatische Verminderung der an die Kakaopflanzer vergebenen Kredite. Im Zuge der Redemokratisierung ab 1946 wurden umfassende Konsultationen, Gutachten usw. erstellt, die schließlich 1949 zur Vorlage eines entsprechenden Reformgesetzes im Landesparlament führten. Schon 1946 war mit Silvino Kruschewski ein den Belangen der Kakaopflanzer näherstehender ICB-Vorsitzender ernannt worden. Gleichzeitig brachten die politischen Vertreter der Kakaobauern in Landtag und Regierung "mindestens dreimal in der Woche die Probleme von Südbahia zur Sprache und hielten damit das Interesse für die Region wach". Doch zu dieser Zeit war die vollkommene Zerstrittenheit über Probleme und Lösungswege sowohl unter den Kakaobauern als auch unter deren parlamentarischen Vertretern immer noch unübersehbar[34]. Zur Verwirrung der Interessenlage unter den Kakaoproduzenten trug die Entstehung eines neuen Akteurs in der Kakaowirtschaft nach dem II. Weltkrieg bei: die Kakaoverarbeitungsindustrien in der Landeshauptstadt - nahe den Entscheidungs- und Exportzentren, aber relativ weit weg von der Produktionszone. Deren Präsenz fiel bereits 1949 so sehr ins Gewicht, daß sich die Landesregierung - zwecks Regelung der Abnahmequoten von Industriellen und Rohkakaoexporteuren - zur Gründung einer "Bahianischen Kakao-Handelskommission CCCB", zusammengesetzt aus Vertretern von Industrie und Exporthäusern, veranlaßt sah. Unterdessen ging die Demontage des ICB durch die Einwirkung der verschiedenen Interessengruppen weiter. Um den Interessen der Genossenschaftlichen Kreditbank entgegenzukommen, wurde 1948 die Agrarkreditabteilung stillgelegt; die vorwiegend von Großpflanzern jahrelang geforderten Gegenmaßnahmen wurden schließlich 1952 mit einer Erweiterung ihrer Beteiligungsmöglichkeiten am Entscheidungsprozeß des ICB eingeleitet; dafür verlor das ICB, entsprechend dem Interesse der Kakaohändler, die ohnehin mangels Finanzmasse notleidende Handelsabteilung. Mit dieser vom neuen Gouverneur, Luiz Pereira Pacheco, verabschiedeten Neuordnung sollte das ICB dank einer engeren Aufgabenstellung seinen ursprünglichen Funktionen der Unterstützung vom Kakaoanbau besser entsprechen[35]. Die strategisch

---

[33] So ein weiteres Kakao-Gutachten vom Jahre 1951, verfaßt vom Landtagsabgeordneten Natam Coutinho, zit. in: Garcez (1985), S. 104-107.
[34] Vgl. A Tarde, 27.10.48, zit. in: Garcez (1985), S. 100.
[35] Vgl. Garcez (1985), S. 100, 101, 103 und 112.

wichtige Handelsfunktion sollte von einem eigens gegründeten Institut - INSTICACAU - wahrgenommen werden, das jedoch aufgrund fehlender materieller und finanzieller Ausstattung nie richtig in Gang kam. Die Finanzdecke des ICB wurde mit einer Vervierfachung des seit 2 Jahrzehnten nominal unverändert gebliebenen Beitrags von Cr$ 2,50 auf Cr$ 10,00 je Sack verbessert. Den Pflanzern wurde mit der Möglichkeit zur Entsendung von Gemeindevertretern[36] in den Beschlußrat ("Conselho Deliberativo") sowie mit der Wahl von zwei Vorstandsmitgliedern durch den Beschlußrat größere Einfluß- und Überwachungsmöglichkeiten eingeräumt, während die Ernennung und Entlassung des Vorstandsvorsitzenden nach wie vor der Landesregierung vorbehalten blieb[37]. Trotz dieser für die Pflanzer verbesserten institutionellen Einflußmöglichkeiten blieb die Leistung des ICB angesichts des enormen Finanzierungsbedarfs ständig hinter den Erwartungen zurück; vom Vertrauensverlust des Jahres 1936 erholte es sich nie wieder. Seine Leistungen beschränkten sich zunehmend auf den Bereich der Infrastruktur, wo es sich mit eigenen Tochtergesellschaften im Telefon-, Lager- und Transportwesen verstärkt engagierte. Es war letztlich die landeseigene Staatsbürokratie, die von dem Institut am meisten profitierte. Mitte der 50er Jahre legten die auseinanderstrebenden Interessen der Kakaofraktionen das ICB praktisch lahm. Das vermochte auch die 1942 gegründete zentrale Kakaovermarktungsgenossenschaft mit ihrer unzulänglichen Finanzdecke nicht zu verhindern[38] (s.u.). Zu einer gemeinsamen Sprache fanden die Fraktionen erst wieder, als sie in den Jahren 1955 und 1956 von der Halbierung vom Kakaoweltmarktpreis stärker getroffen wurden als sie von der Preishausse des Jahres 1954 profitieren konnten. Gemeinsam sahen sie sich in eine Krise mit "nie dagewesenem Umfang" gestürzt[39]. Vorbereitet wurde diese Situation mit der Wiederwahl des nationalistischen Vargas zum Präsidenten (1951-54) und mit der von ihm betriebenen Politik der Diskriminierung von Agrarexporten zugunsten der binnenorientierten Industrialisierung und Importsubstitution. Diese Politik fand ihren konsequentesten Ausdruck 1953 in der Schaffung von je nach Importproduktkategorie unterschiedlichen Wechselkursen: Der für Kakao geltende Wechselkurs betrug gerade 1/3 von dem für normale Importwaren geltenden Wert[40]; mit der Differenz finanzierte die Zentralregierung jedoch nicht die Kakaoproduktion, sondern vorwiegend die Maschinenimporte für die Agrarmodernisierung und die Industrialisierung der

---

[36] Jedes Munizip mit einer Jahresproduktion von mindestes 50.000 Sack (à 60 kg) bekam das Recht, 1 Vertreter in den Beschlußrat zu entsenden.
[37] Vgl. Garcez (1985), S. 110.
[38] Vgl. Garcez/Freitas (1979), S. 66-67.
[39] Vgl. Garcez (1985), S. 109 f. sowie Garcez/Freitas (1979), S. 40.
[40] 1 US$ = Cr$ 76,00 (Kakao-Wechselkurs) bzw. Cr$ 215,00 (allgemeiner Wechselkurs). Vgl. Garcez/Freitas (1979), S. 73.

südlichen Staaten ("Fundo dos Agios"). Ein lebhafter Kakao-Schwarzmarkt, bei dem die Exportpreise die Erzeugerpreise um das Drei- bis Vierfache überstiegen, wurde unter Beteiligung namhafter Politiker und Exportunternehmen in einem "für die Stabilität der gesamten Kakaowirtschaft bedrohlichen" Ausmaß getätigt[41]. Die finanzielle Situation zahlreicher Kakaopflanzer verschlechterte sich zusehends. Forderungen nach generellem Schuldenerlaß für die Kakaoproduzenten wurden wieder laut[42] - prinzipiell die gleichen Forderungen wie nach der Weltwirtschaftskrise von 1929. Noch einmal wandten sich 1956 die verschiedenen Fraktionen mit einer Aktionseinheit, die Arbeitgeber und Arbeitnehmer gleichermaßen umfaßte, an die Zentralregierung. Durch Aussperrungen, Streiks und öffentliche Verbrennung von Kakaobohnen machten sie auf die Probleme der Kakaowirtschaft aufmerksam[43].

### 3.2.2  Aktive Kakaoförderungspolitik (seit 1957/62)

Die demokratisch gewählte Regierung des internationalistisch orientierten Präsidenten Kubitschek (1956 - 1960) konnte sich den Problemen des Sektors nicht verschließen und versuchte einen konsequenten Neubeginn. Unter Beteiligung lokaler Meinungsführer (darunter wieder federführend Ignácio Tosta Filho) wurde ein "Plan zur betriebs- und landwirtschaftlichen Sanierung des Kakaoanbaus" erarbeitet, der Anfang 1957 mit Dekret Nr. 40.987 zusammen mit einem "Agrarwirtschaftlichen Fonds für den Kakaoanbau" beschlossen wurde. Die zu dessen Implementierung gleichzeitig geschaffene Exekutivkommission - die CEPLAC, "Comissão Executiva do Plano de Recuperação da Lavoura Cacaueira", zusammengesetzt aus Vertretern der Bundesministerien für Finanzen und Landwirtschaft sowie der Banco do Brasil - sollte zum Angelpunkt der Kakaopolitik auf Bundesebene werden. Doch in den ersten fünf Jahren ihrer Existenz bestand ihre Haupttätigkeit lediglich in befristeten Feuerwehraktionen zur Umschuldung zahlungsunfähiger Kakaobauern. Damit drohte das neugegründete Organ mangels längerfristiger finanzieller (aufgrund inflationsbeding-

---

[41] Tausende von Tonnen fanden über den Hafen von Belém im Norden des Landes den Weg ins Ausland, darunter vor allem New York und Philadelphia. Vgl. Garcez (1985), S. 115.

[42] So fordert das Landesparlament in einem Gesetzesentwurf ein Schuldenmoratorium für die Kakaopflanzer. Vgl. A Tarde, 12.9.1949, zit. in: Garcez (1985), S. 101.

[43] Vgl. Garcez/Freitas (1979), S. 43.

ter Mittelerosion[44]) und institutioneller (als dem Finanzministerium zugeordnete Kommission ohne eigenen Rechtsstatus) Absicherung denselben Weg zu gehen wie das landeseigene ICB: den der klientelistisch bestimmten Politisierung. Durch CEPLAC-Vermittlung war auch ein kurzes Aufblühen der seit 1942 agierenden Kakaogenossenschaften durch kräftige Finanzspritzen der Exportabteilung der Banco do Brasil (CACEX) in den Jahren 1958 - 1962 ermöglicht worden. Danach schrumpfte ihre Bedeutung wieder [45]. Die Akteure in der Kakaowirtschaft konnten sich wiederum nicht auf eine gemeinsame Krisenstrategie verständigen: Während Großbauern gemeinsam mit Großindustriellen und Landespolitikern für eine Rückgliederung der CEPLAC in das ICB bzw. - als Alternative dazu - für eine Arbeitsteilung zwischen der Landesbehörde ICB als der agrartechnischen Einrichtung und der Bundesbehörde CEPLAC als der Finanzierungseinrichtung[46] - eintraten, forderten die Klein- und Mittelproduzenten die finanzielle und institutionelle Absicherung der CEPLAC mit der Begründung, das ICB sei von jeher nur eine Institution für die Großpflanzer gewesen[47]. In dieser Übergangsphase erfolgte 1961 in der Landeshauptstadt die Gründung des Kakaoindustriellenverbandes ABIC, mit dem

---

[44] Aufgrund hoher Inflationsraten und aufwendiger Anlageinvestitionen (u.a. in Forschungsstationen des Bahianischen Kakaoinstituts ICB und des Landwirtschaftsministeriums) schrumpfte der Realwert der CEPLAC-Haushaltszuwendungen bis 1961 auf 12,5% des ursprünglichen Wertes zusammen. Mit einer öffentlichen Finanzierungsspritze von umgerechnet US$ 16,46 Mio. (2,093 Mrd. Cruzeiros im Wert von 1981) im Jahre 1962 sowie mit der Einrichtung der Kakaoexportabgabe von 15% des FOB-Wertes am 13.3.1961 wurde die finanzielle Grundlage für die wirksame Wahrnehmung dieser doppelten (technischen wie finanziellen) Funktion der CEPLAC geschaffen. Da 50% des Aufkommens aus der Exportabgabe direkt an die CEPLAC bestimmt waren, während die übrigen 50% für die Stützung der Kakaopreise durch die brasilianische Exportbehörde CACEX verwendet wurden, finanzierte sich der Kakaosektor seine offizielle Förderung selbst.

[45] Im Jahre 1961/62, dem Höhepunkt der Genossenschaftsfinanzierung durch die Banco do Brasil, entfiel auf 14 Genossenschaften ein Exportanteil von 45,4%. Mit dem Wegfall der CACEX-Finanzierung schrumpfte die Zahl der noch bestehenden Genossenschaften bis 1968 auf 7 an der Zahl mit einem Exportanteil von nur noch 10,4%. Vgl. Garcez/Freitas (1979), S. 67.

[46] So die Ergebnisse einer vom neuen Gouverneur, Antônio Lomanto Júnior, eingesetzten Gutachtergruppe. Der stellvertretende Gouverneur und Kakao-Großindustrielle, Orlando Moscoso Barreto de Araújo, schlug explizit die Umwandlung der CEPLAC in eine "Kakaobank" vor. Vgl. Garcez/Freitas (1979), S. 54.

[47] Vgl. Garcez/Freitas (1979), S. 53.

die Kakaoverarbeiter jedoch erst in den nächsten Jahrzehnten beträchtlichen Einfluß erringen sollten. In dieser Phase setzten sich eher die bäuerlichen Klein- und Mittelproduzenten durch. 1962 erfolgte die Einführung einer inflationssicheren Einnahmenquelle für die CEPLAC in Form einer Kakaoexportabgabe[48]. Diese Abgabe wurde allseits als eine zusätzliche Last für einen Sektor empfunden, in dem ohnehin keine Steuerhinterziehung möglich sei[49]. Doch mit der Einführung dieser exportbezogenen Einnahmenquelle für die CEPLAC setzte die zwischen gewerkschaftlichen Forderungen und Wirtschaftskrise hin- und hergerissene Regierung des 1964 vom Militär gestürzten Präsidenten Goulart (1961 - 1964) volens nolens einen Prozeß in Gang, der über zwei Jahrzehnte lang zur wachsenden Verselbständigung einer weltmarkt- und produzentenorientierten staatlichen Kakao-Technokratie führen sollte. Mit der CEPLAC verlor das ICB rapide an Bedeutung, zumal die Gründung der Bundesbehörde den Rückhalt einer durch die große Kakaokrise der 50er Jahre entstandenen breiten Mobilisierung der Region gegenüber Landes- und Zentralregierung hatte. In den ersten Jahren versuchte die CEPLAC, sich neben dem ICB als Kakaobehörde über Kompetenzüberschneidungen hinweg zu behaupten. Gerade die fehlende Kompetenzabgrenzung führte jedoch zu zunehmenden Spannungen[50], die schließlich durch eine faktische Aufteilung der Einflußbereiche von Zentral- und Landesregierung überlagert wurde: der Zen-

---

[48] Währungs- und Kreditbehörde SUMOC, Verordnung Nr. 217 vom 4.10.1961.

[49] 15% des FOB-Exportwertes bei Kakaobohnen und 5% bei Kakaoderivaten (Dekret der Zentralregierung Nr. 539 vom 23.1.62, in: Garcez/Freitas (1979), S. 45 f). 1968 wurde die Abgabe für beide Exportarten auf 10% festgesetzt und 1983 in eine Exportsteuer in gleicher Höhe umgewandelt. Nach dem IICA-Bericht sollte dieser Beitrag ursprünglich zu gleichen Teilen auf die CEPLAC und die Kakao-Exportfinanzierung durch CACEX verteilt werden (vgl. IICA-Bericht, S. 25). 1962 führte die bahianische Landesregierung eine inflationsunabhängige Abgabe für das ICB ein: 1% vom Wert des 60-kg-Sack in Bahia, später umgewandelt in 0,72% des FOB-Exportwertes. Vgl. Garcez (1985), S. 130.

[50] Alle Anfang der 60er Jahre unternommenen Bemühungen der CEPLAC um die Umstrukturierung des landeseigenen Kakaoinstituts ICB in Salvador sowie um die bessere Ausstattung der dazugehörigen Forschungseinrichtung in Uruçuca scheiterten zunächst am mehr oder weniger offenen Widerstand des ICB selbst oder des Landesparlaments: so legte das ICB den für die Finanzierung erforderlichen Arbeitsplan der Forschungsstation nicht vor; und das Landesparlament stellte das Bewilligungsverfahren des von der CEPLAC ausgearbeiteten Finanzierungsantrags für den Umbau des ICB im Wert von umgerechnet US$ 0,95 Mio ein (vgl. IICA-Bericht, S. 46).

tralregierung stand die CEPLAC, der Landesregierung das ICB zur Verfügung. Aufgrund ihrer Verfügungsgewalt über die Verteilung der 15%- bzw. 5%-Exportabgabe auf Kakaobohnen bzw. -derivate (bezogen auf den FOB-Preis) geriet die CEPLAC zunehmend in den Brennpunkt der Bemühungen um Einflußnahme. Erste Schritte in Richtung auf die langfristige Umorientierung der Kakaopolitik weg von finanziellen Feuerwehraktionen hin zu langfristigen Maßnahmen der Produktivitäts- und Produktionserhöhung wurden 1962/1963 unternommen. In ihnen sahen sich die verschiedenen Interessengruppen mehr oder weniger berücksichtigt: Mit der Schaffung einer Forschungs- (CEPEC) und einer Beratungsabteilung (DEPEX) wurden die Interessen der Pflanzer in den Vordergrund gestellt; doch fühlten sich diese durch die strenge Kakao-Klassifizierung der CEPLAC gegenüber den Exporteuren diskriminiert; die Exportunternehmen wiederum sahen ihre Interessen durch die unabhängigen Ernte- und Preisprognosen der CEPLAC tangiert; bezüglich der beabsichtigten Förderung der Expansion vom Kakaoanbau auf andere Gebiete des Bundesterritoriums stieß die CEPLAC auf den entschiedenen Widerstand aller Kakaoproduzenten in Bahia; mit der Übernahme der Sanierung und Stärkung des Kakaoanbaus auch auf Landesebene[51] stellte sich die CEPLAC auf Konfrontationskurs mit Bahias Landesregierung, die - aus Furcht vor einer Aushöhlung "ihres" ICB's - damit argumentierte, daß "das Kakaogeschäft eine Angelegenheit der Bahianer" sei[52]. Zur Klärung dieser komplexen Interessenlage sowie

---

[51] So würde beispielsweise die Schaffung einer der CEPLAC unterstellten Forschungseinheit zwangsläufig den Spielraum des ICB als Landesbehörde zurückdrängen. Um einen Ausweg aus diesem Interessenkonflikt zu suchen, setzte der Premier-Minister von Präsident Goulart, Tancredo Neves, im November 1961 eine Studienkommission ein, die schließlich die Wende zugunsten der Schaffung einer handlungsfähigen Forschungsinstitution in der traditionellen Kakao-Anbauregion brachte. Zusammengesetzt aus Vertretern der einschlägigen Bundesressorts (Landwirtschaft, Nordostentwicklung, Exportförderung) sowie aus solchen der Landesregierung und der regionalen Interessenorganisationen, trug sie mit dem im Februar 1962 vorgelegten Bericht den widersprüchlichen Zielen Rechnung: Es wurde die Gründung einer permanenten Bundesbehörde für die Kakaoförderung, wie sie von zentralistisch orientierten Politikern und Behörden gefordert wurde, abgelehnt, stattdessen der Aus- und Umbau des vorhandenen landeseigenen Instituts befürwortet. Gleichzeitig wurde jedoch mit der Empfehlung zur Gründung einer Forschungsinstitution unter der Aufsicht der Bundesbehörde CEPLAC der eigentliche Grundstein zur faktischen Institutionalisierung dieser zunächst als vorübergehende Zwischeninstanz für notleidende Kredite gegründeten Bundeszentrale gelegt.

[52] Vgl. IICA-Bericht (1982), S. 26.

zur weiteren Festigung des unabhängigen Charakters der Kakaobehörde wurde schließlich, auf Betreiben der CEPLAC, eine eigenständige Vertretung aller Kakaopflanzer im Jahre 1963 gegründet: der Rat der Kakaoproduzenten CCPC, zusammengesetzt aus den Vorsitzenden der landwirtschaftlichen Arbeitgebergewerkschaften der Kakaoregion. Seine zentrale Aufgabe bestand in der "Beratung der CEPLAC bei der Erarbeitung und Durchführung des Kakaoförderungsprogramms in ganz Brasilien"[53]. Damit trat die Staatsbürokratie gleichzeitig dem Vorwurf entgegen, sie hätte mit der CEPLAC die Kakaoproduzenten von den Entscheidungsprozessen der Kakaopolitik ausgeschlossen. Weitere Aufgaben betrafen die Vertretung der Kakaoproduzenten bei den Behörden, Förderung der Selbstorganisierung der Produzenten sowie Durchführung von Informationsveranstaltungen. Dieses Modell wurde von den Produzenten positiv aufgenommen und bald handelte der CCPC als das einzig legitime Vertretungsorgan der Produzentenklasse[54]. Die Führungsposten des Anfang der 80er Jahre zu einen "Nationalen Rat der Kakaoproduzenten" (CNPC) erweiterten CCPC werden aufgrund von Wahlen besetzt, an denen die Vorsitzenden der Arbeitgebergewerkschaften teilnehmen, die ihrerseits von den organisierten Grundbesitzern gewählt werden. Die Politik des Verbandes wird von einer Handvoll der größeren Kakaoproduzenten bestimmt. Einer Umfrage zufolge waren zwar nur 24,7% der Agrarproduzenten Nicht-Mitglieder, 14% nahmen jedoch nie an Gewerkschaftsversammlungen teil, 46% besuchten bis zu 6 Versammlungen im Jahr, 10% monatlich und nur 4,2% noch häufiger[55]. Gegenwärtig (Stand: Dezember 1987) besteht der CNPC aus 100 landwirtschaftlichen Produzentengewerkschaften mit ca. 35.000 Einzelmitgliedern. Der Sitz des CNPC in Itabuna wurde mit Mitteln der CEPLAC gebaut. Dessen Haushaltsmittel setzen sich aus dem Betrag zusammen, der dem CNPC aufgrund einer gesetzlich vorgeschriebenen Weiterleitung von 1% der CEPLAC-eigenen Einnahmen aus der 10%-Kakaoexportabgabe überwiesen werden. Damit entstand die kuriose Konstruktion eines mit öffentlichen Geldern finanzierten Vertretungsorgans für die Agrarbesitzer[56]. Trotz dieser Finanzabhängigkeit entwickelte sich das neue Organ immer mehr zum Repräsentationsorgan der gesamten Kakaowirtschaft. In dieser Eigenschaft konnte es eigene Vertreter in die Führungsgremien vom Bahianischen Kakaoinstitut ICB und der CEPLAC sowie in die Produzenten-Zentralgenossenschaft COPERCACAU, in die Transportgesellschaft SULBA, in die Hochschule FESPI sowie in das Kulturprojekt PACCE entsenden. Trotzdem hat die CEPLAC von der gegebenen Kontrollmöglichkeit durchaus Gebrauch gemacht - zuletzt Mitte 1987, als

---

[53] Vgl. Garcez/Freitas (1979), S. 55.
[54] Vgl. Garcez/Freitas (1985), S. 55.
[55] Vgl. Sauer (1981), S. 124-128.
[56] Vgl. Carvalho (1986), S. 10.

durch einen politisch bedingten Führungswechsel innerhalb der CEPLAC (s. unten in diesem Kap.) die zuvor harmonisch operierenden CNPC und CEPLAC auf Konfrontationskurs gingen. Die CEPLAC sperrte unter administrativem Vorwand die Überweisungen an den CNPC von Mitte 1987 bis März 1988. Der CNPC wurde in seiner operativen Fähigkeit stark getroffen. Die wesentlichen Gründe für diese Maßnahme dürften eher in dem Versuch liegen, den CNPC zur Kursänderung zu bringen und damit zur Einreihung in den Block der Opponenten einer staatlichen Kakaobehörde (s. unten in diesem Kap.), darunter vor allem Kakaohändler, -exporteure und -industrielle sowie Präsident Sarney nahestehende Politiker. Doch trotz dieser finanziellen Unterordnung fand der CNPC im Laufe der Geschichte Mittel und Wege, um im Sinne seiner Mitglieder Druck auf die Zentralregierung auszuüben. Telegramme, Protestschreiben, Solidaritätsbekundungen, offene Briefe zur Mobilisierung der öffentlichen Meinung, Artikulation mit Bürgermeistern und Lokalpolitikern bis hin zur Ausrufung von Produktionsstop und Straßenblockaden, wenn nach Meinung des CNPC die Regierung eine Politik gegen die Interessen der Produzenten betrieb[57]. Mit dieser Vertretungsinstanz wird die im wesentlichen korporativ verfaßte gewerkschaftliche Struktur Brasiliens durchbrochen, welche die Interessenvertretung der mittleren und großen Produzenten im Rahmen von lokalen Arbeitgebergewerkschaften, regionalen Föderationen und bundesweiten Konföderationen der Landwirtschaft (Confederação Nacional da Agricultura - CNA) vorsieht. Dies geschah jedoch nicht ohne den Widerstand der verfaßten Gewerkschaften. Angesichts der zunehmenden Verschmelzung von Interessen zwischen dem damaligen CCPC als Vertreter der Produzenten einerseits und der CEPLAC als Organ der Zentralregierung andererseits artikuliert sich der Widerstand des CNA und der bahianischen Landesregierung mittels der ICB - wenn auch nur mit teilweisem Erfolg[58].

---

[57] Zuletzt wurde im Oktober 1987 u.a. eine Blockade der für den Kakaotransport strategischen BR-101 an der Kreuzung mit der BR-116 (Rio-Bahia) als Protest gegen den Finanzminister organisiert, der nach Meinung der Kakaoproduzenten ungenügend auf die Nöte der durch 7 Monate Trockenheit betroffenen Kakaoproduzenten eingegangen wäre (Aufschub fälliger Kredite um nur 2 statt der geforderten 4 Jahre bei nur 1 Freijahr und unter Einschluß des Inflationsausgleichs). An den genannten Demonstrationen waren rund 30.000 Kakaoproduzenten, Klassenvertreter, Politiker u.a. erwartet (vgl. Cacauicultores, 21.10.1987, S. 25).

[58] Ein Teilerfolg war beispielsweise der lange Aufschub der Verlegung vom ICB-Sitz von Salvador nach Ilhéus ins Zentrum des Anbaugebiets; dem damaligen Vize-Gouverneur Orlando Moscoso Barretto de Araújo - gleichzeitig Vorstandsvorsitzender der Kakaoverarbeitungs- und Exportfirma Barretto de Araújo S.A. - war es gelungen, den 1961 beschlossenen Umzug bis 1966 aufzuschieben. Den neuen Standortvorteil ließ sich die

Der Militärputsch 1964 bedeutete mit der Einrichtung eines autoritären Regimes die Stärkung zentralistischer Strukturen und damit auch der CEPLAC als eines funktionalen Durchführungsorgans für das Wirtschaftsmodell des "internationalisierten Binnenmarktes". Damit konnte sich die Kakaobehörde in der schwierigen Anfangsphase von 1964-68 und inmitten einer langjährigen, weltweiten Kakaokrise deutlich behaupten, indem sie die schon vorher begonnene Ausweitung ihrer Handlungsfelder von der Finanzierung auf Forschung und Ausbildung verstärkt vorantrieb. Die 1965 von der Zentralregierung eingesetzte "Studienkommission für die Kakaopolitik" stellte Richtlinien einer Kakaopolitik auf, die im wesentlichen mit dem Programm der CEPLAC identisch waren. Eine im gleichen Jahr eingerichtete Parlamentarische Untersuchungskommission über die Ursachen für das Scheitern des Internationalen Kakaoabkommens stellte in ihrem Endbericht - trotz gelegentlicher Kritik an der CEPLAC - die notwendige Verstärkung der Kakaobehörde fest. Die CNA hingegen sprach sich im Namen der Produzenteninteressen eindeutig gegen die von der CEPLAC verfolgte Kakaopolitik aus. So wandte sie sich 1966 wiederholt gegen die auch den Produktionssektor belastende Exportabgabe und forderte von der CEPLAC eine kostenneutrale technische und finanzielle Unterstützung. Ferner beanstandete die CNA die durch eine differenzierte Exportabgabe[59] entstandene Verzerrung zuungusten des Produktions- und zugunsten des Verarbeitungssektors. Der Verband ging gar soweit, die Umwidmung von Kakaoböden zu fordern. Diese Oppositionshaltung wurde erst aufgegeben, nachdem ein 1967 von derselben CNA einberufener "Nationaler Kakaokongreß" in Itabuna - entgegen der ursprünglichen Absicht, der Forderung nach Abschaffung der CEPLAC Nachdruck zu verleihen - in einer Resolution feststellte, daß die CEPLAC mit der Kakaoförderung keine Gruppenpolitik betreibe, keine Arbeitsbeschaffungsinstitution darstelle und eine zweckentsprechende Mittelverwendung aufweise, mithin als wirksames Organ zur Förderung des Kakaoanbaus Unterstützung verdiene. Die Resolution enthielt sogar eine Forderung, deren Verwirklichung im Jahre 1974 die Voraussetzung für eine noch stärkere Präsenz der Bundesebene in der Kakaopolitik schaffen würde: die Umwandlung der CEPLAC in eine finanziell und administrativ autonome Behörde[60]. Gleichzeitig forderte der Kongreß der Produzenten mit Blick auf die regio-

---

nach wie vor bedeutendste Kakaohandelsgruppe Bahias nicht entgehen; Mitte der 70er Jahre meldete sie die Inbetriebnahme einer mit öffentlichen Mitteln geförderten Produktionseinheit in Ilhéus.

[59] 15% des FOB-Wertes für Kakaobohnen und 5% für Kakaoderivate.
[60] Art. Nr. 172 des Gesetzesdekretes Nr. 200 vom 20.5.1967 (Verwaltungsreform der ersten Militärregierung) sah die Bedingungen für die Einrichtung von finanziell und administrativ autonomen Organisationen der Bundesministerien vor.

nalen Interessen der Landesregierung die Wiedereinrichtung des staatlichen Handelsmonopols durch eine zu gründende Tochtergesellschaft des ICB. In den Jahren 1964 - 1968 - "der schwierigsten Periode in der Geschichte der CEPLAC"[61] - blieb die bahianische Landesregierung bei ihrer Anti-CEPLAC-Haltung. Dieser Streit flammte 1968 mit der vermarktungsbezogenen Zusammenarbeit zwischen CEPLAC und der Kakaozentralgenossenschaft COPERCACAU neu auf [62]. Die Landesregierung wandte sich an die Zentralregierung mit der Forderung nach einer "Neuformulierung der Politik zum Schutz des Kakaoanbaus", die eine Aufteilung der Kakao-Exportabgabe unter CEPLAC und ICB einschließen würde[63]. Die Zentralregierung folgte jedoch der Argumentation des CEPLAC-Generalsekretärs und lehnte den Vorschlag ab. Mehr noch: mit der als Versuchsballon angekündigten Erhöhung der Kakaoexportabgabe auf 20% bewies die Zentralregierung einmal mehr, wie entschlossen sie die regionalen Interessen auch der bahianischen Landesregierung unter Gouverneur Luiz Vianna Filho zu übergehen bereit war. Doch aufgrund der geballten Reaktion von Produktions- und Handelssektor mit der Lahmlegung sämtlicher Aktivitäten in den Städten von Ilhéus und Itabuna ließ die Zentralregierung dieses Vorhaben fallen. Mit der in eigener Regie per Regierungsdekret[64] beschlossenen Reform des ICB im Jahre 1971 zog die nachfolgende Landesregierung von Antônio Carlos Magalhães den vorläufigen Schlußstrich unter dieser Streitperiode, indem das ICB voll als Durchführungsorgan der Landesregierung in der Kakaoregion auf die Aufgabenfelder der integrierten Entwicklung der Kakaoregion abgestellt wurde[65]. 1974 wird die CEPLAC durch ein Dekret der Regierung Geisel institutionell aufgewertet, indem sie von einer Abteilung des Finanzministeriums zu einer verwaltungsmäßig und finanziell autonomen Bundesbehörde des Landwirtschaftsministeriums im

---

[61] Die weit angelegte operationale Phase der CEPLAC begann mitten in einer intern und extern ungünstigen Konjunktur, da das Scheitern des gerade abgeschlossenen Kakaoabkommens (1964) einen starken Preisrutsch auf dem Weltkakaomarkt nach sich zog; zudem waren die Kakaoproduzenten über die ihnen verwehrte Partizipation an den Vorbereitungen für die Abkommensverhandlungen verbittert. Vgl. Garcez/Freitas (1979), S. 55.

[62] Vgl. Garcez/Freitas (1979), S. 58.

[63] Vgl. IICA-Bericht (1982), S. 27,

[64] Dekret Nr. 22.322 vom 20.3.1971.

[65] Dieser Eigenschaft als Exekutivorgan der Landesregierung trug die Zusammensetzung des Beschlußrates mit 7 Vertretern der Landesministerien, aber nur 2 Vertretern der Produzenten und 1 Vertreter der CEPLAC Rechnung. Vgl. Garcez/Freitas (1979), S. 60.

Sinne des Gesetzesdekretes 200/1967 (s. Anm. 60) erhoben wird[66]. Mit der Verabschiedung des PROCACAU (Programm zur Förderung des Kakaoanbaus) im Jahre 1975 erreichten die Zentralisierungsbestrebungen ihren Höhepunkt. Im Rahmen dieses Zehnjahresplans sollten 300.000 ha (1981/82 auf 245.000 ha reduziert) für Neuanpflanzungen angelegt und 150.000 ha (69.000) regeneriert werden, wobei auf das traditionelle Anbaugebiet Bahias (bis dahin 95,4% der brasilianischen Kakaoerzeugung) zunächst lediglich 36,7% der zusätzlich angebauten Fläche entfallen sollten (und allerdings fast 100% der zu regenerierenden Flächen)[67]. In seiner ursprünglichen Form stieß der Plan auf den entschiedenen Widerstand (wenn nicht des CEPLAC-nahen CNPC, so doch) der Kakaoproduzenten von Bahia, die eine stärkere Expansion des Kakaoanbaus in den angestammten Gebieten forderten und sich aufs schärfste gegen die beabsichtigte Ausdehnung auf Amazonien wandten. Dies käme, so argumentierten sie, einem Einkommenstransfer von Bahia in andere Regionen gleich, da die Erschließungskosten in Amazonien durch das in den traditionellen Anbaugebieten erwirtschaftete Einkommen finanziert werden sollten. Ferner wandten sie ein, die geplante Ausweitung der Produktion beruhe auf völlig irrealen Annahmen über die weltweite Produktionsentwicklung; vielmehr sei aufgrund der überall zu erwartenden Ausweitungspläne eine Überproduktion mit all ihren negativen Folgen für das Preisniveau und die Betriebsrentabilität zu befürchten - womit sie ja dann auch recht haben sollten. Tatsächlich erreichten die protestierenden Kakaoproduzenten im Rahmen der Zielrevision des PROCACAU in den Jahren 1981 und 1982 eine Beinah-Verdoppelung ihres Anteils auf annähernd 60% und eine Erhöhung der vorgesehenen Bahia-Fläche von 110.000 auf 145.000 ha. Deren tatsächliche Expansion aber ging weit über die für Bahia gesetzten Ziele hinaus. Trotz der formalen Zustimmung des CNPC zum PROCACAU ist die Kritik während der gesamten Laufzeit des Programms weder verstummt noch auffällig wirksam gewesen. Noch 1986 beklagte die Mehrheit der CNPC-Mitglieder bei einer Vollversammlung in Itabuna das "Desinteresse der CEPLAC gegenüber den regionalen Interessen der Kakaowirtschaft Bahias". Der Kakaobehörde wurde angekreidet, daß sie über 20% ihres Personals in Amazonien unterhalte, während andere Regierungsbehörden gravierende Personallücken zu verkraften hätten. Im Hinblick auf die Erneuerung dekadenter Pflanzungen und auf Produktivitätserhöhung in Bahia hätte die CEPLAC nichts Konkretes vorzuweisen. Die Anregungen der lokalen Vertretungsorgane seien gar nicht zur Kenntnis genommen worden, vielmehr seien die Entscheidungen bezüglich Amazoniens und des regionalen

---

[66] Gemäß Dekret Nr. 73.960/1974.
[67] Vgl. CEPLAC (1977), S. 119.

Entwicklungsprogramms POLONOROESTE dem Beschlußrat von CEPLAC lediglich zur Absegnung vorgelegt worden[68].

Ein neuer Vorstoß der Landesebene gegen die Vorherrschaft der Bundesbehörde in der Kakaoregion wurde erst 1981 unternommen, als der ehemalige Gouverneur Luiz Vianna Filho, nunmehr Senator in Brasília, einen Gesetzesentwurf zur Abschaffung der Kakaoexportabgabe einbrachte. Mit einer erneuten Mobilisierung wandten sich CNPC und Produzentenverbände erfolgreich gegen diesen neuen Versuch zur Abschaffung der CEPLAC.

An der soeben erwähnten Episode wird die relativ geringe Bedeutung der Legislative bei der Ausgestaltung der Kakaopolitik deutlich. Die wichtigsten Behörden wurden nicht durch Parlamentsgesetz, sondern durch Regierungsdekret gegründet. Wichtiger war für diese Sektoren deshalb die Eroberung von einflußreichen Posten in der Exekutive - sei es in der Regierung sei es in Führungspositionen der landes- oder bundeseigenen Kakaobürokratie. So erhielt der "Kakaobaron" Gileno Amado vom gewählten Landesgouverneur Juracy Magalhães 1959 - also mitten in der Gründerzeit der CEPLAC - das extra geschaffene "Landesministerium für südbahianische Angelegenheiten". Mit Eduardo Catalão wurde ein weiterer Vertreter der Kakaoproduzenten Mitglied der Landesregierung. Auf Bundesebene machte die Regierung Geisel (1974-1979) zum Industrieminister einen typischen Vertreter des modernen Kakaosektors: Angelo Calmon de Sá, Bankbesitzer aus Bahia und Unternehmer sowohl in der Kakaoproduktion als auch in der Kakaoverarbeitung. In dieser Position ist er Interessenkonflikten begegnet, die er nicht immer astrein im Sinne des Allgemeinwohls zu lösen versuchte (s. die Episode um die Gründung der Itaísa im Kap. 4.2.5). Auf lokaler und regionaler Ebene konnte beispielsweise Gileno Amado dank eines großen Einflusses in der eigenen Wahlregion (Itabuna) seinem Zögling, João Alves de Macedo, wiederholt zur Wahl in das Bundesparlament verhelfen. Parteipolitisch aber verteilten sich die Vertreter der Kakaoproduzenten - nach einer Erhebung von 1959, der letzten vor der Abschaffung des Mehrparteiensystems im Jahre 1965 - ziemlich gleichmäßig auf alle Parteien, wobei eine Polarisierung zwischen den beiden wichtigsten Parteien (der konservativ-agrarischen Demokratisch-Nationalen Union UDN und der reformerisch-labouristischen PTB) auffällt[69]. Die Parteizugehörigkeit

---

[68] CNPC (1986), S. 3.

[69] So waren in der Kakaofraktion des Bahia-Parlaments in der Legislatur von 1959 - 1963 je 2 Parlamentarier der UDN und der PTB sowie je 1 Parlamentarier der kleineren Parteien (das waren die sozialdemokratische PSD, die liberale PL und die faschistische Partei der Volksvertretung PRP) mit insgesamt 40.000 Stimmen vertreten. Allein der Kakaobaron Antonio Carlos Magalhães erhielt in Itabuna bei den Bundesparlamentswahlen von

spielt in diesem Sektor keine größere Rolle als allgemein in der brasilianischen Politik, wo in erster Linie persönliche und klientelistische Bindungen die Entscheidungsfindung bestimmen[70].

Als Ergebnis obiger Ausführungen ist festzuhalten, daß die Kakaopolitik in ihren maßgebenden Grundzügen eine Resultante aus den Auseinandersetzungen zwischen den verschiedenen Fraktionen der Kakaoelite unter Ausschluß der Arbeitnehmerorganisationen ist. Deren Implementierung spiegelt großenteils die konjunkturellen Schwankungen dieser Fraktionen wider, die in Zeiten der Krise die allgemeinen kakaowirtschaftlichen Interessen in den Vordergrund stellten, in normalen Entwicklungsphasen jedoch sich auf das Ausfechten fraktionsspezifischer Interessen zurückzogen. Mit dem Auslaufen des PROCACAU im Jahre 1985 und mit der im gleichen Jahr begonnenen Regierung der "Neuen Republik" gewannen innerhalb der CEPLAC Bestrebungen an Bedeutung, eine zumindest teilweise Überwindung partikulärer Interessen zu realisieren. Auch wenn der CEPLAC-Apparat nach wie vor ein Eroberungsziel für kakaowirtschaftliche Interessenfraktionen ebenso wie für politische Vertreter der herrschenden gesellschaftlichen Gruppen - einschließlich solcher, die sich für die Abschaffung dieser Behörde aussprechen - bleibt, erweiterte die CEPLAC seit 1985 den gesellschaftlichen Spielraum ihrer Kakaopolitik durch die Eröffnung einer umfassenden Debatte über eine Einschätzung der bisherigen Kakaopolitik sowie über den künftig einzuschlagenden Kurs. Die Debatte wurde sowohl innerhalb der CEPLAC als auch außerhalb derselben - unter Hinzuziehung der Kleinproduzenten und der Arbeitnehmergewerkschaften - geführt. Schon aufgrund des erweiterten Diskutantenkreises wurden zwei wesentliche Aspekte neu ins Gespräch aufgenommen: die Notwendigkeit einer verstärkten Hinwendung auf Kleinproduzenten und Landarbeiter sowie das Erfordernis einer angepaßten Technologie mit geringeren Kosten. Während diese Themen durch Experten vertieft wurden, polarisierte sich die Diskussion unter den betroffenen gesellschaftlichen Gruppen um die Frage "Kakao-Exportabgabe: Ja oder Nein?" - und damit verbunden die Frage nach institutioneller Absicherung der CEPLAC. Zugunsten der Abschaffung der Exportabgabe sprachen sich die ABEC (Vereinigung der kakaoexportierenden Unternehmen), die ABIC (Vereinigung der kakaoverarbeitenden Industrie), die FAEB (Bahianische Landesföderation der landwirtschaftlichen Arbeitgebergewerkschaften) und als politischer Wortführer der Bundesabgeordnete Jorge Vianna (Mitglied der regierenden Partei der Brasilianischen Demokratischen

---

1966 6.000 Stimmen; nach seiner Wahl zum Bundesabgeordneten wurde er jedoch zum Oberbürgermeister von Salvador ernannt, womit die "Kakaofraktion" im Bundesparlament vakant wurde. Vgl. Garcez/Freitas (1979), S.78, 95-98.

[70] Vgl. Garcez/Freitas (1979), S. 94.

Bewegung PMDB, die unter den Militärregierungen in der Opposition stand). Ihnen gemeinsam ist die Bestrebung, den staatlichen Einfluß zurückzudrängen und das Privatkapital aufzuwerten. Die CEPLAC sollte ihrer Meinung nach Aufgaben wie die Klassifizierung der Kakaobohnen in die Hände der Industriellen und Exporteure selbst legen. Als staatliche Behörde sollte sie sich um Entwicklungsprogramme kümmern, die jedoch nicht aus dem Kakao-Topf finanziert werden dürften. Folglich sollten ihre Abteilungen unter die verschiedenen, bereits existierenden Behörden verteilt werden; so würde beispielsweise die landwirtschaftliche Ausbildung dem Erziehungsministerium, die Kakaoforschung der landwirtschaftlichen Forschungsbehörde EMBRAPA im Landwirtschaftsministerium zugeordnet werden. Demgegenüber bildete sich eine Dreiecksallianz zwischen dem CEPLAC-Apparat, dem Nationalen Rat der Kakaoproduzenten (CNPC) und den zugehörigen Arbeitgeberwerkschaften sowie der Kakao-Zentralgenossenschaft COPERCACAU zugunsten der Beibehaltung der Exportabgabe. Die Kakaobehörde hat das Genossenschaftskonzept der COPERCACAU gefördert, während umgekehrt die COPERCACAU und der CNPC in der CEPLAC eine wesentliche Stütze für die Produzentenorganisationen sowie eine unverzichtbare regionale Entwicklungsbehörde sehen. Ihnen zufolge stellt die CEPLAC eine unverzichtbare regionale Entwicklungsbehörde dar; sie sei nur für diejenigen ein Dorn im Auge, die ihre unmittelbaren Interessen auf Kosten der Produzenten zu maximieren versuchen: die Industriellen und Exporteure[71]. Wenn die COPERCACAU hingegen in Vermarktung und Verarbeitung von Kakao Fuß zu fassen versucht, dann deshalb, weil sonst - aufgrund des oligopsonischen Charakters des Kakaoabnehmermarktes - für die in ihr zusammengefaßten Produzenten kein wirksamer Erzeugerpreisschutz möglich wäre. Diese Allianz geht dabei arbeitsteilig vor: Der CNPC übernimmt die politische Seite, die COPERCACAU den wirtschaftlichen Bereich und die CEPLAC die Forschung. Einen entscheidenden - wenn auch wohl vorläufigen - Sieg in dieser Auseinandersetzung hat aber die Gruppe der Exporteure und Industriellen 1987 errungen, als im Zuge der Auseinandersetzungen um die in der neuen Verfassung verankerte Amtsdauer des Präsidenten der Republik der traditionell klientelische Regierungsstil einen Höhepunkt erreichte. Um ein loyales Abstimmungsverhalten in der Frage einer fünfjährigen Amtsdauer seines Mandats zu belohnen, ließ Präsident Sarney die wichtigsten Leitungsposten der CEPLAC mit Personen besetzen, die dem oben genannten Abgeordneten Jorge Vianna genehm sind, nämlich mit dem Vorsitzenden der landwirtschaftlichen Landesföderation FAEB und Carlos Vianna, Bruder des Abgeordneten[72].

---

[71] Vgl. Imposto, in: <u>Diário da Tarde</u> (6.5.1987), S. 1.
[72] Die Ernennung von Carlos Vianna zum Regionalkoordinator der CEPLAC (und damit zum Leiter der überaus wichtigen operativen Regionalstelle der CEPLAC in Itabuna) sowie die Vergabe der CEPLAC-Leitung an die Exporteure waren bereits Gegenstand einer Forderung, die der Abgeordnete

Über den nach wie vor schwelenden Konflikt können noch so versöhnlerische Worte wie die des neuen CEPLAC-Leiters nicht hinwegtäuschen, der die Notwendigkeit der Einheit aller Sektoren der Kakaowirtschaft - Produzenten, Arbeitnehmer, Exporteure, Industrielle und Regierung - angesichts der Weltmarktmechanismen unterstrich: Forschung, Ausbildung und Schulung der Produzenten seien die prioritären Aufgaben der gegenwärtigen CEPLAC-Politik.

## 4. Die Durchführung der staatlichen Politik

### 4.1 Die CEPLAC

Zusammen oder in Verbindung mit anderen öffentlichen Stellen ist die CEPLAC (Comissão Executiva do Plano da Lavoura Cacaueira) das von der brasilianischen Regierung geschaffene Organ zur Durchführung der staatlichen Kakaopolitik. Sie wurde 1957 als eine Hauptabteilung des Finanzministeriums gegründet. Ab 1974 wurde sie zu einer autonomen Bundesbehörde im Zuständigkeitsbereich des Landwirtschaftsministeriums. Die CEPLAC ist die einzige brasilianische Organisation, die für den landwirtschaftlichen Bereich ein integriertes Entwicklungsprogramm aus Forschung, Ausbildung, Schulung und Agrarkredit eigenverantwortlich durchführte. Sie hatte im August 1986 4.450 Mitarbeiter[1].

Die Führungsebene der CEPLAC besteht aus einem obersten beschlußfassenden Rat (Conselho Deliberativo - CODEL), einer zentralen Verwaltungsstelle (dem Generalsekretariat - SECRE) - beide in Brasília -, einer regionalen Koordinierungsstelle (der Coordenadoria Geral - COREG) in Bahia und aus sechs Hauptabteilungen: dem Zentrum für Kakaoforschung CEPEC, der Hauptabteilung für landwirtschaftliche Schulung DEPEX, der Ausbildungs-Hauptabteilung DEPED, der Hauptabteilung für Entwicklunsförderung DEADE, der Verwaltungs-Hauptabteilung DEPAD und der Hauptabteilung für Amazonien DEPEA. Dem Beschlußrat CODEL steht die Aufstellung von Politik und Richtlinien für die administrative und projektorientierte Arbeit im Rahmen des "Planes zur betriebs- und landwirtschaftlichen Sanierung des Kakaoanbaus" zu, in dessen Durchführung die Aufgabe der CEPLAC besteht. Der Beschlußrat versammelt sich monatlich, um über grundlegende Angelegenheiten der Behörde sowie über die laufende Tätigkeit des CEPLAC-

---

bereits seit 1985 gegenüber dem damaligen Behördenleiter, Josuelito Britto, erhob (vgl. Gomes, 7.10.1985, S. 6; Medauar, 4.10.1985, S. 1).

[1] Vgl. CEPLAC (1987), S. 45.

Generalsekretärs zu beschließen. Zu diesem Gremium gehören - außer dem CEPLAC-Generalsekretär, dem laut Gesetz ein breites Zuständigkeitsfeld zusteht - der Landwirtschaftsminister (als Vorsitzender), der Leiter der Außenhandelsabteilung der Banco do Brasil CACEX (als stellvertretender Vorsitzender) sowie Vertreter des Industrie- und Handelsministeriums, der Landesregierungen von Bahia und Espírito Santo (den traditionellen Kakaoanbaugebieten), der Zentralbank und der Kakaoproduzenten (entsandt vom CNPC). Der Generalsekretär der CEPLAC wird auf Vorschlag des Landwirtschaftsministers vom Präsidenten der Republik ernannt. Der Regionalkoordinator wird vom Generalsekretär nach Anhörung des Landwirtschaftsministers ernannt. Die übrigen leitenden Angestellten werden vom Regionalkoordinator vorgeschlagen und vom Generalsekretär ernannt. Das Generalsekretariat hat seinen Sitz in Brasília und besteht aus einem Verwaltungsrat, einem Sekretariatsamt, den Zentralabteilungen (für Wirtschaft und Statistik, Haushalt und Finanzen, Programme und Evaluierung) und einem Forschungsrat. Zum Verwaltungsrat gehören der Generalsekretär (als Vorsitzender), die stellvertretenden Sekretäre, der wissenschaftliche Leiter, der Regionalkoordinator und eingeladene Experten.

Die regionale Koordinierungsstelle COREG hat ihren Sitz in der traditionellen Kakaoregion (Ilhéus, Bahia). Ihr oberstes beschlußfassendes Organ ist der Regionalrat, der sich aus dem Regionalkoordinator (als Vorsitzendem), den stellvertretenden Koordinatoren und den Abteilungsleitern zusammensetzt. Ihre Aufgaben dienen der Koordinierung aller Tätigkeiten in den Kakaoanbaugebieten von Bahia und Espírito Santo. Den Hauptabteilungen obliegt die eigentliche Umsetzung der CEPLAC-Politik durch Anfertigung von sozioökonomischen Studien und Forschungsprojekten, Durchführung landwirtschaftlicher Forschung und Experimente, direkte Betreuung des Produzenten in technischer und finanzieller Hinsicht, Ausbildung von Fachkräften und qualifizierter Arbeitskraft, Vertrieb von landwirtschaftlichen Einsatzmitteln im Sinne der Diffusion moderner Anbautechniken, Zusammenarbeit mit nationalen und internationalen Stellen sowie Forschungsaustausch, administrative und finanzielle Beteiligung an Programmen zur Stärkung der Infrastruktur in den Kakaoanbaugebieten (Erziehungswesen, Stromversorgung, Straßenbau, öffentliche Gesundheit u.a.m.). Die Forschungstätigkeit wird von dem Kakao-Forschungszentrum CEPEC in den Fachabteilungen für Sozial- und Wirtschaftswissenschaften, Botanik, Biotechnologie, Pflanzenpathologie, Zoologie, Geowissenschaften, Genetik, Zootechnik, Agrarökonomie und -produktion, Diversifizierung der angebauten Kulturen, Mathematik und Statistik, Bibliographie und Dokumentation ausgeübt. 1984 befanden sich im CEPEC (Itabuna) und in den Forschungsstationen von Südostbahia und Linhares (Espírito Santo) folgende Projekte in der Implementierungsphase[2]:

- Genverbesserung der Kakaopflanze,
- Braunfäule und Kontrolle,
- Sekundärkrankheiten der Kakaopflanzen und ihre Kontrolle,
- Technologie des Einsatzes von Pflanzenschutzmitteln,
- Seuchen der Kakaopflanzen und Kontrollmethoden,
- Biologie und Kontrolle von Unkraut,
- Entwicklungsfaktoren der Kakaopflanze,
- Nährstoffzustand des Bodens und Düngung der Kakaopflanze,
- Hybridbeziehungen in der Kakaokultur,
- Qualität der Kakaobohne,
- Kakaoanbausystem,
- Vollnutzung der Ressourcen in der Kakaopflanzung,
- Sozioökonomische Faktoren in der Entwicklung der Kakaoanbaugebiete,
- Erntevorhersage und
- Landwirtschaftliche Klimakunde der Kakaoanbaugebiete in Brasilien[3].

Die technische Betreuung wird durch die Hauptabteilung Schulung (DEPEX) geleistet, die mit ihren 13 Abteilungen und ihrem hoch qualifizierten Personal (Agrarökonomen und landwirtschaftliche Experten) 59 Außenstellen in 89 Munizipien der Kakaoanbaugebiete von Bahia und Espírito Santo koordiniert (Stand: 1984). Die berufliche Ausbildung obliegt der Hauptabteilung für Schule und Ausbildung, die der kakaobezogenen Berufsausbildung und Schulung der

---

[2] Außer den strikt kakaobezogenen Projekten führte das CEPEC noch folgende Forschungsprojekte über andere Agrarprodukte durch:
- Klassifizierung, Nutzung und Schutz erneuerbarer natürlicher Ressourcen,
- Erhebung über Entstehung und Beschaffenheit der Böden in Südbahia und Espírito Santo,
- Methoden zur Handhabung und Schutz der Böden in Südbahia,
- Diversifizierungsadäquate Land- und Forstsysteme für die Kakaoregionen,
- Entwicklung regionaler Palmen-Anbausysteme,
- Entwicklung regionaler Systeme für den Anbau von Genußmittelpflanzen,
- System der Anlage, Zurückgewinnung und Handhabung von Weiden,
- Evaluierung der Viehzuchtsysteme,
- Bioökologie und Kontrole der Weidekäfer ("cigarrinhas"). Vgl. Monteiro (1985), S. 6

[3] Vgl. Monteiro (1985), S. 5.

Arbeitskraft in landwirtschaftlichen Fachschulen dient[4]. Für die Koordinierung und Durchführung von Tätigkeiten für den Ausbau der Infrastruktur (Stromversorgung landwirtschaftlicher Betriebe, Straßen- und Brückenbau, öffentliche Gesundheit, Abwasser, Hafen-Infrastruktur, Fernmeldewesen) ist die <u>Hauptabteilung für Entwicklungsförderung DEADE</u> (gegründet 1978) zuständig. Die <u>Verwaltungsdienste</u> für die Kakaoanbaugebiete von Bahia und Espírito Santo werden von der Verwaltungs-Hauptabteilung DEPAD ausgeführt. Ihr obliegen die Verwaltung der personellen, finanziellen und materiellen Ressourcen der CEPLAC ebenso wie die Buchführung, Dokumentation, Instandhaltung und Transporte im Hinblick auf die effektivere Gestaltung und Rationalisierung dieser Verwaltungsdienste.

Nach dem Beginn ihrer Tätigkeit im Amazonas-Gebiet im Jahre 1965 gründete die CEPLAC 1976 die <u>Sonder-Hauptabteilung für Amazonien DEPEA</u>, mit Sitz in Belém, zum Zweck der Durchführung von Forschung, Experimenten, technischer Betreuung und landwirtschaftlicher Schulung im Kakaoanbau. 1984 befanden sich in der Bearbeitungsphase unter der Koordinierung der DEPEA 10 Forschungsprojekte aus den Bereichen der Landwirtschaftskunde, Ökonomie, Insektenkunde, Pflanzenpathologie, Gentechnologie und Bodenkunde (CEPLAC 1985, S. 6).

Abbildung 3 stellt ein Organigramm mit den funktionalen Integrationslinien unter all diesen Abteilungen sowie zwischen CEPLAC und den Interessenverbänden und Behörden dar. Die Prozesse von Schaffung und Transfer der Technologie haben folgenden Verlauf: Die Probleme der Produzenten werden von den technischen Betreuern (DEPEX) und Forschern (CEPEC) vor Ort ermittelt; die vom CEPEC entwickelte Technologie und geförderten Erkenntnisse werden zu Orientierungsgrundlagen der Tätigkeiten vom DEPEX, DEPED UND DEADE, wobei dem DEPEX die Aufgabe der Überbringung der angeforderten Technologie an den jeweiligen Betrieb zukommt. Es besteht für die Produzenten die institutionelle Möglichkeit, ihre Forderungen direkt beim

---

[4] 1969 wurde die Landwirtschaftliche Fachschule für das Kakaoanbaugebiet (EMARC) in Uruçuca gegründet. Zwischen 1965 und 1984 zählte diese Schule 1.986 Abschlüsse in Land- und Viehwirtschaft, 363 in Landvermessung, 161 in Nahrungsmitteltechnologie, 93 in der landwirtschaftlichen Technik, 427 in Farmverwaltung, 26 in viehwirtschaftlichen Diensten. Im Rahmen des Programms zur Qualifizierung der landwirtschaftlichen Arbeitskraft wurden von 1973 bis 1984 48.276 Personen in landwirtschaftlichen Tätigkeiten und 13.132 in sonstigen Tätigkeiten geschult. 1980 wurden weitere drei landwirtschaftliche Fachschulen in Valença, Itapetinga und Teixeira de Freitas von der CEPLAC gegründet. Vgl. Monteiro (1985), S. 11.

obersten beschlußfassenden Organ der CEPLAC - dem CODEL - über ihre Interessenvertretung (den CNPC) vorzubringen.

Außer diesen mit der Durchführung der staatlichen Kakaopolitik direkt befaßten Organe beeinflußen selbstverständlich auch andere öffentlichen Stellen die praktische Kakaopolitik. Mit ihnen steht die CEPLAC ebenfalls im Kontakt[5]. Auch innerhalb des für sie zuständigen Landwirtschaftsministeriums versucht die CEPLAC ihren Einfluß bei der Formulierung der staatlichen Kakaopolitik geltend zu machen; doch wird sie ebenfalls durch diese Behörde beeinflußt. Die CEPLAC muß sich in den umfassenden Rahmen der Wirtschaftspolitik der Zentralregierung einfügen. In diesem Sinne ist sie auch den mit der Aufstellung der Wirtschaftspolitik betrauten Behörden (Planungssekretariat beim Staatspräsidenten, Finanzministerium) sowie den für die Kreditpolitik zuständigen Stellen (Zentralbank, Nationaler Währungsrat) untergeordnet. Dem Nationalen Währungsrat sowie der Zentralbank wird auch der jährliche Haushalt der CEPLAC zur Genehmigung und Freigabe der Mittel vorgelegt. Aufgrund seines Exportcharakters wird der Kakaosektor von einer Vielzahl weiterer Organe beeinflußt. Es handelt sich dabei um:

- die Hauptabteilung für Außenhandel der Banco do Brasil CACEX (deren Leiter zugleich stellvertretender Vorsitzender des obersten beschlußfassenden Organs CODEL der CEPLAC ist), zuständig für die Überwachung der Auslandsvermarktung vom Kakao;

- das Industrie- und Handelsministerium (vertreten im CODEL) und der nationale Exportrat CONCEX als Überwachungsorgane für den gesamten Vorgang externer Kakaovermarktung;

- das Außenministerium über seine Abteilung für Basisprodukte als (zusammen mit CEPLAC und anderen Behörden) mitverantwortliche Stelle für die Festlegung der Position Brasiliens bei den Verhandlungen um das internationale Kakaoabkommen; und schließlich

- die Landesregierungen der traditionellen Kakaoanbaugebiete in Bahia und Espírito Santo als Mitglieder des CODEL in der CEPLAC.

---

[5] Vgl. Borges Santos (1979), S. 113.

## Abbildung 3: Organigramm der CEPLAC

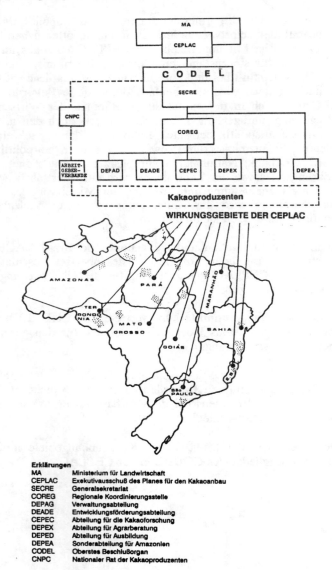

**Erklärungen**
MA  Ministerium für Landwirtschaft
CEPLAC  Exekutivausschuß des Planes für den Kakaoanbau
SECRE  Generalsekretariat
COREG  Regionale Koordinierungsstelle
DEPAG  Verwaltungsabteilung
DEADE  Entwicklungsförderungsabteilung
CEPEC  Abteilung für die Kakaoforschung
DEPEX  Abteilung für Agrarberatung
DEPED  Abteilung für Ausbildung
DEPEA  Sonderabteilung für Amazonien
CODEL  Oberstes Beschlußorgan
CNPC  Nationaler Rat der Kakaoproduzenten

Quelle:  Garcez (1985), S.90

## 4.2 Einzelne Politikbereiche

### 4.2.1 Kreditpolitik

Als Instrument der Agrarpolitik wurde die Kreditpolitik erst 1965 mit der Schaffung des Nationalen Agrarkreditwesens etabliert, das neben öffentlichen Ressourcen auch die Zwangsmobilisierung eines wesentlichen Anteils (nämlich 10%) der Sichteinlagen bei Privatbanken vorsah. Zur Erreichung agrarpolitischer Modernisierungsziele wurde die Vergabe zinssubventionierter Kredite an bestimmte Auflagen gebunden, die (a) bei den sogenannten "Anbaukrediten" die überwachte Anwendung moderner Einsatzmittel wie Kunstdünger, Pestizide, genverbesserten Saatguts usw. (s. Tab. 4) sowie (b) bei den sogenannten "Investitionskrediten" die Anschaffung von landwirtschaftlichen Maschinen und Anlagen bzw. den Anbau von Dauerkulturen wie Kakao beinhalten. Daneben wurden sogenannte "Vermarktungskredite" vergeben, die es den Bauern ermöglichen sollten, den günstigeren Verkaufszeitpunkt abzuwarten. Den Löwenanteil aller Kredite (80%) stellt der Staat (76%: Banco do Brasil; 4%: Entwicklungsbanken der Bundesländer und Nationale Genossenschaftsbank), während der Privatsektor mit nur 20% beiträgt[6]. Man kann zwei Etappen unterscheiden: nach einer ersten Phase der induzierten Modernisierung, in der das Kreditvolumen zwischen 1970 und 1979 real um 329% zunahm[7], wurde der Agrarkredit in einer zweiten Phase (1979-1986) als agrarpolitisches Instrument zunehmend von einer realistischeren Mindestpreispolitik abgelöst, wobei die Landwirtschaft in das allgemeine Kreditsystem integriert wurde; dabei wurden die Zinssubventionen drastisch abgebaut (vgl. Tab. 4). Das Agrarkreditvolumen sank bis 1984 und 1985 auf 41% bzw. 65,1% des Betrages von 1975. Von diesem Rückgang wurde der für die input-Industrien besonders relevante Anbaukredit mit einer Verminderung auf 32% im Jahre 1984 besonders betroffen[8].

---

[6] Vgl. Leclercq (1985), S. 33.

[7] Die Bedeutung dieses Zuwachses kann man an der hohen Ausgangsbasis ersehen, deren Wert 1970 bereits 54% des gesamten Produktionswertes im Primärsektor entsprach. Vgl. Kageyama (1987), S. 56.

[8] Vgl. Kageyama (1987), S. 65.

## Tabelle 4: Brasilien: Agrarkredite und Zinssubventionen für den Einsatz moderner landwirtschaftlicher inputs 1974/75 - 1984/85

| Agrarjahr: | 1974/75 | 1975/76 | 1976/77 | 1977/78 | 1978/79 | 1979/80 | 1980/81 | 1981/82 | 1982/83 | 1983/84[*] | 1984/85 |
|---|---|---|---|---|---|---|---|---|---|---|---|
| Jahresinflation: | 34 % | 29 % | 46 % | 38 % | 40 % | 77 % | 110 % | 95 % | 99 % | 211 % | 226 % |
| Zinssatz für: | | | | | | | | | | | |
| - Kalk | 0 % | 0 % | 15 % | 15 % | 15 % | VBC[*] zum Zinssatz von: | 33 % | | | | |
| - Kunstdünger | 15 % | 15 % | 0 % | 0 % | 0 % | 15 % | | 45 % | 45 % | 152 % | 200-240 % |
| - Pestizide/Insektizide | 0 % | 0 % | 15 % | 15 % | 15 % | | | | | | |
| - Saatgut | 0 % | 0 % | 15 % | 15 % | 15 % | | | | | | |

[*] Ab 1983/84 wird der Zinssatz auf 3 % zuzüglich 85 % (ab 1984/85: 100 %) des Inflationsausgleichssatzes der ORTN-Werte (= geldwertberichtigte Schatzamtsobligationen) festgesetzt. Der VBC (wörtlich: "Grundwert der Anbaukosten") wird jährlich von dem Bundes-Landwirtschaftsministerium festgesetzt; zumeist beläuft er sich auf offiziell 80 %, tatsächlich aber auf lediglich 52 - 69 % der effektiven Anbaukosten.

**Quelle:** Fundação Getúlio Vargas und FECOTRIGO, zit. nach: Leclercq (1985), S. 35 und 38.

In der ersten Phase hatte der zinssubventionierte Agrarkredit in Form von Anbau- und Investitionskrediten die Funktion, einen Markt für die überteuerten Produkte der landwirtschaftlichen input- und Maschinenindustrie, die sich aufgrund der Anreize der Importsubstitutionsstrategie vorwiegend aus Tochterbetrieben transnationaler Unternehmen zusammensetzt, zu schaffen. Entsprechend war die Verteilung der Kredite. Diese gingen vorwiegend an bereits hoch kapitalisierte Großbetriebe. 1980 wurden lediglich 21,8% der Agrarbetriebe mit einem Kredit begünstigt; von diesen zählten lediglich 23,8% zu den Kleinbauern mit 10 ha oder weniger, deren wertmäßiger Kreditanteil nur bei 4,2% lag; dagegen entfielen auf die Kreditnehmer mit 1.000 ha und mehr, die 1,4% der gesamten Betriebszahl ausmachten, 22,1% des Kreditwertes[9]. Die hohe Einkommenskonzentration erlaubte die Mobilisierung eines hohen Finanzierungsvolumens und damit die Schaffung der für Skaleneffekte erforderlichen Nachfrage nach Produkten der vorgelagerten Industrien landwirtschaftlicher Maschinen und Einsatzmittel. Aufgrund der Kreditsubventionen war der Düngerpreis 1976 real auf den Tiefststand des Jahrzehnts gesunken, und der reale Traktorpreis wies während des ganzen Jahrzehnts eine ebenfalls sinkende Tendenz auf[10]. Die nachfolgende Phase des Agrarkredits, in der eine Erhöhung der Zinssätze vorgenommen wurde, stellte für die erst an der Schwelle zur vollen Rentabilität stehenden Industrien eine harte Belastungsprobe dar, der sie jedoch mit oligopolistisch typischer Preisgestaltung zu begegnen wußten (Aufrechterhaltung der Gewinnmarge durch Herabsetzung der Produktionszahl und durch Preisanhebung). Der Produktionssektor hingegen zeigte sich im Hinblick auf das Modernisierungsniveau relativ ausgereift: Selbst bei einem Rückgang des input-Einsatzes konnte die Landwirtschaft die erreichte Produktivität halten. Eine ähnliche Entwicklung fand im Kakaosektor statt: Tab. 5 verdeutlicht sie für Bahia. Folgende Bemerkungen sind für die Einschätzung der genannten Tabelle von Bedeutung:

a) Trotz des enormen Mittelaufwands ist der relativ geringe Anteil vom Kakaokredit an den gesamten Agrarkrediten ein Indikator dafür, daß die Kakaoförderung im Gesamtrahmen der Kreditpolitik keine hohe Priorität genoß. Von 1975 bis 1982 wies die für Kakao wichtigste Kreditart - nämlich der Anbaukredit - nie einen Anteil von mehr als 2% an den gesamten Anbaukrediten auf; auch der auf Kakao entfallende Anteil der Investitionskredite (die neben der Anschaffung von Maschinen und Anlagen auch die Neupflanzung/Erneuerung

---

[9] Schätzung nach Daten der IX. Volkszählung Brasiliens von 1980. Vgl. FIBGE (1982).
[10] Vgl. Kageyama (1987), S. 60.

Tabelle 5: Wert und Prozentverteilung von Agrarkrediten für Neupflanzung, Erneuerung, Anlageinvestitionen sowie Produktionskosten von Kakao im Bundesstaat Bahia 1960 - 1983 (in Tsd. US$)

| JAHR | INFLA-TIONS-RATE* | WECHSELKURS 1 US$ = Cr$ | NEUPFLANZUNG Zins-satz | NEUPFLANZUNG Tsd. US$ | ERNEUERUNG Zins-satz | ERNEUERUNG Tsd. US$ | ANLAGEINVEST. Zins-satz | ANLAGEINVEST. Tsd. US$ | ANBAUKREDITE Zinssatz | ANBAUKREDITE Tsd. US$ | KREDITVERTRÄGE INSGESAMT Tsd. US$ | ANBAU % | ANTEIL AN KREDITVERTR. NEUPFL % | ANTEIL AN KREDITVERTR. ERN. % | ANTEIL AN KREDITVERTR. ANL. % |
|---|---|---|---|---|---|---|---|---|---|---|---|---|---|---|---|
| | A | B | C | D | E | F | G | H | I | J | K | L | M | N | O |
| 60 | 31,3 | 0,229 | 9 | 3 | 9 | 0 | 9 | 7.336 | 9 | 66 | 7.404 | 0,9 | 0,0 | 0,0 | 99,1 |
| 61 | 40,5 | 0,345 | 14 | 2 | 14 | 0 | 14 | 4.388 | 9 | 64 | 4.454 | 1,4 | 0,0 | 0,0 | 98,5 |
| 62 | 51,3 | 0,555 | 14 | 5 | 14 | 0 | 14 | 6.939 | 9 | 72 | 7.016 | 1,0 | 0,1 | 0,0 | 98,9 |
| 63 | 81,3 | 0,747 | 14 | 2 | 14 | 0 | 14 | 5.016 | 9 | 36 | 5.054 | 0,7 | 0,0 | 0,0 | 99,3 |
| 64 | 91,9 | 1,850 | 14 | 1 | 14 | 0 | 14 | 2.160 | 9 | 25 | 2.185 | 1,1 | 0,1 | 0,0 | 98,9 |
| 65 | 34,5 | 2,220 | 14 | 4 | 14 | 0 | 14 | 1.158 | 9 | 32 | 1.193 | 2,7 | 0,3 | 0,0 | 97,1 |
| 66 | 38,8 | 2,220 | 14 | 259 | 14 | 114 | 14 | 841 | 9 | 430 | 1.843 | 28,2 | 15,8 | 6,9 | 51,2 |
| 67 | 24,3 | 2,715 | 14 | 278 | 14 | 48 | 14 | 1.733 | 9 | 864 | 2.922 | 28,6 | 9,5 | 1,8 | 59,3 |
| 68 | 25,4 | 3,830 | 16 | 166 | 16 | 34 | 16 | 1.074 | 9 | 502 | 1.777 | 28,3 | 9,3 | 1,9 | 60,4 |
| 69 | 20,2 | 4,350 | 16 | 71 | 16 | 38 | 7 | 789 | 10,7 | 1.105 | 2.001 | 55,2 | 3,6 | 1,8 | 39,4 |
| 70 | 19,3 | 4,950 | 17 | 103 | 17 | 61 | 7 | 1.053 | 10,7 | 2.505 | 3.722 | 67,3 | 2,8 | 1,8 | 28,3 |
| 71 | 19,5 | 5,635 | 10 | 821 | 10 | 115 | 7 | 1.068 | 10,8 | 3.914 | 5.918 | 66,1 | 13,9 | 1,9 | 18,1 |
| 72 | 15,7 | 6,215 | 7 | 2.092 | 7 | 198 | 7 | 1.126 | 10,8 | 7.616 | 11.032 | 69,0 | 19,0 | 1,8 | 10,2 |
| 73 | 15,5 | 6,220 | 7 | 6.109 | 7 | 112 | 7 | 4.180 | 10,8 | 10.745 | 21.147 | 50,8 | 28,9 | 0,5 | 19,8 |
| 74 | 34,5 | 7,435 | 7 | 6.170 | 7 | 146 | 7 | 5.118 | 10,8 | 13.532 | 24.966 | 54,2 | 24,7 | 0,6 | 20,5 |
| 75 | 29,4 | 9,070 | 7 | 12.207 | 7 | 860 | 7 | 7.497 | 13,2 | 27.443 | 48.037 | 57,1 | 25,4 | 1,9 | 15,6 |
| 76 | 46,3 | 12,345 | 7 | 17.718 | 7 | 1.128 | 7 | 7.820 | 13,2 | 29.224 | 55.888 | 52,3 | 31,7 | 2,0 | 14,0 |
| 77 | 38,8 | 16,050 | 7 | 29.498 | 7 | 6.171 | 7 | 21.350 | 13,2 | 37.961 | 94.949 | 40,0 | 31,0 | 6,5 | 22,5 |
| 78 | 40,8 | 20,920 | 7 | 27.881 | 7 | 8.026 | 7 | 19.451 | 13,2 | 67.829 | 121.187 | 56,0 | 23,0 | 5,0 | 16,1 |
| 79 | 77,2 | 42,330 | 10,8 | 23.166 | 10,8 | 2.640 | 10,8 | 6.323 | 13,2 | 48.058 | 80.187 | 59,9 | 28,9 | 3,3 | 7,9 |
| 80 | 110,2 | 65,170 | 16,7 | 19.569 | 16,7 | 4.522 | 16,6 | 4.362 | 22 | 74.333 | 102.787 | 72,3 | 19,0 | 4,4 | 4,2 |
| 81 | 95,2 | 127,18 | 23,6 | 9.771 | 17,5 | 2.361 | 23,6 | 569 | 22 | 68.383 | 81.084 | 84,3 | 12,1 | 2,9 | 0,7 |
| 82 | 99,7 | 247,58 | 27,6 | 5.112 | 17,5 | 1.312 | 27,8 | 5.358 | 35 | 63.231 | 105.012 | 88,8 | 4,9 | 1,3 | 5,1 |
| 83 | 211 | 968,00 | 45 | 341 | 45 | 127 | 42,5 | 1.194 | 35 | 31.834 | 33.496 | 95,0 | 1,0 | 0,4 | 3,6 |

* Gemessen am Allgemeinen Preisindex (DI - Binnenmarkt-Verfügbarkeit) der Getúlio-Vargas-Stiftung.

Quelle: Eigene Berechnung nach Daten der Fundação Getúlio Vargas und von LaFleur (o.J. - ca. 1985), S. 56.

von Dauerkulturen berücksichtigen) lag beispielsweise zwischen 1980 und 1982 nur knapp über 2%[11].

b) Die Entwicklung der Kakaokredite in der Zeit von 1960 bis 1968 spiegelt den akuten Charakter des staatlichen Eingriffs zugunsten zahlungsunfähiger Kakaobauern wider; die Umschuldungsbeträge wurden als Kredite für Anlageinvestitionen (Spalten G, H und O von Tab. 5) eingeordnet. Dabei hielt sich die Bedeutung der Anbaukredite für die Kakaokultur (Spalten I, J und L) in Grenzen; selbst in den ersten beiden Jahren nach dem auf die Einrichtung des Nationalen Agrarkreditsystems folgenden Sprung ging ihr Anteil nicht über 29,6%. Das Verhältnis änderte sich Ende der 60er/Anfang der 70er Jahre drastisch, als rd. 2/3 aller Kakaokredite auf die Kategorie "Anbaukredite" entfielen. Zu dieser Schwerpunktverlagerung trug sicher die von Costa e Silva (1967-1969) initiierte und von Medici (1969 - 1974) weiterverfolgte Agrarindustrialisierungsstrategie bei. Mit der von Geisel (1974 - 1979) betriebenen Politik der Expansion von Kakaoanbaufläche und -produktion (PROCACAU) verdoppelte sich das Kakao-Kreditvolumen insgesamt, während die Kredite für Neupflanzungen (Spalten C, D und M) ein überdurchschnittliches Wachstum verzeichneten; damit hielten sich die Anbaukredite und die Investitionskredite im weiteren Sinne solange die Waage, bis schließlich in den 80er Jahren - nach den wiederholten Revisionen des PROCACAU und nach drastischem Rückgang des Kreditvolumens insgesamt - die Anbaukredite wieder die unbestrittene Hauptrolle spielten.

c) Ein Vergleich zwischen den Jahresinflationsraten (Spalte A) und den jeweils nominal festgesetzten Zinssätzen (Spalten C, E, G und I) vermittelt eine annähernde Vorstellung vom erheblichen Ausmaß des Zuschußelementes in der jeweiligen Kreditart: denn nicht selten überstiegen die Inflationsraten die jeweils nominal festgesetzten Zinssätze um ein Vielfaches. Dieses Zuschußelement war bis 1971 für die Anbaukredite erheblich höher als für die Investitionskredite; in den darauffolgenden 70er und 80er Jahren war das Verhältnis umgekehrt, es verlor jedoch aufgrund der drastischen Inflationsbeschleunigung ab 1979 an Bedeutung. An dieser Entwicklung wird deutlich, daß der Anbaukredit besonders dann vorteilhaft war, als das vergebene Volumen der Agrarkredite insgesamt relativ niedrig war. Als sich später dessen Anteil im Vergleich zum Investitionskredit erhöhte, waren die Konditionen vergleichsweise weniger attraktiv.

---

[11] Vgl. Weltbank (1983), S. 21 und FIBGE (1984) in: LATEINAMERIKA (3/1985), S. 56.

d) Von diesen Kreditvergünstigungen profitierten insbesondere die größeren Kakaobauern, wie mehrere Feldforschungen bestätigen: Für 1968/69 stellte Ferreira fest, daß auf Groß- und Mittelbetriebe 73,2% der Anbaukredite und 71,6% der Investitionskredite entfielen[12]. Auch Silva's Untersuchung von 1970[13] ergab, daß der geringste Anteil von kreditnehmenden Kakaobetrieben in der jeweiligen Kategorie bei "Kleinpflanzern" (immerhin 52,7%) zu finden ist, der höchste aber der Kategorie "Großpflanzer" zufällt (75%), während die mittleren mit 71,6% eine mittlere Stellung einnehmen. 1975/76 wurden diese Ergebnisse durch die Untersuchung von Navarro/Asmar noch einmal bestätigt: die Autoren fanden in drei Munizipien der Kakaoregion (Ibirapitanga, Camacã, Canavieiras) heraus, daß 61, 62 und 81% der Kleinbauern (maximale Betriebsfläche von 120 ha bzw. Höchstproduktion von jährlich 12 t) noch nie einen Kredit aufgenommen hatten[14].

e) Das landesweite Austrocknen von Agrarfinanzierungsquellen wirkte sich ebenfalls auf den Kakaosektor aus: von 1978 (dem kreditmäßigen Spitzenjahr) bis 1983 verminderte sich das Kakaokreditvolumen in Bahia von umgerechnet rd. US$ 120 Mio. auf rd. US$ 33 Mio. Auch im Amazonasgebiet gingen die Kredite erheblich zurück. So wurden beispielsweise im Jahre 1986 - der "goldenen" Zeit des Cruzado-Planes[15] - nur 2% der für die Neuanlage von Kakaopflanzungen und Kakaoverarbeitung im Amazonasgebiet beantragten Investitionsprojekte (insgesamt 186 an der Zahl) finanziert; bei den Anbaukrediten (mit einjähriger Laufzeit) wurden - mit Schwankungen je nach Bundesstaat - immerhin noch bis zu 2/3 der beantragten Finanzierungsprojekte bewilligt. Der Großteil aller Kredite (85%) wurde von der staatlichen Banco do Brasil vergeben; darin zeigt sich das geringe Interesse der Privatbanken an der nach wie vor relativ niedrigen Verzinsung der Agrarkredite[16].

f) Ein knapper Überblick über die Entwicklung der von der CEPLAC verfolgten Kreditpolitik mag die eben skizzierten Merkmale verständlich machen. Schon die von den CEPLAC-Anfängen bis Ende der 70er Jahre durchgeführten 3 Umschuldungsaktionen fielen mehrheitlich zugunsten der Mittel- und

---

[12] Vgl. Ferreira (1970/71), S. 139-140.
[13] Vgl. Silva (1975), S. 308-309.
[14] Vgl. Navarro/Asmar (1978), S. 25 und 65.
[15] Durch einen Preis- und Lohnstop wurde eine dreistellige Inflationsrate zwischen März und November 1986 per Dekret auf unter 10% gedrückt; nach den Parlamentswahlen vom November 1986 wurden dann die Preisrelationen angepaßt, womit der Inflation wieder Tür und Tor geöffnet wurde. Vgl. LATEINAMERIKA (9/1987).
[16] Vgl. DEPEA (1987), S. 24-29.

Großbauern aus: Die erste, durchgeführt von 1957 - 1959 in Höhe von umgerechnet US$ 1,6 Mio.[17], begünstigte mit ihren hohen Kreditsubventionen[18] zwar auch (und stärker als bei der späteren normalen Kreditpolitik) die Kleinbauern; doch mittlere und große Pflanzungsbesitzer mit einer Jahresproduktion von mehr als 15 t/J, die nur 10% aller Kakaobetriebe und 80% von Anbaufläche und Produktion stellten, waren mit knapp 54% (gemessen an der Gesamtzahl der beteiligten Bauern) an der Umschuldungsaktion beteiligt[19]; insgesamt erreichte dieses Programm 1.907 Produzenten, oder knapp 10% aller Kakaobauern. Vom Beginn der Umschuldungsaktion im September 1957 bis zu deren Abschluß im April 1962 wurden 73% des Finanzierungsfonds für Zwecke der Umschuldung und schon 26% für die Modernisierung des Kakaoanbaus bewilligt[20]. Die Notwendigkeit zu einer zweiten Umschuldungsaktion ergab sich nach drastischem, klimabedingtem Produktionsrückgang in den Jahren 1959/ 60, gekoppelt mit einem starken Preisverfall aufgrund hoher Produktionszuwächse in Afrika. Sie wurde 1962 zu ähnlichen Konditionen wie die erste vollzogen, aber mit einem vielfach höheren Betrag (umgerechnet US$ 16,46 Mio.) [21]. Die dritte Umschuldungsaktion erfolgte 1971 mit einer erneuten Vervielfachung des zur Verfügung stehenden Volumens (Cr$ 7.740,0 Mio. oder umgerechnet US$ 60,87 Mio.); auch die Zahl der umgeschuldeten Bauern erhöhte sich auf 4.367, wovon 3.763 (86,2%) als Kleinbauern mit einer Produktion von bis zu 30 t

---

[17] = Cr$ 338.431.804,50 (vgl. IICA-Bericht, S. 39). Offizieller Dollarwechselkurs: 1 US$ = Cr$ 209,06. Nach: Pechman (1984), S.131.

[18] Bei nominal 8% Festzinsen pro Jahr und einer Laufzeit von bis zu 12 Jahren war der Subventionsanteil bei Jahresinflationsraten von 16,4 % (1957), 14,7 % (1958) und 39,1 % (1959) beträchtlich (die Raten beziehen sich auf die Lebenshaltungsindices der Getúlio-Vargas-Stiftung, nach: Wogart (1972), S. 83). Die Abwicklung war anfänglich schleppend, da ein Großteil der in Not geratenen Bauern informelle Kredite im Rahmen von Vorausverkaufsoperationen eingegangen waren, deren Konditionen sich durch kurze Laufzeiten, hohe Zinsen und unverhältnismäßig belastende Landhypotheken auszeichneten. Dabei waren vor allem kleinere Verkäufer oft dazu verleitet, zu einem festgelegten Preis mehr Kakaomengen zu verkaufen, als sie voraussichtlich zu liefern imstande waren; die dann bei Lieferfrist fällige Fehlmenge wurde mit Krediten beim Käufer selbst gedeckt, zu deren Absicherung eine Landhypothek unterschrieben wurde; aus diesem Grunde war Zahlungsunfähigkeit häufig mit Landverlust verbunden (s. Abschnitt über Vermarktung). Vgl. IICA-Bericht, S. 38.

[19] Berechnet nach Zahlen des IICA-Berichts, S. 18 und 39.

[20] Vgl. IICA-Bericht, S. 39.

[21] Nach inflationsbereinigten Werten von 1981.

jährlich angesehen werden[22]. In der Vergabe von Erneuerungskrediten legte die CEPLAC in den ersten Jahren den Schwerpunkt auf Anlageinvestitionen in den Kakaobetrieben: 87,5% wurden zwischen 1959 und 1965 für den Bau von Kakaotrocknungsanlagen, Arbeiterwohnungen usw. vergeben. Schon ab 1965, nach Einrichtung der beiden Hauptabteilungen der Kakaoforschung und -beratung (CEPEC und DEPEX), verlagerte sich der Schwerpunkt auf die Finanzierung der Produktionskosten (Einsatzmittel wie Pestizide, Dünger usw.)[23]. In den Jahren bis 1980 stieg der relative Anteil dieser Anbaukredite derart, daß schließlich 82,8% der im Laufe von 21 Jahren vergebenen Cr$ 91,5 Mrd. (US$ 719,56 Mio.) Kredite auf die Anschaffung von landwirtschaftlichen Einsatzmitteln entfielen. Da aber der Anteil von modernisierten Bauern gerade bei den Kleinproduzenten besonders gering ist[24], kann man den hohen Anteil an Anbaukrediten als Indikator für die geringere Berücksichtigung der Kleinproduzenten am Kreditprogramm ansehen. 1971 wurde die Finanzierungsfunktion von der CEPLAC auf das staatliche und private Bankensystem ausgelagert, wobei CEPLAC lediglich eine Vermittlungsfunktion zur Aufstellung und Begutachtung der Kreditanträge sowie zur Betreuung bewilligter Projekte beibehielt. Die erheblichen Negativzinsen der Agrarkredite führten in den 70er Jahren zu einer Explosion der Kreditnachfrage durch die prosperierende Kakaowirtschaft. 1978 überstiegen die von dem Banksystem an die Kakaobauern vergebenen Kredite den gesamten Haushalt der CEPLAC um 88,3%[25]. Mit der Erhöhung des Agrarkredits zu "einem der wichtigsten Instrumente der Regierungspolitik für die Dynamisierung der Land- und Viehwirtschaft" brachte das von CEPLAC ausgearbeitete und von der Regierung Geisel beschlossene Kakaoexpansionsprogramm PROCACAU (1976 - 1985) eine wesentliche Erhöhung des Kreditvolumens, gekoppelt mit einer spezifisch produktivitätsbezogenen Zielsetzung (optimale Kombination der Ressourcen, Zugang zu neuen Technologien und Steigerung der Investitionen in den Produktionseinheiten der Kakaoproduzenten) und mit einem sehr differenzierten, regional angepaßten

---

[22] Hierbei führte der IICA-Bericht die zahlenmäßig starke mittlere Produzentenkategorie von über 15 bis 30 t nicht getrennt auf. Aus diesem Grund läßt sich kein genauer Vergleich mit der ersten Umschuldungsaktion machen. Vgl. IICA-Bericht, S. 39-42.

[23] Vgl. IICA-Bericht, S. 41-2.

[24] Navarro/Asmar stellten 1974/75 fest, daß von rd. 2/3 der befragten Kleinbauern (d.h. deren Kakaoproduktion jährlich bis zu 12 t beträgt) die von der CEPLAC empfohlenen Pflegemaßnahmen (Astung, Stützung, Insektizid-, Kalk- und Düngereinsatz) nicht angewandt wurden (vgl. Navarro/Asmar (1978), S. 85.

[25] Vgl. IICA-Bericht, S. 40.

Förderungsinstrumentarium[26]. Eine weitere Zielsetzung des von CEPLAC vermittelten Agrarkredites beinhaltete die Diversifizierung der Anbaukulturen in dem Bundesstaat Bahias.

Es bleibt festzuhalten: Die CEPLAC vermittelte zwischen 1957 und 1981 umgerechnet US$ 719.565.901 an zweckgebundenen und überwachten Krediten für Kakaoanbau (82,8%) und Infrastrukturleistungen in den Kakaobetrieben[27]. Von diesen Förderungsmaßnahmen blieben die Kleinpflanzer zum größten Teil unberührt. Die durch die Kredite ermöglichten Produktivitäts- und Produktionsgewinne brachten den Mittel- und Großpflanzern Einkommenszuwächse, die die Vergrößerung des sozialen Abstandes zu den Kleinpflanzern mit sich

---

[26] Die Kreditvergabe erfolgt zu Vorzugsbedingungen, die je nach Kreditzweck gestaffelt sind:
Anlage und Erneuerung von Kakaopflanzungen: 4 Jahre Karenzzeit, 8 Jahre Tilgungszeit, 7% Festzinsen pro Jahr bei halbjährlicher Zahlungsweise und jährlichen Tilgungen in Höhe von 10, 20, 30 und 40% vom ausstehenden Betrag; als Finanzierungsfonds wird zusätzlich das Land- und Viehwirtschaftliche Entwicklungsprogramm "PROTERRA" nutzbar gemacht.
- Anschaffung von Grund und Boden: Laufzeit: 12 Jahre bei 2 Karenzjahren und 12% Festzinsen, auch mit PROTERRA-Mitteln.
- Anbaukredite: Laufzeit: 1 Jahr, Festzinsen: 10 bzw. 15% für Kredite bis zum Fünfzigfachen des Mindestlohnes bzw. darüber.
Zusätzlich wurden die sonstigen Agrarkreditklauseln weiter verbessert:
- jährliche Inflationsanpassung des auszuzahlenden Kreditbetrages;
- keine Zinszahlungen während der Karenzzeit; aufgelaufene Zinsen werden (ohne Zinseszinsen) zusammen mit den späteren Tilgungsraten anteilsmäßig bezahlt;
- 100%ige Entschädigung für den bei totaler Entfernung der überalterten Pflanzung entstandenen Einnahmenausfall während der vierjährigen Aufbauphase;
- fortschreitende Verpfändung auch der durch den Kredit ermöglichten Meliorationen zugelassen;
- Für die Anschaffung von Grund und Boden in Amazonien wird die Karenzzeit auf 4 Jahre erhöht;
- Bau von Zugangswegen und von landwirtschaftlichen Wohnhäusern (hier: bis zu 100% des Investitionswertes) als Investitionskredit finanzierbar;
- preislich subventionierte Abgabe von Düngemitteln und Fungiziden auch durch CEPLAC-Beratungsstellen.
- Überwachung der Mittelverwendung sowie technische Betreuung durch lokale Büros der Kakao- bzw. Landwirtschaftsbehörden. Vgl. CEPLAC (1977), S. 165 f.

[27] Vgl. IICA-Bericht (1982), S. 42.

brachten. Die von der CEPLAC seit Mitte der 70er Jahre gestarteten Ausgleichsprogramme für Kleinproduzenten blieben ohne grundlegende Folgen (s.u.).

### 4.2.2 Forschungs- und Beratungspolitik

Bereits die 1923 von dem brasilianischen Bundeslandwirtschaftsministerium gegründete Forschungsstation Agua Preta (später Uruçuca) widmete ihre Forschung den damals vordringendsten Problemen der Produktions-und Produktivitätserhöhung (Genverbesserung, Insektenkunde und Pflanzenpathologie). Mit der 1932 vollzogenen Überführung dieser Forschungsstation in die Zuständigkeit der im Jahr zuvor gegründeten genossenschaftlich-staatlichen Landesbehörde IBC (Bahianisches Kakaoinstitut) wurde die Kakaoforschung mit gleicher Blickrichtung intensiviert und auf Kakao-Aufbereitungsverfahren sowie Pflegemaßnahmen erweitert. Nach finanzierungsbedingt starker Vernachlässigung der Forschung in den 40er Jahren - da das Kakaoinstitut mehr und mehr zu einem rein "politischen" Organ der Landesregierung wurde (s. 3.2.1) - wurden in den 50er Jahren neue Forschungsstellen in Juçari (Bahia) und Linhares (im südlichen Nachbarstaat Espírito Santo) zum Zweck der Auswahl und Verteilung von Genmaterial auf Betreiben der Zentralregierung hin gegründet und in Gang gehalten[28]. Aufgrund des wegen fehlender Beratungsarbeit begrenzten Wirkungskreises dieser Forschungsstationen sowie angesichts ihres engen Forschungshorizontes ging die 1957 gegründete Kommission zur agrar- und betriebswirtschaftlichen Sanierung des Kakaoanbaus CEPLAC bereits in den ersten Jahren ihrer Tätigkeit dazu über, eine solidere institutionelle Verankerung für ein auf Grundlagen- und Regionalforschung sowie auf technische Beratung erweitertes Arbeitsprogramm zu fordern. Denn die eigens für die Verbesserung der Anbau- und Aufbereitungsmethoden geschaffene Kreditlinie der CEPLAC erwies sich aufgrund von fehlenden Grunddaten über Boden und Mikroklima sowie aufgrund von fehlenden Grundkenntnissen über Pflanzenkunde und Kakaotechnologie als letztlich unwirksam für die langfristige Sanierung des Kakaoanbaus. Die produktivitätsorientierte Stoßrichtung der erweiterten Forschung wurde gleich aufgrund der ökonomisch-technischen Diagnose der Kakaokrise durch CEPLAC festgelegt: Demnach lagen die Ursachen für die sich wiederholenden Solvenzkrisen der Kakaopflanzer in erster Linie in Management-Fehlern und niedriger Pflanzen-Produktivität; niedrige internationale Preise oder längere Trockenperioden stellten lediglich verschärfende Faktoren dar[29]. So wurde 1963 das große Kakaoforschungszentrum CEPEC als eigene CEPLAC-Abteilung in Itabuna mit dem Zweck gegründet, (a) die Kakaoforschung im Hinblick auf die Lösung der Probleme vom Kakaoanbau

---

[28] Vgl. Alvim/Rosário (1972), S. 16.
[29] Vgl. Alvim (1976), S. 273. in: Simmons (1976).

auf erweiterter Grundlage fortzuführen, (b) mit den Forschungsergebnissen einen möglichst effizienten Einsatz der Produktionsfaktoren durch die Pflanzer zu ermöglichen und (c) ein qualitativ besseres Produkt zu erzielen[30]. Im darauffolgenden Jahr wurde die Beratungsabteilung DEPEX mit dem Ziel gegründet, die Übernahme der experimentell erprobten Anbau- und Aufbereitungstechniken durch die Bauern zu beschleunigen. Mit ähnlich auf Produktivitätserhöhung ausgerichteten Aufgaben wurde für die Expansion des Kakaoanbaus auf das Amazonasgebiet die Hauptabteilung DEPEA in Belém 1974 gegründet. Wenige Beispiele genügen zur Verdeutlichung dieser Forschungsausrichtung:

- Durch Insektenbefall (Selenothrips rubrocinctus, die Ameisen Azteca paraensis und Azteca monalonion bondari, Kakaolaus, Kakaomotte) verursachte Schäden können in Bahia einen Produktionsrückgang von bis zu 20% hervorrufen[31]. Daher gehören entomologische Forschungen zu den seit den 20er Jahren betriebenen Aktivitäten der verschiedenen Forschungsstellen; im CEPEC beschäftigt sich gegenwärtig ein Forschungsschwerpunkt mit kostensparenden (chemischen und biologischen) Mitteln der Seuchenbekämpfung[32].

- Im Bereich der Pflanzenpathologie konzentrierte sich die Forschung auf die seit dem ersten Jahrzehnt des Jahrhunderts in Bahia grassierende Braunfäule, die beispielsweise 1964 einen Produktionsrückgang um 20 - 30% verursachte[33]; im Amazonasgebiet gilt der Forschungsschwerpunkt der sogenannten Hexenbesenkrankheit, einer von Pilzbefall verursachten Wachstumsanomalie[34], die 1984-85 einen Produktionsausfall von 50 - 70% in Rondonien verursachte[35]; trotz der von CEPLAC betriebenen ständigen Kampagne gegen die Verbreitung dieser existenzgefährdenden Krankheit[36] wurden inzwischen - trotz strenger Überwachung des eingeführten Pflanzmaterials an Flughäfen usw. - auch in

---

[30] Vgl. Machado (1972), S. 2.

[31] Vgl. Garcia (1974), S. 20.

[32] Vgl. IICA-Bericht (1982), S.58-59; Mandarino/Santos (1979), S. 28.

[33] N.N. (1964), S. 2.

[34] Dabei dringt der Erreger Crinipellis perniciosus Stahel ins Gewebe von Zweigen und Trieben ein und bringt sie durch Wucherungen nach 4-6 Wochen zum Absterben.

[35] Nach Aussagen von CEPLAC-Experten und Betroffenen vor Ort an den Verfasser im Mai 1987.

[36] Ein Kakaogroßpflanzer aus Rondonien erklärte dem Verfasser im Mai 1987, er werde nach zweistelligen Produktionsrückgängen in den letzten beiden Erntejahren die Kakaokultur ganz aufgeben, falls 1987 ein ebenso hoher krankheitsbedingter Ernteverlust eintreten sollte.

Bahias Kakaohauptanbaugebiet (Camacã u.a.) mehrere Infektionsherde bekannt[37]. Ein Anzeichen für die Begünstigung kapitalstarker Großpflanzer durch die modernen Techniken der Seuchenkontrolle liefert die Erkenntnis, daß die wirksamste Bekämpfungsmethode gegen Braunfäule - das Sprühen einer Kupferlösung 4mal im Jahr - sich erst ab einem Hektarertrag von 700-800 kg/ha rentiert, einem Ertrag, der von nur 15% aller Kakaobauern in Bahia erreicht wird; für die sonstigen Bauern wird lediglich Auflichtung und Insektenkontrolle als Bekämpfungsmaßnahmen empfohlen[38]. Die oben besprochenen teuren Kupferspritzungen werden auch bei der Hexenbesenkrankheit als Vorbeugungsmaßnahme empfohlen.

- Die Erforschung der klimatischen Bedingungen wird durch 16 Wetterbeobachtungsstationen in Bahia und Espírito Santo ermöglicht, womit die klimatische Zoneneinteilung der Region vorgenommen wurde.

- Bodenuntersuchungen in Südbahia haben neben den für den Kakaoanbau geeigneten Böden (Podsole und Alluvialböden) auch das verbreitete Vorhandensein von Oxisolen (mit überwiegend aus Eisen- und Aluminiumoxiden bestehenden Horizonten) festgestellt, die zwar auch für Kakao genutzt werden, sich jedoch eher für den Anbau von Gummibäumen und Ölpalmen eignen. Ein weiteres Untersuchungsergebnis war die Feststellung eines verbreiteten Phosphormangels in der Region.

- Nach der kartographischen Erfassung der Böden auf einer Fläche von über 80.000 qkm im Jahre 1965 wurden Karten kleineren Maßstabs (1:25.000) zur leichteren Bestimmung der geeigneten Standorte für die Kakaopflanzungen den Bauern verteilt[39]. Bis 1982 wurden Bodenuntersuchungen auf insgesamt 9,1 Mio. ha zum Zweck der jeweils möglichen landwirtschaftlichen Nutzung durchgeführt. Fruchtbarkeitsanalysen wurden an 150.000 Bodenproben vorgenommen; 100.000 ha wurden für die Ausweitung des Kakaoanbaus im Südosten Bahias als geeignet ermittelt[40].

- Entsprechend diesen Feststellungen wurden 1964 die o.g. Forschungsergebnisse u.a. mit denen der Boden- und Klimaforschung auf 21 produzierenden Kakaopflanzungen in Südbahia kombiniert. Die Ergebnisse waren ein Produktionswachstum um 39% im Jahre 1965 (bei teilweiser Entfernung der Schatten-

---

[37] Vgl. Gazeta Mercantil, 30.11.1989, S. 20. Dem Bericht zufolge seien von den untersuchten 180.000 Kakaopflanzen bereits 7.000 infiziert.
[38] Vgl. Medeiros (1969), S. 204 - 212. sowie Alvim (1976), S. 286-287.
[39] Vgl. Alvim (1976), S. 289.
[40] Vgl. IICA-Bericht (1982), S. 57-58.

bäume) und um 80% im Jahre 1966 (bei totaler Entfernung, kombiniert mit Kunstdüngergabe). Experimente mit Düngung aber ohne jegliche Auflichtung erbrachten Zuwächse von nur 5,9 und 13,8% in den genannten Jahren [41]; bei einer optimalen Auflichtung der Schattenbäume (bei ca. 25-30 Bäumen je ha) und angemessenem Düngereinsatz wurde eine 100%ige Produktionserhöhung erzielt [42].

- Für die 1960 bzw. 1976 ehrgeizig gesetzten Ziele der Erneuerung von Kakaopflanzungen (150.000 ha als Ablösung von 99.000 ha mit überalterten Kakaopflanzungen von mehr als 40 Jahren) bzw. die Ausweitung des Kakaoanbaus (um 182.000 ha) allein im traditionellen Kakaoanbaugebiet im Südosten Bahias und in Espírito Santo mußte CEPEC die Gewinnung von Samenmaterial aus Hochertragssorten stark beschleunigen: Dank der von ihm angewandten manuellen Hybridisierung von einheimischen Sorten mit eigens aus den Versuchsanstalten von Trinidad y Tobago, Ekuador und Costa Rica importierten Hochertragszüchtungen und nach Auswahl der an die jeweiligen Boden- und Klimaverhältnisse am Besten angepaßten Sorten konnten bis 1980 bereits 515 Mio. genverbesserter Saaten gewonnen und verteilt werden [43]. Das verteilte Hybridmaterial erzielte in den Forschungsfeldern der CEPLAC eine Produktion von 1.000 kg/ha im 5. Jahr und von 1.500 kg/ha ab dem 6. Jahr. Einige Sorten erreichten dabei sogar 2.000 kg/ha [44]. Zum Zweck der Einführung exogener Sorten aus dem Ausland und einheimischer aus Amazonien hat die CEPLAC 1967 eine Dienststelle für Pflanzeneinführung (SIPLA) in der Landeshauptstadt Bahias, Salvador, gegründet. Das in Brasilien gegenwärtig verfügbare Grundmaterial für die Genverbesserung beläuft sich auf insgesamt 338 Genotypen verschiedener Provenienz, aus denen bis 1980 271 Hybridsorten gewonnen und evaluiert wurden [45]. Als bestes Ausgangsmaterial für weitere Forschungen wurde nach langen Versuchsreihen die weißkernige Kultur der Hochertragssorte "Catongo" bestimmt; dabei zeigten sich die (seitdem zur Erneuerung von Altbeständen empfohlenen) Varietäten "Catongo x Sca-6" und "Catongo x Sca-12" bis zu einem gewissen Grad resistent gegenüber dem Krankheitserreger der Braunfäule [46].

---

[41] Vgl. Cabala-Rosand u. a. (1974), S. 6.
[42] Vgl. IICA-Bericht (1982), S. 58.
[43] IICA-Bericht (1982), S. 57.
[44] Dabei liegen die durchschnittlichen Hektarerträge in der Region bei höchstens 450 kg/ha. Vgl. zu den Erträgen der Hybridsorten: N.N. (1973), S. 21.
[45] Vgl. IICA-Bericht (1982), S. 56.
[46] Vgl. Alvim (1976), S. 286.

- In der Abteilung für Technologie widmet sich das CEPEC der Entwicklung von neuem, speziell auf die Probleme der Kakaobauern zugeschnittenen Gerät. So wurden neuartige Trocknungsanlagen entwickelt, die den qualitätsmindernden rauchigen Geschmack der Bohnen vermeiden helfen, sei es durch Trennung von Feuerquelle und trocknenden Kakaobohnen sei es durch Glasdachkonstruktionen, die den Regen abhalten und durch Sonneneinstrahlung Temperaturen von bis zu 70°C ermöglichen[47]. Ein weiteres Forschungsgebiet betrifft die Entwicklung von Geräten und Verfahren zur Verbesserung des Fermentationsvorgangs. Eine konstante Temperatur während der Fermentation - eine der wesentlichen Voraussetzungen für die Enzymtätigkeit und für die Qualität des Endprodukts - wird erst durch die Verbesserung der traditionellen Fermentationskästen gesichert. Durch bessere Belüftung der Kakaobohnen während des Fermentationsvorgangs konnte der die Qualität beeinträchtigende Säuregrad um 20% vermindert werden[48].

- Schon seit den 60er Jahren fördert die CEPLAC auch Alternativkulturen zum Kakao durch eigene Forschungsprogramme: So den Anbau von Jahreskulturen für die eigene Subsistenz (seit 1968-71), die Viehwirtschaft (seit 1975), den Gummibaum-, Kokus- und Palmölanbau (als Dieselölersatz seit 1984/85[49]). Seit 1984 wurden diese Maßnahmen im Zuge der gesellschaftlichen Mobilisierung am Ende der Militärregierung Figueiredo (1979 - 1985) deutlich intensiviert.

- In der Abteilung für Wirtschafts- und Sozialstudien werden die sozialen und ökonomischen Probleme des Einzugsbereichs der CEPLAC eingehend untersucht. Zu den Untersuchungsprojekten gehören die ökonomische Evaluierung der verschiedenen Produktionstechniken, der ökonomische Ertrag der Forschungs- und Beratungsinvestitionen auf der Kakao-Nachfrageseite, die Rentabilität der Pflanzungen, die komparativen Vorteile der verschiedenen Erneuerungsmethoden von Altbeständen, die Konjunkturanalyse der Kakaoregion, die periodische Analyse der Produktionskosten und die Entwicklung von Methoden für die Erntevorhersage. Der soziale Aspekt wird seit Ende der 70er Jahre bei Fragen wie Übernahme neuer Technologien, Lebensstandard der Landfamilien, Beschäftigung, Kleinbauern usw. stärker berücksichtigt. Diese Abteilung unter-

---

[47] Vgl. Alvim (1976), S. 293 - 294.
[48] Vgl. IICA-Bericht (1982), S. 59.
[49] CEPLAC (1985b), S. 53 und 67; IICA-Bericht (1982), S. 61-63. An der Finanzierung des Dieselersatz-Projekts beteiligten sich öffentliche (z.B. die staatliche Erdölgesellschaft PETROBRAS und das Nationale Institut für Technologie INT) und private (z.B. VW do Brasil) Organisationen (vgl. CEPLAC/CEPEC (1985b) S. 3).

hält eine 45 ha große Farm - die "Fazenda Unitária" -, die nach dem Vorbild des Imperial College of Tropical Agriculture in Trinidad errichtet wurde. Ihr Zweck ist die betriebswirtschaftliche Evaluierung unterschiedlicher Verfahren zur Erneuerung überalterter Kakaopflanzungen (Pflanzung der Hybridsorten nach totaler Beseitigung der Altbestände bzw. im Schatten der Altbestände) hauptsächlich unter dem Gesichtspunkt der Verfügbarkeit von Arbeitskräften[50]. In dieser Abteilung entstand in der Zeit von 1970-1976 die groß angelegte "Soziale und ökonomische Diagnose der Kakaoregion" über die natürlichen Ressourcen sowie die soziale und ökonomische Struktur der 89 Munizipien der Kakaoregion mit einer Gesamtfläche von 91.819 km$^2$ (s. Kap. 5 und 6). Die Abteilung übernahm auch die Koordinierung der Arbeiten, die der Aufstellung des zehnjährigen Förderungsprogramms PROCACAU (1976-1985) zugrundelagen[51].

Mit diesen Forschungen wurde Brasilien von einem der "technologisch rückständigsten Kakao-Anbauländer der Welt" (1960) [52] zu dem laut FAO "am meisten fortgeschrittene Kakaoanbauland der Welt" (1977)[53]. Nach Einschätzung des bei der Einrichtung dieses Forschungszentrums Pate gestandenen Interamerikanischen Agrarforschungsinstituts IICA (Turrialba, Costa Rica) verfügt Brasilien heutzutage mit dem "national und international hoch angesehenen CEPEC über eine der größten Agrarforschungsinstitutionen der Tropenwelt"[54]. Eine wesentliche Rolle bei der politischen Willensbildung zugunsten eines solchen Forschungszentrums spielte die Beteiligung des CEPLAC-Generalsekretärs an der Kakao-Studiengruppe der FAO im April 1961 in Ghana, wo er die Erfolge der zwischenstaatlichen Kooperation von Ghana und Nigeria auf dem Gebiet der Kakaoforschung kennenlernte[55]. Das CEPEC verfügt über eine 170 ha große Forschungsfarm sowie über einen Personalbestand von (1985) 1.271 Angestellten, darunter 122 Forscher mit Hochschulabschluß und 295 Fachleute mit mittlerem und höherem Schulabschluß [56]. Für seine Aufgaben standen dem CEPEC im Jahre 1985 Cr$ 27.478.496.000 oder

---

[50] Vgl. Ferreira/Trevizan/Souza (1983), S. 4 - 5.

[51] Vgl. IICA-Bericht (1982), S. 60.

[52] Kommentar des Wissenschaftlichen Leiters der CEPLAC, Paulo de Tarso Alvim, zit. in: IICA-Bericht (1982), S. 69.

[53] Nach dem damaligen Leiter der Abteilung für landwirtschaftliche Schulungs- und Beratungsprogramme der FAO, Dr. Pierre Sam, zit. in: IICA-Bericht (1982), S. 69.

[54] Vgl. IICA-Bericht (1982), S. 52.

[55] Vgl. IICA-Bericht (1982), S. 48.

[56] Vgl. CEPLAC/CEPEC (1985b), S. 72, 75-77.

umgerechnet US$ 8.673.767,00[57] (= 13,3% des CEPLAC-Haushalts) zur Verfügung; 1975 belief sich dieser Anteil noch auf 20% eines Haushalts von insgesamt rd. US$ 30 Mio.[58].

Die Forschung für den Kakaoanbau im Amazonas-Gebiet wird durch eine Sonderabteilung, die DEPEA, durchgeführt. Mit einem Forschungspersonal von 303 Mitarbeitern (darunter 41 mit Hochschulausbildung)[59] betreibt die DEPEA neben der regionalen Koordinierungsstelle COPES in Belém weitere 6 Forschungsstationen und etliche Wetterbeobachtungsstationen mit insgesamt 6.217 ha eigener Fläche in 5 Bundesstaaten Amazoniens[60]. Bei der Forschung stehen Anpassung und Verbesserung der im traditionellen Anbaugebiet Bahias unter anderen ökologischen Bedingungen erprobten Anbautechniken ebenso im Vordergrund wie die Entwicklung neuer Erkenntnisse. Besonderes Gewicht legt die DEPEA außerdem - anders als das CEPEC in Bahia - auf die Bedürfnisse und die Betreuung der Kleinbauern.

Auch für das Amazonasgebiet brachte das PROCACAU den Anstoß zur forcierten Erweiterung der genetischen Grundlage zwecks Verbesserung des Saatgutes. Nach Durchführung von 14 botanischen Expeditionen zur Sammlung wild wachsender Kakaosorten in Amazonien wurde in der Forschungsstation von Benevides, Pará, eine Genbank mit 926 Clonen und 700 Genfamilien eingerichtet. Die 6 verschiedenen Forschungsstationen der Region schufen insgesamt 172 Hybridsorten, von denen einige einen Hektarertrag von 2.000 kg jährlich aufweisen.

4.2.3   Politik und Praxis der Beratung

Da auch die Beratungsdienste der CEPLAC dem Grundsatz einer forcierten Zunahme von Produktion und Produktivität verpflichtet sind, richteten sie ihre Tätigkeit vor allem auf mittlere und größere Pflanzer aus; auch hier ist eine Umorientierung zugunsten von Kleinbauern im Sinne qualitativer Anpassung der Technologieerzeugung und -vermittlung erst ab 1984 zu beobachten. Schon die Gründung des ersten Kakao-Beratungsdienstes - SEAC - durch das Bundesministerium für Landwirtschaft im Jahre 1957 erfolgte im Rahmen der nationalen (ICB) und internationalen Zusammenarbeit mit Institutionen der Agrarmodernisierung (IICA/Turrialba und American Cocoa Research In-

---

[57] Wechselkurs von 1 US$ = 3.168,00 vom 31.12.84. Haushaltsangaben in: CEPLAC/CEPEC (1985b).
[58] Vgl. Alvim (1976), S. 274.
[59] Vgl. DEPEA (1987), S. 56.
[60] Vgl. CEPLAC/DEPEA (1987), S. 51

stitute). Ihr Ziel war es, "den Kakaopflanzern zu einer stärker rationalen Land- und Hauswirtschaft zu verhelfen"[61]. Doch aufgrund fehlender Forschungsgrundlagen konnte die Anzahl der beratenen Familien (trotz des Beitritts der CEPLAC im Jahre 1959) bis zum Programmende im Jahre 1960 nicht über 570 hinausreichen[62]. Nach einer kaum erfolgreicheren Übergangszeit der Beratungszusammenarbeit zwischen ICB und CEPLAC 1961 wurde 1963 bei der CEPLAC eine Hauptabteilung für Agrarkredit und landwirtschaftliche Beratung (DEPEX) eingerichtet, die mit einer Verwaltungszentrale, regionalen Koordinierungsstellen und lokalen Außenstellen ausgestattet wurde. Schon 1964 wurden in den wichtigsten Kakaogemeinden Bahias insgesamt 29 Außenstellen unterhalten. Die Ziele sahen neben der Aufstellung realistischer Produktions-Planziffern auch die ausdrückliche Motivierung der Bauern zur Übernahme moderner Anbautechnologien und darüber hinaus auch die Beteiligung an Programmen der regionalen ländlichen Entwicklung vor[63]. Methodisch gingen die Beratungsdienste innovatorisch vor. Um dem weit verbreiteten Mißtrauen zu begegnen, starteten sie 1964 mit einer sensationellen Kampagne zur Bekämpfung der Ameisenseuche, deren Erfolg - durch massiven Chemieeinsatz erzielt - zum Markstein einer neuen Ära der Modernisierung wurde[64]. Zwei anschließende Kampagnen - 1967 gegen die Braunfäule und 1969 für die verstärkte Düngung - brachten eine wesentliche Erweiterung des Aktionsradius. Weitere Kampagnen mit Multiplikationseffekten wurden zur Förderung von Auflichtung, Pflegemaßnahmen, Erneuerung alter Kakaobestände usw. durchgeführt. Die Nachfrage nach Krediten und nach landwirtschaftlichen Einsatzmitteln erhöhte sich derart, daß zusätzliche Abkommen jeweils mit der staatlichen Banco do Brasil für die Gewährung von Anbaukrediten und mit der Zentralgenossenschaft der Kakaopflanzer für die Lieferung landwirtschaftlicher Einsatzmittel abgeschlossen werden mußten. Diese gesteigerte Nachfrage zog Investitionen von Düngerfabriken aus dem Süden nach Ilhéus an, die Betriebe zur Mischung der einzelnen Nährstoffe nach den Empfehlungen der CEPLAC einrichteten. Die DEPEX übernahm Aufgaben, die weit über den engen Beratungsbereich hinausreichten, wie beispielsweise die Durchführung von Infrastrukturmaßnahmen (Bau von Straßen und Brücken), die von den Kakaopflanzern mit großem Nachdruck gefordert wurden. Gleichzeitig weitete die DEPEX durch Abkommen mit den zuständigen Bundesbehörden die Schulung für Lohnarbeiter der Kakaofarmen aus. 1970 betritt die zunächst nur für den traditionellen Kakaoanbau in Südbahia und Espírito Santo zuständige CEPLAC auch das Ursprungsgebiet der Kakaopflanze in Amazonien durch Übernahme

---

[61] Vgl. ETA (1958), S. 67.
[62] Vgl. Monteiro (1985), S. 12.
[63] Vgl. IICA-Bericht (1982), S. 66.
[64] Vgl. IICA-Bericht (1982) S. 67.

der Aufgaben technischer Beratung der Kakaopflanzer im nördlichen Bundesstaat Pará (Gründung des Dienstes für Technische und Finanzberatung von Cametá - ASTECCA). 1971 wird im nordwestlichen Bundesstaat Rondonien ein technisches Beratungsprogramm in Zusammenarbeit mit dem Nationalen Institut für Ansiedlung und Agrarreform (INCRA) zum Zweck der Einführung des Kakaoanbaus in dem Integrierten Ansiedlungsprojekt (PIC) in Ouro Preto gestartet. Mit der Einrichtung eines "Sonderprogramms Amazonien" im Jahr 1974/75 wird die Grundlage für eine eigenständige Verwaltungseinheit der CEPLAC - die DEPEA - in Amazonien gelegt. 1979/80 geht die DEPEA dazu über, die technische Beratung der Kakaopflanzer - die bis dahin mittels Vereinbarungen mit den staatlichen landwirtschaftlichen Beratungsstellen abgewickelt wurde - selbst durchzuführen.

Seit 1974 fördert die DEPEX neben der Produktivitätserhöhung der Kakaopflanzungen auch die der sonstigen land- und viehwirtschaftlichen Tätigkeiten der Kakaofarmen. Damit verfolgt die DEPEX eine Strategie zur Erschließung neuer Einnahmequellen und zur Verminderung der einseitigen Abhängigkeit der regionalen Ökonomie gegenüber der Kakaomonokultur.

Die DEPEX zeichnet sich durch eine dezentrale Organisationsstruktur aus, deren hauptsächliche operationale Basis in den lokalen Außenstellen liegt; diese werden von den regionalen Büros koordiniert, die wiederum von der regionalen Koordinationstelle der CEPLAC in Itabuna gesteuert werden. Auf je 5 lokale Büros entfällt eine regionale Abteilung mit insgesamt ca. 35 Angestellten unter Leitung eines Agronomen. 1984 werden für 89 Munizipien von Südbahia 59 lokale Außenstellen unterhalten, die von 13 Regionalstellen koordiniert werden[65]. 1980 verfügte die DEPEX über einen Personalbestand von 790 Angestellten, davon 179 mit Hochschulabschluß und 280 mit mittlerem und höherem Schulabschluß[66]. 94% des Personals sind in den regionalen oder lokalen Büros tätig. Die Ausbildung des Personals entspricht der breitgefächerten Aufgabenstellung der Beratungsabteilung. Ihr gehören Agronomen ebenso an wie Tierärzte, Zootechniker, Forstingenieure, Ökonomen und Planungsexperten. Als operative Einheit der Beratungsabteilung erlaubt das Ortsbüro eine direkte Kontaktnahme zwischen Berater und Pflanzer sowohl im Rahmen öffentlicher Veranstaltungen (Vorträge, Seminare, Versammlungen, Demonstrationen vor Ort usw.) als auch durch das persönliche Gespräch im Büro. Durch den Besuch der Kakaopflanzung werden die spezifischen und die gemeinsamen Probleme der Kakaopflanzer erfaßt. Auf dieser Grundlage werden die jährlichen Beratungsschwerpunkte des Ortsbüros ebenso festgelegt wie die Hilfsmaßnahmen für die einzelne Farm. Als kurz- und mittelfristige Verbesserungs-

---

[65] Vgl. Monteiro (1985) S. 13.
[66] Vgl. IICA-Bericht (1982) S. 70-71 und Monteiro (1985) S. 13.

maßnahmen werden in der Regel die Anwendung moderner Einsatzmittel und Pflegemaßnahmen, als langfristige die Erweiterung der Anbaufläche bzw. Erneuerung alter, ertragarmer Kakaopflanzungen empfohlen. Weitere wichtige Maßnahmen, die zum Beratungsgegenstand gehören, beziehen sich auf die Erweiterung und Renovierung der Kakaoverarbeitungsanlagen (beispielsweise der Trocknungsanlagen). Auf Wunsch erarbeitet der Berater anschließend ein Finanzierungsprojekt, das dem öffentlichen und privaten Banknetz zur Förderung vorgelegt wird. Die bewilligte Kreditsumme wird je nach Projektfortschritt, der vom örtlichen Beratungsbüro laufend überwacht wird, in Teilbeträgen freigegeben[67]. 1980 wurden 6.400 Gruppenveranstaltungen für die Demonstration moderner Anbautechniken mit insgesamt 25.600 Teilnehmern durchgeführt; 90% davon bezogen sich spezifisch auf den Kakaoanbau und Kakaoverarbeitung. Außerdem wurden 158 Besuche von durch die DEPEX betreuten Farmen mit 1.811 Teilnehmern organisiert. In demselben Jahr führten die Ortsbüros außerdem 60.550 Farmbesuche (davon 49.000 mit dem Ziel der Anwendung moderner Anbautechniken in der Kakaopflanzung) durch. Daneben wurden auch knapp 20.000 individuelle Demonstrationsveranstaltungen durchgeführt, wovon 83% sich auf die Kakaokultur und 12% auf die Viehzucht bezogen. In scharfem Kontrast zu diesen Zahlen stehen die Leistungen für die Zielgruppe der Kleinpflanzer: Eingeteilt in 50 Kerngruppen mit insgesamt 654 Familien, waren lediglich 4.000 Teilnehmer an den für sie organisierten Gruppenveranstaltungen des Jahres 1980 zu verzeichnen. Selbst wenn die für sie täglich ausgestrahlte einstündige Rundfunksendung sich hoher Einschaltquoten erfreuen sollte, bleibt die Feststellung, daß die Beratungsschwerpunkte und -inhalte grundsätzlich die gleichen sind wie für die mittleren und großen Pflanzer[68]: sie reichen von der Anwendung genverbesserter Samen und Gruppenpflanzung über Nahrungsmittelanbau bis hin zur Übernahme "technologischer Pakete" und zur Inanspruchnahme von Bankkrediten. Spezifische Inhalte der Beratung (etwa: Möglichkeiten zur Verbesserung ihrer gesundheitlichen und sozialen Verhältnisse durch Impfung, Wasserfiltrierung, bessere Ernährung und Hygienemaßnahmen) bezogen sich auf soziale Aspekte, die eher als Symptome denn als Ursachen von Verarmung anzusehen sind. Ähnliches gilt für die mit einschlägigen Bundes- und Landesbehörden getroffenen Vereinbarungen im Hinblick auf gesetzliche Regelung der Besitzverhältnisse (Antragsbearbeitung, Vermessung, Ausstellung von Besitztiteln), Gesundheit (Trinkwasserversorgung, Sanitäranlagen, Einrichtung von Gesundheitsposten), Erziehung (Neubau und Renovierung von Schulgebäuden) sowie Ernährung (Saatgutverteilung für den Anbau von Gemüse, Bohnen, Mais usw.)[69]. Insge-

---

[67] Vgl. IICA-Bericht (1982) S. 73.
[68] Vgl. CEPLAC/CEPEC/DISES (1984), S. 123.
[69] Vgl. IICA-Bericht (1982), SS. 73-75.

**Tabelle 6:** JÄHRLICHE ENTWICKLUNG DER ANWENDUNG CEPLAC-EMPFOHLENER MODERNER ANBAUTECHNIKEN UND EINSATZMITTEL IN DER KAKAOKULTUR IN SÜDBAHIA 1965-1984

| JAHR | ANBAU-FLÄCHE* INSG. (ha) | INSEKTIZIDE Hektar | INSEKTIZIDE Tonnen | FUNGIZIDE Hektar | FUNGIZIDE Tonnen | KUNSTDÜNGER Hektar | KUNSTDÜNGER Tonnen | KALKZUGABE Hektar | KALKZUGABE Tonnen | AUFLICHTUNG Hektar | AUFLICHTUNG Tonnen | HERBIZIDE Hektar | HERBIZIDE Tonnen |
|---|---|---|---|---|---|---|---|---|---|---|---|---|---|
| 1965 | 451.028 | 22.000 | 875   | -       | -    | -       | -      | -      | -    | -      | -    | -      | -    |
| 1966 | 427.572 | 41.000 | 1.331 | -       | -    | -       | -      | -      | -    | -      | -    | -      | -    |
| 1967 | 443.228 | 75.000 | 2.007 | 11.200  | n.v. | 196     | 9      | 31     | n.v. | -      | -    | -      | -    |
| 1968 | 401.771 | 79.647 | 2.446 | 3.325   | 34   | 1.320   | 62     | 1.200  | n.v. | -      | -    | -      | -    |
| 1969 | 406.367 | 86.859 | 3.176 | 4.888   | 40   | 2.356   | 1.094  | 1.700  | n.v. | -      | -    | -      | -    |
| 1970 | 412.212 | 125.000| 3.713 | 6.136   | 103  | 2.887   | 1.750  | 4.510  | n.v. | 2.321  | n.v. | -      | -    |
| 1971 | 415.922 | 104.865| 2.738 | 12.547  | 101  | 22.769  | 6.429  | 17.000 | n.v. | 1.728  | n.v. | -      | -    |
| 1972 | 406.338 | 124.116| 3.593 | 8.809   | 116  | 72.000  | 17.485 | 9.568  | n.v. | 4.872  | n.v. | -      | -    |
| 1973 | 373.258 | 155.114| 4.186 | 13.998  | 126  | 85.010  | 19.365 | 9.807  | n.v. | 21.456 | n.v. | -      | -    |
| 1974 | 402.376 | 157.780| 4.303 | 19.890  | 206  | 96.120  | 31.830 | 14.455 | n.v. | 25.382 | n.v. | -      | -    |
| 1975 | 466.125 | 169.800| 4.644 | 26.176  | 256  | 133.679 | 37.106 | 8.709  | n.v. | 27.357 | n.v. | -      | -    |
| 1976 | 479.447 | 189.000| 5.579 | 34.400  | 424  | 114.766 | 30.181 | 7.948  | n.v. | 33.026 | n.v. | -      | -    |
| 1977 | 495.503 | 323.400| 6.914 | 76.500  | 743  | 97.100  | 19.276 | 11.200 | n.v. | 41.945 | n.v. | -      | -    |
| 1978 | 517.323 | 295.600| 8.038 | 110.800 | 1.432| 96.000  | 19.195 | 17.100 | n.v. | 21.555 | n.v. | -      | -    |
| 1979 | 540.965 | 382.700| 9.767 | 124.400 | 1.692| 149.700 | 31.649 | 15.401 | n.v. | 23.960 | n.v. | -      | -    |
| 1980 | 573.632 | 464.800| 8.789 | 150.900 | 1.492| 165.800 | 42.968 | 22.016 | n.v. | 37.700 | n.v. | -      | -    |
| 1981 | 598.988 | 474.500| 7.894 | 161.224 | 1.233| 213.100 | 39.222 | 30.080 | n.v. | 37.407 | n.v. | -      | -    |
| 1982 | 612.084 | 462.705| 7.728 | 141.048 | 480  | 225.400 | 33.508 | 27.835 | n.v. | 39.677 | n.v. | 27.800 | n.v. |
| 1983 | 618.087 | 413.154| 7.926 | 107.313 | 1.187| 218.495 | 27.128 | 17.775 | n.v. | 42.634 | n.v. | 29.300 | n.v. |
| 1984 | 623.817 | 383.376| 6.034 | 113.189 | 452  | 194.548 | 20.888 | 14.938 | n.v. | 26.492 | n.v. | 20.477 | n.v. |

* 1965 - 1973: Ernteflächen

CEPLAC/DEPEX/CAECI (1986), S.8.

samt bleibt die Bedeutung dieses Programms quantitativ (1985: 0,46% des Haushalts)[70] und qualitativ sehr begrenzt, da keine inhaltliche Anpassung der vermittelten Technologie auf die Bedürfnisse der Zielgruppe erfolgt[71].

Mit ihrem dichten Beratungsnetz konnte die DEPEX im Jahre 1980 17.894 Kakaofarmen (79,4% von insgesamt 22.536 Betrieben), 84% der Anbaufläche und 91% der erzielten Produktionsmenge erreichen. Der Beratungserfolg wird an einem Produktivitätsvergleich zwischen den von der DEPEX betreuten und den nicht betreuten Farmen deutlich: einem Hektarertrag von 720,9 kg/ha/Jahr für die ersteren standen im Jahre 1980 für die letzteren lediglich 318,8 kg/ha/Jahr gegenüber[72]. In der traditionellen Kakaoregion von Südbahia und Espírito Santo wuchs die Kakaoproduktion zwischen 1968 und 1980 um 200% auf 331.000 t an. Dieser enorme Zuwachs geht auf die Erweiterung und Erneuerung der Kakaopflanzungen sowie auf die durch die modernen Anbautechniken ermöglichte Produktivitätssteigerung zurück. Im Zuge der Flächenerweiterung wurden zwischen 1968 und 1980 168.000 ha (135.800 ha allein zwischen 1976 und 1981 im Rahmen des PROCACAU) für den Kakaoanbau neugewonnen. Alte Kakaopflanzungen wurden auf 38.800 ha (30.800 ha zwischen 1976 und 1981) erneuert. Von 1966 bis 1981 ließ die DEPEX 507,1 Millionen Saaten (321,5 Millionen allein in dem Zeitraum 1976-1981) kostenlos den Bauern zukommen.

Tabelle 6 faßt die Entwicklung und Ergebnisse der technischen Beratung im Hinblick auf die Übernahme moderner Anbautechniken und Einsatzmittel in den Kakaopflanzungen der traditionellen Kakaoregion Brasiliens zusammen.

Im Amazonasgebiet mußte sich die Arbeit der Beratungsstellen zwangsläufig auf die im Vergleich zu Bahia stark unterschiedlichen Bedingungen der Region einstellen, besonders im Hinblick auf Entfernungen und Streuung der Kakaoanbaugebiete. So setzt sich die Beratungsabteilung der DEPEA aus einer zentralen Koordinierungsstelle in Belém (Pará), fünf Regionalbüros und 24 Ortsbüros zusammen, die mit 266 Angestellten (61 mit Hochschulabschluß vorwiegend im Agraringenieurwesen und 125 mit mittlerem Schulabschluß im operativen Bereich sowie 80 in der Verwaltung) in den Bundesstaaten Pará, Amazo-

---

[70] Vgl. CEPLAC (1985a), S. 8.
[71] Vgl. CEPLAC/CEPEC/DISES (1984), S. 123.
[72] Vgl. IICA-Bericht (1982) S. 75.

nas, Rondonien, Mato Grosso, Maranhão und Acre tätig sind[73]. Die Anzahl der von DEPEA betreuten Kakaofarmen belief sich in Amazonien auf 1.868 im Jahre 1977, 4.962 im Jahre 1980 und 5.404 im Jahre 1985. Von der Beratung wurde 1985 eine Fläche von 69.535 ha (von insgesamt 90.052 ha) begünstigt; die Mehrheit davon befindet sich in den Bundesstaaten Rondonien (mit 41.863 ha und 2.417 Kakaofarmen) und Pará (mit 23.523 ha und 2.663 Kakaofarmen)[74].

Die Wirksamkeit dieser Beratungstätigkeit wird aufgrund der Wachstumszahlen des Kakaoanbaus und der Kakaoproduktion in Amazonien deutlich: deren angebaute Fläche wuchs zwischen 1966 und 1971 lediglich von 3 auf 87 ha an. Seit Beginn der CEPLAC-Tätigkeit in Rondonien 1971 bis zum Beginn des Amazonien-Sonderprogramms 1975 wuchs diese schon explosionsartig auf 1.596 ha, um sich dann im Rahmen des nationalen PROCACAU im darauffolgenden Jahrfünft auf 45.691 ha (1980) und 69.747 (1982) zu vervielfachen. In dieser Zeit war die Eingliederung von 4.962 Bauern in den Kakaoanbau auch als Folge der verstärkten Verteilung von Saatgut hochertragreicher Sorten (die sich 1975-1980 von 6,8 Mio. auf 28,5 Mio. praktisch vervierfachte) gelungen[75]. Die Produktion wuchs - entsprechend dem kulturbedingten Zeitgefälle von 4 Jahren zwischen Pflanzung und erster Ernte - von 1.500-2.000 t/J in den Jahren 1969/70 auf 8.836 t 1981 und 14.847 t 1982/83[76].

Mit ihren auf die einzelnen Kakaoregionen verteilten 22 Verkaufsstellen handelten die Beratungsstellen auch als Verteiler moderner landwirtschaftlicher Einsatzmittel, die vom Insektizid und Fungizid über das einfache Buschmesser und "Astungsmesser" bis hin zur Kupferspritzmaschine reichen. Da über 3/4 der Ankäufe durch Kredite finanziert wurden, erfuhr die bis Anfang der 80er Jahre rasante Umsatzentwicklung aufgrund des drastischen Kreditschnitts im Zuge der Anpassungspolitik einen deutlichen Knick. Auch wenn die Barkäufe dieser modernen Betriebsmittel inzwischen auf 3/4 der gesamten Umsätze angestiegen sind, war dies noch 1986 nicht ausreichend, um die frühere Umsatzhöhe zurückzuerlangen[77].

---

[73] CEPLAC/DEPEA (1987), S. 9.
[74] Vgl. CEPLAC/DEPEA (o.J. - 1986), S. 3, 15 und 16.
[75] Die Hektarzahlen stammen aus CEPLAC/CAECI (1984), S. 22; die Zahl der neu hinzugekommenen Kakaobauern aus dem IICA-Bericht (1982), S. 81.
[76] Vgl. FIBGE (1986), S. 12 und IICA-Bericht (1982), S. 82.
[77] Vgl. CEPLAC/DEPEA (1987), S. 60.

Zusammenfassend ist zur Forschungs- und Beratungspolitik Folgendes festzuhalten: Gegenwärtig ist der Kakaoanbau in Brasilien zum großen Teil [78] als modernisiert anzusehen, zumal nur noch eine kleine Minderheit von höchtens 15% der Bauern nicht vom CEPLAC-Register erfaßt wurde. Dazu hat die Beratungstätigkeit der CEPLAC einschließlich der kostenlosen bzw. kostengünstigen Saatgutverteilung von Hochertragssorten einen ebenso wesentlichen Beitrag geleistet wie der von ihr organisierte Verkauf moderner Einsatzmittel zu Subventionspreisen und zum rechten Zeitpunkt. Der Umstand, daß sowohl Forschung als auch Beratung zu Abteilungen ein- und derselben Organisation zusammengefügt sind, hat sowohl die rasche Umsetzung wissenschaftlicher Erkenntnisse und Vorgehensweisen als auch die zügige Rückmeldung von Problemen aus der Praxis erlaubt. Aufgrund der Aufstellung von Finanzierungsprojekten durch die Berater wurde überhaupt dem Agrarkreditsystem erst zur Wirksamkeit verholfen. Zum anderen ist jedoch auch auf die soziale Auswirkung der Forschungs- und Beratungstätigkeit hinzuweisen: Im Zuge der forcierten Produktionsausweitungsprogramme konzentrierte sich die Beratung in erster Linie auf die Mittel- und Großproduzenten aufgrund ihrer überlegenen Fähigkeit zur Übernahme der vorgeschlagenen technologischen Neuerungen. Mit der stärkeren Betonung der Notwendigkeit von Produktivitätsfortschritten seit Anfang der 80er Jahre verfolgt die Kakaopolitik nun auch die Erhöhung des Produzenteneinkommens und der brasilianischen Deviseneinnahmen. Neuerdings erhalten zunehmend auch Kleinbauern sowohl die modernisierende technische Beratung als auch eine größere finanzielle Förderung z.T. auch als Infrastrukturleistung. Freilich wird das damit übertragene technologische Paket noch nicht hinreichend auf deren Bedürfnisse zugeschnitten, denn noch ist die grundsätzlich produktivistische Ausrichtung der Forschungs- und Beratungspolitik nicht überwunden[79]. Aufgrund der unterschiedlichen Auswirkung der Anwendung eines für alle Produzentenkategorien einheitlichen Modernisierungskonzepts bleibt die gesamte Förderung der Kakaoproduktion durch CEPLAC darauf angelegt, die ohnehin im brasilianischen Industrialisierungsmodell angelegte Konzentrationstendenz bei Einkommen und Besitzstruktur (s. Kap. 5, 6 und 7) zusätzlich zu verstärken.

---

[78] Ein Blick auf Tab. 6 vermittelt eine quantitative Vorstellung des erreichten Modernisierungsstandes: die am meisten verbreitete unter den modernen Techniken ist die des Insektizideinsatzes, der auf 61,4 % der gesamten Kakaoanbaufläche des Jahres 1984 zur Anwendung kommt.

[79] Vgl. CEPLAC/CEPEC/DISEC (1984), S. 122 f.

### 4.2.4 Sozialpolitik

**Ausbildungspolitik**[80]

In diesem Bereich ist eine (und sei sie noch so begrenzte) Abmilderung oben dargestellter Konzentrationstendenzen festzustellen. Denn als eine der Säulen der Kakaoförderungspolitik konzentriert sich die Ausbildungspolitik auf die Berufsausbildung mit mittlerem Schulabschluß sowie auf die Schulung der Arbeitskraft durch Kurzlehrgänge. Diese Bemühungen sind darauf ausgerichtet, eine entsprechend den Erfordernissen modernster Kakao-Anbautechnologie qualifizierte Arbeitskraft zu gewährleisten. Eine außerschulische Veranstaltung mit besonderer Bedeutung für Kakaopflanzer und -forscher sowie für Agrarindustrielle ist die von der Kakao-Berufsschule EMARC in Uruçuca (in Bahias Kakaoregion) jährlich veranstaltete "Farmerwoche" zum Erfahrungsaustausch im Bereich des technologischen Fortschritts. Mit Unterstützung der CEPLAC wurde im Herzen der Kakaoregion in Bahia auch eine Universität gegründet, auf der neben Volks- und Sozialwissenschaften auch Rechts- und Naturwissenschaften studiert werden können. Doch auch im Primarschulbereich ist die CEPLAC durch die Förderung des Baus bzw. Umbaus von Schulgebäuden tätig. Wichtigste Schuleinheit der Kakaoregion ist die erwähnte EMARC (Landwirtschaftliche Mittelschule der Kakaoregion), hervorgegangen 1957 aus der Forschungsstation von Uruçuca aufgrund der Zusammenarbeit mit dem Internationalen Forschungszentrum IICA von Turrialba/Costa Rica, mit dem Bahianischen Kakaoinstitut ICB und der CEPLAC. Seit der Schulreform von 1971 bietet sie neben einer Intensivschulung der Kakao-Arbeitskraft auch Berufsausbildungsgänge mit überregionaler Ausrichtung an. Damit konnte die DEPEX ab 1974 die Schulung der Kakaoarbeitskraft an die EMARC abtreten. Mit der Etablierung von Nahrungsmittelindustrien in der Region entstand die Notwendigkeit, neben den Lehrgängen für Land- und Viehwirtschaft sowie für Vermessungswesen auch einen solchen für Nahrungsmitteltechniker einzurichten, was 1975 erfolgte. 1980 erhielt die CEPLAC von Bahias Landesregierung den Auftrag, drei vom Staat gebaute Schuleinheiten - die EMARC von Valença, Itapetinga und Teixeira de Freitas - einzurichten und unter der gemeinsamen Bezeichnung "Regionale Land- und Viehwirtschaftliche Mittelschule der CEPLAC" (EMARC) zu betreiben. Eine bei der CEPLAC gebildete Verwaltungseinheit (DEPED) erarbeitet und koordiniert die Lehrpläne der EMARCs im Hinblick auf Berufsbildung (Land- und Viehwirtschaft, Landvermessung und Nahrungsmitteltechnologie) und Schulung der Arbeitskräfte (fünftägige Lehrgänge über den Anbau von Kakao-, Gummi-, Ölpalmen-, Kokusbaum- und Anregungsmittelpflanzen sowie über Wiederaufforstung, Viehwirtschaft und landwirtschaftliche Mechanisierung für Farmverwalter, Landarbeiter und

---

[80] Vgl. IICA-Bericht (1982) S. 87-94.

Farmbesitzer). Die EMARC Uruçuca bildete zwischen 1965 und 1980 1.193 Fachkräfte aus; während 77% der Absolventen von 1965/66 eine Anstellung bei der CEPLAC fanden, reduzierte sich dieser Anteil in den darauffolgenden Jahren auf 45%. Die Mehrheit kommt gegenwärtig aufgrund der Technisierung des Kakaoanbaus und der regionalen Land- und Viehwirtschaft in der Region selbst unter. Mit der Inbetriebnahme der drei anderen EMARCs wird diese Multiplikationswirkung erheblich verstärkt: allein 1980 waren 885 Schüler in eine der 4 EMARCs eingeschrieben, von denen fast alle aus Familien mit niedrigem Einkommen stammten. Seit Einrichtung des Schulungsprogramms für Arbeitskräfte im Jahre 1974 wurden 48.714 Arbeitskräfte vorwiegend im Kakaoanbau (84%) und in der Viehwirtschaft geschult. Durch Vereinbarung mit dem Nationalen Dienst für Landwirtschaftliche Ausbildung (SENAR) wurden die Schulungen der EMARC Uruçuca im Jahre 1978 auf den Kakaoanbau im Amazonasgebiet ausgeweitet. 1984 wurde der Bau vier weiterer Landwirtschaftsschulen (davon zwei in Bahia und eine in Espírito Santo sowie eine im neuerschlossenen Kakaoanbaugebiet Rondoniens[81]) beschlossen. Einen erheblichen Beitrag zum Ausbau wissenschaftlicher Einrichtungen in der traditionellen Kakaoregion leistete die CEPLAC mit der maßgeblichen Finanzierung einer aus bereits vorhandenen Einzelfakultäten (für Rechtswissenschaften in Ilhéus und für Philosophie sowie Volkswirtschaft in Itabuna) im September 1973 gegründeten "Hochschulföderation von Ilhéus und Itabuna" (FESPI). Von 1974 bis 1980 verzeichnete diese Hochschule 16.492 Immatrikulationen und 2.001 Abschlüsse. Fast die Gesamtheit aller Studenten stammt aus der Kakaoregion um Itabuna und Ilhéus. Am Betrieb dieser Universität beteiligt sich die CEPLAC außerdem durch Studentenprogramme (Sozial- und Wirtschaftsforschung in der Kakaoregion) und Dozentenstipendien (für Postgraduierungskurse) sowie durch Kultur- und Gesundheitsförderungsvereinbarungen mit der FESPI und einschlägigen privaten und öffentlichen Institutionen. Im Amazonasgebiet beschränkte sich die Tätigkeit des DEPEA im Bildungsbereich auf die bereits oben angesprochenen Schulungsmaßnahmen, inbesondere bezüglich der Eindämmung von Krankheiten (Hexenbesen) und hinsichtlich der sachgerechten Astung der Kakaopflanzen.

---

[81] In Rondonien mußte der für 1986 vorgesehene Schulbeginn wegen Materialenpässen mehrmals aufgeschoben werden; aufgrund des bei einer Ortsbesichtigung im Mai 1987 gewonnenen Eindrucks geht der Verfasser davon aus, daß die Schule über qualitativ gute materielle und personelle Voraussetzungen für den Schulbeginn im Jahre 1987 sowie für einen erfolgreichen Schulbetrieb verfügt. Vgl. auch: CEPLAC/DEPEA (1987), S. 82-3.

## Förderung der Produzentenorganisationen

In ihrer Sozialpolitik fördert die CEPLAC direkt nur Arbeitgeber- und Produzentenorganisationen. Die Gründung des "Kakaoproduzentenrates" (CCPC) als Verband einzelner Agrar-Arbeitgeberverbände (bzw. "-gewerkschaften" nach dem brasilianischen Sprachgebrauch) der Kakaoregion geht auf das Interesse der CEPLAC zurück, eine "clearing"-Stelle für die Abstimmung zwischen selbsternannten "spontanen Wortführern der Kakaoproduzenten" einzurichten, die bis dahin unabhängig voneinander unterschiedliche Forderungen artikulierten. Durch Übernahme der Finanzierung sowohl der Aufbau- als auch der laufenden Kosten ermöglicht die CEPLAC dem Berufsverband die Leistung einer breiten Palette von Diensten an die Mitglieder - vom Rechtsbeistand bis hin zur Schulung von Verbandsfunktionären und zur Einrichtung einer Straßenbaumannschaft. Mit diesem funktionalen Wachstum entwickelte sich der CCPC (seit Anfang der 80er Jahre als CNPC zum Nationalen Rat avanciert) weit über die anfänglich beabsichtigten Grenzen hinaus und wurde bald zu einem eigenständigen Gegenpart der CEPLAC, das es gelegentlich auch zum offenen Konflikt mit letzterer ankommen ließ (s. 3.2). Die CEPLAC finanzierte ferner für 65 einzelne Agrar-Arbeitgebergewerkschaften den Bau, Umbau und die Einrichtung eines Verwaltungssitzes bzw. von Ausstellungshallen (Stand: 1981)[82]; 70% der Arbeitgebergewerkschaften verfügten damit im Jahre 1980 über einen eigenen Sitz. Aufgrund von Sonderabmachungen mit der CEPLAC werden die Gesundheitsdienste der ländlichen Arbeitgeberverbände auch Landarbeitern zur Verfügung gestellt. 75% aller Einzelgewerkschaften verfügten 1980 über diese Dienste. Auf diese Weise wurden von 1979 bis 1981 1,4 Millionen Fälle ärztlicher und zahnärztlicher Betreuung gezählt. Ferner unterhalten immerhin 15% der Arbeitgeberverbände eigene Grundschulen.

Durch Vereinbarungen mit den Landesministerien für Gesundheit wirkte die CEPLAC in den Jahren 1968-80 ebenfalls an der Renovierung von 73 Krankenhäusern der Region und an dem Bau von 14 Tuberkulose-Behandlungszentren, 21 Zahnbehandlungsstellen und von 4 Kliniklabors mit. Ferner unterstützt sie die gesundheitliche Betreuung von Kleinbauern und Landarbeitern. Ein weiterer Schwerpunkt der Förderung betrifft die Verbesserung der baulichen Infrastruktur in den Farmen, besonders im Hinblick auf den Bau von Landarbeiterwohnungen.

Zu den von CEPLAC geförderten Produzentenorganisationen gehören auch die Genossenschaften. Die Förderungsschwerpunkte wurden aufgrund einer 1978 durchgeführten Studie über die 15 damals existierenden Genossenschaften auf konkrete Probleme wie technische Beratung und finanzielle Unterstützung,

---

[82] Vgl. IICA-Bericht (1982), S. 133.

Versorgung mit landwirtschaftlichen Einsatzmitteln und Kakaovermarktung ausgerichtet. Auf dieser Grundlage wurde das "Integrierte Genossenschaftssystem der Kakaoregion Bahias" gegründet, bestehend aus Einzelproduzenten, Einzelgenossenschaften (mit den Funktionen von Kakaosammelstellen und Verteilungsstellen für soziale Dienste, landwirtschaftliche Einsatzmittel und Bankkredite) und einer Zentralgenossenschaft für den gemeinsamen An- und Verkauf, für die Industrialisierung der Rohprodukte und Einsatzmittel, für Transport, Versicherung usw. Neben diesem Kernsystem gehören zum integrierten Genossenschaftssystem das "institutionelle Förderungssystem" (CEPLAC, Nationales Siedlungs- und Agrarreforminstitut INCRA, Nationale Bank für Genossenschaftskredite BNCC, Bahianisches Kakaoinstitut ICB sowie staatliche und private Banken) und das "politische Förderungssystem" (Zentralorganisation der Brasilianischen Genossenschaften OCB, Kakaoproduzentenrat CNPC und landwirtschaftliche Arbeitgebergewerkschaften). Der Einzelproduzent darf nur Mitglied in der Einzelgenossenschaft werden, in deren Wirkungsbereich sich sein Grundbesitz befindet; die Zentralgenossenschaft wiederum setzt sich nur aus Einzelgenossenschaften zusammen. Im Rahmen der Aufgaben zur Anbaudiversifizierung unterstützt die CEPLAC ebenfalls eine gemischte Kooperative (Fischerei, Pfeffer- und Nelkenanbau), vier Fischereigenossenschaften in Südbahia (mit insgesamt 464 Mitgliedern im Jahr 1980) und eine Agrarelektrifizierungs-Genossenschaft (313 Mitglieder). Insgesamt jedoch steckt die Genossenschaftsbewegung in Südbahia immer noch im Anfangsstadium: die in ihr organisierten Produzenten sind erst eine verschwindend kleine Minderheit und die Genossenschaftsmitglieder nehmen an den Tätigkeiten ihrer Organisation kaum Anteil[83]. Die wichtigste und größte Genossenschaft der Kakaoregion - die COPERCACAU - hat beispielsweise 5.734 zahlende Mitglieder, wovon nur 813 aktiv sind[84].

**Förderung von Arbeitnehmerorganisationen**

Im Unterschied zu den Arbeitgeberorganisationen werden die Arbeitnehmerorganisationen in den offiziellen Berichten über soziale Förderungsprogramme der CEPLAC kaum erwähnt. Eine 1985 eingerichtete "CEPLAC-Studiengruppe zu Problemen der Landarbeiter" stellte lapidar fest, daß das einzige offizielle CEPLAC-Programm für Landarbeiter sich auf die Ausbildung der Arbeitskraft im Bereich der Kakaopflege (für 2.780 Landarbeiter und 4.160 Agrartechniker) beschränkte. Da die soziale und politische Problematik ausgeklammert blieb, mußte die von der Studiengruppe vorgeschlagene Maßnahme bei praktisch Null ansetzen. Es wurde die Konstituierung einer Arbeitsgruppe aus Vertretern der Bahianischen Landarbeiterförderation FETAG, der einzelnen Landarbei-

---

[83] Vgl. IICA-Bericht (1982), S. 115-124.
[84] Vgl. Viana (1987), S. 2.

tergewerkschaften, der staatlichen Agrargesundheitsdienste PIASS, der kirchlichen Landpastoralkommission CPT und der privaten Landarbeiter-Aktionsgruppe CEATA zum Zwecke der Formulierung von Vorschlägen für Politik, Programme und Projekte auf der Grundlage der von der CEPLAC vorgelegten Diagnose zur politischen und sozialen Situation der Landarbeiter angeregt[85]. Im Rahmen dieser Diagnose stellte die CEPLAC-Studiengruppe fest, daß über 60% der 42 einzelnen Arbeitnehmergewerkschaften in der Region unter Bedingungen der gewerkschaftlichen Repression der 70er Jahre gegründet wurden, da Gewerkschaften lediglich die Funktionen von sozialen Fürsorgediensten statt von Interessenorganisationen gestattet wurden; daß die Mehrheit nicht einmal diese sozialen Funktionen zufriedenstellend wahrnehmen, da nur 20 - 30% von ihnen entsprechende Leistungsabkommen mit dem staatlichen Agrar-Sozialversicherungssystem FUNRURAL abschloß; daß 80% der Arbeitnehmergewerkschaften (Arbeitgebergewerkschaften: 30%) keinen Eigensitz haben, sondern in prekären Mietsräumen untergebracht sind; daß die große Mehrheit der rund 100.000 Gewerkschaftsmitglieder nicht einmal die Mitgliedsbeiträge zahlt. In der Gründung eines aus 22 Einzelgewerkschaften bestehenden "Gewerkschaftsschwerpunktes" in der Kakaoregion sieht die Studiengruppe einen Ansatz zu einer stärkeren Gewerkschaftsarbeit in den nächsten Jahren[86]. Damit steht die Förderung von Arbeitnehmerorganisationen in der Kakaoregion -im Unterschied zu der von Arbeitgeberorganisationen - erst am Anfang.

**Legalisierung der Besitzverhältnisse**

Von diesem Problem sind vor allem Kleinbauern betroffen. Begünstigt wurden von den Legalisierungsaktionen jedoch vor allem größere Betriebe, da sie am ehesten einen Kreditbedarf anzumelden in der Lage waren und daher am dringlichsten auf den Eigentumstitel angewiesen waren. Da die CEPLAC in ihrer Frühphase vorwiegend als Finanzierungsvermittlerin auftrat, stieß sie von Anfang an auf die Schwierigkeit, daß auf sehr viele Kakao-Ländereien keine Hypothek als Voraussetzung für langfristige (8-Jahres-)Kredite genommen werden konnte. Der Grund dafür waren die tradierten, nicht ordnungsgemäßen Besitzverhältnisse bei der überwiegenden Anzahl von Grundbesitzen, die seit der Kolonialzeit als "terra devoluta" (herrenloses Land) dem Bundesstaat Bahia zugefallen waren; diese Ländereien - teilweise von mehreren Bauerngenerationen widerspruchslos in Besitz genommen und bebaut - wurden von den Bauern selbstverständlich als ihr Besitz angesehen, weswegen sie in den seltensten Fällen einen Antrag auf Legalisierung stellten. Im Falle einer Antragstellung freilich änderte sich sehr wenig an dieser Situation, denn in den meisten Fällen blieb die Abwicklung aufgrund von Transport- und Kommunikationsproblemen

---

[85] Vgl. Tourinho et al. (1985), S. 51.
[86] Vgl. Tourinho et al. (1985), S. 38, 43, 44 und 51.

im Bearbeitungsstadium stecken (s. 3.1). Als zusätzlich gravierender Umstand wirkte sich die gesetzliche Auflage aus, daß der als Hypothek angebotene Grundbesitz an keine Unveräußerlichkeitsklausel gebunden sein durfte - eine durchaus übliche Klausel bei testamentarischer Vererbung des Grundbesitzes in der Kakaoregion. Angesichts dieser Situation blieb dem finanzierungswilligen Kakaobauern nur die Alternative, ein städtisches Grundstück als Hypothek anzubieten (was in den wenigsten Fällen möglich war) oder auf den langfristigen Kredit zu verzichten und sich auf einen mittelfristigen einzulassen, dessen Absicherung sich auf die Ausstellung eines verbürgten Solawechsels beschränken konnte. Durch Abkommen mit dem Landesministerium für Landwirtschaft trat die CEPLAC ab 1964 als Vermittler zur Beschleunigung des Legalisierungsvorgangs auf. Sie bot den interessierten Bauern für den Kauf der Besitztitel Zweijahreskredite an, die um weitere zwei Jahre verlängert werden konnten. Außerdem finanzierte sie zu äußerst günstigen Bedingungen die Vermessung und Abgrenzung des fraglichen Grundbesitzes. Die mit CEPLAC-Unterstützung von 1964 bis 1980 verteilten 2.657 Besitztitel dienten zur Legalisierung von 186.951 ha. Ihre durchschnittliche Fläche betrug 70,36 ha.

**Kleinbauernförderung**

Diese Gruppe wurde von der CEPLAC "entdeckt", als eine 1970-75 breit angelegte Erhebung sozialer und ökonomischer Daten der Kakaoregion im Südosten Bahias eine äußerst ungleiche Verteilung von Betriebsgröße und Produktivität zutage förderte: während einerseits Familienbetriebe mit einer durchschnittlichen Betriebsfläche von 30,8 ha über 2/3 (67,2%) aller landwirtschaftlichen Betriebe aber nur 12,8% des Bruttoproduktionswertes stellten, entfielen auf die Agrarunternehmen mit einer durchschnittlichen Betriebsfläche von 68,4 ha 67,2% der erhobenen Gesamtfläche, 86% des Betriebskapitals und 86,5% vom Bruttowert der Agrarproduktion[87]. Die anschließend ausgemachten acht Munizipien mit der höchsten Konzentration von Kleinbauern wurden in den folgenden Jahren für die Durchführung eines Förderprogramms im Hinblick auf höheres Einkommen, besseres Lebensniveau und Aufwertung des landwirtschaftlichen Kleinproduzenten ausgesucht. Die Innovationsbereitschaft dieser Bauern wird schon darin deutlich, daß bereits drei Jahre nach Programmbeginn im Jahre 1978 40% der angesprochenen Kleinbauern sich regelmäßig zur aktiven Diskussion und Mitgestaltung bei der Lösung ihrer Probleme trafen. Entsprechend den Beratungszielen (Ausweitung des Kakaoanbaus, Verbesserung der Produktivität durch moderne Anbautechniken) wurden im Zeitraum von 1979 bis 1981 786 ha mit Kakao neu angebaut; die Anwendung moderner Seuchenbekämpfung wurde von 1.862 auf 2.672 ha ausgeweitet, wäh-

---

[87] Vgl. Souza, Hermino Ramos de (1976), S. 1.

rend die mit Kunstdünger behandelte Fläche sich von 633 ha auf 1.235 ha vergrößerte. Im gleichen Zeitraum verdreifachte sich die Anzahl der betreuten Kleinbauern von 315 auf 969, obwohl das Programm bereits 1981 von einer ersten Mittelkürzung betroffen wurde, die eine Reduzierung des Beratungspersonals von 18 auf 16 Fachleute zur Folge hatte. Neben dem Kakaoanbau - dessen Produktionsfläche im Schnitt nicht mehr als 2,6 ha je Produktionseinheit einnimmt - förderte dieses Programm auch den Nahrungsmittelanbau. Im Hinblick auf eine finanzielle Besserstellung der Kleinbauern unterstützten die CEPLAC-Berater 1981 die Eintragung von 115 Kleinproduzenten als Kunden der Banco do Brasil und arbeiteten 299 Finanzierungsprojekte aus. Von strategischer Bedeutung für die Förderung auch des Kleinbauern ist die Legalisierung des Besitztitels - ein Problem, das praktisch die Gesamtheit der von der Beratung angesprochenen Kleinbauern angeht: Bei insgesamt 969 beratenen Kleinbauern hatte die CEPLAC im Jahre 1981 961 Anträge auf Landvermessung gestellt, wovon lediglich 550 im gleichen Jahr zur Durchführung kamen; zwischen 1979 und 1981 wurden nur 46 Besitztitel verteilt. Die legalisierte Fläche belief sich im Jahr 1980 (mit 45 Besitztiteln) auf insgesamt 880 ha [88]. In den Kleinbauern-Munizipien erstreckt sich die Förderung durch CEPLAC auch auf den Bereich der sozialen und wirtschaftlichen Infrastruktur. So wurden in dem Berichtszeitraum von 1979-81 719 Wasserfiltrierungsanlagen verteilt, 10 landwirtschaftliche Schulen gebaut (9 weitere befanden sich zum Berichtszeitpunkt in Bau, 3 in Planung), außerdem 3 Gesundheitsstellen, 2 Wasserversorgungsanlagen, 85 Sanitäranlagen und 23 km Straßen (weitere 37 km Straßen befanden sich 1981 in Bau). 12,7 km Stromleitungen wurden gelegt[89].

### 4.2.5 Vermarktungspolitik

Ohne sich direkt in die Vermarktung (s. Kap. 5.4) einzuschalten, fördert die CEPLAC diesen Bereich indirekt über die dem Genossenschaftssystem der COPERCACAU zugeleitete Hilfe. Ziel dieser Förderungsmaßnahmen ist die Weitergabe der tatsächlichen Marktpreise an den Erzeuger. Sie unterstützt die Vermarktung weiterhin durch Förderung der kakaoverarbeitenden Industrie als Abnehmer der brasilianischen Kakaoproduktion. Ferner unternimmt die CEPLAC Anstrengungen, durch Qualitätsverbesserung der Kakaobohnen bessere Preise auf dem internationalen Markt zu erhalten. Hier erweist sich jedoch die Tatsache, daß keine qualitätsabhängig unterschiedlichen Erzeugerpreise geboten werden, als ein besonderes Hemmnis für die Akzeptanz der empfohlenen Maßnahmen beim Erzeuger.

---

[88] Vgl. IICA-Bericht (1982), S. 138.
[89] Vgl. CEPLAC (o. J. - ca. 1982), S. 83-93.

## Brasilien

*Unterstützung von Genossenschaften und Industrialisierung*

Die Förderung von genossenschaftlichen Formen der Kakaovermarktung hat zum Ziel, dem Erzeuger den am Markt erzielbaren Verkaufspreis auch voll zukommen zu lassen. Eine Analyse von über 40.000 Kaufverträgen bezüglich der Kakaoernte von 1978/79 förderte einen Unterschied von 400 Millionen Cruzeiros zugunsten der von Genossenschaftsmitgliedern erzielten Preise im Vergleich zu denen der Nicht-Mitglieder zutage. Bestätigt wurde diese Untersuchung durch einen Preisvergleich bei Umschlagsplätzen mit genossenschaftlicher Beteiligung und bei solchen ohne diese Beteiligung: Von den 336 untersuchten Umschlagsplätzen haben lediglich 34 Umschlagsplätze mit genossenschaftlicher Beteiligung niedrigere Erzeugerpreise erzielt als solche ohne genossenschaftliche Beteiligung. Dabei wurden Unterschiede in Höhe von bis zu 40% beobachtet. Demnach ist die genossenschaftliche Vermarktung im allgemeinen vorteilhafter für die Erzeuger[90]. Gegenwärtig (Stand: 1980) wird jedoch erst annähernd 15% der Produktion über die Genossenschaften vermarktet.

Auch in Amazonien widmet sich eine Beratergruppe des DEPEA/CEPLAC der Förderung des Genossenschaftswesens durch Beratung, Schulung von Genossenschaftsangestellten und Kreditvermittlung. 1981 richtete die in Bahia ansässige COPERCACAU eine Filiale (COPERCACAU-AMAZONAS) im Amazonas-Gebiet mit der Aufgabe ein, sich an den 5 dort bestehenden Genossenschaften (3 in Pará, 2 in Rondonien) zu beteiligen; diese Beteiligung erstreckte sich während der Aufbauphase 1981 sogar auf die Übernahme der Geschäftsführung der fünf Genossenschaften durch Fachleute der CEPLAC. Durch Zuwendungen eines besonderen Programms (FUSEC) wurde deren Anschluß an das COPERCACAU-System durch Kauf von Gesellschaftsanteilen finanziert. Zur Unterstützung der Exportbemühungen dieser Genossenschaften wurde 1981 von der CEPLAC ein "Weltmarktbüro" bei der COPERCACAU-AMAZONAS für die Übermittlung der Börsennachrichten aus New York und London eingerichtet[91]. Seit August 1981 verfügt die COPERCACAU-AMAZONAS über die Exportlizenz der CACEX. Von den insgesamt 5.109 Kakaopflanzern, die in Amazonien von der CEPLAC betreut werden, sind immerhin 1.210 in einer der 10 Kakaogenosschenschaften der Region organisiert, auf die jedoch lediglich 4% der vermarkteten Kakaobohnen entfallen[92].

---

[90] Vgl. Nascimento, (1981), in: IICA-Bericht, (1982) S. 108.
[91] Vgl. CEPLAC/SECRE (o.J. - ca. 1982), S. 79
[92] Vgl. CEPLAC/DEPEA (1985a), s. 44 und 41 und CEPLAC/DEPEA (1985b), S. 32.

Als eine besondere Form der genossenschaftlichen Vermarktungsförderung wurde die von Kakaoproduzenten erhobene Forderung begründet, die CEPLAC sollte gemeinsam mit PROCACAU ein industrielles Engagement in der Kakaoverarbeitung eingehen. Tatsächlich beteiligte sich die CEPLAC von Anfang an (1966/67) an dem entsprechenden Projekt sowohl mit der Bestellung von Marktstudien (1968) als auch mit einem eigenen Anteil (12% des Kapitals). Diese punktuelle Zusammenarbeit in dem Gemeinschaftsunternehmen ITAISA (mit Sitz in Ilhéus) erfolgte gerade mit Blick auf die Erwartung nach besseren Vermarktungsbedingungen für die genossenschaftlich organisierten Erzeuger, die in der Abnahme von Kakao durch die nationale Industrie neue Absatzchancen und damit bessere Preise für ihre (im Zuge der staatlich geförderten Expansionspläne) enorm angestiegene Produktionsmenge suchten. Gleichzeitig förderte die CEPLAC mit dieser Beteiligung den Prozeß der Agrarindustrialisierung mit. CEPLAC und COPERCACAU suchten nach einem ausländischen Partner, der sich bereitfände, auf die von CEPLAC und COPERCACAU aufgestellten technologischen und kapitalmäßigen Bedingungen (insbesondere die Annahme einer Minderheitsbeteiligung von höchstens 40%) einzugehen. Sie fanden ihn zunächst in dem französischen Konzern Cacao Barry S.A.. Das Konzept fand auch die Zustimmung der regionalen Entwicklungsbehörde SUDENE sowie der Landesregierung; auf erhebliche Widerstände stieß das Projekt freilich auf Bundesebene durch den Bundesminister für Handel und Industrie. Wohl in dem Bestreben, das Aufkommen eines möglichen Konkurrenten zu verhindern, empfahl der Minister und Kakaoindustrielle den Genossen den Aufkauf eines damals darbenden Verarbeitungsbetriebes der Firma Berkau[93]. Die neugegründete Industrie ITAISA wurde schließlich im Juli 1981 in Ilhéus mit zunächst nur 40% der für die Endphase vorgesehenen Produktionskapazität von 30.000 t in Betrieb genommen - mit im Vergleich zum Originalkonzept leicht geänderten Besitzverhältnissen (36% des Kapitals für Barry do Brasil, 36% für COPERCACAU-CENTRAL, 12% für die CEPLAC, 9% für das Nordostfinanzierungsprogramm FINOR, 4,5% für das Kakaoinstitut von Bahia und 0,5% im Streubesitz)[94]. Mit diesem Projekt verbanden die Betreiber vielerlei Absichten, die in dem Abbau der wirtschaftlichen Außenabhängigkeit Brasiliens gipfelten: die Erzeuger würden einen größeren Anteil an Verarbeitung und Vermarktung vom Kakao erhalten, die Regierung einen genaueren Einblick in die Kosten- und Technologieent-

---

[93] Vgl. Jornal do Brasil, 7.6.78. Industrie- und Handelsminister Angelo Calmon de Sá war zugleich einer der Hauptgesellschafter der Banco Econômico, die Ende der 70er Jahre zusammen mit Interfood/Suchard und mit einem bahianischen Großexporteur (Manoel Joaquim de Carvalho) den Kakaoverarbeitungsbetrieb COPATE als Gemeinschaftsunternehmen in São Paulo gründete.

[94] Vgl. CEPLAC/SECRE (o.J. - ca. 1982), S. 80.

wicklung des hoch konzentrierten Kakaoverarbeitungssektors gewinnen, die Kakaowirtschaft insgesamt eine höhere Wertschöpfung erzielen und zudem die eigene Verwundbarkeit gegenüber Preisschwankungen auf dem Weltmarkt reduzieren[95]. Mit 300 Arbeitsplätzen und mit der vorgesehenen Vermahlung von jährlich 30.000 t Kakaobohnen reiht sich ITAISA unter die größeren Verarbeitungsbetriebe der Region ein[96]. Durch die 1982 erfolgte Übernahme des Barry-Anteils durch die Gruppe Sucre et Denrées, die den eigenen Kapitalanteil auf 50% zu erhöhen versuchte, geriet die operationale Phase von Itaísa jedoch in eine lähmende Krise, die sich über drei Jahre hinzog und erst mit dem von der staatlichen Entwicklungsbank BNDES finanzierten Kauf dieses Anteils durch die COPERCACAU im September 1985 beendet wurde. Damit wurde ITAISA zu einem Betrieb in rein regionalem Besitz[97], dessen Erfolg und Konsolidierung auch aufgrund der inzwischen wieder aufgenommenen Erweiterungsinvestitionen sich anzubahnen scheint: Im Juli 1989 wurde die erste Lieferung (70 t Kakaomasse im Wert von US$ 143,5 Tsd.) seit Inbetriebnahme der Produktionseinheit (März 1989) nach São Paulo getätigt; und ab August 1989 sollte mit der Ausfuhr von Kakaoderivaten begonnen werden[98].

Durch die Förderung vermarktungsrelevanter Faktoren wie Ausweitung der Kakaoproduktion und gentechnologisch verbesserte Bohnenqualität u.a.m. leistete die CEPLAC direkt einen Beitrag zur Anpassung der Produktion an die industriellen Erfordernisse der vor- und nachgelagerten Bereiche. Ein weiterer Beitrag der CEPLAC für die Industrialisierung liegt in der Erforschung neuartiger Kakaoderivate - vom Kakaohonig bis hin zur Gewinnung von Kakaoschnaps, -liquör, -essig und -wein. Im Hinblick auf die regionale Agrarindustrialisierung erarbeitete CEPLAC ein umfassendes Programm mit 10 Projekten zur Verarbeitung sonstiger Agrarprodukte.

---

[95] Vgl. IICA-Bericht (1982) S. 108-9.

[96] Der hohe Stellenwert dieser Produktionseinheit wurde auch von der International Finance Corporation in einem Gutachten bestätigt, das 1981 nach ihrer vorläufigen Inbetriebnahme in Ilhéus erstellt wurde. Aufgrund dieser positiven Einschätzung des Projekts bot die IFC sogar einen (freilich aus verwaltungstechnischen Gründen von COPERCACAU abgelehnten) 10-Mio.-Dollar-Kredit an, wovon 1 Mio. als Kapitalanteil und 9 Mio. als langfristiger Kredit vergeben werden sollten.

[97] Vgl. COPERCACAU (1987), S. 13 - 16; auch CEPLAC (1986), S. 1

[98] Vgl. Jornal do Brasil, 8.7.89, S. 16.

## Qualitätsverbesserung bei der Fermentation, Trocknung und Lagerung

Die wichtigsten Einwände der Auslandsmärkte hinsichtlich der brasilianischen Kakaobohnen bezogen sich auf qualitätsmindernde Eigenschaften wie Rauchgeruch, Säuregehalt, Violettfarbe, Ausschußbestandteile und Schimmel. Neben der Genforschung, die zur Gewinnung neuer Clones unter Berücksichtigung von Geschmacksrichtung der Verbraucher sowie von Buttergehalt und -konsistenz der Kakaobohnen durchgeführt wird, betreibt die CEPLAC auch die Förderung neuartiger Verfahren und Anlagen für die Fermentation, Trockung, Lagerung und Klassifizierung der Kakaobohnen. Zur Verbesserung des Fermentationsvorgangs wurden die in anderen Ländern mit besseren Ergebnissen praktizierten Verfahren untersucht und getestet; die so gewonnenen Erkenntnisse sind von dem Beratungsnetz an die Kakaopflanzer weitergegeben und von letzteren übernommen worden. Von dem Trocknungsvorgang hängt zum großen Teil die Qualität der Bohne im Hinblick auf Fülle, Geruchs- und Schimmelfreiheit sowie Lagerfähigkeit ab. Ein altes Problem der brasilianischen Kakaobohne - ihr Rauchgeruch - ist eine Folge von undichten Trocknungsanlagen des traditionellen (feuerbetriebenen) Trocknungsverfahrens; inzwischen sind die, von der CEPLAC entwickelten neuartigen Rohr-Trocknungsanlagen ("secador tubular") aufgrund ihrer Dichtigkeit, der geringen Anpassungskosten sowie der Zeit- und Brennholzersparnis in der Region weit verbreitet; für weniger kapitalkräftige (Klein-)Produzenten entwickelte CEPLAC eine Alternative zu den relativ wenig wirksamen, aber teuren Trocknungsanlagen mit Schiebedach ("barcaças") in Form von ständig mit einer durchsichtigen Plastikfolie bedeckten "Trocknungsplattformen", die geringe Anlage- und Betriebskosten verursachen; deren Lebensdauer ist zwar geringer, aber deren Produktivität übertrifft die der "barcaças" um mehr als das Zweifache (60 kg/m$^2$ in 9 Tagen statt 30 kg/m$^2$ in 10 Tagen)[99].

Durch verbesserte Lagerbedingungen kann die einmal erreichte Qualität der Kakaobohnen länger gehalten werden, was eine größere Unabhängigkeit gegenüber den Marktschwankungen erlaubt. Entsprechend war der Ausbau von Lagerkapazitäten in der Kakaoregion sowie die Verbesserung der Lagerbedingungen ein Förderungsschwerpunkt der CEPLAC, u.a. durch Erarbeitung von Lagerbau-Projekten.

## Klassifizierung der Kakaobohnen

Für die Klassifizierung der für den Export bestimmten Kakaobohnen wurde die CEPLAC 1970 von der zuständigen Behörde - dem Außenhandelsrat CON-

---

[99] Vgl. Passos/Freire (1984), S. 8 und McDonald/Cunha (1980)

CEX - mit der Aufstellung von Klassifizierungskriterien und mit deren Durchführung beauftragt. Zu diesem Zwecke richtete die CEPLAC Klassifizierungsstellen an fünf Exporthäfen sowie an 14 bzw. 13 Produktions- und Vermarktungszentren im traditionellen Kakaoanbaugebiet in Bahia und Espírito Santo sowie in den neuen Anbaugebieten Amazoniens ein. Durch die Einteilung in 4 Qualitätsstufen ("superior", "good-fair", minderwertig, Ausschuß) ist im traditionellen Anbaugebiet eine wesentliche Qualitätsverbesserung gelungen, wie die Zahlen aus Bahia und Espírito Santo belegen. Von einer Gesamtproduktion von 375.282 t Kakaobohnen im Erntejahr 1983/84 wurden in dieser Region insgesamt 215.452 t klassifiziert, wobei 81,3% als "superior", 2,6% als "good fair", 5,8% als "minderwertig" und immerhin 10,2% als "Ausschuß" eingeteilt wurden[100]. Problematisch bleibt - aufgrund der klimatischen und ökonomischen Verhältnisse - die Kakaoqualität im Amazonasgebiet, wo nach wie vor die beiden untersten Stufen bei weitem überwiegen. Hier ist der Anteil der Qualitätsstufen "II Amazônia" (Ortsbezeichnung für "Ausschuß") und "AB-Padrão" (minderwertig) klar rückläufig, wenn auch mit vielen Rückschlägen[101]: Von den 1986 in Amazonien erzeugten 18.315 t Rohkakao wurden 14.120 t zu 55% in die Kategorie "Ausschuß", zu 25% in "minderwertig", zu 14% in "good fair" und zu 6% in "superior" eingeteilt[102]. Wesentliche qualitätsmindernde Merkmale - wie Schimmel oder "Ardosia"-Bohnen - entstehen aufgrund von aufbereitungsbedingten Mängeln (unzureichende Trocknung bzw. unsachgemäße Fermentation). Andere - wie keimende Bohnen - gehen auf klimatische Faktoren zurück. Da jedoch eine Verbesserung der Verarbeitungsverfahren mit Unkosten verbunden ist, die sich nicht in einem höheren Verkaufspreis niederschlagen (einer vierstufigen Qualitätsgliederung steht ein einheitlicher Erzeugerpreis am Markt gegenüber), verzichten die Kakaoproduzenten lieber auf sie[103]. Einer Diskussion zwischen einem Kakao-Großproduzenten des Amazonas-Bundesstaates Rondonien und einem lokalen Berater der CEPLAC wohnte der Verfasser im Mai 1987 bei, als sich der Bauer über die Klassifizierungskriterien der CEPLAC beschwerte: der Importeur seiner Kakaobohnen war in der Regel bereit, die Ware höher einzustufen als die CEPLAC. Erschwerend kommt die restriktive Kreditpolitik in dem Bereich der Farminfrastruktur hinzu, die aufgrund der Anpassungspolitik der Zentralregierung in den 80er Jahren fast auf Null gedrückt wurde. Im Jahre 1983 beispielsweise wurden lediglich 4% des für diesen Posten im DEPEA-Plan vorgesehenen Kreditbetrages

---

[100] Vgl. CEPLAC/CAEI (1986), S. 71 ; anzumerken ist allerdings, daß die gesamte Kakaoproduktion des Bundesstaates Espírito Santo - 5.589 t - in demselben Jahr als "superior" eingestuft wurden.
[101] Vgl. CEPLAC/DEPEA/APLAN (1986).
[102] CEPLAC/DEPEA (1987), S.73-74.
[103] CEPLAC/DEPEA (1987), S. 72 und 78.

effektiv vergeben[104]. Regional schlägt sich jedoch das Qualitätsgefälle in einem Süd-Nord-Preisgefälle nieder: Der vom Amazonaskakao am Weltmarkt erzielte Preis liegt durchschnittlich um US$ 200 unter dem von Bahia/Espírito Santo. Dadurch entgehen der amazonischen Kakaowirtschaft jährlich Einnahmen in Millionenhöhe[105].

### 4.2.6 Steuer- und Exportförderungspolitik

In der steuerlichen Behandlung der Manufakturexporte drückt sich am deutlichsten - auch im Kakaosektor - die auf forcierte Agrarindustrialisierung ausgerichtete Förderungspolitik aus. Entsprechend den wechselnden Entwicklungsprioritäten der verschiedenen demokratischen und autoritären Regierungen seit 1950 (vgl. 3.2.1 und 3.2.2) kann die Politik zur Förderung exportorientierter Agrarindustrialisierung in 3 Zeiträume unterteilt werden: Einer Phase der differenzierten Diskriminierung von Agrarexporten zugunsten von (industrieller) Importsubstitution (1950-1964) folgt eine Übergangsphase steuerpolitischer Reformen (1965-1969) in Richtung auf eine eindeutig exportorientierte Agrarindustrialisierung (1970-1980). Hauptinstrument zur Steuerung der Kakaoproduktion in der ersten Phase war die Wechselkurspolitik. Trotz laufender Inflation wurde von der demokratisch-nationalistischen Regierung Vargas von 1950 bis 1953 eine Politik fester Wechselkurse in Verbindung mit Exportlizenzen und Ausnahmeregelungen praktiziert, die eine flexible Handhabung der wechselnden Zahlungsbilanzsituation ermöglichte. So mußten die Kakaobohnenexporte (neben Kaffee und Baumwolle) zum offiziellen Wechselkurs getätigt werden, während bei bestimmten Kakaoderivaten bis zu 30% der Deviseneinnahmen auf der Grundlage freier (d.h. teurerer) Wechselkurse eingetauscht werden durften[106]. Dieser Prozentsatz wurde 1953 auf 50% erhöht, während für die Zeit von 1953 bis 1961 aufgrund des wachsenden Druckes der Exportgesellschaften unterschiedlich vorab festgelegte Wechselkurse für Agrarexporte eingeführt wurden. Die Exportwaren wurden von der Kredit- und Währungsbehörde SUMOC in vier verschiedene Vergünstigungs-Kategorien ("bonificações") eingeteilt[107]: Kakaobohnen und Kakaoderivate wurden jeweils in die niedrigste und zweitniedrigste Vergünstigungsstufe eingeordnet; sie waren auch die letzten Agrarprodukte, die von der 1958 begonnenen und 1960 abgeschlossenen Liberalisierung der Wechselkurse begünstigt wurden[108]. Mit der 1962

---

[104] Vgl. DEPEA (1984a), S. 9
[105] DEPEA (1985a), S. 14.
[106] Schon hier zeichnet sich damit eine gewisse Bevorzugung verarbeiteter Kakaoexporte ab.
[107] Verordnung Nr. 112.
[108] Vgl. Brandão (1983), S. 28.

eingeführten "Wechselkurs-Gebühr" oder Exportabgabe ("taxa de retenção cambial") in Höhe von 15% bzw. 5% des Exportwertes von Kakaobohnen bzw. Kakaoderivaten wurde einerseits die Förderung der Kakaowirtschaft insgesamt auf solide Grundlagen gestellt; andererseits begann mit der Diskriminierung der Bohnenexporte die explizite Förderung der exportorientierten Agrarindustrialisierung. Die Steuerpolitik dieser Periode beschränkte sich hauptsächlich auf die Festsetzung (= allmähliche Steigerung) der Umsatzsteuer, in Brasilien die wichtigste Steuereinnahmequelle der Bundesstaaten (bis zu 85% der Gesamteinnahmen), in deren Obliegenheit die Festsetzung des entsprechenden Satzes steht. Die hiermit verbundene wachsende Steuerlast führte in einigen Fällen zur Gründung von Genossenschaften, die bei bestimmten Vermarktungsoperationen von der Umsatzsteuer befreit waren.

Die zweite Phase (1965-1970) leitete eine grundlegende Steuer- und Wechselkursreform im Zeichen drastischer Exportförderung ein. Ab 1964 wurde die Wechselkurspolitik zunehmend an die Inflationsentwicklung angepaßt, bis schließlich im August 1968 ein System von "Miniabwertungen" der Währungsparität einen weitgehenden Abbau der exportdiskriminierenden Überbewertung des Cruzeiro mit sich brachte. Als Steuerungsinstrument verzichtete der Staat freilich nicht auf die "Wechselkursgebühren" für Kakao und Kaffee, die auch noch für weitere Primärprodukte wie Fleisch und Leder neu eingeführt wurden. Mit der realistischen Wechselkurspolitik wurde ein wesentliches Hindernis für langfristige Exportgeschäfte - nämlich die Ungewißheit über Zeitpunkte und Ausmaß der nächsten Währungsabwertung - ausgeräumt. Doch während für Halbfertig- und Fertigwaren dieser Exportförderungseffekt auch noch durch Sondervergünstigungen wie zinssubventionierte Kredite, Steuerbefreiungen, Sonderkredite u.a.m. verstärkt wurde, blieben die Primärproduktexporte allerlei Restriktionen wie Exportquoten, Abgaben, Lizenzen und Verboten ausgesetzt. Weiter wirken sich die Kontrollen durch verschiedene Behörden (Exportbehörde der Banco do Brasil CACEX, staatliche Kommission für den Kakaohandel COMCAUBA und Kakaoinstitut ICB) im Hinblick auf Preis, Qualität und Einhaltung von Vorschriften ebenfalls hemmend auf die Rohkakaoausfuhr aus. Mit der Resolution Nr. 42 vom 14.11.1968 beschloß die Exportleitstelle CONCEX Richtlinien für die Klassifizierung vom Exportkakao, die eine Erschwerung der Produktion bedeuteten. Die Steuerreform von 1966 war der wesentliche Beitrag dieser 2. Phase zur Dynamisierung der Exporte. Die Ablösung der "Umsatzsteuer" durch die "Mehrwertsteuer" bedeutete, daß nicht länger der Steuersatz von 6,6% auf den jeweiligen Warenwert jeweils auf Produzenten-, Großhändler- und Einzelhändlerstufe galt (womit zum Schluß ein Steuersatz von 3 x 6,6% herauskam); stattdessen wurde ein einheitlicher Steuersatz von 15% lediglich auf den bei der jeweiligen Handelsstufe hinzugefügten Wert

("Mehrwert") für alle Produkte und Bundesstaaten festgesetzt[109]. Folgende steuerliche Maßnahmen wurden in dieser Phase außerdem noch wirksam:

- Im Juni 1964 wurden Steuerbefreiungen und Steuerrückzahlungen im Rahmen des 1961 beschlossenen "draw-back"-Verfahrens eingeführt; nach diesem Muster getätigte Importe werden praktisch von allen Steuern und Abgaben befreit.

- Einführung einer Exportkredit-Versicherung zur Deckung von Risiken wie Zahlungsunfähigkeit des Importbetriebes, Verhinderung der Warenlieferung durch staatliche Bestimmung nach Vertragsunterzeichnung usw. (Gesetz 4.678 und Dekret 57.280 vom Jahre 1965).

- Die Exporte werden 1966 von Verbrauchssteuern, von dem auf den Export fallenden Teil der Einkommenssteuer, von der Exportsteuer und von der Finanzsteuer ebenso befreit wie von Abgaben zur Verbesserung von Hafenanlagen, zur Förderung der Handelsschiffahrt und aller sonstigen Abgaben, die nicht mit einer effektiven Gegenleistung verbunden sind (Gesetze Nr. 5.025 und 5.143, Dekret Nr. 59.607 und Gesetzesdekret Nr. 27).

- 1967 und 1968 wurden die Manufakturexporte von der Mehrwertsteuer befreit (Verfassungszusatz Nr. 35 vom 28.2.1987 und Gesetzesdekret Nr. 406 vom 31.12.1968).

- 1969 wird der sog. "Steuer-Exportkredit" für Manufakturexporte als Exportanreiz durch das Gesetzesdekret Nr. 491 geschaffen; damit wird der als Manufaktursteuer sonst zu entrichtende Betrag als Gutschrift eingetragen. Dieser erhebliche Steueranreiz (in Höhe von 6%) stellt zusammen mit dem Steuerbefreiungssatz (ebenfalls 6%) einen erheblichen Beitrag für die Rentabilität von Manufakturexporten dar.

Als Fazit dieser zweiten Phase bleibt festzustellen, daß die Handelspolitik aufgrund von Lizenzverfahren und Qualitätskontrollen sich hemmend auf den Produktionsbereich, jedoch förderlich auf den Verarbeitungsbereich auswirkte, während die Steuer- und Wechselkurspolitik mit einer breiten Palette von Steuerbefreiungen und Steueranreizen sowie mit dem System von häufigen Miniabwertungen konsequent auf die Förderung verarbeiteter Exporte umgestellt wurde.

Die dritte Phase (1970-1980) zeichnet sich durch die Konsolidierung des Exportförderungsprogramms aus. In diesem Rahmen wurden die Restriktionen

---

[109] Vgl. Brandão (1983), S.44-46

für Kakaobohnenexporte teilweise abgebaut (Verminderung der Wechselkursgebühr von 15% auf 10%), wobei allerdings das dann eingeführte Quotensystem für den Export von Kakaobohnen und -derivaten mit je 50% sich wiederum einschränkend auf die Rohkakaoexporte auswirkte. Die bis Oktober 1973 günstige Weltmarktentwicklung und die auf die Ölpreiskrise folgende Phase weltweit geringer oder gar negativer Wachstumsraten stellte die brasilianische Außenhandelspolitik vor große Herausforderungen. Die Wechselkurspolitik brachte 1971 eine weitere Perfektionierung des Systems häufiger Miniabwertungen der nationalen Währung: die Cruzeiro-Parität wurde vom Dollar abgekoppelt und an die Parität eines "Währungskorbes" (mit den Währungen aus 8 Ländern) angeschlossen. Damit wurde ein größerer Realismus für die Exportpreise brasilianischer Lieferungen erreicht. Die Außenhandelspolitik wurde in ihrer Wirksamkeit durch die Ausweitung der Steuervorteile für Manufakturexporte bekräftigt:

- Eine weitere Steuergutschrift - nunmehr auf die Mehrwertsteuer - wurde mit der Bund-Länder-Vereinbarung 1/70 vom 15.01.71 eingeführt. Ausdrücklich ausgeschlossen von dieser Vergünstigung blieben die Exporte unverarbeiteter Primärgüter.

- 1972 wurden mit der Nivellierung der Exportabgabe für Kakaobohnen und -derivate auf 10% des FOB-Wertes (Mai) und mit der Einordnung von Kakaomasse unter die exportbegünstigten Manufakturen (Dezember) die entscheidenden Maßnahmen zur Förderung der Kakaoverarbeitung getroffen[110].

- Im August 1972 wurde per Gesetzesdekret (Nr. 1236) die steuerfreie Einfuhr kompletter Industrieanlagen erlaubt, soweit eine vorwiegend exportorientierte Produktion vorgesehen wird.

- Im Dezember 1975 wurden zinssubventionierte Exportkredite in Höhe des für das laufende Jahr vorgesehenen Exportzuwachses gewährt (Zentralbankresolution Nr. 353).

Aufgrund wachsender Ungleichgewichte im Staatshaushalt wurde diese Steuer- und Kreditpolitik im Dezember 1979 mit der allmählichen Abschaffung der Exportsteuerprämien zurückgenommen, im April 1981 wieder eingeführt und zum 1.1.1985, im Zuge eines Abkommens mit dem Internationalen Währungsfonds, wieder abgeschafft.

---

[110] Vgl. ABIC (o.J. - ca. 1981), S. 3.

Faßt man die Exportvergünstigungen zusammen, in deren Genuß die Exporte von Kakaoderivaten im Laufe der 70er Jahre kommen konnten, so ergibt sich folgendes Bild:

- Exportkredite bis zur Höhe von 20% des Exportwertes des vergangenen Jahres zu 8%-Zinsen und ohne Geldwertberichtigung;
- Industriekredite von der Banco do Brasil zu 15%-Zinsen;
- Zinssubventionierte Vorauszahlungen gegen Vorlage von Exportverträgen;
- Einkommenssteuerbefreiung für die Nettoeinnahmen aus dem Exportgeschäft;
- Kredite bis zur Höhe von 10% des Exportzuwachses im laufenden Jahr, zweckbestimmt für den Import von Anlagegütern;
- Steuergutschriften auf Industriewarensteuer und Mehrwertsteuer, Steuerbefreiungen usw.

Damit erreichte der Subventionsanteil bei den Exporten von Kakaoderivaten zwischen 1964 und 1979 - allein an Industriewaren- und Mehrwert-Steuerausfällen - bis zu 34,9% bzw. 41,5% des FOB-Wertes[111].

Als Schlußfolgerung ist festzuhalten, daß die Exportpolitik den Verarbeitungssektor mit staatlichen Subventionen eindeutig bevorzugte und den agrarischen Produktionssektor mittels Quotenfestlegung, Exportabgaben und Qualitätskontrollen zur Finanzierung ihrer eigenen Entwicklung herangezogen hat.

### 4.2.7 Förderung der regionalen Infrastruktur

Nach einer Anfangsphase, in der die Kakaowirtschaft ausschließlicher Gegenstand der Förderung war, weitete die CEPLAC ab 1968 ihr Programm auf die Infrastruktur der Kakaoregionen aus. 1974 erhielt sie den formellen Auftrag der Zentralregierung, mit den Einzelstaaten, Munizipien und Bundesbehörden Abkommen zur Stärkung der regionalen Infrastruktur zu treffen - dies freilich in Abhängigkeit der Mittelverfügbarkeit, da es sich hierbei (wie übrigens auch bei der Förderung der Anbaudiversifizierung) lediglich um ein Nebenziel der Organisation handelte. Seit Beginn der Infrastrukturförderung im Jahr 1968 bis zum Jahr 1980 wurde ein Betrag von insgesamt 2,8 Mrd. Cruzeiros (umgerechnet US$ 182,5 Mio. nach dem Wechselkurs vom 31.12.1980) für folgende Infrastrukturleistungen ausgegeben[112]:

---

[111] Vgl. Brandão (1983), S. 71
[112] Vgl. IICA-Bericht (1982), S. 128.

| | | |
|---|---|---|
| Straßen- und Brückenbau: | US$ 88.957.000 | 48,7% |
| Ländliche Elektrifizierung: | US$ 24.764.600 | 13,6% |
| Gesundheit und Kanalisationsbau: | US$ 23.787.000 | 13,0% |
| Erziehung: | US$ 20.582.500 | 11,3% |
| Seehafen Ilhéus: | US$ 12.382.300 | 6,8% |
| Sozialversicherungsanstalten: | US$ 5.539.400 | 3,0% |
| Entwässerung: | US$ 2.802.300 | 1,5% |
| Telekommunikationen: | US$ 1.694.420 | 0,9% |
| Städtische Infrastruktur: | US$ 1.629.200 | 0,9% |
| Flughäfen: | US$ 1.238.200 | 0,7% |

Der hohe Stellenwert des Straßen- und Brückenbaus erklärt sich aus dem bis dahin unzureichenden Verkehrsnetz der Region, das den zügigen Transport von Produktion, landwirtschaftlichen Einsatzmitteln, technischer Beratung und sozialen Diensten unmöglich machte. Der Straßenbau zur Verbindung der Farmen untereinander sowie zum nächsten Gemeindesitz wurde durch eine eigene Straßenbaumannschaft der CEPLAC selbst durchgeführt, während die weiterreichenden Straßenverbindungen mittels Vereinbarungen zwischen CEPLAC und Landes- sowie Gemeindebehörden erstellt wurden. Bis 1980 wurden in Bahia insgesamt 7.500 km Straßen und 1.347 km in Espírito Santo gebaut; außerdem wurden Brücken mit insgesamt 3.500 m fertiggestellt. Aufgrund einer Erhebung der Regionalentwicklungsabteilung der CEPLAC, die einen Bedarf von 1.134 Km an neuen Straßen sowie von 3.315 km an Straßenerneuerung ermittelte, wurde 1980 die Finanzierung von 505 km durch die Interamerikanische Entwicklungsbank und nationale Entwicklungsstellen vereinbart. Im Bereich der ländlichen Elektrifizierung wurden bis 1980 im Rahmen von Vereinbarungen zwischen CEPLAC und den landeseigenen Elektrizitätsgesellschaften 1.300 km Hauptleitungen, entsprechend 20.000 km Terminallinien, gelegt. Ein von der bahianischen Elektrizitätsgesellschaft COBER in Zusammenarbeit mit CEPLAC aufgestelltes Elektrifizierungsprogramm für den Südosten Bahias sieht die Aufstellung von weiteren 5.620 km Hauptleitungen für die Versorgung von 13.204 land- und viehwirtschaftlichen Unternehmen (gegenwärtig werden lediglich 1.509 Unternehmen versorgt) vor.

In den 50er Jahren machte die fortschreitende Versandung den an der Cachoeiras-Mündung gelegenen Seehafen von Ilhéus für die Langstreckenschiffe zunehmend unbenutzbar. Die Ladung mußte daher erst auf kleineren Schiffen erfolgen oder aber auf den 200 km weiter nördlich befindlichen Hafen von Salvador umgeleitet werden, was eine erhebliche Erhöhung der Frachtkosten mit sich brachte. Mit einem 10%igen Anteil an der erforderlichen Gesamtinvestitionssumme für den Bau eines neuen Hafens übte die CEPLAC eine Katalysatorfunktion für ein Engagement des Bundes aus. Eingeweiht im Jahre 1971, ist heute der Hafen von Malhados an der Trincheiras-Bucht bei

Ilhéus wieder der wichtigste Kakaohafen Brasiliens mit zusätzlichen Kapazitäten für den Export von Kaffee und Erdölderivaten. Er wirkte wie ein Magnet auf zahlreiche Industriebetriebe, die sich in den zwei Industriebezirken der Region niederließen. Durch ihre Mitfinanzierung des Hafen-Neubaus in Ilhéus trug die CEPLAC wesentlich zur Einrichtung von Industriebezirken in den beiden Kakao-Hauptstädten, Itabuna und Ilhéus, bei. In Ilhéus schufen die darin eingerichteten 15 Industriebetriebe 1.550 Arbeitsplätze (davon 952 Arbeitsplätze in der Kakaoverarbeitung). Die dort vorhandene Vermahlungskapazität kann 75% der Kakaoproduktion aufnehmen. Die Betriebe der Holzverarbeitung, Insektizidherstellung, Geflügelzubereitung, Sackherstellung, Keramik, Düngermischung, Kaffeevermahlung und -rösterei, Eisenrohwaren, Marmor und Betonmischung offenbaren in ihrer überwiegenden Mehrheit einen engen Bezug zur Landwirtschaft der unmittelbaren und mittelbaren Nachbarregionen[113]. Freilich wäre die Ansiedlung dieser Industrien ohne die erheblichen Infrastrukturinvestitionen der öffentlichen Hand sicher nicht erfolgt: von 1972 bis 1980 wurden für diesen Zweck in Ilhéus US$ 1,67 Mio. investiert. Doch schon 1980 ermöglichten die dort angesiedelten, zu 96,5% in ausländischem Besitz befindlichen Industriebetriebe für den Bundesstaat Bahia Steuereinnahmen in Höhe von umgerechnet US$ 6,99 Mio. an Umsatzsteuer[114].

Drainage-Arbeiten, durchgeführt auf der Grundlage von Abkommen der CEPLAC mit dem Nationalen Amt für Infrastruktur, erlaubten die Zurückgewinnung von 13.550 ha Land für den Ackerbau. Mit Unterstützung durch die Gesundheitsministerien wurden in den Dörfern der Region Sanitäranlagen eingerichtet und das Netz der Trinkwasserversorgung ausgebaut. Im Rahmen von Vereinbarungen mit dem Fernmeldeamt und mit Fernsehanstalten unterstützt die CEPLAC ebenfalls den Ausbau des Fernsprechnetzes und der Fernsehübertragung in die städtischen und ländlichen Regionen von 27 Munizipien. Außerdem produziert die Kakaobehörde eigene Rundfunksendungen, die täglich über Themen des Kakaoanbaus und anderer Kulturen berichten. Tabelle 7 faßt die Infrastrukturleistungen der CEPLAC im Kakao-Hauptanbaugebiet zusammen:

---

[113] Vgl. Secretaria da Indústria e Comércio/CEDIN (1982), S. 177 f.
[114] Vgl. Secretaria da Indústria e Comércio (1982), S. 29 und 68.

Brasilien

Tabelle 7: Infrastrukturleistungen der CEPLAC 1957 - 1980 im Kakao-Hauptanbaugebiet (Anzahl)

|  | BAHIA | ESPIRITO SANTO |
|---|---|---|
| Universitäts-Campus | 1 | |
| Ländliche Schulen | 164 | 76 |
| Landstraßen | 4.749 km | 1.347 km |
| Brücken | 3.486 m | |
| Gesundheit: Instandgesetzte Krankenhäuser | 73 | 3 |
| Wasserversorgungsstellen | 120 | |
| Ausbau von Sozialinstitutionen | 27 | |
| Ländliche Elektrifizierung | 1.300 km | 457 km |
| Telekommunikationen (Munizipien) | 27 | 15 |
| Flughafen (Wiederaufbau/Erneuerung) | 2 | |
| Verwaltungsgebäude für landwirtschaftliche Arbeitgeberverbände | 65 | |
| Hafeninfrastruktur | 1 | |
| Berufsverbände | 3 | |

Quelle: CEPLAC/DEADE/DINCE. In: IICA-Bericht (1982), S. 134

Als umfassende Schlußfolgerung dieses Kapitels läßt sich Folgendes festhalten: Mit Finanzierung, Forschung und Beratung/Ausbildung sowie mit steuerlichen Anreizen verfolgte die staatliche Förderungspolitik mit sich wandelnder Schwerpunktsetzung kakaobezogene und kakaoübergreifende Ziele der schnellen Produktionsausweitung, Produktivitätserhöhung und Anbaudiversifizierung. Dieser Strategie lag die Konzeption einer durchgreifenden Modernisierung von Anbau- und Aufbereitungstechniken zugrunde. Damit richtete sie sich in erster Linie an Produzenten, die eher in der Lage waren, auf die Anreize zu reagieren: die mittleren und die Großpflanzer. Für Kleinbauern sind zeitlich und räumlich konzentrierte flankierende Maßnahmen getroffen worden, die inhaltlich nicht immer auf ihre Bedürfnisse und Möglichkeiten angepaßt waren. Hier liegt die Wurzel für die in Kap. 5 näher erläuterte Vergrößerung des sozialen Abstandes im Produktionsbereich. Zum anderen diente die Modernisierungsstrategie als Transmissionsriemen für die Lieferung moderner Inputs und Geräte an die Kakaoproduzenten sowie für die qualitative und quantitative Ausrichtung der Bohnenproduktion auf die Bedürfnisse der Kakaoindustrie und des Kakaoexportes. Damit förderte die staatliche Kakaopolitik letztlich das soziale Ungleichgewicht im Produktionsbereich zugunsten der Herausbildung eines exportorientierten agrarindustriellen Kakaokomplexes in der Produktion vor- und nachgelagerten Bereichen. Als wichtigstes Durchführungsorgan dieser Politik stellt die CEPLAC ein funktionales Bestandteil des auf exportorientierter Agrarproduktion und Agrarindustrialisierung beruhenden Entwicklungsmodells dar.

## 5. Produktionsstruktur und Produktionsverhältnisse

### 5.1 Kakao als Mono- und Mischkultur

Brasiliens wichtigste Kakaoregion befindet sich in Bahias Südosten. Sie umfaßt ein Kerngebiet ("Microrregião Cacaueira" - MR 154) um die Städte Ilhéus und Itabuna mit 28 Munizipien, in welchem die Kakaomonokultur vorherrscht (zur Vereinfachung wird dieses Gebiet hier als "Kakaoregion I" bezeichnet), ein erweitertes Kakaoanbaugebiet (Kakaoregion II) mit 41 Munizipien, in welchem die Landwirtschaft stark auf den Kakaoanbau ausgerichtet ist, und schließlich ein Kakaoeinzugsgebiet (Kakaoregion III - "Região Cacaueira") mit 89 Munizipien und eher differenzierten Anbaukulturen und Viehzucht, das erhebliche Expansionsfläche für den Kakaoanbau aufweist[1] (vgl. Abb. 4).

Aus der ursprünglichen Polykultur mit Kakao- sowie Markt- und Subsistenzkulturen der Anfänge des Kakaoanbaus in Bahia (ab 1860) wurde aufgrund steigender Weltnachfrage und fehlender Voraussetzungen für Produktivitätsfortschritte sehr schnell eine Monokultur (im Kerngebiet um Ilhéus-Itabuna bereits ab der Jahrhundertwende)[2]. Gegenwärtig widmen die Agrarbetriebe in der Kakaoregion I fast zwei Drittel ihrer Ackerfläche dem Kakaoanbau - und die Tendenz ist (entsprechend dem Programm zur Ausweitung des Kakaoanbaus PROCACAU 1976-1985, s. o.) steigend (vgl. Tab. 8).

Tabelle 9 spiegelt die geringfügige Bedeutung der Nahrungsproduktion insgesamt sowie die relativ große Bedeutung der Maniok-Produktion in dem Kerngebiet des Kakaoanbaus (Kakaoregion I) gerade während der starken Expansionsphase des Kakaoanbaus in den siebziger Jahren wider, als die Kakaoexpansion zu einem erheblichen Teil durch die vollständige Ersetzung alter Pflanzungen durch neue, genetisch verbesserte Sorten stattfand.

---

[1] Vgl. für das Kerngebiet: Baiardi (1984); für das erweiterte Anbaugebiet: Diniz/Duarte (1983); für das Kakao-Einzugsgebiet: Leite (1976).
[2] Vgl. Leite (1976), S. 14; und Diniz/Duarte (1983), S. 37. Auf die "Vorteilhaftigkeit dieser Pflanze, deren Produktionskosten geringer sind als die von Kaffee, Tabak oder Zuckerrohr", wies zur damaligen Zeit schon de Walle (1912, zit. nach: Leite (1976) S. 14), hin.

Abbildung 4: Brasilien, Bahia und Bahias Kakaoregionen I, II und III

Forts. Abbildung 4: Bahias Kakaoanbaugebiete

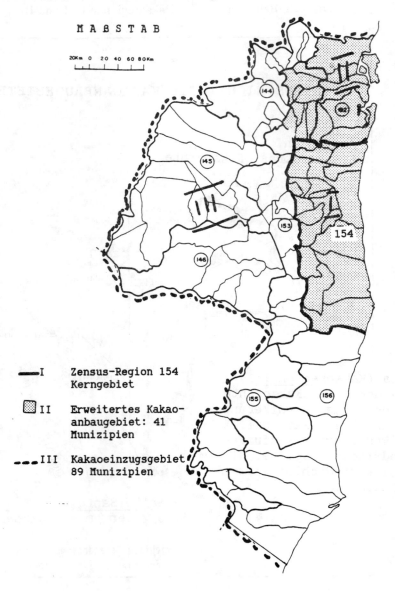

Forts. Abbildung 4:

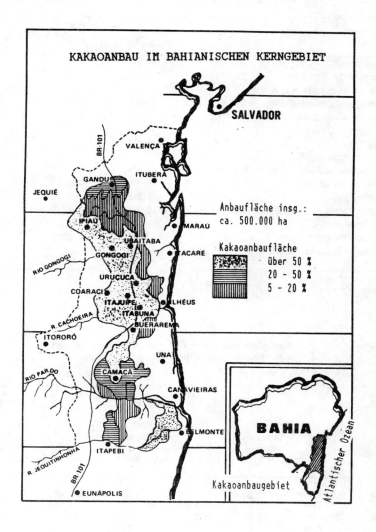

Quelle:   Diniz/Duarte (1983), S. 28 und CEPLAC/CEPEC (1982)

Tabelle 8: Nutzung der Ackerfläche im Kerngebiet des Kakaoanbaus 1975 und 1980 (Gesamtheit aller Agrarbetriebe)

|  | 1975 | 1980 | %-Veränderung |
|---|---|---|---|
| 1. Anzahl der Betriebe | 22.571 | 28.662 | 27,0 |
| 2. davon Mischbetriebe mit Jahres- und Dauerkulturen | 9.367 | 6.402 | -31,6 |
| 3. %-Anteil von 2 an 1. | 41,5 | 22,3 | |
| 4. Fläche in Dauerkultur (ha) | 382.715 | 492.750 | 28,7 |
| Davon Kakao (Erntefläche 1982) | 332.151 | | |
| 5. Fläche für Jahreskulturen (ha) | 57.383 | 19.582 | -65,9 |
| 6. Ackerfläche | 440.098 | 512.332 | 16,4 |
| 7. %-Anteil von 4 an 6: | | | |
| - Dauerkulturen : Ackerfl. | 87,0 | 96,2 | 10,6 |
| - Kakao-Erntefl.: Ackerfl. | | 64,8 | |

Quelle: CEI (1985 b), S. 621, 685


Tabelle 9: Produktion von Kakao und Hauptnahrungskulturen in der Kakaoregion I 1970 - 1980 (in t)

| Produkt | 1970 | | 1975 | | 1980 | |
|---|---|---|---|---|---|---|
| | t | Anteil an Bahias Agrarproduktion | t | Anteil an Bahias Agrarproduktion | t | Anteil an Bahias Agrarproduktion |
| Bohnen | 1.997 | 1,5 | 1.515 | 0,8 | 889 | 0,3 |
| Mais | 1.896 | 0,8 | 1.210 | 0,4 | 1.382 | 0,5 |
| Maniok | 145.104 | 5,2 | 242.881 | 4,7 | 194.126 | 4,0 |
| Reis | 824 | 1,4 | 278 | 0,5 | 10 | 0,02 |
| Kakao | 124.595 | 75,9 | 212.585 | 78,1 | 212.603 | 70,3 |

Quelle: Brasilianisches Statistisches Bundesamt FIBGE und Bahianische Behörde für Landfragen EMATERBA, nach: CEI (1985 b), S. 67-69.

Ein spezifischeres Bild der regionalen Kakao- und Nahrungsmittelproduktion durch Kakaobetriebe ergibt sich aus der von der brasilianischen Nordost-Entwicklungsbehörde SUDENE herausgegebenen Studie von 1983 über eine größere Grundfläche - die Kakaoregion II -; in dieser bauen 24.683 Betriebe[3] (das sind fast zwei Drittel - 65,3% - aller Agrarbetriebe der Region) Kakao an. Mit einer landwirtschaftlichen Nutzfläche von insgesamt 2.446.403 ha und mit einer Kakaoproduktionsfläche von 334.862 ha (= 76,4% der bahianischen) stellt sie 84,2% der gesamten Kakaoproduktion Bahias. Selbst wenn diese Region je nach Struktur der Bodennutzung in vier Subregionen oder Anbauzonen unterteilt werden kann[4], so bleibt die Kakaoproduktion mit 93,6% des Gesamtwertes der regionalen Nahrungsproduktion die wertmäßig dominierende Kultur. Auch die flächenmäßige Verteilung der einzelnen Kulturen deutet auf die Spezialisierung dieser Region im Kontext der bahianischen Nahrungskulturen hin (vgl. Tab. 10).

---

[3] Vgl. Diniz/Duarte (1983), S. 104: 1970 gab es in der Region 23.030 Kakaoproduzenten, 1975 "1.653" mehr" und im weiteren Verlauf nahm deren Anzahl "möglicherweise" weiter zu.

[4] Aufgrund der landwirtschaftlichen Bodennutzungsstruktur unterteilt sich die Region in 4 Einheiten: die <u>Kakaozone</u> mit 33% der Nutzfläche für den Kakaoanbau, 20,8% für Weidewirtschaft und sonstige Kulturen sowie mit 46,2% für Brachland; die westlich vom Kakaostreifen gelegene <u>Viehzuchtzone</u> mit 38,8% für Weideflächen, 24,8% für verschiedene Kulturen, 16,2% für Brachland, 18% für Urwaldrest mit oder ohne Nutzung und 2% für Kakaoanbau; die östlich vom Kakaostreifen gelegene <u>Feuchtzone</u> mit 57,5% für Brachland, 38,6% für Urwaldreste, 2,3% für Gummibaumpflanzungen sowie 1,6% für die Kakaokultur; und schließlich die verstreut vorkommenden Landbetriebe mit <u>verschiedenen Kulturen</u>, bei denen "82% der Nutzfläche auf Weiden, Brachland und diverse Kulturen" entfallen. Vgl. Diniz/Duarte (1983), S. 75-76.

**Tabelle 10:** Anbau von Kakao und Nahrungskulturen in der Kakaoregion II (= erweitertes Anbaugebiet) 1980 nach Anbaufläche und Produktionswert (in ha und 1.000 Cruzeiros von 1980)

| Anbau-produkt | Produktions-wert (in CR$ 1.000) | Anteil am regionalen Produktions-wert | Anteil an Bahias Prod.Wert des jeweil. Produktes | Regionale Anbaufläche | Anteil an der Fläche der 8 Haupt-kulturen | Gesamtan-baufläche Bahias | Anteil an Bahias Anbaufläche |
|---|---|---|---|---|---|---|---|
| | (A) | | (B) | (C) | (D) | (E) | (F) |
| Kakao | 18.272.836 | 93,6 | 84,2 | 334.862 (*) | 88,0 | 438.113(*) | 76,4 |
| Bohnen | 55.914 | 0,3 | 0,5 | 2.196 | 0,6 | 446.872 | 0,5 |
| Maniok | 327.585 | 1,7 | 3,2 | 18.593 | 4,9 | 305.000 | 6,1 |
| Mais | 11.217 | 0,1 | 0,5 | 1.654 | 0,4 | 20.882 | 0,4 |
| Pfeffer | 63.970 | 0,3 | 52,0 | 1.071 | 0,3 | K.A. | 52,1 |
| Apfelsinen | 117.857 | 0,6 | 10,6 | 1.026 | 0,3 | 10.452 | 9,8 |
| Kokusnuß | 62.639 | 0,3 | 7,0 | 3.233 | 0,8 | 34.670 | 9,3 |
| Bananen | 607.996 | 3,1 | 38,0 | 17.821 | 4,7 | 46.320 | 38,5 |
| Insgesamt | 19.520.014 | 100,0 | | 380.456 | 100,0 | | |

(*) Produktionsfläche

Quelle: Eigene Zusammenstellung nach Daten des Brasilianischen Statistischen Bundesamtes FIBGE nach: Diniz/Duarte (1983), S. 123, 127 und 138.

Abbildung 5: **Flächenanteil der Kakaomonokultur an der Gesamtfläche des jeweiligen Munizips (Kakaoregion II- 1975)**

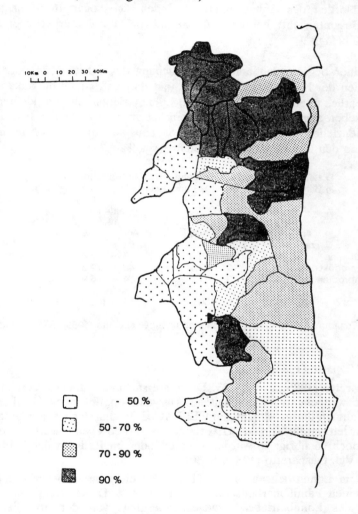

Quelle: Diniz/Duarte (1983), S. 127

Aus der beigefügten Karte (Abb. 5) geht das Ausmaß der Monokultur innerhalb der einzelnen Kakaobetriebe im bahianischen Kakaoanbaugebiet hervor: Nur der westliche Teil enthält einen Streifen mit Munizipien, wo der Anteil der Monokulturbetriebe weniger als 70% der Fläche des jeweiligen Munizips beträgt; im Norden des Anbaugebietes befinden sich sogar 16 Munizipien (=39% der Gesamtanzahl), bei denen der Anteil von Monokulturbetrieben sich auf über 90% beläuft[5].

Folgt man einer begrenzten Sample-Untersuchung des Jahres 1984 über die Kernmunizipien der Kakao-Region I, Ilhéus und Itabuna[6], so wurde Kakao ursprünglich deutlich intensiver von (größeren) Lohnbetrieben[7] als von (kleineren) Familienbetrieben angebaut. Der Kakaoboom hat aber im Zeitraum 1973-1984 zu einer tendenziellen Angleichung des Kakaoanbaus auf Kosten des Nahrungsmittelanbaus in den Familienbetrieben geführt (vgl. Tab. 11)[8].

Tabelle 11: Bodennutzungsstruktur von Lohn- und Familienbetrieben in Bahias Kakaoregion I 1973 und 1984 (Stichprobenerhebung)

|  | Familienbetriebe 1973 | | Familienbetriebe 1984 | | Lohnbetriebe 1973 | | Lohnbetriebe 1984 | |
| --- | --- | --- | --- | --- | --- | --- | --- | --- |
|  | Anzahl | % | Anzahl | % | Anzahl | % | Anzahl | % |
| Keine Kakaoproduktion | 14 | 37,8 | 4 | 15,4 | 8 | 13,8 | 7 | 10,0 |
| Kakao als Hauptprodukt | 19 | 51,4 | 19 | 73,1 | 46 | 79,3 | 57 | 81,4 |
| Kakao als Nebenprodukt | 4 | 10,8 | 3 | 11,5 | 4 | 6,9 | 6 | 8,6 |
| Insgesamt | 37 | 100,0 | 26 | 100,0 | 58 | 100,0 | 70 | 100,0 |

Quelle: Eigene Zusammenstellung und Berechnung nach: Gasparetto (1985), S.69-70 und 79

---

[5] Vgl. Diniz/Duarte (1983), S. 127.

[6] Vgl. Gasparetto (1985), S. 32 - 33. Die Untersuchung hatte als Vergleichsgröße eine weitgehend gleichgehaltene Auswahl von Betrieben, die bereits 1973 im Rahmen der großräumigen CEPLAC-Erhebung der Kakaoregion III befragt worden waren: Von den 119 erfaßten Agrarbetrieben von 1973 blieben 1984 nur noch 96 übrig; 26 wurden verkauft oder im Rahmen der Erbfolge aufgeteilt. Vgl. Gasparetto (1985), S. 30.

[7] = mit einem Lohnarbeitsanteil von über 50%; die Familienbetriebe haben hingegen einen Familienarbeitsanteil von über 50%. Diese Definition - wie auch die des Lohnbetriebes - weicht allerdings von der ab, die der Bezugsstudie der CEPLAC von 1971 - zugrundelag: hier war die Grenze bei 40% angelegt worden. Dies vermindert zwar den Vergleichswert der Untersuchung, hebt ihn jedoch keineswegs ganz auf. Vgl. z. B. Souza (1976), S. 2.

[8] Vgl. Gasparetto (1985), S. 32 - 33.

Die Nahrungsmittelproduktion in Lohnbetrieben wird zusätzlich dadurch eingeengt, daß dem Landarbeiter - ob er auf der Farm wohnt oder nicht - jeder Subsistenzanbau und jede Kleinviehzucht auf der Farm untersagt bleibt. Da neben Kakao die wichtigsten Anbauprodukte des gesamten Kakao-Einzugsgebietes sich auf Marktkulturen wie Palmöl und Gummibaum bzw. auf Viehzucht beschränken, bleibt die Region auf Nahrungsmittellieferungen angewiesen, die von der entfernteren Umgebung oder gar von anderen Bundesstaaten stammen[9].

## 5.2 Betriebsgrößen und Besitzverhältnisse

Es liegen keine gesonderten Statistiken über die Grundbesitzverteilung der Kakaobetriebe insgesamt vor. Diesbezügliche Daten sind lediglich für die von der CEPLAC betreuten Kakaopflanzer sowie für 488, in der CEPLAC-Stichprobe von 1971 untersuchte Kakaobetriebe der Kakaoregion I vorhanden (vgl. Tab. 12)[10].

Das CEPLAC-Register läßt einen hohen Grad an Besitzkonzentration bei den Kakaobauern erkennen: 52,8% der Gesamtfläche entfallen auf nur 9,3% der Betriebe, während lediglich 8,5% der von der CEPLAC betreuten Kakaobauern zu der Kategorie der Kleinpflanzer (mit weniger as 10 ha und nur 0,6% der CEPLAC-betreuten Fläche (Tab. 12, Spalten A-E) zählen. Demgegenüber weist die CEPLAC-Stichprobe von 1971 eine größere Streuung der Klein- und Mittelbetriebe, die mit über 2/3 aller Betriebe lediglich 18,5% der Gesamtfläche besitzen, nach (Tab. 12, Spalten F-J). Mit anderen Worten: Nimmt man die Stichprobe als repräsentativen Hinweis auf die Besitzkonzentration der Kakaobetriebe an, so sind die Mittel- und Großbetriebe im CEPLAC-Register überrepräsentiert; entsprechend liegt die mittlere Betriebsgröße beim CEPLAC-Register mit 94,1 ha erheblich höher als die der Stichprobe (70,2 ha).

---

[9] Nach Angaben einer Befragung vom Jahre 1973 bei Großhändlern der wichtigsten Kakaomunizipien (Ilhéus, Itabuna und Itacaraí). Vgl. Reis (1976), S. 93-101; auch Sauer (1981), S. 97.

[10] Die hier vorgestellten Ergebnisse sind Teil der umfassenden Untersuchung, die von der CEPLAC in der Kakaoregion III (91.819 qkm groß) in Zusammenarbeit mit dem Interamerikanischen Institut für Agrarkooperation (IICA) im Jahre 1971 und in den darauffolgenden Jahren durchgeführt wurde. Dabei wurden insgesamt 3.104 Agrarbetriebe (darunter 1.270 Familien- und 659 Lohnbetriebe) untersucht.

**Tabelle 12:** BETRIEBSGRÖSSENSTRUKTUR DER KAKAOBETRIEBE BAHIAS (1980: CEPLAC-REGISTER FÜR GANZ BAHIA; 1971: CEPLAC-STICHPROBE DER KAKAOREGION I) (in ha und %)

| Größenklasse | 1980: CEPLAC-REGISTER (BAHIA) | | | | | 1971: CEPLAC-STICHPROBE (KAKAOREGION I) | | | | |
|---|---|---|---|---|---|---|---|---|---|---|
| | Anzahl | Fläche Insg. (ha) | Durch-schn. (ha) | % an Gesamt-zahl | % an Gesamt-fläche | Anzahl | Fläche Insg. (ha) | Durch-schn. (ha) | % an Gesamt-zahl | % an Gesamt-fläche |
| | A | B | C | D | E | F | G | H | I | J |
| Bis zu 10 ha | 1.432 | 10.262 | 7,2 | 8,5 | 0,6 | 102 | 459 | 4,5 | 20,9 | 1,3 |
| 10 - 20 ha | 2.475 | 40.458 | 16,3 | 14,7 | 2,6 | 76 | 1.119 | 14,7 | 15,6 | 3,3 |
| 20 - 50 ha | 5.711 | 199.315 | 34,9 | 34,0 | 12,6 | 153 | 4.744 | 31,0 | 31,4 | 13,9 |
| 50 - 100 ha | 3.553 | 259.309 | 73,0 | 21,2 | 16,4 | 77 | 5.247 | 68,1 | 15,8 | 15,3 |
| 100 - 200 ha | 2.043 | 290.638 | 142,3 | 12,2 | 18,4 | 40 | 5.271 | 131,8 | 8,2 | 15,4 |
| 200 - 500 ha | 1.179 | 363.852 | 308,6 | 7,0 | 23,0 | 29 | 7.530 | 259,7 | 5,9 | 22,0 |
| 500 - 1.000 ha | 265 | 235.173 | 887,4 | 1,6 | 14,9 | 11* | 9.873 | 897,5 | 2,3 | 28,8 |
| 1.000 ha und mehr | 122 | 235.173 | 1.927,6 | 0,7 | 14,9 | | | | | |
| Insgesamt | 16.780 | 1.579.514 | 94,1 | 100,0 | 100 | 488 | 34.243 | 70,2 | 100,0 | 100,0 |

* 500 ha und mehr

Quelle: Eigene Berechnungen nach Daten von DISES/CEPEC - Statistische Abteilung der CEPLAC - nach: Trevizan (1982), S. 13; sowie nach Daten von Rezende (1978), S. 96-97.

Aufgrund des hohen Anteils von Kakaobetrieben an der Gesamtzahl der Betriebe der Kakaoregionen I und II lassen sich annähernde Aussagen hinsichtlich der Entwicklungstendenzen auch für die Kakaobetriebe durch den Rückgriff auf Globalstatistiken dieser Regionen machen (vgl. Tab. 13). Dabei wird deutlich, daß die anteilsmäßige Entwicklung bei den Kleinbauern der Kakaoregion I in den krisengeschüttelten 50er Jahren stärker rückläufig war als bei den Großpflanzern; in den Boom-Zeiten der 60er Jahre war hingegen eine deutliche Vergrößerungstendenz in Anzahl und Fläche der Kleinbauern, bei den Großbauern aber vor allem in der Fläche festzustellen. Die in den 70er Jahren stark (nämlich um 35%) verkleinerte Durchschnittsfläche der Großbetriebe ist möglicherweise eine Folge des Zukaufs kleinerer Betriebe, da die Großbetriebe hinsichtlich ihrer Anzahl die Wachstumstendenz der 60er Jahre beibehielten.

Nach den land- und viehwirtschaftlichen Zählungen der Jahre 1940, 1950, 1960, 1970 und 1975 hat sich die durchschnittliche Betriebsgröße der Agrarbetriebe in der Kakaoregion II in diesem Zeitraum von 51,0 ha auf 71,7 ha erhöht; dabei hat sich die Durchschnittsgröße der Kleinbetriebe mit ≤ 10 ha von 5,4 ha auf 4,3 ha weiter verkleinert, während sich die der Großbetriebe mit ≥ 1.000 ha von 1.342,3 ha auf 2.812,1 ha mehr als verdoppelte[11]. Im Unterschied zu dieser Region läßt die Kakaoregion I für den Zeitraum von 1950/1975 keine ausgeprägten, für den Zeitraum 1975/1980 jedoch sehr deutliche Verkleinerungstendenzen der durchschnittlichen Betriebsgröße erkennen. Die bereits Mitte der 30er Jahre im Raum Ilhéus-Itabuna erreichte weitgehende Erschöpfung des Ausdehnungspotentials der für Kakao geeigneten Anbaufläche schlägt seit Mitte der 70er Jahre auf das gesamte Kerngebiet durch: Fiel die Durchschnittsgröße aller Betriebe 1950 bis 1975 von 64,7 ha auf 61,3 ha, so beschleunigte sich dieser Verkleinerungsprozeß in dem folgenden Jahrfünft - mit der Folge eines Rückgangs der Durchschnittsgröße auf 49,7 ha[12].

---

[11] Quelle: Land- und viehwirtschaftliche Zählungen des Brasilianischen Statistischen Bundesamtes FIBGE, zit. nach: Diniz/Duarte (1983), S.87.
[12] Quelle: FIBGE, zit. nach Baiardi (1984), S. 130-131.

**Tabelle 13:** AGRARBETRIEBE IN BAHIAS KAKAOREGIONEN: ANZAHL UND FLÄCHE DER BETRIEBE INSGESAMT UND NACH GRÖSSENKLASSEN (BIS 10 HA SOWIE 1.000 HA UND MEHR) (1940, 1950, 1970, 1975 UND/ODER 1980)

| Jahr | Insgesamt Anzahl | Fläche (Tsd. ha) | Durch-schnitts-fläche (ha) | Weniger als 10 ha Anzahl | Fläche (Tsd. ha) | Durch-schnitts-fläche (ha) | Anteil an: Gesamt-zahl % | Gesamt-fläche % | Mit 1.000 ha und mehr Anzahl | Fläche (Tsd. ha) | Durch-schnitts-fläche (ha) | Anteil an: Gesamt-zahl % | Gesamt-fläche % |
|---|---|---|---|---|---|---|---|---|---|---|---|---|---|
| **I) ABSOLUTE ZAHLEN** | | | | | | | | | | | | | |
| **A) KAKAOREGION II** | | | | | | | | | | | | | |
| 1940 | 27.179 | 1.386 | 51,0 | 5.908 | 32 | 5,4 | 21,7 | 2,3 | 111 | 149 | 1.342,3 | 0,4 | 10,7 |
| 1950 | 27.752 | 1.714 | 61,8 | 5.293 | 24 | 4,5 | 19,1 | 1,4 | 171 | 294 | 1.719,3 | 0,6 | 17,5 |
| 1970 | 40.803 | 2.821 | 69,1 | 8.838 | 37 | 4,2 | 21,7 | 1,3 | 266 | 533 | 2.003,8 | 0,6 | 18,9 |
| 1975 | 37.788 | 2.708 | 71,7 | 8.406 | 36 | 4,3 | 22,2 | 1,3 | 282 | 793 | 2.812,1 | 0,7 | 29,3 |
| **B) KAKAOREGION I** | | | | | | | | | | | | | |
| 1950 | 20.734 | 1.341 | 64,7 | 3.470 | 16 | 4,7 | 16,7 | 1,2 | 114 | 212 | 1.859,8 | 0,5 | 10,2 |
| 1960 | 14.677 | 979 | 66,7 | 2.423 | 10 | 4,1 | 16,5 | 1,0 | 81 | 147 | 1.811,6 | 0,5 | 15,0 |
| 1970 | 24.033 | 1.497 | 62,3 | 4.645 | 21 | 4,6 | 19,3 | 1,4 | 96 | 270 | 2.815,8 | 0,4 | 18,1 |
| 1975 | 22.571 | 1.384 | 61,3 | 4.490 | 21 | 4,6 | 19,9 | 1,5 | 94 | 172 | 1.829,9 | 0,4 | 12,4 |
| 1980 | 28.662 | 1.425 (*) | 49,7 | 9.470 | 39 | 4,1 | 33,0 | 2,7 | 96(**) | 179 | 1.868,6 | 0,3 | 12,6 |

Forts. Tab. 13

## II) PROZENTUALE VERÄNDERUNG
### A) KAKAOREGION II

| Jahr | Insgesamt | | | Weniger als 10 ha | | | Mit 1.000 ha und mehr | | |
|---|---|---|---|---|---|---|---|---|---|
| | Anzahl % | Fläche % | Durch- schnitts- fläche % | Anzahl % | Fläche % | Durch- schnitts- fläche % | Anzahl % | Fläche % | Durch- schnitts- fläche % |
| 1940-50: | 2,1 | 23,7 | 23,1 | -10,4 | -25 | -16,7 | 54,1 | 97,3 | 28,1 |
| 1950-70: | 47,0 | 64,6 | 11,8 | 67,0 | 54,2 | -0,7 | 55,6 | 81,3 | 16,5 |
| 1970-75: | -7,4 | -4,0 | 3,8 | -4,9 | -2,7 | 2,4 | 6,0 | 48,8 | 40,3 |
| 1940-75: | 39,0 | 95,4 | 40,6 | 42,3 | 12,5 | -20,4 | 154,1 | 432,2 | 109,5 |

### B) KAKAOREGION I

| 1950-60: | -29,2 | -27,0 | 3,1 | -30,2 | -39,6 | -12,8 | -28,9 | -30,8 | -2,6 |
| 1960-70: | 63,7 | 52,9 | -6,6 | 91,7 | 112,9 | 12,2 | 18,5 | 84,2 | 55,4 |
| 1970-75: | -6,1 | -7,5 | -1,6 | -3,3 | -0,03 | 0 | 2,1 | -36,4 | -35,0 |
| 1975-80: | 27,0 | 2,9 | -18,9 | 110,9 | 91,2 | 10,9 | 1,1 | 4,3 | 2,1 |

(*) Einschließlich 11.995 ha von 100 Agrarbetrieben ohne Flächenangaben (ermittelt als Differenz zwischen den Gesamtangaben des CEPA und den Angaben des CEI, s.u.)

(**) 1 Betrieb fällt mit 10.207 ha in die höchste Kategorie ("10.000 ha und mehr")

QUELLE: Eigene Berechnungen nach Daten der land- und viehwirtschaftlichen Zählungen des Brasilianischen Statistischen Bundesamtes FIBGE 1950, 1960, 1970, 1975 und 1980. Diniz/Duarte (1983), S. 87. Daten für 1980 in: CEPA (1983), S. 14; CEI (1985a), S. 31-32.

Für eine genauere Einschätzung der Betriebsgrößenstruktur von Kakaobauern muß ferner berücksichtigt werden, daß ein Großteil aller Kakaopflanzer mehr als eine Farm besitzt. Dies trifft in besonderer Weise für die breite Schicht der Mittelbetriebe zu; dabei muß man allerdings auf die stark abweichenden Zahlen für Lohn- und für Familienbetriebe hinweisen: In der Größenklasse von 100-200 ha kommen zu jedem der befragten Lohnbetriebe durchschnittlich 1,9 Betriebe, in der Größenklasse von 500 und mehr ha gar 2,2 Betriebe hinzu; im Falle der Familienbetriebe mit bis zu 200 ha vermindert sich die Zahl der zusätzlichen Betriebe je erfaßter Einheit auf durchschnittlich 0,3[13]. Durchschnittlich besitzt jeder Kakaofarmer in Bahia schätzungsweise 1,5[14] oder gar, nach der oben erwähnten CEPLAC-Stichprobe, 2 Farmen.

Tab. 13 läßt sich entnehmen, daß die Anzahl von Groß- und Mittelbetrieben in der Kakaoregion seit 1950 ebenso erheblich zugenommen hat wie ihr Flächenanteil. Darin spiegelt sich zum Teil die weitere Differenzierung der regionalen Sozialschichtung durch die jüngste Entstehung von städtischen "part-time farmers" (das sind vorwiegend Freiberufler wie Anwälte, Ärzte, Forscher usw.) wider. Dieser sozialen Gruppe wird nach Meinung der CEPLAC-Sozialforscher in Zukunft eine im Vergleich zur traditionellen Großpflanzerschicht politisch einflußreichere Rolle zufallen[15]. Im Vergleich zur Zuckermonokultur zeigen die Kakaobetriebe in ihrer Besitzstruktur ein deutliches Merkmal: sie sind nicht der Erbteilung zum Opfer gefallen, sondern haben ihren Anteil an der Gesamtzahl knapp erhalten (das ist der Fall bei Familienbetrieben, da die Anzahl von Neugründungen die der Betriebsaufgaben nicht ganz ausgleichen konnte) oder, wie bei Lohnbetrieben, ihren Flächenanteil ausgeweitet.

Gemäß der Pioniertradition in dieser ursprünglichen Urwaldregion überwiegt in der gesamten Kakaoregion I und II die Form des <u>Individualbesitzes</u>. Auf sie entfallen 91,4% aller Agrarbetriebe und 88,1% der Gesamtfläche [16]. Unter den im Kerngebiet des Kakaoanbaus investierenden Gesellschaften befanden sich 1970 und 1980 2.064 bzw. 2.394 Personalgesellschaften (8,6 bzw. 8,4% aller Grundbesitzer), 74 bzw. 172 Aktiengesellschaften und Genossenschaften (0,3

---

[13] Vgl. Rezende (1978), S.96-97.
[14] Vgl. Alencar (1970), S. 18. Für eine Diskussion der Methoden zur Messung der Grundbesitzkonzentration im Kakaoanbau vgl. Silva/Gasparetto/Tourinho (o.J. - ca. 1984).
[15] vgl. Tourinho et al. (1985), S. 1.
[16] Vgl. Diniz/Duarte (1983), S. 94.

bzw. 0,6%), 853 bzw. 664 öffentliche Körperschaften (3,5 bzw. 2,3%) und 6 bzw. 3 kirchliche Organisationen (mit insgesamt 116 bzw. 76 ha). Bemerkenswert dabei ist der zahlenmäßige Vorstoß von Aktiengesellschaften und Genossenschaften, deren Flächenanteil jedoch im Berichtszeitraum von 4,1% (oder 60.869 ha) auf 3,8% (oder 53.788 ha) zurückging[17].

Der Überfluß an verfügbarem Boden für den Kakaoanbau in den ersten Jahrzehnten der Kakaoexpansion in Südbahia (während des XIX. Jahrhunderts) machte es für Klein- und Großgrundbesitzer möglich, relativ konfliktfrei eine Kakaopflanzung anzulegen bzw. einen Kakaobetrieb zu gründen und sein eigen zu nennen. Die einfache Landbesetzung durch den Familienbetrieb war in den Anfangszeiten die gewöhnlichste Erschließungsform der sogenannten "terras devolutas" - Böden, die sich im Staatsbesitz (portugiesische Krone bis 1822, brasilianische Krone bis 1889 und Bundesstaaten seit 1889) befanden und deren unangefochtene "Besetzung" und Bearbeitung Grundlage für die Legalisierung des Besitzrechts war; hohe Gebühren (oft ein Mehrfaches vom Bodenwert), kaum überwindbare Transporthindernisse, fehlendes Rechtswissen verhinderten jedoch zumeist den Gang zur Behörde in die weit entfernte Stadt. Damit waren für die später auftretenden Konflikte um Grund und Boden in den ersten Jahrzehnten dieses Jahrhunderts und teilweise darüber hinaus Tür und Tor geöffnet[18]. Im Unterschied zu den Familienbetrieben griffen Großgrundbesitzer und Vertreter der städtischen Händlerbourgeoisie von Ilhéus auf die Erschließungsdienste von sogenannten "contratistas" ( = "Vertragsarbeiter") zurück, um den Urwald zu roden und die Kakaopflanzung anzulegen, die nach vier- bis fünfjähriger Pachtzeit gegen Bezahlung je produzierendem Kakaobaum an den Eigentümer zur Bewirtschaftung zurückgegeben wurde[19]. Neben dem Familienbetrieb (dem sogenannten "burareiro") war diese "handelskapitalistische" (Groß-)Betriebsform (mit einer Art Pachtverhältnis) vorherrschend bei der Urwaldrodung und Anlage von Kakaopflanzungen bis zur Mitte der 30er Jahre[20]; insoweit war sie für die Expansion des Kakaoanbaus von grundlegender Bedeutung. Aufgrund der zahlreichen Mißbräuche geriet dieses Pachtsystem und das Pachtsystem überhaupt in Verruf und verschwand bis Mitte der 60er Jahre fast vollständig.

---

[17] Vgl. CEI (1985a), S. 33-35.
[18] Kleinpenning (1982), S. 59-83 gibt einen prägnanten Überblick über die Konflikte um Grund und Boden in der Kakaoregion seit den Anfängen der Kakaomonokultur bis Ende der 70er Jahre.
[19] Vgl. Garcez/Freitas (1975), S. 23-34.
[20] Vgl. Baiardi (1984), S. 60-61; Seligsohn (1960), S. 91-92.

Wie Tab. 14 zeigt, ist die Bewirtschaftung durch den Eigentümer (direkt oder über einen angestellten Verwalter) heute weitaus überwiegend, wobei die abnehmende Anzahl von sogenannten "Landbesetzern" ein Anzeichen für die zunehmende Klärung der Besitzverhältnisse in der Kakaoregion darstellt.

Tabelle 14: Eigentumsverhältnisse in der Kakaoregion I 1950 - 1975

| Jahr | Eigentümer Betriebe | Fläche | Pächter Betriebe | Fläche | Halbpächter Betriebe | Fläche | Landbesetzer Betriebe | Fläche |
|---|---|---|---|---|---|---|---|---|
| 1950 | 12.637 | 718.601 | 202 | 9.612 | - | - | 3.040 | 114.266 |
| 1960 | 9.055 | 433.273 | 239 | 9.317 | - | - | 962 | 40.241 |
| 1970 | 21.697 | 1.446.480 | 173 | 6.845 | 237 | 8.159 | 1.926 | 35.070 |
| 1975 | 21.140 | 1.363.487 | 102 | 2.183 | 25 | 2.763 | 1.304 | 16.066 |

Quelle: Land- und viehwirtschaftliche Zählungen des Brasilianischen Statistischen Bundesamtes FIBGE, nach: Baiardi (1984), S. 125.

Der Absentismus ist in der Kakaoregion eine weit verbreitete Gewohnheit; am häufigsten ist er im Kakaokerngebiet zu beobachten. Der auf Absentisten entfallende Anteil an der gesamten Kakaoanbaufläche beläuft sich hier auf über 70%[21]. Nach einer repräsentativen Befragung von 352 Produktionseinheiten durch CEPLAC im Jahre 1968[22] waren lediglich 58,8% aller Kakaobetriebe vom Absentismus betroffen, wobei 40,9% der nicht auf der Farm residierenden Eigentümer innerhalb der Kreisgrenze und nur 17,8% außerhalb derselben wohnten. Auch wenn diese Prozentsätze bei Mittel- und Großbetrieben höher waren, so wohnten nur 8% bzw. 9,3% der Mittel- und Großpflanzer in Großstädten außerhalb der Region. Die relative Nähe des Wohnorts zur Farm erlaubte es den Interviewten, laut eigenen Aussagen, ihre Farmen täglich (27,7%) bzw. wöchentlich (64,6%) aufzusuchen. Die Bedeutung des Absentismus für das Produktivitätsniveau des Kakaobetriebes ist freilich umstritten. Beobachter vor Ort beurteilen beispielsweise die Effizienz der Farmbesuche durch den Eigentümer sehr skeptisch. Nach Afonso[23] "ist der Kakaobauer - selbst wenn er auf der Farm wohnt oder diese häufig besucht - an Boden, Kakaopflanzung oder Arbeitskraft betreffenden Angelegenheiten kaum interessiert. Die wöchentlichen, monatlichen oder gar täglichen Besuche dienen lediglich der Lohnauszahlung und der Informationsgewinnung im Hinblick auf Blüten- und Fruchtstand. Selten läuft der

---

[21] Vgl. Diniz/Duarte (1983), S. 97.
[22] Vgl. Alvares (1968) S. 17-20.
[23] Vgl. Afonso (1968), S. 20.

Kakaopflanzer die Pflanzung ab; er nimmt die Wirklichkeit seiner Farm nur über die oft verzerrten Informationen seines Verwalters wahr". Eine Bestätigung dieser Beobachtung wurde durch eine 1981 durchgeführte Stichprobe in der Region mit den meisten Absentisten (um Ilhéus) erbracht: Bei einem Produktivitätsvergleich zwischen Farmen von Absentisten mit mindestens wöchentlichen Farmbesuchen und Farmen von Absentisten mit gar keinem Farmbesuch konnten keine signifikanten Unterschiede festgestellt werden, da beide Gruppen eine ähnlich suboptimale Nutzung moderner Einsatzmittel sowie ein ähnliches Produktivitätsniveau aufwiesen[24]. Neuere Erhebungen bestätigen die oben angedeutete hohe Korrelation zwischen Betriebsform bzw. -größe und Absentismus: Bei 92,3% aller Familienbetriebe (mit ausschließlich Klein- und Mittelbetrieben) wohnt der Eigentümer auf der Farm, während bei den Lohnbetrieben das Verhältnis genau umgekehrt ist (94%-iger Absentismus)[25]. Die parallel zur Betriebsgröße bzw. zum Mehrfachbesitz ansteigende Häufigkeit des Absentismus steht im Einklang mit dem ausgeprägt merkantilen Interesse des Großpflanzers, der als Stadtbewohner auch die Funktionen des Kakaohändlers, des Verbandsfunktionärs und Lokalpolitikers in Personalunion wahrnimmt.

Bei seinem kurzen Feldaufenthalt in der Kakaoregion im Mai 1987 hatte der Verfasser Gelegenheit, durch den Besuch von drei der fünf Farmen eines bahianischen Bauunternehmens festzustellen, auf welche Weise sich Absentismus und Mehrfachbesitz für die Produktivität günstig auswirken können. Der Mehrheitsgesellschafter, ein brasilianischer Bundesabgeordneter, ließ seine fünf Kakaobetriebe mit insgesamt 776 ha - alle mitten in der Region mit den am höchsten bewerteten Ländereien gelegen - durch einen technischen Leiter inspizieren, der mit seiner Ausbildung als Agrarökonom und mit seiner Berufspraxis als (beurlaubter) Mitarbeiter der Kakaobehörde CEPLAC bestens für die Aufgabe qualifiziert war. Selber in der Landeshauptstadt wohnhaft, stattete der technische Leiter den Betrieben seinen Inspektionsbesuch mehrmals wöchentlich ab. Nach kurzem Gespräch mit dem auf der Farm wohnenden Verwalter und nach Begehung der Farm an den Problemstellen war er dank zielsicherer Fragen auf dem Laufenden. Nach Erteilung präziser Anordnungen konnte er die nächste Farm aufsuchen. Der Farm wurde damit - trotz des zweifachen Absentismus vom technischen Leiter und vom Besitzer - ein hohes Niveau an Hektarproduktivität (mit 1,2 bis 1,35 t/ha) und moderner Technologie gesichert. Der Besitzer und Abgeordnete konnte seinerseits durch die städtischen Kontakte zu Wirtschaft und Politik seine vorzügliche Position insbesondere für die Vermarktung voll ausnutzen.

---

[24] Vgl. Costa/Reis (1982), S. 621-626.
[25] Vgl. Gasponetto (1985), S. 67f.

Tabelle 15: Beschäftigungsstruktur der Agrarbetriebe in der Kakaoregion I (1970 - 1980) und II (1940 - 1975)

| Jahr | Insges. | % | Verantw. und mithelfende Familienangehörige | % an Gesamtzahl | Lohnarbeiter | % an Gesamtzahl | Ständige Lohnarbeiter | % an Lohnarbeitern | Zeitarbeiter | % an Lohnarbeitern | Pchter | % an Gesamtzahl | Sonstige | % an Gesamtzahl |
|---|---|---|---|---|---|---|---|---|---|---|---|---|---|---|
| | (A) | (B) | (C) | (D) | (E) | (F) | (G) | (H) | (I) | (J) | (K) | (L) | (M) | (N) |
| **I. Kakaoregion I** | | | | | | | | | | | | | | |
| 1970 | 115.318 | 100,0 | 62.360 | 54,1 | 51.391 | 45,0 | 29.446 | 57,5 | 21.945 | 42,7 | 436 | 0,4 | 1.131 | 1,0 |
| 1975 | 138.482 | 100,0 | 68.017 | 49,1 | 69.131 | 49,9 | 51.913 | 75,1 | 17.218 | 24,9 | 111 | 0,1 | 1.223 | 0,9 |
| 1980 | 217.208 | 100,0 | 84.191 | 38,8 | 131.224 | 60,4 | 83.861 | 63,9 | 47.363 | 36,1 | 470 | 0,2 | 1.323 | 0,6 |
| **II. Kakaoregion II** | | | | | | | | | | | | | | |
| 1940 | 149.294 | 100,0 | . . | . . | 78.441 | 52,5 | 60.980 | 77,7 | 17.641 | 22,5 | . . | . . | . . | . . |
| 1950 | 174.830 | 100,0 | . . | . . | 88.364 | 50,5 | 44.733 | 50,6 | 43.631 | 49,4 | . . | . . | . . | . . |
| 1960 | 180.884 | 100,0 | . . | . . | 82.757 | 45,8 | 38.799 | 46,9 | 43.958 | 53,1 | . . | . . | . . | . . |
| 1970 | 163.018 | 100,0 | . . | . . | 67.976 | 41,7 | 32.387 | 47,6 | 35.589 | 52,4 | . . | . . | . . | . . |
| 1975 | 189.261 | 100,0 | . . | . . | 91.239 | 48,2 | 59.794 | 65,5 | 31.445 | 34,5 | . . | . . | . . | . . |

. . = Daten nicht verfügbar

Quelle: Eigene Berechnungen nach Daten der Volkszählungen des Brasilianischen Statistischen Bundesamtes FIBGE 1970, 1975 und 1980 nach: Gasparetto (1985), S. 126 sowie Diniz/Duarte (1983), S. 111.

## 5.3 Beschäftigungs- und Arbeitsverhältnisse

Tab. 15 gibt einen Überblick über die Entwicklung der <u>Arbeitsverhältnisse</u> in der Kakaoregion I im Zeitraum von 1970 bis 1980.

Folgende Merkmale und Tendenzen sind darin erkennbar:

a) Ein nach wie vor erheblicher Teil der Beschäftigten in der Kakaoregion entfällt auf die (unbezahlte) Familienarbeit.

b) Seit den siebziger Jahren verstärkt sich die Tendenz zur abnehmenden Bedeutung der Familien- zugunsten der Lohnarbeit.

c) Zwischen dem Kerngebiet und dem erweiterten Kakaoanbaugebiet gibt es erhebliche Unterschiede im Hinblick auf die Bedeutung der Lohnarbeit allgemein: Während sich Lohn- und Familienarbeit in der Kakaoregion II die Waage halten, überwiegt im Kerngebiet die Lohnarbeit eindeutig; die Zeitarbeiter hingegen weisen im Kerngebiet erheblich niedrigere Anteile auf als in der Kakaoregion II. Folgende Entwicklungen lassen sich für die 70er und 80er Jahre konstatieren:

- Die an der Zunahme der Lohnarbeit ablesbare (s. 6.2 und 6.3) Modernisierung des Kakaoanbaus findet selbst in den älteren Kakaobetrieben der Region statt.

- Die Familienbetriebe werden durch die größeren und wettbewerbsfähigeren Lohnbetriebe teils verdrängt teils - wirtschaftlich und sozial - in einer untergeordneten Funktion gehalten.

- Die "Pendelarbeiter", die am Rand der Städte wohnen und saisonbedingt täglich bzw. wöchentlich zur Arbeit auf der Farm gefahren werden bzw. gehen ("bóias-frias" - "Kaltesser"), nehmen zahlenmäßig zu. Sie werden durch die Volkszählungen weder als Landbewohner noch als Zeitarbeiter registriert.

- Die Kakaopflanzer sehen sich vor einem grundsätzlichen Zielkonflikt: Einerseits versuchen sie, mit der Unterhaltung einer relativ hohen Zahl an ständig Beschäftigten saisonalen Arbeitsengpässen bzw. Lohnerhöhungstendenzen entgegenzuwirken; andererseits sind sie bestrebt, diesen Bestand möglichst klein zu halten, um den seit den 70er Jahren wirksamer durchgesetzten umfangreichen arbeitsrechtlichen Verpflichtungen gegenüber ständig Beschäftigten zu entgehen[26].

Neben den Volskzählungen bestätigen neuere Stichprobenerhebungen oben genannte Tendenzen insbesondere im Hinblick auf die Familien- und Lohnbetriebe der Kakaoregion I. Die bereits zitierte Stichprobenerhebung aus dem Jahre 1984 über die beiden Kernmunizipien des Kakaoanbaus, Ilhéus und Itabuna, belegt anhand der Verteilung von Lohnbetrieben und Familienbetrieben den tendenziellen Schwund der Familienbetriebe. Die vorherige CEPLAC-Stichprobe erlaubt einen genaueren Blick auf die Beschäftigungsstruktur: Bei Lohnbetrieben mit Kakao als Hauptkultur bestand sie vorwiegend aus Lohnarbeitern (92% der Beschäftigten) und nur zu 8% aus mithelfenden Familienangehörigen; bei den Lohnarbeitern waren die ständigen Lohnarbeiter in der Mehrzahl (62,3% gegenüber 37,7% für die Zeitarbeiter). Wie erwartet, wiesen die die Familienbetriebe im Vergleich zu den Lohnbetrieben eine spiegelverkehrte Beschäftigungsstruktur auf: 94,3% aller Beschäftigten waren mithelfende Familienangehörige und von den übrigen Arbeitskräften (5,7% Lohnarbeiter) bestand der weitaus größte Teil (79,4%) aus Zeitarbeitern, die vor allem in den Spitzenzeiten der Haupt- und der Nebenernte beschäftigt wurden. Die bereits zitierte kleinere Stichprobe von 1984 spiegelte das Fortwirken dieser Struktur in Ilhéus und Itabuna - den Kernmunizipien des Kakaoanbaus - insofern wider, als für 1973 und 1984 in den Familienbetrieben praktisch gleichbleibende Anteile für Lohn- (24,3 bzw. 23,1%) und Familienarbeitskraft, in Lohnbetrieben dagegen eine Abnahme der Familienarbeit (von 23,7 auf 1,4%) festgestellt wurden[27]. Für die allenthalben beobachtete drastische Zunahme des Zeitarbeiter-Anteiles[28] können die Volkszählungsstatistiken aufgrund der erwähnten unzulänglichen Erfassungsmittel keine eindeutigen Belege liefern. Doch kann man diesbezüglich von einem Hinterher-

---

[26] Auf beide letzteren Faktoren weisen beispielsweise Diniz/Duarte (1983), S. 113, hin; die Agrarstudiengruppe des CEAS (Zentrum für Soziale Studien und Aktion), Salvador/Bahia, geht davon aus, daß die statistisch nicht erfaßte Zunahme der Zeitarbeiter auf Landflucht und Niederlassung in Stadtrandsiedlungen zurückgeht, wo die Landflüchtlinge als Saisonarbeitskraft ("bóias-frias") angeheuert werden. Vgl. CEAS (1985), S. 20.

[27] Vgl. Gasparetto (1985), S. 73 und 83; 1984 hatten 76,9 % (1973: 75,7 %) aller Familienbetriebe überhaupt keinen Lohnarbeiter unter ihren Beschäftigten. In demselben Jahr hatten 98,6 % (1973: 76,3 %) aller Lohnbetriebe keine mithelfenden Familienangehörigen beschäftigt.

[28] Das CEAS (1985, S. 20) behauptet aufgrund seiner Beobachtungen in der Kakaoregion, das Verhältnis zwischen ständig und zeitweise beschäftigten Lohnarbeitern (1972: 72 bzw. 28 %) stelle sich 1985 "wahrscheinlich umgekehrt dar".

hinken der Statistiken hinter der Wirklichkeit ausgehen, denn die Landflucht und das Anwachsen der Stadtrandsiedlungen hielten auch in der Kakaoregion in den 70er und 80er Jahren unvermindert an. Es ist kein Zufall, daß die Volkszählungsstatistiken gerade in Regionen mit intensivstem Kakaoanbau einen stärkeren Rückgang der Zeitarbeiter feststellten: denn gerade in ihnen ist die Konzentration von landwirtschaftlichen "Pendelarbeitern" und die Herausbildung größerer Dörfer besonders in den letzten Jahren am stärksten ausgeprägt[29]. Ein weiterer Faktor für die Zunahme der Zeitarbeit ist der saisonal schwankende Arbeitskräftebedarf bei der in den letzten Jahren stark ansteigenden Kakaoproduktion insgesamt. Die Spitzenzeiten der Beschäftigung fallen auf die Monate Mai/Juni (Nebenernte) und November/Dezember (Haupternte), während in der Zwischensaison bis zu 50% der Lohnarbeiter entlassen werden (so der Vertreter des Brasilianischen Statistischen Bundesamtes FIBGE in Ibicaraí, einem Munizip der Kakaoregion I). Dies wird an der Beschäftigungsentwicklung in der Kakaoregion I an einem typischen Kakaojahr (1982) deutlich: In den saisonschwachen Monaten vom Januar bis April werden im Monatsdurchschnitt 6.367 Zeitarbeiter beschäftigt; vom Mai bis Dezember erhöht sich dieser Durchschnitt auf 15.215, mit Extremwerten im Dezember (19.883) und Februar (4.668)[30].

Was die auswärtige Beschäftigung von Familienangehörigen angeht, so weisen die Ergebnisse neuerer Untersuchungen[31] auf ihre abnehmende Bedeutung sowohl für Familien- als auch für Lohnbetriebe hin. Damit wird die verschiedentlich behauptete Funktion der Familienarbeitskraft als Arbeitskraftreserve für Lohnbetriebe etwas relativiert bzw. präzisiert - trotz einer gewissen Inkonsistenz der erhobenen Daten.

Die CEPLAC-Stichprobe von 1973 stellte bei Familienbetrieben für die auswärtig beschäftigte Familienarbeitskraft einen Anteil von 20% bzw. 1,5% bei Lohnbetrieben der Kakaoregion I fest[32]. In bezug auf 96 Familien, die 1973 von dieser CEPLAC-Erhebung im Raum Ilhéus-Itabuna erfaßt worden waren, stellte Gasparetto demgegenüber 1984 einen Rückgang von immerhin 56,8% auf 23,0% für auswärtig beschäftigte Eigentümer von Familienbetrieben fest, wobei lediglich 3 (von insgesamt 26 Befragten oder 11,5%) angaben, sich als Lohnarbeiter zu verdingen. Silva ermittelte bei ihrer repräsentativen Felduntersuchung von 200 Kakaopflanzern der Kakaoregion I im Jahre 1971 weitaus bescheidenere Anteile - 9,1 bzw. 12,5% - für Kleinst- und Großpflanzer (mit einer Jahresproduktion

---

[29] Vgl. Diniz/Duarte (1983), S. 113.
[30] Diniz/Duarte (1983), S. 113.
[31] Vgl. Silva (1975), S. 278-9; Rezende (1978), S. 108f.; Navarro/Asmar (1978), S. 51 und 53; Baiardi (1985), S. 147 und Gasparetto (1985).
[32] Vgl. Reis (1976), S. 36.

von bis zu 6.000 kg bzw. über 90.000 kg Rohkakao), dagegen recht erhebliche Anteile - 26,9 bzw. 20,4% - für Klein- und mittelgroße Pflanzer (Jahresproduktion: bis zu 22.500 bzw. 90.000 kg Rohkakao). Bei der Kleinbauern-Untersuchung von Navarro/Asmar gaben 36 von 71 Befragten (Ibirapitanga), 36 von 79 (Santana) und 48 von 71 (Camacã) an, daß sie selbst oder ihre Familienangehörigen auch außerhalb des Kakaobetriebes einer Lohnbeschäftigung nachgehen. Aus den bis 1975 ausgewerteten statistischen Daten schließt Baiardi auf das erstaunliche Beharrungsvermögen der Produktionsverhältnisse im Kakaoanbau - - einschließlich der funktionalen Rolle der Kleinpflanzer als Arbeitsmarktreserve für das Großkapital der Lohnbetriebe (vgl. dazu ausführlicher weiter unten, Kap. 7.2). Über die offensichtlich große Variationsbreite der erhobenen Daten hinaus bleibt zweifelsohne die Feststellung richtig, daß eine auswärtige Beschäftigung der Familienarbeitskraft - sei es in Zeitarbeit oder mit unbefristetem Arbeitsverhältnis - eine wichtige Rolle für die Klein- und Mittelbetriebe, insbesondere für die Familienbetriebe spielt.

Mit dieser Beschäftigungsstruktur weichen die Kakaobetriebe (d.h. solche mit Kakao als Hauptkultur) von der aller untersuchten Agrarbetriebe der Kakaoregion III erheblich ab, bei denen 50,1% als Familien- und 44,9% als Lohnarbeitskraft beschäftigt werden; als weiteres Unterscheidungsmerkmal ist der Anteil der ständig (51,7%) und der zeitweise beschäftigten Lohnarbeiter (48,3%) an der Gesamtheit der Lohnarbeiter anzuführen. Darin drückt sich sicherlich ein gewisser Modernisierungsrückstand der Agrarbetriebe in der Kakaoregion III im Vergleich zu den Betrieben mit Kakao als Hauptkultur aus.

Bei den kakaoanbauenden Lohnbetrieben vollzieht sich der Prozeß der Legalisierung der Arbeitsverhältnisse seit 1973 in einem rasanten Tempo: verfügten damals lediglich 41,2% aller Lohnarbeiter über eine schriftliche Bestätigung ihres Arbeitsverhältnisses, so belief sich dieser Anteil im Jahre 1984 bereits auf 84,9%. Ob sich freilich dadurch die realen Lebensbedingungen verbessert haben, ist eine Frage, die von den meisten (72,3%) verneint wird[33]. Die (mündlichen oder schriftlichen) Lohnverträge unterscheiden sich nach Dauer, Zahlungsweise und zu verrichtender Tätigkeit. Tabelle 16 stellt die Häufigkeitsverteilung bei zwei Stichprobenuntersuchungen dar, die aufgrund unterschiedlicher Samplegrößen und Grundgesamtheiten zwar kaum vergleichbar sind, deren Aussagewert jedoch für die Angabe einer Grundtendenz durchaus brauchbar erscheint: Bezog sich die große Stichprobenerhebung von 1973 auf alle 28 Munizipien der Kakaoregion I, so beschränkte sich die von 1980 auf zwei Munizipien der Region, die aufgrund ihrer Nähe (Itajuípe) bzw. Entfernung (Canavieiras) zu den Kernmunizipien des Kakaoanbaus (Ilhéus und Itabuna) zwei typische Ausprä-

---

[33] Vgl. Gasparetto (1985), S. 53 und 54.

gungsgrade der Beeinflussung durch diese Modernisierungszentren darstellen, und insofern als repräsentativ angesehen werden können[34].

Tabelle 16: Lohnverträge in der Kakaoregion I 1973 (CEPLAC-Stichprobe) und in zwei repräsentativen Munizipien der Kakaoregion I 1980 (Feldforschung von A. Sauer)

| Vertragsart | 1973 | | 1980 | |
|---|---|---|---|---|
| | Anzahl | % | Anzahl | % |
| Akkordlohn ("empreitada") | 15 | 3,9 | 35 | 39,8 |
| Monatslohn | 22 | 5,7 | 13 | 14,8 |
| Tageslohn | 220 | 57,3 | 30 | 34,1 |
| Akkord- und Monatslohn | 84 | 21,9 | - | - |
| Monats- und Tageslohn | 26 | 6,8 | - | - |
| Akkord- und Tageslohn | - | - | 10 | 11,4 |
| Sonstige Lohnverträge | 17 | 4,4 | - | - |
| Insgesamt | 384 | 100,0 | 88 | 100,0 |

Quelle: CEPLAC-Stichprobe von 1973. In: Souza (1976), S. 43; Sauer (1981), S.146.

Die Akkordarbeit wird vornehmlich für einmalig oder saisonal anfallende Aufgaben wie Rodung, Jäten von Unkraut, Ernte, Herausnahme und Trocknung der Kakaobohnen gewählt. Die Bezahlung wird je Fläche, 21-kg-Kiste (Weichkakao) oder "arroba" (= 15 kg Trockenkakao) im voraus festgelegt. Diese Vertragsart wird zunehmend von Zeitarbeitern bevorzugt, die sonst als Tagelöhner die geringste Entlohnung haben würden[35], um die niedrige Bezahlung durch individuelle und/oder Familien-Mehrarbeit zu kompensieren. Dies entspricht offensichtlich sowohl dem Interesse des Landarbeiters an höheren Einnahmen als auch dem des Eigentümers an Mehrproduktion[36]. Die Akkordarbeit kann durch den Arbeiter selbst, durch von ihm in Untervertrag genommene Arbeiter, durch mithelfende Familienangehörige und schließlich unter Beteiligung von Familienangehörigen des Eigentümers sowie von Lohnarbeitern wahrgenommen werden. Die Mithilfe von Familienangehörigen bei der Akkordarbeit wird vor allem für die Ernte und die Öffnung der Früchte in Anspruch genommen. Für die Durchführung der Akkordarbeit greifen die meisten Arbeiter (80,6% aller Akkordarbeiter) auf die Familienarbeit zurück; diese entspricht, bei einer mittleren Familiengröße von 5 Mitgliedern, der Mitarbeit von mindestens 2 weiteren Familienmitgliedern[37]. 42,3% der Akkordarbeiter nehmen bezahlte Arbeitskräfte

---

[34] Vgl. Sauer (1981), S. 53,
[35] Vgl. Baiardi (1984), S. 82.
[36] Vgl. Sauer (1981), S. 145-146.
[37] Vgl. zur mittleren Familiengröße der Lohnarbeiter: Gasparetto (1985), S. 52.

in Untervertrag, wobei in diesem Fall ca. 49,1% der Einnahmen für die Bezahlung der zusätzlich angeheuerten Arbeitskraft ausgegeben werden mußten; damit geht ein Gutteil der durch die Familienarbeit ermöglichten Mehreinnahmen wieder verloren[38]. Als Grund für die rasante Zunahme dieser Vertragsart wird zum einen auf die Durchkapitalisierung der Landwirtschaft, zum anderen auf die allmähliche Durchsetzung der Arbeitsgesetzgebung in den Agrarbetrieben hingewiesen. Daraus resultiert die zunehmende Verdrängung von ständig beschäftigten Lohnarbeitern durch an kein Arbeitsverhältnis gebundene Akkordarbeitskräfte, die großenteils durch professionelle "Akkordunternehmer" ("empreiteiros") vorwiegend in den Stadtrandsiedlungen angeheuert werden[39].

Der Tageslohn ist die zweithäufigste Art des Lohnvertrags. Dabei erfolgt die Auszahlung ebenso wie beim Monatslohn wöchentlich - in der Regel freilich unter Anrechnung von nur 5 Tagen, da die Ruhetage nicht berücksichtigt werden (nur 15,1% der befragten Arbeiter gaben 1973 an, bezahlte Ruhetage zu erhalten[40]). Im Gegensatz zur Akkordarbeit werden die Aufgaben für die Tages- und Monatslöhner nicht gleich bei Einstellung, sondern je nach Arbeitsanfall durch den Verwalter bzw. Vorarbeiter festgelegt. Nach Aussagen von Kakaopflanzern gewährleistet diese Vertragsart eine bessere und ergiebigere Arbeit, soweit diese unter Anleitung eines "guten Aufsehers" ("cabo de turma") erfolgt; sie werde jedoch durch den Druck der Landarbeiter selbst zugunsten der Akkordarbeit zunehmend verdrängt[41]. Hier erfolgt die Aufsicht erst nach Vollzug.

Der Aufseher erhält zwecks Vermeidung von Reibereien im allgemeinen den gleichen Lohn wie die einfachen Arbeiter; hinzu kommen jedoch - für die Festigung von Loyalität gegenüber dem Arbeitgeber - meistens Prämien und Geschenke[42]. Um den Statusunterschied herauszustellen, vermeidet es der Aufseher in der Regel, bei der Handarbeit selbst mit anzupacken, da er die Aufsicht als seine Hauptaufgabe ansieht[43]; er beaufsichtigt 30 bis 50 Arbeiter[44]. In größeren Farmen - d.h. vorwiegend Lohnbetrieben - gibt es noch die übergeordnete Funktion eines Verwalters, der bei der Arbeitsaufsicht und Lohnauszahlung ebenso den zumeist abwesenden Eigentümer vertritt wie bei der Einstellung und Ent-

---

[38] Vgl. Reis (1976), S. 39.
[39] Vgl. Diniz/Duarte (1983), S. 112.
[40] Vgl. Souza (1976), S. 38.
[41] Vgl. Diniz/Duarte (1983), S. 112.
[42] Vgl. Diniz/Duarte (1983), S. 117.
[43] Vgl. Silva (1975), S. 31-2.
[44] Vgl. CEAS (1985), S. 22.

lassung der Arbeiter. Der Verwalter erhält neben einem Monatslohn in der Regel auch Prämien und eine Gewinnbeteiligung[45].

Die Bedeutung der Frauenarbeit drückt sich weniger in ihrem quantitativen Anteil (28,3% aller Beschäftigten in der Kakaoregion II sind Frauen) als vielmehr in ihrer untergeordneten Stellung im Arbeitsverhältnis aus: sie werden als (unbezahlte) mithelfende Familienangehörige beschäftigt. Als Lohnarbeiterinnen verrichten sie vorwiegend Tätigkeiten wie die Entnahme der Bohnen aus den Früchten und das Unkrautjäten, für die sie durchschnittlich 50 bis 60% des Tageslohnes eines Mannes verdienen[46].

Nach Daten der CEPLAC-Stichprobe von 1973 besteht die Familie eines typischen Familienbetriebes in der Kakaoregion I aus 6 Mitgliedern, darunter durchschnittlich 1,6 Kinder unter 10 Jahren, die nicht als Arbeitskraft eingesetzt werden, und 0,9 Jugendliche im Alter von 10 bis 14 Jahren, deren Arbeitskraft als 3/4 von der eines Erwachsenen gezählt wird. Unter diesen Voraussetzungen ermittelte die Stichprobe eine durchschnittliche Beschäftigung von 1,5 Familienangehörigen in jedem Familienbetrieb - bei einem errechneten Arbeitskräftebedarf von lediglich 1,2 Mann/Jahr je kakaoanbauendem Familienbetrieb in der Region[47]. Hierin zeigt sich noch einmal der bereits oben angedeutete Überschuß an Familienarbeitskräften, der teilweise durch die Lohnbeschäftigung auf Fremdbetrieben (im Verhältnis von 0,4 Familienangehörigen je Familienbetrieb) abgebaut wird; insgesamt bleibt trotzdem 0,7 Mann/Jahr pro Familienbetrieb arbeitslos[48] (vgl. Tab. 17). Die Funktion der Familienarbeitskraft als Arbeitskräftereservoir für die Lohnbetriebe der Umgebung kommt hierbei deutlich zum Ausdruck. Neuere Untersuchungen freilich deuten eine Abschwächung dieser Funktion an. Gasparetto stellte 1984 beispielsweise eine erhebliche Zunahme der Anzahl von Familienbetrieben mit 3 und mehr mithelfenden Familienangehörigen im Vergleich zu 1973 fest[49]. Die im Familienbetrieb eingehaltene familiäre Rollenteilung wurde dem Verfasser plastisch (ja sogar idyllisch) vor Augen geführt, als er

---

[45] Vgl. Diniz/Duarte (1983), S. 117.

[46] Vgl. Diniz/Duarte (1983), S. 119; Tourinho et al. (1985), S. 19 geben als durchschnittlichen Tageslohn für ständig Beschäftigte Cr$ 6.050,00 (März 1985) und für Frauen Cr$ 4.200,00 ( = 69,4 % von dem für ständig Beschäftigte gezahlten Lohn) an.

[47] Es wurde der effektive Arbeitskräftebedarf pro ha in Mann/Jahr unter Zugrundelegung der durchschnittlichen Produktionsmenge und der arbeitsintensiven modernen Technologie (unter Einschluß chemischer Seuchenbekämpfung) nach Cox (o.J. - ca. 1968) ermittelt. Vgl. Reis (1976), S. 42.

[48] Vgl. Reis (1976), S. 44.

[49] Vgl. Gasparetto (1985), S. 72.

im Mai 1987 im amazonischen Bundesstaat Rondonien gleich drei Generationen unter den Kakaobäumen bei der Öffnung und Entnahme der Bohnen versammelt antraf: die Mutter, eine erwachsene Tochter (18) und sechs Enkel (6, 6, 9, 10, 11 und 13 Jahre alt) entnahmen die Bohnen von den Früchten, die die beiden erwachsenen Söhne aufschlugen.

Tabelle 17: Beschäftigungsgrad und verfügbare Familienarbeitskraft in 553 Familienbetrieben der Kakaoregion I 1973

|  | Anzahl | % |
|---|---|---|
| Familienbetriebe | 553 | |
| Familienangehörige insg. | 3.031 | 100 |
| Durchschnitt je Familienbetrieb | 6 | |
| Verfügbare Arbeitskraft | 2.058 | 67,9 |
| Beschäftigte Arbeitskraft insgesamt | 1.671 | 55,1 |
| Davon: | | |
| Im eigenen Familienbetrieb | 826 | 40,1 |
| In Fremdbetrieb | 218 | 10,6 |
| Sonstige Tätigkeiten außerhalb des Familienbetriebs | 60 | 2,9 |
| Hauswirtschaftliche Tätigkeit | 473 | 23,0 |
| Schulbesuch | 94 | 4,6 |
| Unbeschäftigte Familienarbeitskraft | 387 | 18,8 |

Quelle: CEPLAC-Stichprobe von 1973. In: Reis (1976) S. 44

Der verschwindend geringe Anteil von Pächtern und Halbpächtern (1980: 3% aller Betriebe der Kakaoregion II und nur 1,7% ihrer Agrarfläche entsprechend 48.024 ha) ist ein Merkmal, das der Kakaoanbau mit dem Besitzsystem anderer Kulturen im Bundesstaat Bahia (2,9% aller Betriebe und 1,2% ihrer Agrarfläche[50]) gemeinsam hat. Die Tendenz ist weiter abnehmend, da die Akkordarbeit sich für Kleinstpflanzer bzw. Tagelöhner zunehmend als Funktionsersatz für die Produktions- bzw. Einkommenserhöhung anbietet, zumal nach Verschwinden des "(Pacht)Vertragspflanzers" ("contratista") - der in der Region seinerseits häufigsten Form des Pachvertrages[51]. "Durch diesen Pachtvertrag verpflichtete sich der Pächter vor dem Notar, den Urwald zu roden, den Boden vorzubereiten, die Kakaobäume anzupflanzen und die Kakaokultur während der Vertragszeit (zumeist 3 bis 4 Jahre) zu pflegen; in dieser Zeit hatte der Pächter das Recht, für seine Subsistenzsicherung Nahrungsmittel als Mischkultur unter den Kakaopflanzen anzubauen. Am Ende der Vertragszeit wurde ihm ein bei Vertragsschluß vereinbarter Festpreis je angepflanztem Kakaobaum bezahlt"[52]. Auf diese Weise erlaubte der "Vertragspflanzer" - vor allem in den Zeiten knappen Umlaufkapitals - eine weitgehend vorfinanzierungsfreie Expansion des Kakaoanbaus. Mit dem modernisierungsbedingt zunehmenden Kapitalbedarf und mit der großzügigen Kreditpolitik seit Ende der 50er Jahre beschleunigte sich der Schwundprozeß dieser Vertragsform bis zur völligen Bedeutungslosigkeit der Gegenwart[53].

Maßgebend für die grundlegende Ausgestaltung der Arbeitsverhältnisse im Kakaobetrieb ist und bleibt (neben dem oben beschriebenen Verwalter) der Eigentümer, ob er auf der Farm wohnt oder nicht. Denn direkt oder indirekt behält er sich die strategischen Entscheidungen bezüglich der Produktion und der Arbeit vor. Delegiert werden lediglich Funktionen wie Verwaltung und Überwachung laufender Arbeiten, wie eine Stichprobenerhebung über die Kakaoregion I im Jahre 1972 feststellte: Lediglich 10 von insgesamt 200 befragten Eigentümern gaben an, weder auf der Farm zu wohnen noch irgendwelche Funktionen auf ihr auszuüben; kein einziger davon war ein Großpflanzer[54]. Damit behalten selbst Absentisten eine für den Kakaobetrieb und insbesondere für dessen Produktionsverhältnisse grundlegend konstitutive Bindung. Durch ihre

---

[50] Vgl. Diniz/Duarte (1983), S. 120 und CEPA (1983), S. 23.
[51] Vgl. Baiardi (1984), S. 131.
[52] Vgl. Reis (1976), S. 40.
[53] Vgl. Reis (1976), S. 40.
[54] Vgl. Silva (1975), S. 288-289.

Berufstätigkeit in der Stadt bzw. in den Zentren des Marktes und der Politik (als Industrielle, Händler, Staatsbedienstete, Freiberufler oder Politiker) entwickeln sie Beziehungen und Bindungen zu Institutionen, die für das zweite Bein der Kakaowirtschaft - die Vermarktung - entscheidend sind. Dank dieser Doppelbindung vermag es der Eigentümer von größeren Lohnbetrieben, die Organisation der Produktion und die Lohnverträge auf die jeweilige Weltmarktlage auszurichten, so daß die Auswirkungen der Weltpreisschwankungen durch Produktivität und angepaßte Produktionsmengen minimiert werden. Folgerichtig orientiert sich die Lohnstrategie nicht an der jeweils gegebenen Produktivität, sondern an den durch die jeweilige Weltmarktlage geprägten Produktionsbedingungen. Massenentlassungen und massenweise Umwandlung von ständigen in temporäre Arbeitsverträge sind da ebensowenig Ausnahmeerscheinungen wie über längere Zeit andauernde Arbeitsplatzunsicherheit[55]. Im Sinne der konsequenten Ausnutzung dieses Weltmarkt- und Politikwissens bauen die Eigentümer nach und nach jede noch so geringfügige Entlohnung in Naturform ab - sei es in der Form von Nahrungsmittellieferungen oder in der Form des Anbaus von Nahrungskulturen durch die Lohnarbeiter. Wie es verschiedene Stichproben bestätigen, war die Durchmonetarisierung der Lohnauszahlung schon 1980 praktisch zu 100% vollzogen, während nur eine Minderheit von Landarbeitern in abgelegenen Kakaobetrieben die Erlaubnis zum Nahrungsmittelanbau auf der Kakaofarm erhielt[56]. Diese Doppelbindung verschafft also dem Lohnbetriebseigentümer erhebliche komparative Vorteile gegenüber den kleineren Eigentümern, insbesondere von Familienbetrieben; außer in den Produktionsverhältnissen kommen ihm diese Vorzüge ganz besonders im Bereich der Vermarktung zugute, wie anhand einer vergleichenden Darstellung der Vermarktungsbedingungen für Lohn- und für Familienbetriebe deutlich wird (s. nächstes Kapitel).

---

[55] Vgl. Reis (1976), S. 4.

[56] Vgl. für ein Kern- (Itajuípe) und ein Randmunizip (Canavieiras) des Kakaoanbaus: Sauer (1981), S. 143-144, der das praktische "Nichtvorhandensein" von für den Nahrungsanbau an Lohnarbeiter vergebenen Flächen feststellt; Diniz/Duarte zitieren einen Kakaopflanzer, der dieses Anbauverbot begründete: "Der Landarbeiter hier in der Gegend hat sich mit seiner Situation zutiefst abgefunden; wenn er genügend hat, um den Bauch zu füllen, so hört er auf, zu arbeiten; daher pflegt man, den Anbau anderer Kulturen - selbst den von Obstbäumen - zu verbieten". Vgl. Diniz/Duarte (1983), S. 120.

## 5.4 Vermarktungssektor

Anders als bei der Vermarktung von Rohstoffen wie Zucker besteht die staatliche Intervention im Falle vom Kakao in Brasilien lediglich in der Festsetzung und Überwachung der Rahmenbedingungen vornehmlich durch die Außenhandelsabteilung CACEX der Banco do Brasil sowie in der Wahrnehmung von Hilfsfunktionen (Preisinformation, Erntevorhersage, Bohnenklassifizierung u.a.m.) durch die Kakaobehörde CEPLAC; auf die direkte Vermarktung durch das landeseigene Instituto de Cacau da Bahia (ICB) entfällt der geringe Anteil von 3,4% der Menge und 2,6% des Produktionswertes[57]. Die eigentliche Vermarktung der Kakaoernte wird von einem engmaschigen Netz aus selbständigen Händlern ("partidistas" - einer im Schwund begriffenen Berufssparte), Vertragsvertretungen bzw. Filialen von Exporthäusern (ca. 47% der Produktion) und Industrieunternehmen (ca. 40%), Genossenschaften (ca. 10%) und dem landeseigenen Instituto de Cacau da Bahia (ca. 3%) betrieben[58].

Gut ausgestattet mit Lagermöglichkeiten, Transportmitteln und Umlaufkapital besaßen die privatwirtschaftlich operierenden selbständigen Händler bis in die 60er Jahre eine Verhandlungsmacht, die ihnen den Löwenanteil des Kakaogeschäfts zukommen ließ. So führte das Fehlen geeigneter Aufbereitungsanlagen zahlreiche Kleinproduzenten zum Verkauf von "Weichkakao" (d.h. ohne jede Aufbereitung) statt des für sie günstigeren Trockenkakaos. Dafür übernahm der "partidista" die Transport-, Aufbereitungs- und Lagerkosten bis zum Weiterverkauf an die Exporthäuser. In Bahia ist diese Handels- und Agentenform (von befragten Bauern als "eine Seuche der Kakaowirtschaft" angesehen)[59] auch als Folge der inzwischen fast in jedem Betrieb vorhandenen Möglichkeit einer ersten Kakaoaufbereitung praktisch verschwunden. Im neuerschlossenen Kakaoanbaugebiet des Westamazonien-Bundesstaates Rondônia, wo die selbständigen Händler weitaus überwiegen, bleibt der Verkauf von "Weichkakao" mit einem

---

[57] Daten von 1981 nach Diniz/Duarte (1983), S. 160.

[58] Diese Angaben mit approximativem Wert finden sich in Diniz/Duarte (1983), S. 159 und 160. Eine Befragung aus dem Jahre 1972 ermittelte einen Anteil von 63,5% für Kakaoproduzenten, die ihre Ernte an Exporthäuser verkauften, und von 16% für solche, die an Genossenschaften verkauften. Nur 1 Befragter gab an, an einen selbständigen Händler verkauft zu haben. Auf Industrieunternehmen entfiel entsprechend ein Anteil von 30%. Vgl. Silva (1975), S. 302-303.

[59] Vgl. die erwähnte Untersuchung von Silva (1975), S. 303.

Anteil von 31,6% eine weit überdurchschnittlich vertretene Vermarktungsform bis heute, was freilich zur pauschalen Deklassifizierung des Produktes und damit zu insgesamt geringerem Erzeugerpreis für Rondonien-Kakao führt[60].

Als häufigste Vermarktungsform in Bahia ist der Verkauf bereits in der Blütezeit ("na flor") zu nennen, wobei 70, 80 oder gar 100%[61] der erwarteten Produktion zu einem Festpreis, d.i. in der Regel der bei Vertragsabschluß geltende Weltmarktpreis, im voraus verkauft werden. Dabei wird auf die "Vorschußzahlung" ein bestimmter Zinssatz erhoben, der im Normalfall über dem der Geschäftsbanken liegt. Diese Geschäftsform hat eine wesentliche Spekulationskomponente zur Grundlage, da die Erntevorhersage lediglich aus der Vorjahresproduktion und der gegenwärtigen Blütenzahl abgeleitet werden kann. Trotz ihrer (den Produzenten mehr als den Käufer belastenden) Unsicherheiten wird diese Verkaufsform wegen des damit einhergehenden Mittelzuflusses vor allem von Kleinbauern mit geringer Liquidität praktiziert. Diese nehmen damit nicht nur die risikobedingt geringere Bewertung ihres Produkts in Kauf, sondern auch die mit einer eventuellen Lieferunfähigkeit verbundene finanzielle Abhängigkeit gegenüber dem Käufer[62]. Nach einer empirischen Untersuchung im Kerngebiet

---

[60] Vgl. Mascarenhas et al. (1986), S. 42. Die insgesamt 22 Vermarktungsstellen setzen sich aus 20 selbständigen Händlern, die an und für sich Trockenkakao vorziehen, und 2 Industrieunternehmen zusammen; auf diese beiden Industriebetriebe, die vorzugsweise Weichkakao beziehen, entfallen 34% des direkt beim Produzenten aufgekauften Kakaos (Mascarenhas et al. (1986), S. 86). Nach Aussage eines lokalen Kakaoberaters an den Verfasser im Mai 1987 ist die Erklärung für den Weichkakao-Verkauf in Rondonien in der dort unerheblichen Preisdifferenz für Weich- und Trockenkakao zu suchen. Ferner werden oft auch kranke Bohnen zu den gesunden zwecks Gewichtserhöhung beigemischt; damit "räche" sich der Kleinbauer für den erzielten Erzeugerpreis, der als zu niedrig angesehen wird. Dies steht freilich gleichfalls im Zusammenhang mit dem um 25% geringeren Erzeugerpreis für Amazonas-Kakao im Vergleich zum Bahia-Kakao.

[61] Vgl. Diniz/Duarte (1983), S. 161.

[62] Vgl. Reis (1976), S. 3. In diesem Fall wird die Schuld - statt zum vereinbarten Festpreis - in Produktäquivalenz zum Tagespreis der vereinbarten Lieferung berechnet. Dieser Modus beinhaltet eine zusätzliche Benachteiligung des Produzenten - mit der Folge, daß oft sogar die nächste und übernächste Ernte in die Zahlungsverpflichtung einbezogen wird. Sauers Untersuchung von 1980 (vgl. Sauer 1981, S. 139) ermittelte einen Anteil von 11% für Bauern, die ihre Ernten bereits zwei Jahre im voraus verkauft hatten.

des Kakaoanbaus (Itajuípe und Canavieiras) gingen 49 von 96 befragten Bauern solche Vertragsformen ein[63].

Eine Risikominderung wird dadurch erzielt, daß für eine künftig zu liefernde Festmenge eine Vorauszahlung geleistet wird, die sich an dem innerhalb der Frist voraussichtlich erzielbaren Verkaufspreis orientiert. Nach erfolgtem Verkauf wird eine eventuelle Preisdifferenz unter Berücksichtigung der aufgelaufenen Zinsen ausgeglichen. Aufgrund ihrer größeren Sicherheit wird diese Vermarktungsvariante am häufigsten von den Genossenschaften angewandt. Doch obwohl die Kakaozentralgenossenschaft COPERCACAU im Jahre 1986 5.734 eingetragene Mitglieder zählt, beläuft sich die Anzahl "effektiver" Mitglieder auf lediglich 813. Entsprechend fällt ihr Vermarktungsanteil - trotz deutlicher Verkaufspräferenz seitens der Kakaoproduzenten, die mit Kritiken an den Exporthäusern nicht sparen[64] - mit 10,6%, relativ gering aus[65].

Eine dritte Vermarktungsvariante besteht in dem Verkauf von "Fertigkakao", d.h. nach Gärung, Trocknung und Verpackung der Kakaobohnen. Die Häufigkeit dieser Variante nimmt, wie empirische Untersuchungen belegen, mit ansteigendem Niveau der Produktionstechnologie und der sozialen Partizipation zu[66].

---

[63] Vgl. Sauer (1981), S. 138-140.

[64] Bei einer repräsentativen Meinungsumfrage bei 200 Kakaoproduzenten des bahianischen Kakao-Kerngebietes im Jahre 1971/72 erklärten sich 89,8 % aller Befragten unzufrieden mit den Vermarktungsbedingungen der Exporthäuser. Vgl. Silva (1975), S. 303.

[65] Vgl. Viana, Ivo (1987). Diniz/Duarte (1983), S. 159 bringt Angaben zum Anteil der COPERCACAU am gesamten Kakaoexport von 1981: 9,9% der Exportmenge und 7,8% des Exportwertes. Der von der Kakaogenossenschaft erzielte Exportpreis lag zu dem Zeitpunkt unter dem allgemeinen Durchschnitt, was sich entsprechend in einem geringeren Preis an den Erzeuger niederschlägt. Dies ist sicher ein Erklärungsfaktor für den geringen Anteil "effektiver" Genossen. Als in den darauffolgenden Jahren die COPERCACAU dazu überging, den eigenen Mitgliedern über dem Marktdurchschnitt liegende Erzeugerpreise zu gewähren - wie es die Tochter Itaísa tat -, wurde sie von einem starken Rentabilitätsschwund betroffen. Diese hohe Erwartungshaltung der Mitglieder ist mit ein Grund für die strukturellen Bestandsschwierigkeiten des Genossenschaftswesens in Brasilien.

[66] Vgl. Sauer (1981), S. 138-139: von 12 befragten Bauern mit hohem Partizipationsniveau ( = mit hohem Einkommens-, Bildungs- und Technologieniveau sowie mit hohem Nutzungsgrad an Massenkommunikationsmitteln und mit

In Rondonien überwiegt der Barverkauf mit einem Anteil von 85,1% der vermarkteten Gesamtmenge, und zwar zumeist in Form von Trocken- oder Weichkakao (51,2 bzw. 31,6%) bzw. einer Mischung aus beiden Formen[67].

Diese Vermarktungsvarianten sind ein Spiegelbild der unterschiedlichen Marktpositionen der Verhandlungspartner. Anders als die Exportunternehmen, die die Kakaobohnen zum größten Teil im Rahmen von Termingeschäften mit Festpreisen beziehen, betreibt die kakaoverarbeitende Industrie ihre Terminschäfte mit den Kakaoproduzenten zu später festzusetzenden Preisen; die einzig festgelegte Klausel bezieht sich auf das Verhältnis zwischen dem Rohproduktpreis und dem Preis des Endprodukts zu einem im Vertrag vorausbestimmten Lieferungsmonat. 1973 eröffnete die brasilianische Zentralbank interessierten Exportfirmen die Möglichkeit, dieses Warentermingeschäft auch im Ausland gegen Preisschwankungen durch Koppelung mit einem anderen, auf den gleichen Zeitpunkt terminierten Geschäft abzusichern ("hedging"). Faktisch jedoch machte überwiegend die kakaoverarbeitende Industrie in ihren Exporten von dieser Möglichkeit Gebrauch. Die Rohwarenexporteure halten ihr Risiko offensichtlich für nicht hoch genug, um sich an den "hedging"-Börsenhandlungen verstärkt zu beteiligen.

Eine Exportpreisüberwachung findet durch die brasilianische Exportbehörde CACEX statt, die sich täglich mit der Kakao-Vermarktungskommission Bahias COMCAUBA und mit Vertretern der Exporteure von Rohkakao und Derivaten zusammensetzt, um die Geschäfte des vorhergehenden Tages zu genehmigen. Dabei geht es um den Vergleich zwischen den aktuell festgesetzten Preisen und den zur Zeit des Geschäftsabschlusses gültigen Marktpreisen; die Möglichkeit von Preisauf- oder -abschlag ist je nach dem gegenwärtigen Umfang des physischen Kakaomarktes gegeben. Dabei achtet die COMCAUBA im Auftrag der CACEX auf die Einhaltung eines Mindestexportpreises[68].

Während die Exporte von <u>Kakaoderivaten</u> vorwiegend durch ausländische Konzerne getätigt werden, erfolgt die Ausfuhr von <u>Kakao-Bohnen</u> zum größten Teil durch nationale Firmen. Die Ausfuhr von Schokolade oder Kakaogetränken als

---

aktiver Beteiligung an Klassenorganisationen) gaben 11 an, keine Vorausverkäufe getätigt zu haben; diese Angabe machten nur 1 von 29 befragten Kakaoproduzenten mit niedrigem Partizipationsniveau und 35 von 55 mit mittlerem Partizipationsniveau.

[67] Vgl. Mascarenhas (1986), S. 86.
[68] Vgl. Fundação Getúlio Vargas (o.J. - ca. 1980), S. 63 - 65.

Endprodukten hat freilich erhebliche Schutzzölle der Verbraucherländer zu überwinden, was teilweise durch staatliche Subventionierung kompensiert wird. Tabelle 18 verdeutlicht den hohen Konzentrationsgrad der Kakaovermarktung: Auf die fünf wichtigsten Rohkakaoexporteure Bahias entfielen 1976 69,8% der gesamten Rohkakaoausfuhr; aufgrund der zunehmenden Anzahl von (meist kleineren) Exportfirmen verringerte sich dieser Anteil im darauffolgenden Jahrzehnt auf 59,2%, der jedoch nach wie vor nahe bei 2/3 des gesamten Exportwertes bleibt. Ein vergleichender Blick auf die 10 wichtigsten Firmen zeigt, daß der Markt fest in der Hand der traditionellen nationalen Exporthäuser bleibt. Für die genossenschaftliche Vermarktung haben sich die Verhältnisse erheblich ungünstig verschoben. Ihre Blütezeit hatte sie lediglich in Zeiten starker Förderung durch den Staat[69].

Einen erheblich höheren Konzentrationsgrad stellt man bei der Ausfuhr von Kakaoderivaten fest. Die 4 wichtigsten Industrieunternehmen hatten 1976 einen Anteil von 98,9%. Auch hier ist jedoch eine relative Aufweichungstendenz bis 1986 zu verzeichnen, selbst wenn der Anteil der 5 wichtigsten Industrieunternehmen bei über 3/4 des Exportwertes bleibt. Der Betrieb eigener Vermarktungskanäle im Ausland sichert diesen großen Exporteuren von Kakaoderivaten ihren Vorsprung: Barreto de Araújo ist mit dem britischen Unternehmen W. G. Spice & Co. Ltd. (Gruppe Guinness & Peat) über ein Gemeinschaftsunternehmen (International Marketing Services) assoziiert, mit dem die internationale Vermarktung über die Tochtergesellschaften Barreto Cocoa Products (New York) und Barreto Japan (Tokio) abgewickelt wird. Kakaoverarbeiter Chadler tätigt die Ausfuhren mithilfe der amerikanischen Partnergesellschaft Hershey. Das Industrieunternehmen Joanes Industrial verfügt für das weltweit gespannte Netz von Gill & Duffus - dem größten Kakao-*dealer* der Welt.

Bemerkenswert ist die deutliche Zunahme nationaler Firmen mit kleineren Exportmengen von Kakaoderivaten. Insofern ist die in der Literatur immer wieder anzutreffende Behauptung über eine zunehmende Konzentrationstendenz in diesem Bereich zu relativieren[70].

---

[69] So belief sich der 1952 auf 14 Genossenschaften entfallende Exportanteil auf 45,4%. Vgl. Diniz/Duarte (1983), S. 154.

[70] Vgl. beispielsweise Brandão (1983), S. 8, der (unter Berufung auf zwei verschiedene Verfasser) für den Zeitraum von 1970 bis 1981 bezüglich der in Bahia tätigen Rohkakaoexporteure eine Abnahme von 36 auf 19 feststellt. Dem stehen sowohl die Daten von Tabelle 18 als auch die Anzahl von weiteren 34 Rohkakaoexporteuren gegenüber, die bei der Exportbehörde im Jahre 1986 eingetragen waren. Vgl. PROMOEXPORT, 1987, S. 9.

Tabelle 18: Ausfuhr von Rohkakao und Kakaoderivaten aus Bahia: Exportanteile und Kapitalherkunft der größten Exportfirmen 1976 und 1986

### I. Ausfuhr von Rohkakao (in kg und US-$)

| Firma | Kapitalherkunft | 1976 kg | % | 1976 US-$ | % | 1986 kg | % | 1986 US-$ | % | RANG 1976 | RANG 1986 |
|---|---|---|---|---|---|---|---|---|---|---|---|
| 1. Companhia Brasileira Exportadora | BR | 6.748.740 | 5,7 | 9.699.341 | 4,9 | 29.879.940 | 23,5 | 62.451.281 | 24,2 | 8. | 1. |
| 2. Correa Ribeiro S.A. | BR | 16.816.140 | 14,2 | 28.156.256 | 14,2 | 12.564.900 | 9,9 | 24.923.652 | 9,6 | 3. | 2. |
| 3. José Ferraz Cia. Ltda. | BR | 2.597.160 | 2,2 | 4.485.361 | 2,3 | 12.179.040 | 9,6 | 24.894.670 | 9,6 | 11. | 3. |
| 4. Simab Trading S.A. Comercial Exportadora (RJ) | BR | | 0,0 | | 0,0 | 11.546.040 | 9,1 | 22.981.344 | 8,9 | - | 4. |
| 5. Manoel Joaquim de Carvalho Cia. Ltda. | BR | 21.319.020 | 18,0 | 38.636.739 | 19,5 | 8.920.020 | 7,0 | 17.857.369 | 6,9 | 1. | 5. |
| 6./1976: Mattos Souza S.A. | BR | 7.857.540 | 6,6 | 14.192.519 | 7,2 | 2.530.020 | 2,0 | 5.242.376 | 2,0 | 5. | - |
| 6. Calheira Almeida S.A. - Lavoura, Comércio e Indústria | BR | 11.416.080 | 9,6 | 20.723.349 | 10,5 | 8.398.140 | 6,6 | 17.376.031 | 6,7 | 4. | 6. |
| 7. Instituto de Cacau da Bahia | BR | 4.419.720 | 3,7 | 7.604.965 | 3,8 | 6.857.100 | 5,4 | 12.977.124 | 5,0 | 9. | 7. |
| 8. Freitas S.A. Comércio e Indústria | BR | 7.878.900 | 6,6 | 13.108.449 | 6,6 | 5.250.000 | 4,1 | 11.174.040 | 4,3 | 7. | 8. |
| 9. Brandão Filhos S.A. Comércio, Indústria e Lavoura | BR | 8.017.380 | 6,8 | 13.424.718 | 6,8 | 4.168.140 | 3,3 | 8.434.348 | 3,3 | 6. | 9. |
| 10./1976: Bartilotti S.A. Exportação e Importação | BR | 2.581.500 | 2,2 | 4.837.614 | 2,4 | 120.000 | 0,1 | 227.700 | 0,1 | 10. | - |
| 10. Cooperativa Central do Cacau R. Ltda. COPERCACAU | BR | 24.517.620 | 20,7 | 36.494.422 | 18,4 | 3.847.560 | 3,0 | 8.017.048 | 3,1 | 2. | 10. |

ZUSAMMENFASSUNG Tab. 18:

### I. Ausfuhr von Rohkakao

|  | kg | % | 1976<br>US-$ | % | kg | % | 1986<br>US-$ | % |
|---|---|---|---|---|---|---|---|---|
| 5 WICHTIGSTE ROHKAKAO-EXPORTEURE | 81.926.400 | 69,1 | 138.203.285 | 69,8 | 75.089.940 | 59,1 | 153.108.316 | 59,2 |
| 10 WICHTIGSTE ROHKAKAO-EXPORTEURE: | 111.572.640 | 94,1 | 186.878.372 | 94,5 | 103.610.880 | 81,5 | 211.086.907 | 81,6 |
| Übrige 7 Firmen 1976 | 6.927.780 | 5,9 | 10.948.347 | 5,5 | | | | |
| Rohkakao-exporte 1976 | 118.500.420 | 100 | 197.826.719 | 100 | | | | |
| Übrige 33 Firmen 1986 *) | | | | | 23.416.220 | 18,5 | 47.461.923 | 18,4 |
| Rohkakao-exporte 1986 | | | | | 127.027.100 | 100 | 258.548.830 | 100 |

*) Darunter 3 Tochtergesellschaften ausländischer Unternehmen

### II. Ausfuhr von Kakaoderivaten (in US-$)

| | EINSCHLIEßLICH ROHKAKAOAUSFUHR | | | | AUSFUHR VON KAKAODERIVATEN | | | | RANG | |
|---|---|---|---|---|---|---|---|---|---|---|
| Kapitalherkunft | 1976<br>US-$ | % | 1986<br>US-$ | % | 1976<br>US-$ | % | 1986<br>US-$ | % | 1976 | 1986 |
| 1. Chadler Industrial da 40% USA *) Bahia 60% BR | 29.661.553 | 16,9 | 62.007.482 | 17,7 | 29.583.014 | 23,9 | 62.007.482 | 23,2 | 2. | 1. |
| 2. Barreto de Araújo S. A. BR | 51.583.229 | 29,3 | 63.779.088 | 18,2 | 49.591.141 | 40,0 | 61.798.436 | 23,1 | 1. | 2. |
| 3. Berkau S.A. BR | 17.835.633 | 10,1 | 28.755.465 | 8,2 | 16.326.832 | 13,2 | 28.755.465 | 10,8 | 4. | 3. |
| 4. Cargill Cacau Ltda. USA | | 0,0 | 26.462.751 | 7,6 | | 0,0 | 26.462.751 | 9,9 | - | 4. |
| 5. Expro - Companhia de Comércio Exterior (Rio de Jan.) BR | | 0,0 | 21.784.813 | 6,2 | | 0,0 | 21.784.813 | 8,2 | - | 5. |
| 6. Companhia Nestlé (COPRODAL) CH | | 0,0 | 14.607.496 | 4,2 | | 0,0 | 14.484.496 | 5,4 | - | 6. |
| 7. Joanes Industrial S.A., Gill & Duffus) GB | 26.990.324 | 15,3 | 14.283.848 | 4,1 | 26.990.324 | 21,8 | 14.283.848 | 5,3 | 3. | 7. |

Forts. Tab. 18

| | | | | | | | | | |
|---|---|---|---|---|---|---|---|---|---|
| 8. Ciba Geigy Química S.A. (S. Paulo) | CH | 0,0 | 9.543.993 | 2,7 | | 0,0 | 9.543.993 | 3,6 | - 8. |
| 9. Hoechst do Brasil Química e Farmácia S.A. | BRD | 0,0 | 7.680.235 | 2,2 | | 0,0 | 7.680.235 | 2,9 | - 9. |
| 10. Produtos Roche, Produtos Químicos e Farmacêuticos S.A. | CH | 0,0 | 6.629.781 | 1,9 | | 0,0 | 6.629.781 | 2,5 | - 10. |
| 11. Indústrias J.B. Duarte S.A. (S. Paulo) | BR | 0,0 | 4.695.618 | 1,3 | | 0,0 | 4.695.618 | 1,8 | - 11. |
| 12. Resegue Indústria e Comércio S.A. (S.Paulo) | BR | 0,0 | 3.486.537 | 1,0 | | 0,0 | 3.486.537 | 1,3 | - 12. |
| 13. Manoel Joaquim de Carvalho Cia. Ltda. | BR | 38.636.739 | 22,0 | 20.250.643 | 5,8 | 0,0 | 2.393.274 | 0,9 | - 13. |
| 14. Cia.Brasileira Exportadora | BR | 9.699.341 | 5,5 | 64.101.345 | 18,3 | 0,0 | 1.650.064 | 0,6 | - 14. |
| 15. Resica - Indústria de Resíduos de Cacau Ltda. (Jan Schoemaker) | NL | 0,0 | 876.113 | 0,3 | | 0,0 | 876.113 | 0,3 | - 15. |
| 16. Brinquedos Bandeirantes S.A. | BR | 0,0 | 582.135 | 0,2 | | 0,0 | 582.135 | 0,2 | - 16. |
| 17. Itabuna Industrial (ITAISA) | BR | 0,0 | 84.999 | 0,0 | | 0,0 | 84.999 | 0,0 | - 17. |
| 18. Petrobrás Internacional S.A. | BR | 1.506.000 | 0,9 | 0,0 | | 1.506.000 | 1,2 | 0,0 | 5. - |

| | | | | | | | |
|---|---|---|---|---|---|---|---|
| SUMME 1 - 5 | 99.080.415 | 56,3 | 202.789.599 | 57,9 | 95.500.987 | 77,1 | 200.808.947 | 75,2 |
| SUMME 1 - 7 | 126.070.739 | 71,7 | 231.680.943 | 66,3 | 122.491.311 | 98,9 | 229.577.291 | 85,9 |
| SUMME 8 - 18 | 49.842.080 | 28,3 | 117.931.399 | 33,7 | 1.506.000 | 1,2 | 37.622.749 | 14,1 |
| SUMME 1 - 18 | 175.912.819 | 100,0 | 349.622.342 | 100,0 | 123.997.311 | 100,0 | 267.200.040 | 100,0 |

| | 1976 | | 1986 | |
|---|---|---|---|---|
| ROHKAKAOEXPORTE | 197.826.719 | 61,5 | 258.548.830 | 49,2 |
| SUMME KAKAODERIVATE | 123.997.311 | 38,5 | 267.200.040 | 50,8 |
| KAKAOEXPORTE INSG. | 321.824.030 | 100,0 | 525.748.870 | 100,0 |

*) darunter 22,5 % Hershey Int.

<u>Quellen:</u> Eigene Zusammenstellung und Berechnung nach Daten der Secretaria do Planejamento/PROMOEXPORT/ Bahia et al. (1976); PROMOEXPORT (1986 A). CEPLAC (1978), S. 160 (Einlage), 213 und 215. Bernet, Jean (1986).

Auch in Rondonien ist nach der bereits zitierten Vermarktungsstudie der CEPLAC eine hohe Konzentration auf lokaler und regionaler Ebene festzustellen: Selbst wenn den über 4.000 einzelnen Produzenten insgesamt 20 selbständige Handelsfirmen und 5 Industrievertreter gegenüberstehen, so entfallen auf die 3 größten Vermarkter in jedem Ort über 3/4 der Gesamtumsätze; diese Konzentration verschärft sich auf der nächsten Vermarktungsstufe, bei der über 91,4% des gesamten Kakaos aus diesem Bundesstaat von 2 einzelnen Aufbereitungsfirmen (Indeca, mit Sitz in S. Paulo, und Riopardo, mit Sitz im Amazonas) aufgekauft wurden. Die lokale Vermarktung findet zumeist auf der Farm und in bar (nämlich in 85,1% der Fälle) statt, so daß Transportkosten für den Produzenten entfielen. Da kaum Spielraum für Preismanipulationen gegeben ist, sehen die Produzenten zumeist dem vom Käufer verwendeten "Maß" (eine 13-kg-Kiste) argwöhnisch entgegen[71].

Das oben skizzierte Freihandelssystem wird von einer erheblichen Menge an Regelungen, Vorschriften und Verfahren umrahmt, an deren Formulierung eine große Anzahl von korporativen Gremien aus Staats- und Wirtschaftsvertretern auf lokaler, regionaler und nationaler Ebene beteiligt sind (vgl. 4.1). Auch die Quotenregelung auf Firmenebene - ständiger Reibungspunkt zwischen dem Export- und dem Verarbeitungssektor[72] - erfolgt durch Absprachen in selbstverwalteten Gremien wie dem Verband der Kakaoexportunternehmen (ABEC) und dem Verband der Kakaoverarbeitenden Industrie (ABIC) unter Berücksichtigung der gegebenen Firmenkapazität; deren Koordinierung findet im Rahmen des 1949 gemeinsam von ABEC und ABIC gebildeten Ausschusses COMCAUBA (Handelsausschuß für Bahias Kakao) statt. Zu den Obliegenheiten dieses Ausschusses gehört - neben der Aufstellung des für die Kakao-Vorausverkäufe unerläßlichen Export-Zeitplanes - die Festlegung der Ausfuhrmengen im Einklang mit den Bestimmungen des Internationalen Kakaoabkommens und je nach erwarteter Erntemenge.

Der staatlichen Überwachungsinstanz CACEX bleibt u.a. die entscheidende Rolle der Vergabe bzw. Einziehung von Exportlizenzen an exportwillige Firmen bzw. deren Eintragung als Exporteur, der Genehmigung von Exportanrei-

---

[71] Vgl. Mascarenhas (1986), S. 47-53 und 86.
[72] So forderte die Industrie im Jahre 1981 einen Anteil von 70%, während die Exporteure ihr nicht mehr als 40% zu gönnen bereit waren. Vgl. Diniz/Duarte (1983), S. 157, 161 und 163.

**Tabelle 19:** Rohkakaoproduktion und -vermahlung sowie Ausfuhr von Rohkakao und Kakaoderivaten in t und in Prozent, Kakaoderivate umgerechnet in Bohnenäquivalenz 1960/61 - 1985/86 (Internationales Erntejahr 1.10.-30.09.)

| Jahr | Produktion von Kakaobohnen | Vermahlung* | Ausfuhr von Bohnen | Butter | Liquor | Kuchen | Pulver | Sonst. | Ausfuhr von Kakaoderivaten in Bohnenäquiv. Insg. | Anteil an Bohnen-exp. (I/L) % | u.-prod. (I/A) % | Kakaoexporte in B.äq. Insg. | Anteil an Produktion (L/A) % | Vermahlung Anteil an Produktion (B/A) % |
|---|---|---|---|---|---|---|---|---|---|---|---|---|---|---|
| | t | t | t | t | t | t | t | t | t | % | % | t | % | % |
| A | B | C | D | E | F | G | H | I | J | K | L | M | N | |
| 1937/38 | 140.000 | | 127.888 | 782 | 48 | 748 | | | 2.139 | 1,7 | 1,5 | 130.027 | 92,9 | |
| 1940/41 | 131.000 | | 132.944 | 2.043 | 1 | 1.259 | | | 5.432 | 3,9 | 4,2 | 138.376 | 105,6 | |
| 1945/46 | 140.000 | 24.459 | 130.460 | 9.361 | | 160 | | | 27.730 | 17,5 | 19,8 | 158.190 | 113,0 | 17,5 |
| 1955/56 | 171.000 | 32.578 | 125.835 | 11.906 | 2.275 | 8.959 | 425 | 77 | 32.679 | 20,6 | 19,1 | 158.514 | 93,2 | 19,0 |
| 1960/61 | 129.000 | 45.000 | 105.554 | 14.247 | 821 | 12.376 | 798 | 202 | 37.891 | 26,4 | 29,4 | 143.445 | 111,2 | |
| 1961/62 | 128.000 | 52.000 | 74.647 | 15.498 | | 10.387 | 102 | 114 | 41.218 | 35,6 | 32,2 | 115.865 | 90,5 | |
| 1962/63 | 110.000 | 41.000 | 58.651 | 13.968 | | 4.213 | 362 | 85 | 37.149 | 38,8 | 33,8 | 95.800 | 87,1 | |
| 1963/64 | 123.000 | 36.000 | 71.451 | 13.592 | 2 | 6.381 | 948 | 193 | 36.152 | 33,6 | 29,4 | 107.603 | 87,5 | |
| 1964/65 | 124.000 | 55.000 | 75.320 | 13.615 | 13 | 4.229 | 324 | 84 | 36.226 | 32,5 | 29,2 | 111.546 | 90,0 | |
| 1965/66 | 176.000 | 60.000 | 114.783 | 20.595 | 12 | 4.497 | 1.485 | 75 | 54.789 | 32,3 | 31,1 | 169.572 | 96,4 | |
| 1966/67 | 176.000 | 63.000 | 112.566 | 20.874 | 17 | 6.712 | 943 | 67 | 55.537 | 33,0 | 31,6 | 168.103 | 95,5 | |
| 1967/68 | 145.000 | 58.000 | 90.770 | 19.231 | 15 | 8.579 | 1.523 | 248 | 51.165 | 36,1 | 35,3 | 141.935 | 97,9 | |
| 1968/69 | 165.000 | 51.000 | 103.928 | 14.812 | | 8.434 | 996 | 206 | 39.394 | 27,5 | 23,9 | 143.322 | 86,9 | |
| 1969/70 | 201.000 | 60.000 | 132.330 | 20.484 | 5 | 14.216 | 1.910 | 363 | 54.485 | 29,2 | 27,1 | 186.815 | 92,9 | |

Brasilien

Forts. Tab. 19

| | | | | | | | | | | | |
|---|---|---|---|---|---|---|---|---|---|---|---|
| 1970/71 | 180.000 | 70.000 | 120.811 | 18.936 | 165 | 19.422 | 3.237 | 381 | 50.568 | | |
| 1971/72 | 167.000 | 89.000 | 89.600 | 27.589 | 157 | 24.241 | 1.378 | 1.000 | 73.571 | | |
| 1972/73 | 160.000 | 87.000 | 84.711 | 24.303 | 3.075 | 26.985 | 2.165 | 1.128 | 68.480 | | |
| 1973/74 | 245.000 | 104.000 | 124.815 | 27.616 | 8.171 | 24.520 | 3.393 | 3.508 | 83.661 | | |
| 1974/75 | 269.000 | 98.000 | 168.619 | 22.684 | 14.124 | 19.627 | 11.033 | 1.825 | 77.985 | | |
| 1975/76 | 260.000 | 116.000 | 154.605 | 22.566 | 17.047 | 25.087 | 8.996 | 1.140 | 81.325 | 29,5 | 28,1 | 171.379 | 95,2 |
| 1976/77 | 234.000 | 120.000 | 98.063 | 20.597 | 30.584 | 20.166 | 2.309 | 3.376 | 93.009 | 45,1 | 44,1 | 163.171 | 97,7 |
| 1977/78 | 285.000 | 136.000 | 122.885 | 18.814 | 45.744 | 20.051 | 5.991 | 2.728 | 107.217 | 44,7 | 42,8 | 153.191 | 95,7 |
| 1978/79 | 314.000 | 180.000 | 156.509 | 20.761 | 63.323 | 20.854 | 8.296 | 3.475 | 134.369 | 40,1 | 34,2 | 208.476 | 85,1 |
| 1979/80 | 310.000 | 200.000 | 117.265 | 22.123 | 64.053 | 21.712 | 7.682 | 4.369 | 138.904 | 31,6 | 29,0 | 246.604 | 91,7 | 44,6 |
| 1980/81 | 362.000 | 195.000 | 144.269 | 29.784 | 76.554 | 25.525 | 14.487 | 5.993 | 174.906 | 34,5 | 31,3 | 235.930 | 90,7 | 51,3 |
| 1981/82 | 322.000 | 170.000 | 139.952 | 31.551 | 47.982 | 25.806 | 10.433 | 4.856 | 143.890 | 48,7 | 39,8 | 191.072 | 81,7 | 47,7 |
| 1982/83 | 353.000 | 198.000 | | | | | | | | 46,6 | 37,6 | 230.102 | 80,7 | 57,3 |
| 1983/84 | 316.000 | 214.000 | | | | | | | | 46,2 | 42,8 | 290.878 | 92,6 | 64,5 |
| 1984/85 | 457.000 | 234.000 | | | | | | | | 54,2 | 44,8 | 256.169 | 82,6 | 53,9 |
| 1985/86 | 421.000 | 215.000 | 151.374 | 44.841 | 62.383 | 38.385 | 10.562 | 17.941 | 197.237 | 54,8 | 48,3 | 319.175 | 88,2 | 52,8 |
| | | | | | | | | | | 50,7 | 44,7 | 283.842 | 88,2 | |
| | | | | | | | | | | 56,6 | 46,9 | 348.611 | 82,8 | 51,1 |

*) - 1938-1956 gelten die Ausfuhrdaten für das Kalenderjahr, die Produktionsdaten hingegen für das internationale Erntejahr, das im September des betreffenden Kalenderjahres endet.
- Die Vermahlungsdaten beziehen sich auf das Kalenderjahr.

Äquivalenzwerte nach dem Brasilianischen Kakao-Industrieverband ABIC: 1 t Liquor = 1,2498 t Bohnen;
1 t Butter + 1,127 t Kuchen = 2,658 t Bohnen; 1,127 t Kuchen = 1,118 t Pulver.

Quellen: Eigene Zusammenstellung und Berechnung nach Daten der CEPLAC (1984), S. 108; CEPLAC, Cacau Informe Econômico IX (Juli-Sept. 1986) 3, S. 27 und 60; Gill & Duffus (1987) 325, S. 9 sowie (1971, Juli), S. 14; Banco da Bahia (1956).

zen und der Überwachung der Rohkakaoquoten für Industrie- und Exportunternehmen vorbehalten.

Der Transport erfolgt ausschließlich auf Lastkraftwagen, die entweder dem Produzenten selbst (in den seltensten Fällen), dem Käufer (relativ häufig) oder privaten Transportunternehmen gehören, wobei auch der Staat (genauer: die Companhia Viação Sul Bahiana S.A. vom Instituto de Cacau da Bahia) mit einer eigenen Transportflotte beteiligt ist. Die Verbindung zwischen den Farmen und den Handelsplätzen bis hin zu den Hafenstädten Ilhéus und Salvador wird durch das vom Instituto de Cacau da Bahia erschlossene, später erweiterte und modernisierte Straßennetz gewährleistet. Die Ausfuhr erfolgt zum größten Teil (1982: 68,7% der gesamten Ausfuhrmenge an Rohkakao und Kakaoderivaten in Bohnenäquivalenz) durch den modernen Hafen von Malhado in Ilhéus, der über zwei 16.000 qm große Lagerhäuser verfügt; ein geringer Teil (15,9% bzw. 15,4%) wird von den Häfen von Salvador bzw. anderen brasilianischen Städten ausgeführt[73]. Die Zwischenlagerung der leicht verderblichen Waren erfolgt in 55 Lagerhäusern, die von den Exporthäusern und ihren Vertretern an den Aufkaufstellen im Mietverhältnis oder als Privateigentum unterhalten werden[74].

## 5.5 Verarbeitungssektor

Mit der Verarbeitung von 234.000 t Rohkakao - entsprechend 12,8% der Welt-Verarbeitung von Rohkakao (1970: 4%[75]) - konsolidierte die brasilianische Kakaoindustrie 1985 die im vorhergehenden Jahr der deutschen und US-amerikanischen Kakaoindustrie abgerungene Führungsposition im Kakaoverarbeitungssektor weltweit[76]. Zugleich übertraf sie mit 55,8% der nationalen Rohkakaoproduktion ihre anteilsmäßige Richtmenge um über 10%. Bei der Entwicklung der Export- und der Produktionsstruktur von Kakaoderivaten lassen sich - wie es Tabelle 19 deutlich macht - zwei Schnittpunkte nach den Anfängen der brasilianischen Kakaoverarbeitung in den Jahren 1908 (kurzfristiger Betrieb einer Kakaoaufbereitungsanlage in Ilhéus) und 1927 (Gründung eines größeren Kakaoverarbeitungsbetriebs durch denselben nationalen Unternehmer daselbst)

---

[73] Vgl. CEPLAC (1984), S. 115.
[74] Nach der landwirtschaftlichen Erhebung Agro I des Brasilianischen Statistischen Bundesamtes FIBGE vom Jahre 1980. Vgl. Diniz/Duarte (1983), S. 163 und 175.
[75] Vgl. CEPLAC (1978), S. 254.
[76] Vgl. ICCO (Dez. 1985); Gill & Duffus (1987) 325, S. 8-9; und Fundação Getúlio Vargas (1985), S. 6.

erkennen: Der erste Schnittpunkt bezieht sich auf die unmittelbaren Nachkriegs- und anfänglichen 50er Jahre, als fünf große Kakaoverarbeitungsbetriebe durch ausländische und nationale Unternehmen in Salvador gegründet wurden (s. Tabelle 20), um die durch den kriegsbedingten Ausfall holländischer Verarbeitungsbetriebe entstandene Lücke vor allem in der Versorgung des großen US-Marktes mit Theobromin zu schließen[77]; der zweite Schnittpunkt ist ab Mitte der 70er Jahre zu verzeichnen, als neue Programme zur Intensivierung der Manufakturexporte zum Tragen kamen - mit der Folge einer sprunghaften Zunahme der Exporte von Kakaoderivaten insgesamt und insbesondere von (der Preis-Ratio nach günstiger liegender[78]) Kakaomasse (auch "liquor" genannt).

Die brasilianische Kakaoverarbeitung teilt sich in zwei große Segmente auf, die beide hinsichtlich des Produktionsvolumens weltweit an führender Stelle stehen: die überwiegend exportorientierte Verarbeitung von halbfertigen Kakaoderivaten (mit der größten Vermahlungsmenge der Welt) und die überwiegend binnenmarktorientierte Herstellung schokoladenhaltiger Endprodukte (worin sich Brasilien unter die 10 größten Herstellungsländer der Welt einreiht[79]). Das erste Segment ist mit acht Produktionseinheiten auf den Bundesstaat Bahia konzentriert. Die Schokoladenindustrie hingegen ist mit ihren bedeutendsten Produktionseinheiten in der Nähe der großen Verbraucherzentren in den Bundesstaaten südlich von Bahia angesiedelt, zumeist in São Paulo. Beide Segmente zeichnen sich durch den hohen Konzentrationsgrad der installierten Produktionskapazität bzw. der Jahresumsätze aus, wie Tab. 20 deutlich macht. Von den 1976 vermahlenen 110.094 t entfielen 80,8% auf die vier größten Betriebe[80]; 63,7% der Schokoladenumsätze von 1979 entfielen auf die vier großen Schokoladenhersteller Nestlé, Lacta, Garoto und Kibon (letzteres gehörte 1984 allerdings nicht mehr zu den größten)[81]. Das Marktsegment für Pulverschokolade wird gegenwärtig von Nestlé (Nescau: 57%) und Quaker (Toddy: 15%)

---

[77] Vgl. Seligsohn (1960), S. 113 und Garcez/Freitas (1975), S. 47f.

[78] Für den statistisch erfaßten Zeitraum von 1953 bis 1988 erwies sich das Verhältnis zwischen dem von Brasilien effektiv erzielten Preis für Kakaoliquor (Pl) und dem für Kakaobohnen (Pa) (Pl x 0,800128 : Pa) in 13 Jahren als - teilweise erheblich - günstiger, in 8 Jahren als etwas ungünstiger und in 7 Jahren als ungefähr angeglichen; für 5 Jahre liegen keine Statistiken vor. Vgl. eigene Berechnungen auf Tab. 42, nach: CEPLAC (1984), S. 102 sowie 96 und 100.

[79] Vgl. Barroco (1987), S. 24.

[80] Fundação Getúlio Vargas: (o.J. - um 1980), S.52

[81] Barroco (1987), S. 46.

Tabelle 20: Kakaoverarbeitungs- und Schokoladenindustrie in Brasilien: Gründungsjahr, Produktionskapazität bzw. Jahresumsatz, Anzahl der Beschäftigten, Eigentumsverhältnisse, Produktionsart, 1977, 1982 und 1984

I. FIRMEN DER KAKAOVERARBEITUNG

| UNTERNEHMEN | INBETRIEBNAHME | KAPAZITÄT 1977 (ist) | BESCHÄFT. t/Jahr 1982 (Soll) | ANTEILSEIGNER | PRODUKTION |
|---|---|---|---|---|---|
| Barreto de Araújo Produtos de Cacau S.A., Salvador/Ilhéus | 50er Jahre | 64.920 | 888 | 100 % B. de Araújo (BR), Kooperationsvertrag mit W.G.Spice (Guiness & Peat) GB und mit International Marketing Services | Kakaobutter, -liquor u. sonstige -derivate |
| Chadler Industrial da Bahia S.A., Salvador/Ilhéus | 50er Jahre | 36.000 | 1.000 | 22,5 % Hershey (USA) 11,25 % Alexander Golodez (USA) 11,25 % General Cocoa (USA) 60 % Chadler-Gruppe (BR) 90 % Gill & Duffus (GB) | Kakaobutter, -liquor u. sonstige -derivate. Schokolade u. Bonbons in geringer Menge Kakaobutter, -liquor u. sonstige -derivate |
| Joanes Industrial, Salvador/Ilhéus | 50er Jahre | 31.680 | 435 | | |
| Berkau S.A. - Comércio e Indústria, Ilhéus | 20er Jahre | 30.000 | 255 | 100 % Bernardo Kaufmann (BR) | Kakaobutter, -liquor u. sonstige -derivate |
| Coprodai, Itabuna | 1980 | 17.000 | 219 | 100 % Nestlé | Kakaobutter, -liquor u. sonstige Derivate. |
| Cargill Indústria Ltda., Ilhéus | 1980 | 7.843 [1] | 153 | 100 % Cargill | Kakaoliquor u. -reste |
| Italsa-Projekt Ilhéus | 1981 | 30.000 | | 36 % (ab 9.85: 72 %) Copercacau 36 % Berry Cacao/1982-85: Sucres et Denrées, 12 % Ceplac, 9 % FINOR, 4,5 % Bahias Regierung, 0,5 % Streubesitz | Kakaoliquor u. sonstige -derivate |
| Sonstige | div. | 35.860 | 43.950 | | |
| KAPAZITÄT INSG. | | 215.460 | 270.393 | 2.950 | |

(Forts. Tabelle 20)

## II. SCHOKOLADENINDUSTRIE

| | | JAHRESUMSATZ 1984 (Mio. Cr$) | (Tsd. US-$) | BESCHÄF-TIGTE | ANTEILSEIGNER | | PRODUKTION |
|---|---|---|---|---|---|---|---|
| Companhia Industrial e Comercial Brasileira de Produtos Alimentares Nestlé | | 114.977 [2] | 36.293 | 1.000 [3] | Nestlé | (CH) | Tafel- u. Pulverschok. |
| Chocolates Garoto S.A., Vila Velha (E.Santo) | 1929 | 109.660 | 34.615 | 1.776 | | (BR) | Tafelschok., Bonbons |
| Indústrias de Chocolate Lacta, S. Paulo | 1917 | 90.551 | 28.583 | 1.998 | 30 % Jacobs-Suchard 70 % Adhemar de Barros Fo. | (CH) (BR) | Tafelsch., Bonbons |
| Mirabel Produtos Alimentícios S.A., S. Paulo | | 28.339 | 8.945 | 559 | Ab 1984: Lacta | (BR) | Tafelsch., Bonbons |
| Chocolates Vitória, Vitória, E. Santo | | 25.279 | 7.980 | 800 | | | Tafelsch., Bonbons |
| Chocolates Kopenhagen, S. Paulo | | 18.088 | 5.710 | 1.066 | | (BR) | Tafelsch., Bonbons |
| Pan - Produtos Alimentícios Nacionais S.A., S. Paulo | | 13.918 | 4.393 | 589 | | (BR) | Tafelsch., Bonbons |
| Quaker Produtos Alimentícios Ltda., São Paulo | | 12.671 [4] | 4.000 | 1.746 | Quaker Oats Co. | (USA) | Pulverchokolade |
| Copate Cia. Produtos Alimentícios de Chocolate, S. Paulo | | 12.271 | 3.873 | 230 | 50 % Chocolates Lacta 50 % Copate | (BR/CH) (BR) | Tafelsch., Bonbons |
| Chocolate Prink S. A., S. Paulo | | 10.345 | 3.266 | 552 | | (BR) | Tafelsch., Bonbons |
| Bhering Produtos Alimentícios, R. de Janeiro | | 9.203 | 2.905 | 250 | | | Tafelsch., Bonbons |
| Ernesto Neugebauer P. Alegre | 1891 | 8.059 | 2.544 | 437 | Fenicia-Arapuã-Konzern | (BR) | Tafelsch., Bonbons |
| Cia. Paulista de Alimentação Duchen, S. Paulo | | 7.863 | 2.482 | 515 | Fenicia-Arapuã-Konzern | (BR) | Tafelsch., Bonbons |
| Wander S. A. Produtos Alimentícios Dietéticos | | 5.659 | 1.786 | 100 | Sandoz | (CH) | Tafelsch., Bonbons |
| Kibon S. A. Indústrias Alimentícias, São Paulo | | 4.333 [2] | 1.368 | 2.200 | General Foods | (USA) | Tafelschokolade |
| Fábricas de Chocolate Saturno S. A. | | 1.335 | 421 | 180 | | (BR) | Tafelsch., Bonbons |
| | | 472.549 | 149.164 | 13.998 | | | |

1 US$ = Cr$ 3.168,00 (31.12.1984)
[1] Effektiv vermahlene Menge, errechnet nach dem Wert des aufgekauften Kakaos (Cr$ 669.798.000) à Cr$ 1.280,90 je arroba (15 kg), nach Secretaria... (1982), S. 180.
[2] = 10 % des Gesamtumsatzes (Nestlé) und 7,5 % (Kibon) entfallen auf Schokoladenprodukte nach: Fundação Getúlio Vargas (o.J. - ca. 1960), S. 53.
[3] Nur Beschäftigte der Schokoladenfabrik in Caçapava, nach Barroco (1987), S. 44
[4] 10 % des Gesamtumsatzes entfallen auf Pulverchokolade, nach eigener Schätzung aufgrund der Bezugsdaten in: Veja, 8.2.1988,S.67

Quellen: Barroco (1987), S. 41-47; Bernet (1986); Visão (1985); Secretaria da Indústria e Comércio (1982), Zum Itajaí-Projekt: CEPLAC (o. J. - ca. 1982), S. 80 sowie: COPERCACAU (1987), S. 14.

klar beherrscht[82]. Bei Nestlé und Kibon handelt es sich um Firmen mit einer breiten Produktionspalette im Nahrungsmittelbereich, wobei der Anteil schokoladenhaltiger Endprodukte im Jahre 1975 sich auf jeweils 9,9 und 7,5% belief.

Da über 75% des brasilianischen Kakaos zu den beiden höchsten Qualitätsstufen ("superior" und "good fair") gehören, und da andererseits weniger als die Hälfte der Kakaoproduktion in Form von Rohkakao ausgeführt wird, ist der Anteil minderwertigen Kakaos an der brasilianischen Kakaoverarbeitung relativ gering[83]. Entsprechend wächst die Akzeptanz brasilianischer Schokolade in Auslandsmärkten, was sich in rasant wachsenden Exportraten ausdrückt[84].

---

[82] Vgl. Veja, 8.2.1989, , S. 67.

[83] Vgl. CEPLAC (1984), S. 69: auf die "superior"-Stufe entfallen 71,6% und auf die "good-fair"-Stufe 5,9%. Zu berücksichtigen ist jedoch die Tatsache, daß nur die exportierten Bohnen zwangsläufig klassifiziert werden, mithin rund 40% der Produktion gar nicht erst klassifiziert wird, da sie für die Verarbeitung auf dem Binnenmarkt bestimmt ist.

[84] So entfielen auf 1983 und 1984 30,3% aller Schokoladenexporte Brasiliens seit 1976; vgl. Barroco (1987), S. 49.

## 6. Ökonomie der Kakaoproduktion

### 6.1 Kakao im Vergleich zu anderen Kulturen

Schon ein grob annähernder Kosten- und Ertragsvergleich zwischen verschiedenen Export- und Nahrungskulturen zeigt die Überlegenheit des Kakaoanbaus gegenüber den Hauptkonkurrenten. Die umfassendste Vergleichsuntersuchung über das Thema ist die bereits mehrfach zitierte große Stichprobenerhebung der CEPLAC in den Jahren 1972 und folgenden. Dabei wurden die Agrarbetriebe (darunter 1.270 Familien- und 659 Lohnbetriebe) der Kakaoregion III u. a. im Hinblick auf ihre Faktorausstattung und -produktivität (vgl. Tab. 21) untersucht. Das Erkenntnisinteresse der Untersuchung zielte zwar auf die Rentabilität der Agrarbetriebe, nicht der jeweiligen Kulturen; da jedoch die Betriebe je nach angebautem Hauptprodukt eingeteilt wurden, liefert die Arbeit brauchbare Anhaltspunkte auch für einen Rentabilitätsvergleich der einzelnen Kulturen[1]. Für eine genaue Ermittlung der Kakaorentabilität freilich sind ihre Daten nicht ausreichend, da die jeweiligen Kostenanteile nicht getrennt nach Produkten aufgeführt werden[2]. Entsprechend bezieht sich die Aussage über die "Hektar-Rentabilität" der Kakaobetriebe auf die Betriebsfläche insgesamt, nicht jedoch auf die Kakao-Produktionsfläche (= 23,6% der Betriebs- und 47% der Produktionsflä-

---

[1] Als Hauptprodukt wurde die Kultur angesehen, bei der die Teilung des Gesamtproduktionswertes durch den Produktionswert der Kultur eine Ziffer ≥ 0,6181 ergab. Vgl. Mattos (1976), S. 2.

[2] Nach der zitierten Stichprobe (Mattos (1976) S. 61 - 65) war die Ackerfläche der untersuchten Kakaobetriebe folgenden Kulturen gewidmet:

|  | Familienbetriebe: | Lohnbetriebe: |
|---|---|---|
| Anzahl der Betriebe: | 230 | 358 |
| Betriebsfläche aller Betriebe (ha) | 5.466,4 | 35.948,8 |
| Fläche unter Dauerkulturen (ha) | 1.453,0 | 35.948,8 |
| Davon: |  |  |
| Kakao in Produktion | 1.291,6 | 13.606,3 |
| Kakao in Entwicklung | 115,0 | 1.322,9 |
| Kakao insgesamt | 1.406,6 | 14.929,2 |
| Andere: | 43,9 | 423,0 |
| Fläche unter Jahreskulturen (ha) | 375,2 | 443,9 |
| Davon: Kulturen für |  |  |
| den Selbstverbrauch | 306,1 | 339,5 |
| Weidenfläche (ha) | 921,9 | 7.715,2 |
| Nutzfläche insgesamt (ha) | 2.750,0 | 23.511,3 |

Tabelle 21: Rentabilitätsvergleich zwischen Kakao sowie Export- und Nahrungskulturen in der Kakaoregion III, nach Familien- und Lohnbetrieben. Angaben umgerechnet in US-$ pro Hektar, Stichprobe von 1972.

| I. Familienbetriebe | Kakao | Kaffee | Palmöl | Maniok | Bohnen | Viehzucht | Kakao+Maniok | Familien-betriebe |
|---|---|---|---|---|---|---|---|---|
| a) Grunddaten: | | | | | | | | |
| Anzahl der Betriebe: | 230 | 21 | 43 | 603 | 77 | 196 | 39 | 1.270 |
| Fläche in ha insg.: | 5.466,40 | 585,80 | 900 | 11.738,50 | 434,80 | 16.392,60 | 860,30 | 38.748 |
| Durchschnittsfläche: | 23,77 | 27,89 | 20,93 | 19,47 | 5,65 | 83,64 | 22,06 | 30,51 |
| Mann/Jahr je Betrieb: | 449,60 | 295,52 | 347,60 | 450,85 | 407,37 | 592,69 | 502,18 | 461,70 |
| Arbeiter je Betrieb: | 1,87 | 1,23 | 1,45 | 1,88 | 1,70 | 2,47 | 2,09 | 1,92 |
| b) Kosten und Erträge/ha: | | | | | | | | |
| Bruttoproduktionswert | 38,48 | 5,16 | 17,05 | 14,27 | 7,85 | 18,19 | 26,92 | 18,78 |
| ./. variable Material-kosten | 2,16 | 0,30 | 0,41 | 0,83 | 0,64 | 1,65 | 1,67 | 1,36 |
| = Bruttoertrag | 36,32 | 4,86 | 16,62 | 13,44 | 7,21 | 16,53 | 25,25 | 17,42 |
| ./. Abschreibung und Fixkosten | 4,84 | 1,85 | 6,91 | 1,80 | 0,51 | 1,21 | 4,13 | 2,18 |
| = Nettoertrag | 30,81 | 3,01 | 9,71 | 11,64 | 6,70 | 15,33 | 21,12 | 15,24 |
| ./. Steuern | 9,31 | 0,09 | 0,16 | 0,29 | 0,06 | 0,26 | 4,01 | 1,61 |
| = Nettoeinnahmen | 21,50 | 2,92 | 9,55 | 11,35 | 6,64 | 15,07 | 17,11 | 13,63 |
| ./. Löhne | 1,73 | 0,09 | 1,92 | 0,37 | 0,22 | 0,81 | 2,58 | 0,82 |
| ./. Familienarbeitskraft | 15,23 | 7,64 | 14,29 | 17,49 | 19,83 | 4,77 | 18,72 | 11,21 |
| = Erzeugereinkommen | 4,54 | -4,81 | -6,65 | -6,52 | -13,42 | 9,50 | -4,19 | 1,60 |
| Arbeitsproduktivität** | 0,38 | 0,11 | 0,18 | 0,13 | 0,07 | 0,55 | 0,21 | 0,26 |

(Forts. Tabelle 21)

| | Kakao | Kokosnuß | Palmöl | Maniok | Bohnen [+] | Viehzucht | Kakao+Viehz. | Lohn-betr.insg. |
|---|---|---|---|---|---|---|---|---|
| **II. Lohnbetriebe** | | | | | | | | |
| **a) Grunddaten** | | | | | | | | |
| Anzahl der Betriebe: | 358 | 22 | 18 | 38 | | 203 | 20 | 659 |
| Fläche in ha: | 35.948,80 | 2.172,40 | 1.406 | 1.704,20 | | 74.297 | 6.967,70 | 122.496 |
| Durchschnittsfläche: | 100,42 | 98,74 | 78,11 | 44,85 | | 365,99 | 348,38 | 185,88 |
| Mann/Jahr insg. | 1.748,09 | 652,27 | 653,00 | 657,71 | | 1.263,16 | 2.090,65 | 1.161 |
| Arbeiter je Betrieb: | 7,28 | 2,72 | 2,72 | 2,74 | | 5,26 | 8,71 | 4,84 |
| **b) Kosten und Erträge/ha:** | | | | | | | | |
| Bruttoproduktionswert | 101,56 | 23,48 | 18,89 | 19,77 | | 29,25 | 27,58 | 50,02 |
| ./. variable Material-kosten | 11,52 | 3,29 | 2,18 | 2,39 | + | 4,29 | 4,00 | 6,31 |
| = Bruttoertrag | 90,04 | 20,19 | 16,71 | 17,38 | + | 24,96 | 23,58 | 43,71 |
| ./. Abschreibung und Fixkosten | 11,12 | 0,91 | 8,85 | 2,57 | | 2,86 | 3,22 | 5,35 |
| = Nettoertrag | 78,92 | 19,29 | 7,86 | 14,81 | + | 22,10 | 20,36 | 38,36 |
| ./. Steuern | 25,73 | 0,16 | 0,37 | 0,44 | + | 0,17 | 3,98 | 7,89 |
| = Nettoeinnahmen insg. | 53,19 | 19,13 | 7,49 | 14,37 | + | 21,93 | 16,38 | 30,47 |
| ./. Löhne | 22,25 | 6,68 | 7,46 | 4,70 | + | 3,19 | 8,19 | 9,20 |
| ./. Familienarbeitskraft | 1,30 | 0,60 | 1,35 | 3,00 | + | 0,34 | 0,47 | 0,68 |
| = Erzeugereinkommen | 29,64 | 11,85 | -1,32 | 6,68 | + | 18,40 | 7,73 | 20,59 |
| Arbeitsproduktivität[**] | 0,73 | 0,54 | 0,36 | 0,43 | | 1,40 | 0,54 | 0,85 |

1 US$ = Cr$ 5,934 (gewichteter Jahresdurchschnitt nach: Fundação Getúlio Vargas: Conjuntura Econômica, Juli 1988, Rio de Janeiro, S. 59).

[+] Bohnenanbau in nicht-nennenswertem Umfang.

[*] Darunter 23 Familienbetriebe mit Bananenanbau und 77 mit Schweinezucht als Hauptbeschäftigung.

[**] = Bruttoproduktionswert : Lohn- und Familienarbeitskosten

Quelle: Eigene Zusammenstellung und Berechnung der Rohdaten nach: Mattos (1976), S. 61, 107, 119 und 122.

che bei Familien- bzw. 37,8% und 57,9% bei Lohnbetrieben). Trotz dieser Einschränkungen zeigen die in Tabelle 21 zusammengefaßten Ergebnisse deutlich, daß die höchste Hektar-Rentabilität und die zweithöchste Arbeitsproduktivität auf Familien- und Lohnbetriebe mit Kakao als Hauptkultur entfallen. Grundlage dieser Rentabilitätsrechnung war der sogenannte "Brutto-Produktionswert", also die Summe aus Eigenverbrauch, Umsatz, Saatgut, evtl. Pachtanteil und Steuern. Aus diesem Brutto-Produktionswert ergibt sich der "Bruttoertrag" nach Abzug der Kosten für Einsatzmittel und Dienstleistungen (darunter Dünger, Pflanzenschutzmittel, verbessertes Saatgut, Maschinenmiete, Zinsen auf Anbau- und Investitionskredite, Versicherungen, Strom und Büro). Der "Nettoertrag" entspricht dem von Abschreibungskosten bereinigten Bruttoertrag; dabei werden jeweils eine 40-, 25- und 10jährige Rotation für Kakao, Palmöl und Kaffee sowie eine 70- bzw. 30-jährige Nutzungsdauer für Wohn- und Lagerhäuser bzw. Trocknungsflächen mit Schiebedach und ein Zinssatz von 10% zugrundelegt. Nach Abzug der Steuern (Grund-, Gewerkschafts- und Mehrwertsteuer) werden die "Nettoeinnahmen" ermittelt, von denen schließlich die Entlohnung der Lohnarbeiter zur Feststellung des "Familieneinkommens" abgezogen wurden. Das "Erzeugereinkommen" wurde nach Abzug der (zumeist nur rechnerischen) Entlohnung der Familienarbeitskraft ermittelt[3]; bei einem Eigenverbrauch von nur 4,2 bzw. 0,9% des Bruttoproduktionswertes bei Familien- bzw. Lohnbetrieben liegt das monetäre Erzeugereinkommen der Kakaobetriebe nur wenig unter dem ermittelten Nettowert[4].

Tab. 21 ist ebenfalls das durchweg positive Erzeugereinkommen im Falle vom Kakaoanbau zu entnehmen. Damit hebt sich diese Kultur von den konkurrierenden Dauer- oder Jahreskulturen deutlich ab; das von diesen ermöglichte Erzeugereinkommen erreicht bei den Lohnbetrieben nicht einmal die Hälfte des von der Kakaokultur erzielten Wertes. Der Kontrast ist bei den Familienbetrieben noch drastischer: ist das Erzeugereinkommen beim Kakaobetrieb durchweg positiv, so ist es bei den anderen Kulturen erst dann positiv, wenn die Familienarbeitskraft unberücksichtigt bleibt.

---

[3] Vgl. Mattos (1976), S.1-10.
[4] Bei der vorwiegend von Familienbetrieben angebauten Maniok-Kultur liegt der Eigenverbrauchsanteil mit 21,6% erheblich höher. Der Eigenverbrauchsanteil für "andere" bzw. "diversifizierte Kulturen" wird bei Familien- und Lohnbetrieben mit 16,4 bzw. 15,9% und mit 3,4 bzw. 5,4% angegeben; dies unterstreicht die starke Marktorientierung der Kakaokultur. Vgl. Rezende (1978), S. 91.

Die seit dem Untersuchungsdatum insbesondere beim Kakaoanbau eingetretene Produktivitäts- und Preisentwicklung läßt auf die weiterbestehende Vorrangstellung von Kakao schließen. Die Daten der zitierten Erhebung gehen von einem relativ niedrigen technologischen Niveau insbesondere beim Kakao aus - grob abzulesen an den niedrigen Ausgaben für variable Anbaukosten (5,6% bzw. 11,3% des Bruttoproduktionswertes bei den Familien- bzw. Lohnbetrieben, s. Tab. 21). Die letzten Zensusdaten zeigen, daß der Kakaoanbau inzwischen den technologischen Rückstand überwunden und die Produktivität entscheidend verbessert hat: Nach dem Agrarzensus von 1980 erhöhte sich der Anteil der modernen Kakaobetriebe auf 55,9% aller 57.998 befragten Kakaobetriebe, während der entsprechende Anteil für die Bohnen- (mit 37,9% von 2.438.630 Befragten) und Maniokbetriebe (mit 30,8% von 1.286.610 Befragten) erheblich niedriger ausfiel. Lediglich bei dem - in Südbahia unbedeutenden - Kaffeeanbau war dieser Anteil mit 85,9% von 304.286 Befragten erheblich höher als bei Kakao[5]. Die Hektarerträge vom Kakao nahmen zwischen 1972 und 1982 beträchtlich zu (nämlich von 437 auf 704 kg/ha/Jahr)[6].

Die Attraktivität des Kakaoanbaus gegenüber anderen Anbaukulturen blieb im weiteren Verlauf erhalten. Lediglich die Erzeugerpreise für Kaffee (seit 1970) überflügelten die für Kakao deutlich, während diejenigen für Zuckerrohr und Bohnen sich deutlich, für Tabak, Orangen und Maniok etwas geringer gegenüber den Kakaoproduzentenpreisen abschwächten (vg. Tab. 22).

---

[5] Vgl. FIBGE (1982), S. 62 f. sowie 68 f.
[6] Vgl. CEPLAC (1984), S. 15.

Brasilien

**Tabelle 22:** Brasilien: Erzeugerpreisentwicklung für Kakao und Alternative Kulturen 1966 - 1986

1) ENTWICKLUNG DER ERZEUGERPREISINDICES [1]

| | KAKAO (A) | KAFFEE (B) | ZUCKERROHR (C) | BOHNEN (D) | TABAK (E) | ORANGEN (F) | MANIOK (G) |
|---|---|---|---|---|---|---|---|
| 1966 | 100 | 100 | 100 | 100 | 100 | 100 | 100 |
| 1967 | 116 | 110 | 113 | 83 | 125 | 138 | 180 |
| 1968 | 217 | 162 | 151 | 84 | 183 | 173 | 195 |
| 1969 | 336 | 242 | 191 | 194 | 228 | 241 | 237 |
| 1970 | 284 | 430 | 236 | 246 | 241 | 306 | 330 |
| 1971 | 227 | 461 | 264 | 258 | 271 | 405 | 499 |
| 1972 | 342 | 589 | 301 | 269 | 408 | 472 | 587 |
| 1973 | 738 | 955 | 358 | 676 | 531 | 567 | 692 |
| 1974 | 1.127 | 1.280 | 507 | 621 | 627 | 729 | 949 |
| 1975 | 1.011 | 1.751 | 792 | 731 | 870 | 787 | 1.419 |
| 1976 | 2.250 | 4.569 | 1.155 | 1.783 | 1.431 | 1.212 | 3.384 |
| 1977 | 6.271 | 8.017 | 1.566 | 2.007 | 2.295 | 2.069 | 6.705 |
| 1978 | 6.283 | 7.023 | 2.114 | 1.626 | 3.507 | 2.818 | 7.898 |
| 1979 | 8.133 | 9.244 | 3.242 | 3.205 | 4.450 | 3.985 | 9.246 |
| 1980 | 11.720 | 16.563 | 8.996 | 11.849 | 7.206 | 6.323 | 17.212 |
| 1981 | 19.139 | 23.153 | 14.471 | 22.838 | 15.018 | 15.006 | 30.689 |
| 1982 | 27.762 | 46.290 | 27.278 | 21.481 | 36.394 | 29.018 | 36.717 |
| 1983 | 112.288 | 97.302 | 57.128 | 74.867 | 73.560 | 52.522 | 75.780 |
| 1984 | 473.849 | 382.090 | 191.177 | 259.706 | 211.845 | 282.812 | 440.854 |
| 1985 | 1.353.031 | 1.948.772 | 566.287 | 572.776 | 844.468 | 905.705 | 1.217.494 |
| 1986 | 2.735.975 | 9.237.107 | 1.090.672 | 1.841.104 | 2.533.382 | 2.085.469 | 2.432.440 |

## ENTWICKLUNG DER ERZEUGERPREISVERHÄLTNISSE ZWISCHEN KAKAO UND ALTERNATIVEN KULTUREN

| | A/B | A/C | A/D | A/E | A/F | A/G |
|---|---|---|---|---|---|---|
| 1966 | 1,00 | 1,00 | 1,00 | 1,00 | 1,00 | 1,00 |
| 1967 | 1,05 | 1,03 | 1,40 | 0,83 | 0,85 | 0,73 |
| 1968 | 1,34 | 1,44 | 2,31 | 1,19 | 1,25 | 1,11 |
| 1969 | 1,39 | 1,76 | 1,73 | 1,49 | 1,39 | 1,42 |
| 1970 | 0,61 | 1,12 | 1,07 | 1,10 | 0,86 | 0,80 |
| 1971 | 0,49 | 0,88 | 0,88 | 0,84 | 0,56 | 0,45 |
| 1972 | 0,58 | 1,14 | 1,27 | 0,84 | 0,72 | 0,58 |
| 1973 | 0,77 | 2,06 | 1,09 | 1,39 | 1,30 | 1,07 |
| 1974 | 0,89 | 2,22 | 1,81 | 1,80 | 1,55 | 1,19 |
| 1975 | 0,58 | 1,28 | 1,38 | 1,16 | 1,32 | 0,71 |
| 1976 | 0,49 | 1,95 | 1,26 | 1,57 | 1,86 | 0,87 |
| 1977 | 0,78 | 4,00 | 3,12 | 2,73 | 3,03 | 0,94 |
| 1978 | 0,89 | 2,97 | 3,44 | 1,79 | 2,23 | 0,80 |
| 1979 | 0,88 | 2,51 | 2,54 | 1,83 | 2,04 | 0,88 |
| 1980 | 0,71 | 1,68 | 1,01 | 1,83 | 1,85 | 0,68 |
| 1981 | 0,83 | 1,32 | 0,84 | 1,27 | 1,28 | 0,62 |
| 1982 | 0,60 | 1,02 | 1,29 | 0,76 | 0,96 | 0,76 |
| 1983 | 1,15 | 1,97 | 1,50 | 1,53 | 2,14 | 1,48 |
| 1984 | 1,24 | 2,48 | 1,82 | 2,24 | 1,67 | 1,07 |
| 1985 | 0,69 | 2,39 | 2,36 | 1,60 | 1,49 | 1,11 |
| 1986 | 0,30 | 2,51 | 1,67 | 1,06 | 1,31 | 1,12 |

[1] 1977 wurde die Gewichtung der Komponenten landwirtschaftlicher Erzeugerpreisindices verändert. Zwei Jahre später wurde das Jahr 1977 zum Basisjahr einer neuen Zeitreihe mit den veränderten Indices (vgl. Conjuntura Econômica, Sonderdruck, Nov. 1979). Zwecks Erstellung einer gewissen Vergleichbarkeit mit früheren Daten wurde jedoch für vorliegende Tabelle die Zeitreihe mit dem Basisjahr 1966 fortberechnet.

QUELLEN: - CEPLAC (1984), S. 171;
- Conjuntura Econômica, Bd. 33, Nr. 6 (Juni 1979); 38, Nr. 6 (Juni 1984); 42, Nr. 4 (April 1988).

Tabelle 23: Kosten und Erträge für die Anlage von 1 Hektar einer modernen Kakaopflanzung durch einen Lohnbetrieb bis zum ersten Produktionsjahr (4. Jahr nach Anpflanzung), in Arbeitstagen, Cruzeiros bzw. US$, August 1980

| I. Kosten | Arbeitstage*: | | | | | Cr$ | US$ |
|---|---|---|---|---|---|---|---|
| | 1. Jahr | 2. Jahr | 3. Jahr | 4. Jahr | Insg. | | |
| 1. Arbeiten für die Anlage: | | | | | | | |
| - Fällarbeiten u.a. | 45 | | | | 45 | 5.625,00 | 102,94 |
| - Anlage der Pflanzstangen, Rodung | 35 | 45 | 45 | 45 | 170 | 21.250,00 | 388,87 |
| - Beschattung: Anpflanzung und Unterhalt | 50 | | 15 | 15 | 80 | 10.000,00 | 183,00 |
| - Setzlinge: Gewinnung und Unterhalt | 22 | | | | 22 | 2.750,00 | 50,32 |
| - Setzlinge: Pflanzung und Auspflanzung | 41 | | | | 41 | 5.125,00 | 93,79 |
| 2. Pflegemaßnahmen: | | | | | | | |
| - Kalkung und Düngung | 6 | | 4 | 4 | 14 | 1.750,00 | 32,02 |
| - Anwendung von Pflanzenschutzmitteln | 1 | 4 | 4 | 4 | 13 | 1.625,00 | 29,74 |
| - Beschneidung | | | 8 | 8 | 16 | 2.000,00 | 36,60 |
| 3. Erntearbeiten (einschl. Trocknung): | | | | 10,5**** | 10,5 | 1.312,50 | 24,02 |
| Arbeitskosten insgesamt | | | | | 411,5 | 51.437,50 | 941,30 |

Forts. Tabelle 23

| | | | | |
|---|---|---|---|---|
| 4. Werkzeuge: ** | | | 3.000,00 | 54,90 |
| 5. Material | | | | |
| Kalk (700 kg à Cr$ 2,00) | | | 1.400,00 | 25,62 |
| Dünger (900 kg à Cr$ 22,00) | | 19.800,00 | 362,34 | |
| Pflanzenschutzmittel (60 kg à Cr$ 2,30) | | 13.800,00 | 252,54 | |
| Plastiksäcke (1.500 Stück à Cr$ 0,20) | | 300,00 | 5,49 | |
| Kraftstoff (10 Liter à Cr$ 30,00) | | 300,00 | 5,49 | |
| Werkzeug- und Materialkosten | | 38.600,00 | 706,38 | |
| Kosten insgesamt | | | 90.037,50 | 1.647,68 |
| II. Erträge: | | | | |
| Bruttoerträge (in arroba ****) | 15 | 18.000,00 | 329,40 | |
| Kosten ./. Erträge: | | | 72.037,50 | 1.318,28 |

\* Lohn je Arbeitstag: Cr$ 125,00
\*\* Hacke, Buschmesser, Axt, Sprühgeräte usw.; angenommene Nutzdauer: 3 Jahre.
\*\*\* 1 arroba = 15 kg = Cr$ 1.200,00
\*\*\*\* Arbeitszeit für Ernte, Öffnung der Früchte, Gärung und Trocknung von 15 arrobas.
1 US$ = Cr$ 54,645 (nach: Fundação Getúlio Vargas in: EMBRAPA (1985), S. 79.

Quellen: Zusammengestellt nach Baiardi (1984), S.74 - 78 und Mandarino/Santos (1979), S.34.

## 6.2 Familien- und Lohnarbeitsbetriebe

Nach einer in der Kakaoregion I Bahias durchgeführten empirischen Untersuchung von 1982[7] benötigte ein Lohnbetrieb 1980 für die Anlage von 1 Hektar einer modernen Kakaopflanzung nach dem "Kahlschlagverfahren"[8] Investitionen in Höhe von insgesamt Cr$ 88.725 (= US$ 1.683,62)[9], wobei Cr$ 50.125,00 auf die Arbeitskraft und Cr$ 38.600,00 auf Materialkosten entfallen (vgl. Tab. 23). Der ansehnliche Kostenüberhang von über 1.000 Dollar je Hektar macht den hohen Finanzierungsbedarf des angehenden Kakaobauern verständlich. Doch nach diesem Anlauf treten eine Kostensenkung und eine Ertragserhöhung in einem solchen Ausmaß (s. Tab. 24) ein, daß binnen weniger Jahre die gesamten Anlageinvestitionen amortisiert sind. Dies ergibt sich aus der Kalkulation der Kosten und Erträge ab dem 6. Jahr, wenn die Kakaopflanzen eine Jahresproduktion von 45 arrobas je Hektar erreichen[10].

---

[7] Die ausgesuchten drei Munizipien können als repräsentativ für die Pionierpflanzungen des vergangenen Jahrhunderts (Itabuna), für die alten Pflanzungen der 20er und 30er Jahre (Gandu) und für die jungen Plantagen der 60er Jahre (Venceslau Guimarães) angesehen werden. Vgl. Baiardi (1984), S. 16.

[8] Für die Neuanlage einer Kakaopflanzung bevorzugt ein moderner Lohnbetrieb gegenwärtig in der Regel das sogenannte "Kahlschlag-Verfahren", bei dem die gesamte vorhandene Bodenbedeckung - ob Primär- oder Sekundärwald - entfernt wird, und die Jungpflanzen von Kakao- und Schattenbäumen unter Beachtung der empfohlenen regelmäßigen Abständen eingesetzt werden. Die Entwicklung bis zur ersten Ernte dauert bei Verwendung des von der CEPLAC verteilten Hybridmaterials und unter Einsatz der empfohlenen Dünger und Pflanzenschutzmittel 4 Jahre, was einen Vorsprung von 2 Jahren gegenüber den traditionellen Anlagemethoden bedeutet. Die dafür erforderliche Arbeitszeit beträgt nach Baiardis Feldstudie in der Kakaoregion I insgesamt 401 Arbeitstage (vgl. Baiardi (1984), S.75). Die CEPLAC nennt dafür eine erheblich höhere Zahl (nämlich 480), doch kann die Realitätsnähe der hier zugrundegelegten Feldstudie als hinreichend angesehen werden (vgl. Mandarino/Santos (1979), S. 37; auch: Baiardi (1984), insbesondere S. 16). Die höchste Abweichung betrifft die ersten beiden Jahre, für die insgesamt 326 (1. Jahr: 252) Arbeitstage von der CEPLAC und 249 (1. Jahr: 195) von Baiardis Feldstudie angesetzt werden; dabei handelt es sich vorwiegend um die stark vegetationsabhängigen Rodungs- und Durchforstungsarbeiten, die sehr unterschiedlich ausfallen können.

[9] Gewichteter Jahreswechselkurs 1980: US$ 1,00 = Cr$ 52,699, nach: Conjuntura Econômica, 42(Juli 1988)7, S. 59.

[10] Vgl. Mandarino/Santos (1979), S. 34.

**Tabelle 24:** Produktionskosten und -erträge je Hektar einer ausgewachsenen Kakaopflanzung bei Lohnbetrieben in Bahias Kakaoregion I, in Arbeitstagen, Cruzeiros und Dollar, 1980

I. Kosten

1. Arbeiten

| | Arbeitstage | Tageslohn (Cr$) | Cr$ | US$ |
|---|---|---|---|---|
| Beschneidung | 8 | 125,00 | 1.000,00 | 18,30 |
| Entfernung von Unkraut | 20 | 125,00 | 2.500,00 | 45,75 |
| Seuchenkontrolle | 4 | 125,00 | 500,00 | 9,15 |
| Kalkung und Düngung | 4 | 125,00 | 500,00 | 9,15 |
| Ernte und Öffnung der Früchte | 15 | 125,00 | 1.875,00 | 34,31 |
| Transport der Früchte | 2 | 125,00 | 250,00 | 4,58 |
| Gärung und Trocknung | 3 | 125,00 | 375,00 | 6,86 |
| Sonstige Arbeiten | 2 | 125,00 | 250,00 | 4,58 |
| Arbeitskosten insgesamt | 58,00 | 125,00 | 7.250,00 | 132,67 |

2. Material

| | Einheit | Menge | Preis (Cr$) | Cr$ | US$ |
|---|---|---|---|---|---|
| Dünger | kg | 250 | 22,00 | 5.500,00 | 100,65 |
| Kalk | kg | 100 | 2,00 | 200,00 | 3,66 |
| Pflanzenschutzmittel | kg | 25 | 230,00 | 5.750,00 | 105,22 |
| Kraftstoff | Liter | 3 | 30,00 | 90,00 | 1,65 |
| Materialkosten insgesamt | | | | 11.540,00 | 211,18 |

3. Variable Produktionskosten (1. + 2.)   18.790,00   356,55

4. Fixkosten

| | | | |
|---|---|---|---|
| Abschreibung auf Anlageinvestitionen * | | 532,00 | 10,10 |
| Abschreibung auf Produktionsmittel, Unterhaltung und Verwaltungskosten | | 5.000,00 | 94,88 |
| Steuern (Funrural, Grundsteuer) | | 1.000,00 | 18,98 |
| Fixkosten insgesamt | | 6.532,00 | |

5. Produktionskosten insgesamt (3. + 4.)   25.322,00   480,50

II. Erträge

| | | | | | |
|---|---|---|---|---|---|
| Bruttoerträge | arrobas | 35 | 1.200,00 ** | 42.000,00 | 796,98 |

III. Bruttoerträge ./. Produktionskosten   16.678,00   305,21

IV. Kostenüberhang von der Anpflanzung lt. Tab. 23   1.318,28

* Bei Annahme einer 30jährigen Nutzungsdauer für die Kakaopflanzung und bei einem Zinssatz von 10% ergibt sich ein **Abschreibungsfaktor** von 0,0060
** Dies entspricht einem Produzentenpreis von US$ 1.464,00/t (August 1980) bei einem Exportpreis von US$ 2.360,00/t (Jahresdurchschnitt 1980)

Quelle: Baiardi (1984), S.77-78

Der errechnete Ertragsüberhang stimmt mit den Aussagen befragter Bauern überein, die einen Kostenanteil in Höhe von 50 bis 60% des Marktpreises angeben[11]; er erhöht sich allerdings beträchtlich, wenn man - anders als Baiardi - den für die moderne Technologie angenommenen Ertrag von 45 oder gar 50 Arrobas/ha zugrundelegt.

Infolge der unterschiedlichen Bodennutzung (s.o.) und wegen des niedrigeren technologischen Niveaus bei der Bodenbearbeitung, bei der Seuchenkontrolle und bei der Bohnenaufbereitung ergeben sich für die Familienbetriebe erhebliche Nachteile im Hinblick auf die betriebswirtschaftliche Ertragslage (s. Tab. 21). Dementsprechend ist bei der Kalkulation der Rentabilität dieser Familienbetriebe (vgl. Tab. 25) von einer Jahresproduktion von 16 arrobas (240 kg) je Hektar auszugehen. Aus ähnlichen Gründen werden einige in Tabelle 23 genannten Werkzeuge und Einsatzmittel außer acht gelassen, da sie in einem typischen kakaoanbauenden Familienbetrieb der bahianischen Kakaoregion I keine Verwendung finden. Der Tabelle 25 ist die relativ niedrige Gewinnmarge (ermittelt als Anteil der Produktionskosten an der Produktionsleistung) eines Familienbetriebes in der genannten Region zu entnehmen: Der dabei errechnete Produktionskosten-Anteil von 65% liegt sehr nahe bei den bei Felderhebungen ermittelten Angaben[12]. Als Folge dieser niedrigen Rentabilität werden für die Amortisation der Anlagekosten eines Familienbetriebs 2 Jahre mehr benötigt als für die eines Lohnbetriebes (Tab. 24). Diese Situation würde sich sehr zum Vorteil des Familienbetriebes wenden, wenn es ihm gelänge, den von Lohnbetrieben erzielten Marktwert der Kakaoproduktion zu realisieren; in diesem Fall würde sich der Ertragsüberschuß von umgerechnet US$ 86,40 auf US$ 102,50 erhöhen, woraus sich eine Verkürzung der Amortisationszeit für die Anlageinvestitionen auf knapp 6 Jahre ergeben würde. Tatsächlich aber ist der Produzentenpreis für Kakao keineswegs einheitlich, sondern für die (großen) Lohnbetriebe meist deutlich höher als für die (kleinen) Familienbetriebe (vgl. Kap. 7).

---

[11] Auch die von Heimpel (1985, S. 9) übernommenen Modellrechnungen für einen typischen Mittelbetrieb der Kakaozone beziffern den Produktionskostenanteil auf 50 % des Marktpreises: Bei einer Produktivität von 850 g/Baum oder umgerechnet 45 arrobas/ha (nach den Standardannahmen der CEPLAC) und für eine Produktion von 1.000 arrobas betragen die Produktionskosten US$ 6.000 und die Erträge US$ 12.000 (bei Durchschnittspreisen von 800 US$ in der Haupternte von 1984), was auf den Hektar umgerechnet den Betrag von US$ 272,72 für die Produktionskosten und von US$ 545,40 für die Erträge, d.h. einen Netto-Hektarertrag von US$ 272,68, ergibt.

[12] Vgl. Baiardi (1984), S. 90.

Tabelle 25: Anlage- und Produktionskosten von 1 Hektar Kakao eines typischen südbahianischen Familienbetriebs unter Verwendung von verbessertem Pflanzenmaterial (Bahias Kakaoregion I), 1980, in Cruzeiros und US$

A) ANLAGE
1. Arbeitskosten:
411,5 Arbeitstage (einschl. Erntearbeiten) ./. 42 Arbeitstage
(Wegfall der Arbeiten für Abmessungsstangen, Kalkung, Düngung und Seuchenkontrolle) =
359 x Cr$ 125,00 =     Cr$ 46.187,50 = US$ 845,20

2. Materialkosten:
Werkzeuge ./. Sprühgeräte und
Zerstäuber                               Cr$ 1.000,00 = US$ 18,30

3. Kosten der Anpflanzung insgesamt = Cr$ 45.875,00 = US$ 839,50

4. Produktionsleistung im 4. Jahr:
15 arrobas à Cr$ 850,00 * =          Cr$ 12.750,00 = US$ 233,30

5. Produktionskosten ./. Produktionsleistung =
                                         Cr$ 33.125   = US$ 606,20


B) PRODUKTION
1. Arbeitskraft **:
0,60 x 58 Arbeitstage x Cr$ 125,00 =   Cr$ 4.350,00 = US$ 79,60

2. Abschreibung auf Anlageinvestitionen ***:
45.875 / 30 =                          Cr$ 1.529,00 = US$ 28,00

3. Abschreibung auf Produktionsmittel,
Steuern, Verwaltungskosten:            Cr$ 3.000,00 = US$ 54,90

PRODUKTIONSKOSTEN INSGESAMT:  Cr$ 8.879,00 = US$ 162,50

4. Produktionsleistung beim gegebenen
Technologiestand:
16 arrobas à Cr$ 850,00 =              Cr$ 13.600,00 = US$ 248,90

PRODUKTIONSLEISTUNG ./. PRODUKTIONS-
KOSTEN:                                Cr$ 4.721,00 = US$ 86,40

Kostenüberhang von der Anpflanzung: Cr$ 33.125,00 = US$ 606,20

*) Entspricht US$ 1.037,00/t; effektiv ermittelter Produzentenpreis für Familienbetriebe im August 1980 I bei einem Exportpreis von US$ 2.360,00 (Jahresdurchschnitt 1980).
**) Arbeitskraftbedarf beim Familienbetrieb = 60% des Arbeitskraftbedarfs beim Lohnbetrieb.
***) Bei Annahme einer 30jährigen Nutzungsdauer der Kakaopflanzung und unter Fortfall der für Familienbetriebe unerheblichen Zinskalkulation.

Quelle: Baiardi (1984), S. 88 - 91.

**Tabelle 26:** Vergleich der variablen Hektar-Produktionskosten für Kakao unter Anwendung traditioneller, teilmodernisierter und moderner Anbautechnik in Bahia, in Cruzeiros und US$, 1981

| EINHEIT | TRADITIONELL | | | | ANBAUTECHNIK TEILMODERNISIERT | | | | | | | MODERN | | | | | |
|---|---|---|---|---|---|---|---|---|---|---|---|---|---|---|---|---|---|
| | PREIS JE EINHEIT | PREIS INSG. | | | EINHEIT | PREIS JE EINHEIT | ÜBERNAHME-FAKTOR[1]) | PREIS INSG. | | EIN-HEIT | | ÜBERNAHME-FAKTOR[1]) | | PREIS INSGESAMT | |
| A | B Cr$ | C Cr$ | D US$ | E | F Cr$ | G | H Cr$ | I US$ | J | K | L Cr$ | M US$ |

1. VARIABLE PRODUKTIONSKOSTEN

1.1. LOHNKOSTEN

| | Arbeitstage | | | | Arbeitstage | | | | | Arbeitstage | | | | |
|---|---|---|---|---|---|---|---|---|---|---|---|---|---|---|
| a) Jäten, Beschneiden, Ernten, Aufbereiten, darunter: | 57,9 | 251,30 | 14.550,4 | 156,4 | 77 | 235,6 | 1 | 18.141,2 | 195,0 | 120,2 | 1 | 28.319,1 | 304,5 |
| - Jäten (zweimal) | 18,6 | 247,08 | 4.595,7 | 49,4 | 20 | 247,1 | 1 | 4.942,0 | 53,1 | 20 | 1 | 4.942,0 | 53,1 |
| - Beschneiden | 19,0 | 307,50 | 5.842,5 | 62,8 | 17 | 307,5 | 1 | 5.227,5 | 56,2 | 17 | 1 | 5.227,5 | 56,2 |
| - Entfernen von wilden Trieben | 2,8 | 251,25 | 703,5 | 7,6 | 3,2 | 251,2 | 1 | 803,8 | 8,6 | 3,2 | 1 | 803,8 | 8,6 |
| - Ernte und Aufbereitung[2]) | 17,5 | 194,78 | 3.408,7 | 36,6 | 36,8 | 194,8 | 1 | 7.168,6 | 77,1 | 80 | 1 | 15.584,0 | 167,5 |
| b) Anwendung von Dünger und Pflanzenschutzmitteln, darunter: | - | - | - | - | 28,5[3]) | 284,0 | 0,41 | 3.318,8 | 35,7 | 28,5 | 1 | 14.777,4 | 158,9 |
| - Kalkung | - | - | - | - | 2,0 | 251,7 | 0,06 | 30,2 | 0,3 | 2,0 | 1 | 503,4 | 5,4 |
| - Grunddüngung | - | - | - | - | 11,0 | 248,3 | 0,45 | 1.229,1 | 13,2 | 11,0 | 1 | 2.731,3 | 29,4 |
| - Stickstoffdüngung | - | - | - | - | 3,0 | 248,3 | 0,45 | 335,2 | 3,6 | 3,0 | 1 | 7.449,0 | 80,1 |
| - Seuchenbekämpfung | - | - | - | - | 0,5 | 327,5 | 0,93 | 152,3 | 1,6 | 0,5 | 1 | 163,7 | 1,8 |
| - Krankheitskontrolle (viermal) | - | - | - | - | 12,0 | 327,5 | 0,4 | 1.572,0 | 16,9 | 12,0 | 1 | 3.930,0 | 42,3 |
| LOHNKOSTEN INSG.: | 57,9 | 251,29 | 14.550,4 | 156,4 | 88,7[3]) | | | 21.460,7 | 230,6 | 148,7 | | 43.096,5 | 463,3 |

Brasilien 415

Forts. Tab. 26

## 1.2. SOZIALLEISTUNGEN

| | | | | | | | |
|---|---|---|---|---|---|---|---|
| 13. Monatslohn [4] | - | 1.212,5 | 13,0 | | | | |
| Urlaub [4] | - | 1.212,5 | 13,0 | | 1.788,4 | 19,2 | 3.591,4 | 38,6 |
| | | | | | 1.788,4 | 19,2 | 3.591,4 | 38,6 |
| Bezahlte Feiertage [5] | - | 2.425,0 | 26,1 | | 3.576,8 | 38,4 | 7.182,7 | 77,2 |
| SOZIALLEISTUNGEN INSG. | - | 4.850,0 | 52,1 | | 7.153,6 | 76,8 | 14.365,5 | 154,4 |

## 1.3. EINSATZMITTEL

| | | | | Liter/kg | | | Liter/kg | |
|---|---|---|---|---|---|---|---|---|
| BHC 1,5% (kg) | - | - | - | 30,0 | 0,93 | 898,4 | 9,7 | 30,0 | 966,0 | 10,4 |
| Sandoz Kupferlösung (kg) | - | - | - | 19,2 | 0,40 | 1.474,6 | 15,9 | 19,2 | 3.686,4 | 39,6 |
| Kalk (kg) | - | - | - | 450,0 | 0,06 | 124,2 | 1,3 | 450,0 | 2.070,0 | 22,3 |
| Fungizidzusatz Ag-bem (Liter) | - | - | - | 0,8 | 0,4 | 52,5 | 0,6 | 0,8 | 131,2 | 1,4 |
| Kraftstoff für BHC-Anwendung (Liter) | - | - | - | 2,0 | 0,93 | 139,5 | 1,5 | 2,0 | 150,0 | 1,6 |
| Kraftstoff für Kupferanwendung (Liter) | - | - | - | 45,0 | 0,4 | 1.350,0 | 14,5 | 45,0 | 3.375,0 | 36,3 |
| Öl 2 T (Liter) | - | - | - | 2,8 | 0,67 | 318,0 | 3,4 | 2,8 | 474,6 | 5,1 |
| Dünger B (kg) | - | - | - | 296,0 | 0,45 | 4.595,4 | 49,4 | 296,0 | 10.212,0 | 109,8 |
| Harnstoff (kg) | - | - | - | 80,0 | 0,45 | 1.180,8 | 12,7 | 80,0 | 2.624,0 | 28,2 |
| EINSATZMITTEL INSG.: | - | - | - | | 0,43 [6] | 10.133,4 | 109,0 | | 23.689,2 | 254,7 |

## 1.4. ZINSEN UND SOZIALABGABEN

| | | | | | | |
|---|---|---|---|---|---|---|
| Zinsen auf Anbaukredite | (30 % auf 1.1.) | 4.365,1 | 46,9 | (30 % Zinsen + 1 % Vers. auf 1.1. + 1.3.) 9.794,2 | 105,3 | 20.703,6 | 222,6 |
| FUNRURAL (Sozialvers.: 2,5 % der Bruttoeinnahmen) | - | 1.377,9 | 14,8 | | 2.535,3 | 27,3 | 5.511,4 | 59,3 |
| ZINSEN UND SOZIALVERS. INSG.: | - | 5.743,0 | 61,7 | | 12.329,5 | 132,6 | 26.215,0 | 281,8 |

416                                                   Brasilien

| | | | | | | |
|---|---|---|---|---|---|---|
| 1.5. SONSTIGE AUSGABEN | | | | | | |
| (5 % von 1.1 bis 1.4) | - | 1.257,2 | 13,5 | 2.553,9 | 27,5 | 5.368,3 | 57,7 |
| SONST. AUSGABEN INSGESAMT: | - | 1.257,2 | 13,5 | 2.553,9 | 27,5 | 5.368,3 | 57,7 |
| 1.6. VARIABLE KOSTEN INSGES. | - | 26.400,6 | 283,7 | 53.631,1 | 576,5 | 112.734,5 | 1.212,0 |
| 2. BRUTTOEINNAHMEN | | 25 arrobas [7]) = | | 46 arrobas [7]) = | | 100 arrobas [7]) = | |
| | | 55.114,5 | 592,5 | 101.410,70 | 1.090,3 | 220.458,0 | 2.370,1 |
| 3. KOSTENDECKUNGSBEITRAG (2./.1.6) | | 28.713,9 | 308,8 | 47.779,6 | 513,8 | 107.723,5 | 1.158,1 |

[1]) Anteil der modernisierten Kakaobetriebe an der Gesamtzahl der Kakaobetriebe
[2]) 0,8 Mann/Tag je arroba
[3]) 28,5 (Spalte E) x 0,41 (Spalte G) = 11,685 Mann/Tag; Summe aus 1.1.a) (77) und 1.1.b) (11,685) von Spalte E = 88,7.
[4]) 1/12 von 1.1.
[5]) 1/6 von 1.1.
[6]) Durchschnittlicher Prozentsatz der Übernahme moderner Einsatzmittel; ermittelt als Anteil von Spalte H (Preise für eingesetzte Menge an Einsatzmitteln insg.) an Spalte L (dto., jedoch bei Vollübernahme moderner Einsatzmittel).
[7]) Als durchschnittlicher Hektarertrag wurde für den traditionellen Kakaoanbau der Durchschnittsertrag des Kakaoanbaus in Bahia in den drei Erntejahren von 1965/66 bis 1967/68 (also vor Beginn der Modernisierung durch CEPLAC), für den teilmodernisierten und für den modernen Kakaoanbau der von der CEPLAC für die Kostenkalkulation der modernen Technologie zugrundegelegte Wert angenommen.
Produzentenpreis: 1 arroba (15 kg Trockenkakao) = Cr$ 2.204,50 bzw. US$ 23,70, entsprechend US$ 1.580,00 je Tonne.
1 US$ = Cr$ 93,015 (durchschnittlicher Wechselkurs des Jahres 1981)

Quellen: Eigene Zusammenstellung und Berechnung; Daten zum Arbeitsbedarf für traditionelle Anbautechnik nach: Barros (1982) S. 15f;
übrige Daten nach DISES/CEPEC/CEPLAC in: Ferreira (1988) S. 13-15.

## 6.3 Traditioneller und moderner Anbau

Eine erhebliche Bedeutung für die Rentabilität und die zu erzielenden Einkommen hat der Einsatz der Technologie, d.h. die Frage, ob noch mit traditionellen oder mit modernen Anbaumethoden und Inputs gewirtschaftet wird.

Tabelle 26 stellt aufgrund von Modellrechnungen für 1981 Kosten und Erträge für den traditionellen, teilmodernisierten und modernisierten Anbau in Bahia gegenüber. Daraus ergibt sich folgendes Bild:

Durch Einsatz ertragsteigernder Inputs und intensiverer Pflegemaßnahmen wird der Arbeitsbedarf von 58 Arbeitstagen/ha im traditionellen Anbau auf 89 im teilmodernisierten und sogar 149 im modernisierten Anbau ausgeweitet. Durch diese Lohnmehrkosten und die Aufwendungen für Inputs werden die variablen Produktionskosten im teilmodernisierten Anbau gegenüber dem traditionellen Anbau verdoppelt, im modernisierten Anbau sogar vervierfacht. Dadurch werden die Erträge von durchschnittlich (damals) etwa 375 kg/ha[13] auf 690 kg/ha bzw. 1.500 kg/ha gesteigert. Unter der Voraussetzung, daß alle Betriebe den gleichen Produzentenpreis erhalten - was für die traditionell wirtschaftenden Kleinbetriebe eher unwahrscheinlich ist (vgl. Kap. 7) - erhöht sich der Nettoertrag von US$ 309/ha auf US$ 514/ha bzw. US$ 1.158/ha.

## 6.4 Die Zirkulationssphäre und die Verarbeitung

Die Kosten der Zirkulationssphäre wurden von der CEPLAC zwecks Ermittlung des nach dem FOB-Preis errechneten Produzentenpreises für Kakao aufgestellt. Demnach betragen die Vermarktungskosten rund 35,5% des FOB-Preises. Davon fallen ganze 30,2% an den Staat, während der Privatsektor sich mit lediglich 5,3% zufrieden geben muß. Deren Aufgliederung in 1984 ergibt sich aus Tabelle 27.

---

[13] Der dreijährige Durchschnitt der Hektarerträge in den Erntejahren 1965/66 - 1967/68 stellte mit 375 kg/ha einen Tiefpunkt in der Ertragsentwicklung nach der traditionellen Anbautechnik in Bahia dar. Die dann beginnende systematische Ausbreitung moderner Technologien durch die CEPLAC begründete die Betrachtung dieses Zeitraums als Schnittpunkt für die Berechnung der im weiteren Verlauf erzielten technologisch bedingten Ertragszuwächse (vgl. CEPLAC (1977), S. 50).

**Tabelle 27:** Kalkulation der Vermarktungskosten, ausgehend vom FOB-Preis für Rohkakao in Bahia, 1984

|  |  |  | % | Index |
|---|---|---|---|---|
|  | FOB-Preis |  |  | 100 (1) |
| ./. | A. | Maklergebühr | 0,375 % | 0,375 |
|  |  |  |  | = 99,625 (2) |
| ./. | B. | Exportabgabe für Kakao-Behörde CEPLAC | 10 % von (2) | 9,9625 |
|  |  |  |  | = 89,6625 (3) |
| ./. | C. | Exportsteuer | 5 % von (1) | 5,0 |
|  |  |  |  | = 84,6625 (4) |
| ./. | D. | Warenumlaufsteuer | 13 % von (3) | 11,6561 (5) |
| ./. | E. | Beitrag für Bahias Kakao-Institut ICB | 0,72 % von (3) | 0,6456 (6) |
| ./. | F. | Wechselkursprovision | 0,2 % von (3) | 0,1793 (7) |
| ./. | G. | Sozialer Integrationsfonds PIS | 0,75 % von (3) | 0,6725 (8) |
| ./. | H. | Unternehmergewinn | 3 % von (3) | 2,6899 (9) |
| ./. | I. | Sozialversicherung FUNRURAL | 2,5 % von (3) | 2,2416 (10) |
| ./. | J. | Pauschalabgabe je 60-kg-Sack* ca. | 2,1 % von (1) | 2,1 (11) |
|  | für: | Bahias Kakao-Kommission COMCAUBA | 0,1 % |  |
|  |  | Lagerkosten | 0,5 % |  |
|  |  | Verpackung | 1,1 % |  |
|  |  | Hafengebühr | 0,1 % |  |
|  |  | Einschiffung | 0,07 % |  |
|  |  | Warenaufnahme | 0,2 % |  |
| = | K. | Vermarktungskosten insgesamt: |  | 35,5225 (12) |
|  |  | Davon: |  |  |
|  |  | Abgaben an den Staat** | 30,1783 |  |
|  |  | Kosten der Privatwirtschaft | 5,3442 |  |
| = | L. | Produzentenpreis: |  | = 64,4775 (13) |

\* Im November 1983 betrugen die Pauschalabgaben Cr$ 2.400,00 (US$ 2,76/60-kg-Sack bzw. US$ 46,00/t = 2,1 % der damaligen Börsennotierung) und im Februar 1983: Cr$ 800,00 je Sack (US$ 2,74 = 2,5 % des damaligen FOB-Preises).
1 US$ = Cr$ 868,87 (Nov. 1983) bzw. Cr$ 291,95 (Febr. 1983, vor der 30%-Cruzeiroabwertung)

\*\* Positionen B., C., D., E., G. und I. dieser Aufstellung

<u>Quellen:</u> Tafani (1983), S. 4; zur Exportabgabe: CEPEC/CEPLAC (1985), S. 58 sowie eigene Berechnungen nach Daten von Nascimento/Muñoz (1978), S. 21.

Aufgrund dieser Kalkulation und unter Einschluß aller Produktions- und Vermarktungskosten errechnete die CEPLAC zum Stichtag vom 20.11.1983 einen kostendeckenden FOB-Sockelpreis für Kakao in Höhe von US$ 1.438,00/Tonne[14].

Die Rentabilität der kakaoverarbeitenden Industrie sowie die der Schokoladenindustrie ist Tabelle 28 zu entnehmen. Sie führt alle größeren Firmen dieser Branchen auf, die ihre Bilanzen veröffentlichen. Andere, wie Sonksen, Laf, Falchi, Dan-Top, Evelyn und Dulcora bleiben außer Betracht, obwohl sie über einen nicht zu vernachlässigenden Marktanteil verfügen. Um das Verhalten der Rentabilität während der krisenhaften Wirtschaftsentwicklung seit 1979 an mindestens zwei Stichjahren festzuhalten, wurde die Rentabilitätslage in den Jahren 1979 und 1984 zum Vergleich herangezogen. Was das Nettovermögen als den globalen Indikator für Rentabilität (Nettovermögen = Stammkapital + Rückstellungen + / - Gewinne/Verluste) angeht, so zeigen die Firmen der Kakaoverarbeitung eine rückläufige Tendenz hinsichtlich ihrer Rangposition sowohl im Subsektor "diverse Nahrungsmittel" (Spalte E) als auch im Gesamtrahmen der Unternehmen aller Branchen (Spalte F). Innerhalb des genannten Subsektors fielen sie zwischen 9 und 15 Stellen zurück. Der Vergleich zur Gesamtwirtschaft (Spalte F) fällt für sie noch ungünstiger aus: zählten 1979 noch immerhin zwei kakaoverarbeitende Betriebe zum obersten Zehntel der brasilianischen Unternehmer, so war 1984 an dieser Stelle nur noch 1 Betrieb anzutreffen - und dieser rutschte innerhalb dieser Gruppe vom obersten Drittel zum untersten Drittel hinab. Damit weist die kakaoverarbeitende Industrie eine gesamtwirtschaftlich unterdurchschnittliche Entwicklung der Rentabilität auf. Ein Blick auf die Rangliste nach dem Umsatz (Spalte I) deutet dahingegen auf eine im Vergleich zum Nettovermögen bessere Position dieser Industrie hin, was ein relativ niedriges Kapitaloutput-Verhältnis nahelegt. Entscheidend ist das Abrutschen auf der Spalte L, womit bedeutende Gewinnverluste angezeigt werden: Bis 1984 verschlechterten alle aufgeführten kakaoverarbeitende Betriebe ihre gewinnmäßige Rangposition. Mit anderen Worten, der Kostendruck hat sich bei der kakaoverarbeitenden Industrie stärker ausgewirkt als in der Gesamtwirtschaft. Da Rohkakao mit rd. 90% an der Kostenstruktur der kakaoverarbeitenden Industrie beteiligt ist[15], ist diese starke Gewinnminderung sicher nicht zuletzt auf gestiegene Einstandspreise für Rohkakao auf dem Binnenmarkt zurückzuführen - ein Sachverhalt, der im Einklang mit verschiedenen Behauptungen seitens der Industrie über Binnen-

---

[14] Vgl. CEPLAC/CEPEC (1985), S. 58.

[15] Bei Joanes Industrial, Ilhéus, belief sich der Rohkakaoanteil an den gesamten Betriebsstoffen im Jahre 1980 auf 97,9%, bei Barreto de Araújo Produtos de Cacau, Ilhéus auf 97,7%. Zum Vergleich: Auf die Arbeitskraft entfielen 4,2% der Betriebsstoffkosten (Barreto de Araújo) bzw. 2,8% (Joanes Industrial). Vgl. CEDIN/Secretaria da Indústria e Comércio (1982), S.186 und 177.

marktpreise für Rohkakao steht, die sich zeitweise über dem Weltmarktniveau befanden[16]. Ein weiterer möglicher Faktor wird durch Spalte n angedeutet, die in zwei Fällen (Betriebe Nr. 1 und 3) eine wesentliche Erhöhung der Verschuldungsrate (Verbindlichkeiten als Anteil am Gesamtaktiva) aufweist. Die staatlich geförderte starke Erweiterung der Vermahlungskapazitäten seit Mitte der 70er Jahre schlug sich nicht nur in einer verstärkten Konzentration der Unternehmen nieder, sondern auch in der Neugründung von Unternehmen wie Coprodal (Nestlé) und Cargill, über die leider keine gesonderten Bilanzdaten vorliegen.

Bei der Schokoladenindustrie stellt sich die Lage schon im Hinblick auf Vergleichbarkeit anders dar, denn die drei führenden Unternehmen des Sektors "Diverse Nahrungsmittel" tätigen einen relativ geringen Teil ihrer Umsätze in der Schokoladensparte, nämlich jeweils 9,9%, 7,5% und 10%[17]. Im höheren Differenzierungsgrad ihrer Tätigkeiten liegt sicher ein Grund für ihre starke Kapitalisierungstendenz, die sich eindeutig von der allgemeinen Tendenz der Sparte abhebt: Außer den drei Großen wiesen nur 4 von den übrigen 20 Unternehmen eine im Vergleich zur Gesamtheit der Unternehmen (Spalte F) überdurchschnittliche Kapitalisierungstendenz auf (Unternehmen Nr. 4, 5, 9 und 20 der Tab. 36). Hinsichtlich der Umsatzentwicklung ist die Vergleichbarkeit zwischen den drei Großen und den übrigen am wenigsten gegeben: Hielt sich der Umsatz des führenden Konzerns praktisch konstant, so fiel der des zweitgrößten auf rd. ein Drittel, während der des drittgrößten sich vervierfachte. Demgegenüber wiesen immerhin 8 von den übrigen 20 Schokoladenfabriken (Unternehmen Nr. 4., 5., 7., 8., 9., 12., 16. und 21.) eine im Vergleich zur Gesamtheit der Unternehmen günstigere Umsatzentwicklung auf (ersichtlich an der Bewegung der Rangordnung auf Spalte I). Selbst wenn bei dem einen oder anderen dieser 8 Unternehmen Umsatzeinbußen eingetreten sind, so sind sie nicht so stark ausgefallen wie in den sonstigen Wirtschaftsunternehmen. Anders verhielt es sich bei den übrigen 12 Schokoladenfabriken, deren Finanzkraft dadurch stark unter Druck geriet. Kein Wunder also, daß gerade zur Gewinnsituation (Spalte O) die unvollständigsten Angaben zu verzeichnen sind. Mit Ausnahme von drei Fällen (Unternehmen Nr. 5., 9. und 16.), die gleichzeitig eine überdurchschnittliche Umsatzentwicklung zu verzeichnen hatten, wiesen alle anderen Betriebe ein-

---

[16] So beklagte sich ein leitender Manager der Schokoladenfabrik Garoto über einen Aufschlag von bis zu 15% auf die Börsennotierung, den die nationale Industrie für die Anschaffung von Rohkakao auf dem brasilianischen Binnenmarkt 1984 zu zahlen hatte. Vgl. Barroco (1987), S. 21.

[17] Die beiden ersten Daten beziehen sich auf 1975, doch dürften sich die Verhältnisse angesichts der Expansions- und Diversifizierungsstrategie dieser Nahrungsmittelgiganten bis zur Gegenwart kaum verändert haben. Die Daten zu Quaker beziehen sich auf 1988. Vgl. Fundação Getúlio Vargas (1980), S. 53 und Veja, 8.2.89, S. 67.

schließlich der drei Großen entweder negative Zahlen (die wenigsten) oder gar keine (die meisten Unternehmen) aus. Kurz auf den Nenner gebracht: die Krisensituation hat die Konzentrationstendenz der Branche verstärkt, indem weniger rentable Betriebe durch dynamischere übernommen wurden. Nestlé und Lacta gehen auch hier als führende Unternehmen des Marktsegments "Schokoladenprodukte" (mit jeweils 36 und 35,5% der Schokoladenumsätze des Jahres 1988[18]) voran. So expandierte Nestlé, die 1976 die nationale Firma Lacta in der Führung der Marktsegments "Schokoladenprodukte" ablöste[19], nicht nur durch Vertikalisierung (mit der staatlich geförderten Gründung eines kakaoverarbeitenden Betriebes in Bahias Kakaoregion im Jahre 1979) sondern auch durch die Übernahme schwächerer Konkurrenten: Seit 1920 in Brasilien mit einer Niederlassung für Milchprodukte vertreten, etablierte sich der schweizerische Konzern in der dortigen Schokoladenindustrie 1953 durch Aufkauf eines nationalen Betriebes [20]; 1988 übernahm er eine weitere nationale Firma mit bedeutendem Umsatz im Schokoladensektor, die jedoch mit Verlust arbeitete: die Ailiram [21] (Rang 7 im Schokosektor nach dem Nettovermögen, s. Tab. 28). Die mehrheitlich brasilianische Schokoladenfabrik Lacta (Rang 8 auf der Tab. 28), die 1984 ebenfalls mit Verlust arbeitete, schuf in demselben Jahr die Grundlagen für eine starke Expansion im weiteren Verlauf: Nach Bildung eines joint ventures mit dem schweizerischen Konzern Jacobs-Suchard, der 1984 durch Übernahme des Anteils von Interfood 40% des stimmberechtigten Stammkapitals erwarb, kaufte Lacta 1986 den Bonbon- und Schokoladenhersteller Mirabel (Rang 12 auf Tab. 28), der 1984 ebenfalls unrentabel arbeitete[22]. Das mit ca. 22% Umsatzanteil drittstärkste Unternehmen dieses Marktsegments für Schokoladenprodukte, die brasilianische Firma Garoto, expandierte 1988 durch die Inbetriebnahme eines neugegründeten Unternehmens in Espírito Santo, südlich der Kakaoregion in Bahia[23]. Die 1979 unrentabel arbeitende Visconti (Rang 9 auf der Tab. 28) wurde 1982 durch die italienische Findin-Gruppe aufgekauft und verfügte 1988 über zwei Werke im Bundesstaat São Paulo mit einem Jahresumsatz von US$ 25 Mio.[24]

---

[18] Ausschließlich Saisonprodukte wie Ostereier. Vgl. Daten des Instituto de Pesquisa do Mercado, in:

[19] Vgl. BNDE (1977), S. 13.

[20] Vgl. Fredericq (1980), S. 24.

[21] Vgl. Folha de São Paulo, 22.6.1988

[22] Vgl. Folha de São Paulo, 6.7.89, S. F-1.

[23] Nach Daten des Instituto de Pesquisa do Mercado, in: Jornal do Brasil, 28. 7. 89, S. 15

[24] Vgl. Relatório Itália, Beilage der Tageszeitung Gazeta Mercantil vom 10.5.89

# Brasilien

**Tabelle 28:** Rentabilität der Kakaoverarbeitung und Schokoladenindustrie in Brasilien 1979 bzw. 1980 und 1984 bzw. 1985, in Mio. Cr$ und Mio. US$

| Sitz | Jahr | Nettovermögen [1] Cr$ | Nettovermögen [1] US$ | Rangliste [4] Diverse Nahrungsm. | Rangliste [4] Alle Untern. | Umsatz [2] Cr$ | Umsatz [2] US$ | Rangliste Alle Untern. | Nettogewinn [3] Cr$ | Nettogewinn [3] US$ | Rangliste Alle Untern. | Anzahl Mitarbeiter | Verschuldugg % | Rentabilität % |
|---|---|---|---|---|---|---|---|---|---|---|---|---|---|---|
| A | B | C | D | E | F | G | H | I | J | K | L | M | N | O |
| **I. FIRMEN DER KAKAOVERARBEITUNG** | | | | | | | | | | | | | | |
| 1. Berreto de Araujo Produtos de Cacau S.A. (Jahresbilanzen: April 1980 und April 1984) | | | | | | | | | | | | | | |
| Salvador/ | 1980 | 2.364,9 | 49,02 | 3 | 217 | 5.756,3 | 117,81 | 101 | 893,2 | 18,28 | 63 | 700 | 33,5 | 37,2 |
| Ilhéus | 1984 | 71.135 | 48,19 | 12 | 717 | 83.121 | 57,48 | 563 | 15.847 | 10,98 | 449 | 888 | 52,2 | 16,0 |
| 2. Companhia Produtora de Alimentos Neslié (Stand: Dezember 1979) | | | | | | | | | | | | | | |
| Itabuna | 1979 | 834,66 | 19,72 | . | . | 1.057,04 | 24,97 | . | . | . | . | 219 | . | . |
|  | 1984 | . | . | . | . | . | . | . | . | . | . | . | . | . |
| 3. Joanes Industrial S.A., Produtos Químicos e Vegetais (Jahresbilanzen: Dezember 1979 und Dezember 1984) | | | | | | | | | | | | | | |
| Salvador/ | 1979 | 1.040,1 | 24,57 | 7 | 506 | 2.728,5 | 64,41 | 257 | 401,9 | 9,49 | 181 | 380 | 35,1 | 38,2 |
| Ilhéus | 1984 | 49.705 | 15,59 | 23 | 978 | 110.492 | 34,88 | 446 | 4.123 | 1,30 | 1.284 | 435 | 59,7 | 4,4 |
| 4. Berkau S.A.Comércio e Indústria (Jahresbilanzen: März 1980 und März 1985) | | | | | | | | | | | | | | |
| Ilhéus | 1980 | 708,6 | 15,21 | 9 | 737 | 2.334,1 | 50,09 | 297 | 367,8 | 7,89 | 194 | 255* | 26,9 | 47,3 |
|  | 1985 | 47.348 | 10,69 | 24 | 1.013 | 77.350 | 17,48 | 624 | 3.598 | 0,81 | 1.378 | 1.000 | 11,8 | 1,5 |
| 5. Chadler Industrial da Bahia S. A. (Jahresbilanzen: Dezember 1978 und Dezember 1984) | | | | | | | | | | | | | | |
| Salvador/ | 1979 | 581,1 | 13,73 | 12 | 892 | 2.884,2 | 63,41 | 260 | 406,1 | 9,59 | 179 | 2.800 | 57,2 | 58,1 |
| Ilhéus | 1984 | 48.129 | 14,56 | 25 | 1.043 | 131.833 | 41,61 | 357 | 13.687 | 4,39 | 516 | 1.000 | 21,5 | 30,1 |
| 6. Cargill Indústria Lida. (Stand: Dezember 1979) | | | | | | | | | | | | | | |
| Ilhéus | 1979 | 500 | 11,81 | . | . | 19,79 | . | . | . | . | . | 153 | . | . |
|  | 1984 | . | . | . | 837,8 | . | . | . | . | . | . | . | . | . |

Fots. Tab. 28

## II. SCHOKOLADENINDUSTRIE

| Unternehmen / Sitz | Jahr | | | | | | | | |
|---|---|---|---|---|---|---|---|---|---|
| **1. Companhia Industrial e Comercial Brasileira de Produtos Alimentares Nestlé** [7] (Jahresbilanzen: Dezember 1979 und Dezember 1984) | | | | | | | | | |
| São Paulo | 1979 | 5.644,5 | 133,35 | 1 | 75 | 18.281,0 | 384,62 | 25 | 1.448,0 | 34,21 | | 8.500 | 45,0 | 15,4 |
| | 1984 | 634.999 | 200,44 | 1 | 71 | 1.148.774 | 362,93 | 30 | 138.466 | 43,71 | | 9.804 | 37,9 | 11,5 |
| **2. Kibon S. A. Indústrias Alimentícias** [7] (Jahresbilanzen: Dezember 1979 und September 1984) | | | | | | | | | |
| São Paulo | 1979 | 507,9 | 12,00 | 18 | 1.024 | 3.964,8 | 93,66 | 157 | -113,0 | -2,87 | 6.560 | 4.041 | 82,2 | ... |
| | 1984 | 51.428 | 22,08 | 20 | 948 | 57.768 | 24,80 | 822 | 7.800 | 3,35 | 827 | 2.200 | 68,6 | 17,6 |
| **3. Toddy Sucoonasa do Brasil S. A.** (Jahresbilanzen: Dezember 1979 und Dezember 1984) | | | | | | | | | |
| São Paulo | 1979 | 128,2 | 3,03 | 68 | 3.294 | 434,1 | 10,26 | 1.661 | -1,2 | -0,03 | 5.568 | 450 | 55,8 | ... |
| Seit 1981: Quaker Produtos Alimentícios Ltda. | | | | | | | | | | | | | | |
| São Paulo | 1984 | 50.587 | 16,00 | 22 | 955 | 126.711 | 40,00 | 376 | 5.479 | 1,73 | 1.051 | 1.748 | 43,7 | 10,6 |
| **4. Chocolates Garoto S. A.** (Jahresbilanzen: Dezember 1979 und Dezember 1984) | | | | | | | | | |
| E. Santo | 1979 | 439,1 | 10,37 | 19 | 1.178 | 1.303,1 | 30,76 | 560 | 48,9 | 1,16 | 1.254 | 1.100 | 38,2 | 5,9 |
| | 1984 | 45.167 | 14,26 | 26 | 1.053 | 108.660 | 34,61 | 449 | 200 | 0,08 | 4.602 | 1.778 | 43,7 | 0,0 |
| **5. Produtos Rematel Ltda.** (Jahresbilanzen: März 1980 und März 1985) | | | | | | | | | |
| São Paulo | 1980 | 74,9 | 1,81 | 108 | 4.833 | 145,9 | 3,13 | 3.901 | 25,6 | 0,55 | 2.008 | 55 | 46,4 | 27,3 |
| | 1985 | 27.975 | 6,31 | 33 | 1.577 | 40.884 | 9,23 | 1.120 | 9.762 | 2,20 | 697 | 60 | 41,4 | 32,3 |
| **6. Copate Cia. Produtos Alimentícios de Chocolate** (Jahresbilanzen: Dezember 1979 und Dezember 1984) | | | | | | | | | |
| São Paulo | 1979 | 250,4 | 5,92 | 34 | 1.884 | 379,5 | 8,97 | 1.882 | -60,8 | -1,44 | 6.524 | 366 | 54,5 | ... |
| | 1984 | 19.082 | 6,02 | 49 | 2.164 | 12.271 | 3,87 | 2.950 | -2.864 | -0,90 | 7.594 | 230 | 31,3 | ... |
| **7. Allibram S.A. Produtos Alimentícios** (Jahresbilanzen: Dezember 1979 und Dezember 1984) | | | | | | | | | |
| São Paulo | 1979 | 314,3 | 7,43 | 25 | 1.591 | 601,5 | 14,21 | 1.192 | 78,4 | 1,85 | 839 | 1.220 | 26,2 | 15,1 |
| | 1984 | 18.258 | 5,76 | 50 | 2.250 | 47.229 | 14,91 | 984 | -3.388 | -1,07 | 7.646 | 600 | 44,6 | ... |
| **8. Indústrias de Chocolate Lacta S.A.** (Jahresbilanzen: Dezember 1979 und Dezember 1984) | | | | | | | | | |
| São Paulo | 1979 | 428,2 | 10,12 | 20 | 1.209 | 1.279,7 | 30,23 | 571 | 87,2 | 2,06 | 773 | 2.000 | 50,5 | 13,4 |
| | 1984 | 17.635 | 5,57 | 52 | 2.303 | 90.551 | 28,58 | 537 | -14.246 | -4,50 | 7.866 | 1.996 | 79,7 | ... |
| **9. Visconti S.A. Indústrias Alimentícias** (Jahresbilanzen: Juni 1979 und Juni 1984) | | | | | | | | | |
| São Paulo | 1979 | 52,4 | 2,02 | 144 | 6.028 | 161,8 | 6,23 | 3.664 | 0,1 | 0,00 | 5.334 | 200 | 41,4 | 0,1 |
| Seit 1982: Visagis S.A., Indústrias Alimentícias | | | | | | | | | | | | | | |
| São Paulo | 1984 | 14.533 | 8,45 | 55 | 2.652 | 8.939 | 5,20 | 3.586 | 381 | 0,22 | 3.957 | 300 | 32,1 | 2,6 |
| **10. Companhia Paulista de Alimentação Duchen** (Jahresbilanzen: Juni 1979 und Juni 1984) | | | | | | | | | |
| São Paulo | 1979 | 203,5 | 7,83 | 42 | 2.255 | 227,6 | 8,76 | 2.888 | 16,1 | 0,62 | 2.744 | 545 | 21,8 | 6,7 |
| | 1984 | 13.734 | 7,99 | 59 | 2.756 | 7.863 | 4,57 | 3.866 | -878 | (0,51) | 7.156 | 515 | 13,7 | ... |
| **11. Chocolates Vitória S.A.** (Jahresbilanzen: Dezember 1979 und April 1984) | | | | | | | | | |
| E. Santo | 1979 | 205,0 | 4,84 | 41 | 2.240 | 632,1 | 14,93 | 1.140 | 54,3 | 1,28 | 1.159 | 239 | 67,8 | 24,5 |
| | 1984 | 12.594 | 8,71 | 67 | 2.933 | 25.279 | 17,48 | 1.714 | 4.438 | 3,07 | 1.193 | 800 | 57,0 | 20,5 |

# Brasilien

| | Jahr | Nettovermögen [1] Cr$ | | Diverse Nahrungsm. | Rangliste [4] Alle Untern. | Umsatz [2] Cr$ | US$ | Rangliste Alle Untern. | Cr$ | Nettogewinn [3] US$ | Rangliste Alle Untern. | Anzahl Mitarbeiter | Verschuldung % | Rentabilität % |
|---|---|---|---|---|---|---|---|---|---|---|---|---|---|---|
| A | B | C | D | E | F | G | H | I | J | K | L | M | N | O |
| **12. Mirabel Produtos Alimentícios S. A.** (Jahresbilanzen: Dezember 1979 und Dezember 1984) São Paulo | 1979 1984 | 148,4 11.970 | 3,46 3,78 | 61 73 | 2.960 3.040 | 426,6 28.339 | 10,08 8,95 | 1.867 1.541 | 0,9 -721 | 0,02 -0,23 | 5.085 7.060 | 538 559 | 39,3 35,3 | ... ... |
| **13. Chocolates Kopenhagen S. A.** (Jahresbilanzen: Dezember 1979 und Dezember 1984) São Paulo | 1979 1984 | 178,2 10.431 | 4,21 3,29 | 49 79 | 2.522 3.296 | 379,2 18.088 | 8,96 5,71 | 1.885 2.244 | 34,5 156 | 0,82 0,05 | 1.622 4.811 | 850 1.086 | 35,5 26,9 | 13,3 1,3 |
| **14. Indústrias Todeschini S. A.** (Jahresbilanzen: Dezember 1979 und Dezember 1984) Paraná | 1979 1984 | 90,3 7.201 | 2,13 2,27 | 84 112 | 4.273 4.142 | 262,3 21.425 | 6,20 6,76 | 2.594 1.951 | 13,5 -1.037 | 0,32 -0,33 | 2.994 7.232 | 560 800 | 46,3 53,2 | 8,0 ... |
| **15. Pan - Produtos Alimentícios Nacionais S. A.** (Jahresbilanzen: Dezember 1979 und Dezember 1984) São Paulo | 1979 1984 | 86,4 8.686 | 2,04 2,11 | 99 118 | 4.408 4.322 | 195,3 13.916 | 4,61 4,39 | 3.245 2.725 | 21,8 1.204 | 0,52 0,38 | 2.243 2.550 | 539 568 | 41,5 40,9 | 15,8 8,3 |
| **16. Ernesto Neugebauer S.A.** (Jahresbilanzen: Juni 1979 und Juni 1984) P. Alegre | | 128,4 6.513 | 4,94 3,79 | 87 119 | 3.287 4.389 | 326,9 8.059 | 12,59 4,69 | 2.154 3.825 | 4,7 375 | 0,18 0,22 | 4.252 3.970 | 400 437 | 54,3 26,5 | 2,5 5,7 |
| **17. Alimentício Intern. Cacau S.A. Intercacau** (Jahresbilanz: Juni 1984) Pará | 1984 | 4.910 | 2,86 | 144 | 5.145 | . | . | . | . | . | . | 81 | 11,7 | . |
| **18. Indústria Brasileira de Chocolates Caramelos S.A.** (Jahresbilanzen: Dezember 1984) M. Gerais | 1984 | 4.881 | 1,54 | 145 | 5.161 | 493 | 0,16 | 7.124 | -804 | -18,99 | 7.125 | 10 | 1,3 | ... |
| **19. Bhering Produtos Alimentícios S.A.** (Jahresbilanzen: Dezember 1979 und Dezember 1984) Rio de Janeiro | 1979 1984 | 93,8 4.721 | 2,22 1,49 | 91 150 | 4.163 5.230 | 346,9 9.203 | 8,20 2,91 | 2.035 3.258 | 9,0 182 | 0,21 0,06 | 3.590 4.685 | 430 250 | 67,1 72,6 | 5,5 2,1 |
| **20. Wander S.A. Produtos Alimentícios Dietéticos** (Jahresbilanzen: Dezember 1979 und Dezember 1984) São Paulo | 1979 1984 | 40,0 4.496 | 0,95 1,42 | 166 153 | 6.945 5.351 | 149,5 5.659 | 3,53 1,79 | 3.850 4.572 | -15,3 75 | -0,36 0,02 | 6.214 5.250 | 181 100 | 63,3 15,3 | ... 1,6 |

Brasilien 425

Tab. 28 - Forts.

| Sitz | Jahr | Nettovermögen [1] | | Rangliste [4] Alle Untern. | | Umsatz [2] | | Rangliste Alle Untern. | Nettogewinn [3] | | Rangliste Alle Untern. | Anzahl Mitarbeiter | Verschuldung % | Rentabilität % |
|---|---|---|---|---|---|---|---|---|---|---|---|---|---|---|
| | | Cr$ | US$ | Diverse Nahrungsm. | Alle Untern. | Cr$ | US$ | | Cr$ | US$ | | | | |
| A | B | C | D | E | F | G | H | I | J | K | L | M | N | O |

21. Chocolate Prink S.A. (Jahresbilanzen: Dezember 1979 und Dezember 1984)
| São Paulo | 1979 | 53,6 | 1,27 | 139 | 5.950 | 140,8 | 3,33 | 3.971 | 10,0 | 0,24 | 3.470 | 400 | 53,8 | 11,8 |
| | 1984 | 4.363 | 1,38 | 158 | 5.440 | 10.345 | 3,27 | 3.298 | 592 | 0,19 | 3.413 | 552 | 62,3 | 8,2 |

22. Fábricas de Chocolate Saturno S. A. (Jahresbilanzen: Dezember 1979 und Dezember 1984)
| S. Catarina | 1979 | 40,9 | 0,97 | 165 | 6.854 | 53,6 | 1,27 | 5.438 | 1,5 | 0,04 | 4.909 | 206 | 25,5 | 1,7 |
| | 1984 | 1.578 | 0,50 | 219 | 7.983 | 1.335 | 0,42 | 6.605 | -154 | -0,05 | 6.316 | 180 | 23,6 | ... |

23. Chocolates Dizioli S.A. (Jahresbilanzen: Dezember 1979 und Dezember 1984)
| São Paulo | 1979 | 65,7 | 1,58 | 115 | 5.169 | 141,7 | 3,35 | 3.960 | 2,8 | 0,07 | 4.638 | 372 | 48,1 | 2,2 |

1 US$ = Cr$ 25,975 (30.6.1979), Cr$ 42,33 (31.12.1979), Cr$ 46,60 (31.03.1980), Cr$ 48,86 (30.04.1980),
Cr$ 1.448 (30.04.1984), Cr$ 1.719 (30.06.1984), Cr$ 2.329 (30.09.1984), Cr$ 3.168 (31.12.1984),
Cr$ 4.430 (31.03.1985)

Nach: Secretaria da Indústria e Comércio (1982), S. 179.

[*] Nettovermögen = Stammkapital + Rückstellungen + Gewinne bzw. ./. Verluste
[2] Umsatz = Netto-Betriebseinnahmen (Betriebseinnahmen ./. eingenommene Steuern)
[3] Nettogewinn = Einschl. Geldwertberichtigung, vor Einkommensteuer
[4] Die erste Rangliste hinsichtlich des Nettovermögens (Spalte E) bezieht sich auf die Branche "Diverse Nahrungsmittel" (1979: 166 Unternehmen; 1984: 220), während die zweite (Spalte F) alle von "Visão" erfaßten Unternehmen einschließt, d.h. deren Nettovermögen mindestens 40 Millionen Cruzeiros (1979: 6.945 Unternehmen mit umgerechnet 0,944 Mio. US$) bzw. 1,5 Mrd. Cruzeiros (1984: 8.099 Unternehmen mit umgerechnet 0,473 Mio. US$) betrug.
[5] Verschuldung = Umlaufpassiva + langfristige Verbindlichkeiten, ausgedrückt als Anteil am Nettovermögen
[6] Rentabilität = Nettogewinn des Geschäftsjahres als Anteil am Nettovermögen
[7] 10 % (Nestlé), 7,5 % (Kibon) bzw. 10 % (Quaker) des Gesamtumsatzes entfallen auf Schokoladenprodukte nach: Fundação Getúlio Vargas (o.J. - ca. 1981), S. 53 und Veja, 8.2.1989, S.87)
[8] Die Bilanzperiode umfaßt 16 Monate.

Quellen: Barroco (1987), S. 41-47; Bernet (1986); Visão (August 1980, S. 282-284 und August 1985, S. 175-179); Secretaria da Indústria e Comércio (1982); Veja (8.2.1989); Gazeta Mercantil/Relatório Itália 10.5.89; Banco do Brasil/DICOC (1985)

Im Segment der Schokoladengetränke fand ein ähnlicher Vorgang statt: die drittstärkste Firma dieses Segments - die bis 1981 zur kanadischen Gruppe Hobart-Invest gehörende Toddy Suconasa do Brasil - wurde zwei Jahre nach ihrem verlustreichen Geschäftsjahr von 1979 von dem amerikanischen Konzern Quaker übernommen; seitdem investiert die Fabrik verstärkt, um ihren Marktanteil von 15% erheblich zu erhöhen und damit den Abstand zum Marktführer Nestlé (57%) zu verringern[25].

---

[25] Vgl. Veja, 8.2.89, S. 67.

## 7. Die Entwicklung der Preise und Einkommen

### 7.1 Die Produzenteneinkommen

Die Erzeuger erhalten einen relativ hohen Anteil an den Kakaoexportpreisen: Im Durchschnitt der Jahre 1960 - 1983 waren es nicht weniger als 69% (vgl. Tab. 29, J/B). Dabei wurde zwischen errechneten Werten (Jahresproduktionswert : Jahresproduktion) und eigenen Angaben (Tab. 29, K/B) unterschieden; leztere waren zumeist erheblich niedriger. Die beiden letzten Spalten von Tab. 29 geben als Restgröße die Handelsmarge, d.h. grob die Handelseinnahmen, in Prozent an. Der Umrechnung auf Dollar lagen die amtlichen Wechselkurse zugrunde. Da - trotz gleitender Abwertungen - der Cruzeiro tendenziell immer noch überbewertet war, müßte man hiervon noch eine verdeckte Abschöpfung durch die Währungsmanipulation abrechnen. Auch diese hält sich jedoch in Grenzen. Als Indikator, der die reale Überbewertung allerdings übertreibt, kann der Schwarzmarktkurs angesehen werden, der sich besonders seit etwa 1970 immer deutlicher vom amtlichen Kurs absetzte; doch auch auf dieser Grundlage erwies sich der erwähnte Anteil als sehr hoch (Tab. 30).

Inflationsbereinigt vermochten die Kakaoproduzenten - trotz hoher Inflationsraten - ihre Produzentenpreise nicht nur zu halten, sondern, nachdem sie in den späten 50er und frühen 60er Jahren noch gefallen waren, real kontinuierlich zu steigern. Während des Kakaobooms in der zweiten Hälfte der 70er Jahre wurden reale Spitzenpreise erzielt, die in den 80er Jahren nicht mehr erzielt werden konnten. Die realen Produzentenpreise in der ersten Hälfte der 80er Jahre lagen aber immer noch vergleichsweise hoch (Tab. 31, C/E).

Auch wenn man die Erzeugerpreise mit den Inputpreisen und den Löhnen vergleicht, ergibt sich ein überwiegend positives Bild für die Kakaoproduzenten: Sowohl die Löhne, als auch die Kalk-, Fungizid-, Insektizid- und Düngerpreise stiegen meist weniger als die Erzeugerpreise, wurden für die Produzenten also relativ billiger. Lediglich die Arborizidpreise erhöhten sich deutlich schneller als die Erzeugerpreise, wurden also relativ teurer (Tab. 32/III); dies wird durch einen Vergleich der Kakao-Kaufkraft noch deutlicher (Tab. 32/IV): Erhielt man 1966 für eine Arroba Kakao den Gegenwert von 17,3 l Arborizid, so entsprach dieser Gegenwert 20 Jahre später lediglich 3,3 l; umgekehrt zahlte man mit einer Arroba Kakao im Jahre 1966 rd. 20% des Mindestlohnes, 1986 bereits 40%. Im Verhältnis zu wichtigen Inputs wie Dünger und Insektizide (Spalten A:E und A:F) ist die Schwankungsbreite allerdings auffallend groß.

Brasilien

Tabelle 29: Verteilung der Kakaoexporteinnahmen zwischen Bauern, Kakaoförderungsanstalt CEPLAC, Bundesstaat Bahia und Handel, Bahia 1960 - 1983 (in 1.000 US$ und % der Exporteinnahmen)

| JAHR | 1 US$ = Cr$ (Jahresschnitt) | EXPORT-EIN-NAHMEN B | CEPLAC-EXPORT-ABGABE C | MEHRWERT-STEUER (BUNDESLAND) D | BEITRAG AN ICB* E | PASEP F | FUNRURAL* G | WECHSEL-KURS-GEBÜHR H | VERMARK-TUNGSPAU-SCHALE I | ERZEUGEREINNAHMEN ERRECHNET J | HANDELS-DATEN K |
|---|---|---|---|---|---|---|---|---|---|---|---|
| 60 | 0,1896 | 71.079 | 0 | 3.397 | 512 | 0 | 0 | 142 | 0,744 | 49.726 | 20.411 |
| 61 | 0,2723 | 66.454 | 0 | 3.177 | 477 | 0 | 0 | 132 | 0,709 | 46.225 | 35.020 |
| 62 | 0,3877 | 38.720 | 5.785 | 1.573 | 237 | 0 | 0 | 64 | 0,756 | 26.851 | 17.552 |
| 63 | 0,5779 | 53.760 | 8.034 | 2.185 | 327 | 0 | 0 | 92 | 0,889 | 37.263 | 27.012 |
| 64 | 1,2711 | 55.224 | 8.253 | 2.806 | 337 | 0 | 0 | 94 | 0,770 | 38.362 | 30.016 |
| 65 | 1,8914 | 49.050 | 7.330 | 2.492 | 299 | 0 | 0 | 83 | 0,812 | 33.390 | 32.093 |
| 66 | 2,2163 | 77.602 | 11.597 | 4.337 | 473 | 0 | 0 | 131 | 0,956 | 53.471 | 47.702 |
| 67 | 2,6622 | 87.213 | 13.033 | 11.078 | 532 | 0 | 0 | 148 | 1,021 | 60.258 | 46.879 |
| 68 | 3,3638 | 67.734 | 10.122 | 8.604 | 413 | 0 | 0 | 115 | 1,003 | 47.137 | 46.007 |
| 69 | 4,0713 | 157.206 | 23.492 | 19.969 | 958 | 0 | 0 | 266 | 0,999 | 110.237 | 107.872 |
| 70 | 4,5890 | 94.326 | 14.096 | 11.981 | 575 | 0 | 0 | 160 | 1,063 | 65.313 | 61.240 |
| 71 | 5,2870 | 109.710 | 16.395 | 13.378 | 669 | 697 | 929 | 186 | 1,110 | 75.390 | 59.512 |
| 72 | 5,9340 | 115.910 | 14.434 | 14.146 | 728 | 758 | 2.021 | 202 | 1,160 | 80.352 | 66.160 |
| 73 | 6,1260 | 241.795 | 24.089 | 29.268 | 1.561 | 1.626 | 4.336 | 434 | 1,291 | 170.615 | 151.821 |
| 74 | 6,7900 | 331.865 | 33.062 | 38.683 | 2.142 | 2.232 | 5.951 | 595 | 1,499 | 234.664 | 225.918 |
| 75 | 8,1260 | 355.798 | 35.446 | 41.472 | 2.297 | 2.393 | 7.018 | 638 | 1,602 | 249.574 | 228.558 |
| 76 | 10,6700 | 397.279 | 39.579 | 46.307 | 2.565 | 2.672 | 8.905 | 712 | 1,724 | 280.466 | 326.310 |
| 77 | 14,1390 | 937.270 | 93.376 | 109.249 | 6.051 | 6.303 | 21.009 | 1.681 | 1,855 | 669.155 | 756.010 |
| 78 | 18,0630 | 935.706 | 93.220 | 109.067 | 6.041 | 6.292 | 20.974 | 1.678 | 2,014 | 666.500 | 671.653 |
| 79 | 26,8700 | 985.796 | 98.210 | 114.906 | 6.364 | 6.629 | 22.097 | 1.768 | 2,084 | 700.610 | 700.534 |
| 80 | 52,6990 | 757.584 | 75.474 | 77.100 | 4.270 | 4.448 | 14.827 | 1.186 | 2,827 | 462.239 | 520.160 |
| 81 | 93,0600 | 547.374 | 54.532 | 63.803 | 3.534 | 3.681 | 12.270 | 982 | 2,525 | 383.327 | 398.828 |
| 82 | 179,3900 | 509.431 | 50.752 | 59.380 | 3.289 | 3.426 | 11.419 | 914 | 2,564 | 353.453 | 357.979 |
| 83 | 576,2000 | 653.015 | 65.057 | 67.659 | 3.747 | 3.903 | 13.011 | 1.041 | 2,343 | 404.650 | 514.650 |

# Brasilien

| JAHR | C/B | D/B | E/B | F/B | G/B | H/B | I/B | J/B | K/B | RESTGRÖBE BEI J/B | HÄNDLER BEI K/B |
|---|---|---|---|---|---|---|---|---|---|---|---|
| 60 | 0,0 | 4,8 | 0,7 | 0,0 | 0,0 | 0,2 | 0,0 | 70,0 | 28,7 | 24,3 | 65,6 |
| 61 | 0,0 | 4,8 | 0,7 | 0,0 | 0,0 | 0,2 | 0,0 | 69,6 | 52,7 | 24,7 | 41,6 |
| 62 | 14,9 | 4,1 | 0,6 | 0,0 | 0,0 | 0,2 | 0,0 | 69,4 | 45,3 | 10,8 | 34,9 |
| 63 | 14,9 | 4,1 | 0,6 | 0,0 | 0,0 | 0,2 | 0,0 | 69,3 | 50,3 | 10,9 | 29,9 |
| 64 | 14,9 | 5,1 | 0,6 | 0,0 | 0,0 | 0,2 | 0,0 | 69,5 | 54,4 | 9,7 | 24,8 |
| 65 | 14,9 | 5,1 | 0,6 | 0,0 | 0,0 | 0,2 | 0,0 | 68,1 | 65,4 | 11,1 | 13,8 |
| 66 | 14,9 | 5,6 | 0,6 | 0,0 | 0,0 | 0,2 | 0,0 | 68,9 | 61,5 | 9,8 | 17,2 |
| 67 | 14,9 | 12,7 | 0,6 | 0,0 | 0,0 | 0,2 | 0,0 | 69,1 | 53,8 | 2,5 | 17,8 |
| 68 | 14,9 | 12,7 | 0,6 | 0,0 | 0,0 | 0,2 | 0,0 | 69,6 | 67,9 | 2,0 | 3,7 |
| 69 | 14,9 | 12,7 | 0,6 | 0,0 | 0,0 | 0,2 | 0,0 | 70,1 | 68,6 | 1,5 | 3,0 |
| 70 | 14,9 | 12,7 | 0,6 | 0,0 | 0,0 | 0,2 | 0,0 | 69,2 | 64,9 | 2,4 | 6,7 |
| 71 | 14,9 | 12,2 | 0,6 | 0,6 | 0,9 | 0,2 | 0,0 | 68,7 | 54,2 | 1,9 | 16,4 |
| 72 | 12,5 | 12,2 | 0,6 | 0,7 | 1,7 | 0,2 | 0,0 | 69,3 | 57,1 | 2,8 | 15,0 |
| 73 | 10,0 | 12,1 | 0,7 | 0,7 | 1,8 | 0,2 | 0,0 | 70,6 | 62,8 | 3,9 | 11,7 |
| 74 | 10,0 | 11,7 | 0,7 | 0,7 | 1,8 | 0,2 | 0,0 | 70,7 | 68,1 | 4,2 | 6,8 |
| 75 | 10,0 | 11,7 | 0,7 | 0,7 | 2,0 | 0,2 | 0,0 | 70,1 | 64,2 | 4,6 | 10,5 |
| 76 | 10,0 | 11,7 | 0,7 | 0,7 | 2,0 | 0,2 | 0,0 | 70,6 | 82,1 | 3,9 | -7,6 |
| 77 | 10,0 | 11,7 | 0,7 | 0,7 | 2,2 | 0,2 | 0,0 | 71,4 | 80,7 | 3,1 | -6,2 |
| 78 | 10,0 | 11,7 | 0,7 | 0,7 | 2,2 | 0,2 | 0,0 | 71,2 | 71,8 | 3,3 | 2,7 |
| 79 | 10,0 | 11,7 | 0,7 | 0,6 | 2,2 | 0,2 | 0,0 | 71,1 | 71,1 | 3,4 | 3,4 |
| 80 | 10,0 | 10,2 | 0,6 | 0,6 | 2,0 | 0,2 | 0,0 | 61,0 | 68,7 | 15,4 | 7,7 |
| 81 | 10,0 | 11,7 | 0,7 | 0,7 | 2,2 | 0,2 | 0,0 | 70,0 | 72,9 | 4,5 | 1,6 |
| 82 | 10,0 | 11,7 | 0,7 | 0,7 | 2,2 | 0,2 | 0,0 | 69,4 | 70,3 | 5,1 | 4,2 |
| 83 | 10,0 | 10,4 | 0,6 | 0,6 | 2,0 | 0,2 | 0,0 | 62,0 | 78,8 | 14,2 | -2,6 |

* ICB = Kakao-Förderungsinstitut des Bundesstaates Bahia; PASEP = Sozialabgabe; FUNRURAL = Landw. Sozialversicherung

Quelle: Eigene Berechnungen nach Daten der CEPLAC in: LaFleur (o.J. um 1985), S. 45-48

Tabelle 30: Vergleich der Entwicklung vom Erzeuger- und Exportpreis für Kakao nach offiziellem und freiem Wechselkurs (Brasilien, 1947 - 1986)

| JAHR | WECHSELKURS OFFIZIELL (JAHRES-ULTIMO) (Cr$/US$) | WECHSELKURS FREI (JAHRES-ULTIMO) (Cr$/US$) | KAKAO-ERZEUGER-PREISE (JAHRESDURCHSCHNITT) (Cr$/Arroba) | KAKAO-EXPORT-PREISE | ANTEIL VOM ERZEUGERPREIS AM EXPORTPREIS NACH: OFFIZIELLEM / FREIEM WECHSELKURS (in %) | |
|---|---|---|---|---|---|---|
| | A | B | C | D | E | F |
| 1947 | 23,3 | 23 | 99,5 | 161 | 61,8 | 62,6 |
| 1948 | 26,5 | 27 | 97,5 | 227 | 43,0 | 42,0 |
| 1949 | 30,7 | 31 | 69,2 | 111 | 62,3 | 61,8 |
| 1950 | 32,0 | 32 | 101,0 | 167 | 60,5 | 60,8 |
| 1951 | 30,0 | 30 | 123,7 | 203 | 60,9 | 60,6 |
| 1952 | 36,5 | 37 | 118,3 | 200 | 59,2 | 58,0 |
| 1953 | 44,4 | 57 | 187,9 | 484 | 38,8 | 30,3 |
| 1954 | 62,0 | 77 | 346,8 | 1.034 | 33,5 | 27,0 |
| 1955 | 74,0 | 68 | 311,8 | 838 | 37,2 | 40,6 |
| 1956 | 73,9 | 67 | 233,2 | 595 | 39,2 | 42,9 |
| 1957 | 76,4 | 91 | 318,8 | 721 | 44,2 | 37,3 |
| 1958 | 115,1 | 142 | 419,1 | 1.670 | 25,1 | 20,4 |
| 1959 | 203,8 | 203 | 600,9 | 1.754 | 34,3 | 34,4 |
| 1960 | 205,1 | 206 | 450,0 | 1.568 | 28,7 | 28,7 |
| 1961 | 385,0 | 390 | 960,0 | 1.800 | 53,3 | 52,4 |
| 1962 | 475,0 | 795 | 1.160,0 | 2.546 | 45,6 | 27,0 |

Forts. Tab. 30

| Jahr | | | | | |
|------|---|---|---|---|---|
| 1963 | 620,1 | 1.235 | 2.230,0 | 4.414 | 50,5 | 25,4 |
| 1964 | 1.672,7 | 1.820 | 4.850,0 | 8.885 | 54,6 | 50,3 |
| 1965 | 2.217,3 | 2.220 | 6.070,0 | 8.543 | 71,1 | 70,1 |
| 1966 | 2.215,3 | 2.210 | 9.850,0 | 14.993 | 65,7 | 65,5 |
| 1967 | 2.715,0 | 2.715 | 11.720,0 | 20.661 | 56,7 | 56,8 |
| 1968 | 3.812,5 | 4.300 | 21.900,0 | 30.951 | 70,8 | 62,9 |
| 1969 | 4.308,8 | 4.650 | 33.440,0 | 53.973 | 62,0 | 57,5 |
| 1970 | 4.874,1 | 5.150 | 26.680,0 | 44.646 | 59,8 | 56,3 |
| 1971 | 5.635,0 | 6.300 | 22.800,0 | 41.080 | 55,5 | 49,6 |
| 1972 | 6.192,0 | 6.650 | 34.040,0 | 51.492 | 66,1 | 61,7 |
| 1973 | 6.195,0 | 6.950 | 75.410,0 | 98.267 | 76,7 | 68,2 |
| 1974 | 7.368,0 | 7.950 | 115.650,0 | 164.702 | 70,2 | 64,9 |
| 1975 | 8.998,0 | 12.300 | 101.320,0 | 152.706 | 66,4 | 48,5 |
| 1976 | 12.149,0 | 15.200 | 234.260,0 | 271.749 | 86,2 | 68,8 |
| 1977 | 15.845,0 | 19.900 | 649.380,0 | 858.078 | 75,7 | 60,2 |
| 1978 | 20.547,0 | 26.200 | 666.890,0 | 917.399 | 72,7 | 57,1 |
| 1979 | 39.591,0 | 47.000 | 874.150,0 | 1.250.422 | 69,9 | 58,9 |
| 1980 | 64.038,0 | 68.500 | 1.280.890,0 | 1.865.782 | 68,7 | 64,3 |
| 1981 | 125.040,0 | 156.000 | 1.965.000,0 | 2.692.831 | 73,0 | 58,6 |
| 1982 | 244.750,0 | 405.000 | 2.859.000,0 | 4.051.075 | 70,6 | 42,5 |
| 1983 | 945.390,0 | 1.330.000 | 12.152.000,0 | 16.086.665 | 75,5 | 53,7 |
| 1984 | 3.010.700,0 | 3.810.000 | 49.218.300,0 | 63.856.383 | 77,1 | 60,9 |
| 1985 | 9.912.000,0 | 15.250.000 | 138.429.800,0 | 194.548.282 | 71,2 | 46,3 |
| 1986 | 14.546.000,0 | 26.500.000 | 305.770.000,0 | 413.530.668 | 73,9 | 40,6 |
| 1987 | 67.146.000,0 | ... | | | | |
| 1988 | 266.076.000,0 | ... | | | | |

Quelle: Erzeugerpreise errechnet in laufenden Werten aus Produktionswert/Produktionsmenge nach: FIBGE, Anuário Estatístico do Brasil, versch. Jahrgänge, sowie Lima et al. (1985), S. 70.

Brasilien

Tabelle 31: Vergleich der Indexentwicklung von Kakaoerzeuger- und -exportpreisen mit der von Verbraucher- und Importpreisen sowie vom Agrarlohn, in Cruzeiros, Brasilien 1938 - 1986, (1960 = 100)

| | I. INDEXENTWICKLUNG | | | I N D I C E S  F Ü R | | | | Agrarlöhne | |
|---|---|---|---|---|---|---|---|---|---|
| | KAKAOERZEUGERPREISE Cr$/arroba | -EXPORTPREISE Cr$/arr. | | Kakaoerzeuger- preise | Kakaoexport- preise | Verbraucherpreise | Importpreise | Mit Erdöl | Ohne Erdöl |
| | A | B | | C | D | E | F | G | H |
| 1938 | 17,4 | 25 | | 3,9 | 1,6 | | | | |
| 1939 | 18,2 | 27 | | 4,0 | 1,7 | | | | |
| 1940 | ... | ... | | ... | | | | | |
| 1941 | ... | 44 | | ... | 2,8 | | | | |
| 1942 | 25,3 | 81 | | 5,6 | 5,2 | | | | |
| 1943 | ... | 46 | | ... | 2,9 | | | | |
| 1944 | ... | 55 | | ... | 3,5 | | | | |
| 1945 | 27,7 | 50 | | 6,2 | 3,2 | 8,6 | 11,7 | | |
| 1946 | 51,7 | 89 | | 11,5 | 5,7 | 9,9 | 14,7 | | |
| 1947 | 99,5 | 161 | | 22,1 | 10,3 | 11,5 | 17,9 | | |
| 1948 | 97,5 | 227 | | 21,7 | 14,5 | 12,9 | 17,4 | | |
| 1949 | 69,2 | 111 | | 15,4 | 7,1 | 13,8 | 16,2 | | |
| 1950 | 101,0 | 167 | | 22,4 | 10,7 | 14,8 | 12,7 | | |
| 1951 | 123,7 | 203 | | 27,5 | 13,0 | 16,4 | 19,0 | | |
| 1952 | 118,3 | 200 | | 26,3 | 12,8 | 19,1 | 18,3 | | |
| 1953 | 187,9 | 484 | | 41,8 | 30,9 | 21,4 | 29,3 | | |
| 1954 | 346,8 | 1.034 | | 77,1 | 65,9 | 24,5 | 42,1 | | |
| 1955 | 311,8 | 838 | | 69,3 | 53,4 | 31,2 | 39,5 | | |
| 1956 | 233,2 | 595 | | 51,8 | 38,0 | 36,3 | 37,0 | | |
| 1957 | 318,8 | 721 | | 70,8 | 46,0 | 43,5 | 47,0 | | |
| | | | | | | 49,7 | | | |

Fots. Tab. 31

| | | | | | | | |
|---|---|---|---|---|---|---|---|
| 1958 | 419,1 | 1.670 | 93,1 | 106,5 | 56,2 | 69,4 | |
| 1959 | 600,9 | 1.754 | 133,5 | 111,9 | 77,4 | 84,4 | |
| 1960 | 450,0 | 1.568 | 100,0 | 100,0 | 100,0 | 100,0 | 100,0 |
| 1961 | 960,0 | 1.800 | 213,3 | 114,8 | 137,0 | 141,2 | 131,0 |
| 1962 | 1.160,0 | 2.546 | 257,8 | 162,4 | 207,8 | 191,8 | 200,0 |
| 1963 | 2.230,0 | 4.414 | 495,6 | 281,5 | 364,5 | 238,0 | 312,8 |
| 1964 | 4.850,0 | 8.885 | 1.077,8 | 566,7 | 694,3 | 427,9 | 580,0 |
| 1965 | 6.070,0 | 8.543 | 1.348,9 | 544,8 | 1.088,9 | 602,3 | 1.049,2 |
| 1966 | 9.850,0 | 14.993 | 2.188,9 | 956,2 | 1.503,0 | 838,7 | 1.442,7 |
| 1967 | 11.720,0 | 20.661 | 2.604,4 | 1.317,7 | 1.927,7 | 1.134,6 | 1.730,3 |
| 1968 | 21.900,0 | 30.951 | 4.866,7 | 1.973,9 | 2.394,6 | 1.499,1 | 2.128,1 |
| 1969 | 33.440,0 | 53.973 | 7.431,1 | 3.442,2 | 2.891,6 | 1.855,9 | 2.552,8 |
| 1970 | 26.680,0 | 44.646 | 5.928,9 | 2.847,3 | 3.463,9 | 2.307,4 | 3.056,2 |
| 1971 | 22.800,0 | 41.080 | 5.066,7 | 2.619,9 | 4.171,7 | 2.936,4 | 3.667,4 |
| 1972 | 34.040,0 | 51.492 | 7.564,4 | 3.283,9 | 4.879,5 | 3.674,3 | 4.386,5 |
| 1973 | 75.410,0 | 98.267 | 16.757,8 | 6.267,0 | 5.617,5 | 4.291,7 | 5.141,6 |
| 1974 | 115.650,0 | 164.702 | 25.700,0 | 10.504,0 | 7.228,9 | 8.803,7 | 6.220,2 |
| 1975 | 101.320,0 | 152.706 | 22.515,6 | 9.738,9 | 9.231,9 | 10.574,0 | 8.467,4 |
| 1976 | 234.260,0 | 271.749 | 52.057,8 | 17.330,9 | 13.042,2 | 12.066,8 | 12.148,3 |
| 1977 | 649.380,0 | 858.078 | 144.306,7 | 54.724,4 | 18.614,5 | 15.422,0 | 17.528,1 |
| 1978 | 666.890,0 | 917.399 | 148.197,8 | 58.507,6 | 25.813,3 | 19.947,1 | 23.382,7 |
| 1979 | 874.150,0 | 1.250.422 | 194.255,6 | 79.746,3 | 39.744,0 | 36.321,4 | 38.238,2 |
| 1980 | 1.280.890,0 | 1.865.782 | 284.642,2 | 118.991,2 | 79.578,3 | 94.795,9 | 74.283,1 |
| 1981 | 1.965.000,0 | 2.692.831 | 436.666,7 | 171.736,7 | 167.033,1 | 180.675,8 | 154.211,2 |
| 1982 | 2.859.000,0 | 4.051.075 | 635.333,3 | 258.359,4 | 326.445,8 | 322.649,5 | 314.337,1 |
| 1983 | 12.152.000,0 | 16.086.665 | 2.700.444,4 | 1.025.935,3 | 830.918,7 | 911.030,9 | 642.764,0 |
| 1984 | 49.218.300,0 | 63.856.383 | 10.937.400,0 | 4.072.473,4 | 2.381.536,1 | 2.666.764,2 | 2.183.730,3 |
| 1985 | 138.429.800,0 | 194.548.282 | 30.762.177,8 | 12.407.415,9 | 7.751.054,2 | 8.683.835,8 | 5.614.382,0 |
| 1986 | 305.770.000,0+ | 413.530.668 | 67.948.888,9 | 26.373.129,3 | 18.781.988,0 | 15.977.319,6 | ... |

Forts. Tab. 31

II. VERHÄLTNIS DER ERZEUGERPREISENTWICKLUNG ZU EXPORT-, VERBRAUCHER- UND IMPORTPREISEN SOWIE AGRARLÖHNEN; TERMS OF TRADE

| | A:B*100 | C:Dx100 | C:Ex100 | C:Fx100 | C:Gx100 | C:Hx100 | D:Fx100 | D:Gx100 |
|---|---|---|---|---|---|---|---|---|
| 1938 | 69,6 | 243,8 | | | | | | |
| 1939 | 7,4 | 235,3 | | | | | | |
| 1940 | | | | | | | | |
| 1941 | 0,0 | 0,0 | | | | | | |
| 1942 | 31,2 | 107,7 | | | | | | |
| 1943 | 0,0 | 0,0 | | | | | | |
| 1944 | 0,0 | 0,0 | 0,0 | | | | | |
| 1945 | 55,4 | 193,8 | 62,6 | 53,0 | | | 27,4 | |
| 1946 | 58,1 | 201,8 | 100,0 | 78,2 | | | 38,8 | |
| 1947 | 61,8 | 214,6 | 171,3 | 123,5 | | | 57,5 | |
| 1948 | 43,0 | 149,7 | 157,3 | 124,7 | | | 83,3 | |
| 1949 | 62,3 | 216,9 | 104,1 | 95,1 | | | 43,8 | |
| 1950 | 60,5 | 209,4 | 136,6 | 176,4 | | | 84,3 | |
| 1951 | 60,9 | 211,5 | 144,0 | 144,7 | | | 68,4 | |
| 1952 | 59,2 | 205,5 | 122,9 | 143,7 | | | 70,0 | |
| 1953 | 38,8 | 135,3 | 170,6 | 142,7 | | | 105,5 | |
| 1954 | 33,5 | 117,0 | 247,1 | 183,1 | | | 156,5 | |
| 1955 | 37,2 | 129,8 | 190,9 | 175,4 | | | 135,2 | |
| 1956 | 39,2 | 136,3 | 119,1 | 140,0 | | | 102,7 | |
| 1957 | 44,2 | 153,9 | 142,5 | 150,6 | | | 97,9 | |
| 1958 | 25,1 | 87,4 | 165,7 | 134,2 | | | 153,5 | |
| 1959 | 34,3 | 119,3 | 172,5 | 158,2 | | | 132,6 | |
| 1960 | 28,7 | 100,0 | 100,0 | 100,0 | | 100,0 | 100,0 | |
| 1961 | 53,3 | 185,8 | 155,7 | 151,1 | | 162,8 | 81,3 | |
| 1962 | 45,6 | 158,7 | 124,1 | 134,4 | | 128,9 | 84,7 | |
| 1963 | 50,5 | 176,1 | 136,0 | 208,2 | | 158,4 | 118,3 | |

Forts. Tab 31

| Jahr | | | | | | |
|---|---|---|---|---|---|---|
| 1964 | 54,6 | 190,2 | 155,2 | 251,9 | 1.077,8 | 185,8 | 132,4 | 566,7 |
| 1965 | 71,1 | 247,6 | 123,9 | 224,0 | 868,6 | 128,6 | 90,5 | 350,8 |
| 1966 | 65,7 | 228,9 | 145,8 | 261,0 | 1.059,5 | 151,7 | 114,0 | 462,8 |
| 1967 | 56,7 | 197,7 | 135,1 | 229,5 | 975,4 | 150,5 | 116,1 | 493,5 |
| 1968 | 70,8 | 246,6 | 203,2 | 324,6 | 1.452,3 | 228,7 | 131,7 | 589,1 |
| 1969 | 62,0 | 215,9 | 257,0 | 400,4 | 1.739,5 | 291,1 | 185,5 | 805,8 |
| 1970 | 59,8 | 208,2 | 171,2 | 257,0 | 1.062,9 | 194,0 | 123,4 | 510,5 |
| 1971 | 55,5 | 193,4 | 121,5 | 172,6 | 709,5 | 138,2 | 89,2 | 366,9 |
| 1972 | 66,1 | 230,4 | 155,0 | 205,9 | 796,8 | 172,5 | 89,4 | 345,9 |
| 1973 | 76,7 | 267,4 | 298,3 | 390,5 | 1.351,9 | 325,9 | 146,0 | 505,6 |
| 1974 | 70,2 | 244,7 | 355,5 | 291,9 | 1.300,9 | 413,2 | 119,3 | 531,7 |
| 1975 | 66,4 | 231,2 | 243,9 | 212,9 | 837,2 | 265,9 | 92,1 | 362,1 |
| 1976 | 86,2 | 300,4 | 399,2 | 431,4 | 1.814,0 | 428,5 | 143,6 | 603,9 |
| 1977 | 75,7 | 263,7 | 775,2 | 935,7 | 4.163,9 | 823,3 | 354,9 | 1.579,0 |
| 1978 | 72,7 | 253,3 | 574,1 | 743,0 | 3.338,0 | 633,8 | 293,3 | 1.317,8 |
| 1979 | 69,9 | 243,6 | 488,8 | 534,8 | 2.406,8 | 508,0 | 219,6 | 988,1 |
| 1980 | 68,7 | 239,2 | 357,7 | 300,3 | 1.757,3 | 383,2 | 125,5 | 734,6 |
| 1981 | 73,0 | 254,3 | 261,4 | 241,7 | 1.395,9 | 283,2 | 95,1 | 549,0 |
| 1982 | 70,6 | 245,9 | 194,6 | 196,9 | 1.180,3 | 202,1 | 80,1 | 480,0 |
| 1983 | 75,5 | 263,2 | 325,0 | 296,4 | 1.788,5 | 420,1 | 112,6 | 679,5 |
| 1984 | 77,1 | 268,6 | 459,3 | 410,1 | | 500,9 | 152,7 | |
| 1985 | 71,2 | 247,9 | 396,9 | 354,3 | | 547,9 | 142,9 | |
| 1986 | 73,9 | 257,6 | 361,8 | 425,3 | | | 65,1 | |

1 arroba = 15 kg  + Sept. 86

Quellen: Erzeugerpreise: Tab. 36. Exportpreise 1933 - 1980: Lemos et al. (1984), S. 399 - 400. Verbraucherpreisindex: conjuntura econômica, versch. Ausgaben. Importpreisindex berechnet nach Rohdaten in: 1945 - 1962: Ministério da Fazenda/Secretaria da Receita Federal (1970), S. 9; 1963 - 1983: Dto. (1984), S. 13. 1984 - 1987: Dezember-Werte in: conjuntura econômica, August 1988, S. 84. Werte ohne Erdöl nach: Banco do Brasil/CACEX (1984), S. 503

Tabelle 32: Erzeugerpreise, inputpreise und regionale Mindestlöhne bei der Kakaoproduktion, Bahia 1966-1986, nominale Werte, Indices und Preisverhältnis

I. Nominale Werte

| | ERZEUGERPREIS (15-kg-arroba) | | ARBORIZIDPREIS (Liter) | | KALKPREIS (50-kg-Sack) | | FUNGIZIDPREIS (25-kg-Sack) | | INSEKTIZIDPREIS (25-kg-Sack) | | DÜNGERPREIS (50-kg-Sack) | | REGIONALE MINDESTLÖHNE | |
|---|---|---|---|---|---|---|---|---|---|---|---|---|---|---|
| | A | | B | | C | | D | | E | | F | | G | |
| | Cr$ | US$ | Cr$ | US$ | Cr$ | US$ | Cr$ | US$ | Cr$ | US$ | Cr$ | US$ | Cr$ | US$ |
| 1966 | 9,8 | 4,4 | 0,6 | 0,2 | 2,0 | 0,9 | 35,0 | 15,8 | 3,0 | 1,4 | 7,0 | 3,2 | 61,2 | 27,6 |
| 1967 | 11,7 | 4,1 | 1,1 | 0,4 | 2,2 | 0,8 | 82,5 | 28,8 | 3,5 | 1,2 | 6,8 | 2,4 | 77,0 | 26,9 |
| 1968 | 21,9 | 6,1 | 1,6 | 0,4 | 2,2 | 0,6 | 100,0 | 28,0 | 4,4 | 1,2 | 8,0 | 2,2 | 94,7 | 26,5 |
| 1969 | 33,4 | 8,2 | 18,4 | 4,5¹ | 2,1 | 0,5 | 120,0 | 29,6 | 5,4 | 1,3 | 28,5 | 7,0 | 113,6 | 28,0 |
| 1970 | 26,7 | 5,8 | 18,4 | 4,0 | 2,1 | 0,5 | 120,0 | 26,3 | 6,5 | 1,4 | 27,0 | 5,9 | 136,0 | 29,8 |
| 1971 | 22,8 | 4,3 | 25,5 | 4,8 | 2,2 | 0,4 | 85,0 | 16,2 | 7,2 | 1,4 | 26,0 | 4,9 | 163,2 | 31,1 |
| 1972 | 34,0 | 5,7 | 30,0 | 5,0 | 2,5 | 0,4 | 120,0 | 20,1 | 6,5 | 1,1 | 27,0 | 4,5 | 136,0 | 22,7 |
| 1973 | 75,4 | 12,3 | 30,0 | 4,9 | 3,2 | 0,5 | 120,0 | 19,6 | 9,2 | 1,5 | 39,5 | 6,5 | 228,8 | 37,4 |
| 1974 | 115,6 | 16,8 | 32,5 | 4,7 | 5,5 | 0,8 | 150,0 | 21,8 | 17,7 | 2,6 | 107,5 | 15,6 | 276,8 | 40,3 |
| 1975 | 101,3 | 12,3 | 50,0 | 6,1 | 9,0 | 1,1 | 275,7 | 33,5 | 35,0 | 4,2 | 114,8 | 13,9 | 376,8 | 45,8 |
| 1976 | 234,3 | 21,8 | 77,0 | 7,2 | 14,0 | 1,3 | 394,5 | 36,8 | 42,5 | 4,0 | 115,7 | 10,8 | 540,6 | 50,4 |
| 1977 | 649,4 | 45,3 | 90,0 | 6,3 | 24,0 | 1,7 | 525,0 | 36,7 | 62,5 | 4,4 | 147,1 | 10,3 | 780,0 | 54,5 |
| 1978 | 666,9 | 36,8 | 110,0 | 6,1 | 29,0 | 1,6 | 657,7 | 36,3 | 73,7 | 4,1 | 200,5 | 11,1 | 1.040,6 | 57,5 |
| 1979 | 874,1 | 33,9 | 192,0 | 7,5 | 41,0 | 1,6 | 1.123,9 | 43,6 | 115,0 | 4,5 | 312,2 | 12,1 | 1.701,6 | 66,1 |
| 1980 | 1.280,9 | 23,5 | 352,9 | 6,5 | 85,9 | 1,6 | 2.429,3 | 44,6 | 214,3 | 3,9 | 780,7 | 14,3 | 3.305,6 | 60,7 |
| 1981 | 1.965,0 | 21,0 | 613,3 | 6,6 | 183,3 | 2,0 | 5.103,3 | 54,6 | 600,3 | 6,4 | 1.385,2 | 14,8 | 6.865,0 | 73,5 |
| 1982 | 2.859,0 | 15,6 | 1.450,0 | 7,9 | 285,0 | 1,5 | 8.778,3 | 47,8 | 1.122,5 | 6,1 | 2.720,0 | 14,8 | 14.221,8 | 77,4 |
| 1983 | 12.151,8 | 20,6 | 3.038,3 | 5,1 | 596,2 | 1,0 | 19.943,3 | 33,8 | 2.265,0 | 3,8 | 6.799,2 | 11,5 | 30.755,2 | 52,1 |
| 1984 | 49.218,3 | 26,7 | 7.450,0 | 4,0 | 1.815,0 | 1,0 | 88.721,0 | 48,1 | 12.724,0 | 6,9 | 26.125,0 | 14,2 | 81.705,3 | 44,3 |
| 1985 | 138.429,8 | 22,2 | 25.595,8 | 4,1 | 7.243,3 | 1,1 | 368.666,7 | 59,2 | 51.163,3 | 8,2 | 82.666,7 | 13,3 | 600.000,0 | 96,4 |
| 1986 | 305.770,0 | 22,4 | 92.030,0 | 6,7 | 18.790,0 | 1,4 | 782.000,0 | 57,3 | 107.190,0 | 7,8 | 167.540,0 | 12,3 | 804.000,0 | 58,9 |

¹ Ab 1969 wurde das von der Forschungsabteilung der CEPLAC empfohlene Entlaubungsmittel CEPEC durch das teurere Tordon 101 im Angebot abgelöst.
² Ab September 1984 wird Malatol 2% statt BHC eingesetzt.

(Forts. nächste S.)

Tabelle 32: (Forts.)

## II. Entwicklung von Indices und Wechselkurs

## III. Entwicklung der terms of trade für Kakao-Erzeugerpreis

| | A | B | C | D | E | F | G | 1 US$=Cr$ H | A:B | A:C J | A:D K | A:E L | A:F M | A:G N |
|---|---|---|---|---|---|---|---|---|---|---|---|---|---|---|
| 1966 | 100 | 100 | 100 | 100 | 100 | 100 | 100 | 2,21 | 1,0 | 1,0 | 1,0 | 1,0 | 1,0 | 1,0 |
| 1967 | 119 | 189 | 110 | 236 | 117 | 97 | 126 | 2,86 | 0,6 | 1,1 | 0,5 | 1,0 | 1,2 | 0,9 |
| 1968 | 222 | 277 | 109 | 286 | 147 | 114 | 155 | 3,58 | 0,8 | 2,0 | 0,8 | 1,5 | 1,9 | 1,4 |
| 1969 | 339 | 3.228 | 107 | 343 | 180 | 407 | 186 | 4,05 | 0,1 | 3,2 | 1,0 | 1,9 | 0,8 | 1,8 |
| 1970 | 271 | 3.228 | 107 | 343 | 217 | 386 | 222 | 4,56 | 0,1 | 2,5 | 0,8 | 1,2 | 0,7 | 1,2 |
| 1971 | 231 | 4.474 | 113 | 343 | 242 | 371 | 222 | 5,25 | 0,1 | 2,0 | 1,0 | 1,0 | 0,6 | 1,0 |
| 1972 | 346 | 5.263 | 125 | 343 | 217 | 386 | 267 | 5,98 | 0,1 | 2,8 | 1,0 | 1,6 | 0,9 | 1,6 |
| 1973 | 766 | 5.263 | 163 | 343 | 306 | 564 | 374 | 6,10 | 0,1 | 4,7 | 2,2 | 2,5 | 1,4 | 2,0 |
| 1974 | 1.174 | 5.702 | 275 | 429 | 589 | 1.536 | 452 | 6,87 | 0,2 | 4,3 | 2,7 | 2,0 | 0,8 | 2,6 |
| 1975 | 1.029 | 8.772 | 450 | 788 | 1.167 | 1.640 | 616 | 8,22 | 0,1 | 2,3 | 1,3 | 0,9 | 0,6 | 1,7 |
| 1976 | 2.378 | 13.509 | 700 | 1.127 | 1.417 | 1.653 | 883 | 10,73 | 0,2 | 3,4 | 2,1 | 1,7 | 1,4 | 2,7 |
| 1977 | 6.593 | 15.789 | 1.200 | 1.500 | 2.083 | 2.102 | 1.275 | 14,31 | 0,4 | 5,5 | 4,4 | 3,2 | 3,1 | 5,2 |
| 1978 | 6.771 | 19.298 | 1.450 | 1.879 | 2.457 | 2.864 | 1.700 | 18,10 | 0,4 | 4,7 | 3,6 | 2,8 | 2,4 | 4,0 |
| 1979 | 8.875 | 33.684 | 2.050 | 3.211 | 3.833 | 4.460 | 2.780 | 25,75 | 0,3 | 4,3 | 2,8 | 2,3 | 2,0 | 3,2 |
| 1980 | 13.004 | 61.914 | 4.294 | 6.941 | 7.144 | 11.153 | 5.401 | 54,47 | 0,2 | 3,0 | 1,9 | 1,8 | 1,2 | 2,4 |
| 1981 | 19.949 | 107.602 | 9.167 | 14.581 | 20.011 | 19.788 | 11.217 | 93,44 | 0,2 | 2,2 | 1,4 | 1,0 | 1,0 | 1,8 |
| 1982 | 29.025 | 254.386 | 14.250 | 25.081 | 37.417 | 38.857 | 23.238 | 183,69 | 0,1 | 2,0 | 1,2 | 0,8 | 0,7 | 1,2 |
| 1983 | 123.369 | 533.040 | 29.813 | 56.981 | 75.500 | 97.132 | 50.254 | 590,34 | 0,2 | 4,1 | 2,2 | 1,6 | 1,3 | 2,5 |
| 1984 | 499.678 | 1.307.018 | 90.750 | 253.489 | 424.133 | 373.214 | 133.505 | 1.845,29 | 0,4 | 5,5 | 2,0 | 1,2 | 1,3 | 3,7 |
| 1985 | 1.405.379 | 4.490.496 | 362.167 | 1.053.333 | 1.705.444 | 1.180.952 | 980.392 | 6.222,28 | 0,3 | 3,9 | 1,3 | 0,8 | 1,2 | 1,4 |
| 1986 | 3.104.264 | 16.145.614 | 939.500 | 2.234.286 | 3.573.000 | 2.393.429 | 1.313.725 | 13.655,00 | 0,2 | 3,3 | 1,4 | 0,9 | 1,3 | 2,4 |

Forts. Tab. 32

IV. Entwicklung der Kaufkraft einer Arroba Kakao *)

| | A:B | A:C | A:D | A:E | A:F | A:G |
|---|---|---|---|---|---|---|
| 1966 | 17,3 | 4,9 | 0,3 | 3,3 | 1,4 | 0,2 |
| 1967 | 10,8 | 5,3 | 0,1 | 3,3 | 1,7 | 0,1 |
| 1968 | 13,9 | 10,1 | 0,2 | 5,0 | 2,7 | 0,2 |
| 1969 | 1,8 | 15,7 | 0,3 | 6,2 | 1,2 | 0,3 |
| 1970 | 1,4 | 12,5 | 0,2 | 4,1 | 1,0 | 0,2 |
| 1971 | 0,9 | 10,1 | 0,3 | 3,1 | 0,9 | 0,1 |
| 1972 | 1,1 | 13,6 | 0,3 | 5,2 | 1,3 | 0,2 |
| 1973 | 2,5 | 23,2 | 0,6 | 8,2 | 1,9 | 0,3 |
| 1974 | 3,6 | 21,0 | 0,8 | 6,5 | 1,1 | 0,4 |
| 1975 | 2,0 | 11,3 | 0,4 | 2,9 | 0,9 | 0,3 |
| 1976 | 3,0 | 16,7 | 0,6 | 5,5 | 2,0 | 0,4 |
| 1977 | 7,2 | 27,1 | 1,2 | 10,4 | 4,4 | 0,8 |
| 1978 | 6,1 | 23,0 | 1,0 | 9,0 | 3,3 | 0,6 |
| 1979 | 4,5 | 21,3 | 0,8 | 7,6 | 2,8 | 0,5 |
| 1980 | 3,6 | 14,9 | 0,5 | 6,0 | 1,6 | 0,4 |
| 1981 | 3,2 | 10,7 | 0,4 | 3,3 | 1,4 | 0,3 |
| 1982 | 2,0 | 10,0 | 0,3 | 2,5 | 1,0 | 0,2 |
| 1983 | 4,0 | 20,4 | 0,6 | 5,4 | 1,8 | 0,4 |
| 1984 | 6,6 | 27,1 | 0,5 | 3,9 | 1,9 | 0,6 |
| 1985 | 5,4 | 19,1 | 0,4 | 2,7 | 1,7 | 0,2 |
| 1986 | 3,3 | 16,3 | 0,4 | 2,8 | 1,8 | 0,4 |

*) Verhältnis zwischen nominalen Preise für 1 arroba Kakao und entsprechende Inputmengen bzw. Mindestlohn.

Quellen: CEPLAC/DEPEX-DEPAD in: Lima (1982), S.16; CEPLAC/DISEC (1987); Conjuntura Econômica, April 1988, S. 54; FIBGE (1987), S. 416.

Es wurde bisher die Entwicklung der Durchschnittspreise verglichen. Tatsächlich jedoch wird den Produzenten kein Einheitspreis gezahlt. Es gibt z. T. erhebliche Preisunterschiede. Die Bohnenqualität spielt natürlich eine Rolle ebenso wie die Struktur der Anbieter (und beides hängt bis zu einem gewissen Grade miteinander zusammen): Lohnbetriebe erhalten durchweg höhere Preise als Familienbetriebe, wobei das Preisgefälle zwischen 25% und über 100% betragen kann[1]. Die geringeren finanziellen Ressourcen, minderwertigere Bohnenqualität und vor allem schwächere Verhandlungsmacht der (familiären) Kleinbetriebe gegenüber den (größeren) Lohnbetrieben mögen dabei eine Rolle spielen. So wurde beispielsweise der (besonders ungünstige) Vorausverkauf der Kakaoernte, wie eine neuere Untersuchung im bahianischen Kakaokerngebiet belegt, vor allem von Bauern mit niedrigem technologischen Stand sowie mit niedrigem Grad an aktiver gesellschaftlicher Partizipation getätigt; der dabei erzielte Verkaufswert belief sich durchschnittlich auf Cr$ 177,92, während der durchschnittliche Marktwert zum Lieferzeitpunkt mehr als doppelt so hoch war (nämlich Cr$ 374,19)[2]. Ein Grund für die schwache Verhandlungsposition der Familienbetriebe sind die fehlenden Lagermöglichkeiten: Eine Umfrage vom Jahre 1975/1976 bei 221 Kleinbetrieben (d.h. mit einer Jahresproduktion von bis zu 800 arrobas) der bahianischen Kakaoregion I ermittelte einen mittleren Kakaopreis, der lediglich bei 81,8% (1975) oder gar 41,9% (1976) des in Bahia erzielbaren Erzeugerpreises lag; dabei gaben nur ca.

---

[1] Vgl. beispielsweise: Semenzato (1962), S. 432; darin stellte der Autor 1963 ein Preisgefälle von Cr$ 2.000,00 zu Cr$ 1.000,00 zwischen dem Marktwert für die Kakaoproduktion des größten (147 ha) und des kleinsten (16 ha) Kakaobetriebes fest. Rezende (1978, S. 94) ermittelte aufgrund der Ergebnisse der großen CEPLAC-Erhebung von 1972/73 ein erhebliches Gefälle im Erzeugerpreis zugunsten der Lohnbetriebe, die mit Cr$ 61,50 je arroba 35,2% mehr einnahmen als die Familienbetriebe. Auch Navarro/Asmar (1978), S. 87-91, bestätigen diese Beobachtung insoweit, als sie für 1975/1976 auf der Basis der Angaben von 221 befragten Kleinbauern einen mittleren Erzeugerpreis zwischen Cr$ 98,96 und 96,03 je arroba feststellten, während der durchschnittliche Erzeugerpreis in Bahia bei Cr$ 120,07 (1975) bzw. 234,26 (1976) je arroba lag (vgl. CEPLAC 1978, S. 259 sowie COGEP-/CEPLAC (1977), S.83, die für das Erntejahr 1975/76 Cr$ 108,66 angibt).

[2] Ihr Anteil belief sich auf 51 % aller Befragten; von insgesamt 29 Bauern mit niedrigem technologischen Stand bejahten 28 die Frage, ob sie ihre Ernte im voraus verkauft hätten; von den 55 befragten Bauern mit mittlerem technologischen Niveau gaben noch 20 eine positive Antwort auf diese Frage; von den 12 mit hohem technologischen und partizipatorischen Niveau war es nur noch 1. Vgl. Sauer (1981) S. 138-140.

30% der befragten Bauern an, in Abwartung besserer Erzeugerpreise die Ernte zu lagern³. Die weitreichenden Folgen dieser schwachen Verhandlungsposition werden besonders in der Annahme der dem Vorausverkauf der Ernte gemeinhin zugrundegelegten Vertragsbedingungen deutlich. Nach einem bei der Kakaovermarktung in Bahia üblichen Vertragsmuster werden beispielsweise folgende Klauseln festgesetzt, die sämtlich zum Vorteil des Käufers gereichen: a) Die Beurteilung der Bohnenqualität wird dem Käufer vorbehalten; die bei Unstimmigkeiten vorgesehene Möglichkeit der Einschaltung einer Schiedskommission wird von dem zumeist auf eine Sofortzahlung angewiesenen Verkäufer aus praktischen Gründen kaum wahrgenommen. b) Falls die vereinbarte Menge nicht geliefert werden kann, wird der fehlende Teil zum aktuellen Tagespreis als Schuld verrechnet; damit erhöht sich die finanzielle Belastung des Verkäufers um die meist ansehnliche Differenz zwischen dem vereinbarten Verkaufspreis und dem aktuellen Tagespreis. c) Mit der Festsetzung des Gerichtsorts auf den eigenen Wohnsitz sichert sich der Käufer in Form von persönlichen Beziehungen zum Gerichtspersonal u. dgl. m. einen weiteren Vorsprung gegenüber dem Verkäufer. d) Auf die vereinbarte Vorauszahlung durch den Käufer muß der Verkäufer auch noch Zinsen bezahlen, die oft die der Banken um ein Vielfaches übersteigen: im ersten Halbjahr 1980 lagen sie beispielsweise bei 4% monatlich, während die der offiziellen Banken 1,5% betrugen⁴. Die Auswirkungen dieser Vertragsbedingungen sind für die Existenz des Familienbetriebs besonders dann verheerend, wenn ein beträchtlicher Teil der Ernte davon betroffen wird⁵. Bei 11% der von Sauer⁶ befragten Bauern erstreckten sich die Vorausverkaufsverpflichtungen sogar auf die Ernte der zwei folgenden Jahre. Auch beim Barverkauf der Ernte wirkt sich die subjektiv und

---

³ In ihrer Analyse der Ergebnisse weisen Navarro/Asmar detailliert nach, daß die in den einzelnen Ortschaften erzielten Erzeugerpreise keinen Zusammenhang mit gemeinhin angenommenen Variablen wie Informationsquelle und verkehrsmäßiger Erschließung aufweisen: Vgl. Navarro/Asmar (1978) S. 87, 89 und 90.

⁴ Vgl. Baiardi (1984), S. 108-9.

⁵ Oben genannte Umfrage vom Jahre 1976 bei 221 Kleinbetrieben der Kakaoregion I stellte für die Bauern, die ihre Ernte im Voraus verkauften, einen Anteil von 48% fest; von diesen wiederum verkauften lediglich 22 Kleinbauern höchstens 10% ihrer Ernte im Voraus; 39 setzten zwischen 10 und 50% der Ernte im Voraus ab; bei 19 Kleinbauern erreichten die Vorausverkäufe das vermutlich existenzgefährdende Volumen von 50 bis 100% der Ernte. Vgl. Navarro/Asmar (1978), S. 18 - 27 sowie 91.

⁶ Vgl. Sauer (1981), S. 139.

objektiv schwache Verhandlungsposition der Familienbetriebe negativ auf deren Preisrealisierungschancen aus. Dies trifft insbesondere dann zu, wenn der Abnehmer ein größerer Kakaoproduzent ist, der die angekaufte Produktion zum Zweck des Weiterverkaufs der eigenen einverleibt. Als Kakaoproduzent und -händler in Personalunion gehört der größere Kakaoproduzent zur "Kakaobourgeoisie", d.h. zu derselben Schicht wie die Kakaoexporteure auch. Diese Mitgliedschaft ist die faktische Grundlage für eine Vorzugsbehandlung durch die Exporthäuser, an deren Preisen sich auch die industriellen Aufkäufer orientieren. Somit existieren mindestens zwei Produzentenpreise: der niedrigere für die zu den untergeordneten sozialen Schichten zählenden Familienbetriebe; der höhere für die zur "Kakaobourgeoisie" gehörenden Lohnbetriebe[7].

Das hat Konsequenzen für die absolute Höhe der Einkommen der Kakaoproduzenten, die damit nicht nur von der Größe der Betriebe und deren Produktivität, sondern eben auch von den so unterschiedlich erzielten Produzentenpreisen abhängt.

## 7.2 Die Einkommen von Kakaoproduzenten und Landarbeitern

Untersuchungen über Entstehung und Verwendung des Einkommens der Kakaobetriebe sind lediglich für kleinere Betriebe vorhanden, und selbst diese sind bereits älteren Datums (1976[8] und 1978[9]). Umfassende Untersuchungen über Einkommensverhältnisse und Lebensstandard der Kakaobauern in Südbahia - einschließlich der Großbetriebe - wurden zwischen 1979 und 1981 im Auftrag der CEPLAC durchgeführt, aber deren Ergebnisse waren bei Redaktionsschluß größtenteils noch nicht ausgewertet worden.

Die CEPLAC-Untersuchung von 1972 (vgl. Tab. 33) ergab, daß die Einkommen der Kakaobetriebe (pro ha) deutlich über den Einkommen von Betrieben mit anderen Anbaukulturen (z. B. Palmöl, Maniok) lagen, daß unter den Kakaoproduzenten die Lohnbetriebe mit US$ 31/ha ein um die Hälfte höheres Familieneinkommen je Hektar erwirtschafteten als die Familienbetriebe (US$ 20/ha). Bei einer durchschnittlichen Größe der untersuchten Betriebe von 24 ha (Familien-) und 100 ha (Lohnbetriebe) ergab dies ein durchschnittliches

---

[7] Vgl. Freitas (1979), S. 24. Ebenso: Baiardi (1984), S. 90.
[8] Vgl. Navarro/Asmar (1978).
[9] Vgl. Barros (1982).

Tabelle 33: Vergleich zwischen Familien- und Lohnbetrieben hinsichtlich des Betriebseinkommens nach angebauter Kultur, Bahia, Kakaoregion III, CEPLAC-Stichprobe von 1972 (in ha und US$)

| KULTUR | DURCHSCHNITTSFLÄCHE | | | ERZEUGEREINKOMMEN/HA | | | FAMILIENEINKOMMEN/HA | | |
|---|---|---|---|---|---|---|---|---|---|
| | Familien-betriebe | Lohn-betr. | Lohnbetr.:Familienbet. | Familien-betriebe | Lohn-betr. | Lohnbetr.:Familienbet. | Familien-betriebe | Lohn-betr. | Lohnbetr.:Familienbet. |
| Kakao | 23,77 | 100,42 | 4,2 | 4,54 | 29,64 | 6,5 | 19,77 | 30,94 | 1,6 |
| Palmöl | 20,93 | 78,11 | 3,7 | -6,65 | -1,32 | 0,2 | 7,64 | 0,03 | 0,0 |
| Maniok | 19,47 | 44,85 | 2,3 | -6,52 | 6,68 | (1,0) | 10,97 | 9,68 | 0,9 |
| Viehzucht | 83,64 | 365,99 | 4,4 | 9,50 | 18,40 | 1,9 | 14,27 | 18,74 | 1,3 |
| Famil.-/Lohn-betr. insg. * | 30,51 | 185,88 | 6,1 | 1,60 | 20,59 | 12,9 | 12,81 | 21,27 | 1,7 |

| | DURCHSCHN. ERZEUGEREINK. | | | DURCHSCHN. FAMILIENEINKOMMEN | | | | | |
|---|---|---|---|---|---|---|---|---|---|
| | Familien-betriebe | Lohn-betr. | Lohnbetr.:Familienbet. | Familien-betriebe | Lohn-betr. | Lohnbetr.:Familienbet. | | | |
| Kakao | 107,92 | 2.976,45 | 27,6 | 469,99 | 3.106,99 | 6,61 | | | |
| Palmöl | -139,18 | -103,10 | 0,7 | 159,91 | 2,34 | 0,01 | | | |
| Maniok | -126,94 | 299,60 | (2,4) | 213,59 | 434,25 | 2,03 | | | |
| Viehzucht | 794,58 | 6.734,22 | 8,5 | 1.193,54 | 6.858,65 | 5,75 | | | |
| Famil.-/Lohn-betr. insg. * | 48,82 | 3.827,27 | 78,4 | 390,83 | 3.953,67 | 10,12 | | | |

Anmerkungen:
- Das Erzeugereinkommen (s. Tab. 24) schließt nicht die Entlohnung der Familienarbeitskraft ein: das Familieneinkommen setzt sich aus Erzeugereinkommen und Entlohnung der Familienarbeitskraft zusammen.
- Durchschnittliches Betriebseinkommen (3) = Betriebseinkommen je ha (2) x Durchschnittsfläche (1).
* Unter Berücksichtigung aller übrigen Kulturen, einschl. Mischkulturen wie Kakao+Maniok und vor allem Kakao+Viehzucht

Quelle: Tabelle 21

Familieneinkommen von jeweils US$ 470 p.a. und US$ 3.104 p.a. Der kleine Kakaoproduzent verdiente so deutlich mehr als andere Kleinbauern - allerdings erreichte er damit kaum mehr als ein Arbeiter, der den gesetzlichen Mindestlohn erhielt und das ganze Jahr beschäftigt war (US$ 35 im Monat bzw. US$ 448 p.a.)[10]. Dies ist übrigens der Grund, weshalb Landarbeitergewerkschaften auch Kleinbauern als Mitglieder zulassen. Nur bei den Lohnbetrieben ließen die Einkommen im Jahre 1972 mit etwa dem Siebenfachen eines Mindestlohnes - nach Abzug der für den Eigenunterhalt der Familie notwendigen Ausgaben [11] - einen gewissen Spielraum für Ersparnisbildung und Investitionen. Dabei muß man jedoch bedenken, daß fast die Hälfte aller Familienbetriebe im Kakao-Kerngebiet (Kakaoregion I) nur einen Bruchteil der Betriebsgröße von 23,77 ha erreicht, mit der erst das Einkommensniveau eines Mindestlohnes bei der gegebenen Rentabilitätslage erzielt wird[12]. Einen Ausweg für die damit verbundene Existenzbedrohung sucht der Familienbetrieb häufig in der Lohnarbeit bei Lohnbetrieben der Region. Diese Funktion des Familienbetriebes als billige Arbeitskraftreserve für Lohnbetriebe ist mit ein Grund für die überlegene Wirtschaftlichkeit der Lohnbetriebe, wie sie aus Tabelle 33 ersichtlich wird: Gemessen am gesamten Erzeugereinkommen (Hektar-Erzeugereinkommen mal durchschnittliche Hektarzahl) übertrifft sie die der Familienbetriebe um das 27,7fache. Diese Überlegenheit fällt deshalb so hoch aus, weil bei der Ermittlung des Erzeugereinkommens die Entlohnung der bei beiden Betriebstypen unterschiedlich wichtigen Familienarbeitskraft außer acht bleibt. Entsprechend reduziert sich diese Überlegenheit beim Vergleich der jeweiligen Familieneinkommen auf das 6,6fache.

---

[10] Oder monatlich Cr$ 206,40 bzw. jährlich 2.683,20 (einschließlich des gesetzlichen 13. Monatsgehaltes, vgl. EMBRAPA (1985), S. 63).

[11] Diese Ausgaben belaufen sich bei Kleinproduzenten ("burareiros") auf 60%, nach einer Schätzung vor Ort durch Barros (1982), S. 328 und 398-400.

[12] In dem Kakao-Kerngebiet (Kakaoregion I) haben 48,4% der 997 befragten Familienbetriebe eine Betriebsgröße von weniger als 20 ha; bei den Lohnbetrieben beläuft sich der Anteil der Betriebe mit bis zu 20 ha auf 23,7%; doch bei den gegebenen Hektareinnahmen eines Lohnbetriebes genügen schon 14,5 ha, um den Gegenwert eines Mindestlohnes zu erreichen. Vgl. Souza (1976), S. 41.

Ein etwas anderes Bild vermittelt eine drei Jahre später durchgeführte Untersuchung über Kakao-Kleinproduzenten in der Kakaoregion I[13], die nicht nur das Betriebseinkommen aus dem Kakaoanbau, sondern alle Einkommen der befragten Haushalte zu ermitteln versuchte (vgl. Tab. 34). Von den erfaßten Betrieben (24 - 30 ha groß) wurden allerdings nur 7-8 ha mit Kakao kultiviert, durch den zwischen 59 - 78% der Bruttoeinnahmen erwirtschaftet wurden. Die Nettoeinkommen je Haushalt wurden zwischen US$ 1.800 und US$ 2.800 errechnet, wobei die Betriebsausgaben möglicherweise nicht ganz vollständig erfaßt wurden; ferner blieben auch die nicht-monetären Einkommen und die bei auswärtiger Beschäftigung erzielten Lohneinnahmen außer acht.

Tabelle 34: Anteil der Kakao- und sonstigen Einnahmen am Haushaltseinkommen von Kleinproduzenten in drei Munizipien von Bahias Kakaoregion I, 1975/1976, Angaben in US$ bzw. ha

|  | Ibirapitanga | | Santana | | Camacã | |
|---|---|---|---|---|---|---|
| A) GRUNDDATEN | | | | | | |
| Durchschnittsfläche des Betriebes (ha) | 24,3 | | 29,6 | | 26,0 | |
| Durchschn. Kakaoanbaufläche (ha) | 7,5 | | 6,6 | | 7,8 | |
| Durchschn. Kakao-Produktionsmenge (arrobas) | 227,3 | | 144,6 | | 284,0 | |
| Durchschnittl. Kakao-Hektarertrag (arrobas/ha) | 30,3 | | 21,9 | | 36,5 | |
| B) BRUTTO- UND NETTO-EINNAHMEN | US$ | % | US$ | % | US$ | % |
| Jahresbruttoeinnahmen | 3.565,5 | 100,0 | 3.144,7 | 100,0 | 4.669,3 | 100,0 |
| Davon: Kakaoumsätze | 2.782,7 | 78,0 | 1.841,7 | 59,0 | 3.326,5 | 75,3 |
| Einnahmen aus sonst. land- und viehwirt. Produkten | 274,5 | 7,7 | 745,3 | 23,7 | 163,4 | 3,5 |
| Sonstige Einnahmen | 509,9 | 14,3 | 544,0 | 17,3 | 1.036,6 | 22,2 |
| Durchschnittliche Betriebsausgaben [2] | 1.739,1 | 48,8 | 1.054,9 | 33,5 | 1.871,3 | 40,1 |
| Nettoeinnahmen | 1.826,4 | 52,2 | 2.089,8 | 66,5 | 2.798,0 | 59,9 |

1 US$ = CR$ 8,226
1 Regionaler Mindestlohn 1976 = Cr$ 376,80 (US$ 45,81) bzw. Cr$ 4.898,40 (US$ 595,53) im Jahr, einschl. 13. Monatslohn
[2] Bei der Berechnung des Kostenanteils an den Jahres-Bruttoeinnahmen weichen unsere Prozentzahlen von denen der Verfasser ab, da die ermittelten absoluten Zahlen andere (nämlich die von uns angegebenen) Anteile ergeben als die von ihnen herausgefundenen Prozente von 39,8%, 40,7% und 44,3%.

Quelle: Eigene Berechnungen nach Daten von Navarro/Asmar (1978) S. 28, 43, 44 und 71 f.

---

[13] Vgl. Navarro/Asmar (1978).

Damit liegt das Nettoeinkommen dieser Kakao-Kleinbauern lediglich um das 3,1-, 3,5- bzw. 4,7-fache über dem regionalen Mindestlohn. Somit befindet sich das Familieneinkommen der Kakao-Kleinbauern knapp oberhalb der für Brasilien definierten Grenze für "strenge Armut" (2 Mindestlöhne) bzw. "strenges Elend" (1 Mindestlohn)[14].

Mit diesem für Familienunterhalt (Konsum) und Investitionen verfügbaren Einkommen muß der Kakaobauer im Durchschnitt eine Familie mit 6,6 (Ibirapitanga), 5,9 (Santana) und 6,3 (Camacã) Angehörigen unterhalten. Es liegen keine detaillierten Untersuchungen über die Ausgabenstruktur des Haushalts eines Kakaopflanzers vor. Für nähere Informationen ist der Rückgriff auf Schätzungen erforderlich, die ihrerseits auf unvollständigen Beobachtungen beruhen. Nach einer Befragung von 19 Kakaobetrieben in drei Munizipien der Kakaoregion I im Jahre 1978[15] belief sich der Anteil der Ausgaben für den Familienunterhalt (Ernährung, Kleidung, Wohnung, Transport usw.) auf 60%[16]. Demnach würde sich der für Investitionen übrigbleibende Betrag auf jährlich US$ 730,60 (Ibirapitanga), US$ 835,90 (Santana) bzw. US$ 1.119,20 (Camacã) belaufen. Er entspräche damit höchstens dem 1,2-, 1,4- und 1,9-fachen eines Mindestlohnes; doch müßte dieser Betrag noch um die unbekannte Höhe der sonstigen Produktionskosten und unvorhergesehenen Ausgaben gekürzt werden. Das vollständige Fehlen eines Überschusses in den "buraras" ((Produktionseinheiten mit Jahresbruttoeinnahmen in Höhe von 1 Mindestlohn) wurde bereits Anfang der 50er Jahre in der klassischen Studie von Leeds[17] festgestellt; seitdem hat sich die Situation - abgesehen von vereinzelten Förderungsschwerpunkten ab Ende der 70er Jahre[18] - nicht wesentlich verbessert.

Um Entstehung und Höhe des Überschusses (Jahresbruttoeinnahmen ./. Produktionskosten ./. Familienunterhalt[19]) eines Kleinbauernbetriebes in Südbahia zu analysieren, betrachtet Barros drei typische Fallbeispiele: beim ersten Fallbeispiel werden die Jahresbruttoeinnahmen wie üblich um die Produktionskosten gekürzt, doch die unbezahlte Familienarbeitskraft wird nicht den Pro-

---

[14] Vgl. Jaguaribe, H. et alii (1986), S. 18.
[15] Es handelt sich um Itamari, Guaratinga und Maroim; die Untersuchung wurde von Barros (1982) im Jahre 1978 durchgeführt.
[16] Vgl. Barros (1982) S. 399-400.
[17] Leeds, A. (1957), S. 235 f.
[18] So beispielsweise das von der CEPLAC für 1977/78 verabschiedete "Integrierte Förderungsprogramm für den Kleinproduzenten" ("Programa Integrado para a Promoção do Pequeno Produtor"). Vgl. Asmar (1985), S. 52.
[19] 60% der Jahresbruttoeinnahmen, s.o.

duktionskosten zugeschlagen; in diesem Fall ergibt sich durchschnittlich ein Überschuß in Höhe von Cr$ 22.433,60 (oder 1,33mal den Mindestlohn); beim zweiten Fallbeispiel führt die Berücksichtigung der Familienarbeitskraft auf der Kosten-, nicht jedoch auf der Einnahmenseite zur Senkung des Überschusses auf einen Fehlbetrag von Cr$ 14.329,59 (oder 0,85mal den Mindestlohn), was diese Familien denn auch zur Aufnahme einer zusätzlichen Lohnbeschäftigung außerhalb des eigenen Betriebes führt[20]; beim dritten Fallbeispiel handelt es sich um die Aufgabe der Produktion im eigenen Betrieb zugunsten der Lohnbeschäftigung in einem Fremdbetrieb; in diesem Fall, da die Produktionsausgaben gleich Null sind, erreicht das Netto-Familieneinkommen den Höchststand von 2,67 Mindestlöhnen; doch dies ist der Fall bei sehr wenigen Kleinbauern[21]. Vor diesem Hintergrund wird die Tendenz zur Aufgabe des Kakao-Kleinbetriebes durchaus verständlich. Die Gasparetto-Untersuchung von 1984 stellte fest, daß 16 von den insgesamt 26 Kakaobetrieben, die zwischen 1973 und 1984 aufgegeben wurden, Familienbetriebe waren; von diesen 16 Kakaobauern haben 13 aufgehört, überhaupt Agrareigentümer zu sein[22]. In seiner Auswertung der mehrfach erwähnten großen CEPLAC-Erhebung von 1972 bestätigt Rezende[23] die von den Lohnbetrieben ausgehende Sogwirkung auf die Familienbetriebe; gleichzeitig nennt er die Bedingungen, unter denen ein vollständiges Verschwinden der Familienbetriebe nicht zu erwarten ist: erstens steht der Ressourcenbedarf für die Produktion (Betriebsfläche, Kapitalbedarf) im Einklang mit dem für Kleinproduzenten sehr eingeschränkten Zugang zu Grund und Boden; zweitens ist die Wirtschaftlichkeit nur unter Einsatz von (unbezahlter) Familienarbeitskraft, nicht jedoch von Lohnarbeit gegeben. Beide Bedingungen machen das Geschäft für Lohnbetriebe unattraktiv. Dies ist der Grund, weshalb Kakao auch von Kleinbetrieben rentabel angebaut werden kann, und Maniok kaum von Lohnbetrieben angebaut wird[24]. Baiardi sieht

---

[20] Dies ist nach Navarro/Asmar bei 54,3 % der befragten Kleinbauern in den drei untersuchten Munizipien der Fall. Vgl. Navarro/Asmar (1978) S. 52-53. S. auch Kap. 5.3 (Beschäftigungsverhältnisse).

[21] Vgl. Barros (1982) S. 319 - 325.

[22] Vgl. Gasparetto (1985), S. 30.

[23] Vgl. Rezende (1978), S. 102-104.

[24] Dieses Rentabilitätsgefälle bei Kleinbauern wird an einem Vergleich zwischen dem Hektarproduktionswert für Kakao und dem für Maniok sehr deutlich. Nach Barros' Untersuchung vom Jahre 1978 erbrachten beide Kulturen folgende Werte pro Hektar: In Itamari ernteten 35 Kleinbauern mit insgesamt 25 ha Maniokfläche den Gegenwert von Cr$ 1.037.810,00 (Cr$ 41.512,40/ha), während die 176 Kakaobauern auf ihrer Kakaoproduktionsfläche von 514 ha den Gegenwert von nur Cr$ 10.590.850,00 (Cr$ 20.604,76/ha) einnahmen; dieses für Kakao äußerst ungünstige (und untypi-

einen weiteren Grund für den - trotz Kostendrucks - festgestellten Fortbestand von Familienbetrieben: deren wirtschaftliche Funktionalität für den Lohnbetrieb in kreditwirtschaftlicher, arbeitspolitischer und versorgungspolitischer Hinsicht[25]. In versorgungspolitischer Hinsicht ist sie dadurch gegeben, daß der Kleinbauer der direkte oder indirekte (d.h. über den Wochenmarkt) Nahrungsmittellieferant des monokulturellen Lohnbetriebes ist; seine Preise z. B. für Maniokmehl liegen zudem um ca. 10% unterhalb der Handelspreise. Ein weiterer funktionaler Aspekt ergibt sich aus der temporären Beschäftigung von Angehörigen des Familienbetriebes in den Lohnbetrieben, zum einen weil sich dadurch die Arbeitskraftknappheit verringert, zum anderen weil aufgrund verschiedener Umstände (z. B. Transportschwierigkeiten, Nachbarschaftsbeziehungen, Kreditabhängigkeit) ihre Bezahlung überwiegend unterhalb des für Lohnbeschäftigte geltenden Tageslohnes erfolgt[26]. Ein dritter funktionaler Aspekt ergibt sich aus der informellen Finanzierung des Familienbetriebes durch den Lohnbetrieb; aufgrund der ungenügenden Beteiligung an den offiziellen Kreditprogrammen greifen zahlreiche Kleinbauern vor allem zwecks Finanzierung der Anbau- und Anlagekosten auf teurere Privatkredite zurück[27]. Nicht selten sind dann die kreditgebenden Lohnbetriebe in der Lage, überhöhte Zinsen auf Anbaukredite, auf Vorauskauf und sonstige Kreditformen zu erheben[28]. Alle diese drei funktionalen Aspekte stellen jeweils eine Form des

---

sche) Kakao-Maniok-Wertverhältnis von nur 0,49 wurde bei einem Hektarertrag von 463,03 kg erzielt; in Guaratinga und Maroin, wo die Hektarerträge mit 252 und 384 kg/ha noch niedriger lagen, waren die Ergebnisse noch ungünstiger: auf 58 ha bzw. 30 ha Maniok wurden jeweils Cr$ 41.954,13 und Cr$ 41.663,33 je Hektar geerntet; auf 519 bzw. 242 ha Kakao dagegen nur Cr$ 11.205,45 bzw. Cr$ 17.059,09. Kurz: auf den Hektar umgerechnet verdienen Kleinbauern mit Maniok doppelt so viel wie mit Kakao. Die von diesen Zahlen ausgehende Ernüchterung wird durch die Tatsache verstärkt, daß die damals geltenden Erzeugerpreise mit Cr$ 44.462,00 (US$ 2.460,67) je Tonne weit über dem historischen Durchschnitt lagen. Vgl. Barros (1982), S. 296.

[25] Vgl. Baiardi (1984) S. 98 f.

[26] So berichtet Baiardi, daß der Großteil der von ihm befragten Kleinbauern deutlich weniger als den üblichen Tageslohn von Cr$ 125,00 erhielt. Vgl. Baiardi (1984), S. 97.

[27] Nach einer Umfrage von 1975 nahmen lediglich 22,2% der befragten Kakao-Kleinbauern einen Kredit bei einer offiziellen Bank auf; bei einer Privatbank waren es nur 1,8% - bei einer Privatperson dagegen 9,0%. Die übrigen 2/3 hatten bis dahin nie einen Kredit aufgenommen. Vgl. Navarro/Asmar (1978) S. 64 - 66.

[28] Vgl. Baiardi (1984), S. 92-93.

Werttransfers vom Klein- zum Großpflanzer dar. Ihr Fortbestand, nicht jedoch ihr Wachstum oder ihr Verschwinden liegt daher auch im Interesse des Großbetriebes: Zum Verschwinden wären sie zu groß; zum Wachsen sind sie zu klein. In dieser Situation als Klein- oder Kleinstpflanzer befinden sich rund 70% aller Kakaobauern[29].

Ein vollkommen anderes Bild ergibt sich aus der Analyse der Einkommensverhältnisse der 16.780 bei der CEPLAC eingetragenen Kakaobauern im Bundesstaat Bahia. Da sie im Vergleich zu sonstigen Kakaopflanzern in weit stärkerem Maße die empfohlene Anbautechnik übernehmen, kann man für die Berechnung ihres Einkommens die Kosten- und Ertragsparameter der modernen Technologie zugrundelegen, wie sie die Wirtschaftsabteilung der CEPLAC für das Jahr 1983 aufstellte. Tab. 35 faßt die Daten zur Ermittlung des Selbstkostenpreises der Kakaoproduktion unter den genannten Bedingungen und bei einem Hektarertrag von 50 arrobas (750 kg) zusammen. Nach dieser Modellrechnung lag der genannte Selbstkostenpreis im November 1983 bei US$ 706,64 (entsprechend US$ 1.059,96 je Tonne). Da der damalige Produzentenpreis in Bahia bei US$ 1.404,00/t (entsprechend US$ 1.053,72 für 50 arrobas) lag, erzielten die Bauern, die die CEPLAC-Technologie zu 100% anwandten, ein Jahreseinkommen von US$ 347,08 je Hektar bzw. rd. US$ 6,90 je arroba. Damit kann ein solcher Bauer bereits mit knapp 8 ha Kakao-Erntefläche das familiäre Überlebensnotwendige in Höhe von ca. 3,5 Mindestlöhnen (s.u.) erreichen.

---

[29] Vgl Tourinho et al. (1985), S. 1. Als Kleinstpflanzer werden in der Literatur solche Kakaopflanzer bezeichnet, deren Jahresproduktion dem Gegenwert von 1 Mindestlohn entspricht; diese Jahresproduktion liegt nach dem historischen Durchschnitt der Jahre 1968/69 bis 1984/85 bei 100 arrobas (1.500 kg) - vgl. Gasparetto/Monteiro/Tourinho (1985). Die erste Zuordnung nach diesem Produktionskriterium ging noch von einer Jahresproduktion von 194,14 arrobas (Basisjahre: 1965/66-1967/68) aus - vgl. Alvares-Afonso (1968).

**Tabelle 35:** Produktionskosten je Hektar für den Kakaoanbau bei Anwendung des von der CEPLAC empfohlenen technologischen Pakets und bei einem Hektarertrag von 50 arrobas im November 1983 in Bahia, Angaben in US$

| | | | |
|---|---|---|---|
| 1. | Arbeitskosten | | US$ 269,20 |
| 1.1. | Unterhalt (65 Mann/Tage) | US$ 139,30 | |
| 1.2. | Ernte, Bohnen-Entnahme, Transport, Fermentation, Trocknung (40 Mann/Tage) | US$ 62,60 | |
| 1.3. | Soziale Abgaben (30 Tage Urlaub, 13. Monatsgehalt, Feiertage) | US$ 67,30 | |
| 2. | Materialkosten | | US$ 145,05 |
| 2.1. | Insektizide (2 Anwendungen; 34 kg/ha) | US$ 5,98 | |
| 2.2. | Benzin (2 bzw. 3 Anwend.; 30 l/ha) | US$ 15,36 | |
| 2.3. | Öl 2 T (2 bzw. 3 Anwend.; 1,7 l/ha) | US$ 2,35 | |
| 2.4 | Fungizid (3 Anwendungen; 14,4 l/ha) | US$ 12,86 | |
| 2.5 | Fungizid-Zusatz (3 Anwendungen; 0,5 l/ha) | US$ 0,34 | |
| 2.6 | Kalk (1.200 kg/ha) | US$ 11,88 | |
| 2.7 | Düngemittel (300 kg/ha) | US$ 60,34 | |
| 2.8 | Harnstoff (80 kg/ha) | US$ 12,92 | |
| 2.9 | Arborizid (1 l/ha) | US$ 3,45 | |
| 2.10 | Materialtransport (34 Sack/ha) | US$ 19,56 | |
| 3. | Verwaltung (5% der Arbeitskraft) | | US$ 13,46 |
| 4. | Allgemeine Ausgaben (10% der Arbeitskraft- und Materialkosten) | | US$ 41,42 |
| 5. | Bestandserneuerung bei 40jähriger Umtriebszeit | | US$ 40,28 |
| 6. | 1 Mindestlohn je 250 arrobas, auf 1 ha umgerechnet (US$ 65,74 x 13/5) | | US$ 170,90 |
| 7. | Sozialabgabe FUNRURAL (2,5% auf Bruttoeinnahmen [*]) | | US$ 26,32 |

| | |
|---|---|
| PRODUKTIONSKOSTEN INSGESAMT (BREAK-EVEN-POINT bzw. kostendeckender Erzeugerpreis) | US$ 706,64 |
| KOSTENDECKENDER FOB-PREIS (bei Vermarktungskosten von 35% des FOB-Preises) für 50 arrobas (750 kg): | US$ 1.087,14 |
| für 1 Tonne: | US$ 1.449,52 |

[*]) In Abweichung von der zitierten Quelle (CEPEC/CEPLAC) wurden korrekterweise für die Berechnung der Sozialversicherung die Bruttoeinnahmen und nicht die Summe der Produktionskosten zugrundegelegt.

Quelle: Produzentenpreis nach: ICCO (o. J.), zit. in: TAFANI, Ricardo (Hg.) (1986), S. 17. Kostenaufstellung nach: CEPEC/CEPLAC (1985), S. 55-57.

Die Löhne sind für die Kakao-Lohnbetriebe der wichtigste Kostenfaktor. Sie sind gleichzeitig der wichtigste Bestimmungsfaktor für den größten Teil der im Kakaoanbau beschäftigten Personen. In der Kakaoregion III Bahias waren 1980 128.000 von 141.000 Beschäftigten Lohnempfänger[30]. Von diesen erhalten, nach einer repräsentativen Untersuchung von 1980[31], 87% ein Familieneinkommen entsprechend dem Gegenwert von bis zu 2 Mindestlöhnen; beim Pro-Kopf-Einkommen erhöht sich dieser Prozentsatz auf 97%. Im März 1985 verdiente ein ständiger Lohnarbeiter einen Tageslohn von umgerechnet US$ 1,45 (Cr$ 6.050,00); eine Lohnarbeiterin erhielt für praktisch die gleiche Arbeit[32] umgerechnet US$ 1,01; ein Minderjähriger im Alter von 14 bis 18 Jahren kam auf US$ 1,14; auf wöchentlich US$ 15,02 belief sich der Verwalter-Lohn[33].

Die Kaufkraft des Mindestlohnes wird seit den 50er Jahren vom Gewerkschaftsinstitut für Sozial- und Wirtschaftsstatistik DIEESE, São Paulo, für ganz Brasilien untersucht. Nach dessen Berechnungen kostete die Befriedigung der Grundbedürfnisse der vierköpfigen Familie eines Mindestlohnbeziehers auf dem Land in Bahia umgerechnet US$ 212,87 (Cr$ 886,00) - zu einer Zeit, da der Mindestlohn von der Zentralregierung auf US$ 61,22 (Cr$ 166.560,00) festgelegt worden war[34]. Das heißt, für die Ernährung, Kleidung, Wohnung, Hygiene, Erziehung und Transport seiner vierköpfigen Familie brauchte ein Mindestlohnbezieher im Jahre 1985 mindestens 3,47 Mindestlöhne[35]. Für Er-

---

[30] Vgl. Trevizan (o.J., ca. 1980).

[31] Trevizan (o. J. - ca. 1980), S. 1-5. Die Untersuchung umfaßte 738 Familien der Kakaoregion I.

[32] Vgl. Tourinho/Ferreira/Zaroni (1985).

[33] Zum offiziellen Wechselkurs von Cr$ 4.162,13 je US-Dollar. Vgl. CEPLAC/CEPEC/DISEC (1985).

[34] Tourinho (1985), S. 22.

[35] Mit der Kaufkraft eines Mindestlohnes mußte der brasilianische Lohnarbeiter 1975 monatlich 157 Stunden und 29 Minuten (rund 78% seiner ganzen Arbeitszeit) arbeiten, um nur die eigene Ernährung zu sichern. Um auch die Ernährung seiner Familienangehörigen (zusätzlich 1 erwachsene Person und 2 Kinder) zu verdienen, müßte er jeden Monat zusätzlich 364 Stunden und 58 Minuten arbeiten, d.h. fast das Doppelte der bis zur neuen Verfassung vom Oktober 1988 geltenden normalen 48-Stunden-Woche. Da bei den Niedrigeinkommensschichten die Ernährungsausgaben einen Anteil von 48,1% des Einkommens ausmachen, müßte der Mindestlohnbezieher für die Deckung der sonstigen Grundbedürfnisse rund weitere 394 Stunden arbeiten. Dies macht natürlich die Mitarbeit der Familienangehörigen unbedingt erforderlich (vgl. DIEESE (April 1983), S. 6. Diese Berechnungen

sparnisbildung bleibt also weder beim Landarbeiter noch beim Kakao-Kleinbauern eine ausreichende Marge übrig.

Die Verwendung des von einem typischen Kakao-Großbetrieb erwirtschafteten Überschusses, wie sie von Leeds in seiner bis heute Standardwerk gebliebenen Dissertation geschildert wurde, erfolgt nach einem gegenwärtig kaum veränderten Konsum- und Investitionsmuster, das von der Kakaowirtschaft weg- und zu sonstigen Wirtschaftszweigen und -regionen hinführt: "Die Kakaogewinne können in der Verarbeitungsindustrie, in anderen agrarischen Marktprodukten, in- oder außerhalb der Region, im Dienstleistungs- oder Handelssektor beispielsweise durch Erwerb von Beteiligungen an Transportgesellschaften, in Warenlägern, in Viehfarmen usw. verwendet werden. Zumeist fließen die Kakaogewinne in andere Firmen bzw. in Neugründungen eher als umgekehrt"[36].

Heuer spielt der "Immobilienerwerb in den großen Städten" eine beachtliche Rolle als Ausdruck des in der Region ausgesprochen drastischen Stadt-Land-Gefälles und zugleich als Erklärung für den regionalen Rückstand, wie es ein regionaler Politiker und Mitglied des Abgeordnetenhauses ausdrückt[37]. Dem Kakaobauern gilt der Umzug in ein eigenes Haus in einer Großstadt als sozialer Aufstieg für sich und für seine Kinder. "Jedenfalls werden die Nettoeinnahmen selten für die Verbesserung der Kakaofarm verwendet"[38]. Mit dem Vorherrschen dieser "kolonialistischen" Auffassung der Kakaoeliten verbindet sich nach Sauer[39], Augel/Freitas[40] und Asmar[41] die Außenorientierung der Kakaowirtschaft, die die Herausbildung einer zumindest "ausreichenden globalen

---

gelten freilich für die Bedingungen der Kakaoproduktion in Bahia nur eingeschränkt, d.h. nur soweit kein Ausgleich über Subsistenzproduktion oder eventuell billigere Nahrungsmittel geschaffen wird. Doch in der von der Kakaomonokultur beherrschten Region sind die Nahrungsmittelpreise teilweise höher als in den großen Metropolen. Daher bleibt der Ausgleich über Subsistenzkultur meistens schon deshalb versperrt, weil die meisten Kleinbauern jede zeitliche Möglichkeit nutzen, um ihr monetäres Einkommen durch Lohnbeschäftigung in den umliegenden Farmen und Städten zu verbessern (s. 5.3).

[36] Vgl. Leeds (1957), S. 170 f.
[37] Queiroz (1950), S. 10. Zit. in: Augel/Freitas (1974), S. 702.
[38] Caldeira (1954), S. 36.
[39] Sauer (1981), S. 99.
[40] Augel/Freitas (1974), S. 701-703.
[41] Asmar (1985), S. 36.

Solidarität als Konvergenzpunkt für ökonomische und politische ebenso wie für ländliche und städtische Interessen verhindert hat".

Dieses Investitionsmuster macht die Bezeichnung der Kakaoregion als "armes reiches Land" verständlich. Tatsächlich ist die Einkommensverteilung hier sogar in höherem Maße ungleich als im brasilianischen Durchschnitt. Der Kakaoreichtum ist stärker konzentriert als das brasilianische Pro-Kopf-Einkommen. Dies kann man aus einer vergleichenden Betrachtung der Zehntelverteilung vom Pro-Kopf-Einkommen in Brasilien sowie in den beiden wichtigsten Kakao-Munizipien, Ilhéus und Itabuna, deutlich ersehen (Tab. 36).

Tabelle 36: Einkommensverteilung in Brasilien (1970) sowie in Ilhéus und Itabuna (1973)

Bevölkerung (%)          Einkommen (in %)

| | Brasilien | Itabuna | Ilhéus |
|---|---|---|---|
| 10 % (Oberste Einkommensschicht) | 46,47 | 52,49 | 41,68 |
| 10 % | 15,15 | 16,99 | 16,59 |
| 10 % | 9,95 | 9,89 | 11,26 |
| 10 % | 7,21 | 5,89 | 8,54 |
| 10 % | 6,17 | 4,35 | 6,4 |
| 10 % | 5,0 | 3,5 | 5,0 |
| 10 % | 3,8 | 2,6 | 3,9 |
| 10 % | 3,0 | 2,1 | 3,3 |
| 10 % | 2,0 | 1,5 | 2,3 |
| 10 % (Niedrigste Einkommensschicht) | 1,2 | 0,7 | 1,0 |
| 100 % | 100 | 100 | 100 |

Quelle: Asmar (1985), S. 36-37.

In Itabuna ebenso wie in Ilhéus verfügt das ärmste Zehntel der Bevölkerung nur über 0,7 und 1,0% des örtlichen Pro-Kopf-Einkommens, in Brasilien jedoch 1,2%. Die Reichsten vom monokulturellen Kakaozentrum Itabuna sind - im Unterschied zu solchen in der wirtschaftlich stärker differenzierten Hafenstadt Ilhéus - relativ reicher als der brasilianische Durchschnitt dieser Einkommensschicht.

Betrachtet man jedoch aus der Gesamtzahl der Kakaobetriebe nur die 16.780, die bei der CEPLAC eingetragen sind, so erhält man ein weitaus ausgeglicheneres Bild von Produktions- und Einkommensverteilung. Dies liegt daran, daß die CEPLAC-Zielgruppen einen höheren Flächendurchschnitt für ihre Kakaobetriebe aufweisen als die Gesamtzahl aller Kakaobetriebe. Unter der Annahme, daß das auf Seite 448 angegebene Hektareinkommen (US$ 347,08) von allen Bauern erreicht wird, die bei der CEPLAC eingetragen sind, so kann man grobe Annäherungswerte über die Einkommensverteilung im Bereich der Kakaoproduktion mit moderner Technologie angeben (Tab. 37). Unter dieser Annahme erreichten die Bauern, deren Betriebsfläche $\leq$ 10 ha betrug, die für das monetäre Existenzminimum notwendige Mindestgröße an Kakao-Ernteflache nicht. Dies waren immerhin 8,5% der bei CEPLAC eingetragenen Kakaobauern; auf sie entfallen lediglich 0,6% der Produktion und des Einkommens. Auf die Bauern mit 10 < 20 ha (14,7% aller Kakaobauern) entfällt ein Anteil von lediglich 2,7% der Produktion und des Einkommens. Die große Kategorie der Mittelbauern mit Betrieben in der Größenordnung von 20 < 120 ha (59,2% aller Kakaobauern) wiesen die höchsten Hektarerträge auf, aber deren Anteil am Gesamteinkommen belief sich lediglich auf 38,4%. Auf die größeren Bauern mit 120 ha und mehr (17,5% aller Bauern) entfiel ein Einkommens- und Produktionsanteil von 58,3%.

Tabelle 37: Von CEPLAC betreute Kakaobetriebe in Bahia, nach Betriebsfläche, Kakaoerntefläche, Kakao-Hektarertrag und Kakaoeinkommen (in US$/Jahr) (CEPLAC-Register von 1980)

| Betriebs-fläche | Anzahl | % | Durchschn. Betriebsfläche | Durchschn. Kakaoerntefläche | Durchschn. Kakao-Hektarerträge (in 15-kg-arrobas) | Kakaoproduktion insgesamt (in arrobas) | Durchschn. Kakaoeinkommen ) (in US$) | % |
|---|---|---|---|---|---|---|---|---|
| | A | B | C | D | E | F | G | H |
| Bis zu 5 ha | 401 | 2,4 | 3,7 | 2,3 | 43,6 | 40.892,9 | 283.387,5 | 0,1 |
| 5 < 10 ha | 1.031 | 6,1 | 8,5 | 7,2 | 46,5 | 347.469,9 | 2.407.964,9 | 0,6 |
| < 10 ha: | 1.432 | 8,5 | | | | 388.362,5 | 2.691.352,4 | 0,6 |
| 10 < 20 ha | 2.475 | 14,7 | 16,3 | 14,4 | 47,4 | 1.691.579,1 | 11.722.643,1 | 2,7 |
| 20 < 30 ha | 2.386 | 14,2 | 26,6 | 24,6 | 48,0 | 2.819.736,6 | 19.540.774,8 | 4,5 |
| 30 < 40 ha | 1.848 | 11,0 | 36,4 | 34,4 | 48,1 | 3.053.202,6 | 21.158.693,9 | 4,8 |
| 40 < 50 ha | 1.477 | 8,8 | 46,4 | 44,5 | 47,4 | 3.114.605,7 | 21.584.217,7 | 4,9 |
| 50 < 60 ha | 1.039 | 6,2 | 56,6 | 52,4 | 48,1 | 2.615.650,1 | 18.126.455,0 | 4,1 |
| 60 < 70 ha | 728 | 4,3 | 66,2 | 63,4 | 47,6 | 2.196.179,5 | 15.219.524,0 | 3,5 |
| 70 < 80 ha | 747 | 4,4 | 76,4 | 74,0 | 46,3 | 2.556.814,7 | 17.718.726,0 | 4,0 |
| 80 < 90 ha | 495 | 2,9 | 85,8 | 84,0 | 48,0 | 1.994.889,0 | 13.824.580,8 | 3,2 |
| 90 < 100 ha | 544 | 3,2 | 97,0 | 92,4 | 47,9 | 2.408.764,5 | 16.692.738,3 | 3,8 |
| 100 < 120 ha | 674 | 4,0 | 110,9 | 107,6 | 48,1 | 3.485.179,8 | 24.152.295,9 | 5,5 |
| | 9.938 | 59,2 | | | | 24.245.022,6 | 168.018.006,5 | 38,4 |
| 120 < 140 ha | 426 | 2,5 | 131,1 | 125,3 | 44,0 | 2.349.157,0 | 16.279.657,9 | 3,7 |
| 140 < 160 ha | 369 | 2,2 | 151,4 | 146,5 | 44,6 | 2.410.209,7 | 16.702.752,9 | 3,8 |
| 160 < 180 ha | 299 | 1,8 | 170,9 | 164,4 | 47,2 | 2.321.477,8 | 16.087.840,9 | 3,7 |
| 180 < 200 ha | 275 | 1,6 | 192,9 | 184,9 | 45,2 | 2.295.776,3 | 15.909.730,0 | 3,6 |
| | 1.369 | | | | | 9.376.620,7 | 64.979.981,8 | 14,8 |
| 200 < 300 ha | 679 | 4,0 | 245,7 | 242,7 | 42,6 | 7.025.427,8 | 48.686.214,9 | 11,1 |
| 300 < 400 ha | 283 | 1,7 | 347,6 | 344,3 | 38,1 | 3.714.618,3 | 25.742.304,6 | 5,9 |
| 400 < 500 ha | 217 | 1,3 | 454,5 | 454,8 | 38,9 | 3.839.272,1 | 26.606.155,4 | 6,1 |
| | 500 | | | | | 7.553.890,3 | 52.348.460,1 | 12,0 |
| 500 < 1.000 ha | 265 | 1,6 | 681,2 | 610,3 | 45,0 | 7.271.000,9 | 50.388.036,2 | 11,5 |
| => 1.000 ha | 122 | 0,7 | 1.927,6 | 1.033,0 | 44,4 | 5.594.294,1 | 38.768.458,4 | 8,9 |
| SUMME | 16.780 | 100 | | | | 63.146.198,17 | 437.603.153,3 | 100,0 |

*) Schätzung aufgrund der nach Tab. 35 für November 1983 ermittelten Erzeuger-Marge je arroba (US$ 6,93; vgl. S.448). Es handelt sich um Mindestbeträge, da sich das Verhältnis zwischen Erzeugerpreisen und Produktionskosten zwischen 1980 und 1983 zugunsten der Erzeugerpreise veränderte (s. Kap. 7).

Quelle: Trevizan (1988), S. 15-16

## 8. Die Linkage-Effekte des Kakaosektors zur übrigen Ökonomie

### 8.1 Linkages zu vorgelagerten Bereichen

Ein detailliertes Bild der wertmäßigen Verkettung zwischen den brasilianischen Produkten und Produktionsbereichen untereinander sowie mit den jeweils vor- und nachgelagerten Bereichen liefert die intersektorale Matrix, die vom Brasilianischen Statistischen Bundesamt FIBGE alle 5 Jahre erstellt wird. Anhand der "intersektoralen Input-Matrix" wird die von jedem Sektor erzeugte direkte Nachfrage sowohl im eigenen Bereich als auch bei den anderen Produktionssektoren dargestellt; für jeden Sektor wird dabei der Wert bezogener Güter und Dienstleistungen angegeben, der für je Cr$ 1.000,00 Produktion benötigt wird[1]. Leider wird dabei der Kakaobereich nicht gesondert erfaßt, sondern nur unter der Position "sonstige landwirtschaftliche Produkte" bzw. "Aufbereitung sonstiger landwirtschaftlicher Produkte" dargestellt. Eine Verkettungsmatrix für den Kakaobereich wurde durch die Neuaggregierung der Basisdaten von 1970 erst 1985 erstellt[2]. Nach den darin ermittelten Einsatzwerten erzeugt die Kakaoproduktion bei der Chemieindustrie (mit einem Koeffizienten von 0,383212) die größte Nachfragesteigerung[3]. An zweiter Stelle folgen Dienstleistungen verschiedenster Art, die mit 0,237226 weit vor den nachfolgenden Positionen rangiert. Weitere wichtige Nachfrageeffekte zeitigt die Kakaoproduktion beim Transport- und Kommunikationswesen (0,120438) sowie beim Handel (0,105839). Nicht zu vernachlässigen ist die nachfragesteigernde Auswirkung der Kakaoproduktion auch auf "sonstige Pflanzkulturen" z. B. für Beschattungszwecke (mit 0,051095) sowie auf "Holzmaterial" z. B. für Markierungs- und Stützungszwecke (mit 0,021398). Weit abgeschlagen folgen "Sonstige Nahrungsmittel" (mit 0,014599), "landwirtschaftliche Produkte" (mit 0,007299) sowie die Bereiche "Pharmaprodukte", "Plastikerzeugnisse", "Publikationsmaterial" und "Öffentliche Infrastruktur" mit jeweils 0,003650. Bis Anfang der 80er Jahre ha-

---

[1] Vgl. FIBGE (1979), S. 56.
[2] Berechnung und Zusammenstellung des Rechenzentrums der CEPLAC/DISEC, Ilhéus/Itabuna, 30.7.1985, nach Daten der FIBGE-Matrix von 1970.
[3] Bei Kaffee (0,478216), Zuckerrohr (0,641556) und Reis (0,469953) lagen die Verkettungsindices im Hinblick auf den Chemiebereich freilich noch höher. Diesen Abstand hat die Kakaokultur bis zum heutigen Tag sicher erheblich vermindert (s. 4.2.3).

ben sich der Vorsprung der Chemielieferungen sowie der Anteil vom Transport- und Kommunikationswesen erheblich ausgeweitet. Wesentliche Faktoren dieser Entwicklung waren einerseits die Erneuerung der Kakaoplantagen und die Intensivierung ihrer Anbautechnik im traditionellen Anbaugebiet Bahias sowie andererseits die Expansion der Kakaokultur auf weit abgelegene Regionen am Rande des Amazonas-Regenwaldgebietes oder in Brasiliens Zentralwesten - Regionen, die inzwischen einen Anteil von 11% an der brasilianischen Kakaoproduktion auf sich vereinen [4]. Eine genaue Analyse der Marktstruktur in diesen Sektoren ist aufgrund fehlender Gesamtdarstellungen des agrarindustriellen "Kakaokomplexes" noch unmöglich. Folgende Ausführungen beschränken sich daher auf Hinweise über die Verkettung mit dem Chemiebereich. Tab. 38 gibt einen detaillierten Überblick über die in den verschiedenen Segmenten uneinheitliche, insgesamt jedoch beachtlich steigende Tendenz des Chemie-Einsatzes (insbesondere bei Fungiziden und Insektiziden) in den 60er und 70er Jahren in der Kakaokultur Bahias[5]. Der Verbrauchsrückgang in den 80er Jahren ist im wesentlichen auf die erheblichen Preiserhöhungen für Chemieprodukte und auf geringere Erzeugerpreise für Rohkakao zurückzuführen[6].

Die inländische Bedarfsdeckung an Kunstdünger weist erhebliche Schwankungen im Laufe der letzten Jahrzehnte auf. Aufgrund des bodenbedingt hohen Düngerbedarfs der Kakaokultur in Bahia wurde im Rahmen der landwirtschaftlichen Modernisierungspolitik zunächst die Bildung eines Düngermarktes durch zollbegünstigte Importe gefördert. Mit der Mitte der 50er Jahre verstärkt betriebenen Importsubstitutionspolitik ging der brasilianische Staat dazu über, den inländischen Markt für ausländische Investitionen zu öffnen und zugleich durch hohe Zollmauern für ausländische Fertigprodukte selektiv zu schließen. So ließen sich zwischen 1955 und 1965 15 Düngerfabriken nieder. Zwischen 1967 und 1973 kamen 20 hinzu. Als Ergebnis erzielte Brasilien bis Anfang der

---

[4] Errechnet nach: FIBGE (1987), S. 280.

[5] Die geringsten Steigerungen waren 1970-80 beim Arborizid- (wertmäßig um 33,5 %, mengenmäßig um 60,1 %) und Düngereinsatz (133,9 bzw. 85,8 %) zu verzeichnen, während der Wert- und Mengenzuwachs beim Insektizid- (340,7 % bzw. 207,3 %), Kalk- (589,1 bzw. 292,9 %) und Fungizideinsatz (1.563,6 bzw. 1.789,3 %) jeweils ein Mehrfaches von der durchschnittlichen Wertzuwachsrate des Chemie-Einsatzes insgesamt (199 %) betrug.

[6] Über den Zusammenhang mit der Agrarindustrialisierungspolitik vgl. Tab. 4. Die erwähnte Tabelle belegt die hohe Förderung des Einsatzes chemischer Produkte in der Landwirtschaft durch hohe, nach Produkt unterschiedliche Kreditsubventionen.

70er Jahre einen Eigenproduktionsanteil von 37%[7]. Die wichtigsten Fabriken waren freilich zumeist Töchter ausländischer Konzerne, während kleinere brasilianische Werke die Verarbeitung der Nebenprodukte der 1941 gegründeten staatlichen Stahlhütte "Companhia Siderúrgica Nacional" übernahmen. Mit der in den 70er Jahren verstärkten Gründung von Gemeinschaftsunternehmen zwischen dem national staatlichen und dem ausländischen Privatkapital wurde ein Durchbruch erzielt. Dank der Anreize vom II. Nationalen Entwicklungsplan (1975-1980) ließen sich 68 neue Düngerfabriken nieder, mehr als die Hälfte davon spezialisiert auf die Produktion von einfachem Phosphordünger. Damit wuchs der Eigenproduktionsanteil bis 1982 auf 73,5% an. In den letzten Jahren gehen die transnationalen Firmen dazu über, Kapitalanteile an nationale Gesellschaften zu veräußern, um sich auf rentablere Bereiche der Produktion neuer Dünger und auf die Entwicklung neuer Produktionsverfahren zu konzentrieren, so daß man davon ausgehen kann, daß die Mehrheit der in Brasilien hergestellten Kunstdünger auf nationale Firmen zurückgeht. Dabei teilen sich Staat und Privatsektor die Rollen so auf, daß dem Staat die Herstellung von Grundstoffen und Zwischengütern zufällt, während der Privatsektor sich auf die Zusammenstellung der Endprodukte spezialisiert; die Vermarktung wiederum übernimmt der Staat - zwecks billiger Zulieferung an die Bauern[8]. Unter den wichtigsten ausländischen Düngerherstellern befinden sich die Copebrás/ São Paulo (Anglo-American Corp. of South Africa Ltd.), die Shell Química (GB/NL) und Mitsui (Japan).

Nach Angaben des Nationalen Pflanzenschutzverbandes ANDEF befand sich der Kakaoanbau im Jahre 1985 mit einem mengenmäßigen Anteil von 6 und 7,6% unter den 5 bzw. 7 Kulturen mit dem höchsten Insektizid- und Fungizidverbrauch Brasiliens (zu den Jahren 1983-1985 vgl. Tab. 38). Der beim Kakaoanbau spät beginnende Herbizidverbrauch war demgegenüber relativ gering.

---

[7] Vgl. FIBGE (1978) sowie: Kageyama u.a. (1987), S. 21.
[8] Vgl. Kageyama (1987), S. 19-25.

Trotz der breiten Palette empfohlener Produkte[9] beschränkt sich der Pestizidverbrauch in Bahia laut CEPLAC-Statistiken[10] auf einige wenige Produkte. Den Löwenanteil an der inländischen Bedarfsdeckung hatte mit 89,2% das von der privat nationalen Firma "Indústrias Químicas Matarazzo" hergestellte Insektizid BHC, das im Sept. 1984 durch Malatol, ein Produkt der Cyanamid Química (Tochtergesellschaft von American Cyanamid Co., Waine), abgelöst wurde[11]. Dipterex, das zweitwichtigste Produkt in diesem Marktsegment, ist ein Erzeugnis der Bayer do Brasil, Santo Amaro/São Paulo, einer brasilianischen Tochtergesellschaft des deutschen Chemie-Konzerns Bayer/Leverkusen. Umgekehrt sind die Verhältnisse im Fungizid-Segment: Hier überwiegt der ausländische Beitrag, da 85,1% des Verbrauchs auf "Sandoz-Kupfer" der brasilianischen Tochtergesellschaft des schweizerischen Sandoz-Konzerns entfallen. Die Konkurrenzprodukte Coprantol (Ciba-Geygy do Brasil, São Paulo) und Kauritol (der brasilianischen BASF-Tochter) beteiligen sich mit 13,3% und 1,6% am Gesamtverbrauch. Auch im Amazonas-Gebiet ist der Pestizideinsatz stark konzentriert: Auf Sandoz-Kupfer entfällt mit 98,9% praktisch die Gesamtheit aller Fungizide. Hier folgt an zweiter Stelle ein weiteres Produkt brasilianischer Niederlassungen von transnationalen Konzernen: Dithane (Rohm & Haas Brasil Ltda). Auf das inzwischen verbotene BHC (Matarazzo)[12] entfielen rd. 85% aller Insektizide, gefolgt von Terracur (Bayer do Brasil) mit rd. 10%. Die restlichen Anteile am Insektizidverbrauch werden von ausländischen Markenpro-

---

[9] Vgl. Mandarino/Santos (1979), S. 8, 9, 16, 17, 26 ff. Herstellerangaben nach: Ministério da Indústria e Comércio/CDI (Rat für Industrielle Entwicklung) (Juni 1982). In: Ferrari (1985), S. 24; CESE/CONIC (1987). In: Lutzenberger/Schwartzkopff (1988), S. 196; Ferrari (1985), S. 29-35; CEPLAC (o.J. - ca. 1982), S. 70-71. Andrei (1985).

[10] Vgl. CEPLAC (o.J. - ca. 1982), S. 70-71.

[11] Vgl. Ferrari (1985), S. 24.

[12] Mit der Verordnung Nr. 329 des brasilianischen Landwirtschaftsministeriums wurde im Jahr 1985 das in manchen Bundesstaaten geltende Verbot für organische Chlorverbindungen auf das gesamte Bundesterritorium ausgedehnt; davon ausgenommen wurden lediglich waldbaulich genutzte, aldrin- und dodekachlorhaltige Ameisengifte sowie für Gesundheitszwecke angewandte chlorhaltige Agrargifte und Paraquat. Vgl. Fundação Getúlio Vargas (1985), S. 14.

**Tabelle 38:** Entwicklung des Chemie-Einsatzes in Bahias Kakao-Anbau 1966-1983 nach Handelsprodukten (inflationsbereinigte Cr$-Werte von 1983)

| JAHR | 1 US$ = Cr$ | ARBORIZID | | | KALK | | | FUNGIZIDE | | |
|---|---|---|---|---|---|---|---|---|---|---|
| | | Menge Liter | Preis Cr$/Liter | Gesamtwert Tsd. Cr$ | Menge Sack zu 50 kg | Preis Cr$/Sack | Gesamtwert Tsd. Cr$ | Menge Sack zu 25 kg | Preis Cr$/Sack | Gesamtwert Tsd. Cr$ |
| 1966 | 403,5 | 4.963 | 315,0 | 1.563,3 | 1.400 | 1.105,4 | 1.547,6 | 280 | 19.344,6 | 5.416,5 |
| 1967 | 378,8 | 5.429 | 465,4 | 2.526,7 | 6.420 | 948,1 | 6.086,8 | 360 | 35.552,2 | 12.798,8 |
| 1968 | 394,6 | 4.915 | 548,1 | 2.693,9 | 24.040 | 752,8 | 18.097,3 | 1.400 | 34.691,6 | 48.568,2 |
| 1969 | 408,0 | 4.518 | 5.298,3 | 23.937,7 | 101.600 | 613,3 | 62.311,3 | 1.600 | 34.554,2 | 55.286,7 |
| 1970 | 401,4 | 8.457 | 4.416,9 | 37.353,7 | 180.540 | 511,3 | 92.310,1 | 2.160 | 28.806,0 | 62.221,0 |
| 1971 | 396,6 | 8.070 | 5.086,7 | 41.049,7 | 140.960 | 448,8 | 63.262,8 | 4.040 | 16.955,8 | 68.501,4 |
| 1972 | 396,7 | 9.485 | 5.101,8 | 48.390,6 | 169.180 | 425,1 | 71.918,4 | 4.640 | 20.407,4 | 94.690,3 |
| 1973 | 405,3 | 12.342 | 4.440,0 | 54.798,5 | 194.960 | 481,0 | 93.775,8 | 5.040 | 17.759,8 | 89.509,4 |
| 1974 | 415,1 | 16.207 | 3.737,7 | 60.576,9 | 145.420 | 632,5 | 91.978,2 | 5.080 | 17.250,9 | 87.634,6 |
| 1975 | 421,8 | 15.273 | 4.496,8 | 68.679,6 | 156.248 | 809,4 | 126.467,1 | 9.320 | 24.799,7 | 231.133,2 |
| 1976 | 410,2 | 7.051 | 4.903,1 | 34.571,8 | 230.568 | 891,5 | 205.551,4 | 16.760 | 25.120,7 | 421.022,9 |
| 1977 | 404,6 | 12.154 | 4.017,4 | 48.827,5 | 400.656 | 1.071,3 | 429.222,8 | 33.885 | 23.434,9 | 794.091,6 |
| 1978 | 401,8 | 12.252 | 3.540,1 | 43.373,3 | 359.304 | 933,3 | 335.338,4 | 72.125 | 21.168,1 | 1.526.749,2 |
| 1979 | 432,1 | 13.057 | 4.014,3 | 52.414,7 | 520.560 | 857,2 | 446.224,0 | 72.908 | 23.498,4 | 1.713.221,3 |
| 1980 | 467,3 | 13.536 | 3.684,7 | 49.876,1 | 709.416 | 896,6 | 636.062,4 | 40.809 | 25.364,0 | 1.035.079,5 |
| 1981 | 428,5 | 11.773 | 4.253,4 | 50.075,3 | 668.048 | 970,1 | 648.073,4 | 33.933 | 28.405,9 | 963.897,4 |
| 1982 | 439,1 | 11.467 | 3.219,9 | 36.922,6 | 419.880 | 852,7 | 358.031,7 | 22.960 | 19.115,7 | 438.896,5 |
| 1983 | 576,2 | 11.732 | 3.180,0 | 37.307,8 | 353.424 | 540,0 | 190.849,0 | 23.065 | 20.200,0 | 465.913,0 |

# Brasilien

| JAHR | INSEKTIZIDE | | | DÜNGER | | | HERBIZIDE | | | | CHEMISCHE PRODUKTE |
|---|---|---|---|---|---|---|---|---|---|---|---|
| | Menge 25-Kg-Sack | Preis Cr$/Sack | Gesamtwert Tsd. Cr$ | Menge 50-kg-Sack | Preis Cr$/Sack | Gesamtwert Tsd. Cr$ | Menge Liter | Menge Tonnen | Preis Cr$/l Cr$/kg | Gesamt- wert Tsd.Cr$ | Gesamtwert Chem. Prod. Tsd.Cr$ |
| 1966 | 36.280 | 1.658,1 | 60.155,9 | 640 | 3.868,9 | 2.476,1 | 0 | 0 | 0 | 0 | 71.159,4 |
| 1967 | 39.920 | 1.508,3 | 60.211,3 | 3.140 | 2.930,4 | 9.201,5 | 0 | 0 | 0 | 0 | 90.825,1 |
| 1968 | 89.640 | 1.526,4 | 136.826,5 | 37.800 | 2.775,3 | 104.906,3 | 0 | 0 | 0 | 0 | 311.092,2 |
| 1969 | 126.080 | 1.554,9 | 196.041,8 | 126.000 | 8.206,6 | 1.034.031,6 | 0 | 0 | 0 | 0 | 1.371.609,1 |
| 1970 | 148.520 | 1.560,3 | 231.735,8 | 360.700 | 6.481,3 | 2.337.804,9 | 0 | 0 | 0 | 0 | 2.761.425,5 |
| 1971 | 109.520 | 1.446,2 | 158.387,8 | 391.120 | 5.186,5 | 2.028.543,9 | 0 | 0 | 0 | 0 | 2.359.745,6 |
| 1972 | 143.800 | 1.318,0 | 189.528,4 | 640.240 | 5.952,2 | 3.810.836,5 | 0 | 0 | 0 | 0 | 4.215.364,2 |
| 1973 | 164.320 | 1.357,1 | 222.998,7 | 782.520 | 5.845,9 | 4.574.533,7 | 0 | 0 | 0 | 0 | 5.035.616,1 |
| 1974 | 170.720 | 2.032,2 | 346.937,2 | 603.620 | 12.363,1 | 7.462.614,4 | 0 | 0 | 0 | 0 | 8.049.741,3 |
| 1975 | 185.807 | 3.147,7 | 584.864,7 | 334.865 | 10.323,1 | 3.457.045,8 | 0 | 0 | 0 | 0 | 4.468.190,4 |
| 1976 | 260.505 | 2.706,3 | 705.004,7 | 465.097 | 7.369,4 | 3.427.485,8 | 0 | 0 | 0 | 0 | 4.793.636,6 |
| 1977 | 327.680 | 2.789,9 | 914.222,3 | 735.221 | 6.566,7 | 4.827.975,7 | 0 | 0 | 0 | 0 | 7.014.339,9 |
| 1978 | 351.852 | 2.371,9 | 834.557,8 | 768.519 | 6.451,4 | 4.958.023,5 | 0 | 0 | 0 | 0 | 7.698.042,2 |
| 1979 | 402.113 | 2.404,4 | 966.840,5 | 845.535 | 6.527,8 | 5.519.483,4 | 650 | 10 | 2.404 | 25.607 | 8.723.790,9 |
| 1980 | 456.401 | 2.237,8 | 1.021.334,2 | 670.162 | 8.151,3 | 5.462.691,5 | 1.313 | 20 | 2.401 | 51.181 | 8.256.224,7 |
| 1981 | 464.236 | 3.741,0 | 1.736.708,9 | 837.268 | 9.541,6 | 7.988.876,3 | 7.941 | 15 | 2.398 | 55.009 | 11.442.638,3 |
| 1982 | 453.348 | 3.059,5 | 1.387.018,2 | 858.444 | 6.663,8 | 5.720.499,1 | 76.816 | 42 | 2.400 | 285.191 | 8.226.559,1 |
| 1983 | 404.636 | 2.270,0 | 918.523,7 | 775.292 | 6.050,0 | 4.690.516,6 | 34.163 | 67 | 2.400 | 242.791 | 6.545.901,1 |

Quelle: Errechnet nach Daten von LaFleur (ca. 1985), S. 87 und 111.

dukten wie Aldrin und Aldrex (Shell Química) sowie Malatol u.a. bestritten. Als Arborizid wird praktisch nur die Marke Tordon (Dow Chemical) eingesetzt. Ein Grund für das Mißverhältnis zwischen Empfehlungsbreite und Verbrauchskonzentration mag in der Vermarktungspolitik der CEPLAC und der Kakaogenossenschaft COPERCACAU selbst liegen[13].

Insgesamt beträgt der Anteil des Auslandskapitals am brasilianischen Pestizidmarkt über 80%, wobei mehr als 50% auf lediglich 5 Konzerne entfallen: Dow Chemical, Shell, Rohm & Haas, Bayer und Sandoz[14]. Dieser Zustand ist, ähnlich wie beim Düngersegment, Ergebnis der seit 1975 verfolgten Importsubstitutionsstrategie, die die Einfuhr von Endprodukten durch Zolldiskriminierung zurückdrängte und die inländische Herstellung der Handelsprodukte mittels Steuer- und sonstiger Anreize förderte. Aufgrund der Förderung durch den Nationalen Pflanzenschutz-Plan (PNDA) von 1975 wurden in kurzer Zeit 9 Insektizid-, 4 Fungizid- und 6 Herbizidfabriken errichtet. Optimistische Projektionen der Marktentwicklung verleiteten manche internationalen Konzerne (so beispielsweise den schweizerischen Ciba-Geigy und den US-amerikanischen Dupont) gar dazu, ohne Rückgriff auf öffentliche Anreize die Produktion von Pestiziden in Brasilien aufzunehmen[15]. Diese stürmische Entwicklung führte einerseits zur Schaffung von Überkapazitäten (der Auslastungsgrad belief sich 1980 auf lediglich 35,4%) und andererseits zu einer unzureichenden Verkettung mit inländischen Herstellern von Grund- und Wirkstoffen. Denn aufgrund der - in diesem Bereich typischen - schnellen Obsoleszenz der Endprodukte errichteten die ausländischen Chemiekonzerne Produktionseinheiten, die an Lieferungen von konzerneigenen Grund- und Wirkstoffen durch die Muttergesellschaft gebunden blieben. Die Folge war nicht die Verminderung, sondern die Umstrukturierung der Pestizidimporte: weg vom fertigen Handelsprodukt hin zu den Grund- und Wirkstoffen. Die drastische Passivierung der Handelsbilanz im Jahre 1980 konnte erst allmählich durch die massive Exportförderung von Fertigprodukten und zunehmend auch von Wirkstoffen wieder wettgemacht werden (vgl. Tab. 39).

---

[13] Vgl. CEPLAC (o. J. - ca. 1982), S. 70.
[14] Vgl. BNDES (1988a), S. 83.
[15] Vgl. Kageyama (1987), S. 28.

Tabelle 39: Handelsbilanz der brasilianischen Pestizidindustrie 1975 - 1986
(in Mio. US$, inflationsbereinigt)

| | 1975 | 1980 | 1984 | 1985 | 1986 |
|---|---|---|---|---|---|
| **EINFUHREN** | | | | | |
| Wirkstoffe | 39,4 | 231,1 | 124,4 | 119,6 | 189,6 |
| Grundstoffe | 16,2 | 120,6 | 93,5 | 80,7 | 86,2 |
| Fertiges Handelsprodukt | 179,8 | 34,0 | 0,2 | 3,2 | 0,7 |
| EINFUHREN INSGESAMT | 235,4 | 385,6 | 218,2 | 203,5 | 276,6 |
| **AUSFUHREN** | | | | | |
| Fertiges Handelsprodukt | 10,6 | 50,7 | 72,4 | 65,1 * | 83,7 * |
| SALDO HANDELSBILANZ | -224,8 | -334,9 | -145,8 | -138,4 | -192,9 |

* Einschl. Ausfuhren von Wirkstoffen.

Quelle: Agroanalysis (1985) Nr. 9, S. 2-22; und Nationaler Verband der Pflanzenschutzindustrie ANDEF, nach: Kageyama (1987), S. 38.

Anzeichen sprechen dafür, daß der Kakaoanbau eher einen Beitrag zur Passivierung der Insektizid-Handelsbilanz leistet. Denn die wichtigsten Exporterfolge der letzten Jahre gingen aufs Konto von Herbizidprodukten (mit 64,6% und 70,8% aller Pestizidausfuhren der Jahre 1985 und 1986[16]), während der Kakaoanbau einen besonders hohen Verbrauch an Insektiziden und Fungiziden aufweist (s. Tab. 38), deren Grund- und Halbstoffe zum großen Teil importiert werden. Da der zunehmende Insektizid- und Fungizidverbrauch nicht zur Abnahme vom Seuchenbefall der Kakaopflanzen führte, sondern eher von einer zunehmenden Anzahl von Seuchenarten begleitet war[17], ist davon auszugehen, daß eine Beibehaltung der konventionellen Anbautechnik in der Kakaoproduktion weiterhin einen Faktor hoher Importintensität darstellen wird. Dieser eher negative Beitrag des konventionellen Kakaoanbaus zur inländischen Wertschöpfung wird durch die Marktstruktur der Input-Industrien bestätigt: Hohe Nachfrage und konzentriertes Angebot stellen einen idealen Nährboden für Marktmacht-Mißbrauch dar; da die nationalen Firmen zumeist kleinere Betriebe sind, wirkt sich die Marktkonzentration negativ auf deren Entwicklung aus.

---

[16] Die Herbizidexporte bestehen zu 20% aus 2,4 D; wichtigstes Exportprodukt unter den Fungiziden ist Dithane M-45 (der Firma Rohm & Haas). Vgl. Kageyama (1987), S. 36.

[17] Während des Beobachtungszeitraums von 1958 bis 1976 erhöhte sich die Anzahl der Kakaoseuchen von 1 auf 18, wie der Entomologieprofessor der Universität von São Paulo (USP), Adilson Paschoal, feststellte. Vgl. Paschoal (1983), S. 35.

So sah sich der brasilianische Fungizidhersteller Giulini Adolfomer im Oktober 1988 veranlaßt, bei der Kartellbehörde CADE eine Klage gegen die brasilianische Tochtergesellschaft des schweizerischen Konzerns Sandoz einzureichen, nach der dieses marktbeherrschende Unternehmen mit <u>dumping</u>-Preisen (5 bis 10% unterhalb der eigenen Produktionskosten) seit 1986 jede Konkurrenz auszuschalten versucht[18]. Auch im Hinblick auf die Schaffung von Arbeitsplätzen gibt es deutliche Anzeichen dafür, daß sich der Beitrag der Agrarchemie-Industrie in Grenzen hält: Im Rahmen des Nationalen Pflanzenschutz-Planes (1975 bis 1980) wurden trotz Investitionen von US$ 220 Millionen lediglich 1.157 neue Arbeitsplätze geschaffen, womit sich die Gesamtzahl auf 4.130 erhöhte; aufgrund eines Umsatzrückgangs um 29% und trotz weiterer Investitionen von US$ 100 Millionen im Zeitraum 1980-1985 ist die Grenze von 5.000 Arbeitsplätzen 1985 sicher nicht erreicht worden[19]. Angesichts der offensichtlich herannahenden Innovationsgrenze für chemischen Pflanzenschutz[20] stellt der erwähnte Bedarfsanstieg einen Anlaß für verstärkte Forschung mit alternativen Richtungen in der Biotechnologie dar: Während staatliche Institutionen, Genossenschaften und Bauernverbände sich intensiv mit der Erforschung natürlicher Feinde (Bienen, Baculoviren und Pilze) befassen, versuchen führende Chemiewerke, ihre konventionellen Produkte unentbehrlich zu machen, indem die biotechnologische Spitzenforschung mit dem Einsatz bereits erprobter Pestizide gekoppelt wird, so daß der chemische Pflanzenschutz gleichsam in genverbessertes Saatgut eingebaut wird. Auf Einzelprodukte spezialisierte Chemiewerke (wie es die meisten nationalen Unternehmen sind) werden dadurch gegenüber der Übermacht chemischer Großkonzerne mit breiter Produktpalette zunehmend verwundbar. Der ohnehin zunehmenden Überfremdung der Pestizidproduktion[21] wird damit Vorschub geleistet.

---

[18] Vgl. Jornal do Brasil, 22.9.1989, S. 16.

[19] Schätzungen nach dem Brasilianischen Statistischen Bundesamt FIBGE, in: CESE-Coordenadoria Ecumênica de Serviço/CONIC-Conselho Nacional das Igrejas Cristãs (1987), S. 17.

[20] Abzulesen an der seit 1980 verminderten Investitionstätigkeit der führenden Chemiekonzerne, an den geringen Produktionsskalen der einzelnen Chemiewerke sowie an der bevorstehenden Ablösung der letzten Pestizidgeneration (pyrethroide Insektizide, heterozyklische Stickstoff-Fungizide und Acynalamin-Herbizide) durch bereits entwickelte Substitute. Vgl. Kageyama (1987), S. 37.

[21] Nach Angaben des für die agrarindustrielle Durchführung des Nationalen Pflanzenschutzplanes PNDA zuständigen Industriellen Entwicklungsrates CDI hatten ausländische Gesellschaften im Jahre 1982 bereits einen Anteil von 70% an der gesamten Pestizidproduktion; in den Krisenjahren von 1983-1985 stieg dieser Anteil auf 78%. Vgl. CESE/CONIC (1987), S. 17.

## 8.2 Transport und Verkehr

Anders als im küstennahen, traditionellen Kakaoanbaugebiet in Südbahia spielen die Transportkosten in den weit abgelegenen Gebieten Rondoniens und Amazoniens eine herausragende Rolle. Für den LKW-Transport bis zu den Kakao-Verarbeitungszentren in São Paulo (Entfernung: rd. 3.100 km) oder Bahia und Espírito Santo (Entfernung: rd. 4.600 km) fallen Frachtkosten im Wert von Cz$ 900,00/t (umgerechnet US$ 190,70) nach São Paulo bzw. Cz$ 1.200,00/t (US$ 254,30) nach Bahia und Espírito Santo an. Dies entspricht einem Anteil von 19,6% bzw. 24,4% an den gesamten Vermarktungskosten, entsprechend 4,4% und 5,9% des Produzentenpreises von Cz$ 20.420,00/t (US$ 4.327,19) im April 1985[22]). Mit diesen Kosten waren im Jahre 1985 rund 2/3 der Kakaoernte von Rondonien (14.246,6 t) belastet; das übrige Drittel wurde entweder direkt ausgeführt oder im relativ nahen Manaus verarbeitet[23]. Der Landtransport der Kakaofracht wird fast ausschließlich von nationalen (Klein)-Unternehmen durchgeführt. Der Anteil ausländischer Gesellschaften im Transportsektor ist lediglich bei den vorgelagerten Kraftfahrzeugindustrien erheblich, wo über 99% des Umsatzes auf Gesellschaften mit ausländischer Kapitalmehrheit entfallen[24]. Da die Kakaogeschäfte zumeist nach FOB-Bedingungen getätigt werden, übernimmt der ausländische Importeur die Frachtkosten bis zum Zielhafen; da jedoch die schnell verderbliche Ware einen möglichst schnellen Transport erfordert, wird die Auswahl der Transportgesellschaft dem Exporteur überlassen[25]; da ihm als Verhandlungsspielraum lediglich der Tarifpreis als Höchstpreis aufgegeben wird, richtet sich der Exporteur bei der Auftragsvergabe nicht nach Nationalitäts-, sondern nach Rentabilitätskriterien: Den Zuschlag bekommt die Schiffahrtsgesellschaft mit dem günstigsten Angebot; dieses wiederum folgt eher den Marktschwankungen als dem Tarif. Nach einer GATT-Studie betrugen die Frachtkosten im März 1975 rund US$ 78,00/t für Rohkakao, US$ 89,00 für Kakaobutter, US$ 103,00 für Kakaopulver und US$ 60,00 für Kakaokuchen[26]. Ein Beispiel aus dem Jahre 1983/84 zeigt jedoch, wie unmaßgeblich der Tarifpreis für die konkreten Geschäfte ist: Aufgrund der akut hohen Nachfrage konnte die brasilianische Schiffahrtsgesellschaft "Lloyd Brasileiro" mit der britischen Firma Rayners Cocoa einen "deal"

---

[22] Mascarenhas (1986), S. 59.
[23] Vgl. Mascarenhas u.a. (1986), S. 54-55.
[24] Vgl. BNDES (1988a), S. 73 f.
[25] Vgl. Bronwyn (1987).
[26] Vgl. Fundação Getúlio Vargas (o.J. - ca. 1980), S. 44.

für den Transport von 18.000 t Rohkakao zum Preis von US$ 200,00/t abschließen. Markt- und Auftragslage führen dazu, daß beispielsweise die führende brasilianische Schiffahrtsgesellschaft Lloyd Brasileiro "in einigen Jahren 100%, aber in anderen Jahren 0% des Kakaotransports nach Europa übernimmt"[27]. Aufgrund der im Normalfall relativ geringen Nachfrage nach brasilianischem Rohkakao seitens der EG[28] sind die Konkurrenzverhältnisse zwischen den Transportgesellschaften in den Routen Brasilien-Europa-Brasilien besonders scharf. Für das Land fällt dabei schon deshalb ein relativ geringer Transportanteil an, weil die brasilianische Beteiligung an den, den Stückgüter-Transport beherrschenden Seefrachtkonferenzen äußerst gering ist (vgl. Tab. 40); am geringsten ist sie dort, wo der Anteil der Region am brasilianischen Kakaoexport am höchsten ist (EG, sozialistische Länder, USA und Mittelmeerländer). Angenommen, der brasilianische Anteil am Kakaotransport entspricht dem für Stückgutfrachten geltenden durchschnittlichen Anteil, so würden lediglich 26% aller Einnahmen aus dem Kakaotransport brasilianischen Schiffslinien zugutekommen[29]. Dies liegt weit unterhalb des für alle Transportarten ermittelten durchschnittlichen Anteils der brasilianischen Flagge (41%). Dieser günstige Gesamtdurchschnitt (mit rd. 50% für ausländische Flaggen) kommt zwar dem seit 1967 verfolgten Ziel einer 40-40-20-Aufteilung der Fracht unter der

---

[27] Nach Auskunft des Lloyd Brasileiro, Hamburg, an den Verfasser am 24.11.1989.

[28] Als Begründung werden von Marktkennern nach wie vor die Geschmacksunterschiede zwischen Bahia-Kakao (eher säuerlich) und dem Ghanakakao sowie Zollbarrieren (niedriger für ehemals europäische Kolonien in Afrika als für brasilianische Waren) angeführt. Ein weiterer Grund liegt in den komparativen Transportnachteilen des Südatlantiks im Vergleich zum Ostatlantik im Verkehr mit Europa. Nach der UNCTAD beläuft sich das Verhältnis zwischen "liner freight rates" zu den Weltmarktpreisen für Kakao im Transport von Brasilien nach Europa in den Jahren 1970, 1982, 1983, 1984 und 1985 auf: 7,4%, 11,9%, 9,7%, 6,9% und 6,9%. Dasselbe Verhältnis liegt im Falle des Transports von Ghana-Kakao mit 2,4%, 3,6%, 2,6%, 2,1% und 1,9% um ein Vielfaches niedriger. Zu den allgemeinen Nachteilen des Südatlantiks in den internationalen Routen (geringere Frachteinnahmen in den Fahrten vom Norden nach Süden, geringe Schiffahrtsdichte im Südatlantik) kommen auch noch die der größeren Entfernung zu den Verbrauchszentren in Europa hinzu. Vgl. UNCTAD (1988), S. 241; BNDES (1988b), S. 6.

[29] Nach Daten der Seetransportbehörde SUNAMAM, zit. nach: BNDES (1988b), S. 44.

nationalen Flagge, der des Handelspartners und der eines Drittlandes sehr nah; doch ist er Ergebnis des für flüssige Massengüter eingerichteten Transportmonopols der staatlichen Petrobrás (43% aller Frachteinnahmen). Im kakaorelevanten Transportsegment für Stückgüter ist Brasilien also weit von der UNCTAD-Empfehlung eines 40-40-20-Verteilungsschlüssels entfernt. Brasiliens Transportbilanz weist - trotz einer Steigerung von 0,4 auf 1,4% für den Anteil an der Weltflotte zwischen 1970 und 1986 - einen hohen Negativsaldo von US$ 437 Mio auf (1976: US$ -877 Mio.). Das hiermit angedeutete starke Wachstum wurde durch die seit 1967 betriebene Politik hoher Subventionen und der Bildung einer Marktreserve für das nationale Privat- und Staatskapital ermöglicht[30].

Tabelle 40:

Mitgliedschaft brasilianischer und nicht-brasilianischer Schiffahrtsgesellschaften in internationalen Seefrachtkonferenzen (1986), aufgeteilt nach den wichtigsten Importregionen für brasilianischen Kakao (Absolute Zahlen bzw. %-Anteil)

| Seefrachtkonferenz | Brasilianische Schiffahrtsgesellschaften | Nichtbrasilianische Schiffahrtsgesellschaften | Anteil der Region am brasilianischen Kakaoexport (in % |
|---|---|---|---|
| | (Anzahl der Mitgliedsgesellschaften) | | der Exportmenge 1982) |
| 1. Nordamerika - Interamerikanische Seefrachtkonferenz: | | | |
| Amerikanischer Bereich | 5 | 15 | 30,4 USA |
| Kanadischer Bereich | 3 | 4 | 1,5 CDN |
| 2. Europa | | | |
| - Brasilien-Europa-Brasilien | 3 | 21 | 25,5 EG |
| | | | 23,4 Soz. Länder |
| - Nordbrasilien-Amazonien-Europa-Nordbrasilien-Amazonien | 3 | 8 | - |
| - Brasilien-Mittelmeer-Brasilien | 2 | 10 | 7,5 I-P-ES-ALG-GR |
| 3. Übrige Route | 27 | 45 | 5,8 |

Quelle: CEPLAC/CAECI (1984), S. 147. BNDES (1988), S. 80.

---

[30] Vgl. BNDES (1988b), S. 42, 44 und 79.

## 8.3 Linkages zu nachgelagerten Bereichen: Die Verarbeitung

Mit der Verdreifachung seines Anteils am weltweit vermahlenen Kakao innerhalb von nur 1 Jahrzehnt (1975 - 1985) wiederholte Brasilien für den Kakaobereich einen rasanten Prozeß exportorientierter Agrarindustrialisierung, der seit 1967 auch für andere traditionelle wie nichttraditionelle Exportkulturen wie Zucker, Soja, Zitrusfrüchte mit großer Konsequenz betrieben wird. Es bildete sich ein "agrarindustrieller Komplex" heraus, in dem die verschiedenen Teilbereiche der Agrarproduktion und der ihr vor- und nachgelagerten Industrien eng miteinander verkettet sind, wobei die beiden Enden der Kette ein hohes Maß an Weltmarktintegration (Finanzkapital, Produktivkapital, Außenhandel) aufweisen: Wie die Kakao-Input-Industrien (s.o.) so sind auch die Kakaoverarbeitungsindustrien integrierende Bestandteile von Brasiliens internationalisiertem Binnenmarkt und von dessen Exportsektor, wenn auch - je nach Produktionsstufe (Herstellung von Kakaoderivaten bzw. von Schokolade) - in unterschiedlichem Ausmaße. Wie bereits vermerkt (Kap. 5.5), befindet sich Brasiliens Kakaoverarbeitungsindustrie in den beiden genannten Hauptbereichen weltweit an führender Position. Die Herstellung von Kakaoderivaten ist vor allem über den Außenhandel mit der Weltwirtschaft integriert, während die kapitalmäßige Weltmarktintegration mit rd. 45% des Gesamtkapitals weit niedriger liegt. Regional konzentrieren sich die für 75% der Gesamtproduktion von Derivaten verantwortlichen 8 Produktionsbetriebe auf das Kakaoanbaugebiet von Bahia[31]. Dagegen wird die eher binnenmarktorientierte Schokoladenindustrie kapitalmäßig von wenigen Großbetrieben beherrscht, die sich mehrheitlich im ausländischem Besitz befinden: Auf 2 Unternehmen mit ausschließlichem (Nestlé) bzw. maßgeblichem (Lacta) ausländischen Kapital entfallen 71,6% des Umsatzes von Schokoladenprodukten (Nestlé: 36%; Lacta: 35,5%); mit 57% des Umsatzes von Schokoladengetränken beherrscht Nestlé eindeutig dieses Marktsegment, bei dem ein anderes ausländisches Unternehmen (Toddy, eine Tochter des Quaker-Konzerns) mit 15% der Umsätze an zweiter Stelle steht[32]; diese Betriebe wiederum sind vorwiegend in der Nähe der großen Verbraucherzentren in den Bundesstaaten südlich von Bahia angesiedelt.

---

[31] Dieser Anteil lag Mitte der 70er Jahre noch bei 90%. Die Verminderung trat aufgrund der in anderen Bundesstaaten jüngst vollzogenen Expansion der Schokoladenindustrie, die teilweise die Kakaoderivate zur Weiterverarbeitung zu Schokolade selbst herstellt. Vgl. ABIC (o. J. - ca. 1981), S. 1.

[32] Nach Angaben des Marktforschungsinstituts Instituto de Pesquisa do Mercado, in: Jornal do Brasil, 28.7.1989, S. 15; Veja, 8.2.89, S. 66-67.

Tab. 41 vermittelt einen Überblick über die quantitative Verkettung der Kakaoverarbeitungsindustrie am Beispiel der in den bahianischen Industriepolen von Ilhéus und Itabuna angesiedelten Produktionseinheiten im Hinblick auf Kapitalherkunft, Zielmärkte, Materialbezug, Lohn- und Beschäftigungseffekte im Jahre 1980. Nicht berücksichtigt blieben drei weitere Produktionseinheiten kleineren Ausmaßes der Firmen Barreto de Araújo und Joanes Industrial, die sich in Bahias Hauptstadt, Salvador, befinden. Der Tabelle lassen sich folgende Aussagen entnehmen:

a) Das enorme Kapital- und Investitionsgefälle zwischen dem größten Betrieb und den anderen steht in keinem Verhältnis zum erzielten Produktionswert und zur Wertschöpfung, ausgedrückt als Saldo vom Produktionswert minus Material- und Lohnkosten (Spalte C ./. F + I)[33]: In der Wertschöpfung befindet sich das kapitalschwächste Unternehmen (Berkau) an zweiter Stelle.

b) Die beiden kapitalstärksten Unternehmen weisen die niedrigsten Anteile für den Bezug lokaler Güter und Dienstleistungen (Nestlé: 70,8%, Barreto de Araújo: 91,1%) auf. Aber alle kakaoverarbeitenden Betriebe beziehen weit mehr als 2/3 der benötigten Lieferungen aus Bahia.

c) Die durchschnittliche Kapitalintensität (gemessen am Verhältnis Kapital/Arbeitsplätze - Spalten A : H) ist mit US$ 47.380,00 relativ hoch. Das brasilianische Unternehmen Berkau weist die weitaus geringste Kapitalintensität auf, gefolgt von der 90%igen Gill-&-Duffus-Tochter (Joanes Industrial Produtos Químicos S.A.), die jedoch dem Durchschnitt bereits ziemlich nahekommt. Die brasilianische Tochter der schweizerischen Nestlé weist zusammen mit dem brasilianischen Unternehmen Barreto de Araújo die höchste Kapitalintensität auf, während die Cargill-Tochter sehr dicht beim Durchschnitt liegt. Damit kann keine generelle Aussage über die Kapitalüberlegenheit bzw. über tendenziell höheren Beschäftigungsbeitrag ausländischer oder nationaler Unternehmen gemacht werden.

d) Die durchschnittlichen Lohnkosten liegen mit US$ 6.390 bei der Nestlé-Tochter am höchsten und mit nur US$ 360 bei der Cargill-Niederlassung am niedrigsten. Eine Erklärung für diese diametral entgegengesetzte Lohnpolitik zweier multinationaler Konzerne bleibt detaillierten Untersuchungen vorbehalten.

---

[33] wobei freilich Verwaltungs- und sonstige Kosten hinzugefügt werden müßten.

Tabelle 41: Bahias Kakaoverarbeitungsindustrie nach Kapitalausstattung, Produktionswert, Exportproduktion, Material- und Lohnkosten 1980 (in US$)

| Unternehmen | Kapital (Tsd. US$) | Investitionswert (Tsd. US$) | Produktionswert (Tsd. US$) | Exportproduktion (%) | Materialkosten (Tsd. US$) Kakao | Materialkosten (Tsd. US$) Insgesamt | Lieferungen aus Bahia | Anzahl d. Beschäftigten | Lohnkosten (Tsd.US$) | Lohnkosten (%) |
|---|---|---|---|---|---|---|---|---|---|---|
| | A | B | C | D | E | F | G | H | I | J |
| **I) ABSOLUTE ZAHLEN** | | | | | | | | | | |
| Barreto de Araújo Produtos de Cacau S.A.  BR | 22.821,1 | 38.583,1 | 58.899,8 | 98,0 | 31.716,7 | 32.449,4 | 91,1 | 357 | 1.377,3 | 4,2 |
| Berkau S.A. Comércio e Indústria  BR | 5.146,5 | 21.982,3 | 42.314,9 | 78,7 | 26.202,5 | 26.898,1 | 98,8 | 255 | 713,2 | 2,7 |
| Cargill Indústria Ltda.  USA | 7.672,2 | 3.682,7 | 12.855,6 | 100,0 | 10.277,7 | 10.436,1 | 98,7 | 153 | 55,4 | 0,5 |
| Joanes Industrial S.A. Produtos Químicos Vegetais  GB | 7.029,6 | 10.729,0 | 30.379,5 | 95,8 | 22.629,4 | 23.113,7 | 98,8 | 187 | 648,2 | 2,8 |
| Companhia Produtora de Alimentos (COPRODAL, Nestlé)  CH | 12.810,5 | 42.151,1 | 16.219,7 | 7,0 | 4.286,0 | 13.249,8 | 70,8 | 219 | 1.400,2 | 10,6 |
| Insgesamt | 55.479,9 | 117.128,2 | 160.669,5 | | 95.112,3 | 106.147,2 | | 1.171 | 4.194,3 | 4,0 |
| | A : H (Tsd.US$) | I : H (Tsd.US$) | C:(F+I) (Tsd.US$) | C:(F+I) als % von A | B : A % | | | | | |
| **II) VERHÄLTNISZAHLEN** | | | | | | | | | | |
| Barreto de Araújo Produtos de Cacau S.A.  BR | 63,92 | 3,86 | 25.073,10 | 42,6 | 169 | | | | | |
| Berkau S.A. Comércio e Indústria  BR | 20,18 | 2,80 | 14.703,60 | 34,8 | 427 | | | | | |
| Cargill Indústria Ltda.  USA | 50,15 | 0,36 | 2.364,10 | 18,4 | 048 | | | | | |
| Joanes Industrial S.A. Produtos Químicos Vegetais  GB | 37,59 | 3,47 | 6.617,60 | 21,8 | 153 | | | | | |
| Companhia Produtora de Alimentos (COPRODAL, Nestlé)  CH | 58,50 | 6,39 | 1.569,70 | 9,7 | 329 | | | | | |
| Insgesamt | 47,38 | 3,58 | 50.328,00 | 31,3 | 211 | | | | | |

Quelle: CEDIN/Secretaria da Indústria e Comércio (1982).

e) Der Investitionswert im Verhältnis zum Kapital (B : A) ist bei einer einzigen Ausnahme (der erst 1980 in Betrieb genommenen Cargill-Tochter) erheblich höher als der Stammkapitalwert. Die Investitionsneigung der Fabriken von Kakaoderivaten ist so hoch, daß sich ihr realer Anlagewert allein in den Jahren zwischen 1975 und 1980 verdreifachte - und dies vorwiegend aus reinvestierten Gewinnen, wie es der Kakaoindustriellenverein ABIC betont[34].

Der nach dem II. Weltkrieg dem brasilianischen Endabnehmer zur Verfügung stehende Kakaoanteil hat die Größenordnung von 20% der Gesamtproduktion nie übertroffen (vgl. Tab. 19/Spalte M). In einigen Kriegs- und Nachkriegsjahren (1945/46 und 1960/61) griff der Export mit über 100% der Produktion sogar auf Bestände früherer Jahre zurück. Die brasilianische Verarbeitungsindustrie hingegen konnte aufgrund wachsender Quotenzuweisungen (die Anfang der 80er Jahre abgeschafft wurden) den von ihr vermahlenen Produktionsanteil von 17,5% (1945/46) auf über 50% erhöhen (seit Mitte der 70er Jahre). Der Anteil der Kakaoderivate an den gesamten Kakaoexporten lag 1960 noch bei 32% (Mengenanteil) bzw. 30% (Wertanteil). 1988 wurden 51% des Kakaos in verarbeiteter Form (mit einem Wertanteil von 58%) exportiert (vgl. Tab. 42). Diese Tabelle (Spalten H-L) gibt insbesondere auch die einfachen Preisrelationen zwischen den für Rohkakao und für Kakaoderivate erzielten Exportpreise an; für Kakaoliquor wurde die Preisrelation in Bohnenäquivalenz ausgedrückt (Liquorpreis/t x 0,80013 : Rohkakaopreis/t).

---

[34] Vgl. ABIC (o.J. - ca. 1981), S. 19.

Brasilien

Tabelle 42: Ausfuhrmenge und -wert sowie durchschnittliche FOB-Exportpreise von Kakaoderivaten, bes. Kakaomasse, im Vergleich zu Kakaobohnen, Brasilien 1938 - 1988 (in US$ und t)

| | ROHKAKAO: | | KAKAODERIVATE: | | DAVON KAKAOMASSE | | | ERZIELTER EXPORTPREIS | | | PREISRELATIONEN | | |
|---|---|---|---|---|---|---|---|---|---|---|---|---|---|
| | | | | | | | | ROHKAKAO | KAKAODER. | KAKAOMASSE | | | |
| | t | US$ 1.000 | t | US$ 1.000 | t | US$ 1.000 | | US$/t | US$/t | US$/t | H:G | I:G | I:0,80013:G |
| | A | B | C | D | E | F | | G | H | I | J | K | L |
| 1938 | 127.888 | 12.081 | 2.139 | 195 | 48 | ... | | 94,5 | 91,2 | ... | 0,97 | ... | ... |
| 1939 | 132.155 | 13.292 | 2.028 | 215 | 49 | ... | | 100,8 | 106,1 | ... | 1,05 | ... | ... |
| 1940 | 106.799 | 11.533 | 1.766 | 211 | 13 | ... | | 108,0 | 118,1 | ... | 1,09 | ... | ... |
| 1941 | 132.944 | 18.862 | 5.432 | 825 | 1 | ... | | 142,8 | 151,9 | ... | 1,06 | ... | ... |
| 1942 | 71.904 | 18.888 | 5.906 | 1.284 | 1 | ... | | 262,7 | 217,4 | ... | 0,83 | ... | ... |
| 1943 | 115.120 | 17.477 | 6.143 | 1.091 | 21 | ... | | 151,8 | 177,6 | ... | 1,17 | ... | ... |
| 1944 | 101.920 | 18.579 | 22.376 | 3.960 | 134 | ... | | 182,3 | 177,0 | ... | 0,97 | ... | ... |
| 1945 | 83.434 | 13.863 | 13.094 | 3.135 | 3.196 | ... | | 166,2 | 239,4 | ... | 1,44 | ... | ... |
| 1946 | 130.460 | 39.463 | 27.730 | 6.639 | 2.275 | ... | | 302,5 | 239,4 | ... | 0,79 | ... | ... |
| 1947 | 99.041 | 57.004 | 14.265 | 7.182 | 2.720 | ... | | 575,8 | 503,5 | ... | 0,87 | ... | ... |
| 1948 | 71.681 | 57.992 | 9.971 | 7.049 | 369 | ... | | 809,0 | 707,0 | ... | 0,87 | ... | ... |
| 1949 | 132.996 | 52.421 | 17.814 | 6.100 | 175 | ... | | 394,2 | 342,4 | ... | 0,87 | ... | ... |
| 1950 | 131.996 | 78.661 | 28.908 | 10.454 | 2.203 | ... | | 595,9 | 361,6 | ... | 0,61 | ... | ... |
| 1951 | 96.125 | 69.414 | 20.166 | 9.609 | 1.962 | ... | | 722,1 | 476,5 | ... | 0,66 | ... | ... |
| 1952 | 58.242 | 41.516 | 11.827 | 4.774 | 964 | ... | | 712,8 | 410,6 | ... | 0,58 | ... | ... |
| 1953 | 108.690 | 75.223 | 31.191 | 16.921 | 5.352 | 3.606 | | 692,1 | 542,5 | 673,8 | 0,78 | 0,97 | 0,78 |
| 1954 | 120.970 | 135.606 | 15.471 | 13.628 | 4.121 | 4.674 | | 1.121,0 | 880,9 | 1.134,2 | 0,79 | 1,01 | 0,81 |
| 1955 | 121.923 | 90.907 | 19.867 | 16.305 | 3.154 | 3.361 | | 745,6 | 820,7 | 1.065,6 | 1,10 | 1,43 | 1,14 |
| 1956 | 125.835 | 67.207 | 32.679 | 14.429 | 821 | 522 | | 534,1 | 441,5 | 635,8 | 0,83 | 1,19 | 0,95 |
| 1957 | 108.677 | 69.683 | 42.296 | 23.022 | 2.153 | 1.798 | | 635,4 | 544,3 | 835,1 | 0,86 | 1,31 | 1,05 |
| 1958 | 104.018 | 89.591 | 39.549 | 28.186 | 125 | 106 | | 861,3 | 712,7 | 848,0 | 0,83 | 0,98 | 0,79 |
| 1959 | 79.570 | 59.447 | 47.706 | 32.290 | ... | ... | | 747,1 | 676,9 | ... | 0,91 | ... | ... |
| 1960 | 125.456 | 69.181 | 60.100 | 29.438 | ... | ... | | 551,4 | 489,8 | ... | 0,89 | ... | ... |
| 1961 | 104.170 | 45.923 | 39.852 | 16.420 | ... | ... | | 440,8 | 412,0 | ... | 0,93 | ... | ... |
| 1962 | 55.340 | 24.227 | 44.622 | 17.387 | ... | ... | | 437,8 | 389,7 | ... | 0,89 | ... | ... |
| 1963 | 68.685 | 35.029 | 37.329 | 16.358 | ... | ... | | 510,0 | 438,2 | ... | 0,86 | ... | ... |
| 1964 | 74.710 | 34.816 | 27.472 | 11.659 | 7 | 6 | | 466,0 | 424,4 | 857,1 | 0,91 | 1,84 | 1,47 |

Brasilien

Forts. Tab. 42

| 1965 | 91.968 | 27.689 | 45.729 | 13.736 | 7 | 7 | 301,1 | 300,4 | 1.000,0 | 1,00 | 3,32 | 2,66 |
|---|---|---|---|---|---|---|---|---|---|---|---|---|
| 1966 | 112.498 | 50.731 | 55.888 | 21.502 | 12 | 15 | 451,0 | 384,7 | 1.250,0 | 0,85 | 2,77 | 2,22 |
| 1967 | 114.351 | 59.161 | 55.746 | 26.263 | 17 | 14 | 517,4 | 471,1 | 823,5 | 0,91 | 1,59 | 1,27 |
| 1968 | 75.815 | 46.098 | 49.030 | 27.254 | 15 | 12 | 608,0 | 555,9 | 800,0 | 0,91 | 1,32 | 1,05 |
| 1969 | 119.561 | 105.666 | 42.314 | 33.187 | ... | ... | 883,8 | 784,3 | ... | 0,89 | ... | ... |
| 1970 | 119.768 | 77.676 | 50.957 | 32.313 | 27 | 26 | 648,8 | 634,1 | 963,0 | 0,98 | 1,48 | 1,19 |
| 1971 | 119.071 | 61.681 | 56.398 | 30.171 | 175 | 134 | 518,0 | 535,0 | 765,7 | 1,03 | 1,48 | 1,18 |
| 1972 | 102.254 | 59.156 | 72.824 | 41.032 | 125 | 98 | 578,5 | 563,4 | 784,0 | 0,97 | 1,36 | 1,08 |
| 1973 | 82.774 | 88.522 | 70.073 | 59.941 | 4.516 | 4.620 | 1.098,4 | 855,4 | 1.023,0 | 0,80 | 0,96 | 0,77 |
| 1974 | 129.865 | 210.002 | 88.546 | 128.329 | 8.046 | 13.977 | 1.617,1 | 1.482,8 | 1.737,1 | 0,92 | 1,07 | 0,86 |
| 1975 | 178.628 | 220.368 | 79.067 | 106.699 | 17.392 | 27.796 | 1.247,6 | 1.349,5 | 1.598,2 | 1,08 | 1,28 | 1,02 |
| 1976 | 128.838 | 218.757 | 81.730 | 138.297 | 19.285 | 42.122 | 1.897,9 | 1.892,1 | 2.184,2 | 1,00 | 1,29 | 1,03 |
| 1977 | 107.625 | 435.467 | 97.570 | 339.008 | 36.973 | 166.053 | 4.046,2 | 3.474,5 | 4.491,2 | 0,86 | 1,11 | 0,89 |
| 1978 | 134.074 | 453.814 | 110.571 | 380.098 | 47.806 | 194.385 | 3.384,8 | 3.437,6 | 4.066,1 | 1,02 | 1,20 | 0,96 |
| 1979 | 156.932 | 486.873 | 140.714 | 469.986 | 67.562 | 270.705 | 3.102,4 | 3.340,0 | 4.006,8 | 1,08 | 1,29 | 1,03 |
| 1980 | 123.580 | 291.688 | 156.181 | 418.979 | 68.080 | 219.253 | 2.360,3 | 2.682,7 | 3.221,5 | 1,14 | 1,36 | 1,09 |
| 1981 | 125.248 | 241.618 | 167.801 | 371.411 | 72.505 | 194.923 | 1.929,1 | 2.213,4 | 2.688,4 | 1,15 | 1,39 | 1,12 |
| 1982 | 143.462 | 215.978 | 126.638 | 220.948 | 38.545 | 79.846 | 1.505,5 | 1.744,7 | 2.179,4 | 1,16 | 1,45 | 1,16 |
| 1983 | 152.773 | 283.773 | 113.475 | 268.821 | 52.290 | 118.632 | 1.857,5 | 2.369,0 | 2.268,4 | 1,28 | 1,22 | 0,98 |
| 1984 | 107.186 | 248.876 | 136.910 | 407.100 | 68.845 | 193.500 | 2.321,9 | 2.973,5 | 2.894,8 | 1,34 | 1,25 | 1,00 |
| 1985 | 172.245 | 360.614 | 147.521 | 415.089 | 68.601 | 180.818 | 2.093,6 | 2.813,8 | 2.635,8 | 1,33 | 1,26 | 1,01 |
| 1986 | 134.692 | 273.322 | 130.078 | 350.623 | 53.037 | 130.305 | 2.029,2 | 2.695,5 | 2.456,9 | 1,32 | 1,21 | 0,97 |
| 1987 | 143.482 | 265.587 | 129.204 | 316.253 | 42.178 | 98.960 | 1.851,0 | 2.447,7 | 2.346,2 | 1,32 | 1,27 | 1,01 |
| 1988 | 134.490 | 215.495 | 137.494 | 298.077 | 48.010 | 95.728 | 1.602,3 | 2.187,9 | 2.080,6 | 1,35 | 1,30 | 1,04 |

<u>Quellen:</u> CEPLAC (1984), S. 96 und 100; Banco Central, <u>Boletim Mensal</u>, versch. Ausgaben.

Die ökonomische Rationalität der Kakaozwischenverarbeitung für den Export ist jedoch nicht unumstritten und wird von den unterschiedlichen gesellschaftlichen Kräften für ihre Interessen thematisiert. Es stehen sich die Kakaoproduzenten und die Verarbeiter gegenüber. Während die ersteren auf den Preisvorteil für Kakaoderivate vor allem in Form von Kakaomasse verweisen, stellen ihn die letzteren für die Kakaoderivate insgesamt in Frage. Beide Seiten versuchen, ihre Position statistisch-wissenschaftlich zu untermauern. Beide gehen dabei von einer Gegenüberstellung zwischen den Mehreinnahmen aus dem Export von Kakaoderivaten und den damit verbundenen Opportunitätskosten aus. Für den Kakaoproduzentenverband CCPC erstellte die angesehene Getúlio-Vargas-Stiftung eine Studie, die zu einem eindeutig negativen Ergebnis bezüglich der Preisvorteile für Kakaoderivate kommt. Durch den Preisvergleich zwischen Kakaobohnen und Kakaoderivaten sowie unter Berücksichtigung der Mengenumrechnungswerte (etwa 800 kg Kakaomasse = 1.000 kg Kakaobohnen)[35] machte die Studie deutlich, daß die Deviseneinnahmen beim Export von Kakaoderivaten geringer waren als die beim Export der entsprechenden Menge von Kakaobohnen. Die Berechnungsformel lautet:

$$R_1 = \frac{0{,}37 \times P_2 + 0{,}42 \times P_3}{P_1}$$

$$R_2 = \frac{0{,}8 \times P_4}{P_1},$$

wobei $P_1$, $P_2$, $P_3$ und $P_4$ die jeweiligen Weltmarktpreise für Kakaobohnen, Kakaobutter, Kakaokuchen und Kakaomasse darstellen. $R_1$ und $R_2$ stellen die entsprechenden Verhältniszahlen dar. Die durch den Export von Kakaoderivaten entgangenen Deviseneinnahmen betrugen allein im Jahr 1977 laut Berechnungen der Getúlio-Vargas-Stiftung 47 Millionen Dollar. Ähnlich entstandene Verluste wurden an 22 von 25 Jahren im Zeitraum von 1952 bis 1977 - d.h. seit überhaupt Exporte von Kakaoderivaten getätigt werden - festgestellt. Dasselbe galt für die Exporte von Kakaomasse in dem Zeitraum von 1970-1977 an 5 von 8 Jahren. Diese Rechnung wird, laut genannter Stiftung, auch nicht durch die Berücksichtigung des durch das zusätzliche Kakaobohnenangebot tendenziell

---

[35] Umwandlungswerte nach dem ABIC (Kakao-Industrieverband): 1 t Kakaomasse = 1,2498 t Kakaobohnen

verschärften Preisverfalls entscheidend verändert: Modellrechnungen ergaben, daß der Preisrückgang bei einem hypothetischen Angebotszuwachs von Kakaobohnen um 6% und bei entsprechender Reduzierung der Angebotsmenge an Kakaoderivaten lediglich 1% betragen würde[36]. Die Stiftungsstudie berücksichtigt zusätzlich die mit der Kakaoverarbeitung verbundenen Kosten - US$ 29 Millionen allein für die Herstellung von Kakaobutter und -kuchen im Jahre 1977. Damit erhöhen sich die durch den Export von Derivaten entgangenen Devisen noch einmal beträchtlich. Die für die Deckung dieser Verarbeitungskosten erforderliche Verhältniszahl beträgt nach Rechnung der Getúlio-Vargas-Stiftung 1,14 - eine Ziffer, die seit Beginn dieser Ausfuhren in den 50er Jahren nie erreicht wurde.

Demgegenüber weist eine Studie des Kakao-Industriellenverein ABIC nach, daß diese Verhältniszahl im Falle der Kakaomassenausfuhren auf jeden Fall erreicht wird (vgl. Tab. 43). Der Zahlenreihe liegt die Überlegung zugrunde, daß die Ausfuhr von Kakaomasse selbst beim Vergleich des Preisverhältnisses Jahr für Jahr fast immer vorteilhaft gegenüber der Ausfuhr von Kakaobohnen ist; wird sie jedoch in der Summe der Jahre zusammengenommen, so erhöht sich ihr Vorteil entsprechend. Andererseits macht der Verein auf die Notwendigkeit aufmerksam, daß dem Vergleich gleiche Bedingungen zugrundegelegt werden: Statt der durchschnittlichen Jahrespreise für Bohnen und Derivate sollte man die zum jeweiligen Verkaufszeitpunkt geltenden Preise zugrundelegen. Aufgrund fehlender diesbezüglicher Statistiken machte der Verein selber eine Rechnung für den Zeitraum der Preis-Hausse vom Mai bis Oktober 1977. Ergebnis: Die Verhältniszahl übertraf mit 1,229 deutlich den von der Getúlio-Vargas-Stiftung für Kakaoderivate angegebenen Grenzwert von 1,14[37].

---

[36] Vgl. Macedo (1976), zit. nach: Fundação Getúlio Vargas (o. J. - ca. 1980), S. 5.
[37] Vgl. ABIC (o.J. - ca. 1981), S. 14.

Tabelle 43: Brasilien: Durchschnittliche Exportpreise für Kakaomasse und Kakaobohnen 1974 - 1980

| | Kakaomasse: Ausfuhr | | Durchschnitts- | Kakaobohnen: Ausfuhr | | Durchschnitts- | Verhältnis |
| | t | Tsd.US$ | preis (Tsd. US$) | t | Tsd.US$ | preis (Tsd.US$) | C : F |
|---|---|---|---|---|---|---|---|
| | A | B | C | D | E | F | G |
| 1974 | 8.362 | 14.071 | 1,6827 | 129.865 | 210.002 | 1,6171 | 1,04 |
| 1975 | 17.622 | 27.968 | 1,5871 | 176.628 | 220.369 | 1,2476 | 1,27 |
| 1976 | 19.534 | 42.123 | 2,1564 | 128.838 | 218.757 | 1,6979 | 1,27 |
| 1977 | 36.973 | 66.053 | 4,4912 | 107.624 | 435.454 | 4,0461 | 1,11 |
| 1978 | 47.806 | 94.385 | 4,0661 | 134.074 | 453.813 | 3,3848 | 1,20 |
| 1979 | 67.562 | 270.705 | 4,0068 | 156.932 | 486.873 | 3,1024 | 1,29 |
| 1980 | 68.059 | 219.253 | 3,2215 | 123.580 | 291.688 | 2,3603 | 1,36 |
| Summe | 265.918 | 934.558 | 3,5145 | 957.541 | 2.316.956 | 2,4197 | 1,45 |

Quelle: ABIC (o.J. - ca. 1981), S.11.

Doch selbst der Kakao-Industriellenverein macht darauf aufmerksam, daß angesichts der Weltmarktpreise für Kakaomasse eine rentable Verarbeitung erst möglich gemacht wurde, nachdem der brasilianische Staat mit starken Exportanreizen zur Überwindung der Zollbarrieren (EG: 8 bis 11%) eingesprungen ist: Denn erst der Export brachte die für eine rentable Produktion erforderlichen Skaleneffekte[38]. Die dadurch vergesellschafteten Kosten werden von der Kakaoindustrie allerdings nicht miteinbezogen. Zusätzliche - wenn auch möglicherweise nur sporadische - Kosten entstehen indirekt durch die Börsentätigkeit von Exportgesellschaften, die im Rahmen von "hedging"-Operationen Termingeschäfte mit Kakaoderivaten durchführen und sie durch Terminkäufe von Rohkakao absichern. Nach Angaben der brasilianischen Zentralbank haben solche "hedging"-Geschäfte in den Jahren 1976 und 1977 Devisenverluste eingebracht[39].

Bei der Analyse der Ursachen für dieses preisliche Hinterherhinken von Kakaoderivaten auf dem Weltmarkt kommt die Stiftungsstudie zu der Schlußfolgerung, daß oft angeführte Faktoren - etwa im Hinblick auf Vermarktungsprobleme, minderwertige Qualität, verfügbare Informationen und Oligopolmärkte - sowohl die Preise von Kakaoderivaten als auch die von Kakaobohnen

---

[38] Vgl. ABIC (o.J. - ca. 1981), S. 2 u.a.
[39] Vgl. Getúlio-Vargas-Stiftung (o.J. - ca. 1980), S. 6.

beeinflussen, so daß die Preisverhältnisse im wesentlichen davon unberührt bleiben. Einen spezifischen Einfluß sieht die Stiftung vielmehr in Faktoren wie Transferpreis zwischen Tochter- und Muttergesellschaften, Angebotsüberschuß durch übermäßige Ausweitung der weltweiten Vermahlungskapazitäten und Subventionswettbewerb der Produzentenländer untereinander als gegeben an. Demgegenüber weist der Kakaoindustriellenverein auf die preisstützende Wirkung der gesteigerten inländischen Nachfrage nach Kakaobohnen hin. Doch diesem Stützungseffekt wirkte bis Anfang der 80er Jahre die Zuteilung von Industrie- und Exportquoten entgegen; er kommt erst wieder zum Zuge, wenn weltweit fallende Kakaopreise der internen Nachfrage mehr Raum gestatten. Tatsächlich muß die Kakaoindustrie auf dem internen Kakaomarkt oft Preise zahlen, die bis zu 15% höher liegen als die der Börse[40]. Ein abschließendes Urteil über die Vorteilhaftigkeit der Ausfuhr von Kakaoderivaten wird sich vermutlich erst fällen lassen, wenn neben der Außendimension auch die inländische Verkettung im Hinblick auf Nachfrage- und Beschäftigungseffekte eingehender untersucht wird.

Tab. 44 verdeutlicht die Entwicklung des brasilianischen Schokoladenbinnen- und -außenmarktes (Produktion, Ein- und Ausfuhr, Konsum und Pro-Kopf-Konsum) im Laufe der letzten beiden Jahrzehnte[41].

---

[40] Vgl. Barroco (1987), S. 21.

[41] In Abweichung von der internationalen Außenhandelsterminologie schließt die brasilianische Schokoladenaus- und einfuhr folgende Produkte ein: Kakaomasse (bis einschl. 1977), gezuckertes Kakaopulver, Mehlprodukte mit einem Kakaogehalt von 50% oder mehr, Milchkonfekt, Karamelle, Früchtegelée, Konditoreiprodukte. Darüberhinaus werden unter Position 18.06 (Schokolade und sonstige kakaohaltige Nahrungsmittel) auch Schokoladenprodukte im engeren Sinne zusammengefaßt (Schokoladenpulver, -flokken, -tafeln, -masse u.a.). Für die Berechnung des Schokoladenkonsums muß auf diese engere Definition zurückgegriffen werden, da die Statistiken über Schokoladenprodukte sich auf diesen engeren Bereich beziehen. Vgl. Barroco (1984b), S. 42-43; Barroco (1984a), S. 6-14; sowie Barroco (1987).

# Brasilien

**Tabelle 44:** Brasiliens Schokoladenmarkt 1969 - 1987: Produktion, Ein- und Ausfuhr, Konsum, Pro-Kopf-Konsum von Schokolade und schokoladenhaltigen Produkten (in Tonnen bzw. kg sowie US$ und %)

| Jahr | Produktion 1) (t) | Umsatz 2) (US$) | Einfuhr 3) (t) | Ausfuhr 3) (t) | Export/ Produktion (%) | Konsum 4) (t) | Konsum/ Produktion (%) | Pro-Kopf-Konsum (kg/J) Brasilien 5) | Weltdurchschnitt 5) |
|---|---|---|---|---|---|---|---|---|---|
| 1969 | 38.800 | k.A. | k.A. | k.A. | k.A. | k.A. | k.A. | k.A. | k.A. |
| 1970 | 40.514 | 85.957.692 | k.A. | k.A. | k.A. | k.A. | k.A. | 0,4 | 3,8 |
| 1971 | 43.305 | 87.817.927 | k.A. | k.A. | k.A. | k.A. | k.A. | 0,5 | 4,2 |
| 1972 | 47.188 | 90.929.295 | k.A. | k.A. | k.A. | k.A. | k.A. | 0,5 | 5,1 |
| 1973 | 55.947 | 118.807.668 | k.A. | k.A. | k.A. | k.A. | k.A. | 0,5 | 4,5 |
| 1974 | 61.393 | 129.121.738 | k.A. | k.A. | k.A. | k.A. | k.A. | 0,6 | 4,3 |
| 1975 | 68.417 | 143.669.070 | k.A. | k.A. | k.A. | k.A. | k.A. | 0,6 | 4,3 |
| 1976 | 84.540 | 174.878.591 | 119,0 | 17.900 * | 21,2 | 66.759 | 79,0 | 0,7 | 4,5 |
| 1977 | 79.000 | k.A. | 81,0 | 37.100 * | 47,0 | 41.981 | 53,1 | 0,7 | 4,8 |
| 1978 | 85.900 | k.A. | 90,0 | 600 | 0,7 | 85.390 | 99,4 | 0,8 | 4,7 |
| 1979 | 102.500 | k.A. | 120,0 | 1.100 | 1,1 | 101.520 | 99,0 | 0,9 | 8,2 |
| 1980 | 106.000 | k.A. | 43,0 | 3.300 | 3,1 | 102.743 | 96,9 | 0,9 | 5,2 |
| 1981 | 92.400 | k.A. | 17,0 | 4.300 | 4,7 | 88.117 | 95,4 | 0,7 | 5,0 |
| 1982 | 112.000 | k.A. | 25,0 ** | 2.100 | 1,9 | 109.925 | 98,2 | 0,9 | 5,1 |
| 1983 | 121.000 | k.A. | 13,0 ** | 12.500 | 10,3 | 108.513 | 89,7 | k.A. | k.A. |
| 1984 | 102.000 | k.A. | 14,6 ** | 12.800 | 12,8 | 89.215 | 87,5 | k.A. | k.A. |
| 1985 | 98.000 | k.A. | k.A. | k.A. | k.A. | k.A. | k.A. | k.A. | k.A. |
| 1986 | 121.000 | k.A. | k.A. | k.A. | k.A. | k.A. | k.A. | k.A. | k.A. |
| 1987 | 154.000 | k.A. | k.A. | k.A. | k.A. | k.A. | k.A. | k.A. | k.A. |
| 1988 | k.A. | 439.190.000 6) | | | | | | | |

\* Bis einschl. 1977 wurde die Ausfuhr von Kakaomasse unter Schokoladenausfuhr eingeordnet.
\*\* Einschl. geringfügiger Importmengen sonstiger schokoladenhaltiger Produkte, nach: Barroco (1987), S. 32.

Quellen:
1) 1969: Barroco (1987), S. 25; 1970-1976: APEC (1980); 1977-1984: Kommission zur Förderung des Schokoladenkonsums COMEC in: Barroco (1987), S. 41; 1984-1987: Sindicato da Indústria de Produção de Cacau e Balas no Estado de São Paulo, in: Folha de São Paulo, 23.3.1988, S. D-1.
2) Schätzung des IBRASA, nach: BNDE (1977), S. 46. Cruzeiro-Werte von 1976 in Dol. umgerechnet nach dem Wechselkurs vom Dez. 1976 (1 US$ = CR$ 12,149).
3) Barroco (1984a), S. 8 und 10; Barroco (1987), S. 32, 49, 63.
4) Konsum = Produktion + Import - Export (Lagerhaltung = 0, da unbekannt) nach: Barroco (1987), S. 63
5) Pro-Kopf-Konsum von Schokoladenprodukten ohne kakaohaltige Nahrungsmittel. Barroco (1987), S. 65
6) Eigene Schätzung aufgrund verstreuter Presseangaben über Marktanteile, Firmen und Umsätze in: Folha de São Paulo, 25.2.1989, S. F-1; Jornal do Brasil, 28.7.89, S. 15; Veja, 8.2.89, S. 66-67.

Brasilien 477

Folgende Bemerkungen mögen die Aussagekraft der Tabelle 44 ergänzen:

a) Die Schokoladenproduktion (d.h. von Schokoladenpulver, -flocken und -tafeln sowie von Schokogetränken) wuchs seit 1969 in einem rasanten Tempo und erreichte 1987 knapp das Vierfache vom Jahr 1969. Infolge einer wertmäßig überporportionalen Steigerung hat sich der Umsatz in derselben Zeitspanne verfünffacht und erreicht heute eine Größenordnung von rd. US$ 440 Mio.

b) Bis 1965 waren Schokoladenimporte bis auf solche für therapeutische Verwendung verboten; mit der seitdem geltenden relativen Importliberalisierung nahmen die zum Konsum anspruchsvollerer Käuferschichten getätigten Schokoladenimporte bis zum Höhepunkt im Jahre 1979 ständig zu, blieben jedoch in relativ bescheidenem Rahmen[42]. Danach fielen sie auf unbedeutende Mengen zurück[43].

c) Läßt man die Exporte von 1976 und 1977 außer Betracht (da unter "Schokoladenausfuhr" auch der Export von "Kakaomasse" gezählt wurde), so spiegelt die Schokoladenausfuhr seit 1978 mit ihren Schwankungen den typischen "Ziehharmonika-Effekt" einer Umorientierung der Produktion vom Binnenmarkt zum Auslandsmarkt in Abhängigkeit von der Binnenkonjunktur wider.

d) Gelegentlich wurde gar die sonst absolut steigende Tendenz des internen Schokoladenkonsums in ihr Gegenteil verkehrt. Da die Steigerungsrate des Schokoladenkonsums (ohne schokoladenhaltige Produkte) 1977 - 1984 mit 69,7% mehr als das Zweifache der Bevölkerungszuwachsrate betrug, konnte sich der Pro-Kopf-Verbrauch in demselben Zeitraum von 400 g auf 900 g/Kopf/Jahr steigern. Dieser Erfolg war zumindest teilweise Ergebnis konzertierter Werbeanstrengungen der im COMEC (Comitê de Expansão do Consumo de Chocolate, gegründet 1973) zusammenarbeitenden Industrien und Regierungsstellen[44]. Der beträchtliche Abstand zum weltweiten Pro-Kopf-Konsum ist ein Hinweis auf das erhebliche Ausweitungspotential des brasilianischen Schokoladenmarktes, dessen hauptsächliche Einschränkung

---

[42] Vgl. Fundação Getúlio Vargas (Dez. 1968), S. 60.
[43] Vgl. APEC (1980).
[44] Vgl. Barroco (1987), S. 86. Zwischen 1973 und 1984 finanzierte die CEPLAC 51,4 % der Werbekosten mit verlorenen Zuschüssen, die restlichen 48,5 % wurden von der Industrie getragen. Pro zusätzlich verbrauchter Tonne wurden damit umgerechnet nur US$ 1,87 ausgegeben.

in der niedrigen Kaufkraft der Bevölkerungsmehrheit und in der hoch konzentrierten Kaufkraft der höheren Einkommensschichten liegt.

Gemäß dieser Erkenntnis investiert die Schokoladenindustrie verstärkt sowohl in Erweiterungsanlagen als auch in zielgruppenorientierte Werbekampagnen. So berichtete die Presse in letzter Zeit über umfangreiche Investitionsprojekte der nationalen Firma Garoto (Inbetriebnahme eines zweiten Werkes in Vila Velha/Espírito Santo sowie weitere Investitionen von US$ 15 Mio. 1989/91)[45], der schweizerisch-brasilianischen Lacta (Werbekampagne von US$ 2 Mio. mit dem Ziel einer Erweiterung des Marktanteils im Praliné-Segment für die Zielgruppe der Hausfrauen im Alter zwischen 25 und 45 Jahren) sowie der schweizerischen Nestlé (Aufkauf der brasilianischen Niederlassung der US-amerikanischen Schoko-Keksfabrik Ailiram mit entsprechender Kapazitätserweiterung von 32.000 auf 53.000 t; Einführung einer neuen 30-g-Schokoladentafel und entsprechende Fernsehwerbung mit dem Ziel einer Erweiterung des Marktanteils von 50 auf 53% dieses Segments)[46]. Damit deutet die Entwicklung auf den Ausbau der inländischen Verkettung vor allem im Hinblick auf die zahlungskräftige Nachfrage hin. Wie Tab. 28 zeigt, ist die Schokoladenindustrie mit ihren rd. 18.000 Mitarbeitern ein durchaus umsatz- und beschäftigungsstarker Wirtschaftszweig. Doch im Vergleich zum jeweiligen Nettovermögen ist der Beschäftigungseffekt der Schokoladenindustrie relativ gering.

Im Hinblick auf die Gewinnverwendung weist der Kakao-Industriellenverein ABIC auf die intensive Reinvestition im Segment der Kakaoderivate hin: von 1975 bis 1980 verdreifachte sich der Wert der Industrieanlagen auf umgerechnet US$ 49.692.895[47]. Seitdem stagniert die allgemeine Investitionsneigung des Sektors (Tab. 28). Mit der 1982 ausgebrochenen Verschuldungskrise vervielfachten sich im allgemeinen die ins Ausland überwiesenen Gewinne ausgerechnet durch solche Betriebe, die sie bis dahin am meisten im Land selbst reinvestierten. Ob dieses Verhalten auch auf die bis 1980 stark reinvestierende (s. o.) Kakaoindustrie zutrifft, konnte anhand der Materiallage nicht geklärt werden.

---

[45] Folha de São Paulo, 20.7.1989, S. H-3.
[46] Folha de São Paulo, 21.8.89, S. G-4; Folha de São Paulo, 22.6.88, S. D-1.
[47] Vgl. ABIC (1980), S. 19.

## 9. Staat, Kakaosektor und Entwicklung

### 9.1 Kakaowirtschaft, Weltmarkt und Staat

Mit der Verdreifachung seines Anteils am weltweit vermahlenen Kakao innerhalb von nur 1 Jahrzehnt (1975 - 1985) wiederholte Brasilien für den Kakaobereich einen rasanten Prozeß exportorientierter Agrarindustrialisierung, der seit 1967 auch für andere traditionelle wie nichttraditionelle Exportkulturen, wie Zucker, Soja, Zitrusfrüchte, mit großer Konsequenz betrieben wird. Es bildete sich ein "agrarindustrieller Komplex" heraus, in dem die verschiedenen Teilbereiche der Agrarproduktion und der ihr vor- und nachgelagerten Industrien eng miteinander verkettet sind, wobei die beiden Enden der Kette ein hohes Maß an Weltmarktintegration (durch staatliche Banken vermitteltes Finanzkapital, privates Produktivkapital, Außenhandel) aufweisen: Wie die Kakao-Input-Industrien so sind auch die Kakaoverarbeitungsindustrien integrierende Bestandteile von Brasiliens internationalisiertem Binnenmarkt und von dessen Exportsektor, wenn auch - je nach Produktionsstufe (Herstellung von Kakaoderivaten bzw. von Schokolade) - in unterschiedlichem Ausmaße.

Dieses Ergebnis wurde aufgrund einer bewußten Förderungspolitik durch den Staat erzielt, sofern er auf Fraktionsinteressen weniger, auf Weltmarktintegration mehr Rücksicht nahm - und dies war fast immer der Fall. Für die Implementierung der Politik im Produktionsbereich bedeutete dies die Einsetzung einer 1957 eigens dafür geschaffenen Förderungsanstalt - der CEPLAC - als Instrument der Agrarindustrialisierungspolitik zur Anpassung des Produktionsbereichs an die Erfordernisse von Industrie und Export. Für die Finanzierung dieser Produktionsförderung zog der Staat den Exportsektor heran (10%ige Abgabe - später in Steuer umgewandelt - auf den Export von Rohkakao und Kakaoderivaten). Erhebliche Fraktionskämpfe zwischen der Kakaoelite untereinander sowie zwischen ihnen und dem Staat ergaben sich u.a. aus Form und Umfang dieser Finanzierung.

Ebenfalls sektoral umstritten war, wenn auch mit geringerer Brisanz, die Förderung des Manufakturexportes, die seit den 60er Jahren mit einem sich rasant ausweitenden kredit- und steuerpolitischen Instrumentarium - also einseitig zu Lasten des Staates - finanziert wurde. Gegenstand der Auseinandersetzungen war dabei die Vorteilhaftigkeit des Exportes von Kakaoderivaten im Vergleich zur Rohkakaoausfuhr unter Berücksichtigung des Umwandlungsverhältnisses und der jeweiligen Preislage.

Die aus diesen Fraktionskämpfen resultierende Kakaopolitik war sicher nicht immer geradlinig, zumal auch die CEPLAC mit ihrem auf über 4.000 Mitarbeiter angewachsenen Personal durchaus keine Ausnahme in einer weit verbreiteten Form der politischen Pfründewirtschaft machte. Denn als in der Kakaoregion tätige Bundesbehörde wurde die CEPLAC zum begehrten Fürsprecher lokaler Führer der verschiedenen Fraktionen. Auch die Kader der CEPLAC leisteten ihrerseits "der Versuchung, sich mit der lokalen Bourgeoisie - aus der sie übrigens hervorgehen - zu verbünden, kaum Widerstand"[1].

Die anhaltende Krise der Staatsverschuldung in den 80er Jahren - zum großen Teil Ergebnis der finanziell ungesicherten Industrieförderungspolitik - führte zum erheblichen Abbau nicht nur der bisherigen Exportanreize, sondern auch zur Aufhebung der für die Produktionsförderung erhobenen Exportsteuer in den Jahren 1989 und 1990. Ohne diese Finanzierungsquelle geriet die CEPLAC 1990 in eine Existenzkrise, der mit dem Verkauf ihres Sitzes in Brasília und mit der teilweise kriterienlosen Entlassung von über 1.000 Mitarbeitern (darunter der technische Direktor, Paulo de Tarso Alvim, ein in Fachkreisen international hoch angesehene Kakaoexperte) begegnet wurde.

Die Krise des staatlichen Förderungsinstrumentariums blieb nicht ohne Folgen für den Produktions-, den Verarbeitungs- und den Exportbereich. Die zur Sanierung der Staatsfinanzen und zur Inflationsbekämpfung verfolgte restriktive Währungspolitik der Regierung Sarney (1985-1990) und Collor (1990-) trieb zahlreiche Kakaobauern in den Bankrott, während größere Kakaobauern eine Umschuldung ihrer bei staatlichen Banken eingegangenen Verbindlichkeiten erreichten. In dem Verarbeitungsbereich verstärken sich Konzentrationstendenzen. Und in dem Exportbereich beantragten die 4 größten Rohkakaoexporteure Bahias wegen akuter Zahlungsschwierigkeiten im Jahr 1990 ein Vergleichsverfahren; gleichzeitig drangen zwei große ausländische Handelshäuser - der französische Konzern Dreyfuss und der britische E.D. et F. Man - mit eigenen Filialen in Bahias Kakaogeschäft ein (Gazeta Mercantil, 5. - 7.1.1991).

## 9.2 Kakaowirtschaft und Entwicklung

Die insgesamt konsistente, fachkundige und mit erheblichen Mitteln ausgestattete Produktions- und Exportförderungspolitik war überaus erfolgreich: Die

---

[1] Vgl. Arc (1987), S. 15.

zwanzig Jahre lang (1937-1956) um die 120.000 t stagnierende Jahresproduktion nahm in den 20 Jahren nach Gründung der CEPLAC von 164.000 t auf 250.000 t zu und überschritt 1986 zum ersten Mal die Marke der 400.000 t (Tab. 1). Flächenausweitung trug dazu ebenso bei wie technologisch herbeigeführte Produktivitätsgewinne. Brasilien wurde zu einem der technologisch führenden Kakaoländer.

Mit der erheblichen Ausweitung der brasilianischen Kakaoanbaufläche und -produktion in den letzten Jahrzehnten verminderte sich die nach wie vor hohe regionale Konzentration, wobei der Flächenanteil Bahias von ca. 95% auf 86% (1987) zurückfiel. Durch die Zurückdrängung vom Regenwald im Westamazonien-Staat Rondonien und im Ostamazonien-Staat Pará wurde Brasiliens zweitwichtigste Kakao-Anbauregion im Rahmen der Amazonas-Erschließungspolitik der 70er Jahre gewonnen. Der vom Kakaobaum gewährte Bodenschutz läßt zwar den ökologischen Schaden vermindern; die zerstörte Biodiversität des Regenwaldes läßt sich dadurch jedoch nicht zurückgewinnen.

Der in tropischen Entwicklungs- und Schwellenländern als ausgesprochene Exportkultur angebaute Kakao hat für die inzwischen weit diversifizierte Volkswirtschaft Brasiliens eine relativ begrenzte Bedeutung. Kakao ist für Brasilien trotz aller Anstrengungen eine Exportkultur mit abnehmendem Stellenwert in der Exportpalette als Rohprodukt und mit zunehmendem Stellenwert als Kakaoderivat. Der zweitgrößte Kakaoproduzent der Welt - die Produktion scheint sich bei jährlich rd. 400.000 t einzupendeln - exportiert trotz eines potentiell großen Binnenmarktes 4/5 der Produktion in verarbeiteter Form oder als Rohkakao. Doch damit erzielte Brasilien 1986 lediglich 2,9% seiner Exporteinnahmen - weit weniger als Kaffee (10,2%) oder Soja (7,2%). Kakaoderivate hingegen stellen 1/3 der 14 wichtigsten, in verarbeiteter Form ausgeführten Primärgüter (Tab. 2) dar.

Mit der Verarbeitung von 234.000 t Rohkakao - entsprechend 12,8% der Welt-Verarbeitung von Rohkakao (1970: 4%[2]) - konsolidierte die brasilianische Kakaoindustrie 1985 die im vorhergehenden Jahr der deutschen und US-amerikanischen Kakaoindustrie abgerungene Führungsposition im Kakaoverarbeitungssektor weltweit.

---

[2] Vgl. CEPLAC (1978), S. 254.

Entsprechend dem angestrebten Produktions- und Produktivitätszuwachs wandte sich die CEPLAC vorwiegend an große und mittlere Kakaobetriebe. Immer mehr Agrarbetriebe vertieften die Monoproduktion von Kakao. Lohnbetriebe gingen gar dazu über, ihren ständig beschäftigten Landarbeitern den Anbau von Nahrungsmitteln zu verbieten. Für die Deckung ihres Nahrungsmittelbedarfs wurden die Lohnarbeiter auf den Kauf, die Kakaoregion auf den Import von Nahrungsmitteln angewiesen.

Legt man eine Beschäftigungsanalyse der CEPLAC über die explosive Expansion des Kakaoanbaus in den Jahren 1976-1980 zugrunde, so ist der effektive Beschäftigungsbeitrag des Expansionsprogramms erheblich unter den offiziellen Erwartungen geblieben (= 27.600 ständig Beschäftigten bei einem Erfüllungssatz von 70% in Bahia sowie 8 bis 12.000 bei einem Erfüllungssatz zwischen 40 und 60% in Amazonien)[3]. Damit betrug die Anzahl der ständig Beschäftigten in Bahia 1980 höchstens 72.932.

Aus der direkten Einbindung des Kakaosektors in den Weltmarkt ergab sich für die Kakaowirtschaft eine von der Binnenmarktentwicklung weitgehend unabhängige, dafür jedoch von den Weltmarktpreisschwankungen um so abhängigere Konjunktur[4]. Eine Folge für die Struktur der Kakaobetriebe hängt hiermit direkt zusammen: die Zunahme von zeitweise beschäftigten Landarbeitern bzw. der Akkordarbeit in den Kakaobetrieben. Denn erst die befristete Beschäftigung bzw. die Akkordarbeit erlaubt den Kakaobetrieben eine rasche Umstellung auf Weltmarkt-Preisveränderungen.

Eine weitere strukturelle Folge ist die zunehmende Konzentrationstendenz der Kakaobetriebe: Bereits Anfang der 70er Jahre wurden 86,5% des Kakao-Produktionswertes von nur 1/3 aller Kakaobetriebe erwirtschaftet. Mehrere ursächliche Faktoren trugen dazu bei: Die Marktposition des Betriebes spielt für die Rentabilitätslage eine ebenso entscheidende Rolle wie die Fähigkeit, auf Kostenveränderungen zu reagieren. In dieser Hinsicht ist der Kleinbetrieb aus mehreren Gründen in einer benachteiligten Position: Einerseits vermag er kaum den vollen Kakao-Produzentenpreis zu realisieren. Andererseits erhält er auch für Nahrungsmittellieferungen an benachbarte Monokulturbetriebe weniger als den Marktpreis für seine Produkte. Vielfach gerät er zudem in Kreditabhängigkeit vom größeren Kakaobetrieb. Außerdem hat der eher traditionell

---

[3] Vgl. Tafani/Doraswamy/Sauer (1984), S. 32.
[4] Arc (1987), S. 17ff.

wirtschaftende Kleinbauer eine rigidere Kosten- und Produktionsstruktur als der stärker modernisierte Großbetrieb, der durch gezielten Chemieeinsatz die Produktions- und Produktivitätshöhe kurzfristig an die Weltmarktentwicklung anpassen kann.

Doch die Weltmarktabhängigkeit ist auch für den Großbetrieb ein nicht zu unterschätzendes Risiko: unter Zugrundelegung einer 100%igen Übernahme des Modernisierungspakets und bei einem Hektarertrag von 1,5 t errechnete die CEPLAC für 1983 einen kostendeckenden FOB-Preis in Höhe von US$ 1.438,00/t. Ein Blick auf Tab. 42/Spalte G läßt erkennen, daß dieses Preisniveau erst ab Mitte der 70er Jahre von den brasilianischen Rohkakaoexporten erreicht wurde. Damit wird angedeutet, daß eine Modernisierung des Kakaoanbaus zu einem früheren Zeitpunkt wirtschaftlich gewesen wäre. Die starken Schwankungen der 80er Jahre ließen eine fallende Tendenz der Kakaopreise bis hin zu einer bedrohlichen Nähe zum kostendeckenden Limit deutlich erkennen. Ein hohes Maß an Flexibilität beim modernen Mitteleinsatz ist daher Grundbedingung der Rentabilität. Doch nur stärker kapitalisierte Kakaobetriebe sind in der Lage, den Mitteleinsatz je nach Weltmarktkonjunktur ohne gravierende Verluste zu drosseln bzw. auszuweiten. Das bedeutet, ein rentabler Kakaobetrieb setzt ein relativ hohes Maß an Kapital voraus. Eine Analyse der Betriebsrentabilität zeigt jedoch, daß die meisten Kakaobetriebe eine für die Kapitalisierung unzureichende Ertragslage aufweisen.

Die betriebliche Situation von Kakaobetrieben ist im Vergleich zu den Konkurrenzkulturen durchaus als rosig zu bezeichnen: Nach einer flächendeckenden Stichprobe vom Anfang der 70er Jahre erzielten die Kakaoproduzenten in Lohnbetrieben durchschnittlich das Zweifache von dem bei Konkurrenzkulturen erzielten Erzeugereinkommen; bei Familienbetrieben war die Einkommenslage immerhin noch positiv, während sie bei den Konkurrenzkulturen gar negativ war.

Nimmt man jedoch den Subsistenzbedarf einer durchschnittlichen Arbeitnehmerfamilie (mit 4 Angehörigen) als Bezugsgröße, so wird die katastrophale Situation der brasilianischen Landwirtschaft durch die genannte Stichprobe der CEPLAC drastisch vor Augen geführt: Dem Kakaoanbau gewidmete Familienbetriebe erzielen erst mit einer durchschnittlichen Betriebsfläche von rd. 24 ha ein Familieneinkommen von jährlich umgerechnet US$ 470 – und erst damit eine dem gesetzlich festgelegten Mindestlohn nahekommende Höhe.

Diese Situation besserte sich für den kaum modernisierten, kleinen Kakaobetrieb selbst dann kaum merklich, als der Weltmarktpreis Ende der 70er Jahre Spitzenwerte erreichte. Doch selbst dann blieb das Familieneinkommen der Kakao-Kleinbauern nach einer Stichprobe des Jahres 1978 nur knapp oberhalb der für Brasilien definierten Grenze für "strenge Armut" (2 Mindestlöhne) bzw. "strenges Elend" (1 Mindestlohn); es betrug lediglich je nach Standort das 3,1- bis zum 4,7-fachen des regionalen Mindestlohnes. Damit befand sich das Familieneinkommen eines Kakao-Kleinbauern erst Ende der 70er Jahre auf dem Niveau des familiären Überlebensnotwendigen (entsprechend dem Gegenwert von 3,5 Mindestlöhnen).

Eine reelle Besserung könnte bei konsequenter Einführung moderner Technologie zu wesentlichen Ertragssteigerungen (z.B. auf 750 kg/ha) führen; doch selbst in diesem Falle müßte ein Kakao-Betrieb im Jahr 1983 über mindestens 8 ha Kakao-Ernteflache verfügen, um das oben genannte familiäre Existenzminimum zu erreichen; dies setzt jedoch den überdurchschnittlichen Erzeugerpreis von US$ 1.404,00/t voraus.

Für den Lohnarbeiter ist diese Situation noch hoffnungsloser, denn 97% aller Kakao-Lohnarbeiter erhalten nur bis zu höchstens 2 Mindestlöhnen (ca. US$ 120); berücksichtigt man das Familieneinkommen, so beläuft sich der Anteil von Lohnarbeiterfamilien mit mehr als 2 Mindestlöhnen auf lediglich 87%.

Ein für Konsum und Investitionen ausreichendes Einkommen erzielen erst die größeren Kakaobetriebe mit überwiegend Lohnarbeitskraft: Nach der oben genannten Stichprobe der 70er Jahre kommen erst Lohnbetriebe mit durchschnittlich rund 100 ha auf jährlich US$ 3.104, was in etwa dem Siebenfachen des Erzeugereinkommens eines Familienbetriebes entspricht. Doch Betriebe in dieser Größenordnung gehören zur Minderheit. Insofern ist es nicht verwunderlich, wenn die Einkommenskonzentration in dem Kerngebiet des Kakaoanbaus noch schärfer ausfällt als die für ganz Brasilien ermittelte.

Kurz: Nicht einmal die Exportkultur Kakao als eine der rentabelsten Brasiliens ist in der Lage, der durch sie beschäftigten Bevölkerungsmehrheit zu einem Auskommen zu verhelfen. Vielmehr trägt sie entsprechend dem verfolgten Industrialisierungsmodell zur Einkommenskonzentration, zur anteiligen Erhöhung der temporären Arbeitskraft und zur Freisetzung landwirtschaftlicher Arbeitskräfte bei.

Der Prozeß von Besitz- und Einkommenskonzentration des Kakaoproduktionsbereiches setzt sich im Bereich der Kakaoverarbeitung fort.

Die Produktion von Kakaoderivaten konzentriert sich mit acht Produktionseinheiten in Bahia, wo 80,8% der Produktionsmenge auf lediglich vier Betriebe entfallen. Die Produktion von Endprodukten wie Schokolade und Schokoladengetränke hingegen befindet sich vornehmlich im Südosten (hier vorwiegend: São Paulo) nahe den großen Verbraucherzentren. Auch hier ist die Marktkonzentration sehr hoch: Die vier größten Hersteller ziehen nahezu 2/3 der Gesamtumsätze auf sich. Bei Kakaopulver ist die Konzentration noch höher: hier entfallen auf die zwei führenden Hersteller 72% der Gesamtumsätze.

Im Vergleich zu der quantitativ und qualitativ verfügbaren Arbeitskraft ist die Kapitalausstattung der Kakaoverarbeitung allgemein als unverhältnismäßig hoch anzusehen. Bei den Kakaoderivaten ist die Betriebskapazität mit nur rd. 3.700 Beschäftigten auf die Verarbeitung von gut 2/3 der Rohkakaoproduktion ausgelegt (Stand: 1982, vgl. Tab. 20 und 28/Spalte M). Auf einem relativ kleinen (Tab. 44), aber durchaus attraktiven Binnenmarkt kommen die 20 wichtigsten Fabriken von Kakaoendprodukten (Schokoladentafeln und Schokogetränken) mit nur rd. 14.000 Beschäftigten auf einen Umsatz von rd. US$ 150 Mio. (Stand: 1984, vgl. Tab. 20); damit erwirtschaften sie freilich Renditen, die bis zu 32,3% des Nettovermögens erreichen können (Tab. 28/Spalte O).

Sehr fragmentarische Daten liegen über die Lohnverhältnisse vor. Einen Hinweis lieferte im Mai 1990 Brasiliens zweitgrößte Schokoladenfabrik Garoto, als sie mit der Entlassung von 440 Mitarbeitern (darunter 350 Saison-Arbeitskräften) eine Einsparung von monatlich Cr$ 20 Mio. (Cr$ 45.454,00 pro Kopf) an jährlichen Personalkosten anstrebte; bei ca. 127% Lohnnebenkosten würde jeder Mitarbeiter einen Monatslohn von rd. Cr$ 20.000,00 (= US$ 383,20) erhalten. Dieser Betrag liegt knapp über dem industriellen Durchschnitt und übertrifft um rd. das 6-fache den gesetzlichen Mindestlohn von rd. US$ 60,00 (Gazeta Mercantil, 3.5.1990, S.9). Demgegenüber liegen die Löhne bei der Verarbeitung von Kakaoderivaten weit niedriger: Nimmt man den Betrieb mit den höchsten Lohnkosten (Nestlé, Tab. 41/Spalten H und I) als Richtgröße, so läßt sich - bei gleichen Lohnnebenkosten wie oben - ein Monatslohn von ca. US$ 233 errechnen.

Auf die indirekten Beschäftigungseffekte in vor- und nachgelagerten Bereichen konnte im Rahmen dieser Arbeit nicht eingegangen werden. Doch den stärksten Impuls gab der Kakaosektor einem höchst kapitalintensiven Sektor - der

Agrarchemie (s.u.). Doch nach vorliegenden Schätzungen beläuft sich die Gesamtzahl der Arbeitsplätze hier auf lediglich 5.000.

Gemessen am erzeugten Nachfragezuwachs ist die Kakaowirtschaft am stärksten mit dem Chemie-Sektor verkettet (0,38), gefolgt von Dienstleistungen aller Art (0,23), Transport und Kommunikationen (0,12) sowie Handel (0,11). Diese Verkettungsstruktur entspricht deutlich dem Profil einer modernen Exportkultur, die mit intensiven Anbautechniken (Chemie), hohem Finanzierungsbedarf (Dienstleistungen aller Art) und in strategischer Abhängigkeit vom Weltmarkt (Transport und Informationen) und von Vermarktungsdiensten arbeitet.

Die volkswirtschaftliche Verkettung ist durch die jeweiligen Eigentumsverhältnisse international eingebunden. Der Chemie-Sektor liegt zum großen Teil in ausländischer Hand: Das Düngersegment ging nach der Gründungsphase im Zeichen der Vorherrschaft transnationaler Unternehmen (60er und 70er Jahre) in nationale Hände (joint ventures zwischen Staat und nationalem Privatkapital) über. Das lukrativere Geschäft mit Pestiziden befindet sich nach wie vor zu mehr als 80% im Besitz des transnationalen Kapitals.

Der kaum rentable und mit starken Unsicherheitsfaktoren behaftete Finanzierungsbereich wurde vorwiegend durch staatliche Banken abgedeckt; private Geschäftsbanken beschränkten sich vornehmlich auf die Ausführung gesetzlicher Auflagen (festgesetzter Prozentsatz für Agrarkredite).

Der Kakaotransport erfolgt praktisch nur auf dem Seeweg, der von den Seefrachtkonferenzen geregelt ist. Hier sind jedoch die brasilianischen Schiffahrtslinien unterrepräsentiert. Damit leistet der Kakaotransport keinen Beitrag zum Abbau der für Brasilien negativen Transportbilanz (s. Tab. 40).

Die interne Vermarktung vom Kakao erfolgt über ein bis in die Produktionszonen hinein weit verzweigtes eigenes Netz von Exporthäusern und Industrie. An der internen Vermarktung beteiligt sich der Staat mit nur 3%, Produzentengenossenschaften mit nur 10%. Die externe Vermarktung liegt bei Rohkakao in nationalen, bei Kakaoderivaten zu rund 50% in ausländischen Händen.

An der vorwiegend exportorientierten Kakaoverarbeitung beteiligt sich das ausländische Kapital mit rd. 45% von den Gesamtinvestitionen. Die vornehmlich binnenmarktorientierte Schokoladenindustrie wird von wenigen Großbetrieben beherrscht, die sich mehrheitlich in ausländischem Besitz befinden: Auf zwei Unternehmen mit ausschließlich (Nestlé) oder maßgeblich (Lacta) ausländischem Kapital entfallen 71,6% des Gesamtumsatzes an Schokoladenprodukten; bei Schokogetränken ist die ausländische Vorherrschaft noch ausgeprägter (57% des Umsatzes entfallen auf Nestlé, 15% auf die Quaker-Tochter Toddy).

An der Exportkultur Kakao ließ sich verdeutlichen, daß eine konsequente exportorientierte Politik nicht gleichbedeutend ist mit einer organischen Wirtschaftswachstumspolitik, geschweige denn mit einer Entwicklungspolitik. Zu hoch sind die Wachstumsschübe, zu tief die Rückfälle, um von einer organischen Wachstumspolitik zu sprechen. Vielmehr liegt die Logik der Kakaoproduktion jenseits der nationalen Politik, ja der Politik überhaupt. Sie gehorcht den Preisbildungsmechanismen des Weltmarktes. Die Weitergabe dieser Preisschwankungen an den Produktionssektor erfolgt ohne Puffer, es sei denn, man sieht die Zunahme der temporären Arbeitskraft und den Bankrott von Kakao-Kleinbauern als Puffer an. Auch zahlreiche Firmen des Export- und des Verarbeitungssektors sind den Risiken dieser Preisschwankungen oft nicht gewachsen. Konzentrationstendenzen in all diesen Bereichen werden verstärkt. Exportorientiertes Wachstum geht mit der Konzentration von Produktion und Einkommen Hand in Hand.

Der brasilianische Staat hat sich mit seiner Intervention in die Kakaowirtschaft voll an dem korporatistischen Modell orientiert. Mit dem direkten Eingreifen einer Bundesbehörde in die sektorale Entwicklung einer Region handelte die Zentralregierung sowohl am Bundesparlament als auch an den regionalen Parlamenten vorbei, nicht immer jedoch am jeweiligen Gouverneur bzw. Bürgermeister. Diesen Freiraum mußten freilich die regionalen und lokalen Regierungen dem direkten Einwirken der organisierten Sektoren aus Produktion, Handel und Industrie streitig machen, deren Zielrichtung - abgesehen von extrem kritischen Augenblicken - die Maximierung der jeweiligen Gruppenvorteile war. In dieser Verhaltensweise spiegelt sich die für das brasilianische Parteiensystem nach wie vor typische Unterentwicklung: Parteien verstehen sich nach wie vor selbst als korporatistisch verfaßte (Wahl-)Interessengruppen.

Die Perspektive einer Entwicklungskonzeption für die Gesamtwirtschaft bleibt unter diesen Umständen die Resultante erratischer Schwankungen von Weltmarktpreisen und Gruppeneinflüssen.

## 10. Literaturverzeichnis

A Tarde, 12.9.1949 und 27.10.48, Salvador.
ABIC - Associação Brasileira das Indústrias de Cacau (o.J. - ca. 1981).
Elementos para Avaliaçã da Real Importância da Indústria do Cacau, Salvador, o.J.
Afonso (1968). O absenteísmo no meio rural das regiøes cacaueiras da Bahia e do Espírito Santo. In: Cacau atualidades, Bd. 6, Jan. /Feb., S. 17-20.
Agroanalysis (1985). A questão dos agrótoxicos. Nr. 9, 1985, Fundação Getúlio Vargas, Rio de Janeiro.
Agroanalysis 9(1989). Fundação Getúlio Vargas, Rio de Janeiro.
Albuquerque, Marcos Cintra Cavalcanti de / Nicol, Robert (1987). Economia agrícola. O setor primário e a evolução da economia brasileira. São Paulo, 1987.
Alencar, Maria Helena (1970). Aspectos da concentração da produção de cacau e da estrutura fundiária na região cacaueira do Estado da Bahia. Comunicação técnica Nº 37. CEPEC/CEPLAC, Ilhéus-Itabuna.
Alvares-Afonso, F. M. (1968). Critérios para Estratificação das Propriedades Cacaueiras segundo a Produção. CEPLAC, Ilhéus/Itabuna.
Alvares-Afonso, Frederico M. (1979). O cacau na Amazônia-Brasil. In: Boletim Técnico, CEPLAC, 1979.
Alvim, Paulo de Tarso/Rosário, M. (1972). Cacau Ontem e Hoje. CEPLAC, Ilhéus.
Alvim, Paulo de Tarso (1976). Cocoa Research in Brazil. In: Simmons, John (1976). Cocoa Production. Economic and Botanical Perspectives, New York, S. 272 - 298.
Andrei, Edmondo (1985). Compêndio de Defensivos Agrícolas. Guia prático de produtos fitossanitários para uso agrícola, São Paulo.
APEC (1980). Diagnóstico APEC Nr. 4. Rio de Janeiro.
Arc, Hélène Rivière d' (1987). Portraits de Bahia. Travail et modernisation dans quatre régions agricoles d'un Etat du Brésil. Paris
Asmar, Selem Rachid (1985). Economia da Microrregião Cacaueira. Itabuna.
Augel, J. und Freitas, A. (1974). Monocultura e Urbanização na Região Cacaueira da Bahia. In: Anais do VII Simpósio Nacional dos Professores Universitários de História. Belo Horizonte, 2.-8.9.1973, S. 679 - 714.
Baiardi, Amilcar (1984). Subordinação do Trabalho ao Capital na Lavoura Cacaueira da Bahia. São Paulo/Salvador.
Banco Central do Brasil (1985). Relatório 1984. Brasília, Nr. 21
Banco Central (versch. Ausgaben), Boletim Mensal, Brasília.
Banco da Bahia (1956). Relatório Anual. Salvador.

Banco do Brasil/DICOC (1985). Evolução das taxas do US$, verv. Ms., Brasília.

Bandeira, Waldemar (1934). Monographia sobre Cacau. Ministério da Agricultura, Rio de Janeiro.

Barroco, Hélio Estrela (1970). Pontos de Convergência da Comercialização do Cacau na Região Cacaueira do Sul da Bahia. In: Boletim Técnico, Nr., CEPLAC, Ilhéus/Itabuna.

Barroco, Hélio (1984a). Consumo de Chocolate no Brasil. Valores Corrigidos. Série Estudos Econômicos Nr. 6. CEPLAC. Ilhéus/Itabuna.

Barroco, Hélio Estrela (1984b). Uma Visão Analítica das Exportações de Chocolate e Outras Preparações Alimentícias que Contenham Cacau. Série Estudos Econômicos Nr. 5. CEPLAC, Ilhéus/Itabuna.

Barroco Hélio Estrela (1987). Aspectos físicos, econômicos e políticos do chocolate brasileiro. Série Estudos Econômicos Nr. 10. CEPLAC. Brasília.

Barros de Paula, Carlos Tadeu (1982). Contribution à l'Etude de l'Economie Cacaoyère au Brésil: Les Régions Traditionnelles, les Nouvelles Frontières Agricoles, la Problématique de la Main d'Oeuvre et Perspectives d'Avenir. Diss. Université de Montpellier.

Batista, Djalma (1976). S. 157. O complexo da Amazônia. Análise do processo de desenvolvimento. Rio de Janeiro.

Bernet, Jean (1986). Guia Interinvest Guide. O Brasil e o capital internacional. Brazil and international capital. Rio de Janeiro. 6. Aufl.

BNDE (1977). Diagnóstico sobre a Indústria de Chocolates. (Banco Nacional do Desenvolvimento Econômico). Rio de Janeiro.

BNDE (1978). Diagnóstico sobre Derivados de Cacau. (Banco Nacional do Desenvolvimento Econômico). Dezember, Rio de Janeiro.

BNDES (1988a). O Capital Estrangeiro na Indústria Brasileira: Atualidade e Perspectivas. (Banco Nacional do Desenvolvimento Econômico e Social). Rio de Janeiro.

BNDES (1988b). Marinha Mercante Brasileira: Perspectivas e Funções na Integração Competitiva do País na Economia Internacional. Estudos BNDES Nr. 12. (Banco Nacional do Desenvolvimento Econômico e Social), o.O., (Rio de Janeiro).

Borges Santos, Geraldo (1979). A Comissão Executiva do Plano da Lavoura Cacaueira (CEPLAC): Um Caso de Desenvolvimento Institucional. Diss. Fundação Getúlio Vargas/EBAD, Rio de Janeiro.

Brandão, Aureo Luiz de Azevedo (1983). Políticas Econômicas e seus Efeitos no Desempenho da Economia Cacaueira: 1950 - 1980. Diss., ESALQ/Universidade de São Paulo.

Bronwyn (1987). In: International Trade Forum. Hrsg. vom ITC/UNCTAD/ GATT, April-Juni 1987.
Cabala-Rosand, P. et al. (1974). Emprego de Fertilizantes no Cultivo do Cacaueiro. CEPLAC/CEPEC, Ilhéus.
Cacauicultores (21.10.1987). Cacauicultores fecham a BR-101 em protesto, Folha de São Paulo, São Paulo, 21.10.1987, S. 25.
CACEX/Banco do Brasil (1984). Brasil - 83. Comércio Exterior. Exportação. Vol. 1.
CACEX/Banco do Brasil (1984). Brasil - 83. Comércio Exterior. Séries Estatísticas. Rio de Janeiro.
CACEX/Banco do Brasil (1985). Informação Semanal. 21 (1985) Nr. 985, Rio de Janeiro.
CACEX/DEPEC (1988) in: Revista Cacex. 25. Juli 1988, Nr. 1978 (23.Jahrgang), Rio de Janeiro.
Calcagnotto (1985a). Agrarpolitik und Internationalisierung des brasilianischen Agrarsektors. In: Brasiliens Agrarfrage. Modernisierung und ihre Folgen. Lateinamerika - Analysen, Daten, Dokumentation. 3 (1985). Hamburg.
Calcagnotto, Gilberto (1985b): Brasiliens Antworten auf die Krise (1982-1985), in: Lateinamerika - Analysen, Daten, Dokumentation (4/1985). Wirtschaftskrise und Anpassungspolitik in Lateinamerika. Hg. vom Institut für Iberoamerika-Kunde, Hamburg.
Caldeira, Clóvis (1954). Fazendas de Cacau na Bahia. Ministério da Agricultura. Rio de Janeiro.
Cardoso, Fernando Henrique, (1975). S. 208. Autoritarismo e democratização. Rio de Janeiro.
Carvalho, Nelito. (1986). O Caricato CNPC. In: Tribuna do Cacau. Itabuna, 27.11.1986.
CCPC (13.3.1984). Diretrizes do Conselho Consultivo dos Produtores de Cacau no Processo de Institucionalização da CEPLAC. (Conselho Consultivo dos Produtores de Cacau), Vollversammlung in Itabuna, 13.3.1984.
CEAS (1985). A resistência dos trabalhadores do cacau. In: Cadernos do CEAS, Nr. 96 (März/April 1985), (Centro de Estudos e Ação Social), Salvador, S. 19-26.
CEI (1985a). Agropecuária. Estrutura fundiária e de produção 1970-1980. (Centro de Estatística e Informações), Secretaria do Planejamento, Salvador.
CEI (1985b). Anuário Estatístico da Bahia 1983. Salvador.
CEPA (1983). Elementos da estrutura agrária baiana. Uma análise censitária 1970-1980. (Centro Estadual de Planejamento Agrícola), Bahianisches Landwirtschaftsministerium. Salvador/Bahia.

CEPEC/CEPLAC (1985). Desempenho anual 1984 (Arbeitspapier).
CEPLAC (1973). Anuário Estatístico do Cacau. Brasília.
CEPLAC (1977). Diretrizes para Expansão da Cacauicultura Nacional 1976-1985, Brasília.
CEPLAC (1978). Anuário Estatístico do Cacau 1978, Brasília.
CEPLAC (1984) = CEPLAC/CAECI (1984).
CEPLAC (1985a). Orçamento Programa 1985, Itabuna/Ilhéus, 1985.
CEPLAC (1985b). Programa do Centro de Pesquisas do Cacau - 1984, Ilhéus.
CEPLAC (1986). A nova CEPLAC: Reconquista da Autonomia Financeira. Ilhéus-Itabuna.
CEPLAC (Juli-Sept. 1986). Cacau Informe Econômico IX. Brasília.
CEPLAC (1987). A CEPLAC e a reforma administrativa, série Documentos Nr. 2, Brasília 1987.
CEPLAC (o.J.-1982). Relatório 1981. Brasília.
CEPLAC/CAECI (versch. Ausgaben), Informe Econômico, Brasília.
CEPLAC/CAECI (1984). Anuário Estatístico do Cacau 1983, Brasília.
CEPLAC/CAECI (1985). Situação da produção de cacau no Brasil 1985 (Coordenadoria de Assuntos Econômicos e Internacionais), Brasília.
CEPLAC/CAEI (1986). Análise de desempenho da safra cacaueira 1984/1985, Vol. I, Nr. 1, Brasília.
CEPLAC/CEPEC (1982). Atlas de Bolso do Cacau. Ilhéus/Itabuna
CEPLAC/CEPEC (1985). Desempenho Anual 1984. Ilhéus/Itabuna.
CEPLAC/CEPEC (o. J. - ca. 1986). Reflexões sobre a Itaísa. Ilhéus/Itabuna.
CEPLAC/CEPEC/DISEC (1985) Informação Agrícola 1985. Ilhéus/Itabuna.
CEPLAC/CEPEC/DISES (1984). Consolidação e Direcionamento da Pesquisa Sócio-Econômica na CEPLAC, Ilhéus/Itabuna.
CEPLAC/DEPEA (1985a). Desempenho Programático do DEPEA em 1984, Belém.
CEPLAC/DEPEA (1985b). Programa Anual do DEPEA 1985, Belém.
CEPLAC/DEPEA (1987). Relatório Anual. Exercício de 1986. Belém.
CEPLAC/DEPEA bzw. CEPLAC/DEPEA/APLAN (1986). DEPEA em Dados, Belém.
CEPLAC/DEPEA bzw. CEPLAC/DEPEA/APLAN (o.J. - ca. 1986). Sinopse da atuação do DEPEA até 1985. CEPLAC.
CEPLAC/DISEC (1987). Preços médios anuais 1981-1986, Itabuna-Ilhéus, 1987 (Loseblatt-Sammlung).
CEPLAC/IICA (1976). Diagnóstico Sócio-econômico da Região Cacaueira, Ilhéus.
CEPLAC/SECRE (o. J. - ca. 1982). Relatório 1981. Brasília.

CEPLAC/SECRE/CAECI (1986). 44. Análise de Desempenho da Safra Cacaueira 1984/85. Vol. 1, Nr. 1.
CESE/CONIC (1987). Brasil: O Uso de Agrotóxicos na Agricultura Convencional e as Tecnologias Alternativas, (Coordenadoria Ecumênica de Serviço und Conselho Nacional das Igrejas Cristãs). Salvador.
CNPC (1986): CNPC acata sugestão da FAEB: canceladas as discussões sobre taxa e institucionalização da CEPLAC. In: AGORA, Itabuna, 5.-11.7.1986, S. 3.
COGEP/CEPLAC (1977). Comercialização da Safra Cacaueira do Brasil 1976/77. Brasília).
Confederação Nacional do Comércio (1989). Síntese da Economia Brasileira. Rio de Janeiro.
Conjuntura Econômica, 42(Juli 1988)7, hg. von der Fundação Getúlio Vargas, Rio de Janeiro.
COPERCACAU (1987). Bases para uma política cooperativista estadual, Sistema Copercacau, (Cooperativa Central do Cacau Limitada), Januar, Ilhéus.
Costa, A. da S. C./Reis, A. J. dos (1982). Eficiência econômica dos recursos em dois grupos de propriedades cacaueiras do município de Ilhéus, Bahia. In: Proceedings 8th International Cocoa Research Conference, Cartagena, Colombia, 18-23 Oct. 1981, Lagos (Nigeria), Cocoa Producer's Alliance, hg. CEPLAC, Itabuna.
Cox, Roy Raymond (o.J. - ca. 1968). Análisis preliminar de los costos de producción de cacao en Bahia en el año agrícola 1965-66. IICA/CEPLAC, Ilhéus-Itabuna.
Dias, Manuel Nunes (1961). O cacau luso-brasileiro na economia mundial - Subsídios para a sua história. In: Studia 8 (1961). S. 28 ff.
Dias, Manuel Nunes (1962). As frotas do cacau da Amazônia (1756-1777). Subsídios para o estudo do fomento ultramarino português no século XVIII. In: Revista de História 50 (1962), S. 373 ff.
DIEESE (April 1983). Salário Mínimo. (Departamento Intersindical de Estudos Estatísticos e Econômicos), São Paulo.
Diniz, Eli/Boschi, Renato Raul (1978). Empresariado Nacional e Estado no Brasil. Rio de Janeiro.
Diniz, José Alexandre Felizola / Duarte, Aluízio Capdeville (1983). A região cacaueira da Bahia. Hg. von der Nordost-Entwicklungsbehörde SUDENE, Recife.
EMBRAPA (1985). Informações e Indices Básicos da Economia Brasileira. Subsídios para o Economista Agrícola. Brasília.

ETA (1958). Relatório 1957. (Escritório Técnico de Agricultura) Rio de Janeiro.

Ferrari, Antenor (1985). Agrotóxicos. A praga da dominação. Porto Alegre, 1985.

Ferreira da Silva, Luiz (1986). Novos Tempos para a Cacauicultura Nacional. CEPLAC/COREG/Itabuna, August.

Ferreira, Hilmar Ilton Santana et al. (1970/71). Aspectos da Demanda e dos Propósitos do Crédito Rural e a Estrutura de Produção da Cacauicultura Baiana. in: CEPEC. Informativo Técnico 1970 e 1971. CEPLAC/CEPEC, Itabuna.

Ferreira, Hilmar Ilton Santana et al. (1988). Custo de Produção de Cacau, Forschungsprojekt vom 14.1.1988, (Arbeitspapier DISEC/CEPEC/CEPLAC), Itabuna/Ilhéus.

Ferreira, Hilmar Ilton Santana; Trevizan, Salvador D. P.; Souza, João Pinto de (1983). Renovação de Cacauais; onze anos de observação da Fazenda Unitária do Centro de Pesquisas do Cacau, Bahia. CEPLAC. Boletim Técnico 119, Itabuna.

FIBGE (verschiedene Jahrgänge 1978 - 1988). Anuário Estatístico do Brasil. (Brasilianisches Statistisches Bundesamt - Fundação do Instituto Brasileiro de Geografia e Estatística). Rio de Janeiro.

FIBGE (1979). Matriz de Relações Intersetoriais Brasil 1970. Versão final. (Fundação do Instituto Brasileiro de Geografia e Estatística), Rio de Janeiro.

FIBGE (1982). Tabulações avançadas do censo agropecuário. Resultados preliminares. IX recenseamento geral do Brasil - 1980. Bd. 2, Heft 2. Rio de Janeiro.

FIBGE (1985). Sinopse Preliminar do Censo Agropecuário, Rio de Janeiro.

Filho, Adonias (1978). Sul da Bahia: Chão de Cacau. Uma Civilização Regional. Rio de Janeiro.

Folha de São Paulo, 23.3.1988, S. D-1; 22.6.88, S. D-1; 25.2.1989, S. F-1; 6.7.89, S. F-1; 20.7.1989, S. H-3; 21.8.89, S. G-4, São Paulo.

Fredericq, Antoinette (1980). A babá do Brasil. Algumas informações sobre a Nestlé e seus fornecedores de leite. In: Cadernos do CEAS, 67 (Mai/Juni 1980), Centro de Estudos e Ação Social, Salvador.

Fundação Getúlio Vargas (Dez. 1968). Cacau - Industrialização e Comercialização. In: Conjuntura Econômica. Rio de Janeiro, S. 57 - 67.

Fundação Getúlio Vargas, (Nov. 1979). Retrospecto dos índices na nova base, in: Conjuntura econômica, Sonderdruck, November 1979.

Fundação Getúlio Vargas (o. J. - ca. 1980). Rumos da industrialização do cacau no Brasil, hg. vom Instituto Brasileiro de Economia/Grupo de Informação Agrícola, Rio de Janeiro, vervielf. Ms.

Fundação Getúlio Vargas (1985). Retrospectiva da agropecuária 1985, Rio de Janeiro.

Fundação Getúlio Vargas (1988), conjuntura econômica, 42 (Juli 1988) Nr. 7.

Furtado, Celso (1982). A nova dependência. Dívida externa e monetarismo. Rio de Janeiro.

Garcez, Angelina Nobre Rolim (1985). Instituto de Cacau da Bahia. Meio Século de História e o Pós-Cinqüentenário. Salvador.

Garcez, Angelina Nobre Rolim/Freitas, Antônio Fernando Guerreiro (1975). História econômica e social da região cacaueira. Convênio Universidade Católica de Salvador/CEPLAC. Diagnóstico sócio-econômico da região cacaueira, Bd. 8, Ilhéus.

Garcez, Angelina Rolim / Freitas, Antonio Guerreiro de (1979). Bahia Cacau eira: Um Estudo de História Recente. Estudos Bahianos Nr. 11/1979, Universidade Federal da Bahia, Salvador.

Garcia, J. R. 11 (1974) 3. Porque está aumentando a produção de cacau no sul da Bahia. In: Cacau Atualidades.

Gasparetto, Agenor (1985). Modernização tecnológica, mobilidade e permeabilidade social na região cacaueira do Estado da Bahia. Dissertation. Sociologia Rural/Universidade Federal do Rio Grande do Sul. Porto Alegre.

Gasparetto, Agenor/Brugnerotto Barros, Maria Ivete (1987). Notas sobre a análise de dados fundiários. CEPLAC/CEPEC, Ilhéus-Itabuna.

Gasparetto, A./Monteiro, A./Tourinho, M. (1985). Estratificação de Produtores Rurais: Repensando a Estratificação dos Cacauicultores segundo o Volume de Produção. Ilhéus/Itabuna.

Gazeta Mercantil, 30.11.1989. Detectados novos focos da 'vassoura de bruxa'. São Paulo, S. 20.

Gill & Duffus (1971). Cocoa statistics. Juli, London.

Gill & Duffus (1987). Cocoa Market Report, Nr. 325, London.

Gomes, Fernando (7.10.1985). Discurso na Câmara dos Deputados. Grande Expediente. Brasília.

Gros, Denise Barbosa (1987). Burguesia industrial gaúcha e o Estado Nacional 1964 - 1978. Stiftung für Wirtschaft und Statistik FEE, Porto Alegre.

Guerreiro de Freitas, Antonio Fernando (1979). Os donos dos frutos de ouro. Universidade Federal da Bahia, Salvador.

Heimpel, Christian (1985). Zur wirtschaftlichen Situation der Pflanzungen Lealdade, São João und Bom Retiro am unteren Jequitinhonha (Munizip Belmonte/Bahia) (vervielf. Manuskript), Hamburg.
ICCO (Dez. 1985). Cocoa Statistics. London.
ICCO (o. J.). Past, Current and Prospective Developments in the World Cocoa Economy: A Statistical Assessment by the ICCO Secretariat - DOA. ECON./ SPEC./2. ICCO.
IICA-Bericht, s. Rangel (1982)
Imposto de exportação. COPERCACAU reafirma defesa. In: Diário da Tarde, Ilhéus, 6.5.1987, S. 1.
Jaguaribe, H. et alii (1986). Brasil, 2000 - Para um Novo Pacto Social. Rio de Janeiro.
Jornal do Brasil, 7.6.78; 8.7.89; 28.7.89, S. 15; 22.9.1989, S. 16, Rio de Janeiro
Kageyama, Angela (1986). Modernização, Produtividade e Emprego na Agricultura: Uma Análise Regional. Universidade de Campinas.
Kageyama, Angela et al. (1987). O Novo Padrão Agrícola Brasileiro: Do Complexo Rural aos Complexos Agroindustriais. Campinas, Oktober 1987.
Kleinpenning, J. M. G. (1982). Losing ground: Processes of land concentration in the cocoa region of Southern Bahia. In: Boletín de Estudios Latinoamericanos y del Caribe. Nr. 33 (Dez.).
LaFleur, James Rudolph (o.J. - ca. 1985). Situação Econômica dos Produtores de Cacau na Bahia. (Vervielf. Manuskript), CEPLAC.
Lateinamerika - Analysen, Daten, Dokumentation (3/1985). Brasiliens Agrarfrage. Modernisierung und ihre Folgen. Hg. vom Institut für Iberoamerika-Kunde, Hamburg.
Lateinamerika - Analysen, Daten, Dokumentation (4/1985). Wirtschaftskrise und Anpassungspolitik in Lateinamerika. Hg. vom Institut für Iberoamerika-Kunde, Hamburg.
Lateinamerika - Analysen, Daten, Dokumentation (9/1987). Austral- und Cruzado-Plan: Helfen heterodoxe Schocks? Hg. vom Institut für Iberoamerika-Kunde, Hamburg.
Leclerq, Vincent (1985). Crises et perspectives de l'économie du soja au Brésil 1980 - 1984. Aus: CEE/Brésil. Crises de l'économie du soja. Actes du séminaire LEI/INRA - FIDENE/UNIJUI 23 - 25 Mai 1984, Montpellier.
Leeds, A. (1957). Economic Cycles in Brazil: The Persistence of a total Culture-Pattern: Cacao and other cases. Columbia University, Ph. D.
Leite, José de Oliveira (1976). Dinâmica do Uso da Terra. In: Diagnóstico Sócio-Econômico da Região Cacaueira. Bd. 3, hg. von ICCA/CEPLAC, Ilhéus.

Lemos, J.J.S. et al. (1984). Poder espectral das séries de comércio agrícola. In: Revista Brasileira de Economia, 38 (1984), Nr. 4 (Okt.-Dez.), S. 389-400.

Lima, José Luiz et al. (1985). Estatísticas Básicas do Setor Agrícola no Brasil. São Paulo.

Lima, Laércio Pinha (1982): Preços médios ao produtor, salários, insumos modernos e o índice de paridade na Região Cacaueira da Bahia no período de 1966 a 1980. In: CEPLAC, Boletim Técnico, Nr. 96, 1982, Itabuna.

Luque, Carlos et al. (1988). Sair da Crise. Uma Análise dos Problemas Econômicos Atuais e Diretrizes para Enfrentállos. Hg. vom Instituto Brasileiro de Capacitação Bancária. São Paulo.

Lutzenberger, José/Schwartzkopff, Michael (1988). Giftige Ernte. Tödlicher Irrweg der Agrarchemie. Beispiel: Brasilien. Greven.

Machado, U. D. (9/1972). Programa de Assistência Técnica para o Cacau na Bahia. In: Cacau Atualidades, Nr. 4, Ilhéus/Itabuna.

Macedo, Aurélio Farias de, (1976). Avaliação Social de Custo-Benefício da Atividade de Exportação do Cacau Brasileiro na Forma de Produtos Derivados. Dissertation, Universidade Federal da Bahia, Salvador.

Mandarino, Edmundo Paolilo/Santos, Ubaldo (1979). Cultivo do Cacaueiro para a Bahia e o Espírito Santo, CEPLAC/DEPEX, Itabuna.

Martine, George/Garcia, Ronaldo Coutinho (Hg.) 1987. Os Impactos Sociais da Modernização Agrícola. Projekt BRA/82/024 - OIT/PNUD/ IPLAN, São Paulo.

Martins, Luciano (1988). Expansão e Crise do Estado. Reflexões sobre o Caso Brasileiro. In: Pensamiento Iberoamericano. 5a(1988) Madrid. S. 329 - 360.

Mascarenhas et al. (1986). Beneficiamento, comercialização e qualidade do cacau produzido em Rondônia. CEPLAC/DEPEA.

Mattos, Luciano Carlos Vital de (1976). Processo Produtivo do Setor Agropecuário. In: Diagnóstico Sócio-Econômico da Região Cacaueira. Bd. XIII, hg. von IICA/CEPLAC, Ilhéus/Itabuna.

McDonald, Clive R./Cunha, Jairo (1980). Manual de instalação e operação do "secador tubular" tradicional da região cacaueira da Bahia, hrsg. von CEPLAC/CEPEC, Divisão de Bioengenharia, 1980.

Medauar (4.10.1985). Discurso na Câmara dos Deputados. Pequeno Expediente. Brasília.

Medeiros, A. G. (1969). Diretrizes para o controle da 'podridão parda' Phitophthora palmivora (Butl.) Butl. do cacaueiro na Bahia. 2ª Conferência Internacional de Pesquisas em Cacau. CEPEC/Itabuna, S. 204 - 212.

Menezes, Albene Miriam Ferreira (1987). S. 21: Die Handelsbeziehungen zwischen Deutschland und Brasilien in den Jahren 1920 - 1950 unter besonderer Berücksichtigung des Kakaohandels. Diss., Hamburg.

Menezes, José Alexandre de Souza/Tourinho, Manoel Malheiros, (1986). Modernização Conservadora. CEPLAC/CEPEC (Arbeitspapier).
Menezes, José Alexandre de Souza/Tourinho, Manoel Malheiros 1985). In: Coletânea de Subsídios à Política Nacional de Cacau. Hg. von CEPLAC/SECRE, Brasília.
Ministério da Indústria e Comércio/CDI (Rat für Industrielle Entwicklung) (Juni 1982). A Indústria Brasileira de Defensivos Agrícolas. Brasília.
Ministério da Fazenda/Secretaria da Receita Federal (1970, 1984). Comércio Exterior do Brasil 1969, 1983. Importação. Brasília
MJC Cacau, Mai 1987, Nr. 1 und Feb. 1988, Nr. 10.
Monteiro, A. (1985). Avaliação Econômica das atividades desenvolvidas pela Comissão Executiva do Plano da Lavoura Cacueira no período de 1957 a 1984, CEPLAC, Boletim Técnico 134, Ilhéus.
Monteiro, Augusto/Moreira, Ernande Teixeira/Santos, José Reis Damasceno (1985). S. 3. Aspectos da distribuição da produção e áreas das propriedades cacaueiras do Estado da Bahia no ano agrícola 1981/82. Boletim técnico 131. CEPEC/CEPLAC. Ilhéus-Itabuna.
N.N. (1/1964). Estimativa da incidência de "podridão-parda". (Phytophthora palmivora Butl.) e dos lucros resultantes de seu controle químico. In: Cacau Atualidades, Nr. 2.
N.N. (10/1973). CEPLAC, um modelo de trabalho voltado para a agricultura. In: Cacau Atualidade, Nr. 4.
Nascimento, Fernando Rios do/Muñoz, Reinaldo Ramón (1978). Estimativas de custos de produção de cacau segundo os índices de produtividade. Universidade Federal de Viçosa.
Nascimento, Fernando Rios (1981). Diferenciais de preços no mercado interno de cacau: uma análise da atuação de cooperativas. Diplomarbeit, Universidade Federal de Viçosa, 1981.
Navarro, Zander S./Asmar, Selem R. (1978). Os pequenos produtores de cacau: Um estudo em três áreas do Sul da Bahia. Divisão de Sócio-Economia. Centro de Pesquisas do Cacau, Ilhéus/Itabuna.
Paschoal (14/1983). Biocidas - morte a curto e a longo prazo. In: Revista Brasileira de Tecnologia, Jan./Feb., Brasília.
Passos, Frederico José Vieira/Freire, Evandro Sena (o.J. - 1984). Secagem natural de cacau em estufa solar, hrsg. von CEPLAC, Itabuna.
Pechman, Clarice (1984). O Dólar Paralelo no Brasil. Rio de Janeiro.
Pereira, A. M. T. u.a. (1979). O exame de políticas econômicas setoriais. São Paulo.
PROMOEXPORT (1986a). Comércio Exterior da Bahia. Bd. 16 (Jan.-Dez. 1986) 1: Exportação. Salvador/Bahia.

PROMOEXPORT (1986b). Informativo das exportações baianas janeiro - dezembro 1986. Salvador/Bahia.
PROMOEXPORT (1987). Cadastro de exportadores da Bahia. Salvador.
Queiroz, Eunápio Peltier de, (1950). Problemas Econômicos de Ilhéus no Plano da Administração Federal. Rio de Janeiro, Dep. de Imprensa Nacional.
Rangel, Jefferson F. (Hg.), (1982). CEPLAC/CACAU - Ano 25. IICA (Instituto Interamericano de Cooperación, Turrialba/Costa Rica), Brasília.
Reis, Ana Maria Bianchi dos (1976). Mão de obra e elementos de relações de produção. In: Diagnóstico Sócio-econômico da região cacaueira. Bd. 11. Ilhéus-Itabuna.
Relatório Itália, Beilage der Tageszeitung Gazeta Mercantil vom 10.5.89.
Rezende, Gervásio Castro de (1978). Produção, emprego e estrutura agrária na região cacaueira da Bahia. In: Pesquisa e Planejamento Econômico, 8, Nr. 1, S. 83-116.
Ribeiro/Gheventer (1983). Consumo Intermediário na Agricultura. In: Revista Brasileira de Economia. Rio de Janeiro, 37 (1983), Jan.-März, S. 77-109.
Sauer, Adeum Hilário (1981). Participação social na região cacaueira da Bahia. Uma análise regional e uma investigação empírica com produtores de cacau em dois municípios. Faculdade de Ciências Econômicas. Porto Alegre.
Secretaria da Indústria e Comércio/CEDIN (1982). Bahia - Distritos Industriais do Interior. Salvador.
Secretaria do Planejamento/PROMOEXPORT/Bahia et al. (1976). Comércio Exterior da Bahia. Exportação segundo as firmas e mercadorias. Bd. 6, Nr. 2 (Jan.-Dez. 1976), Salvador.
Seligsohn, Otto E. (1960). Bahia-Kakao. Anbau, Handel, Industrie. Hamburg.
Semenzato (1962). As fazendas de cacau em Itabuna (Bahia) em 1962/63. In: União Panamericana (Hg.): Posse e uso da terra e desenvolvimento sócio-econômico e agrícola. Brasil. Washington. S. 429 - 455.
Silva, Odette Rosa da (1975). Produtores de cacau da Bahia. In: Cadernos do Centro de Estudos Rurais e Urbanos, Nr. 8 (1975), Universidade de São Paulo, S. 265-327.
Silva, Osvaldo Heller; Gasparetto, Agenor; Tourinho, Manoel Malheiros (o.J. - ca. 1986): A concentração fundiária na cacauicultura baiana. CEPEC/Projeto 484. Itabuna.
Simmons, John (1976). Cocoa Production. Economic and Botanical Perspectives, New York.
Simonsen, Roberto C. (1969). História econômica do Brasil 1500-1820, São Paulo.

Souza, Hermínio Ramos de (1976). Estrutura agrária. In: CEPLAC/IICA (1976). Diagnóstico Sócio-econômico da Região Cacaueira, Bd. 14, Ilhéus.
Tafani, Ricardo (1983). Maxidesvalorização, imposto de exportação e preço ao produtor de cacau, CEPLAC, Ilhéus/Itabuna, (1983).
Tafani, Ricardo (Hg.) (1986). Subsídios à Política Nacional de Cacau. CEPLAC/SECRE, Brasília (Vorl. Fassung) (1986).
Tafani, Ricardo/Doraswamy, Gorantla/Sauer, Adeum (1984). Procacau, Criação da Empregos e Fixação de Mão-de-Obra na Cacauicultura Brasileira. Estudos Econômicos nº 3, CEPLAC, Ilhéus-Itabuna.
Tosta Filho, Inácio (1948). Instituto de Cacau da Bahia. In: Plano de Ação Econômica para o Estado da Bahia. Bd. 2. Salvador.
Tourinho, Manoel Malheiros et al. (1985). Anteprojeto de um Programa de Apoio Social e Político ao Trabalhador Rural - PASP. Arbeitspapier. CEPLAC, Ilhéus/Itabuna.
Tourinho, Manoel Malheiros/Ferreira, J./Zaroni, M., (1985). Modernização agrícola e o trabalho da mulher: efeitos do salário, tecnologia e estrutura fundiária. Ilhéus/Itabuna.
Trevizan, Salvador (1982). Estrutura fundiária e produtividade na região cacaueira da Bahia, Brasil. In: Boletim Técnico da CEPLAC, Nr. 103, Ilhéus-Itabuna.
Trevizan, Salvador (o.J., ca. 1980). Nível de emprego da população residente no meio rural; o caso da Região Cacaueira. Ilhéus/Itabuna.
UNCTAD (1988). Trade and Development Report, 1988, New York
Veja, 8.2.89, S. 66-67.
Viana, Ivo (1987). Perfil do sistema Copercacau, hg. von COPERCACAU/ASCOM, Ilhéus. Stand 31.12.1986.
Vieira, José Haroldo Castro (1978). CEPLAC - uma experiência nova na agricultura brasileira. Brasília.
Walle, Paul de (1912). Etat de Bahia, Paris.
Weltbank (1988). S. 112. Jahresbericht 1988. Washington.
Wogart Jan Peter, (1972). Stabilisierungs- und Wachstumspolitik in Brasilien. Stuttgart, 1972.
World Bank (1982). Brazil. A review of agricultural policies. Washington.

# ANHANG

**Tabellenverzeichnis:**

Tabelle 1: Entwicklung der Produktion von Kakaobohnen (Anbaufläche, Menge und Hektarerträge) sowie der Erzeugerpreise in Brasilien 1928/32 - 1988 — 278/279

Tabelle 2: Beitrag vom Kakaoexport zu Brasiliens Gesamtausfuhren, aufgeschlüsselt nach Bohnen und Derivaten, 1950 - 1988 (in Tsd. US$ und %) — 282

Tabelle 3: Kakaopolitik in Südbahia 1890 - 1987: Wirkungsgrad lokaler, regionaler sowie nationaler Gruppen und Instanzen — 283/284

Tabelle 4: Brasilien: Agrarkredite und Zinssubventionen für den Einsatz moderner landwirtschaftlicher inputs 1974/75 - 1984/85 — 314

Tabelle 5: Wert und Prozentverteilung von Agrarkreditverträgen für Neupflanzung, Erneuerung, Anlageinvestitionen sowie Produktionskosten von Kakao im Bundesstaat Bahia 1960 - 1983 (in Tsd. US$) — 316

Tabelle 6: Jährliche Entwicklung der Anwendung CEPLAC-empfohlener moderner Anbautechniken und Einsatzmittel in der Kakaokultur in Südbahia 1965-1984 — 332

Tabelle 7: Infrastrukturleistungen der CEPLAC 1957 - 1980 im Kakao-Hauptanbaugebiet (Anzahl) — 355

Tabelle 8: Nutzung der Ackerfläche im Kerngebiet des Kakaoanbaus 1975 und 1980 (Gesamtheit aller Agrarbetriebe) — 360

Tabelle 9: Produktion von Kakao und Hauptnahrungskulturen in der Kakaoregion I 1970 - 1980 (in t) — 360

Tabelle 10: Anbau von Kakao und Nahrungskulturen in der Kakaoregion II (= erweitertes Anbaugebiet) 1980 nach Anbaufläche und Produktionswert (in ha und 1.000 Cruzeiros von 1980) — 362

Tabelle 11: Bodennutzungsstruktur von Lohn- und Familienbetrieben in Bahias Kakaoregion I 1973 und 1984 (Stichprobenerhebung) — 364

Tabelle 12: Betriebsgrößenstruktur der Kakaobetriebe Bahias (1980: CEPLAC-Register für ganz Bahia; 1971: CEPLAC-Stichprobe der Kakaoregion I) (in ha und %) — 366

Tabelle 13: Agrarbetriebe in Bahias Kakaoregionen: Anzahl und Fläche der Betriebe insgesamt und nach Größenklassen (bis 10 ha sowie 1.000 ha und mehr) (1940, 1950, 1970, 1975 und/oder 1980) — 368/369

Tabelle 14: Eigentumsverhältnisse in der Kakaoregion I 1950 - 1975    372
Tabelle 15: Beschäftigungsstruktur der Agrarbetriebe in der
Kakaoregion I (1970 - 1980) und II (1940 - 1975)    374
Tabelle 16: Lohnverträge in der Kakaoregion I 1973
(CEPLAC-Stichprobe) und in zwei repräsentativen
Munizipien der Kakaoregion I 1980 (Feldforschung
von A. Sauer)    379
Tabelle 17: Beschäftigungsgrad und verfügbare Familienarbeitskraft
in 553 Familienbetrieben der Kakaoregion I 1973    382
Tabelle 18: Ausfuhr von Rohkakao und Kakaoderivaten aus Bahia:
Exportanteile und Kapitalherkunft der größten
Exportfirmen 1976 und 1986    390-392
Tabelle 19: Rohkakaoproduktion und -vermahlung sowie Ausfuhr
von Rohkakao und Kakaoderivaten in t und in Prozent,
Kakaoderivate umgerechnet in Bohnenäquivalenz 1960/61-
1985/86 (Internationales Erntejahr 1.10.-30.09.)    394/395
Tabelle 20: Kakaoverarbeitungs- und Schokoladenindustrie in
Brasilien: Gründungsjahr, Produktionskapazität bzw.
Jahresumsatz, Eigentumsverhältnisse, Anzahl der
Beschäftigten, Produktionsart, 1977, 1982 und 1984    398-399
Tabelle 21: Rentabilitätsvergleich zwischen Kakao sowie Export-
und Nahrungskulturen in der Kakaoregion III, nach
Familien- und Lohnbetrieben. Angaben umgerechnet
in US-$ pro Hektar, Stichprobe von 1972.    402/403
Tabelle 22: Brasilien: Erzeugerpreisentwicklung für Kakao und
alternative Kulturen 1966 - 1986    406/407
Tabelle 23: Kosten und Erträge für die Anlage von 1 Hektar einer
modernen Kakaopflanzung durch einen Lohnbetrieb bis zum
ersten Produktionsjahr (4. Jahr nach Anpflanzung),
in Arbeitstagen, Cruzeiros bzw. US$, August 1980    408/409
Tabelle 24: Produktionskosten und -erträge je Hektar einer
ausgewachsenen Kakaopflanzung bei Lohnbetrieben in
Bahias Kakaoregion I, in Arbeitstagen, Cruzeiros und
Dollar, 1980    411
Tabelle 25: Anlage- und Produktionskosten von 1 Hektar Kakao
eines typischen südbahianischen Familienbetriebs unter
Verwendung von verbessertem Pflanzenmaterial
(Bahias Kakaoregion I), 1980, in Cruzeiros und US$    413
Tabelle 26: Vergleich der variablen Hektar-Produktionskosten für
Kakao unter Anwendung traditioneller, teilmodernisierter
und moderner Anbautechnik in Bahia, in Cruzeiros und
US$, 1981    414-416
Tabelle 27: Kalkulation der Vermarktungskosten, ausgehend
vom FOB-Preis für Rohkakao in Bahia, 1984    418

Tabelle 28: Rentabilität der Kakaoverarbeitung und Schokoladenindustrie in Brasilien 1979 bzw. 1980 und 1984 bzw. 1985, in Mio. Cr$ und Mio. US$ ................................................................. 422-425

Tabelle 29: Verteilung der Kakaoexporteinnahmen zwischen Bauern, Kakaoförderungsanstalt CEPLAC, Bundesstaat Bahia und Handel, Bahia 1960 - 1983 (in 1.000 US$ und % der Exporteinnahmen) ........................................................ 428/429

Tabelle 30: Vergleich der Entwicklung vom Erzeuger- und Exportpreis für Kakao nach offiziellem und freiem Wechselkurs (Brasilien, 1947 - 1986) ............................................................ 430/431

Tabelle 31: Vergleich der Indexentwicklung von Kakaoerzeuger- und -exportpreisen mit der von Verbraucher- und Importpreisen sowie vom Agrarlohn, in Cruzeiros, Brasilien 1938 - 1986, (1960 = 100) ................................ 432-435

Tabelle 32: Erzeugerpreise, inputpreise und regionale Mindestlöhne bei der Kakaoproduktion, Bahia 1966-1986, nominale Werte, Indices und Preisverhältnis ............................................. 436-438

Tabelle 33: Vergleich zwischen Familien- und Lohnbetrieben hinsichtlich des Betriebseinkommens nach angebauter Kultur, Bahia, Kakaoregion III, CEPLAC-Stichprobe von 1972 (in ha und US$) ............................................................. 442

Tabelle 34: Anteil der Kakao- und sonstigen Einnahmen am Haushaltseinkommen von Kleinproduzenten in drei Munizipien von Bahias Kakaoregion I, 1975/1976, Angaben in US$ bzw. ha .................................................................................. 444

Tabelle 35: Produktionskosten und -leistungen je Hektar für den Kakaoanbau bei Anwendung des von der CEPLAC empfohlenen technologischen Pakets und bei einem Hektarertrag von 50 arrobas im November 1983 in Bahia, Angaben in US$ ............................................................. 449

Tabelle 36: Einkommensverteilung in Brasilien (1970) sowie in Ilhéus und Itabuna (1973) ........................................................ 452

Tabelle 37: Von CEPLAC betreute Kakaobetriebe in Bahia, nach Betriebsfläche, Kakaoerntefläche, Kakao-Hektarertrag und Kakaoeinkommen (in US$) (CEPLAC-Register von 1980) .... 453

Tabelle 38: Entwicklung des Chemie-Einsatzes in Bahias Kakao-Anbau 1966-1983 nach Handelsprodukten (inflationsbereinigte Cr$-Werte von 1983) ......................... 458/459

Tabelle 39: Handelsbilanz der brasilianischen Pestizidindustrie 1975 - 1986 (in Mio. US$, inflationsbereinigt) ............................ 461

Brasilien 503

Tabelle 40: Mitgliedschaft brasilianischer und nicht-brasilianischer Schiffahrtsgesellschaften in internationalen Seefrachtkonferenzen (1986), aufgeteilt nach den wichtigsten Importregionen für brasilianischen Kakao (Absolute Zahlen bzw. %-Anteil)    465

Tabelle 41: Bahias Kakaoverarbeitungsindustrie nach Kapitalausstattung, Produktionswert, Exportproduktion, Material- und Lohnkosten 1980 (in US$)    468

Tabelle 42: Ausfuhrmenge und -wert sowie durchschnittliche FOB-Exportpreise von Kakaoderivaten, bes. Kakaomasse, im Vergleich zu Kakaobohnen, Brasilien 1938 - 1988 (in US$ und t)    470/471

Tabelle 43: Brasilien: Durchschnittliche Exportpreise für Kakaomasse und Kakaobohnen 1974 - 1980    474

Tabelle 44: Brasiliens Schokoladenmarkt 1969 - 1987: Produktion, Ein- und Ausfuhr, Konsum, Pro-Kopf-Konsum von Schokolade und schokoladenhaltigen Produkten (in Tonnen bzw. kg sowie US$ und %)    476


**Abbildungsverzeichnis**


Abbildung 1: Entwicklungsphasen der Produktion und Vermahlung von Kakao in Brasilien 1860 - 1988 (bis 1975/76: brasil. Erntejahr, 1.5.-30.4.; ab 1977: Kalenderjahr)    276/277

Abbildung 2: Brasiliens Kakaoerntefläche und Kakaoproduktion nach Anbauregionen, 1987    281

Abbildung 3: CEPLAC-Organigramm    312

Abbildung 4: Brasilien, Bahia und Bahias Kakaoregionen I, II und III    357-359

Abbildung 5: Flächenanteil der Kakaomonokultur an der Gesamtfläche des jeweiligen Munizips (Kakaoregion II - 1975)    363

**English Summary**

# The Cocoa World Market

*World Market-Oriented Development and
National Steering Policies of the Producing Countries*

The states of the Third World are now producing more than just raw materials for the world economy, unlike in the days of the colonial period. However, the export of commodities and the commodities world markets do still play a prominent role for the economies of the developing world. They are crucial for the financing of governmental institutions and services, for investment, and for the consummatory needs of a large part of the population. In Africa -- somewhat different from Asia and Latin America -- commodities do still play a decisive role.

The two volumes of this study deal with the cocoa world market and the most important producing countries -- Brazil, Malaysia (Vol. I), Côte d'Ivoire, Ghana, Nigeria, and Cameroon, as well as with tiny Equatorial Guinea (Vol. II) for whom cocoa exports do also play a central role as the key-provider of hard currency. These seven producers -- out of a total of 45 -- captured almost 4/5 of the world production of more than 2 million metric tons in recent years.

Cocoa is a tree crop only cultivated in the tropics. Therefore, it does not enter into a competition with agricultural goods of the developed countries of the North. In this sense, cocoa is comparable to other tropical beverages, such as coffee and tea. In addition, the use of cocoa for consumption is almost exclusively limited to the developed world, whereas consumption in the producing countries is minimal. The only exception is Latin America -- the area where the cocoa tree originated -- with consumption of about 1/5 of production.

In the middle of the 1980s (1986), trade in cocoa and in cocoa products amounted to $3.2 billion (cocoa) and $2 billion (cocoa products). At first sight, this does not appear to be much, accounting for 0.6 percent of total exports from the Third World and 3 percent of commodity exports. Nevertheless, cocoa ranks fifth among the agricultural export goods from the Third World after coffee ($13.7 billion), sugar (7.0), oils and fats (5.4), and cotton (4.5). For the largely agricultural societies in West Africa cocoa is still the dominant provider of export revenue accounting for 65 percent in Equatorial Guinea, 58 percent in Ghana, 37 percent in Côte d'Ivoire, and 27 percent in Cameroon. Due to the rapid increase of petroleum exports in the course of the 1970s, the share of cocoa in Nigeria's export bill was gradually reduced to 3.7 percent. However, even in this case, the stagnating cocoa production remained as the only relevant export commodity besides petroleum. In the more diversified economies of Brasil and Malaysia, the substantial cocoa exports capture only a small share of the total export bill (2.8 percent and 1.8 percent, respectively). In these two cases, the export structure has increasingly become to be dominated by industrial goods and -- in the case of Malaysia -- by petroleum as well.

Cocoa contributes a substantial part (10 percent) to the GDP of the world's largest producer, Côte d'Ivoire. This share, albeit with a gradual decline in recent years, is almost as high for the former number one, Ghana. Cocoa is an important economic factor in a more regional sense, or in particular provinces, for Cameroon, Nigeria, Brasil (Bahia) and Malaysia (Sabah). We estimate that, in West Africa alone, some 1.2 million people depend upon the cocoa economy for large parts of their revenue. In this part of the world, cocoa is largely a crop of small-scale farmers.

In short: The cocoa world market and the production of cocoa for export dominate the economic and social conditions for several million people in the Third World as well as the space of manoeuvre for the development strategies of half a dozen states.

The central question of these two volumes relates to the space of manoeuvre and the developmental consequences of cocoa production for export. We look at three dimensions: The development of the cocoa world market in historical and quantitative perspective, the distribution of revenue among the societal groups and actors directly and indirectly involved in the various countries participating in this world market, and finally, the distributional effects and linkages for the economies and societies in the producing countries. We devote special attention to the societal fights over the distribution of revenue from the participation in the national markets and in the cocoa world market. In the producing countries, we focus our interest on the state which is able to decisively influence the speed of development and the distribution of revenue from this sector. The state can either choose to limit its influence to a minimum of measures -- as in Malaysia and Brasil -- or to be heavily involved in national cocoa pricing, marketing, support, regulation, and tax policies, as in the West African producing countries. The state and governmental policies in the cocoa sector are at the core of this analysis which is thereby also trying to contribute to comparative policy research.

However, despite all the influence of the state in the producing countries, the key limitations are set by the world market, which, in turn, is largely determined by the dynamic industrial centers of the North. The various attempts by the producing countries to influence or to manipulate this market remained without substantial result. The world market must be accepted as the given framework for the producing countries. However, they do have a space of manoeuvre that they are able to benefit from, or that they can overstretch, waste and abuse -- ultimately with counter-productive results. Therefore, the beginning chapter of the first volume discusses the cocoa world market and provides the comparative results of the country studies. In this chapter, we also take a look at the conditions in one of the more prominent consuming markets, e.g. Germany. The cocoa industry in this market is under strong internal and external competition, thereby limiting any imaginable entry of chocolate producers from the Developing Countries.

Our analysis shows substantial differences between the West African producers on the one hand and Brasil and Malaysia on the other. In West Africa, the average farm size remained relatively small (between 1.3 ha in Cameroon and 6 ha in Côte d'Ivoire). Transnational corporations are also practically non-active at the production level. Handling and marketing of the crop was until recently (Nigeria 1986) the exclusive domain of the state. However, one major difference existed. The marketing boards in the anglophone countries were in total control of the crop, whereas the caisse de stabilization in the francophone countries left the physical handling and marketing to private companies, albeit under close scrutiny and regulation of the state. We show that, on average, the West African countries perceived of their cocoa as a way of generating substantial tax revenue for the state. Producer prices were set such that the local farm population received less than 60 percent of export prices. Stagnation and decline in Ghana and Nigeria are explained by the additional burden of overvalued currencies that left the farmers with even less. Consequently, besides some other factors, the huge increase in the Ivorian cocoa production can be traced back to the fact that the CFA Franc served as a hard currency incentive for the production of additional cocoa. However, when compared to competitors elsewhere, West African cocoa production appears to be largely sheltered from the price signals of the world market, and -- much worse in the long-run -- African cocoa production has not made the necessary step toward a further increase in productivity. The share of hybrid plantations remains below or around 20 percent, with the exception of Nigeria where World Bank-sponsored cocoa projects have achieved a 25 percent share of cocoa hybrids. On balance, the average of West African production per hectare falls far behind the level attained elsewhere, noticeably in South-East Asia. In addition, West African producers were only able to process some 20 percent of the cocoa crop in order to be able to benefit from higher prices for cocoa products, and to build up necessary linkages for the future industrialization.

On balance, productivity is higher in Brazil and Malaysia. While hybrids reach a share of more than 50 percent in Brazil, Malaysian cocoa production started in the 1970s with 100 percent hybrids. In addition, the state leaves a substantially larger share to the producers, with more than 80 percent in Malaysia, and some 60 percent in Brazil. In both cases, large-scale plantations have reached high productivity levels, while the productivity level of small-scale cocoa farms in Malasia is comparable to the West African one. Both countries have opted for a free marketing system of private exporters, reducing the role of the state to surveillance, and to the provision of a legal framework for these activities.

The current cocoa glut on the world market leaves the producing countries isolated and unable to coordinate policies and production targets. National egoism is the rule of the day. Notably the West African producers with a high share of government revenue from cocoa -- such as the Côte d'Ivoire -- are ill-equipped to deal with this crisis, while the low-cost and high-productivity producers from South-East Asia seem to be able to cope much better. We think that, in the long-run, only producers with efficient hybrid cocoa plantations and private marketing channels -- efficiently translating price signals to producers -- will be able to compete successfully in the cocoa world market. At present, the current leaders in production -- i.e. West African countries -- seem to be the least able to meet this challenge.

## Angaben zu den Autoren:

**Rolf Hanisch**
Privatdozent, Dr.rer.pol., geb. 1942; seit 1976 wiss. Rat im Institut für Internationale Angelegenheiten der Universität Hamburg.
1968 Diplom in Politikwissenschaft (FU Berlin); 1973 Promotion (FU Berlin); 1983 Habilitation in Politikwissenschaft (Hamburg).
1970-73 wiss. Mitarbeiter in der Arbeitsstelle Politik Afrikas an der FU Berlin; 1973-76 wiss. Assistent im Institut für ausländische Landwirtschaft, Georg-August-Universität Göttingen.
Veröffentlichungen u.a.: Südostasien. Tradition und Gegenwart (mit H. Dürr), Braunschweig 1986; Philippinen. Aktuelle Länderkunde, München 1989.

**Cord Jakobeit**
Dr.rer.pol., M.P.A. (Harvard University), geb. 1958; seit 1988 wiss. Mitarbeiter am Institut für Internationale Politik und Regionalstudien der FU Berlin sowie (seit 1990) Visiting Assistant Professor an der Stanford University, Stanford in Berlin Study Center.
1983 Diplom in Politikwissenschaft (U Hamburg); 1986 Master of Public Administration (Harvard University); 1987 Promotion (U Hamburg). 1985 Praktikant bei der Weltbank; 1986-87 Lehrbeauftragter an der U Hamburg; 1987-88 Consultant bei der Weltbank.
Veröffentlichungen u.a.: Die sozio-ökonomische Entwicklung der Elfenbeinküste seit der Unabhängigkeit, Hamburg 1984; Nationale Strategien und Hindernisse agro-exportorientierter Entwicklung. Kakao- und Kaffeepolitik in der Côte d'Ivoire und in Kamerun, Hamburg 1988.

**Gilberto Calcagnotto**
M.A., geb. 1943; seit 1981 wiss. Angestellter am Institut für Iberoamerika-Kunde, Hamburg. Studium der Philosophie, Soziologie, Politologie und Sozialpsychologie in Rom (1960-65) und Saarbrücken (1967-72); 1973-76 Gemeindereferent der Katholischen Hochschulgemeinde Tübingen; 1979-80 Forschungsarbeit zum Thema 'Agribusiness in Lateinamerika' für den Kirchlichen Entwicklungsdienst, Stuttgart.
Veröffentlichungen u.a.: Lateinamerika: Unterentwicklung und Abhängigkeit (zus. mit Nereu Feix), Meisenheim 1979; Brasilien 1974-81: Externe Schocks und Krisenadministration. Perspektiven eines neuen Sozialpakts, Hamburg 1983.

**Wolfgang Senftleben**
Dr.rer.nat., geb. 1941; Gastprofessor an der Ramkhamhaeng Universität, Bangkok.
1968 Diplom in Geographie (FU Berlin); 1971 Promotion (FU Berlin); 1972-74 Referent und Leiter der Afrikasektion bei der Zentralstelle für öffentliche Verwaltung der DSE in Berlin; Gastprofessuren in Taiwan (1974-77), Zambia (1979-81) und in Malawi (1981-83).
Veröffentlichungen u.a.: Background to Agricultural Land Policy in Malaysia, Hamburg 1978; Taiwan. Reiseführer mit Landeskunde, Frankfurt a.M., 2. Aufl., 1985; Sambia. Reiseführer mit Landeskunde, Frankfurt a. M. 1987.


**Sönke Schmidt**
Dipl.-Pol., geb. 1957; seit 1988 Mitarbeiter der Friedrich-Ebert-Stiftung.
Groß- und Außenhandelskaufmann (bis 1982); 1982-87 Studium der Politikwissenschaft und Volkswirtschaft in Hamburg; 1988 DIE/Berlin.
Veröffentlichungen: Demokratie in Costa Rica (mit M. Ernst, Hrsg.), Berlin 1986; Malaysia Incorporated, Heidelberg 1989.

# DEUTSCHES ÜBERSEE-INSTITUT
# Hamburg

## Jahrbücher

### JAHRBUCH DRITTE WELT
München: Beck-Verlag, erscheint seit 1983, Umfang: ca. 300 S., Preis: ca. DM 20,--
Das Jahrbuch informiert in Übersichten und Einzelbeiträgen über die wichtigsten Ereignisse, Tendenzen und Probleme der Entwicklungsländer im Berichtsjahr, zeigt Zusammenhänge auf, analysiert Ursachen und weist auf Folgeprobleme hin.

### AFRIKA-JAHRBUCH
**Politik, Wirtschaft und Gesellschaft in Afrika südlich der Sahara**
Opladen: Leske + Budrich, erscheint seit 1988 (Berichtsjahr 1987), Umfang: ca. 350 S., Preis: ca. DM 39,--
Kompakter und präziser Überblick über alle wesentlichen politischen, wirtschaftlichen und gesellschaftlichen Entwicklungen des Berichtsraumes in übergreifenden aktuellen Analysen und separaten Darstellungen aller 48 Länder südlich der Sahara.

### ASIEN PAZIFIK
**Wirtschaftshandbuch**
herausgegeben vom Ostasiatischen Verein e.V. in Zusammenarbeit mit dem Institut für Asienkunde, Umfang: 350-400 S., Preis: ca. DM 60,--
Standardnachschlagewerk für Wirtschaftsdaten über die asiatisch-pazifische Region. Gesamtüberblicke über die politisch-wirtschaftlichen Entwicklungen und separate Artikel zu allen Ländern der Region.

### NAHOST-JAHRBUCH
**Politik, Wirtschaft und Gesellschaft in Nordafrika und dem Nahen und Mittleren Osten**
Opladen: Leske + Budrich, erscheint seit 1988 (Berichtsjahr 1987), Umfang: ca. 250 S., Preis: ca. DM 29,--
Neben Überblicksartikeln und Einzelartikeln über Konflikte und gesellschaftliche Entwicklungen separate Beiträge, alle Länder und die wichtigsten Organisationen betreffend.

### JAPAN-JAHRBUCH
**Politik und Wirtschaft**
erscheint seit 1977 (Berichtsjahr 1976), Umfang: 250-300 S., Preis: ca. DM 28,--
Neben der laufenden Fortschreibung der japanischen Innenpolitik, der Entwicklung der japanischen Parteien, der japanischen Außenpolitik, der binnen- und außenwirtschaftlichen Entwicklung Japans und der bilateralen Beziehungen BR Deutschland-Japan Beiträge zu wichtigen Einzelaspekten; außerdem umfangreicher wirtschaftsstatistischer Anhang.

Zu beziehen durch:

Deutsches Übersee-Institut
Neuer Jungfernstieg 21
D-2000 Hamburg 36
Tel.: (040) 35 62 593
Fax: (040) 35 62 547

# NORD-SÜD *aktuell*

Vierteljahreszeitschrift für Nord-Süd und Süd-Süd-Entwicklungen

## Sie werden umfassend informiert!
## Sie sparen Zeit!
## Wieso?
## Wir lesen für Sie!

### Ziel der Zeitschrift:

Systematische und kontinuierliche Analyse der Nord-Süd- und Süd-Süd-Beziehungen, unter anderem

| zu den Aspekten | sowie diesbezüglicher Aktivitäten von z.B.: |
|---|---|
| Handel | GATT |
| Finanzierung | OECD |
| Investitionen | UNCTAD |
| Technologietransfer | UNIDO |
| Rohstoffe | FAO |
| Entwicklungshilfe | IWF |
| Verschuldung | Weltbank |
| Internationale Migration | OPEC |
| Landwirtschaft und Ernährung | EG |
| Seerecht und Meerespolitik | Blockfreie Bewegung |
| Umweltprobleme | |

### Das Ergebnis ist preiswert:

Jahresabonnement (4 Hefte) DM 80,00 (zuzüglich Versandkosten)

### Inhalt:

Aus der Fülle des verstreut vorhandenen Materials zu diesem Themenkreis wird das Wichtigste in **Kurzanalysen** zusammengefaßt. Themen von weitreichender Bedeutung werden in Form von **längeren Artikeln** analysiert. Für Entwicklungen von regionaler Bedeutung kann das Deutsche Übersee-Institut auf die Spezialkenntnisse der Wissenschaftler der angeschlossenen **Regionalinstitute** (Institut für Afrikakunde, Institut für Asienkunde, Institut für Iberoamerika-Kunde, Deutsches Orient-Institut) zurückgreifen.

Der Inhalt des Heftes wird ergänzt durch **Konferenzberichte**, eine **Chronik**, wichtige **Dokumente** sowie **Orientierungsdaten** zu Wirtschaft und Gesellschaft der Länder der Dritten Welt.

### Das Einmalige dieser Zeitschrift:

Die systematische und kontinuierliche Berichterstattung über und die Analyse von wichtigen Entwicklungen wird durch festgelegte Beobachtungsfelder sichergestellt.

Bitte **Probeheft anfordern**.
Nord-Süd aktuell ist zu beziehen durch:

**Deutsches Übersee-Institut**
**Neuer Jungfernstieg 21**
**D-2000 Hamburg 36**
Tel.: (040) 35 62 593
Fax: (040) 35 62 547